文成天縱

『国家重点档案保护与开发』项目

主编 朱璧 李蓉

呼和浩特市档案馆藏

民国时期教育档案汇编

5

学前教育卷 职业教育卷 社会教育卷

广西师范大学出版社
GUANGXI NORMAL UNIVERSITY PRESS
·桂林·

“国家重点档案保护与开发”项目

《呼和浩特市档案馆藏民国时期教育档案汇编》

编辑委员会

序 言

民国时期的教育是中国教育近代化的一个重要阶段，在中国近现代教育史上起着承前启后的作用。对于民国时期呼和浩特地区教育状况，学界以往研究成果较少。由于地方教育文献史料未能系统整理，造成国民政府边疆教育和日本帝国主义殖民教育在呼和浩特地区具体实施情况的研究缺乏相应的史料支撑。基于这样的状况，呼和浩特市档案馆对馆藏民国时期教育档案进行了系统整理，采用原件影印的方式公开出版《呼和浩特市档案馆藏民国时期教育档案汇编》（以下简称“《汇编》”），“让历史说话，用史实发言”，用翔实的档案资料系统地反映民国时期呼和浩特地区教育发展情况。《汇编》所遴选的档案珍品近两千页，均为首次刊印，史料翔实，内容丰富，是研究地方教育史、学校沿革史等方面的重要史料，是研究国民政府教育制度极为珍贵的文献汇集，是揭露内蒙古中西部沦陷时期日本帝国主义实行奴化教育的有力证据，不仅有利于民国时期呼和浩特地区教育史研究，也能助推边疆少数民族教育状况的深入研究，具有较高的学术价值和应用价值。

相较于国内其他地区的教育而言，民国时期呼和浩特地区的教育无论从时间上还是规模上都有较大差距，但也初具本地特色。1931 年 3 月，国民政府教育部实施蒙藏地区教育计划，蒙藏各地限期成立教育行政委员会，对倡办或捐资兴办蒙藏教育的私人和团体均给予特别奖励，明确规定了小学、中学、职业学校、师范学校在成立时间、设置地点、招生区域、经费预算、教材使用等方面的规章制度，边疆教育得到了发展。而呼和浩特地区也借助区位优势，积极开设小学、中学、职业、师范等各级各类学校，学生数量日趋增多，教育质量显著提升。内蒙古中西部沦陷时期，日本侵略者通过其扶植成立的伪蒙疆政权，在当时的内蒙古地区建立了一整套殖民化教育体系。从教育主管部门到教育团体、学校种类、学校学制、教师聘任、课程设置、教材编纂等方面，制定了一整套政策措施，实行奴化、分化教育。而这一时期的呼和浩特地区教育，成为日本在沦陷区内实行殖民教育体系的一个组成部分。抗战胜利后，国民政府实施教育复员计划，研究制定了各项方针政策、措施办法。1945 年，教育部公布《边疆初等教育设施办法令》《边疆教育督导员办法令》《收复区各县市国民学校教员登记甄审训练办法》。1946 年，又公布《国立各级边疆学校教员服务奖励办法令》。呼和浩特地区陆续恢复了抗战前各级学校和社教机关，接收和整顿日伪教育机关，甄审和培训教师、学生，中小学教育、师范教育、职业教育、社会教育在恢复的基础上均略有发展。但由于社会动荡、经费不足等条件限制，这一时期的教育发展受到了严重影响。

呼和浩特市档案馆藏中华人民共和国成立前档案共 19 个全宗，13549 卷件，为国家重点档案。这批档案于 1987 年 4 月由市公安局和市法院接收，大部分保存完整，经重新整理，全文扫描，已编制了机读目录，建立了档案数据库。其中，涉及教育方面的档案分散在各个全宗中，计 12000 余件，多为汉文档案，偶有日文或英文档案。形式有训令、指令、布告、呈文、批文、报告、函、通知、代电、通告等，内容包括政策法规、教育制度、组织机构、教育活动、调查统计等。具体涉及两个时期的档案：

一是国民政府时期档案。时间为 1934 年至 1937 年和 1945 年至 1949 年。这些档案内容丰富、资料翔实，涉及地方政府颁布的有关教育的政策、法规、训令、制度，涉及初等教育、中学教育、师范教育、学前教育、职业教育、社会教育等方面内容，对教育领域的行政工作（法规政策、制度、调查统计）、经费管理、总务工作（设施设备、衣食住行）、教务工作（课程、教材、招生）、教师管理（任免、履历）、学生管理（奖惩、花名册）、教育活动以及抗战胜利后教育复员、战时教育文化事业损失的调查统计等进行了详细记录，是系统研究民国教育的原始资料。

二是内蒙古中西部沦陷时期档案。时间为 1937 年至 1945 年。包括政策制度、学校行政、学制、教材等内容，涉及学校教育、社会教育和日本语教育等方方面面，对日本侵略者奴化教育活动的政策方针、目的手段、机构设置、表现形式等进行了详细记载，尤其对内蒙古中西部沦陷时期各级各类教育遭受严重破坏，校舍遭到日军占领，教学设备被损坏，学校被迫停止教学、迁移等情况进行了真实记录。此外，档案对日本侵略者的宣传、宣抚活动和学术掩盖下的侵略活动也做了详尽记载：一方面，日本侵略者查禁抗日书刊，建立文化侵略机构，利用报纸、杂志、书籍等出版物和广播电台、电影等媒体进行宣传，并通过举行集会、宣传周、展览会、宣抚班，张贴标语和散发传单等形式，开展宣传、宣抚活动，进行所谓的"日蒙亲善、民族协和、反共反苏"的奴化教育，积极煽动民族分裂；另一方面，日本侵略者以学术研究为名进行了大量调查活动，并且在学术研究的掩盖下进行思想侵略和奴化教育。这些档案都是日本帝国主义侵华罪行的真实记录。

近年来，通过深挖馆藏历史档案资料、出版档案专题汇编，呼和浩特市档案馆加大了档案信息开发利用力度，并收到了良好的社会效益。此部《汇编》是呼和浩特市档案馆承担"国家重点档案保护与开发"项目的成果，是档案工作服务文化建设的一项重要举措。让档案走出库房，让档案激活历史，让历史昭示未来。希望通过本书的编纂出版，能充分发挥馆藏档案的独特优势，展示呼和浩特的历史、人文底蕴，彰显档案工作的社会价值，发挥档案在"存史、资政、育人"方面的独特功能。

呼和浩特市档案馆概述

一、机构沿革

呼和浩特市档案馆（以下简称“档案馆”）成立于 1959 年 4 月 29 日，与呼和浩特市档案管理处为“一套机构，两个牌子”，人员编制 5 人。20 世纪 60—70 年代，呼和浩特市档案馆同档案管理处一起，经历了几次撤并和恢复。1985 年，档案管理处升格为政府直属准局级机关，由市委办公室领导改归市政府领导，档案局、档案馆合署办公。1992 年，档案局升格为正局级行政管理机关。档案馆与档案局分设，隶属于市档案局领导，为准局级事业单位，定编 18 人，内设办公室、保管利用科、技术科、编研科。1995 年，档案馆重新与档案局合并，改为事业单位，挂档案局牌子，由市委办公厅管理。1996 年机构改革时，档案馆再次与档案局分设。档案馆被定为副处级单位，编制 23 人，使用事业编制，内设保管利用科、收集整理科、技术科、编研科 4 个科室。2008 年 6 月，档案馆同市档案局一并列入《中华人民共和国公务员法》管理范围，档案局（馆）为市直属相当正处级事业单位，内设 11 个科室：办公室、宣传教育科、档案馆室业务监督指导科、经济档案业务监督指导科、法规科、保管利用科、收集整理科、老干部科、技术科、编研科、现行文件中心。经费实行全额拨款，核定事业编制 50 名。2018 年行政单位机构改革，根据呼和浩特市机构编制委员会办公室《关于呼和浩特市档案局（馆）行政职能认定的函》（呼机编办函字〔2018〕60号），呼和浩特市档案局（馆）承担的11项行政职能回归市委办公厅，实行局、馆分设。市委办公厅加挂呼和浩特市档案局牌子，行使档案行政管理职能。市档案馆仍保留为市委直属的正处级公益一类事业单位。2019年3月，按照《呼和浩特市机构改革职责和人员转隶工作实施方案》（呼党办发电〔2019〕6号）要求，原市档案局（馆）人员编制保留在市档案馆。2021年2月，按照事业单位机构改革要求，根据《中共呼和浩特市委办公室关于印发〈呼和浩特市档案馆职能配置、内设机构和人员编制规定〉的通知》（呼党办通〔2021〕10号），呼和浩特市档案馆内设7个机构：办公室、法治宣教科、档案业务指导科、收集整理科、档案信息技术科、保管利用科、资源开发科；并设党支部和离退休人员工作科，事业编制41名。下设两个相当于正科级专业分馆：呼和浩特市城建档案馆由市住房和城乡建设局划入，核定事业编制32名；呼和浩特市艺术档案馆由市文化旅游广电局划入，核定事业编制7名。

二、馆藏档案概述

（一）馆藏档案来源、途径

呼和浩特市档案馆馆藏档案来源、途径主要有以下几个方面：

一是按规定定期接收现行机关的档案，包括市委、市人大、市政府、市政协机关和市总工会、团市委、市妇联等群众团体及各部委办局、直属临时单位移交的档案，这是馆藏的主要来源；二是接收撤并转机构的档案，即中华人民共和国成立以后，因各种原因，如机构改革中撤销、合并、转制的机关、团体、企业、事业单位形成的档案；三是收集历史档案，包括革命历史档案和旧政权档案；四是征集散失在社会组织和个人手中有保存价值的档案；五是档案馆之间互相交换的档案，就是馆与馆之间因行政区划的变动和档案馆结构的变化等，对档案馆馆藏和接收范围进行调整，相互移交档案。

（二）馆藏档案简介

截至2020年底，呼和浩特市档案馆馆藏档案87.6万卷（册），包括文书档案、科技档案、会计档案、专门档案、声像档案、实物档案等，起止年代为1486年至2019年。其中，形成于中华人民共和国成立前的档案计19个全宗，13549卷件。

明清档案汇集于一个全宗，计 17 件。其中明宪宗于成化二十二年（1486 年）册封锁南奔为通慧禅师的敕命，有珍贵的历史和文物价值，是全区综合档案馆现存形成时间最早的档案，为卷轴式缣帛载体。其余 16 件清代档案，为清道光至光绪年间（1821—1908 年）四朝皇帝封授官员及其亲属的诰命、敕命、功牌。

地契档案全宗内有清朝契约 139 件、民国契约 71 件。这些契约种类有官契和民契，内容涉及土地房产租赁契、典当契、买卖契，形式包括"买契""契尾""契式""执照""验契收证""契纸"，有的契约上贴有印花税票，还有少量的清朝和民国连体地契。

民国档案于 1987 年 4 月由市公安局和市法院陆续接收，已经重新整理，共 9978 卷，形成时间为 1912 年至 1949 年，包括归绥市政府、归绥县政府、归绥市警察局、归绥地方法院、归绥市商业联合会、归绥市各区公所全宗汇集，归绥市师范学校及女子师范学校全宗汇集，归绥中学恒清中学恒昌店小学全宗汇集，绥远毛织厂归绥被服厂全宗汇集，绥远省救济院、绥远省电灯面粉股份有限公司、归绥市县联合银行等 12 个全宗，主要反映国民政府时期呼和浩特地区政治、经济、民政、司法、文化教育、社会团体等方面的历史情况。

内蒙古中西部沦陷时期的档案有伪厚和市公署、伪厚和市警察局、伪厚和市屠宰场、伪巴彦县公署等 4 个全宗，共 3297 卷。档案形成于 1937 年至 1945 年，文字有汉文、蒙古文、日文、英文等，包括军事占领、殖民统治、文化侵略、奴化教育等各方面，是研究日军侵占呼和浩特地区历史的重要史料。

革命历史档案是 1985 年从内蒙古自治区档案馆复制并汇集成的一个全宗，共 47 卷，形成时间为 1948 年至 1949 年，内容包括"厚和事件"经过，归绥市军事委员会组织规章、布告，接管归绥市计划及进入归绥城物资草案、工作方案、任务与政策，绥蒙区党委对进入归绥市工作计划、方案的意见及接管归绥市、包头市的决定，绥蒙区党委关于进入归绥后工作情况以及统计调查表等。这批档案数量虽然不多，但是反映了 1949 年归绥市接管工作的具体情况。

中华人民共和国成立后档案包括市级党政机关、人民团体、企事业单位、撤并转机关和临时机构、破产企业所形成的档案。这些档案基本上反映了呼和浩特市政治、经济、文化、科学、教育、体育、卫生、艺术等方面的发展变化情况。从形成时间上，大致可划分为以下几个阶段的档案：

第一，1949 年至 1966 年的档案。主要内容有 1950 年土地改革档案，1951 年至 1954 年形成的归绥市抗美援朝工作档案，1952 年形成的中共呼和浩特市委有关“三反”和“五反”的档案、贯彻党的民族宗教政策档案，1958年“大跃进”档案、人民公社化运动档案、知识青年“上山下乡”运动档案等。其中，人民公社化运动档案数量比较多，主要有呼和浩特市人民公社化运动发展情况、东风区（今新城区）人民公社工作情况、公社生产事业组织建设情况和公社集体福利事业组织情况统计表等；知识青年“上山下乡”运动档案有市委关于呼和浩特市知识青年“上山下乡”工作办公室机构设置的批复、召开动员大会简报、市属各中学知识青年“上山下乡”统计表、宣传提纲等。

第二，1966年至1976年的档案。主要内容有市革委会常委会、市革委会全委（扩大）会、市革委会主任办公会、市委常委会、市委全委（扩大）会议的记录、纪要、议定事项、录音等，市革委会关于各级机构（包括临时机构）成立、撤销、合并、更改名称、启用公章等的决定、通知、请示、报告、批复等，内蒙古自治区、呼和浩特市关于干部调动及干部任免的报告、批复、通知等，关于下达国民经济计划、搞好增产节支和严格审查财政工作、加强财政管理的报告、批复、通知等，关于战备、征兵、民兵工作的命令、意见、报告、通知等，关于贯彻落实全国“工业学大庆、农业学大寨”会议精神和工作安排等。还有2003年从个人手中征集到的1966年至1976年的日记、票证、邮票、书信、明信片、毛泽东主席像章、袖标、唱片、年画、样板戏海报、剪纸、大字报、传单等。

第三，中国共产党十一届三中全会后档案。这个阶段的馆藏以文书档案为主。随着档案事业的发展，科技档案、会计档案、诉讼档案、婚姻档案、声像档案、著名人物和名人字画档案门类更加全面、内容日益增多。文书档案内容主要有市党代会、人代会、政协会议等各种大型会议的文件，市委常委会议、市政府常务会议、办公会议等的记录、纪要、指示及录音磁带等，有关组织、宣传、人事、纪检、监察、政法、统战、民族、宗教、民政工作、机构编制和行政区划方面的规定、指示、报告、批复等，党群、工交、财贸、文教、卫生、农牧林水部门的请示、报告、计划、统计报表及组织发展和人员变动情况，破产企业档案，国有企业退休人员人事档案，呼和浩特市人力资源和社会保障局社保档案等。此外，重大活动档案包括昭君文化节、中国民族商品交易会、中国金鸡百花电影节、“两个文明”现场会、呼和浩特市抗击非典型性肺炎活动、“三讲”教育活动、保持共产党员先进性教育活动、贯彻落实科学发展观、“三严三实”教育实践活动以及呼和浩特市庆祝内蒙古自治区成立六十周年、七十周年活动等档案。此外，名人档案、名胜档案、名产档案，家谱、剪纸、字画等各种门类和载体的档案被征集进馆，极大地丰富了馆藏档案。

（三）馆藏资料简况

呼和浩特市档案馆馆藏资料包括公共图书、报纸杂志、特种载体资料三类，共 39000 余册。

公共图书 19322 册，含清朝乾隆以来编修刊刻的《二十四史》《古丰识略》《蒙古游牧记》《绥远旗志》《归绥县志》《公主府志》等史志类文献，还有内蒙古中西部沦陷时期翻译、编印的《绥乘》（日文）、《“厚和特别市”概况》（日文）、《“蒙疆”天主教大观》（日文）等。另有文件汇编 1986 册，包括各时期政策汇编，组织、宣传、统战等基本情况统计资料。报纸杂志 16946 份，包括中华人民共和国成立前老一辈革命家创刊的杂志合订本《新青年》《工人之路》《湘报》《向导》等，《人民日报》《解放军报》《中国农民报》《光明日报》《经济日报》《工人日报》等报纸合订本 4568 本，还有《红旗》《求是》《实践》《新华月报》《新华文摘》《历史知识》《民国档案》《世界博览》等杂志。特种载体资料 89 件，主要有归绥市国民党部长名戳和蓝底白字徽章、绥远省人民政府工作人员徽章、归绥市人民政府各单位工作人员徽章、归绥市各界代表会纪念章及部分音像资料等。

（四）利用情况概述

呼和浩特市档案馆设有专门的开放档案查阅室和政府政务信息公开公共查阅室，为利用者提供了极大的便利。

多年来，呼和浩特市档案馆通过提供档案原件、档案复制件和档案汇编材料等形式为读者提供服务，采取接待查阅、函电代查等方式，先后为编史修志、学术研究、落实政策、总结经验、工资调级、评定职称、确定工龄、解决各类纠纷以及领导决策提供参考依据。为更有效地开发档案信息资源，更好地满足读者需求，呼和浩特市档案馆编制了一系列检索工具，包括指南、目录、索引等。指南有《档案馆指南》和《全宗指南》；目录有书本式、卡片式和机读目录三种；索引有卡片式、簿册式人名索引，包括人事档案人名索引、评残档案人名索引、历史档案人名索引、诉讼档案人名索引（多按姓氏笔画或汉语拼音音序排列）。呼和浩特市档案馆通过档案专题汇编的形式挖掘馆藏、开发档案价值，为利用者提供了解相关档案的工具书，主要有《1945—1949 年归绥市工商业同业公会档案简况》、日伪统治归绥地区史料专题汇编之《伪蒙疆政权时期的“巴彦塔拉盟”——

呼和浩特市档案局（馆）专题档案概况》《日伪统治时期的归绥——呼和浩特市档案局（馆）专题档案概况》等。近年来，馆内还编制机读目录，建立了档案数据库，录入案卷级、文件级目录60余万条供检索，拓宽了档案利用途径，为利用者查全、查准提供了技术保障。

编辑说明

本书采用分类遴选档案并影印的方式，对呼和浩特市档案馆藏民国时期教育档案资料进行专题介绍。编辑过程中，为能全面、准确地反映馆藏档案情况，最大限度地为使用者提供便利，编者进行了相关整理，现说明如下：

一、本书收录的档案图版全部来自呼和浩特市档案馆馆藏，均为首次出版，时间起自 1934 年，止于 1949 年 9 月 30 日。

二、本书依据呼和浩特市档案馆藏民国时期教育档案集中反映的内容，按专题分编为教育总览卷、初等教育卷、中学教育卷、师范教育卷、学前教育卷、职业教育卷、社会教育卷七卷。每一卷均包含本卷档案概述文字资料和相应的档案图版。

三、本书各卷依据档案图版内容分类编排，各类内部以时间为序。因各卷图版所涉内容不同，故分设的类别也有所不同。各类内部又根据内容及内在逻辑，尽可能分成更小的类别，小类别不在目录及标题部分专门标注，每个小类内部均尽可能按照时间顺序排列。

四、档案图版的选择原则为内容适合篇章主题，以清晰且有代表性为主。具体选择时，参照以下原则：

（一）注重内容及事件的连贯性。如报请类呈文，尽量与上级机关的批示同时选用。针对学校教育的相关特点、具体事件，依照发展过程，逐一选择，予以收录。

（二）为保证内容完整，大部分档案尽可能选用全部页面。篇幅较大者，页面择优选用。部分花名册、统计表等以能充分展现原档案内容为主，对原件图片进行节选。

（三）个别档案中涉及部分学校迁往他地并在他地形成的档案资料，也按呼和浩特地区档案进行选择。

五、各图版序号在全书中具有唯一性，主要由三部分构成：卷名、类名、在本类中的位置。现以“图 1–1–1”为例，将图序结构说明如下：

第一个“1”指卷名。如第二条所述，全书共包括七卷，编号依次为 1 至 7。其中，教育总览卷编号为“1”。

第二个“1”指类名。教育总览卷分设“一　政策法规”“二　教育制度”“三　组织机构”“四　教育现状”“五　教育动态”“六　教育活动”“七　调查统计”等七类，另有“附录　内蒙古中西部沦陷时期教育总览档案”，编号依次对应 1 至 7 及“附录”。其中，“一　政策法规”类编号为“1”。不同卷次类号分别从 1 起排。

第三个“1”指出现在“一　政策法规”类中的第一张图。此后序号依次递增，直至本类结束。不同类别内部图序分别从 1 起排。

六、为方便读者查阅，档案名称以呼和浩特市档案馆拟定档案标题为主，对其中存在的缺字现象，采用编者注的方式进行补充，补字部分用六角括号“〔 〕”。关于档案形成时间，无法准确判断年份的，以“□年”表示；根据同类档案推测出来的时间加“[ ]”以示区别。

总目录

分卷目录

学前教育卷

职业教育卷

社会教育卷

学前教育卷

呼和浩特市档案馆藏
民国时期学前教育档案概述

学前教育是基础教育的有机组成部分，是学校教育的基础阶段。在 1904 年公布的《奏定学堂章程》（“癸卯学制”）中，学前教育第一次被纳入国家学制的范畴中，并对其机构名称、教育宗旨、招生对象等做了明确规定，从此我国公共学前教育的制度和体系正式诞生。初创期的学前教育尽管发展缓慢，但其历史价值不容小觑。

本卷所选的呼和浩特市档案馆藏民国时期呼和浩特地区学前教育相关档案，内容涵盖行政工作、总务工作、教育活动等三大部分。其中，行政工作档案 7 件，总务工作档案 6 件，教育活动档案 1 件。另有附录选内蒙古中西部沦陷时期学前教育档案 6 件。档案文种涉及呈文、训令、指令、函件、统计表、预算书、试卷等多种形式，勾勒了 1935 年至 1947 年这一时期呼和浩特地区学前教育发展的基本样貌，为后续的深入研究留存了宝贵的历史材料和证据。

在学前教育行政工作方面，这一时期的教育行政部门能够事无巨细，大到制度建设，小到颁办钤记，对辖区幼儿园从严监督管理。首先能够与时俱进，及时废止已不适用于当时学前教育实践的相关文件规定，并颁布和完善新的管理办法。例如在 1948 年 1 月，随着《捐资兴办社会福利事业褒奖条例》和《社会部奖惩育婴育幼事业暂行办法》两个新规的出台，此前的《私立托儿所监督及奖励办法》被废止。其次是注重依法管理，对于不符合办园规范的幼儿园坚决取缔。例如在 1947 年 10 月，前私立圣家女子小学当年已停办，其附设幼稚园本应同时结束招生办学，但它却在未办理任何手续的情况下存续。教育行政部门及时介入，发现其不仅没有正规办园手续，而且是“以外国人之资格而主持中国之教育”,完全不合法令,责令立即予以取缔。再次是加强过程管理及指导，但凡幼儿园举办开学仪式、儿童节联欢、结业仪式等重大活动时，教育行政部门均会指派专员前往参加并训话，以表示教育主管部门对于学前教育的重视。

从尘封的历史档案中，我们也见证了一所私立幼儿园——绥远省归绥市妇女会私立复兴幼稚园从无到有的诞生过程。1946 年，为满足当时社会的需求及家长的呼声，归绥市妇女会决定筹募幼稚园基金成立一所幼稚园。这一决定也得到教育部门的大力支持，并发文邀请有关机关协助。妇女会本着“推行幼稚教育，为幼童谋求福利”的初心，筹备了晋剧名伶表演及各种歌舞魔术节目，举办了为期 3 天的游艺大会，募足基金 500 万元，成功开办私立复兴幼稚园。该园有房屋 5 间，设两个班级，计划招收 4 ~ 6 岁儿童 60 名，并从总纲、设备、编制及课程、训育、入园及结业等方面出台了较为完备的组织简章。其办园宗旨为“增进幼稚儿童身心之健康，培养国民道德之基础及生活必需之基本知识技能和优良习惯”，可以看出当时的学前教育注重对幼儿的体育、德育和智育的培养。其办学设备较为完备，除教室、桌椅、恩物、游戏器具，还有宽广的运动场和饲养动物处，一切设备“以求适合幼稚儿童之生理及心理”。幼儿入园时依照年龄智力进行编班，每个班级以 25 人为原则，最多不超过 35 人，课程及教学时间均与教育部规定保持一致。组织简章中还特别提到了幼儿的训育问题，要求从幼儿的各项个体活动和团体活动着手，以训导团制为主要形式，“培养其关于人生基本优良习惯”，可见当时的学前教育工作者已经意识到学前教育的基础性地位，以及它对于幼儿今后长期学习与发展的重要意义，注重幼儿的养成教育。值得一提的是，该园的办园性质虽是私立幼儿园，推行的却是免费教育，不收取学费和一切杂费，只是酌情收取一定的点心（餐）费，这是非常难得和具有进步意义的。

档案也展示了有关学前教育的两次大型调查活动。一次是为准确掌握当时各所幼儿园的基本办学情况，教育主管行政部门在 1948 年 2 月发起了一场教育全面摸底工作，令各县市所有县市立、私立或省立中心国民学校、国民学校小学以及单独设置的幼稚园，以上一年度第二学期为依据，按照乡镇（或区）区域，造册列报校（园）名、校（园）址及校（园）长或主任姓名、性别等概况，以及原有校园变更信息。本次的学前教育摸底，为全市下一步学前教育机构的规划及发展提供了重要依据，也为中华人民共和国成立后学前教育事业得以初步发展提供了契机。另一次是对于孤儿残老院、托儿所、育婴堂及盲哑教育的调查，要求分区域上报相关院所机构的孤儿人数、残老人数、婴幼儿人数及盲哑教育人数，并分男女进行统计造册。该调查重在关注当时社会中一些特殊人群，诸如孤儿、残疾人等，这对于各区域的学前教育园所布局和结构调整均有十分重要的现实意义，同时也显示特殊教育在那个时期已经存在并发挥着一定作用。

在学前教育总务工作方面，档案所呈现的主要是物资校产管理及总务勤杂管理，折射出当时总务工作的细致与琐屑。例如，前幼稚园院内存放了一些木料和铁条无人保管，警备司令部已拉走碎铁 200 斤，需向上级教育主管部门呈报；恒昌店女子小学存放着前伪幼稚园的相关遗留物品，需要将其移交给省立归绥民众教育馆保管，教育行政部门也需要派专人前往接收。在《归绥市立幼稚园校具什物数量表》中，可以看到当时幼稚园的基本物资配置还是相当简陋的。

附录中的 6 件内蒙古中西部沦陷时期学前教育档案，体现出该时期呼和浩特地区学前教育状况。如《“厚和市立东落凤街正义小学”为呈送幼稚班开办费预算书每月经常费预算书及计划书致“厚和特别市公署”呈（附计划书和每月经常费预算书）》（1938 年 8 月 8 日）中各个细节均体现出日本侵略者试图从幼儿开始实施殖民化教育，体现出其对归绥人民进行奴化的野心。

总之，呼和浩特市档案馆藏民国时期学前教育档案，为我们提供了丰富的资料，不仅具有重要的历史价值，也有着重要的学术价值，值得广大教育研究者去深入发掘。

一　行政工作

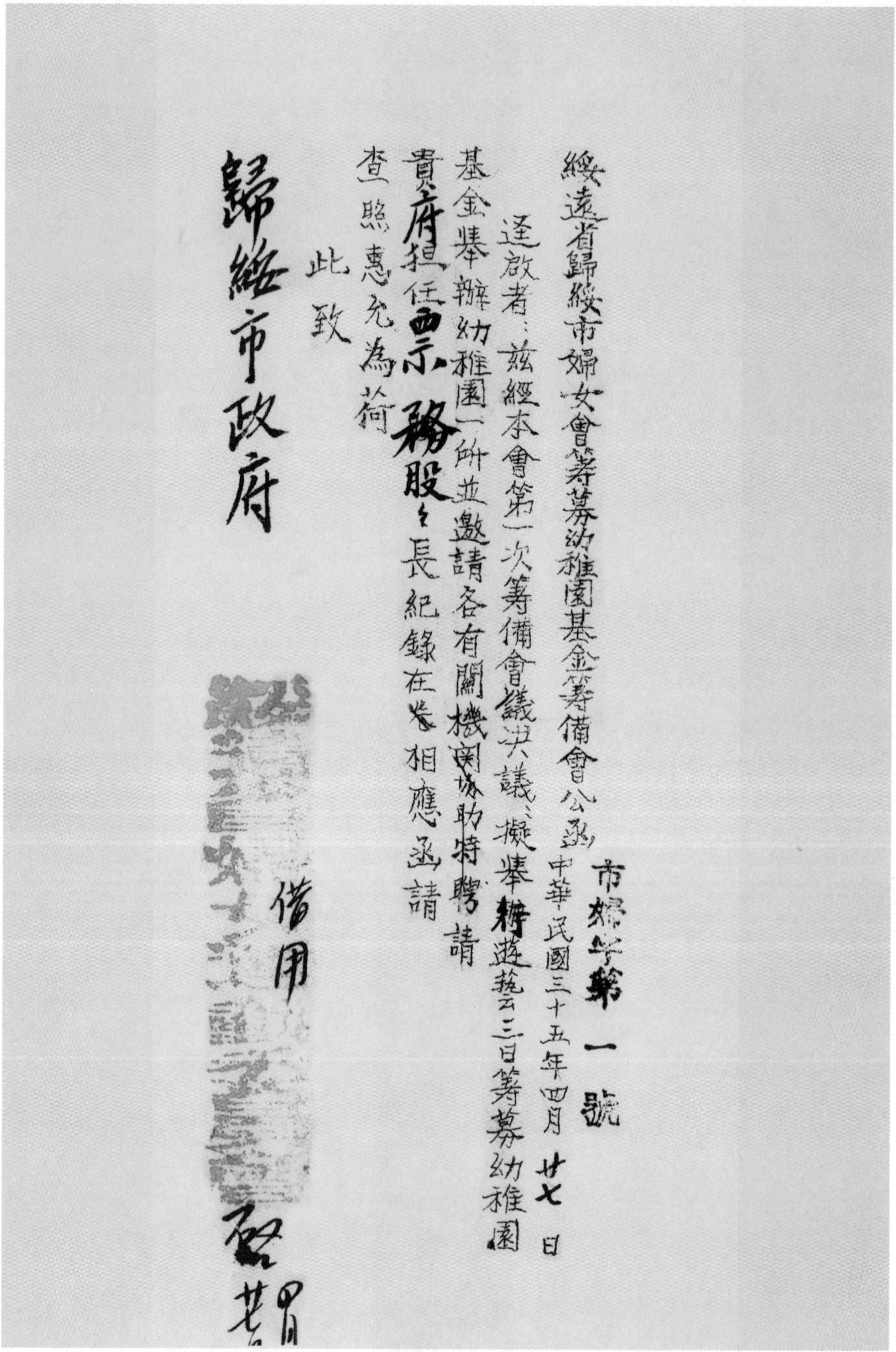

綏遠省歸綏市婦女會籌募幼稚園基金籌備會公函

市婦字第一號

中華民國三十五年四月廿七日

逕啟者：茲經本會第一次籌備會議決議：擬舉辦遊藝三日籌募幼稚園基金舉辦幼稚園一所並邀請各有關機關協助特聘請

貴府担任票務股股長紀錄在卷相應函請

查照惠允為荷

此致

歸綏市政府

借用

图 5-1-1　绥远省归绥市妇女会筹募幼稚园基金筹备会为聘请担任游艺会票务股股长致归绥市政府公函（1946 年 4 月 27 日）

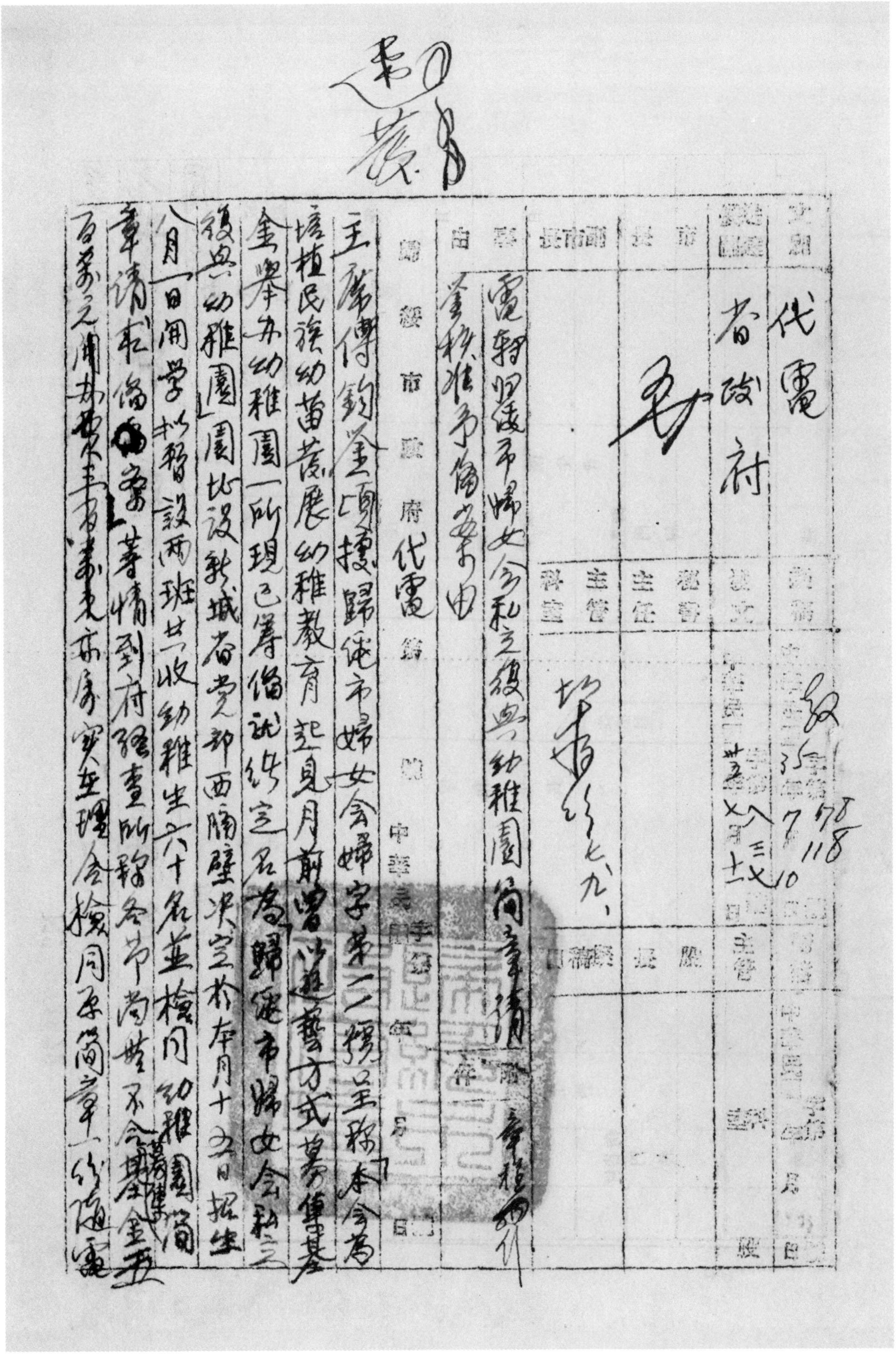

省政府 代電

電轉歸綏市婦女會私立復興幼稚園簡章請鑒核准予備案由

歸綏市政府代電

主席傅鈞鑒：頃據歸綏市婦女會婦字第一號呈稱：本會為培植民族幼苗，發展幼稚教育起見，月前曾以遊藝方式募集基金，舉辦幼稚園一所，現已籌備就緒，定名為歸綏市婦女會私立復興幼稚園，園址設新城省党部西隔壁，決定於本月十五日招生，八月一日開學，擬暫設兩班，共收幼稚生六十名，並檢同幼稚園簡章，請求備案等情，到府，經查所稱各節尚無不合，[illegible]，理合檢同原簡章一份，隨電

图 5-1-2　归绥市政府为转呈归绥市妇女会私立复兴幼稚园简章致绥远省政府代电（附归绥市妇女会呈文）（1946 年 7 月 6 日）（一）

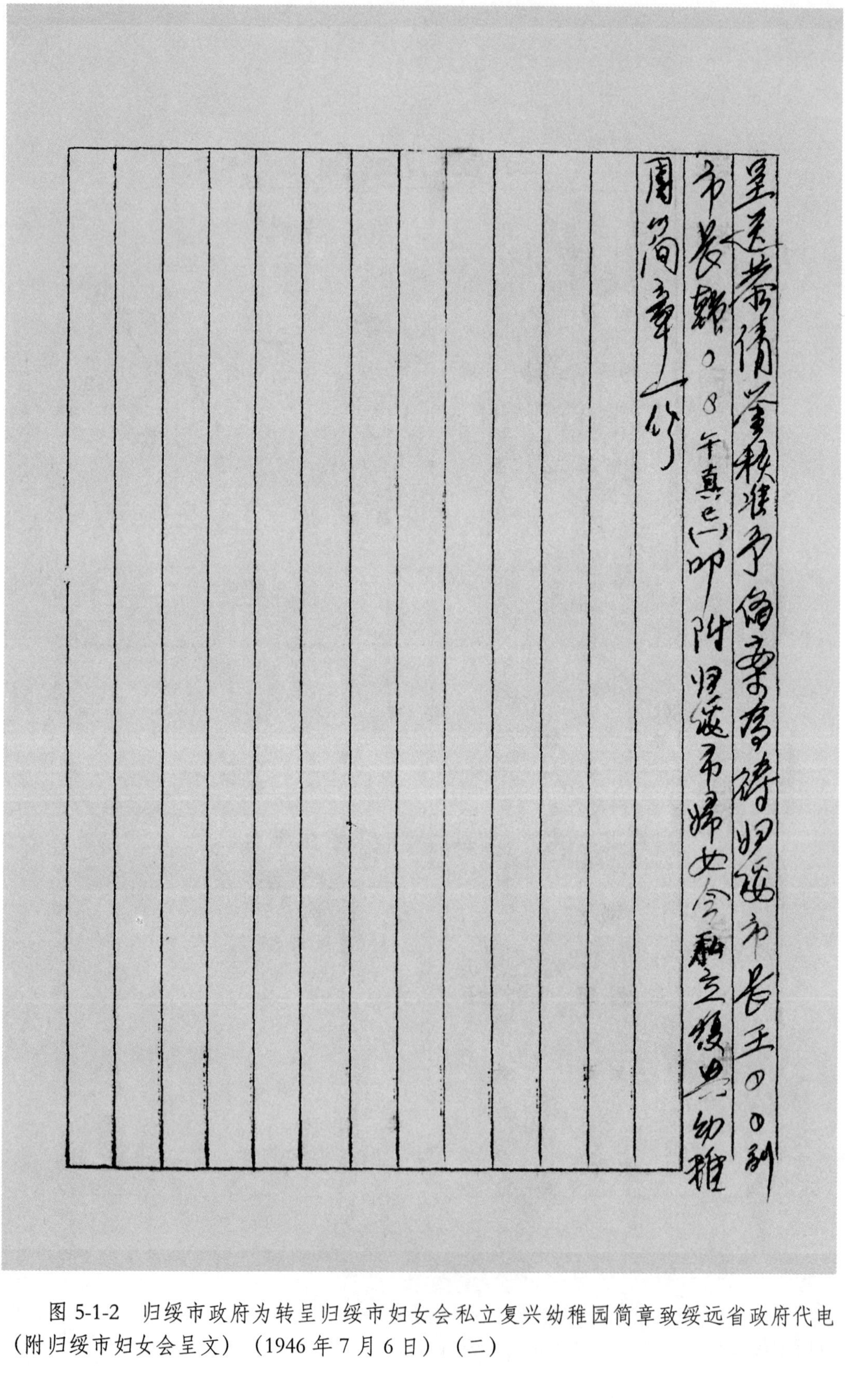

呈送，恭请
鉴核，准予备案为祷。归绥市长王〇〇、副
市长魏〇〇。午真巳（印）叩。附归绥市妇女会私立复兴幼稚
园简章一份

图 5-1-2　归绥市政府为转呈归绥市妇女会私立复兴幼稚园简章致绥远省政府代电（附归绥市妇女会呈文）（1946 年 7 月 6 日）（二）

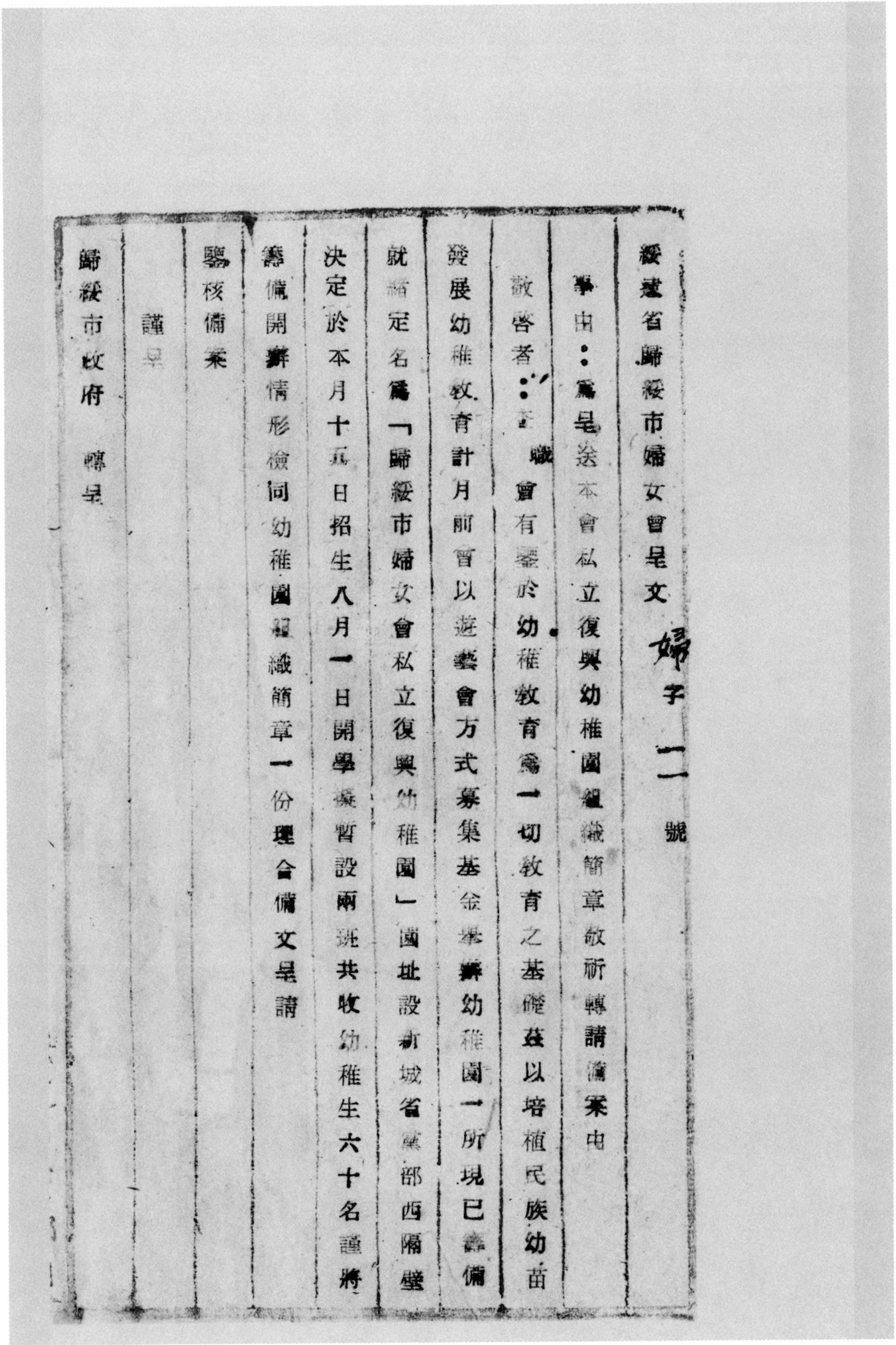

綏遠省歸綏市婦女會呈文　婦字二一號

事由：爲呈送本會私立復興幼稚園組織簡章敬祈轉請備案由

敬啓者：查　職

會有鑒於幼稚教育爲一切教育之基礎玆以培植民族幼苗

發展幼稚教育計月前曾以遊藝會方式募集基金籌辦幼稚園一所現已籌備

就緒定名爲「歸綏市婦女會私立復興幼稚園」園址設新城省黨部西隔壁

決定於本月十五日招生八月一日開學擬暫設兩班共收幼稚生六十名謹將

籌備開辦情形檢同幼稚園組織簡章一份理合備文呈請

鑒核備案

謹呈

歸綏市政府　轉呈

图 5-1-2　归绥市政府为转呈归绥市妇女会私立复兴幼稚园简章致绥远省政府代电（附归绥市妇女会呈文）（1946 年 7 月 6 日）（三）

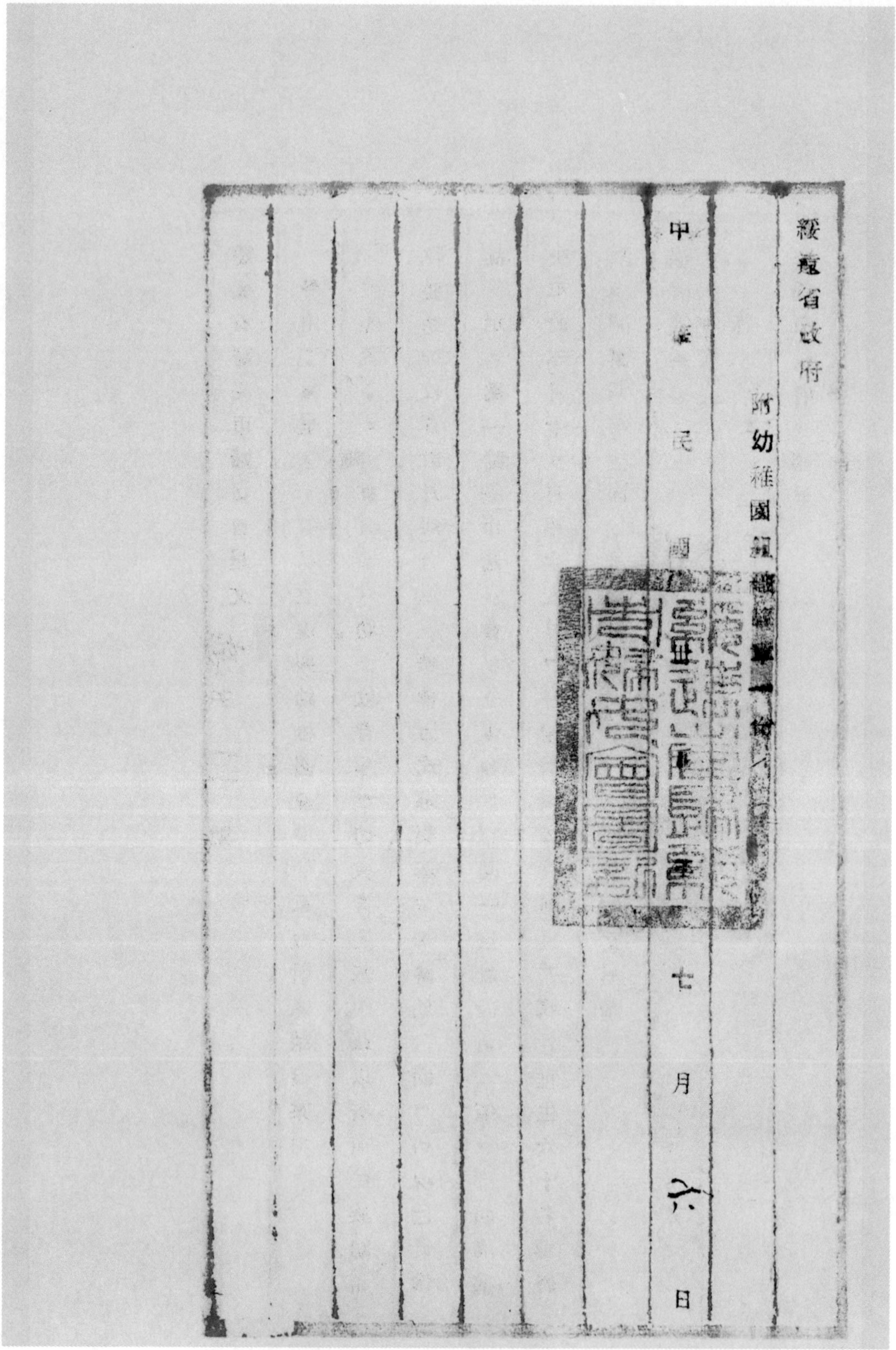

綏遠省政府

附幼稚園組織簡章一份

中華民國 七月 六 日

图 5-1-2　归绥市政府为转呈归绥市妇女会私立复兴幼稚园简章致绥远省政府代电（附归绥市妇女会呈文）（1946 年 7 月 6 日）（四）

歸綏市婦女會私立復興幼稚園簡章

第一章 總則

第一條 本園定名為歸綏市婦女會私立復興幼稚園（以下簡稱本園）

第二條 本園遵照中華民國教育宗旨及其實施方針以增進幼稚兒童身心之健康培養國民道德之基礎及生活必需之基本知識技能和優良習慣

第三條 本園設主任一人掌理全園行政教師四人分任一切訓育事宜事務員一人承主任之命處理一切事務工友一人整理園內一切雜務

第四條 本園收受實足四歲至六歲之兒童修業年限一年或二年

第五條 本園學年學期及休假日期均按照教育部之規定辦理之

第六條 本園概不收學費及一切雜費只酌收點心費

第七條 本園基金已募足五百萬元開辦費三百萬元

第二章 設備

第八條 本園選定新城東大街門牌三十號內有房屋五間為極便幼稚兒童遊學之地點且有寬廣之運動場及優良之環境

第九條 本園桌椅完全按幼稚兒童身長之度數做成以求適用

第十條 本園對於幼稚兒童之衛生完全參照學校設施方案如飲料飲具點心及一切用具均力求清潔適用

第十一條 本園運動場校園飼養動物處面積約合[illegible]方丈

第十二條 兒童恩物遊戲器具衛生器具等由本園自行購置以後視需要陸續補充之

第十三條 兒童一切用品由本園供給以求適合幼稚兒童之生理及心理

第十四條 本園組織消費合作社以低廉之價格售給兒童適量之點心等食品或適合兒童身心需要之用品與玩具等

图 5-1-2 归绥市政府为转呈归绥市妇女会私立复兴幼稚园简章致绥远省政府代电（附归绥市妇女会呈文）（1946 年 7 月 6 日）（五）

第三章　編制及課程

第十五條　學級編制於兒童入學時依其年齡智力等分別編制

第十六條　學額[illegible]每級以二十五人為原則至少十五人至多不得超過三十五人

第十七條　所有科目及每日教學時間均以部章為標準

第四章　訓　育

第十八條　利用幼稚兒童種種活動以求其應有之快樂與幸福並培養其適於人生基本優良習

第十九條　本園為訓練幼稚兒童團體生活施行種種集團活動

第二十條　本園為便利適切教育起見施行訓導制訓導員由各教員負責

第二十一條　注重平時測驗隨時登記以作訓導員之參考

第五章　入園及結業

第二十二條　入園年齡為四足歲但有特殊情形亦得酌收五足歲至六足歲之兒童

第二十三條　兒童因身體影響或家庭特殊情形得請求休學一學期或一學年期滿後復學

第二十四條　兒童因身體影響或家庭特殊情形經本園調查屬實者得准予轉學或退學

第二十五條　兒童修業期滿考查成績及格者由本園發給結業證書

第六章　附　則

第二十六條　本簡章如有未盡事宜得隨時修改之修改後並呈報主管官署備案

图 5-1-2　归绥市政府为转呈归绥市妇女会私立复兴幼稚园简章致绥远省政府代电（附归绥市妇女会呈文）（1946 年 7 月 6 日）（六）

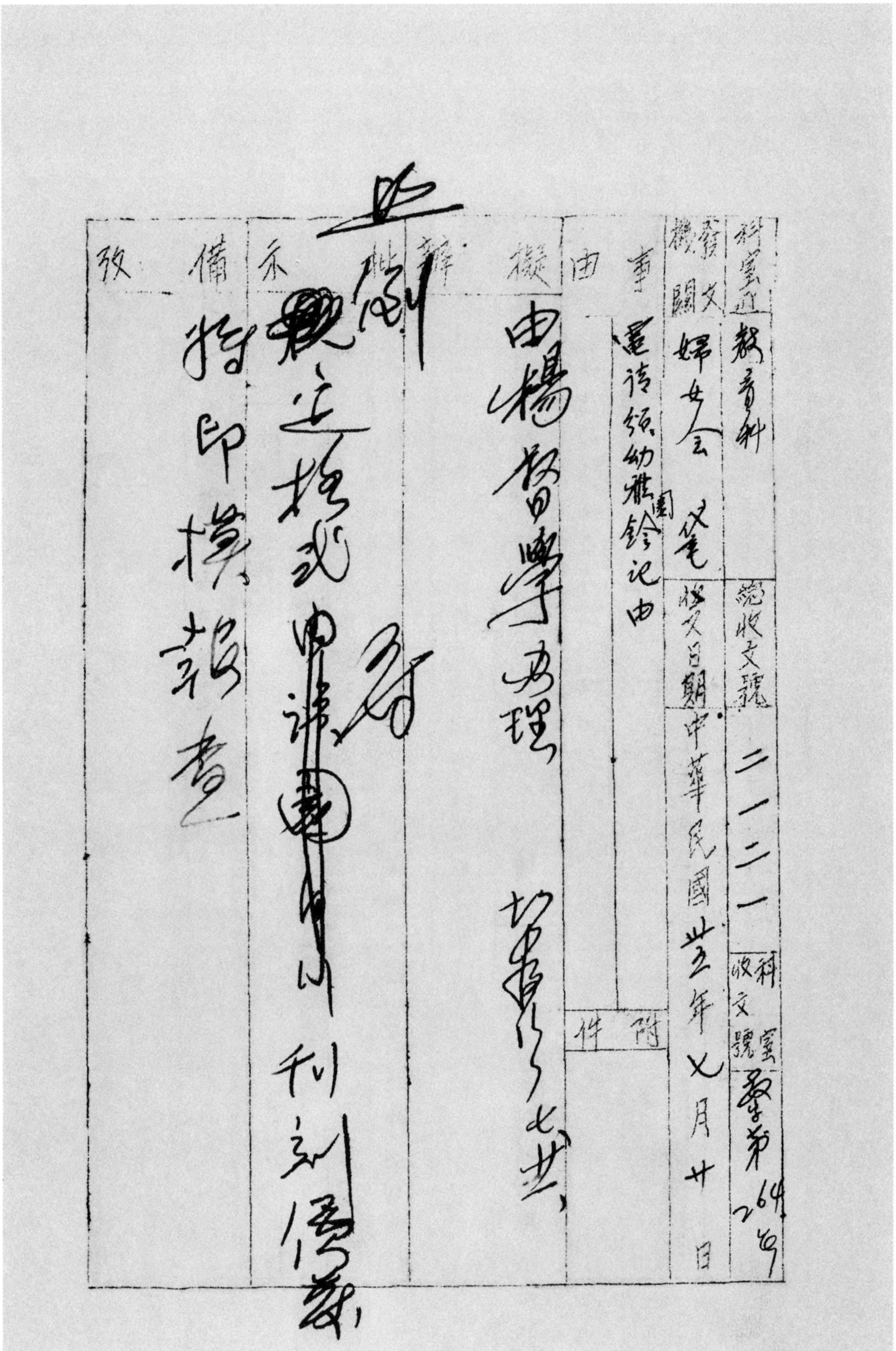

科室送 教育科
發文機關 婦女会
總收文號 二一二一
收文日期 中華民國卅五年七月廿日
科室收文號 教字第264號
事由 呈請頒發幼稚園鈐记由
擬辦 由楊督學办理 七廿
附件
備考 將印模報查

图 5-1-3　绥远省归绥市妇女会申请颁发私立复兴幼稚园钤记的代电及归绥市政府准予颁发的批示（1946 年 7 月 20 日）（一）

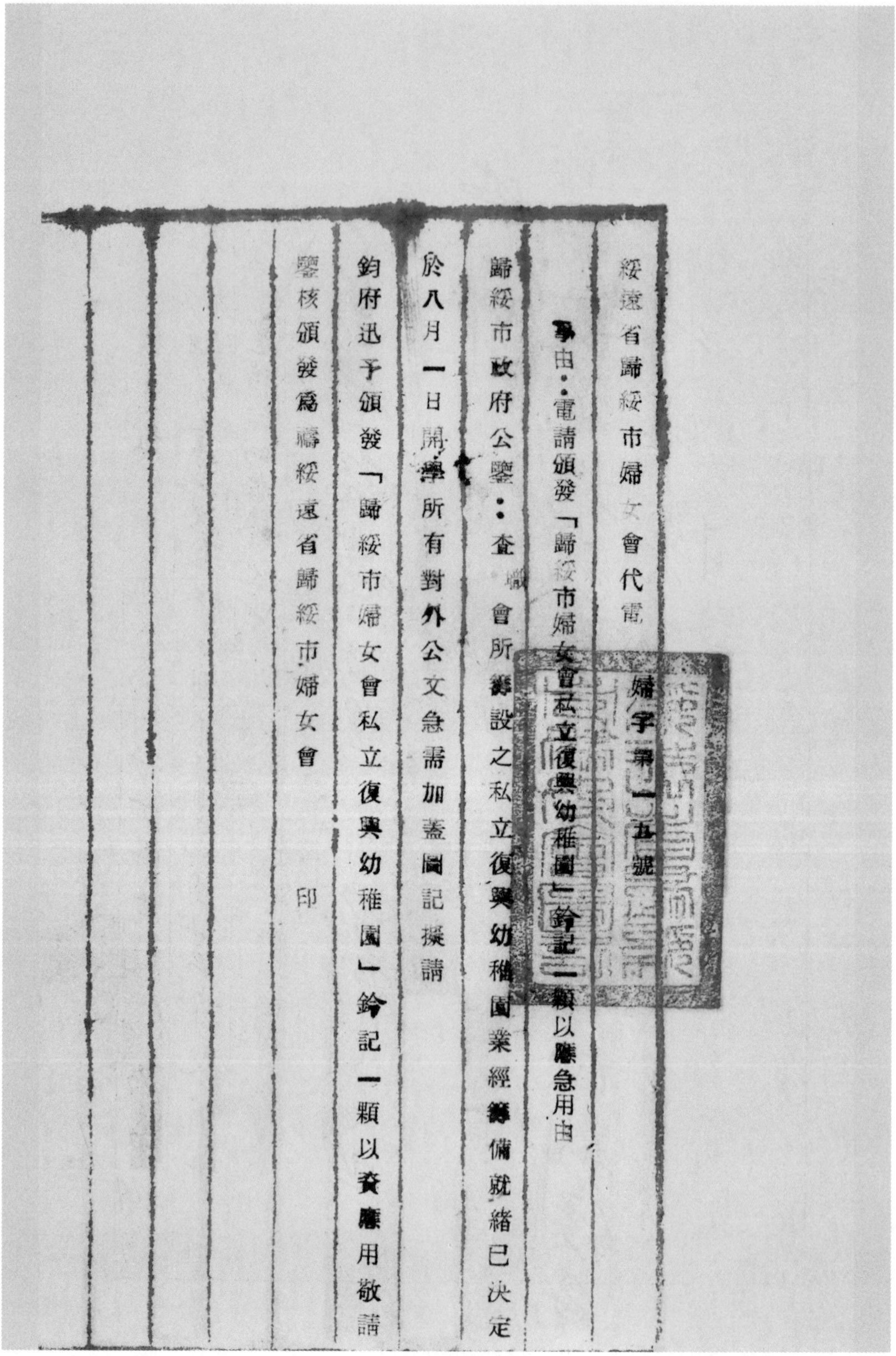
綏遠省歸綏市婦女會代電　婦字第一五號

事由：電請頒發「歸綏市婦女會私立復興幼稚園」鈐記一顆以應急用由

歸綏市政府公鑒：查 職會所籌設之私立復興幼稚園業經籌備就緒已決定

於八月一日開學所有對外公文急需加蓋圖記擬請

鈞府迅予頒發「歸綏市婦女會私立復興幼稚園」鈐記一顆以資應用敬請

鑒核頒發為禱綏遠省歸綏市婦女會

印

图 5-1-3　绥远省归绥市妇女会申请颁发私立复兴幼稚园钤记的代电及归绥市政府准予颁发的批示（1946 年 7 月 20 日）（二）

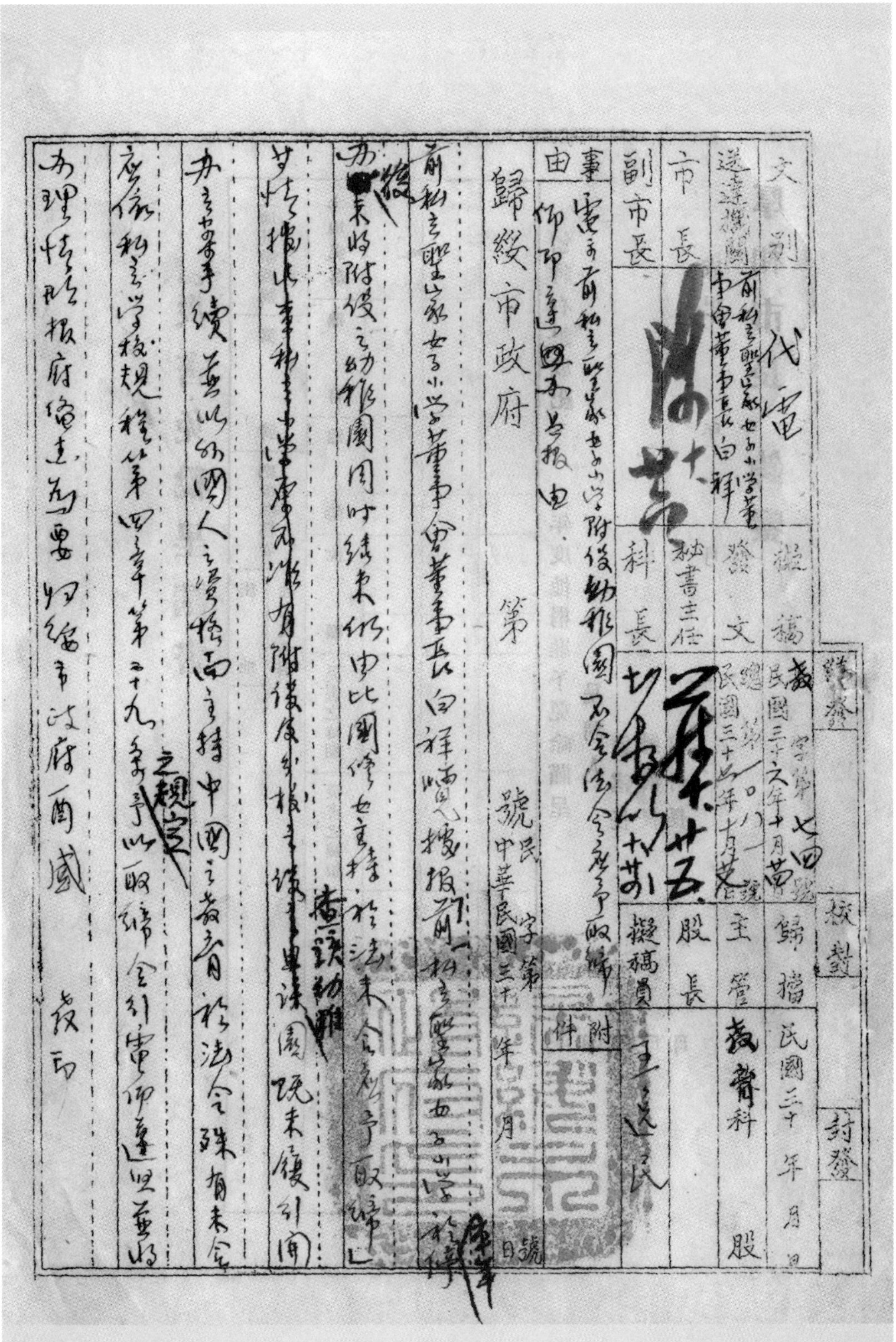

图 5-1-4 归绥市政府为附设幼稚园不合法令应予取缔致前私立圣家女子小学董事会代电（1947 年 10 月 27 日）

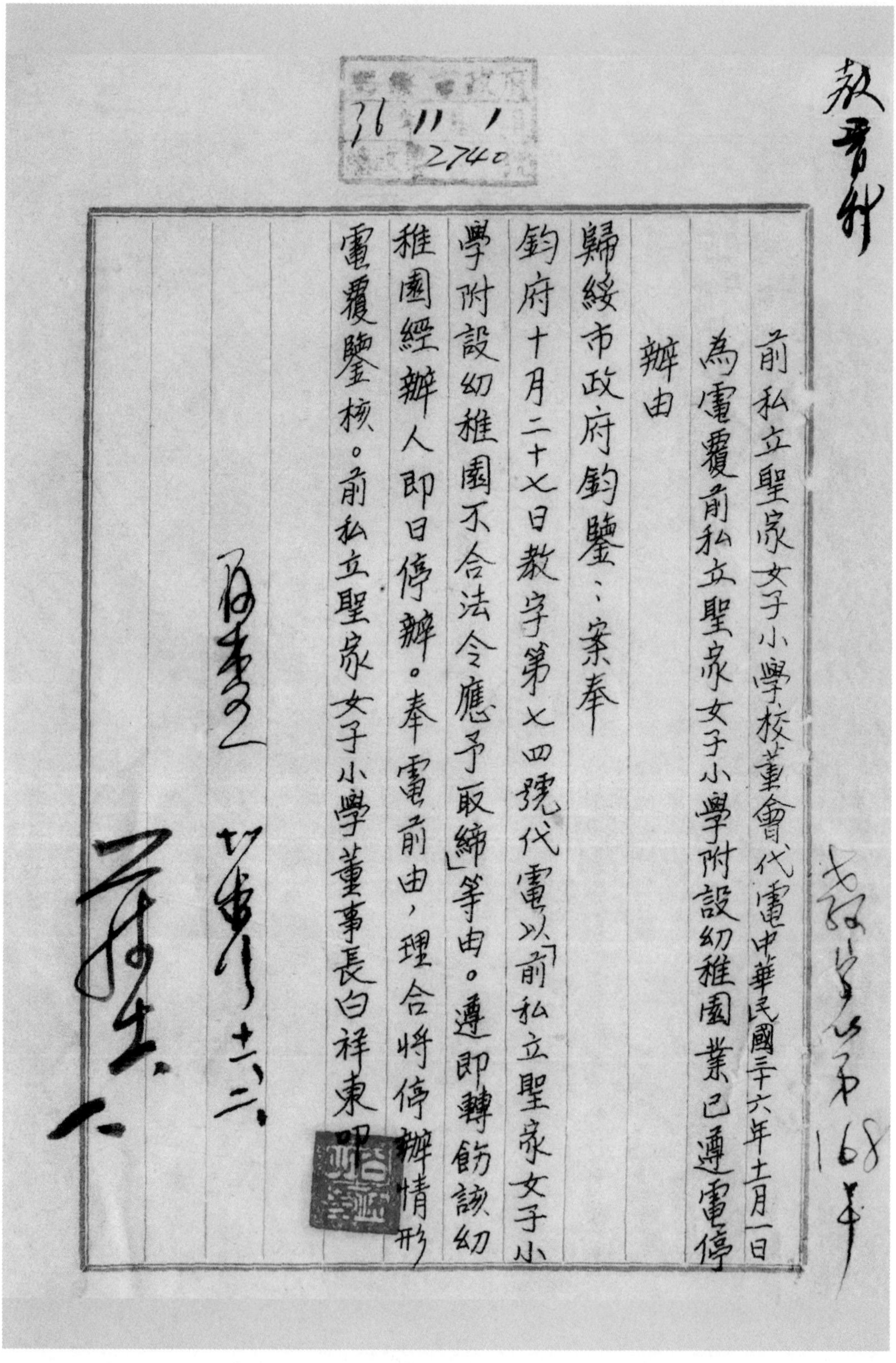
前私立聖家女子小學校董會代電　中華民國三十六年十一月一日

為電覆前私立聖家女子小學附設幼稚園業已遵電停辦由

歸綏市政府鈞鑒：案奉

鈞府十月二十七日教字第七四號代電以「前私立聖家女子小學附設幼稚園不合法令應予取締」等由。遵即轉飭該幼稚園經辦人即日停辦。奉電前由，理合將停辦情形電覆鑒核。前私立聖家女子小學董事長白祥東叩

图 5-1-5　前私立圣家女子小学校董会为附设幼稚园业已遵电停办致归绥市政府代电（1947 年 11 月 1 日）

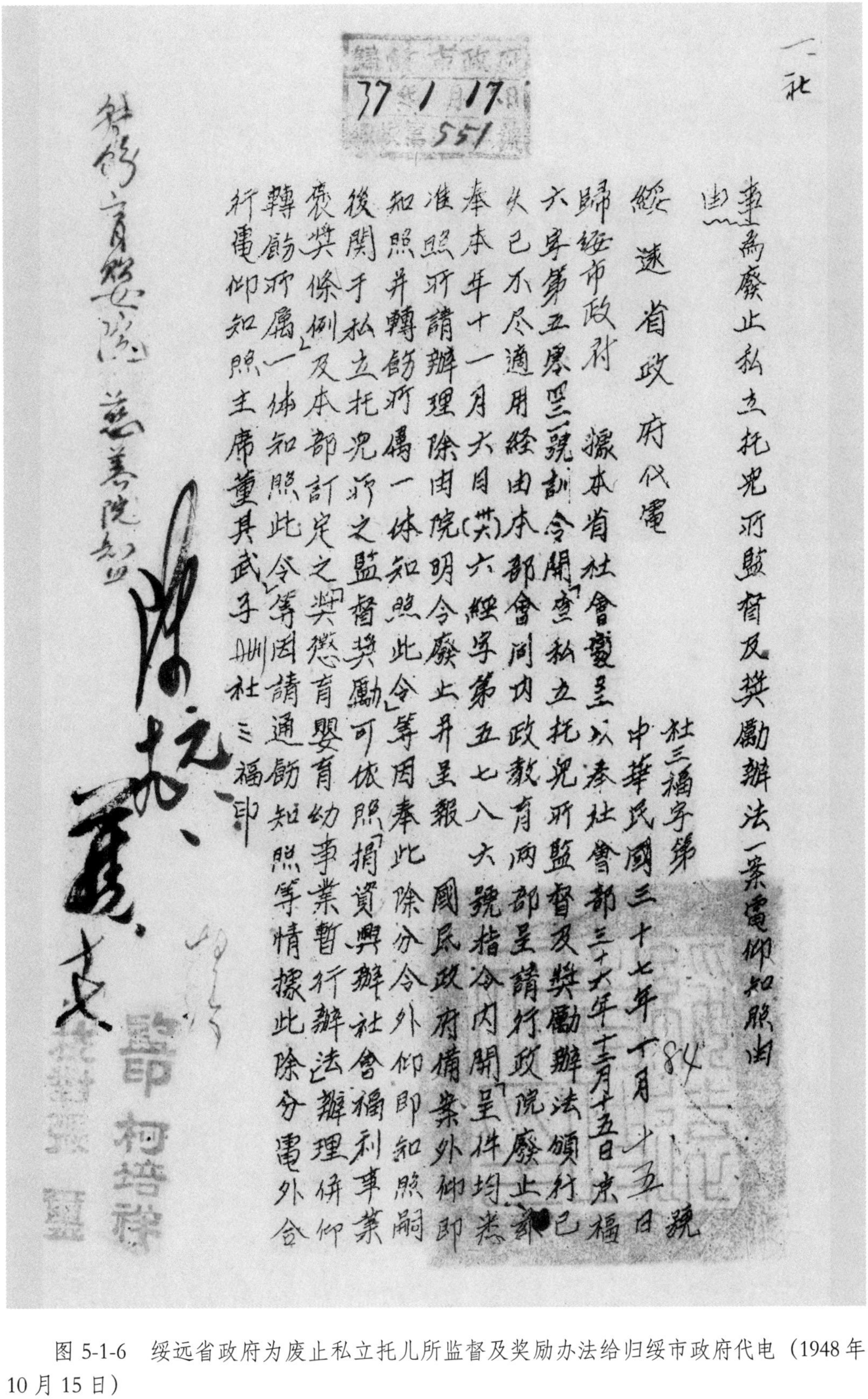
37 1 17
551

社

事由：為廢止私立托兒所監督及獎勵辦法一案電仰知照由

綏遠省政府代電

社三福字第　　號
中華民國三十七年十月十五日

歸綏市政府　據本省社會處呈：以奉社會部三十六年十二月十五日京福六字第五四三一號訓令開：「查私立托兒所監督及獎勵辦法頒行已久，已不盡適用，經由本部會同內政、教育兩部呈請行政院廢止。茲奉本年十一月六日（卅六）六經字第五七八六號指令開：『呈件均悉，准照所請辦理，除由院明令廢止并呈報國民政府備案外，仰即知照，并轉飭所屬一體知照。此令。』等因，奉此，除分令外，仰即知照。嗣後關于私立托兒所之監督獎勵，可依照『捐資興辦社會福利事業褒獎條例』及本部訂定之『獎懲育嬰育幼事業暫行辦法』辦理，并仰轉飭所屬一体知照。此令。」等因，請通飭知照等情。據此，除分電外，合行電仰知照。主席董其武。午刪。社三福印

轉飭育嬰院、慈善院知照

監印　柯培祥

图 5-1-6　绥远省政府为废止私立托儿所监督及奖励办法给归绥市政府代电（1948 年 10 月 15 日）

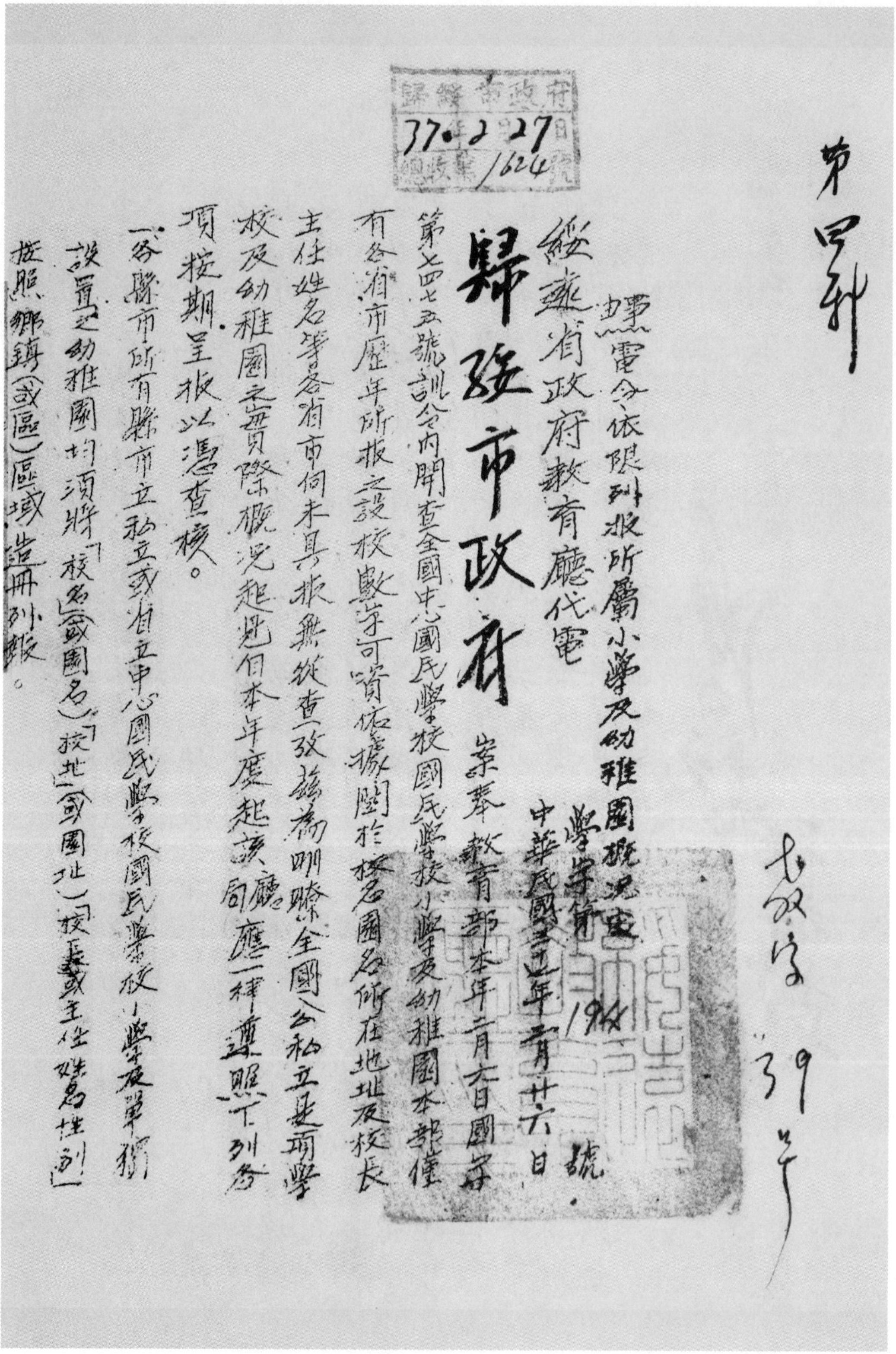

第四科

歸綏市政府
37.2.27 日
總收第1624號

事由：為電令依限列報所屬小學及幼稚園概況由

綏遠省政府教育廳代電　學字第1944號

歸綏市政府　中華民國三十七年二月廿六日

案奉教育部本年一月六日國字第七四七五號訓令內開查全國中心國民學校國民學校小學及幼稚園本部僅有各省市歷年所報之設校數字可資依據關於校名園名所在地址及校長主任姓名等各省市向未具報無從查考致難明瞭全國公私立各項學校及幼稚園之實際概況起見自本年度起該廳局應一律遵照下列各項按期呈報以憑查核。

一、各縣市所有縣市立私立或省立中心國民學校國民學校小學及單獨設置之幼稚園均須將「校名（或園名）」「校址（或園址）」「校長或主任姓名」按照鄉鎮（或區）區域造冊列報。

图 5-1-7　绥远省政府教育厅为依限列报所属小学及幼稚园概况致归绥市政府代电（1948 年 2 月 26 日）（一）

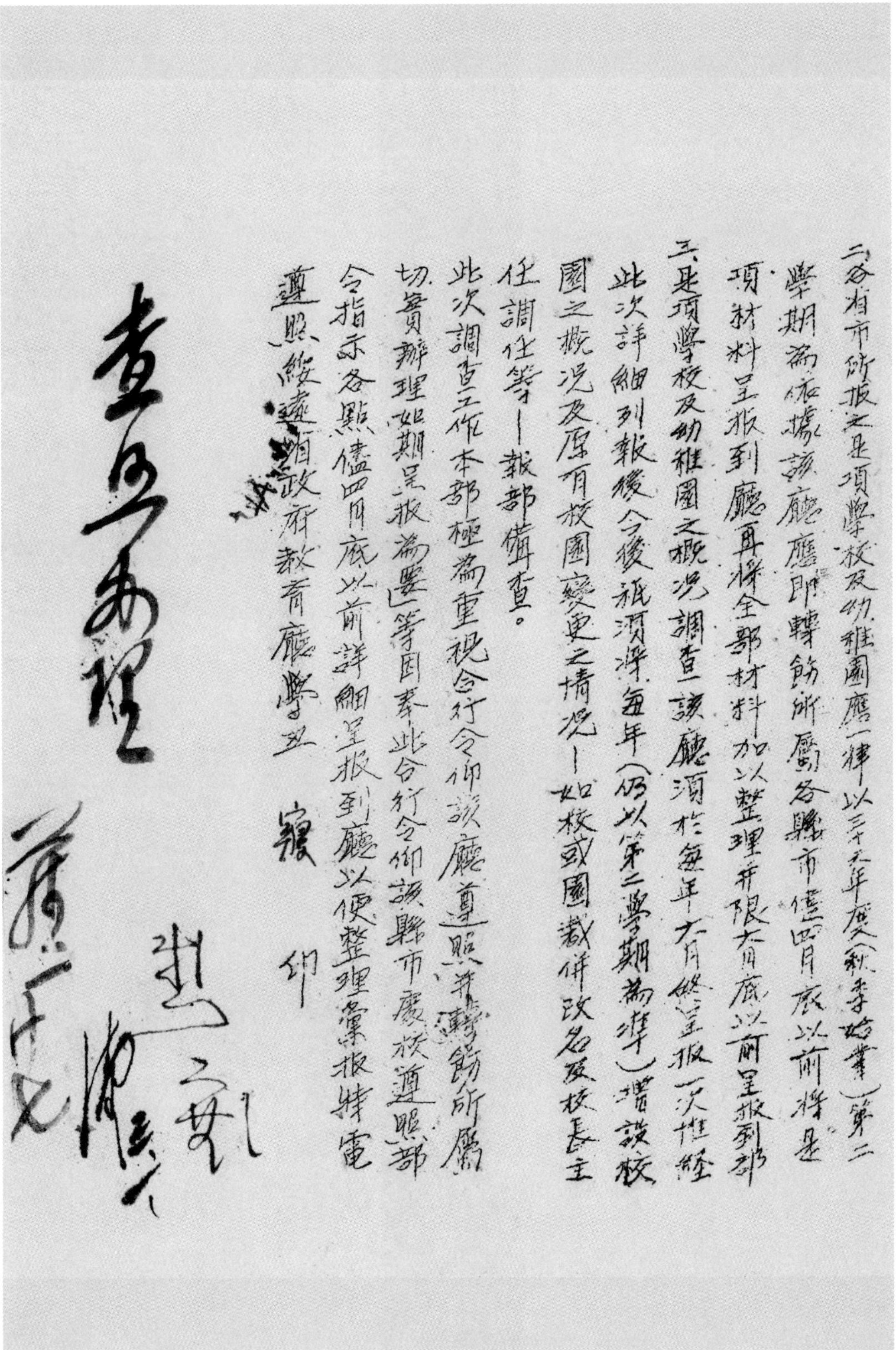

二、各省市所報之是項學校及幼稚園應一律以三十六年度（秋季始業）第二學期為依據該廳應即轉飭所屬各縣市儘四月底以前將是項材料呈報到廳再將全部材料加以整理並限六月底以前呈報到部
三、是項學校及幼稚園之概況調查該廳須於每年六月終呈報一次惟經此次詳細列報後今後祗須準每年（仍以第二學期為準）增設校園之概況及原有校園變更之情況——如校或園裁併改名及校長主任調任等——報部備查。
此次調查工作本部極為重視合行令仰該廳遵照並轉飭所屬切實辦理如期呈報為要」等因奉此合行令仰該縣市府飭校遵照部令指示各點儘四月底以前詳細呈報到廳以便整理彙報特電遵照。綏遠省政府教育廳學丑 寢 印

图 5-1-7　绥远省政府教育厅为依限列报所属小学及幼稚园概况致归绥市政府代电（1948 年 2 月 26 日）（二）

二 总务工作

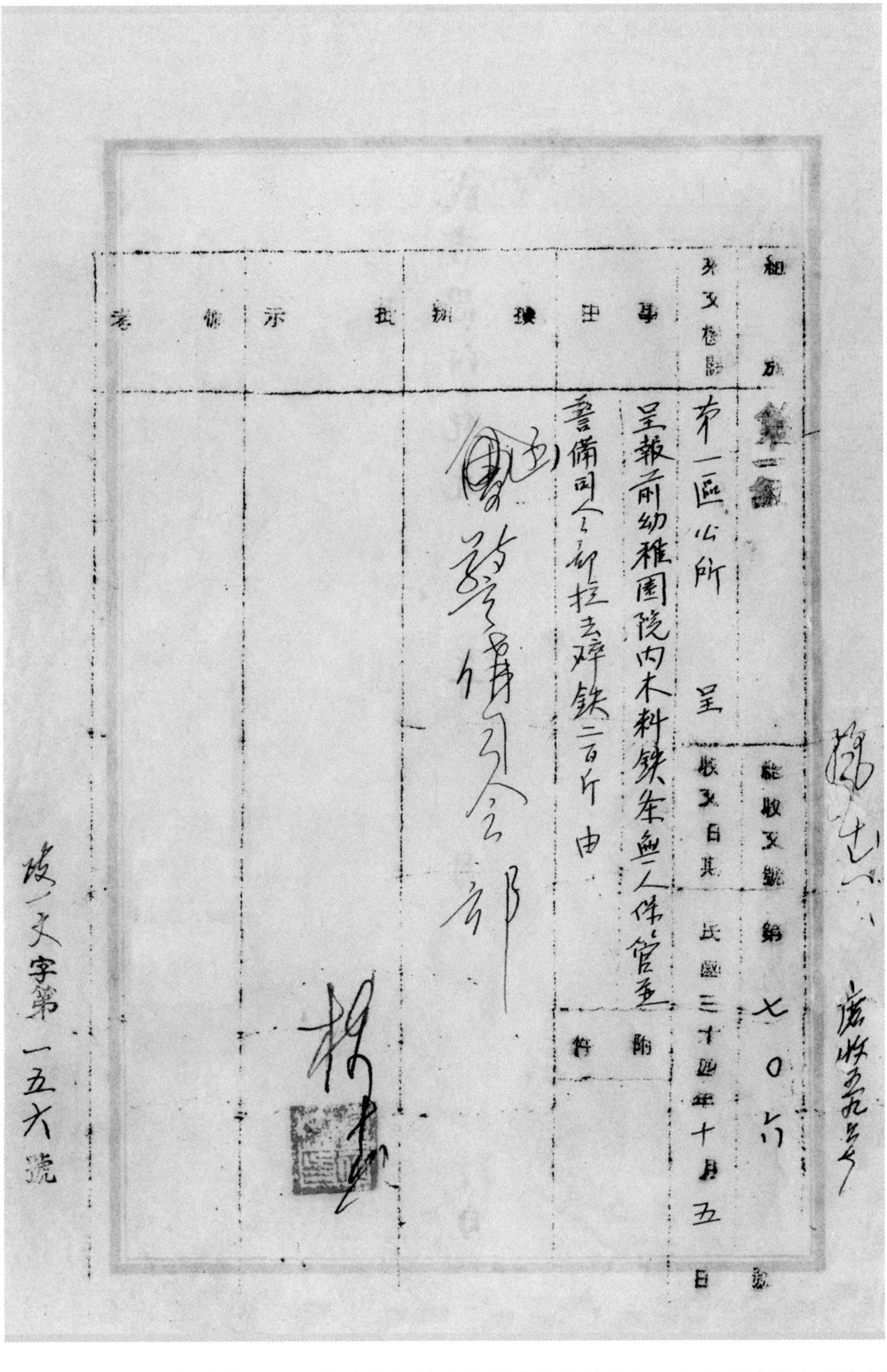
第一區公所 呈
呈報前幼稚園院內木料鐵條無人保管並警備司令部拉去碎鐵二百斤由
收文日期 民國三十四年十月五日
總收文號第七〇六號
警備司令部
收一文字第一五六號

图 5-2-1　归绥市第一区公所为呈报前幼稚园院内木料铁条无人保管并警备司令部拉去碎铁二百斤致归绥市临时政务委员会呈（1945 年 10 月 4 日）（一）

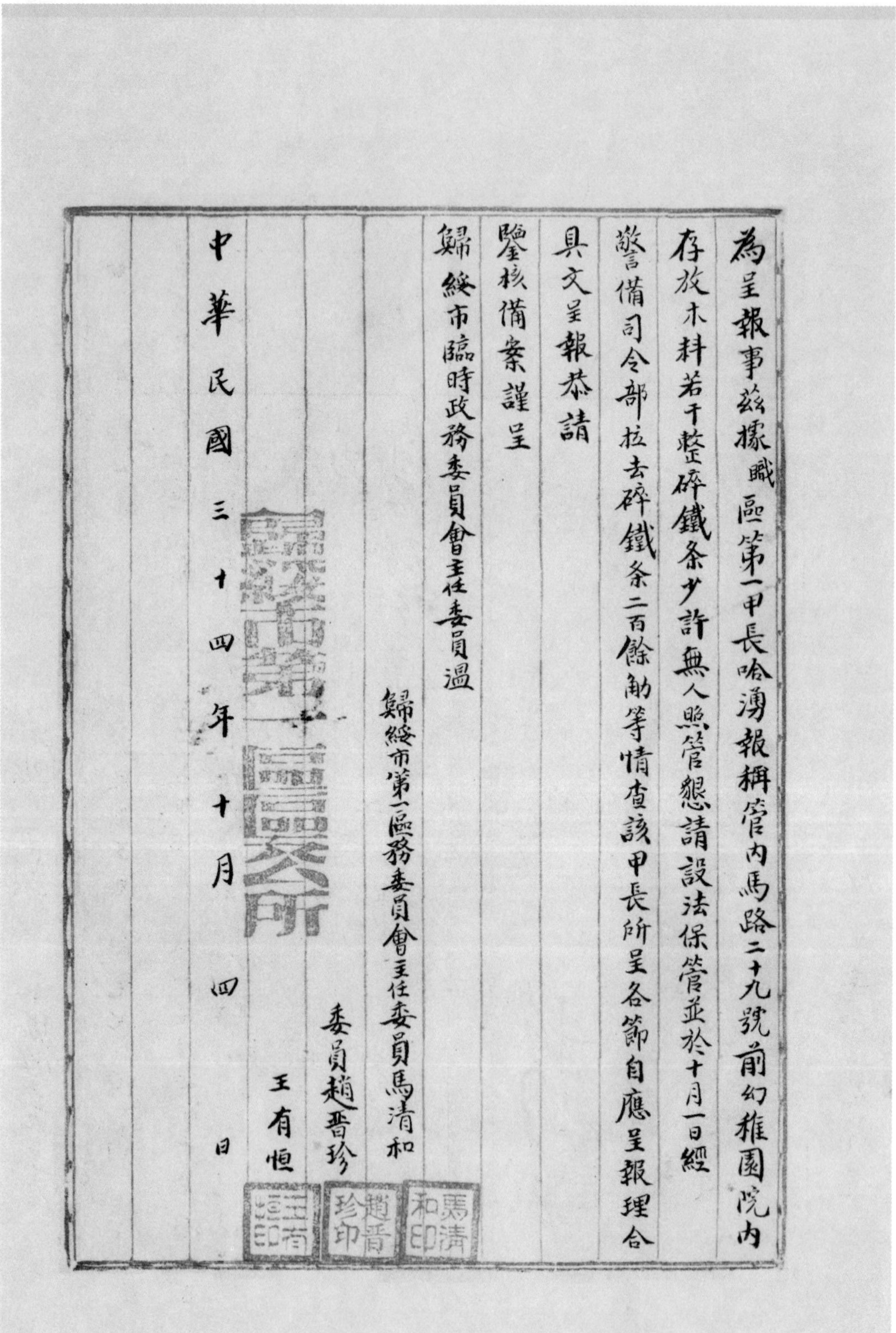
為呈報事玆據職區第一甲長哈湧報稱管內馬路二十九號前幼稚園院內
存放木料若干暨碎鐵条少許無人照管懇請設法保管並於十月一日經
警備司令部拉去碎鐵条二百餘觔等情查該甲長所呈各節自應呈報理合
具文呈報恭請
鑒核備案謹呈
歸綏市臨時政務委員會主任委員溫
歸綏市第一區務委員會主任委員馬清和
委員趙晋珍
王有恒
中華民國三十四年十月四日

图 5-2-1　归绥市第一区公所为呈报前幼稚园院内木料铁条无人保管并警备司令部拉去碎铁二百斤致归绥市临时政务委员会呈（1945 年 10 月 4 日）（二）

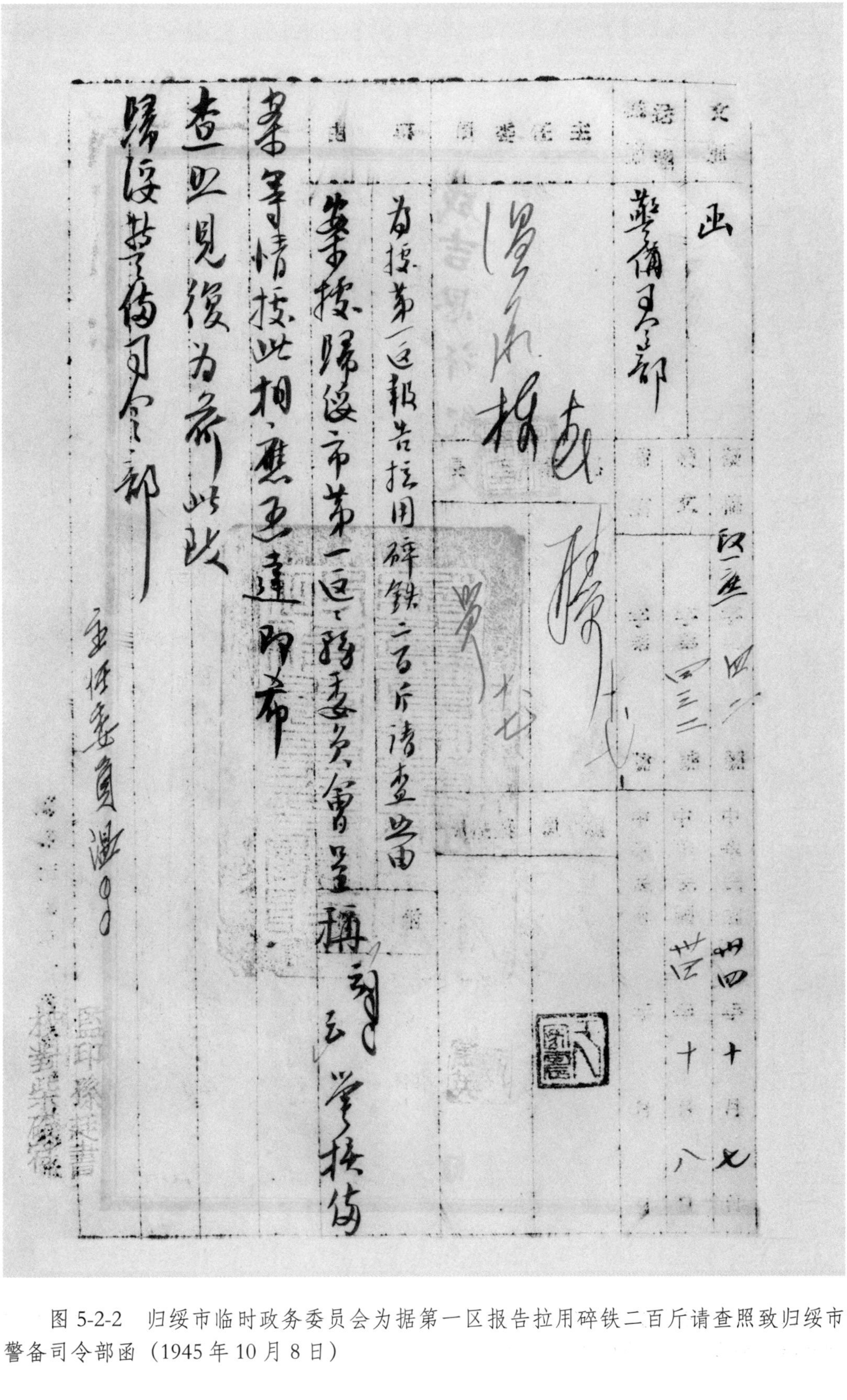

函

警备司令部

前据第一区报告拉用碎铁二百斤请查照由

案据归绥市第一区区务委员会呈称

等情据此相应函达即希

查照见复为荷此致

归绥警备司令部

主任委员温

图 5-2-2　归绥市临时政务委员会为据第一区报告拉用碎铁二百斤请查照致归绥市警备司令部函（1945 年 10 月 8 日）

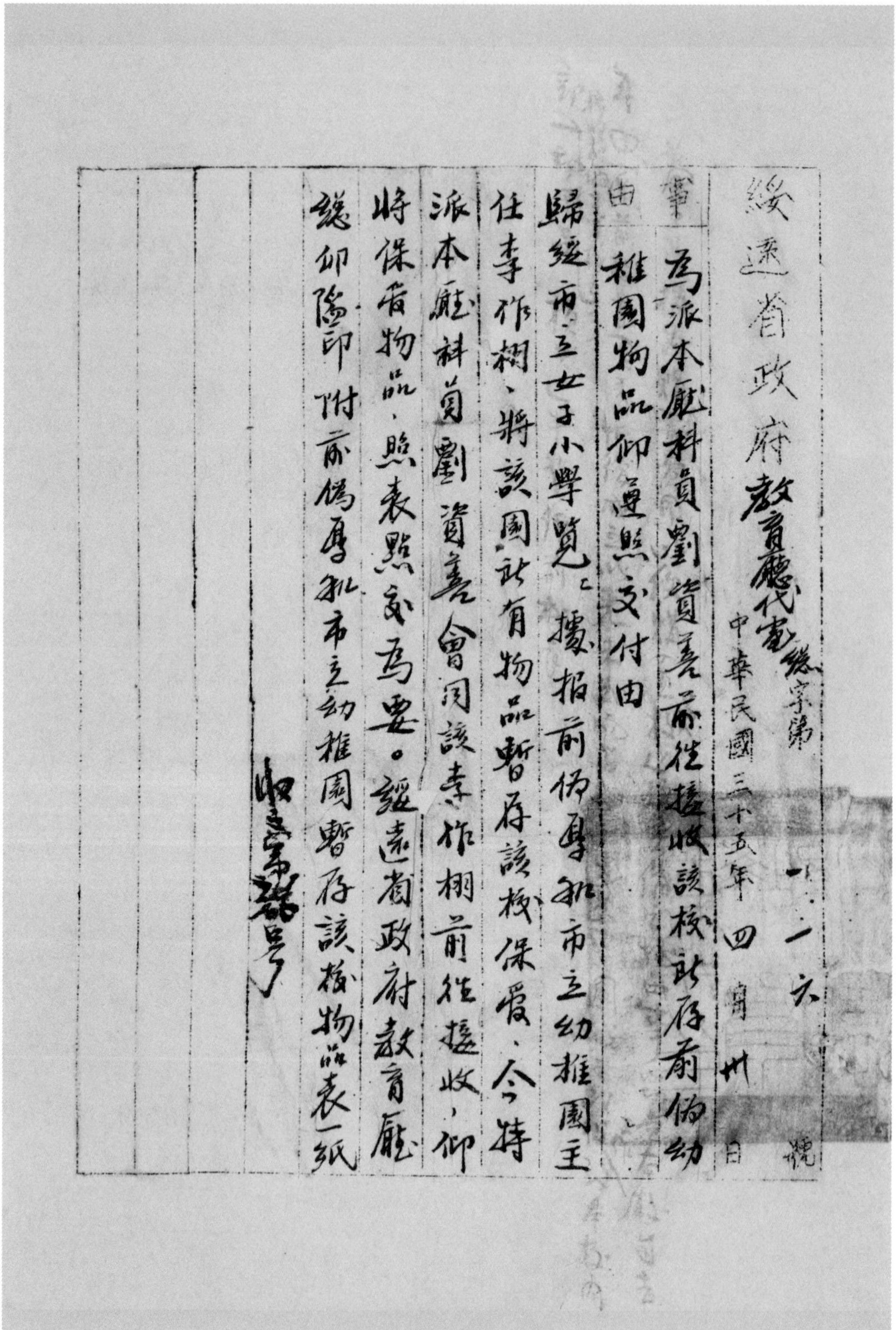

綏遠省政府教育廳代電 綏字第一一六號

中華民國三十五年四月卅日

事由：為派本廳科員劉資善前往接收該校所存前偽幼稚園物品仰遵照文付由

歸綏市立女子小學覽：據招前偽厚和市立幼稚園主任李作栩、將該園所有物品暫存該校保管、令特派本廳科員劉資善會同該李作栩前往接收、仰將保存物品、照表點交為要。綏遠省政府教育廳總卯陷印 附前偽厚和市立幼稚園暫存該校物品表一紙

图 5-2-3　绥远省政府教育厅为派本厅科员刘资善前往接收该校所存前伪幼稚园物品给归绥市立女子小学代电（1946 年 4 月 30 日）

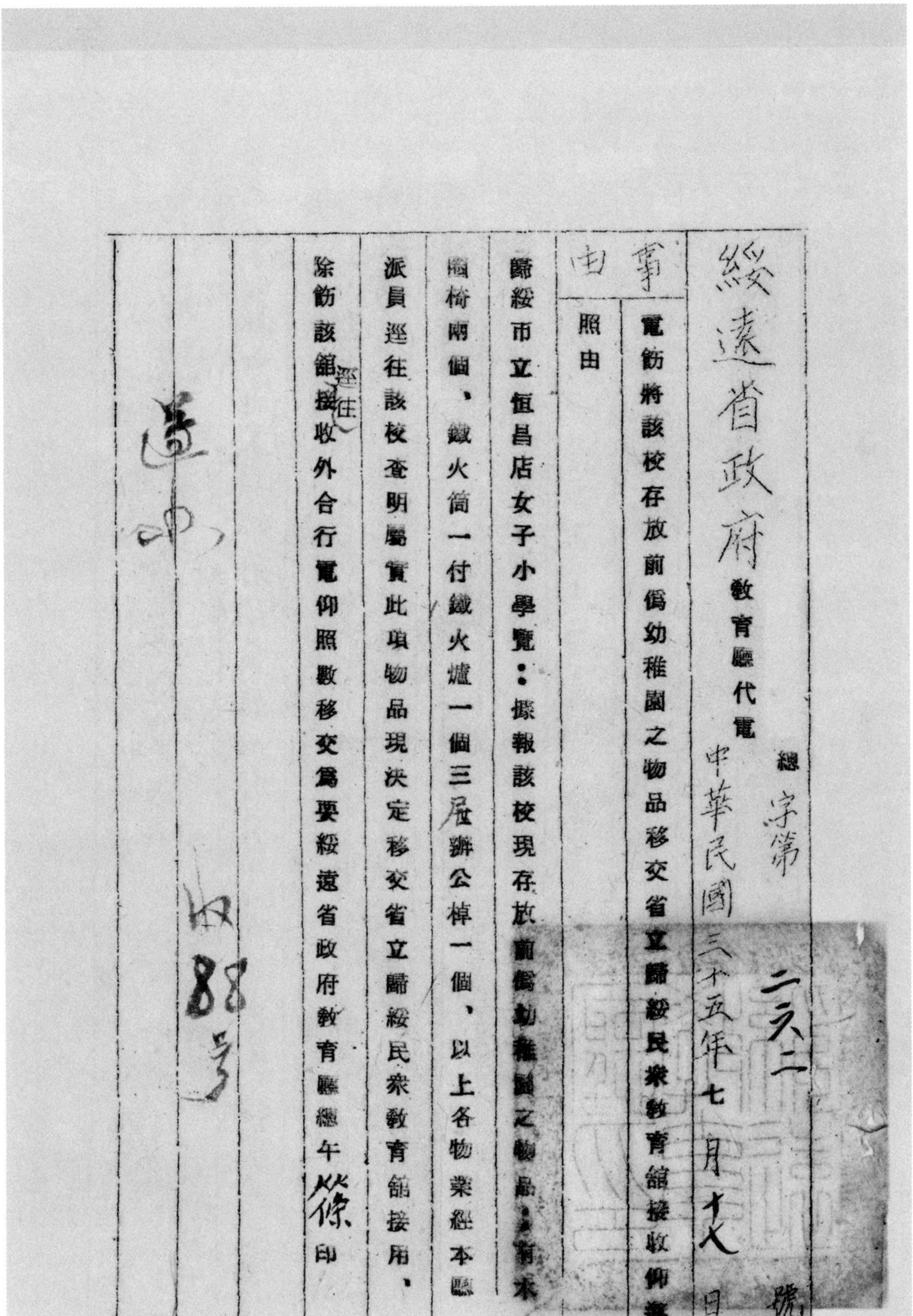
綏遠省政府教育廳代電　總　字第二六二號
中華民國三十五年七月十八日
事由：電飭將該校存放前偽幼稚園之物品移交省立歸綏民衆教育館接收仰遵照由

歸綏市立恒昌店女子小學覽：據報該校現存放前偽幼稚園之物品，計有本圈椅兩個、鐵火筒一付鐵火爐一個三屜辦公棹一個、以上各物業經本廳派員逕往該校查明屬實此項物品現決定移交省立歸綏民衆教育館接用、除飭該館逕往接收外合行電仰照數移交爲要綏遠省政府教育廳總午篠印

遵由
收88号

图 5-2-4　绥远省政府教育厅为将该校存放前伪幼稚园之物品移交省立归绥民众教育馆给归绥市立恒昌店女子小学代电（1946 年 7 月 17 日）

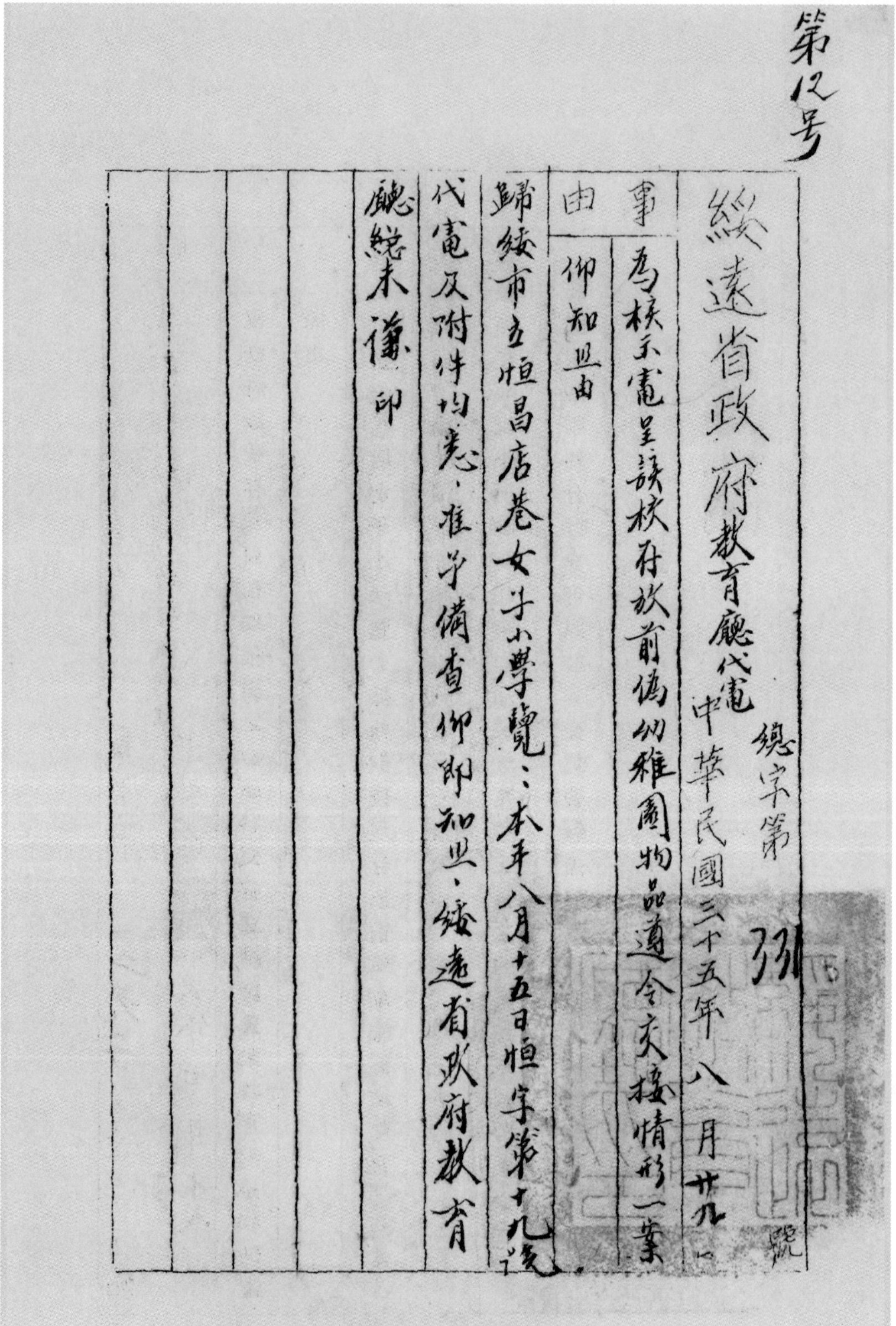
第[illegible]号

綏遠省政府教育廳代電　總字第　孫　號

中華民國三十五年八月廿九日

事由：為核示電呈該校存放前偽幼稚園物品遵令交接情形一案仰知照由

歸綏市立恒昌店巷女子小學覽：本年八月十五日恒字第十九號代電及附件均悉。准予備查，仰即知照。綏遠省政府教育廳總未謙　印

图 5-2-5　绥远省政府教育厅为核示该校存放前伪幼稚园物品交接情形给归绥市立恒昌店女子小学代电（1946 年 8 月 29 日）

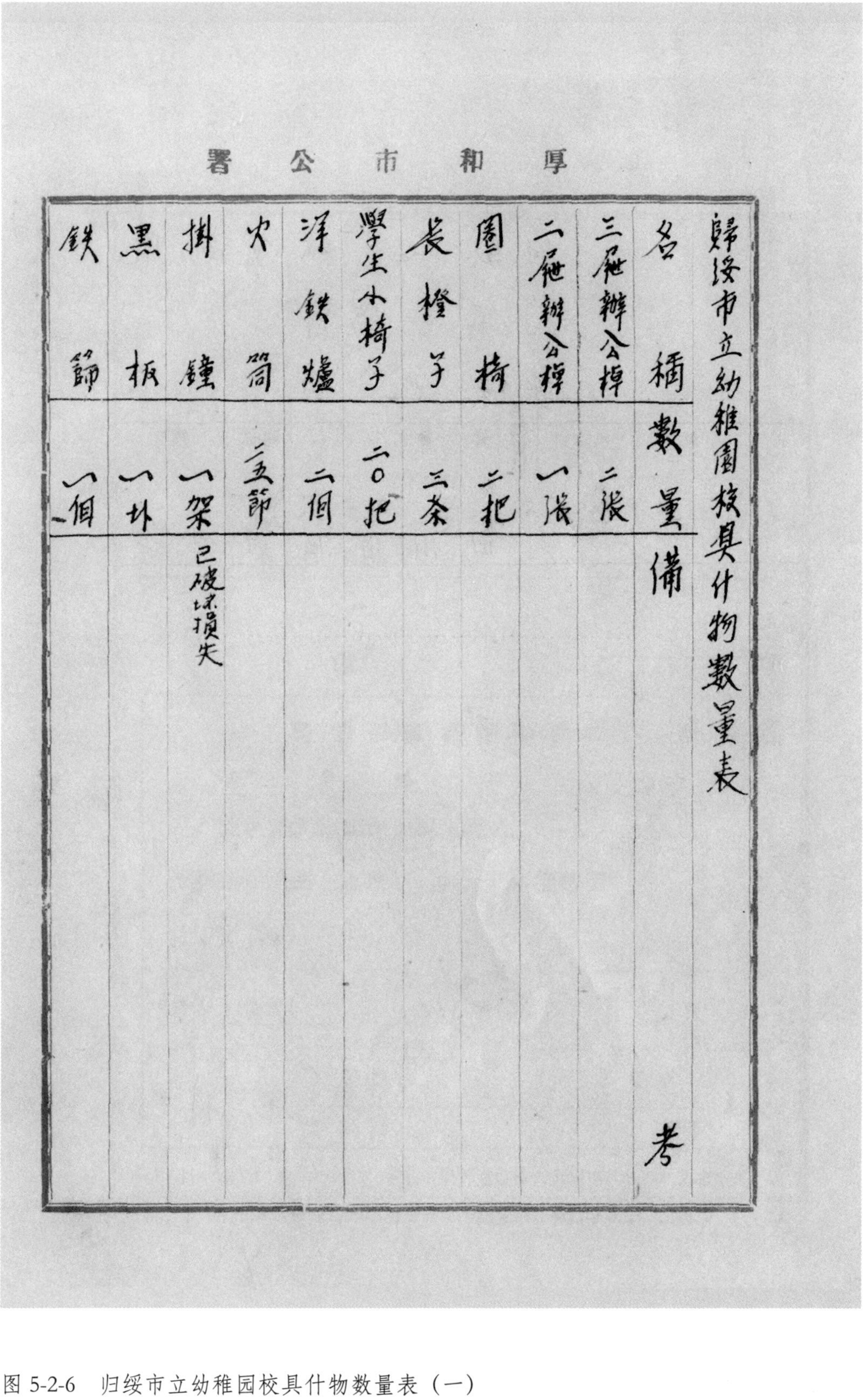
厚和市公署

歸綏市立幼稚園校具什物數量表

各種	數量	備考
三屜辦公棹	二張	
二屜辦公棹	一張	
圈椅	二把	
長櫈子	三条	
學生小椅子	二〇把	
洋鐵爐	二個	
火筒	二五節	
掛鐘	一架	已破壞損失
黑板	一塊	
鐵節	一個	

图 5-2-6　归绥市立幼稚园校具什物数量表（一）

厚和市公署

風琴	一架	
鍋爐	一個	破壞損失
筆筒	一個	
紅印台	一個	
藍印台	一個	
墨水池	一個	
吸墨床	一個	
鋼筆	一支	

图 5-2-6　归绥市立幼稚园校具什物数量表（二）

三　教育活动

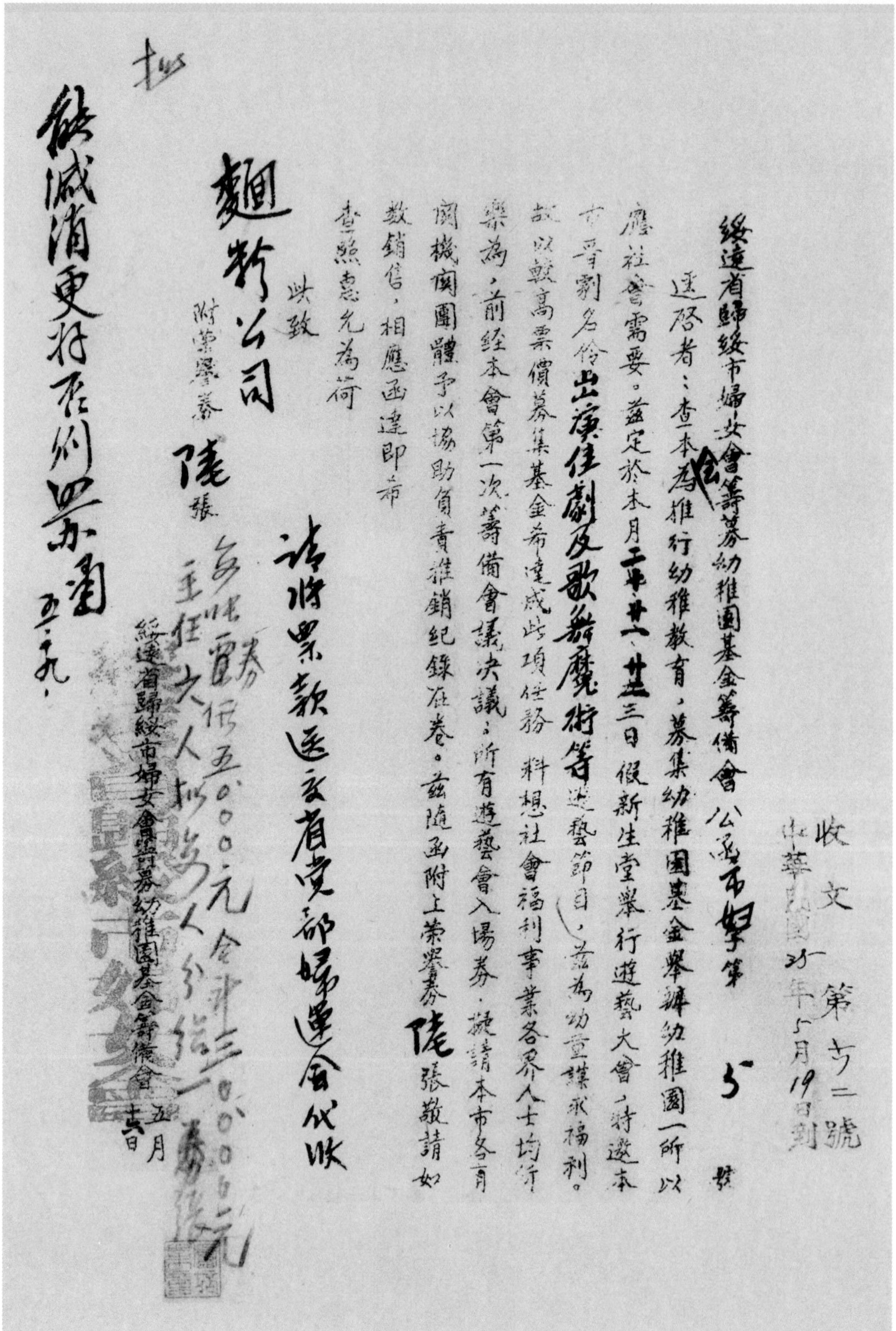

收文 第六二號
中華民國35年5月19日到

綏遠省歸綏市婦女會籌募幼稚園基金籌備會 公函 市婦字第 5 號

逕啓者：查本會為推行幼稚教育，募集幼稚園基金舉辦幼稚園一所，以應社會需要。茲定於本月二十、廿一、廿二三日假新生堂舉行遊藝大會，特邀本市平劇名伶出演佳劇及歌舞魔術等遊藝節目，並為幼童謀求福利。誠以較高票價募集基金，希達成此項任務，料想社會福利事業各界人士均所樂為，前經本會第一次籌備會議決議：所有遊藝會入場券，擬請本市各有關機關團體予以協助負責推銷，紀錄在卷。茲隨函附上券 張，敬請如數銷售，相應函達，即希查照惠允為荷

此致

麵粉公司

附券 張

綏遠省歸綏市婦女會籌募幼稚園基金籌備會

五月十六日

請將票款送交省黨部婦運會代收

图 5-3-1　绥远省归绥市妇女会筹募幼稚园基金筹备会为销售游艺会入场券致面粉公司公函（1946 年 5 月 19 日）

附录　内蒙古中西部沦陷时期学前教育档案

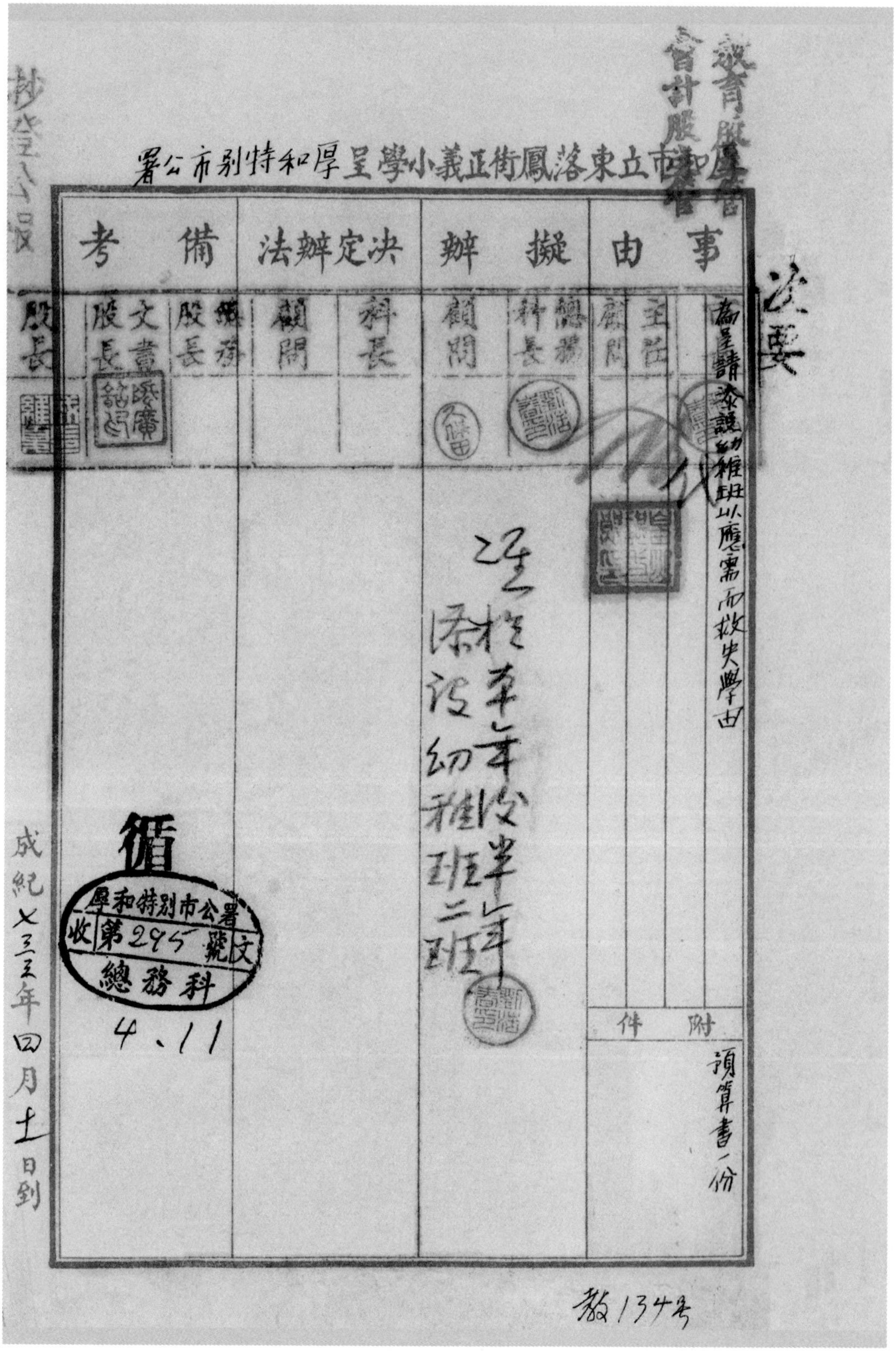
厚和市立東落鳳街正義小學呈厚和特別市公署

事由	擬辦	決定辦法	備考
主管、顧問	總務科長、顧問	科長、顧問	庶務股長、文書股長、股長
為呈請添設幼稚班以應需而救失學由	呈准本年後半年添設幼稚班二班		
附件：預算書一份			

图 5- 附录 -1　“厚和市立东落凤街正义小学”为添设幼稚班致“厚和特别市公署”呈（附预算书）（1938 年 4 月 11 日）（一）

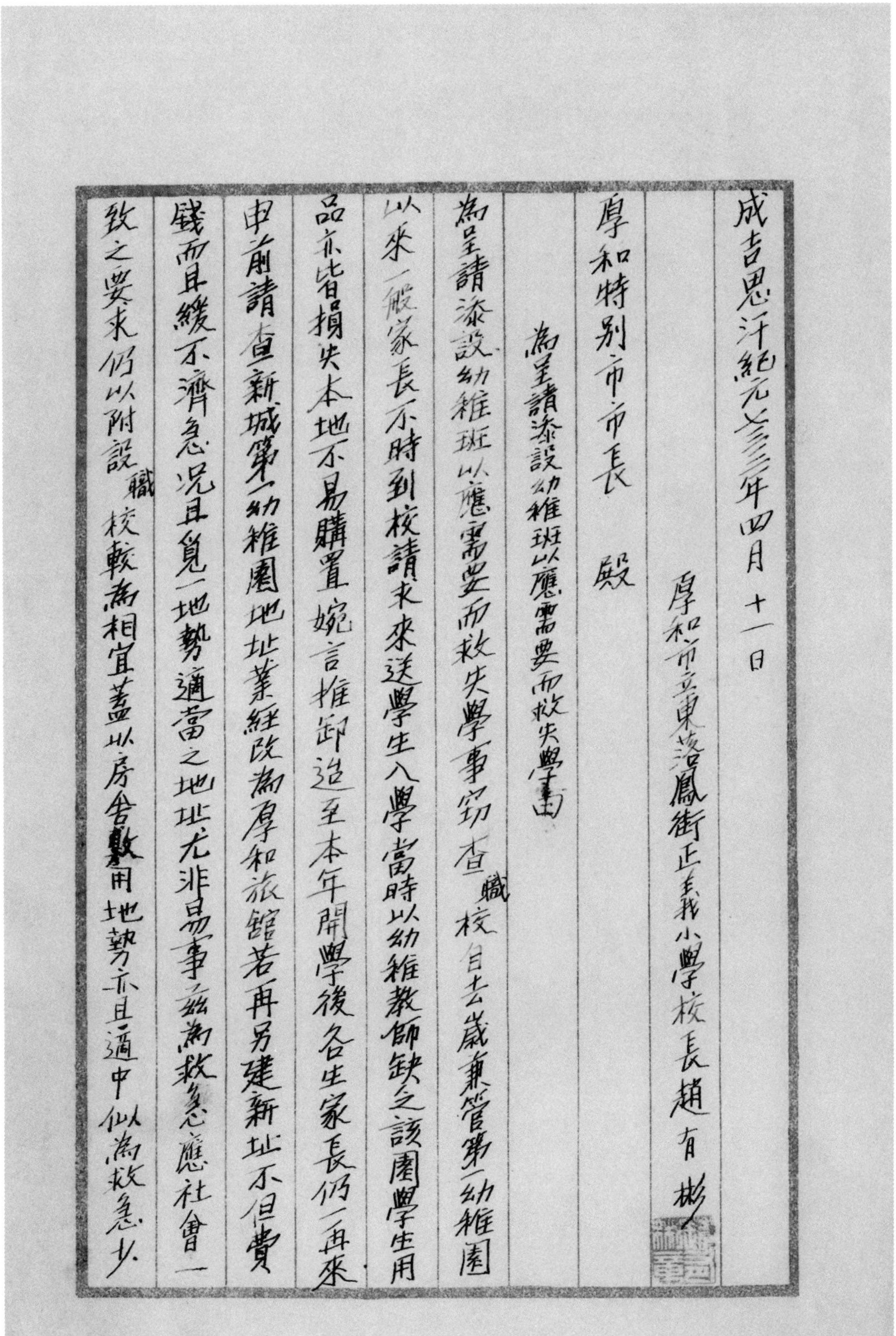

成吉思汗紀元七三三年四月十一日

厚和市立東落鳳街正義小學校長趙有彬

厚和特別市市長 殿

為呈請添設幼稚班以應需要而救失學由

為呈請添設幼稚班以應需要而救失學事竊查職校自去歲兼管第一幼稚園以來一般家長不時到校請求來送學生入學當時以幼稚教師缺乏該園學生用品亦皆損失本地不易購置婉言推卻迨至本年開學後各生家長仍一再來申前請查新城第一幼稚園地址業經改為厚和旅館若再另建新址不但費錢而且緩不濟急況且覓一地勢適當之地址尤非易事茲為救急應社會一致之要求仍以附設職校較為相宜蓋以房舍敷用地勢亦且適中似為救急步

图 5- 附录 -1 “厚和市立东落凤街正义小学”为添设幼稚班致“厚和特别市公署”呈（附预算书）（1938 年 4 月 11 日）（二）

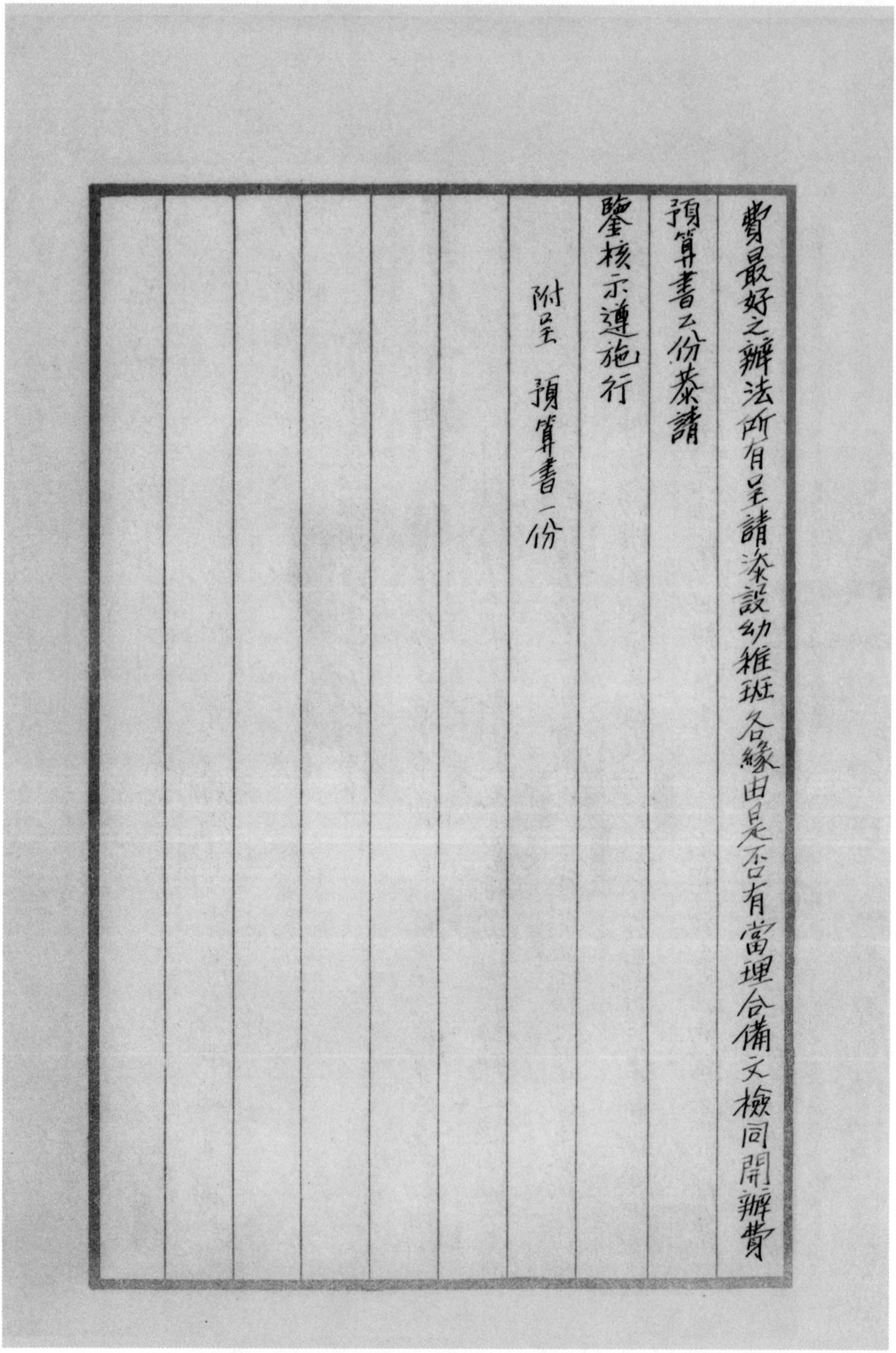
費最好之辦法所有呈請添設幼稚班各緣由是否有當理合備文檢同開辦費
預算書乙份恭請
鑒核示遵施行
附呈　預算書一份

图 5- 附录 -1　“厚和市立东落凤街正义小学”为添设幼稚班致“厚和特别市公署”呈（附预算书）（1938 年 4 月 11 日）（三）

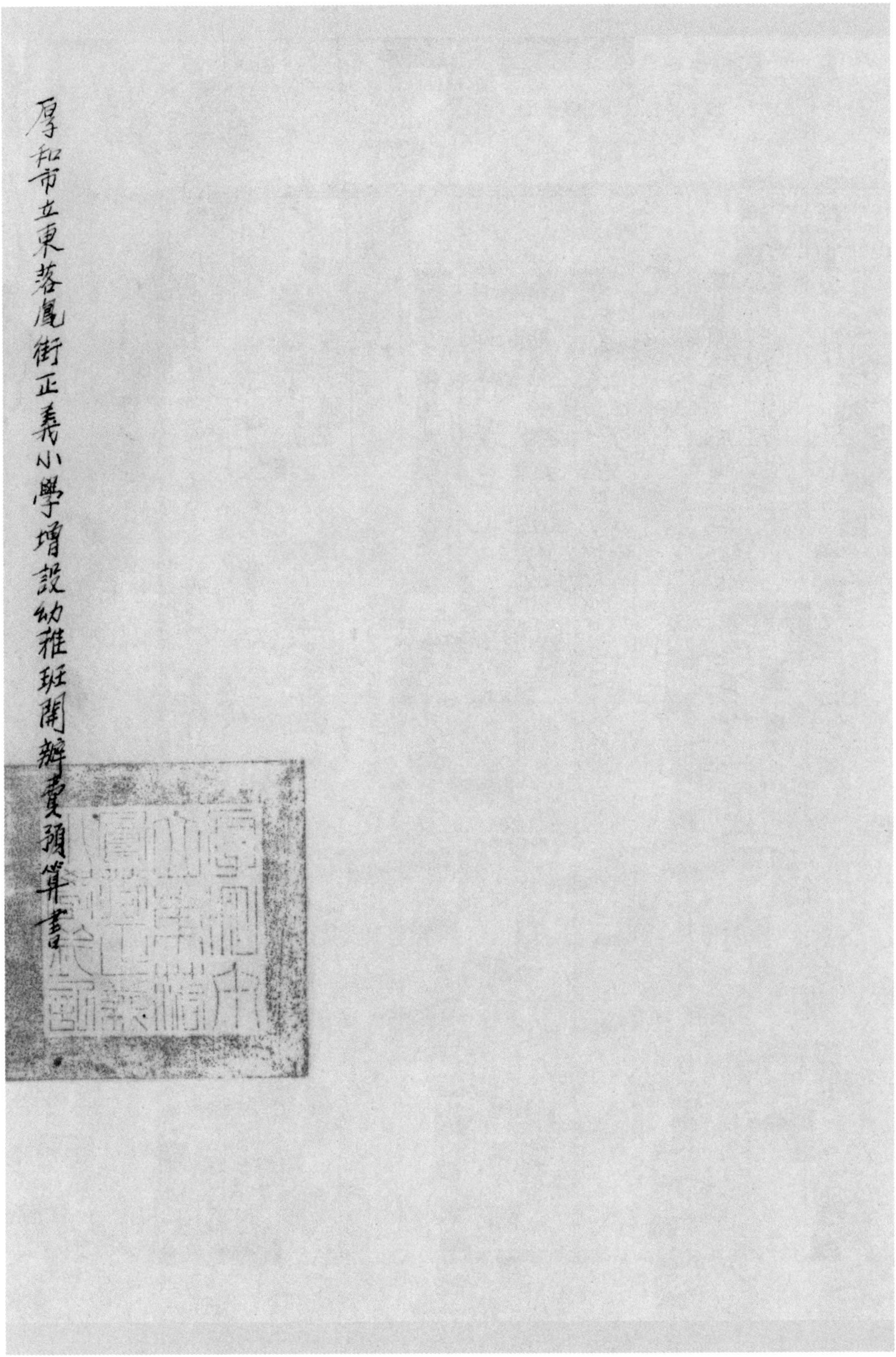

厚和市立東落鳳街正義小學增設幼稚班開辦費預算書

图 5- 附录 -1　“厚和市立东落凤街正义小学”为添设幼稚班致“厚和特别市公署”呈（附预算书）（1938 年 4 月 11 日）（四）

厚和市立東落鳳街正義小學增設幼稚班開辦費預算書

科目	數量	單位價值	合計	備考
第一款 增設幼稚班開辦費預算數			一〇三九二〇〇	
第一項 活動室用具			六〇三三〇〇	
第一目 音樂用具			二五六〇〇〇	
第一節 風琴	二	九〇〇〇	一八〇〇〇〇	
第二節 留聲機	一	四〇〇〇	四〇〇〇〇	
第三節 唱片	二〇	一八〇	三六〇〇〇	
第二目 桌橙			三六〇〇〇	
第一節 大矮長桌	二	一八〇〇	三六〇〇〇	
第三目 飲食用具			二一〇〇〇	
第一節 茶杯	六〇	一〇	六〇〇〇	

图 5- 附录 -1 “厚和市立东落凤街正义小学”为添设幼稚班致“厚和特别市公署”呈（附预算书）（1938 年 4 月 11 日）（五）

第二節飯盌	六〇	一五	九〇〇〇
第三節湯匙	六〇	五	三〇〇〇
第四節大托盤	三	一〇〇	三〇〇〇
第四目清潔用具			六四四〇〇
第一節小臉盆	一三	五〇	六〇〇〇
第二節小便壺	一〇	一六〇	一六〇〇〇
第三節臉盆架	二	五〇〇	一〇〇〇〇
第四節毛巾	一三	一五	一八〇〇
第五節石炭鏊	一二	一五	一八〇〇
第六節大鏡	一	六〇〇	六
第七節胰子盒	一二	一〇	一二〇〇
第八節大水桶	二	一五〇	三〇〇〇

图 5- 附录 -1 “厚和市立东落凤街正义小学”为添设幼稚班致“厚和特别市公署”呈（附预算书）（1938 年 4 月 11 日）（六）

第九節小水桶	二	一〇〇	二〇〇〇
第十節大水壺	二	五〇	一〇〇〇
第十一節小水壺	二	三〇	六〇〇
第十二節小瓷盤	六〇	一〇	六〇〇〇
第十三節大瓷盤	六〇	一五	九〇〇〇
第五目計時具			二三〇〇〇
第一節大掛鐘	一	一五〇〇	一五〇〇〇
第二節小馬蹄表	二	三五〇	七〇〇〇
第六目教學參考書物			七〇〇〇〇
第一節各種掛圖	五	二〇〇	一〇〇〇〇
第二節各種畫片	二〇	五〇	一〇〇〇〇
第三節琴譜			一〇〇〇〇

图 5- 附录 -1 “厚和市立东落凤街正义小学”为添设幼稚班致“厚和特别市公署”呈（附预算书）（1938 年 4 月 11 日）（七）

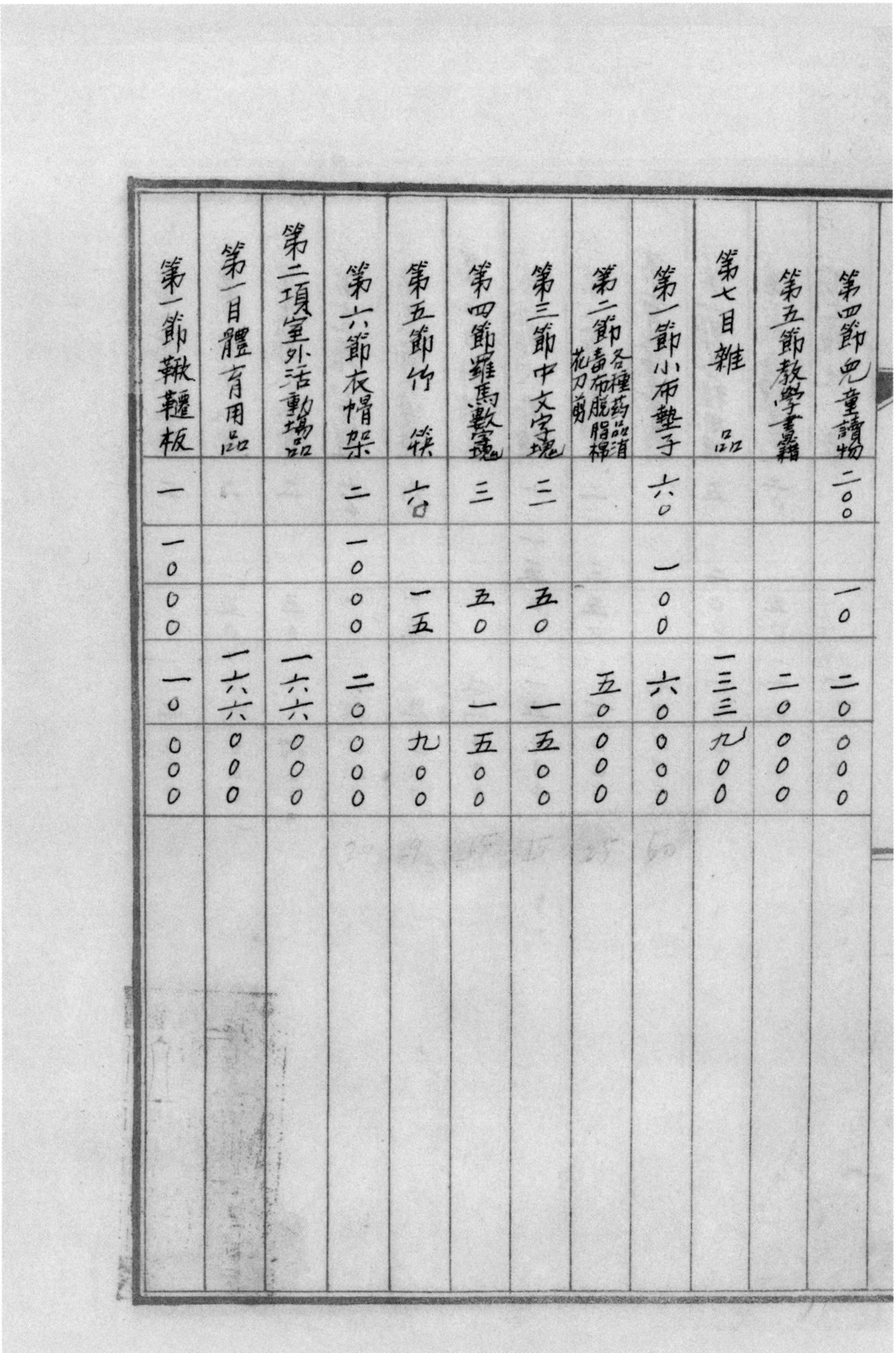

第四節兒童讀物	二〇	一〇	二〇〇〇〇
第五節教學書籍			二〇〇〇〇
第七目雜品			一三三九〇〇
第一節小布墊子	六〇	一〇〇	六〇〇〇〇
第二節各種藥品消毒布脫脂棉花刀剪			五〇〇〇〇
第三節中文字塊	三	五〇	一五〇〇
第四節羅馬數字塊	三	五〇	一五〇〇
第五節竹筷	六〇	一五	九〇〇
第六節衣帽架	二	一〇〇〇〇	二〇〇〇〇
第二項室外活動場品			一六六〇〇〇
第一目體育用品			一六六〇〇〇
第一節鞦韆板	一	一〇〇〇〇	一〇〇〇〇

图 5- 附录 -1 “厚和市立东落凤街正义小学”为添设幼稚班致“厚和特别市公署”呈（附预算书）（1938 年 4 月 11 日）（八）

第二節天梯	一	一〇	〇〇	一〇	〇〇〇	
第三節軒輊梯	一	一五	〇〇	一五	〇〇〇	
第四節沙盤	一	三	〇〇	三	〇〇〇	
第五節搖船	一	一〇	〇〇	一〇	〇〇〇	鉄鏈子四条八个鉄鉤四个老鴉嘴
第六節小積架	一	五	〇〇	五	〇〇〇	
第七節木馬	一	三	〇〇	三	〇〇〇	
第八節滑梯	一	二〇	〇〇	二〇	〇〇〇	
第九節小平台	一	二〇	〇〇	二〇	〇〇〇	
第十節冬季滑冰場	一	一〇	〇〇	一〇	〇〇〇	
第十一節假山	一	五〇	〇〇	五〇	〇〇〇	
第十二節沙池	一	一〇	〇〇	一〇	〇〇〇	
第三項兒童作業用品				八一	一〇〇〇	

图 5- 附录 -1 “厚和市立东落凤街正义小学”为添设幼稚班致“厚和特别市公署”呈（附预算书）（1938 年 4 月 11 日）（九）

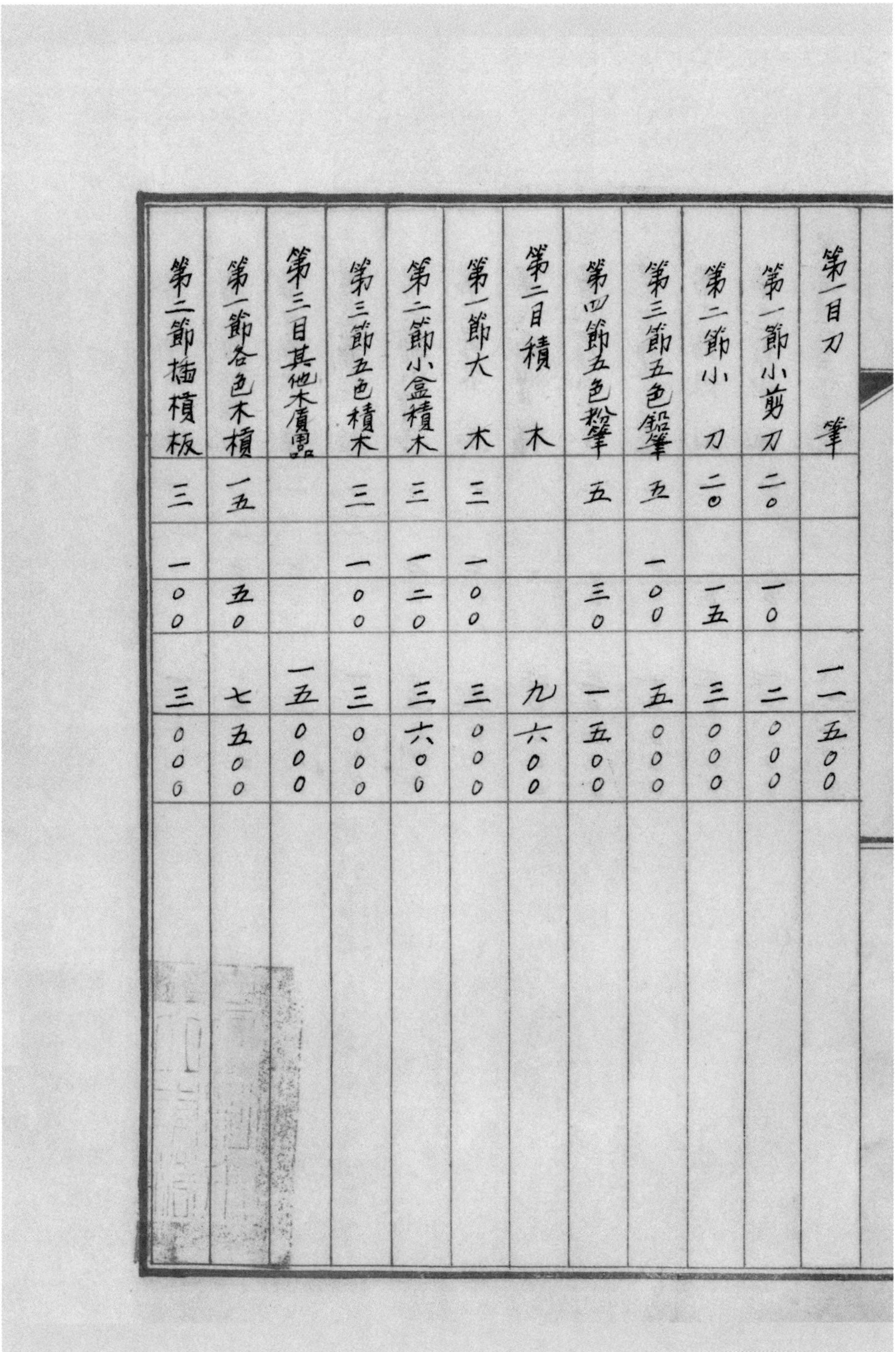

第一目刀　筆			一一五〇〇
第一節小剪刀	二〇	一〇	二〇〇〇
第二節小　刀	二〇	一五	三〇〇〇
第三節五色鉛筆	五	一〇〇	五〇〇〇
第四節五色粉筆	五	三〇	一五〇〇
第二目積　木			九六〇〇
第一節大　木	三	一〇〇	三〇〇〇
第二節小盒積木	三	一二〇	三六〇〇
第三節五色積木	三	一〇〇	三〇〇〇
第三目其他木質器			一五〇〇〇
第一節各色木積	一五	五〇	七五〇〇
第二節插積板	三	一〇〇	三〇〇〇

图 5- 附录 -1　“厚和市立东落凤街正义小学”为添设幼稚班致“厚和特别市公署”呈（附预算书）（1938 年 4 月 11 日）（十）

第三節小木板	五	一〇	五〇〇
第四節穿繩木塊	二	一〇〇	二〇〇〇
第五節五色細木積	二	一〇〇	二〇〇〇
第四目雜品			四五〇〇〇
第一節各種色布			一〇〇〇〇
第二節各色線繩			五〇〇〇
第三節各色紙張			三〇〇〇〇
第四項兒童玩具			二四六三〇〇
第一目樂器			一八九〇〇
第一節小號	三	五〇	一五〇〇
第二節小鼓	五	二〇〇	一〇〇〇〇
第三節小鑼	二	五〇	一〇〇〇

图 5- 附录 -1　“厚和市立东落凤街正义小学”为添设幼稚班致“厚和特别市公署”呈（附预算书）（1938 年 4 月 11 日）（十一）

第四節小鈸	三	三〇	九〇〇
第五節口笛	五	五〇	二五〇〇
第六節銅鈴	二	五〇	一〇〇〇
第七節口琴	一	二〇〇	二〇〇〇
第二目武器玩具			二六〇〇
第一節木刀	五	五〇	二五〇〇
第二節木矛	五	五〇	二五〇〇
第三節木劍	五	三〇	一五〇〇
第四節小弓箭	三	七〇	二一〇〇
第五節木鎗	三	一〇〇	三〇〇〇
第三目球類			七五〇〇
第一節小籃球	二	二〇〇	四〇〇〇

图 5- 附录 -1 “厚和市立东落凤街正义小学”为添设幼稚班致“厚和特别市公署”呈（附预算书）（1938 年 4 月 11 日）（十二）

第二節小皮球	五	一〇	五〇〇
第三節大花皮球	三	一〇〇	三〇〇〇
第四目小棹橙			六〇〇〇
第一節小牀	一	二〇〇	二〇〇〇
第二節小棹	一	二〇〇	二〇〇〇
第三節小椅	二	一〇〇	二〇〇〇
第五目飲食用玩具			六〇〇〇
第一節小食具	一	二〇〇	二〇〇〇
第二節小炉	一	二〇〇	二〇〇〇
第三節小壺	一	二〇〇	二〇〇〇
第六目動物玩具			三二〇〇
第一節小狗	一	八〇	八〇〇

图 5- 附录 -1 “厚和市立东落凤街正义小学”为添设幼稚班致“厚和特别市公署”呈（附预算书）（1938 年 4 月 11 日）（十三）

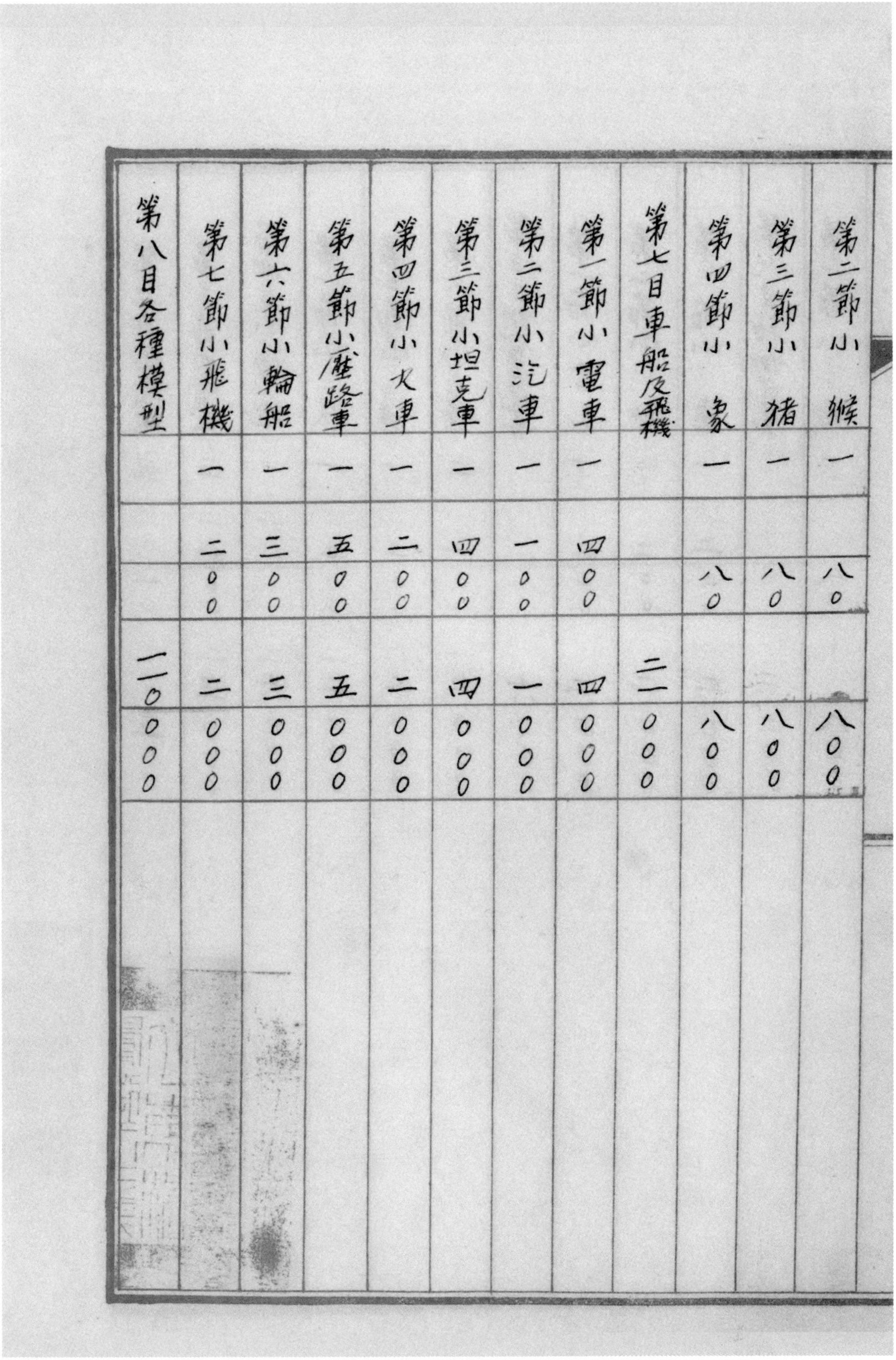

第二節小猴	一	八〇	八〇〇
第三節小猪	一	八〇	八〇〇
第四節小象	一	八〇	八〇〇
第七目車船及飛機			二一〇〇〇
第一節小電車	一	四〇〇	四〇〇〇
第二節小汽車	一	一〇〇	一〇〇〇
第三節小坦克車	一	四〇〇	四〇〇〇
第四節小火車	一	二〇〇	二〇〇〇
第五節小壓路車	一	五〇〇	五〇〇〇
第六節小輪船	一	三〇〇	三〇〇〇
第七節小飛機	一	二〇〇	二〇〇〇
第八目各種模型			一〇〇〇〇

图 5- 附录 -1 “厚和市立东落凤街正义小学”为添设幼稚班致“厚和特别市公署”呈（附预算书）（1938 年 4 月 11 日）（十四）

第一節鳥類模型	一	二〇		二〇	〇〇〇
第二節獸類模型	一	二〇		二〇	〇〇〇
第三節兵士模型	一	二〇		二〇	〇〇〇
第四節學生模型	一	二〇		二〇	〇〇〇
第五節盆景模型	一	二〇		二〇	〇〇〇
第六節戲具模型	一	一〇		一〇	〇〇〇
第九目農事玩具				四	五〇〇
第一節小鉄鏟	五		一〇		五〇〇
第二節小鉄鋤	五		一〇		五〇〇
第三節三股鉄耙	二		三〇		六〇〇
第四節小五股鉄耙	二		五〇	一	〇〇〇
第五節小栽鏟	三		一〇		三〇〇

图 5- 附录 -1　“厚和市立东落凤街正义小学”为添设幼稚班致“厚和特别市公署”呈（附预算书）（1938 年 4 月 11 日）（十五）

第六節小簸箕	二	二〇	四〇〇
第七節小篩子	二	二〇	四〇〇
第八節小筐子	一	二〇	二〇〇
第九節小噴壺	二	三〇	六〇〇
第十目雜品			五七六〇〇
第一節鉄環	五	三〇	一五〇〇
第二節大洋娃娃	二	二〇〇	四〇〇〇
第三節小洋娃娃	三	一〇〇	三〇〇〇
第四節自行車	五	五〇〇	二五〇〇〇
第五節木走馬	一	五〇〇	五〇〇〇
第六節五色繡圈	五	五〇	二五〇〇
第七節假面具	五	五〇	二五〇〇

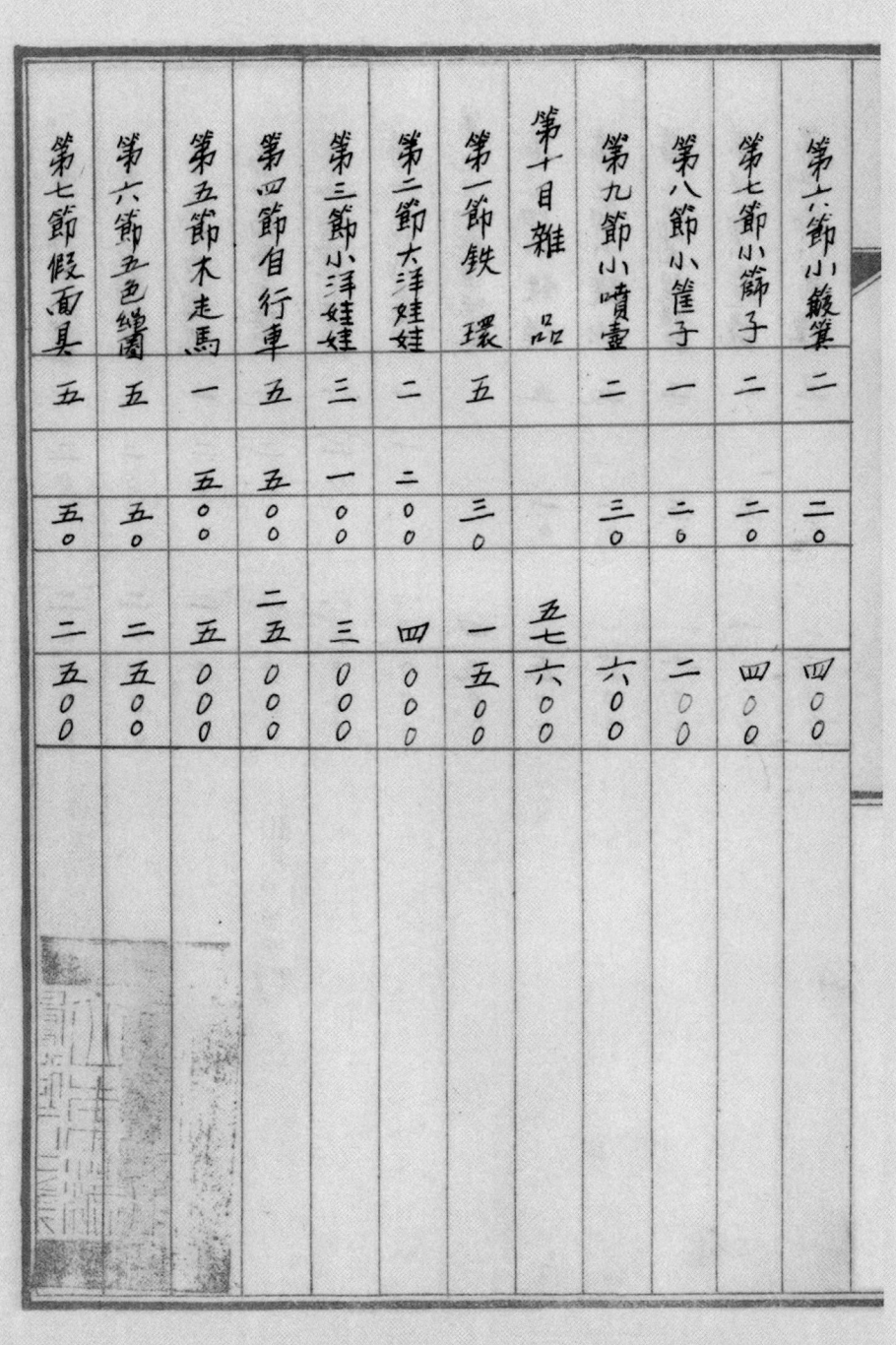

图 5- 附录 -1 “厚和市立东落凤街正义小学”为添设幼稚班致“厚和特别市公署”呈（附预算书）（1938 年 4 月 11 日）（十六）

第八節豆囊	六	一〇	六〇〇
第九節大布娃娃	三	一五〇	四五〇〇
第十節小布娃娃	五	一〇〇	五〇〇〇
第十一節乒乓球	二	二〇〇	四〇〇〇
第五項動物園			七七九〇〇
第一目動物			七七九〇〇
第一節鴨子	五	二〇〇	一〇〇〇〇
第二節白鼠	一	五〇〇	五〇〇〇
第三節羊	二	一〇〇〇	二〇〇〇〇
第四節兔	二	八〇	一六〇〇
第五節白鴿	六	八〇	四八〇〇
第六節黑鴿	六	五〇	三〇〇〇

图 5- 附录 -1 “厚和市立东落凤街正义小学”为添设幼稚班致“厚和特别市公署”呈（附预算书）（1938 年 4 月 11 日）（十七）

第七節百靈鳥	一	二〇	〇〇	二〇	〇〇〇
第八節金魚	一	一〇	〇〇	一〇	〇〇〇
第九節鷄	五		七〇	三	五〇〇
第六項植物園				四四	六〇〇
第一目植物				四四	六〇〇
第一節丁香	五	一	〇〇	五	〇〇〇
第二節玉梅	五	一	〇〇	五	〇〇〇
第三節玫瑰		三	〇〇	三	〇〇〇
第四節水李子	二	二	〇〇	四	〇〇〇
第五節杏	二	二	〇〇	四	〇〇〇
第六節海棠	二	二	〇〇	四	〇〇〇
第七節桃柳	二	一	五〇	三	〇〇〇

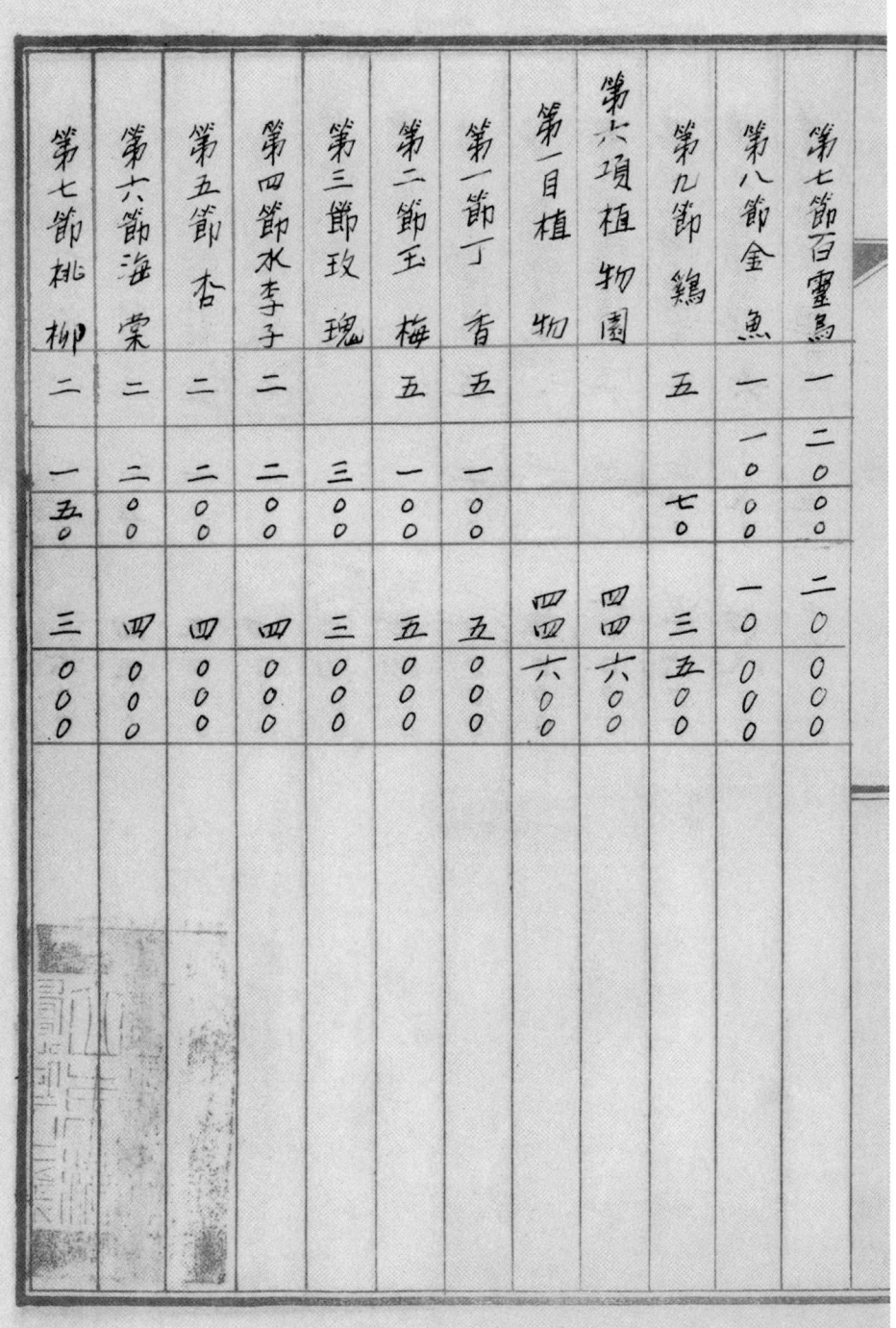

图 5- 附录 -1 “厚和市立东落凤街正义小学”为添设幼稚班致“厚和特别市公署”呈（附预算书）（1938 年 4 月 11 日）（十八）

第八節石榴	二	一八〇	三六〇〇
第九節葡萄	二	三〇〇	六〇〇〇
第十節各種花草	二〇	二〇	四〇〇〇
第十一節各種花種			三〇〇〇
第七裝修			四二〇〇〇〇
第一目修缮			三八〇〇〇〇
第一節更換門窗	一〇		一四〇〇〇〇
第二節拆修牆壁	七	六〇〇	四二〇〇〇
第三節裱糊頂棚	一〇	五〇〇	五〇〇〇〇
第四節油畫門窗	一〇	四八〇	四八〇〇〇
第五節鋪墊地板	六		一〇〇〇〇〇
第二目裝購			四〇〇〇〇

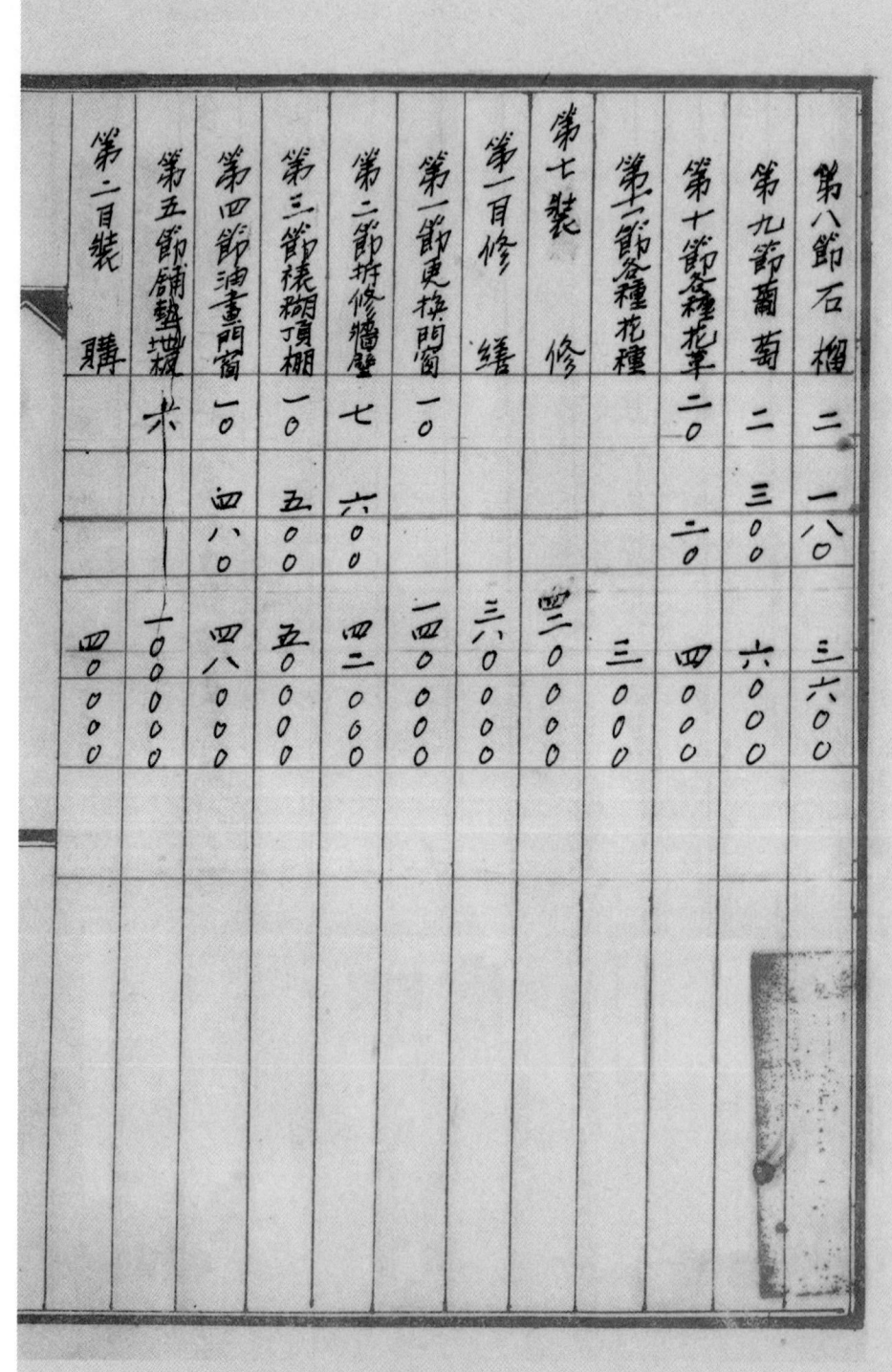

图 5- 附录 -1 “厚和市立东落凤街正义小学”为添设幼稚班致“厚和特别市公署”呈（附预算书）（1938 年 4 月 11 日）（十九）

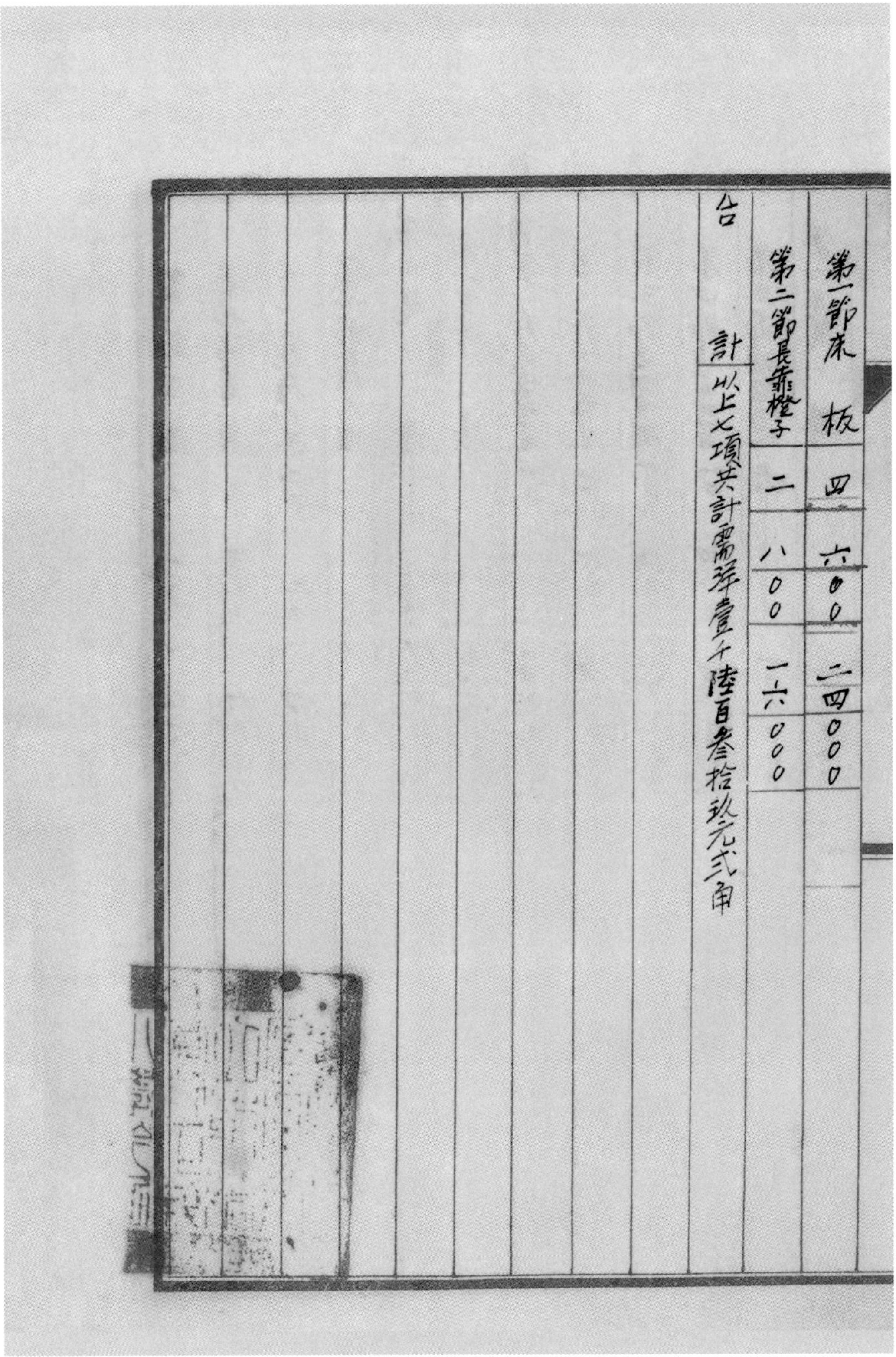

第一節床板	四	六〇〇	二四〇〇〇
第二節長条橙子	二	八〇〇	一六〇〇〇
合計	以上七項共計需洋壹千陸百叁拾玖元弍角		

图 5- 附录 -1 “厚和市立东落凤街正义小学”为添设幼稚班致“厚和特别市公署”呈（附预算书）（1938 年 4 月 11 日）（二十）

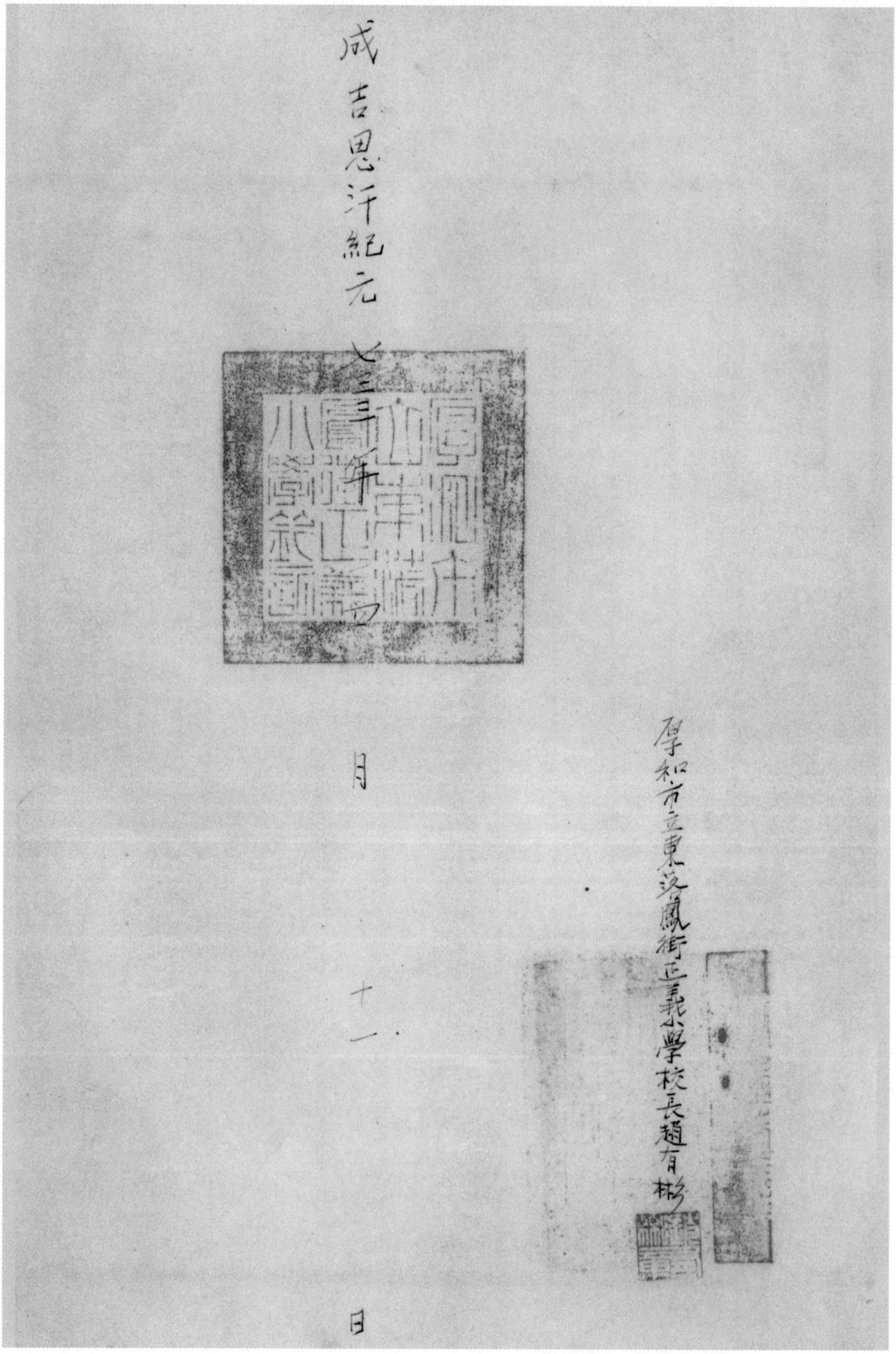

厚和市立東落鳳街正義小學校長趙有彬

成吉思汗紀元七三三年四月十一日

图 5- 附录 -1 “厚和市立东落凤街正义小学”为添设幼稚班致“厚和特别市公署”呈（附预算书）（1938 年 4 月 11 日）（二十一）

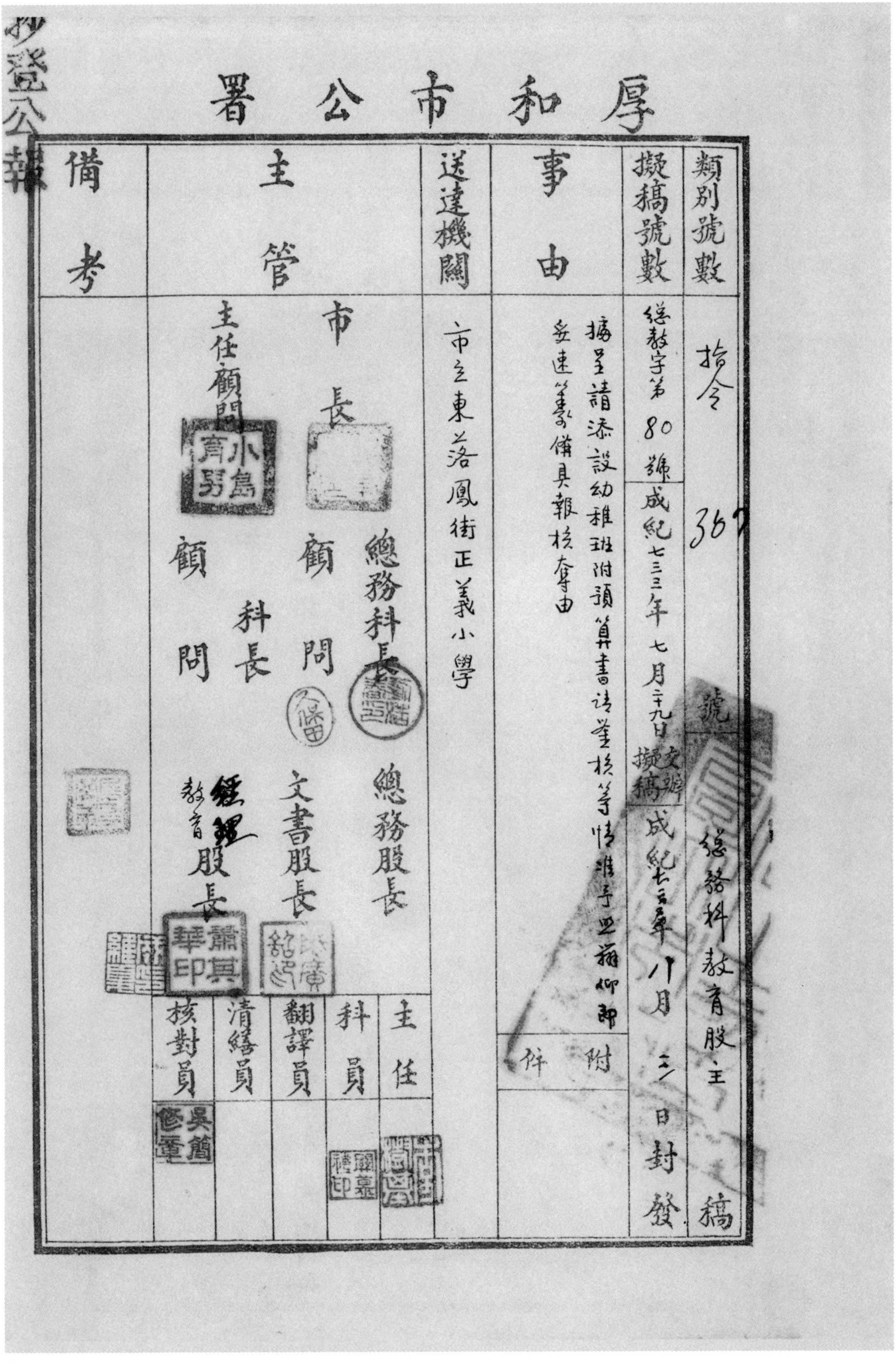

抄登公報

厚和市公署

類別號數：指令 387 號

擬稿號數：総教字第 80 號

事由：據呈請添設幼稚班附預算書請鑒核等情准予照辦仰即妥速籌備具報核奪由

送達機關：市立東落鳳街正義小學

主管：市長　主任顧問　總務科長　顧問　科長　顧問　總務股長　文書股長　經理教育股長

成紀七三三年七月二十九日擬稿　文號

成紀七三三年八月三日封發

總務科教育股主稿

附件

主任　科員　翻譯員　清繕員　核對員

備考

图 5- 附录 -2 “厚和市公署”为添设幼稚班妥速筹备具报给“市立东落凤街正义小学”指令（1938 年 8 月 3 日）（一）

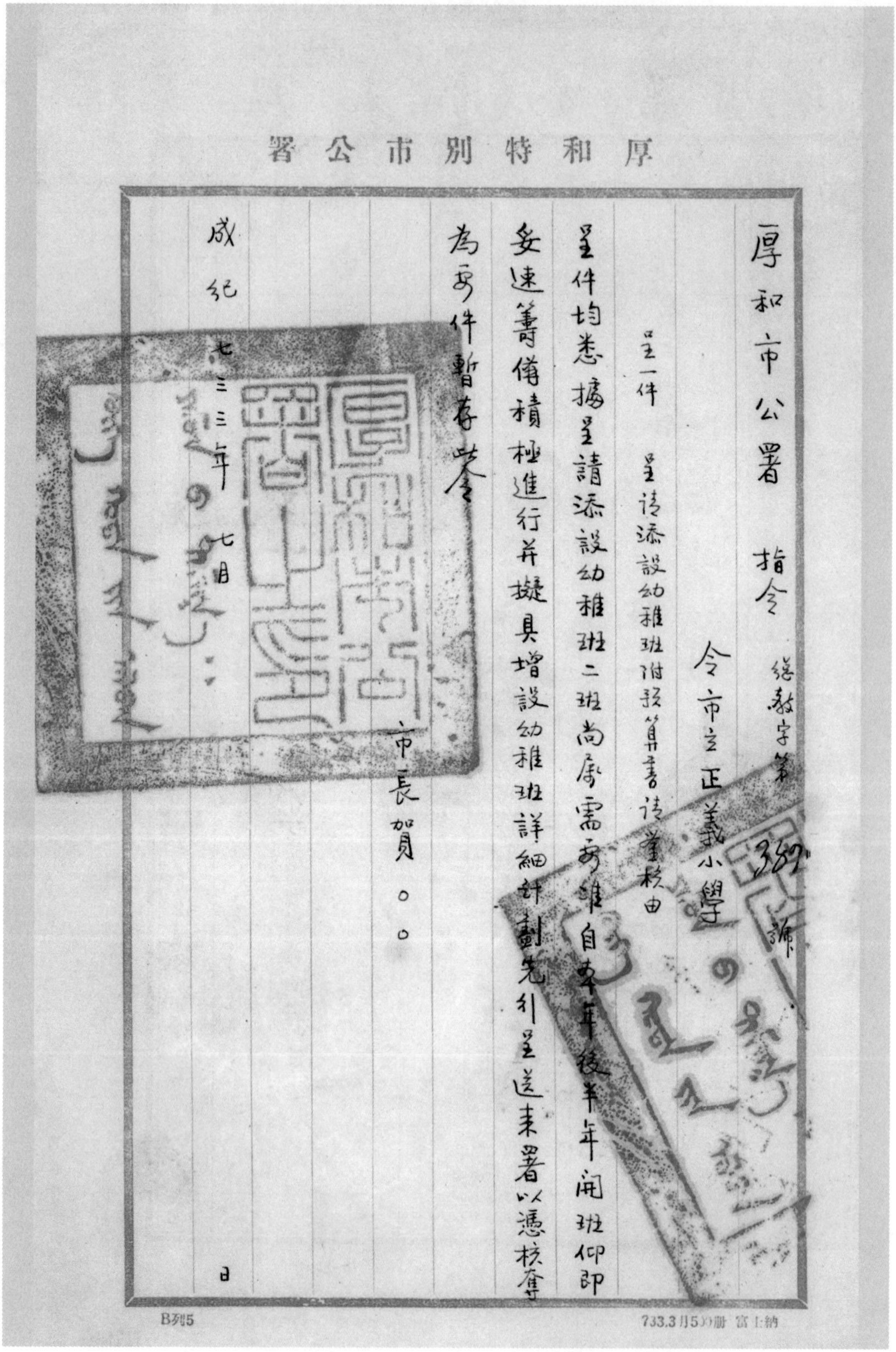
厚和特別市公署

厚和市公署指令　總教字第380號

令市立正義小學

呈請添設幼稚班附預算書請鑒核由

呈一件

呈件均悉據呈請添設幼稚班二班尚屬需要准自本年後半年開班仰即妥速籌備積極進行并擬具增設幼稚班詳細計劃先行呈送來署以憑核奪為要件暫存此令

市長賀〇〇

成紀七三三年七月　日

B列5　　733.3月5○冊 富士納

图 5- 附录 -2　“厚和市公署”为添设幼稚班妥速筹备具报给“市立东落凤街正义小学”指令（1938 年 8 月 3 日）（二）

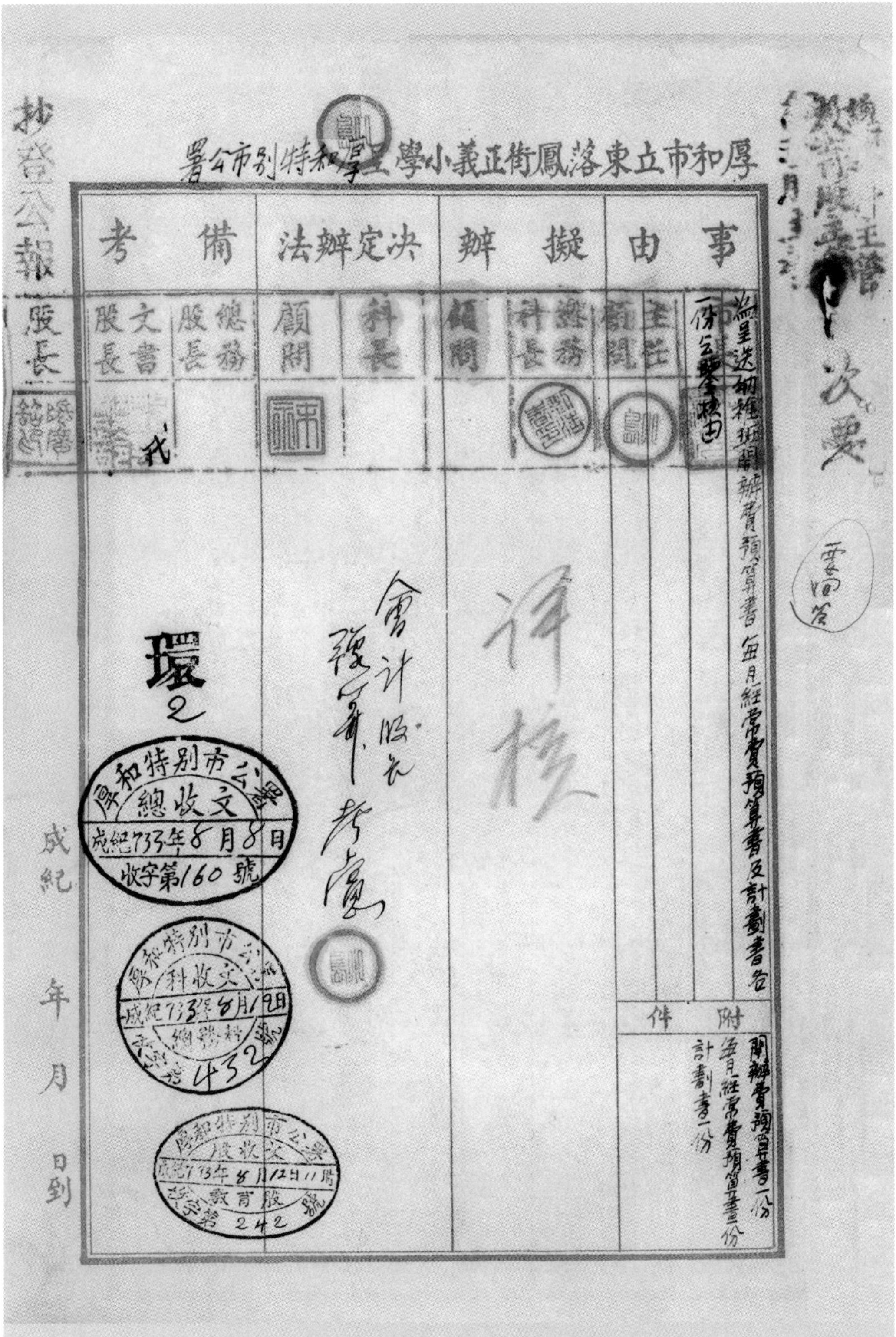

图 5-附录 -3 “厚和市立东落凤街正义小学”为呈送幼稚班开办费预算书每月经常费预算书及计划书致“厚和特别市公署”呈（附计划书和每月经常费预算书）（1938 年 8 月 8 日）（一）

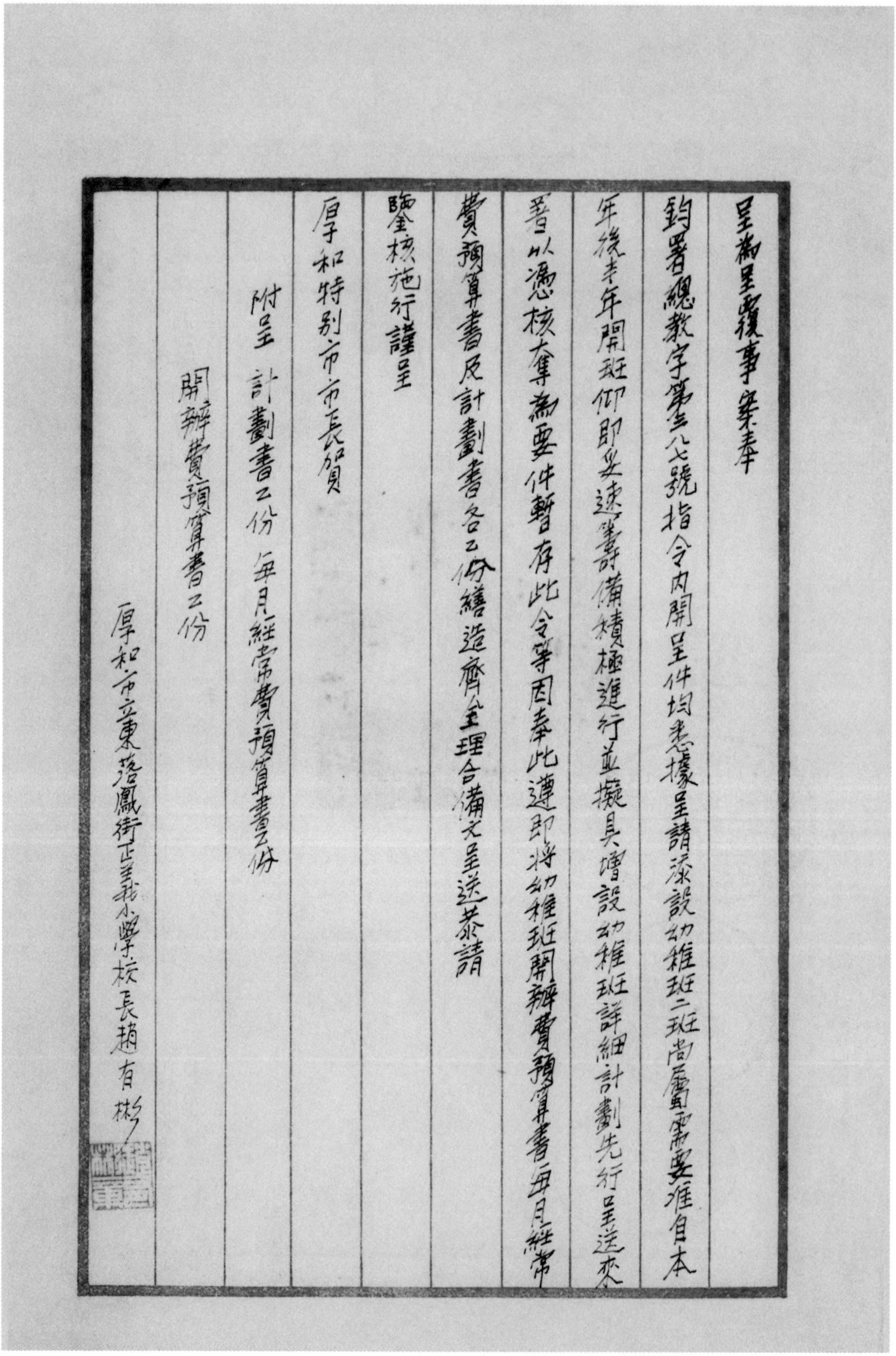
呈為呈覆事案奉
鈞署總教字第三八七號指令內開呈件均悉據呈請添設幼稚班二班尚屬需要准自本
年後半年開班仰即迅速籌備積極進行並擬具增設幼稚班詳細計劃先行呈送來
署以憑核奪為要件暫存此令等因奉此遵即將幼稚班開辦費預算書每月經常
費預算書及計劃書各二份繕造齊全理合備文呈送恭請
鑒核施行謹呈
厚和特別市市長賀
附呈 計劃書二份 每月經常費預算書壹份
開辦費預算書二份
厚和市立東落鳳街正義小學校長趙有彬

图 5- 附录 -3 “厚和市立东落凤街正义小学”为呈送幼稚班开办费预算书每月经常费预算书及计划书致“厚和特别市公署”呈（附计划书和每月经常费预算书）（1938 年 8 月 8 日）（二）

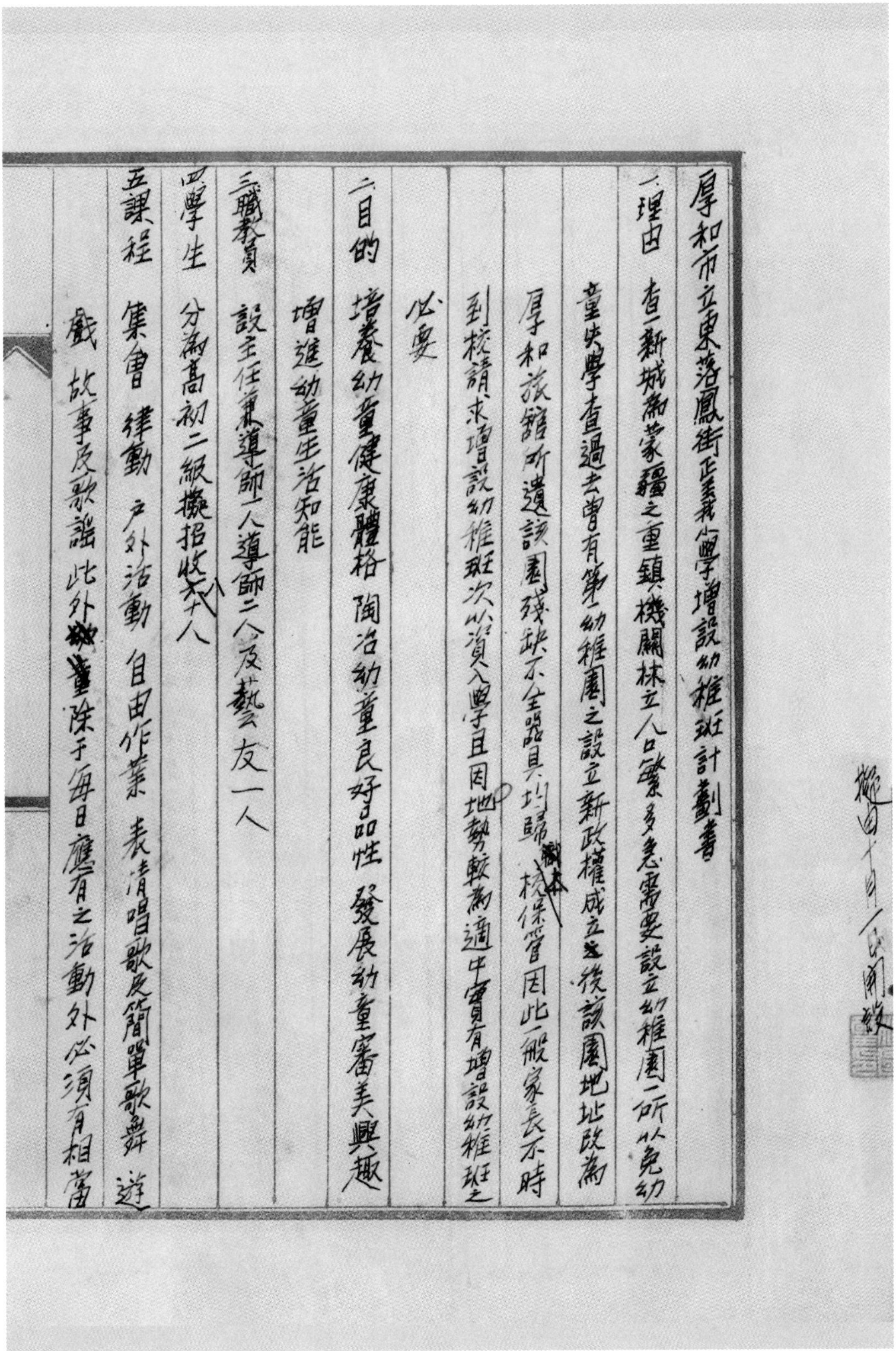
厚和市立東落鳳街正義小學增設幼稚班計劃書

一、理由　查新城為蒙疆之重鎮，機關林立，人口繁多，急需要設立幼稚園一所，以免幼童失學。查過去曾有第一幼稚園之設立，新政權成立之後，該園地址改為厚和旅館，所遺該園殘缺不全，器具均歸本校保管。因此一般家長不時到校請求增設幼稚班，以資入學；且因地勢較為適中，實有增設幼稚班之必要。

二、目的　培養幼童健康體格，陶冶幼童良好品性，發展幼童審美興趣，增進幼童生活知能。

三、職教員　設主任兼導師一人，導師二人，及藝友一人。

四、學生　分為高初二級，擬招收七十人。

五、課程　集會　律動　戶外活動　自由作業　表情唱歌及簡單歌舞　遊戲　故事及歌謠　此外除于每日應有之活動外，必須有相當

擬由十月一日開辦

图 5- 附录 -3　“厚和市立东落凤街正义小学”为呈送幼稚班开办费预算书每月经常费预算书及计划书致“厚和特别市公署”呈（附计划书和每月经常费预算书）（1938 年 8 月 8 日）（三）

之休息時間及食品以輔助之

六、經費　每月伙費一百一十五元事務費一百六十元共二百七十五元

八、校舍　擬將本校東院圖書齋改修造闢為幼稚班應用計教室六間教員室二間

七、開辦費　七百七十七元

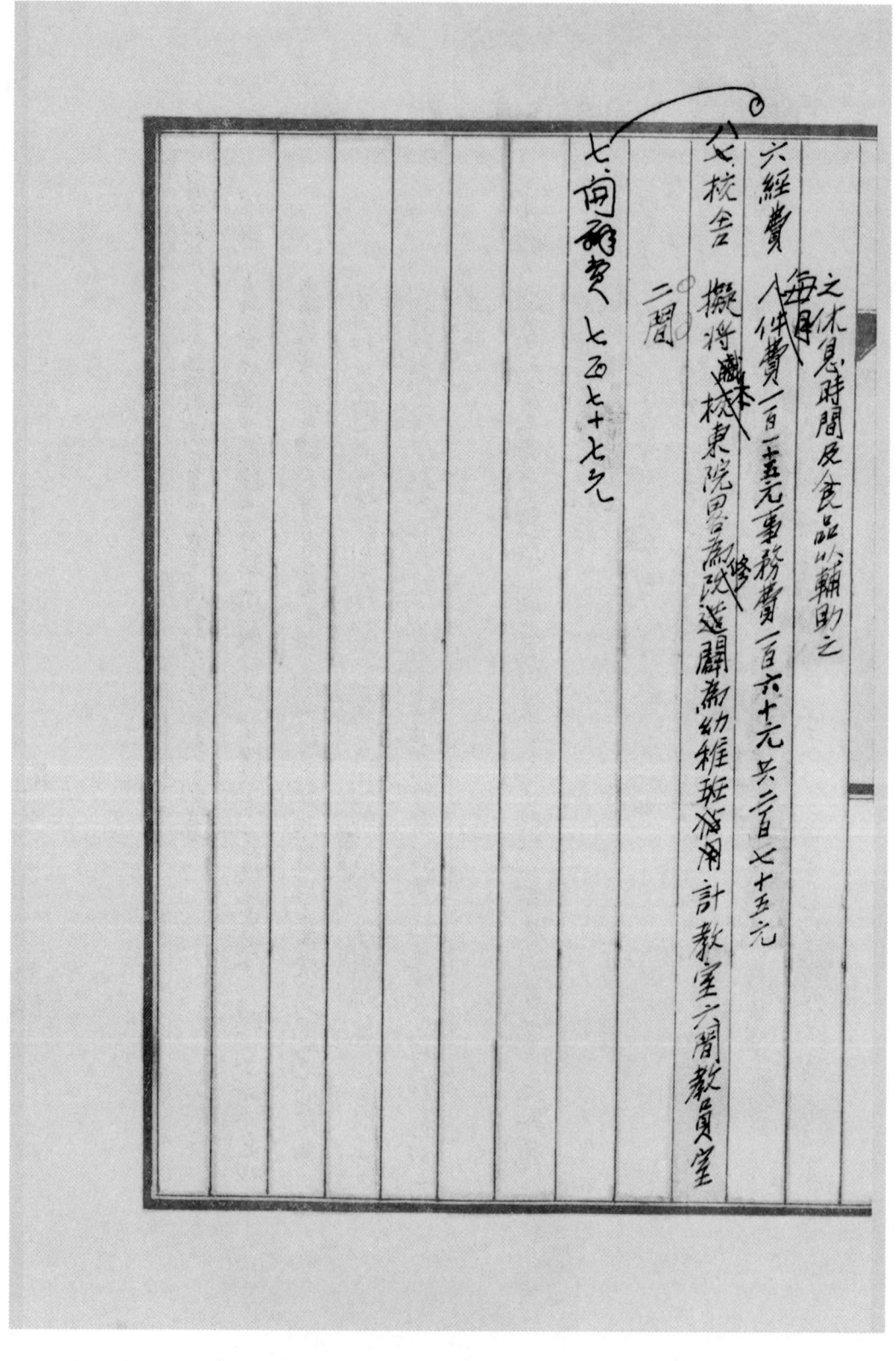

图 5-附录-3　“厚和市立东落凤街正义小学”为呈送幼稚班开办费预算书每月经常费预算书及计划书致“厚和特别市公署”呈（附计划书和每月经常费预算书）（1938 年 8 月 8 日）（四）

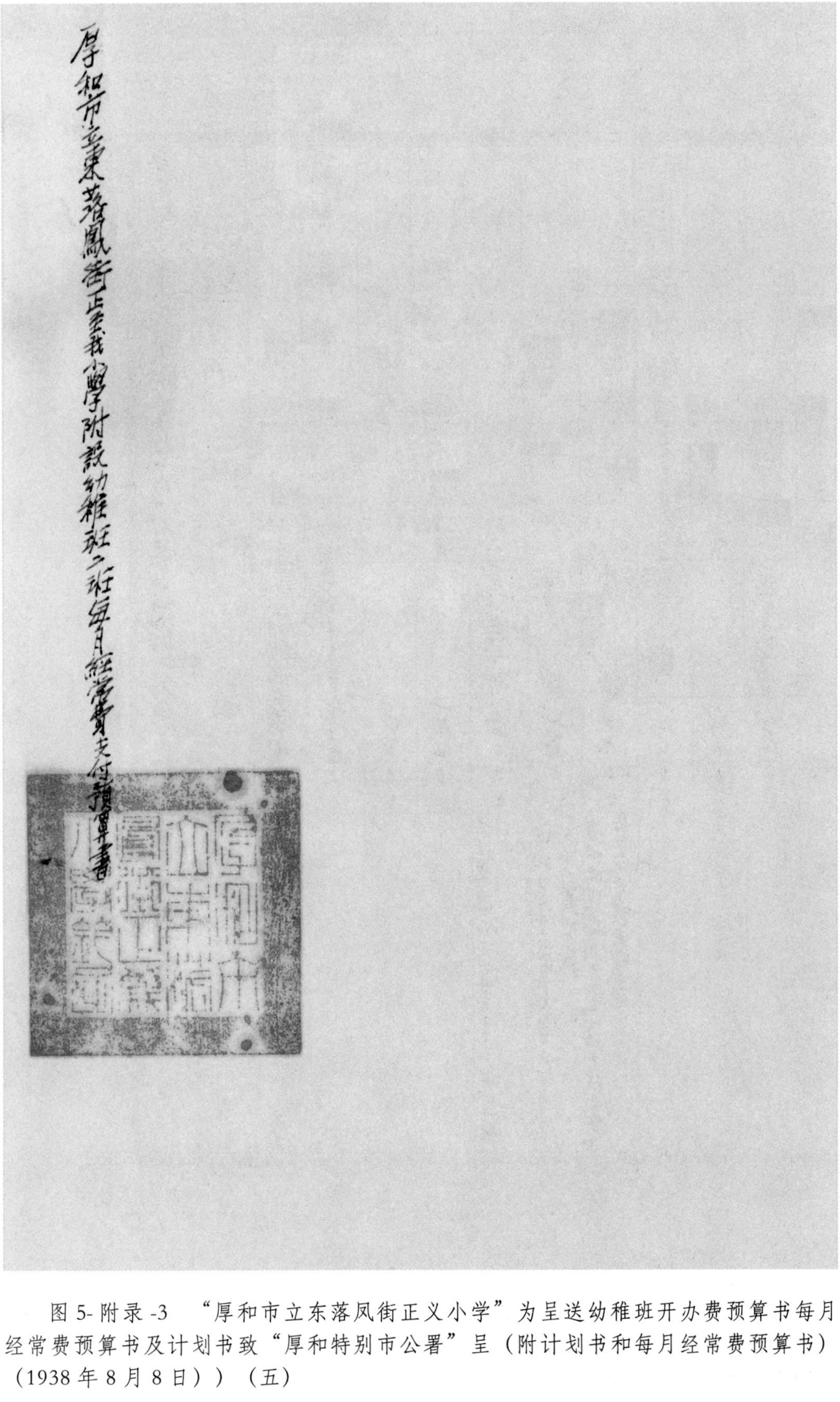

厚和市立東落鳳街正義小學附設幼稚班二班每月經常費支付預算書

图 5- 附录 -3 “厚和市立东落凤街正义小学”为呈送幼稚班开办费预算书每月经常费预算书及计划书致“厚和特别市公署”呈（附计划书和每月经常费预算书）（1938 年 8 月 8 日））（五）

厚和市立東落鳳街正義小學附設幼稚班二班每月經常費支付預算書

款	項	目	節	預算數	備考
經常門					
一、經費				三二四〇〇	
	一、人件費			一四四〇〇	
		一、人件費		一四四〇〇	
			一、主任兼導師	四〇〇〇	主任兼導師一員月支四十元計如上數
			二、導師	七五〇〇	導師二員月各支三十元書記一員月支十五元計支如上數
			三、夫役	二九〇〇	男性夫役一名月支九元女性夫役二名月各支十元計支如上數
	二、事務費			一八〇〇	
		一、事務費		一八〇〇	
			一、購置物品費	一五〇〇	

二〇　二一〇　三〇　三二

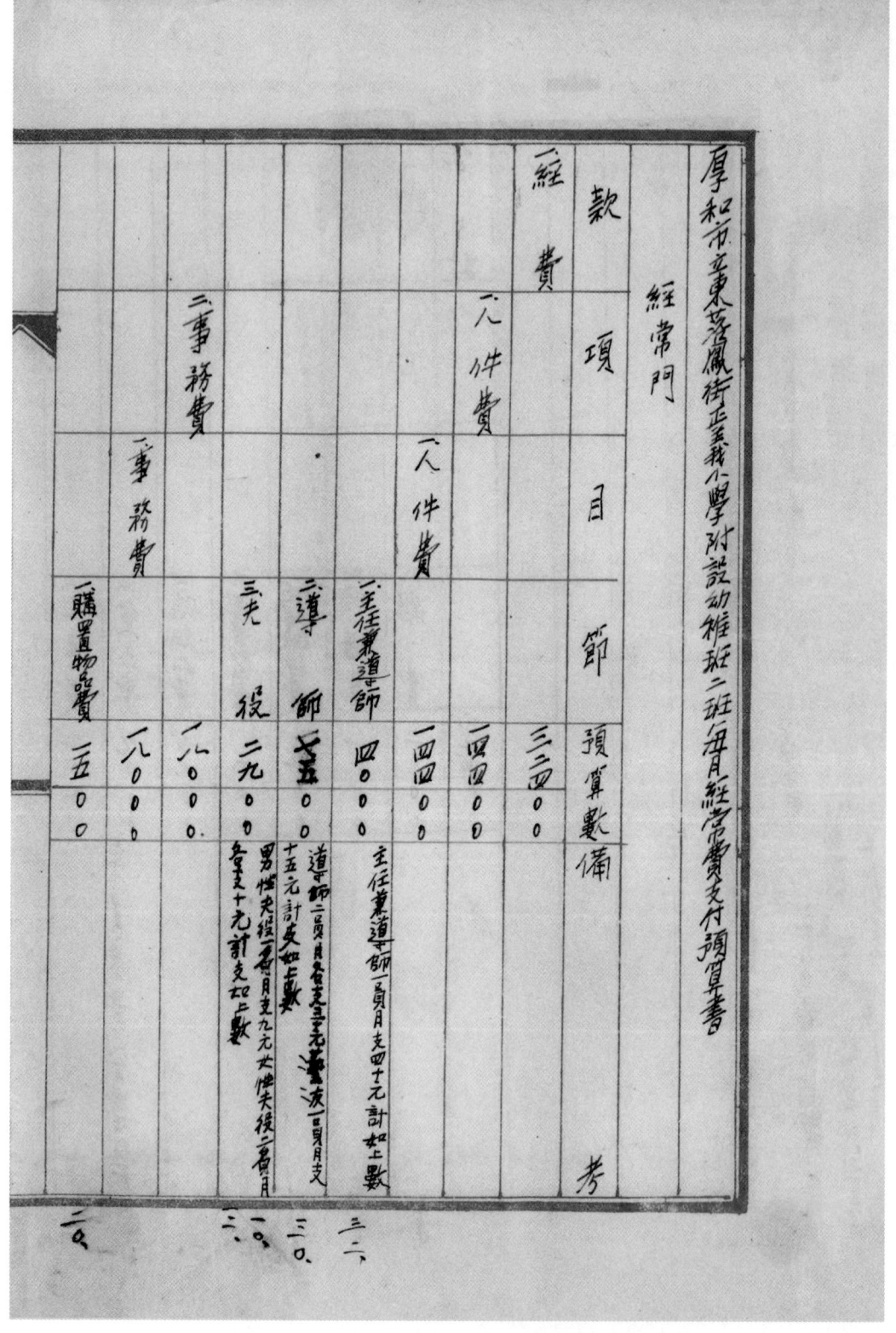

图 5- 附录 -3 “厚和市立东落凤街正义小学”为呈送幼稚班开办费预算书每月经常费预算书及计划书致“厚和特别市公署”呈（附计划书和每月经常费预算书）（1938 年 8 月 8 日）（六）

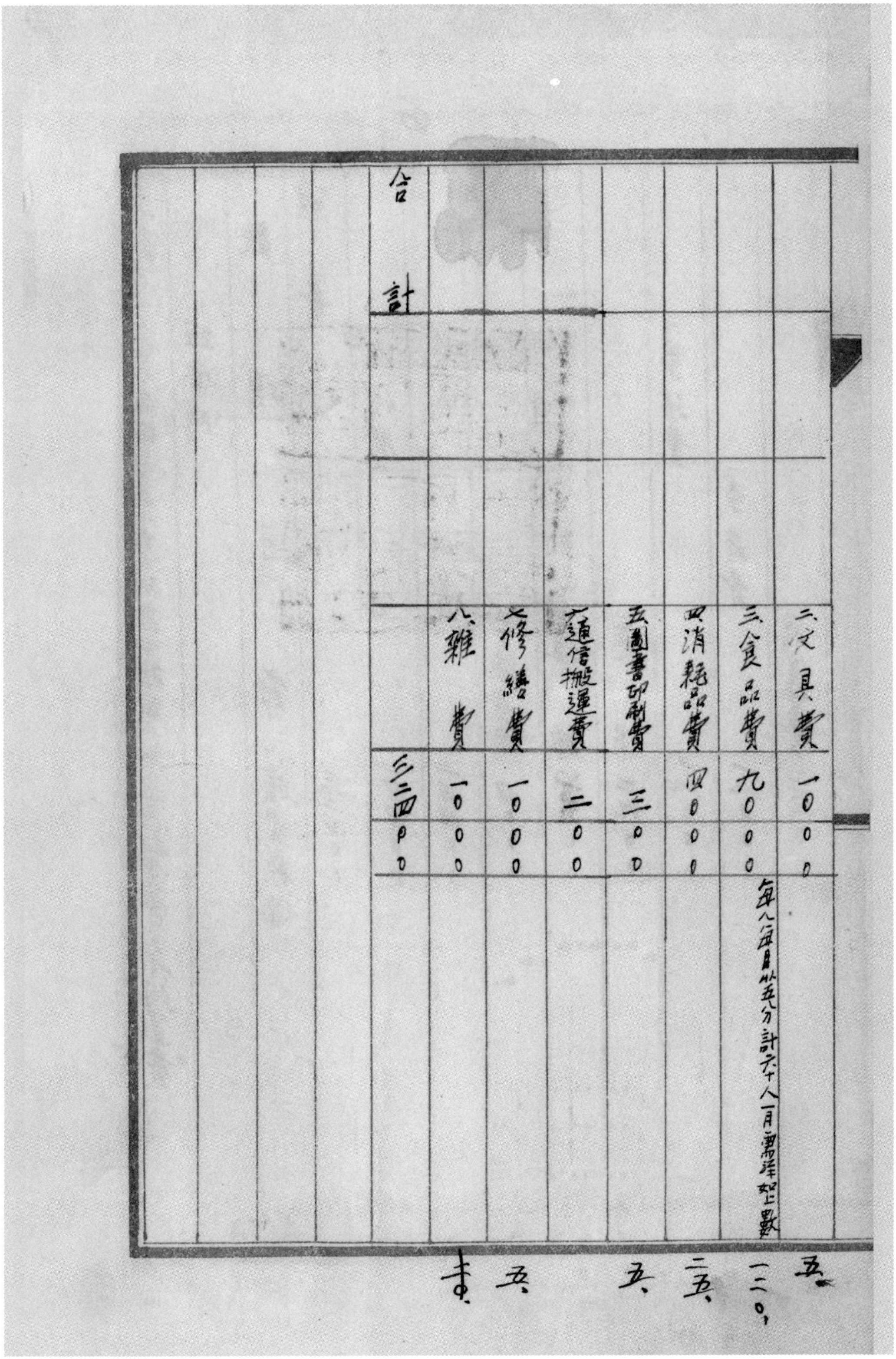

科目	金額	
二、文具費	一〇	〇〇
三、食品費	九〇	〇〇
四、消耗品費	四〇	〇〇
五、圖書印刷費	三	〇〇
六、通信搬運費	二	〇〇
七、修繕費	一〇	〇〇
八、雜費	一〇	〇〇
合計	三二四	〇〇

每人每月洋五分計六十人一月需洋如上數

五　一二〇　二五　五　五

图 5- 附录 -3 “厚和市立东落凤街正义小学”为呈送幼稚班开办费预算书每月经常费预算书及计划书致“厚和特别市公署”呈（附计划书和每月经常费预算书）（1938 年 8 月 8 日）（七）

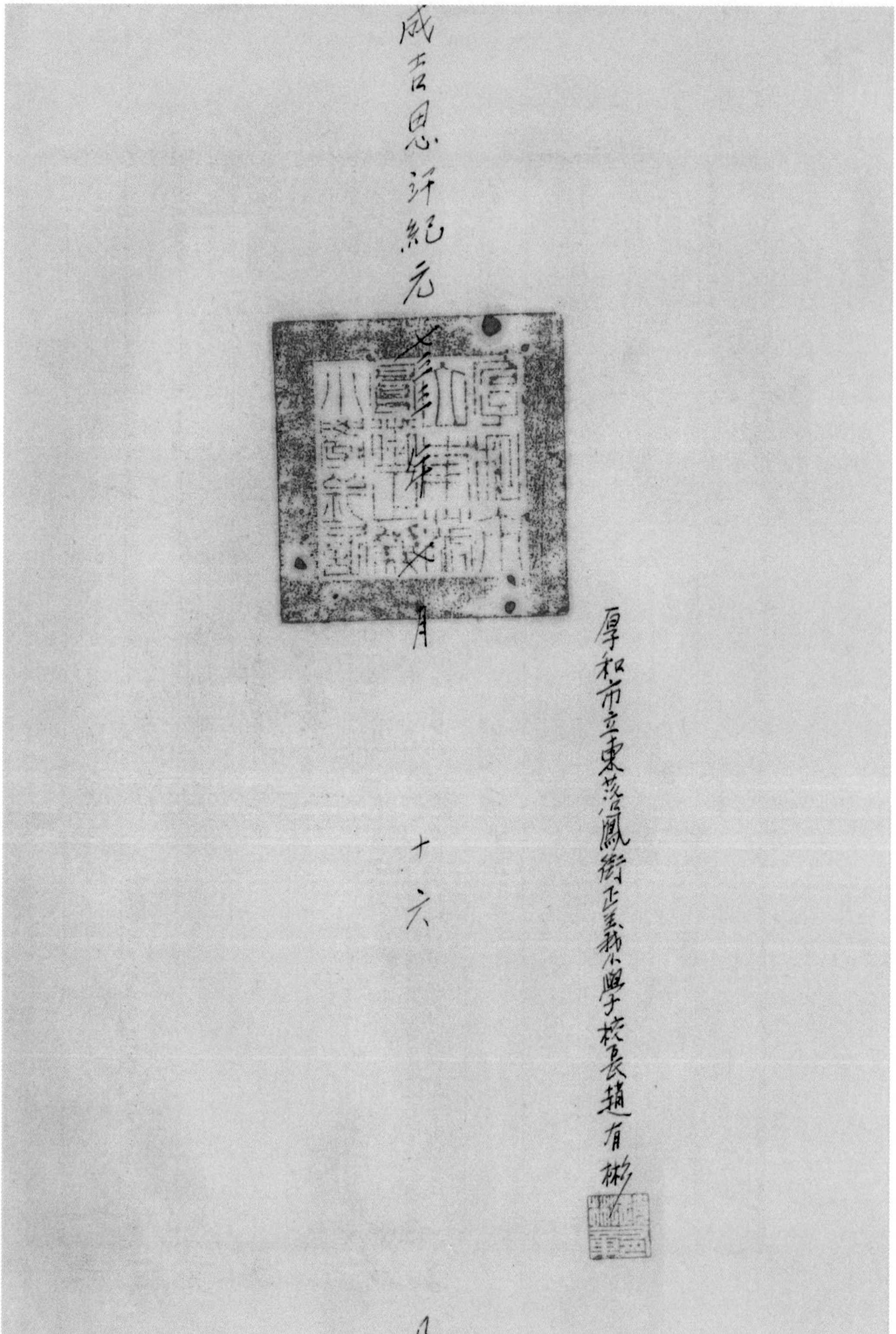

成吉思汗紀元七三三年八月十六日

厚和市立東落鳳街正義小學校長趙有彬

图 5- 附录 -3 “厚和市立东落凤街正义小学”为呈送幼稚班开办费预算书每月经常费预算书及计划书致“厚和特别市公署”呈（附计划书和每月经常费预算书）（1938 年 8 月 8 日）（八）

厚和市公署

為呈報事案查本署前據市立正義小學呈請添設幼稚班請鑒核等情當以總教字第三八號指令「呈件均悉據呈請添設幼稚班二班尙屬需要准自本年後半年開班仰即妥速籌備積極進行并擬具增設幼稚班詳細計劃呈署以憑核奪為要件存此令」等因印發外旋據該校呈送幼稚班計劃書及開辦經常費預算書等件前來茲經詳加審核幼稚教育極關重要所擬計劃書及開辦經常費預算書尚屬詳盡核實擬即准予照辦除通告招考學生并定於十月一日開班暨九月二十七日招考幼稚園女導師外所有正義小學增設幼稚班情形理合照錄原計劃書暨招考女導師通告具文一併呈請

鑒核示遵施行謹呈

蒙古聯盟自治政府政務院

計呈　計劃書乙份　招考女導師通告一份

图 5- 附录 -4　“厚和市公署”为报送“市立正义小学”增设幼稚班情形致“蒙古联盟自治政府政务院”呈（附计划书及招考女导师通告）（1938 年 9 月 21 日）（一）

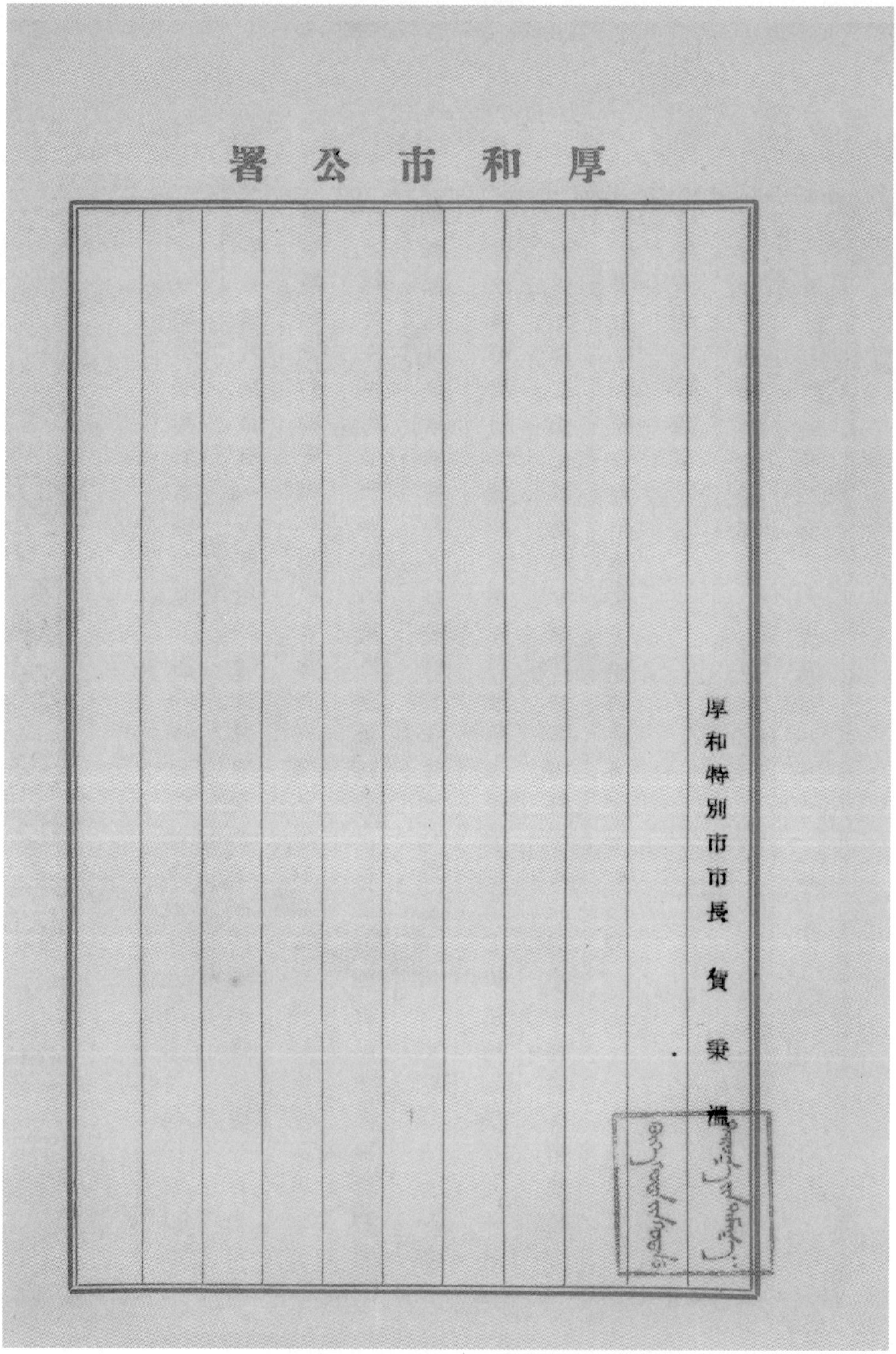
厚和市公署

厚和特別市市長　賀　秉　溫

图 5- 附录 -4　“厚和市公署”为报送“市立正义小学”增设幼稚班情形致“蒙古联盟自治政府政务院”呈（附计划书及招考女导师通告）（1938 年 9 月 21 日）（二）

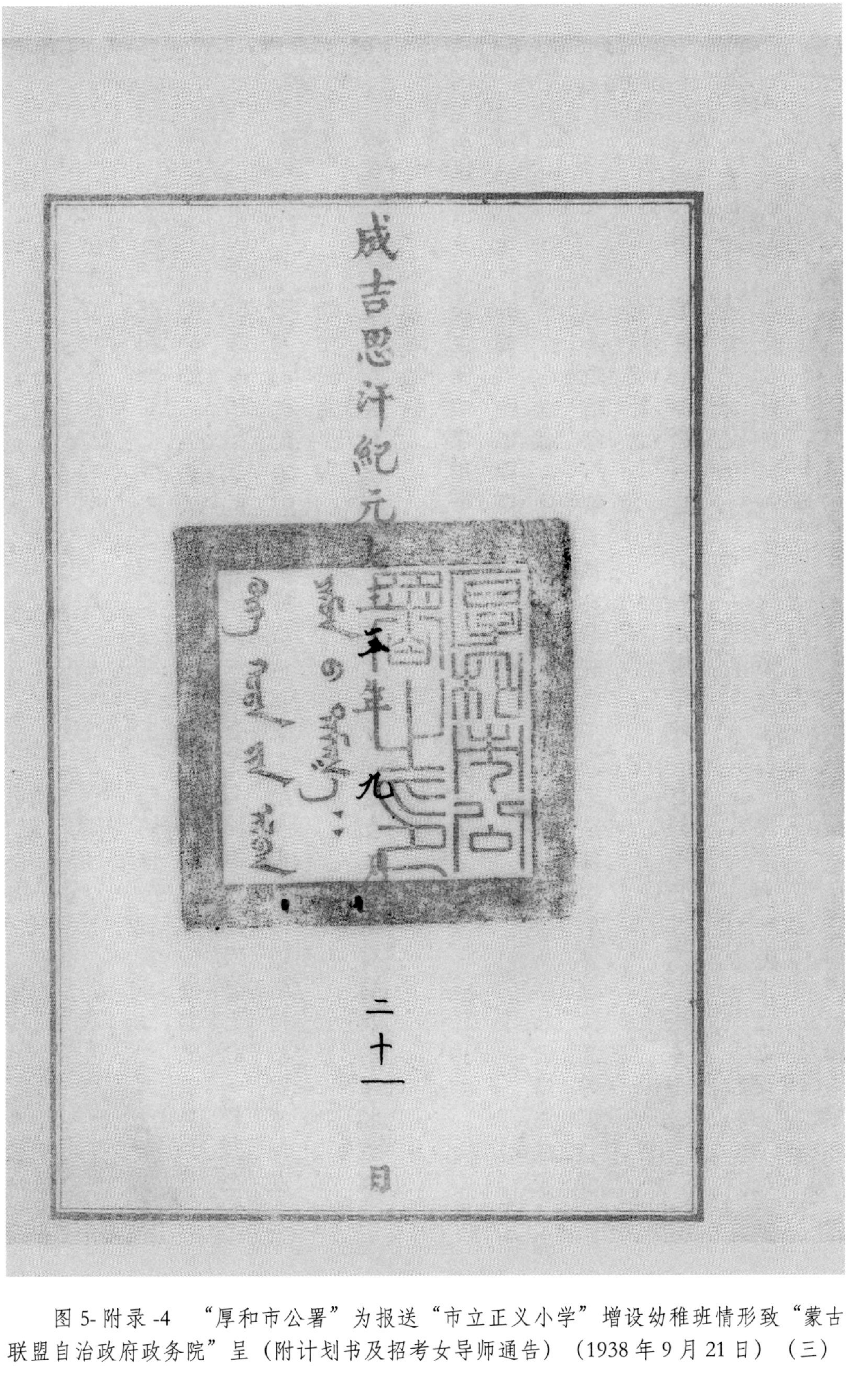
成吉思汗紀元

年九

二十一

日

图 5- 附录 -4 “厚和市公署”为报送“市立正义小学”增设幼稚班情形致“蒙古联盟自治政府政务院”呈（附计划书及招考女导师通告）（1938 年 9 月 21 日）（三）

厚和市立東落鳳街正義小學增設幼稚班計劃書

一、理　由　查新城爲蒙疆之重鎮、機關林立人口繁多急需要設立幼稚園一所、以免幼童失學、查過去曾有第一幼稚園之設立、新政權成立後、該園地址改爲厚和旅館、所遺該園殘缺不全器具、均歸本校保管、因此一般家長不時到校請求增設幼稚班、以資入學、且因地勢較爲適中、實有增設幼稚班之必要、

二、目　的　培養幼童健康體格、陶冶幼童良好品性、發展幼童審美興趣、增進幼童生活知能、

三、職教員　設主任兼導師一人、導師二人、

四、學　生　分爲高初二級、擬招收八十人

五、課　程　集會　律動　戶外活動　自由作業　表情唱歌及簡單歌舞遊戲故事及歌謠、此外除于每日應有之活動外必須有相當之休息時間及食品以輔助之

六、經　費　每月人件費一百一十五元事務費一百六十元共二百七十五元

七、開辦費　~~七百七十七元~~ 八百二十五元

八、校　舍　擬將本校東院略爲修改闢爲幼稚班計教室六間教員室二間

图 5- 附录 -4　“厚和市公署”为呈报“市立正义小学”增设幼稚班情形致“蒙古联盟自治政府政务院”呈（附计划书及招考女导师通告）（1938 年 9 月 21 日）（四）

厚和特別市公署招考幼稚女導師通告

爲通告事本署爲培養幼童健康增進幼童知能起見擬在本市新城東落鳳街正義小學校內增設幼稚班招考女導師茲規定招考簡章如左

一、資　格　幼稚師範畢業品學端方身家清白者
女師畢業品學端方身家清白曾在幼稚園服務或對於幼稚教育素有研究者

二、額　數　若干名

二、年　齡　二十歲以上四十歲以下者

三、額　數　若干名

四、試　題　作文　教學法　筆　口試

五、待　遇　錄用後每月俸給三十元至三十五元

六、報名處　本署行政科教育股

七、報名手續　呈繳最近四寸半身像片一張及詳細履歷書一份

八、報名日期　自成吉思汗紀元七三三年九月二十一日起至九月二十六日止

九、考試日期　九月二十七日上午十時

十、考試地點　厚和特別市公署

厚和特別市公署

成吉思汗紀元七三三年九月二十日

图 5- 附录 -4　“厚和市公署”为呈报“市立正义小学”增设幼稚班情形致“蒙古联盟自治政府政务院”呈（附计划书及招考女导师通告）（1938 年 9 月 21 日）（五）

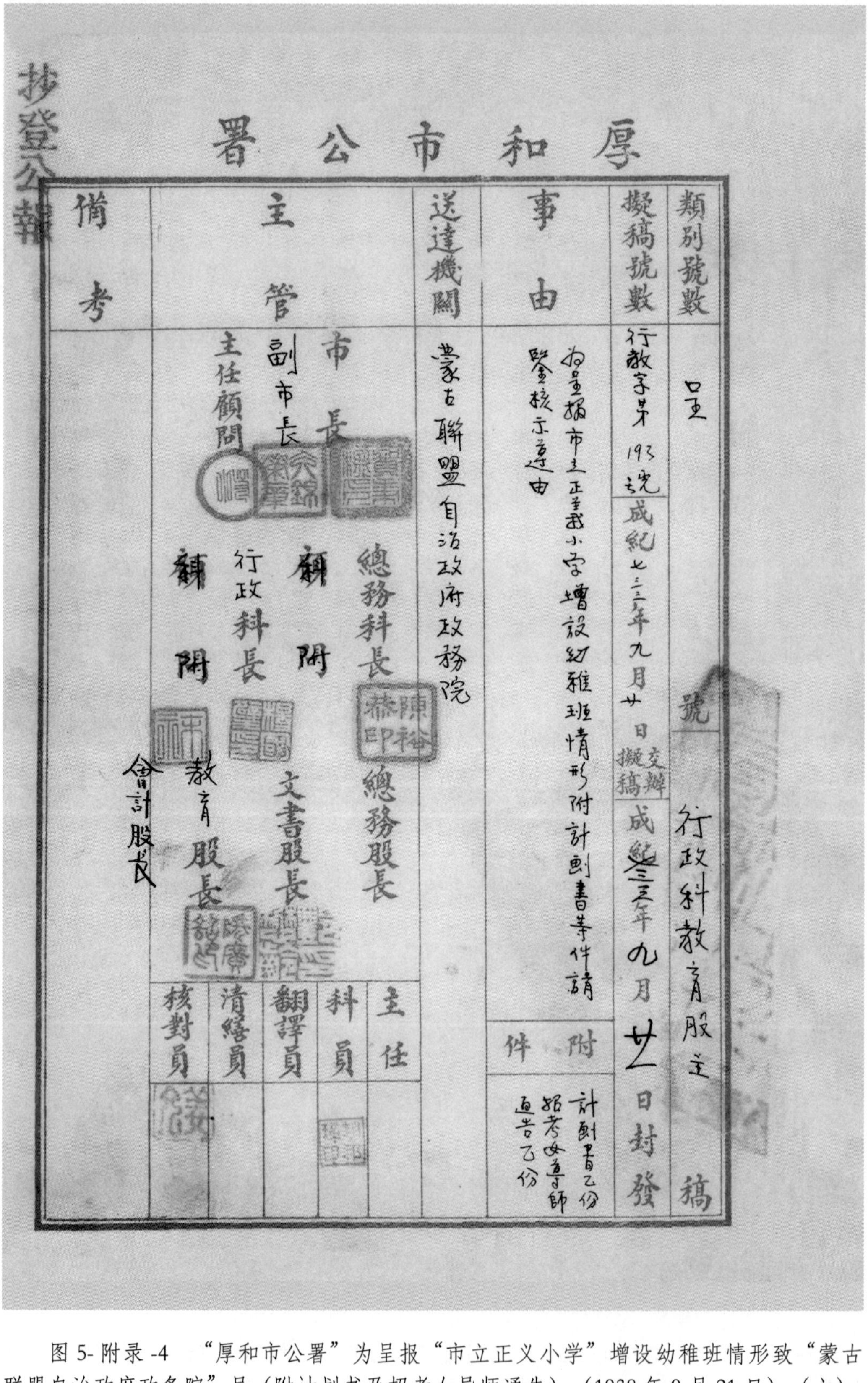
抄登公報

厚和市公署

類別號數：呈

擬稿號數：行教字第193號

成紀七三三年九月廿日擬稿

交辦號：行政科教育股主稿

成紀七三三年九月廿一日封發

事由：為呈報市立正義小學增設幼稚班情形附計劃書等件請鑒核示遵由

附件：計劃書乙份　招考女導師通告乙份

送達機關：蒙古聯盟自治政府政務院

主管：市長　副市長　主任顧問

總務科長　輔附　行政科長　輔附

總務股長　文書股長　教育股長　會計股長

主任　科員　翻譯員　清繕員　核對員

備考

图 5- 附录 -4　“厚和市公署”为呈报“市立正义小学”增设幼稚班情形致“蒙古联盟自治政府政务院”呈（附计划书及招考女导师通告）（1938 年 9 月 21 日）（六）

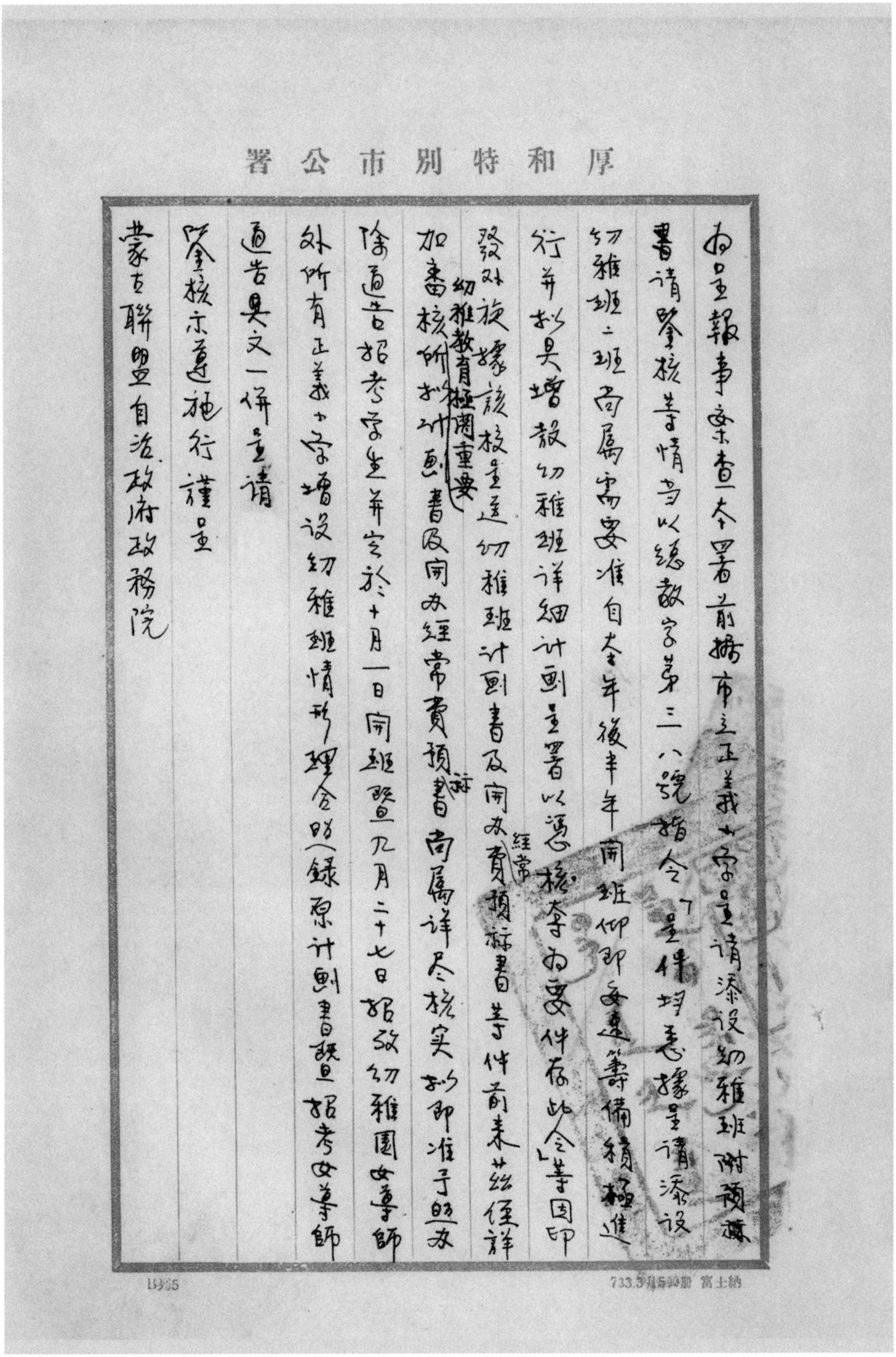

厚和特別市公署

為呈報事案查本署前據市立正義小學呈請添設幼稚班附預算書請鑒核等情當以總數字第三八號指令「呈件均悉據呈請添設幼稚班一班尚屬需要准自本年後半年開班仰即妥速籌備積極進行并抄具增設幼稚班詳細計劃呈署以憑核奪為要件存此令」等因印發外旋據該校呈送幼稚班計劃書及開辦經常費預算書等件前來茲經詳加審核幼稚教育極關重要所擬計劃書及開辦經常費預算書尚屬詳盡核實抄即准予照辦除通告招考學生並定於十月一日開班暨九月二十七日招致幼稚園女導師外所有正義小學增設幼稚班情形理合照錄原計劃書暨招考女導師通告與文一併呈請

鑒核示遵施行謹呈

蒙古聯盟自治政府政務院

图 5- 附录 -4 “厚和市公署”为呈报“市立正义小学”增设幼稚班情形致“蒙古联盟自治政府政务院”呈（附计划书及招考女导师通告）（1938 年 9 月 21 日）（七）

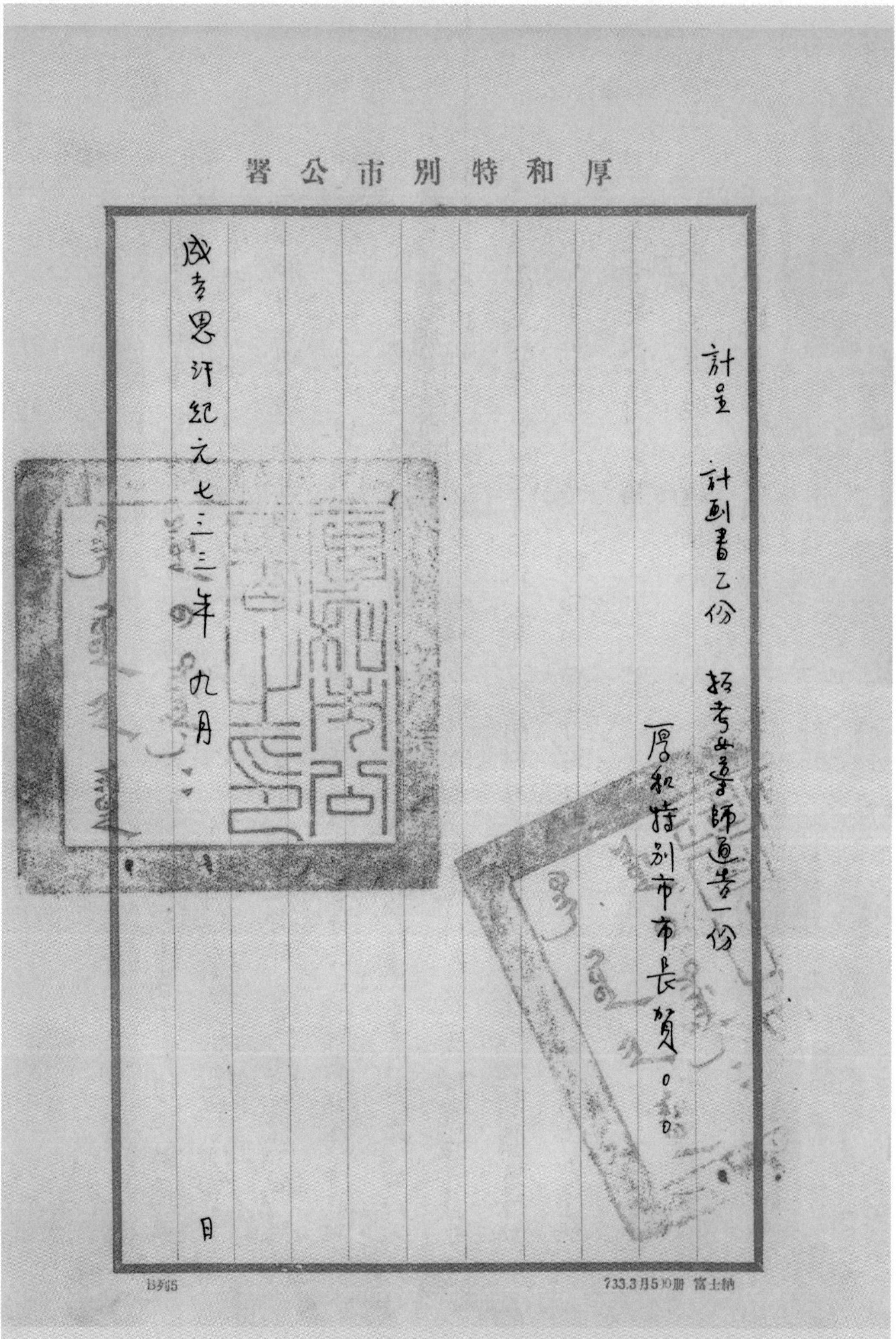

厚和特別市公署

附呈

計劃書乙份

招考女導師通告一份

厚和特別市市長賀○

成吉思汗紀元七三三年九月 日

B列5

733.3月5.00冊 富士納

图 5- 附录 -4 “厚和市公署”为呈报“市立正义小学”增设幼稚班情形致“蒙古联盟自治政府政务院”呈（附计划书及招考女导师通告）（1938 年 9 月 21 日）（八）

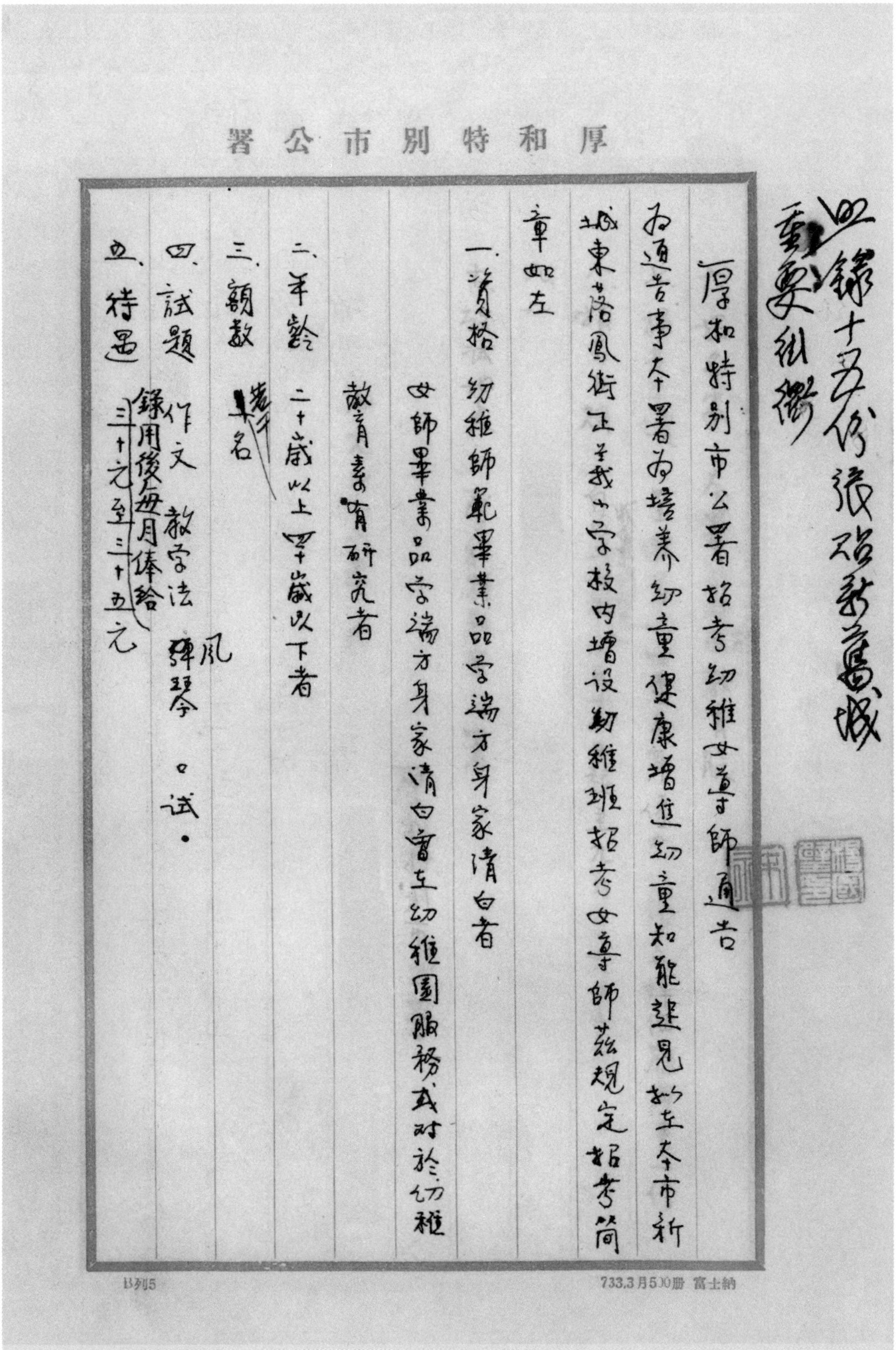
厚和特別市公署

厚和特別市公署招考幼稚女導師通告

為通告事本署為培養幼童健康增進幼童知能起見於本市新城東落鳳街正義小學校內增設幼稚班招考女導師茲規定招考簡章如左

一、資格　幼稚師範畢業品學端方身家清白者

女師畢業品學端方身家清白曾在幼稚園服務或對於幼稚教育素有研究者

二、年齡　二十歲以上四十歲以下者

三、額數　一名

四、試題　作文　教學法　彈琴　风　口试

五、待遇　錄用後每月俸給三十元至三十五元

B列5　　733,3月500冊 富士納

图 5- 附录 -4　“厚和市公署”为呈报“市立正义小学”增设幼稚班情形致“蒙古联盟自治政府政务院”呈（附计划书及招考女导师通告）（1938 年 9 月 21 日）（九）

厚和特別市公署

六、報名處　本署行政科教育股

七、報名手續　呈繳最近四寸半身像片一張及詳細履歷書一份

八、報名日期　自成吉思汗紀元七三三年九月廿一日起至九月二十六日止

九、考試日期　九月二十七日上午十時

十、考試地点　厚和特別市公署

厚和特別市公署

成吉思汗紀元七三三年九月　二十　日

B列5　　733.3月500册 富士納

图 5- 附录 -4　“厚和市公署”为呈报“市立正义小学”增设幼稚班情形致“蒙古联盟自治政府政务院”呈（附计划书及招考女导师通告）（1938 年 9 月 21 日）（十）

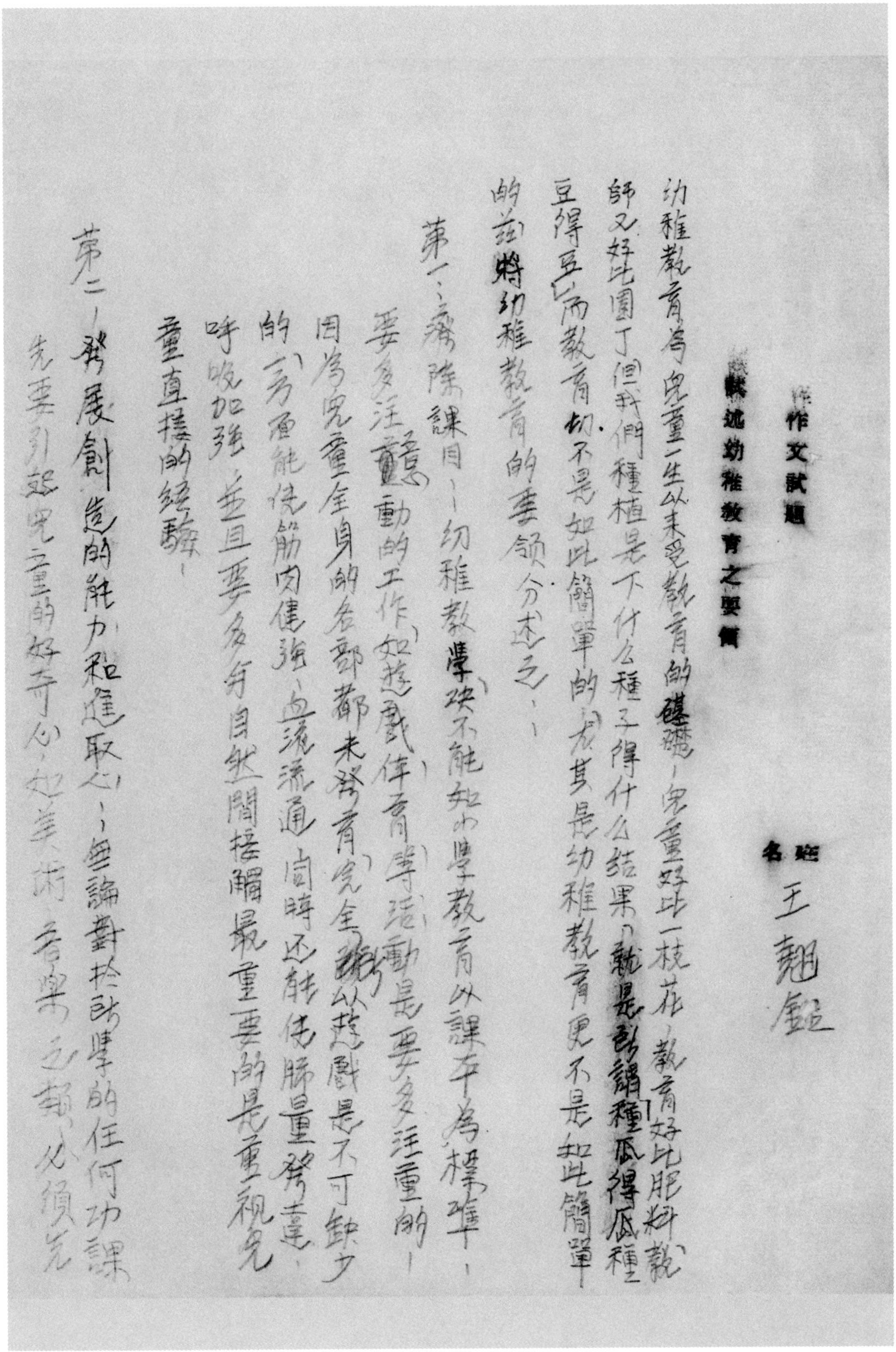

作文試題

試述幼稚教育之要領

姓名 王翹銘

幼稚教育為兒童一生以來受教育的基礎，兒童好比一枝花，教育好比肥料，栽師又好比園丁，但我們種植是下什么種子得什么結果，就是所謂種瓜得瓜種豆得豆，所教育幼不是如此簡單的，尤其是幼稚教育更不是如此簡單的，茲將幼稚教育的要領分述之：

第一、實際課目：幼稚教學決不能如小學教育以課本為標準，要多注意運動的工作，如遊戲體育等活動，是要多注重的，因為兒童全身的各部都未發育完全，所以遊戲是不可缺少的，一方面能使筋肉健強，血液流通，同時還能使腦量發達，呼吸加強，並且要多自然間接觸，最重要的是重視兒童直接的經驗。

第二、發展創造的能力和進取心：無論對於科學的任何功課先要引起兒童的好奇心，如美術、音樂、工藝，必須先

图 5- 附录 -5 “厚和市立东落凤街正义小学”附设幼稚班招考女导师作文试题答卷（一）

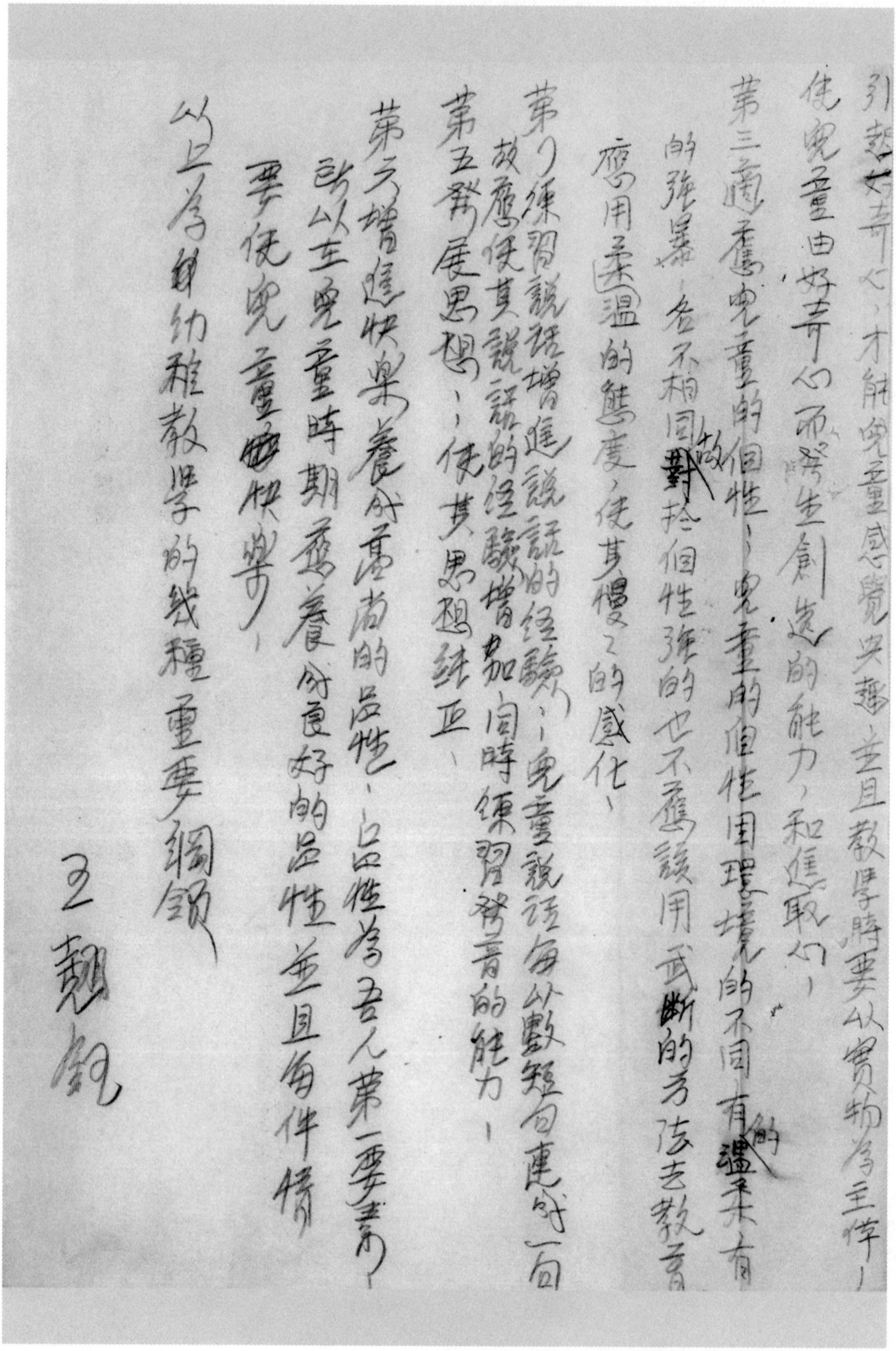
引起好奇心，才能使兒童感覺興趣並且教學時要以實物為主體，
使兒童由好奇心而發生創造的能力，和進取心，
第三適應兒童的個性，兒童的個性因環境的不同有溫柔有的強暴，各不相同，故對於個性強的也不應該用武斷的方法去教育
應用溫柔的態度使其慢慢的感化，
第四練習說話增進說話的經驗，兒童說話每以數短句連成一句故應使其說話的經驗增加同時練習發音的能力，
第五發展思想，使其思想純正，
第六增進快樂養成高尚的品性，品性為吾人第一要素，所以在兒童時期應養成良好的品性並且每件情要使兒童愉快樂，
以上為幼稚教學的幾種重要綱領
王[illegible]

图 5- 附录 -5　“厚和市立东落凤街正义小学”附设幼稚班招考女导师作文试题答卷（二）

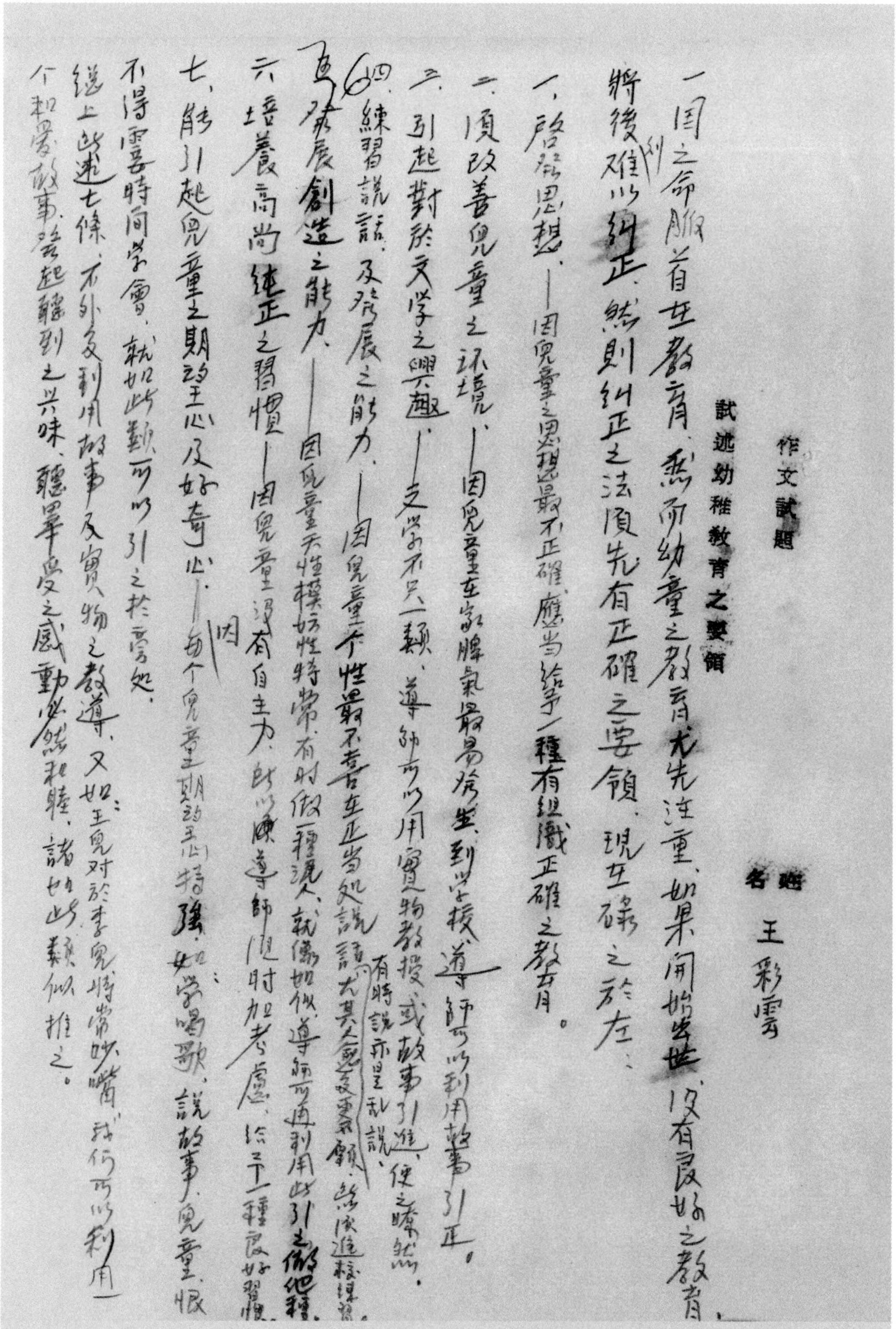
作文試題

試述幼稚教育之要領

姓名 王彩雲

一国之命脉首在教育，然而幼童之教育尤先注重，如果開始出世没有良好之教育，將後难以纠正，然則纠正之法須先有正確之要領，現在錄之於左：

一、啟發思想——因兒童之思想最不正確，應當給予一種有組織正確之教育。

二、須改善兒童之环境——因兒童在此時腦氣最易發生，到学校導師可以利用故事引正。

三、引起對於文学之興趣——文学不只一類，導師可以用實物教授或故事引進，使之瞭然。

四、練習說話及發展之能力——因兒童之个性最不喜在正当处說話（有時說亦是乱說），尤其人多更靦腆，然後進校[illegible]

五、發展創造之能力——因兒童天性模仿性特常，有时假一種道人，就像如似，導師可適利用此引之做他種[illegible]

六、培養高尚純正之習惯——因兒童没有自主力，此所以導師隨时加考慮，給予一種良好習惯

七、能引起兒童之期望心及好奇心——因每个兒童之期望心特強，如学唱歌，說故事，兒童恨不得雲時間学會，就如此類可以引之於正处。

總上所述七條，不外多利用故事及實物之教導。又如：王兒对於李兒時常吵嘴，我們可以利用个相當故事來引起聽到之興味，聽畢受之感動必然和睦，諸如此類似推之。

图5-附录-5 “厚和市立东落凤街正义小学”附设幼稚班招考女导师作文试题答卷（三）

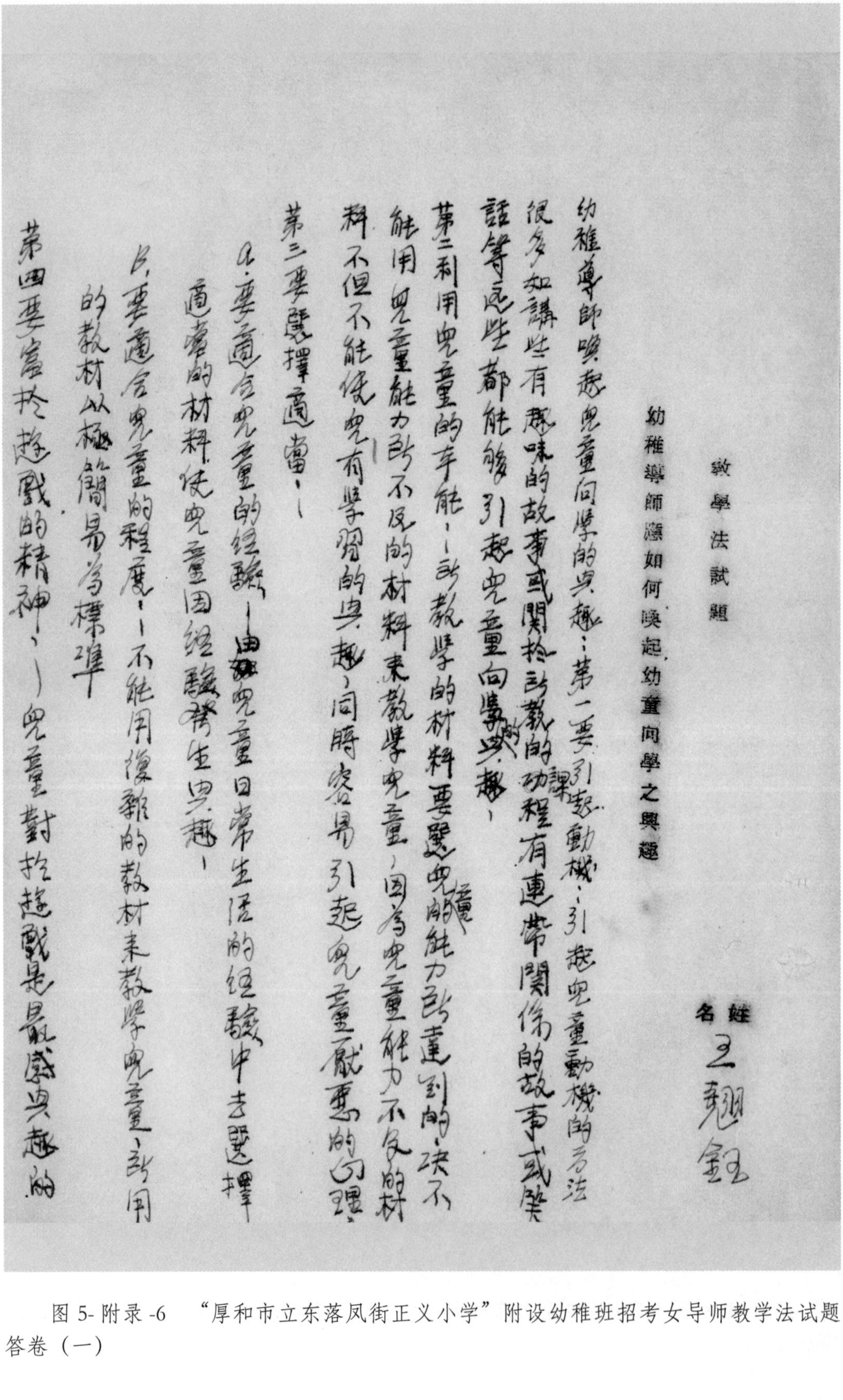

教學法試題

幼稚導師應如何喚起幼童向學之興趣

姓名 王翹鈺

幼稚導師喚起兒童向學的興趣：第一要引起動機：引起兒童動機的方法很多如講些有趣味的故事或關於所教的課程有連帶關係的故事或笑話等這些都能夠引起兒童向學的興趣、

第二利用兒童的本能、所教學的材料要選兒童的能力所達到的、決不能用兒童能力所不及的材料來教學兒童、因為兒童能力不及的材料不但不能使兒有學習的興趣、同時容易引起兒童厭惡的心理

第三要選擇適當、

1.要適合兒童的經驗、由兒童日常生活的經驗中去選擇適當的材料使兒童因經驗發生興趣、

2.要適合兒童的程度、不能用複雜的教材來教學兒童、所用的教材以極簡易為標準

第四要富於遊戲的精神、兒童對於遊戲是最感興趣的

图 5- 附录 -6 “厚和市立东落凤街正义小学”附设幼稚班招考女导师教学法试题答卷（一）

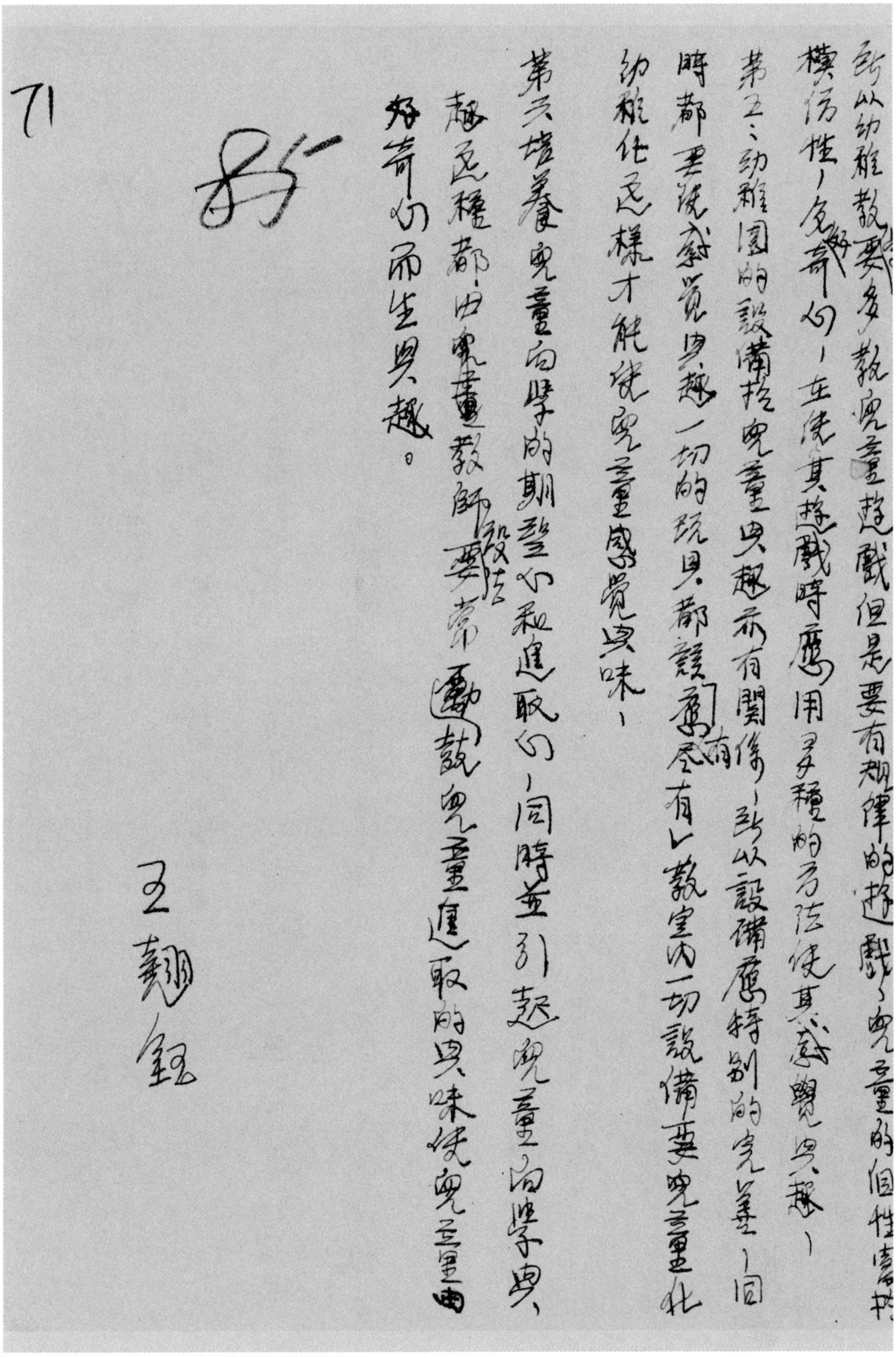
71
85
所以幼稚教要多教兒童遊戲但是要有規律的遊戲，兒童的個性富於
模仿性，富好奇心，在使其遊戲時應用多種的方法使其感覺興趣，
第五：幼稚園的設備於兒童興趣亦有關係，所以設備應特別的完善，同
時都要使感覺興趣一切的玩具都應有盡有，教室內一切設備要兒童化
幼稚化這樣才能使兒童感覺興味，
第六：培養兒童向學的期望心和進取心，同時並引起兒童向學興，
趣這種都由兒童教師設法要常鼓勵兒童進取的興味使兒童由
好奇心而生興趣。
王翹鈺

图 5- 附录 -6　“厚和市立东落凤街正义小学”附设幼稚班招考女导师教学法试题答卷（二）

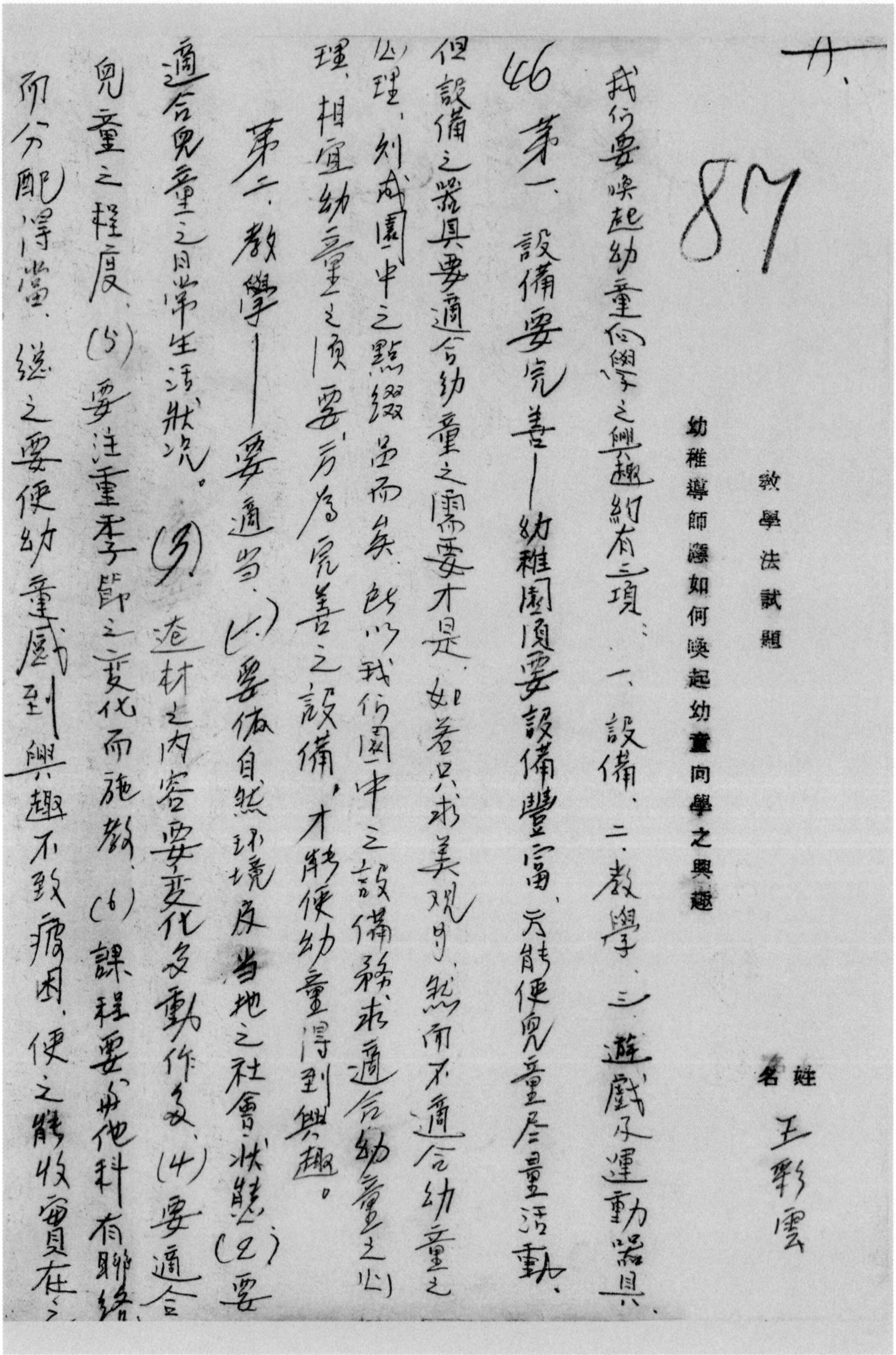
教學法試題

幼稚導師應如何喚起幼童向學之興趣

姓名 王彩雲

卅、

87

46

我們要喚起幼童向學之興趣約有三項：一、設備、二、教學、三、遊戲及運動器具、

第一、設備要完善——幼稚園須要設備豐富，方能使兒童盡量活動、

但設備之器具要適合幼童之需要才是，如若只求美觀的，然而不適合幼童之

心理，則成園中之點綴品而矣。所以我們園中之設備務求適合幼童之心

理，相宜幼童之須要，方為完善之設備，才能使幼童得到興趣。

第二、教學——要適當、(1)要依自然環境及当地之社會狀態，(2)要

適合兒童之日常生活狀况。(3)選材之內容要変化及動作多、(4)要適合

兒童之程度、(5)要注重季節之変化而施教、(6)課程要與他科有聯絡

而分配得當、總之要使幼童感到興趣不致疲困，使之能收實在之

图 5-附录 -6 “厚和市立东落凤街正义小学”附设幼稚班招考女导师教学法试题答卷（三）

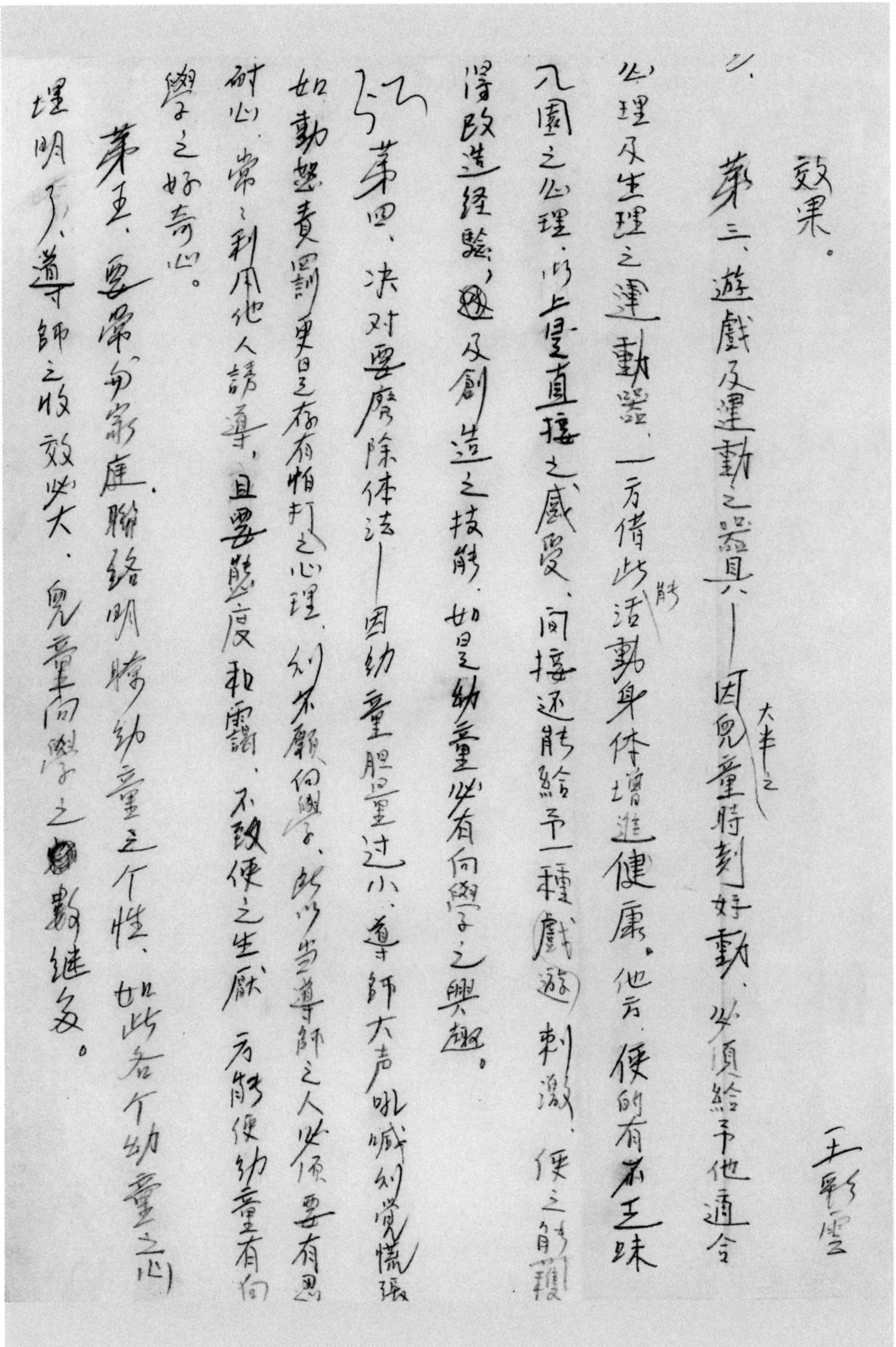

效果。
第三、遊戲及運動之器具——因兒童大半之時刻好動，必須給予他適合心理及生理之運動器，一方借此能活動身体增進健康。他方，便能有有趣味兒園之心理，此上是直接之感受，間接還能給予一種戲遊刺激，便之能獲得改造經驗，及創造之技能，如是幼童必有向學之興趣。
第四、決对要廢除体法——因幼童胆量过小，導師大声吼喊，到覺慌張，如動輒責罰，更日之存有怕打之心理，到不願向學，所以當導師之人必須要有愚耐心，常常利用他人誘導，且要態度和靄，不致使之生厭，方能使幼童有向學之好奇心。
第五、要常與家庭聯絡明瞭幼童之个性，如此各个幼童之心理明了，導師之收效必大，兒童向學之[illegible]數继多。

王彩雪

图 5- 附录 -6　“厚和市立东落凤街正义小学”附设幼稚班招考女导师教学法试题答卷（四）

职业教育卷

呼和浩特市档案馆藏
民国时期职业教育档案概述

职业教育思潮是民国时期教育领域较有影响力的一种教育思潮。民国时期，职业教育兴起的主要原因在于其作用功能与国民生产生活及经济发展有着密切联系，在某种程度上，职业教育成为当时经济社会发展的助推器。正因为如此，20世纪二三十年代出现了以黄炎培、蔡元培等为代表的教育家，他们主张通过发展职业教育来促进国民经济增长。在职业教育思潮和这些教育家的影响下，民国时期呼和浩特地区先后创办了西北实业学校（后改为归绥农科职业学校）、归绥省立工科职业学校、绥远省高级助产学校等职业学校或职业训练班，旨在促进当时经济社会各项事业的发展。通过相关档案了解到，有关民国时期呼和浩特地区职业教育的档案主要集中在行政工作、教务工作、总务工作、学生管理等方面。

在行政工作方面，一是相关部门颁布鼓励机关和团体创办职业学校和职业培训班的办法，以此来促进社会经济的发展。如民国三十五年（1946年），绥远省教育厅奉教育部颁发《绥远省政府为转实业机关团体办理职业学校或职业训练班奖励办法给绥远省毛织厂代电（附奖励办法）》（1946年5月13日）、《绥远省政府为依式填报实业机关或职业团体办理职业学校或训练班调查表给绥远省毛织厂代电》（1946年7月8日）等文件，要求"实体机关或职〔业。——编者注〕

团体办理职业学校或职业训练班应依照教育部颁行之修正《职业学校规程短期职业训练班实施办法》及其他有关之教育法令办理”，并明确指出“实体机关或团体办理职业团体对于筹办职业学校或训练班有困难或疑义，将可请求当地教育行政机关或向教育部主管司予以规划协助”。二是学校组织学生参观。另外在班级名称规范方面，规范职业学校和培训班的名称问题。如《绥远省政府为转实业机关团体办理职业学校或职业训练班奖励办法给绥远省毛织厂代电（附奖励办法）》（1946 年 5 月 13 日）中规定，职业学校的名称应定名为某某机关或团体附设高级或初级某科（或某业）职业学校或训练班。其他档案中，也可体现当时对于学生的相关政策规定。如在绥远省立归绥农科职业学校公函第五号文件《绥远省立归绥农科职业学校为发给学生李建富等四名学生参观旅费致归绥市政府公函（附学生姓名住址表及籍隶证明书）》（1947 年 3 月 24 日）中写道：“本校农科第四年级学生均于本学期结束之前，为增进学生知识、扩展见闻起见，特派教员带领赴张家口、北京，实地参观考察。”在《归绥市政府为本届师范及农科职业学校籍隶本市之毕业生参观旅费拟列入预算支发致绥远省政府代电》（1948 年 5 月 20 日）中将学生的参观旅费纳入经费预算。

教务工作方面，民国时期呼和浩特地区职业教育在教务工作方面建立了较为全面的机制，制定了相关规章制度。在组织建设方面，归绥农科职业学校设立总务处、教务处，负责学校教务相关工作，开展校长、总务主任各部职员组成的校务会议和由教务主任、各科教员组成的教务会议，同时还设立了体育卫生委员会、考试委员会、出版委员会、图书仪器委员会、学生自治及社会服务指导委员会、学生实习委员会和选科指导委员会，加强了学校教务管理。特别是在考试方面，民国时期颁布多项文件政策，加强考试相关内容。据已有档案显示，民国时期呼和浩特地区颁布了《绥远省政府为三十六年高等考试建设人员垦殖科考试科目表及修正三十六年特种考试高级邮务员考试科目表给绥远电面公司代电（附考试科目表）》（1947 年 9 月 29 日）、《归绥市政府为转三十六年专门职业及技术人员考试高等考试工业技师考试应行公告事项及建设人员垦殖科特种考试高级邮务员考试科目表给警察局及各区公所代电》（1947 年 10 月 9 日）、《绥远省政府为三十六年专门职业及技术人员考试高等考试工业技师考试应行公告事项给归绥市政府代电（附应行公告事项）》（1947 年 9 月 2 日）等文件，明确了不同职业考试的内容选择与范围。从已有的资料来看，当时的职业考试内容主要涉及政治知识、专业知识及相关知识等方面。如民国三十六年(1947年)高等考试建设人员(垦殖科)考试科目表中写道:一是《建国方略》《建国大纲》《三民主义》及《中国国民党第一次全国代表大会宣言》；二是宪法知识；三是养殖学知识；四是农场管理方面的知识；五是农具学方面的知识与技能；六是作物学方面的知识；七是水土保持或土地利用及土壤改良方面的知识；八是灌溉排水或旱农学方面的知识与技能。又如，特种考试高级邮务员考试科目主要包括：一是国文(论文及公文)的知识;二是《建国方略》《建国大纲》《三民主义》及《中国国民党第一次全国代表大会宣言》；三是宪法知识；四是中外史地知识；五是外国文（英、法、德、俄、日文中任选一种)；六是经济学知识；七是民法概要或会计学知识；八是邮政法规；九是《邮政公约》相关知识。

总务工作方面，这一时期的档案较少，从所选的两件《绥远省立归绥师范学校为请求饬令农科职业学校交还书籍致绥远省政府教育厅呈》(1946年11月24日)、《绥远省政府教育厅为农科职业学校并无该校书籍给省立归绥师范学校代电》(1946年12月28日)中可见，当时总务工作主要围绕学校基本设施等工作展开，与其他教育类型所涉及的总务工作内容基本一致。

学生管理方面，这一时期职业教育的学生管理主要体现在班级规章制度、班级管理形式等方面，相关档案有《归绥市警察局为搜集警官学校毕业同学录及本省警察训练所各期同学录给第一分局代电》(1946年11月1日)、《归绥市警察局第三分局为呈复警官学校毕业同学录及本省警训所各期同学录搜集结果致归绥市警察局代电》(1946年11月14日)、《归绥市警察局为呈警官学校毕业同学录致归绥市政府代电》(1946年12月3日)、《绥远省立归绥农科职业学校为转学学生办理未结手续等事宜致绥远省归绥第一中学公函》(1946年10月3日)、《绥远省立归绥农科职业学校为毕业学生籍贯保证书已填送致归绥市政府公函》(1948年5月17日)、《归绥省立归绥农科职业学校毕业学生籍贯保证书》(1948年5月)、《绥远省政府为转需用三十五年度第二学期专科以上学校毕业生人数科别表给电灯公司代电（附表)》(1947年4月26日）等。在班级管理规章制度上，职业学校规定了较为严格的戒律，师生的行为及言论受到极大的限制，如有师生触犯相关戒律会受到打骂等处罚。虽然档案总数不多，但对当时职业学校学生管理相关办法均有涉及。

综上，职业教育作为这一时期的主要教育形式之一，已基本确立办学方向、政策及教学尝试，对于探寻职业教育发展历史具有一定的参考价值。

一　行政工作

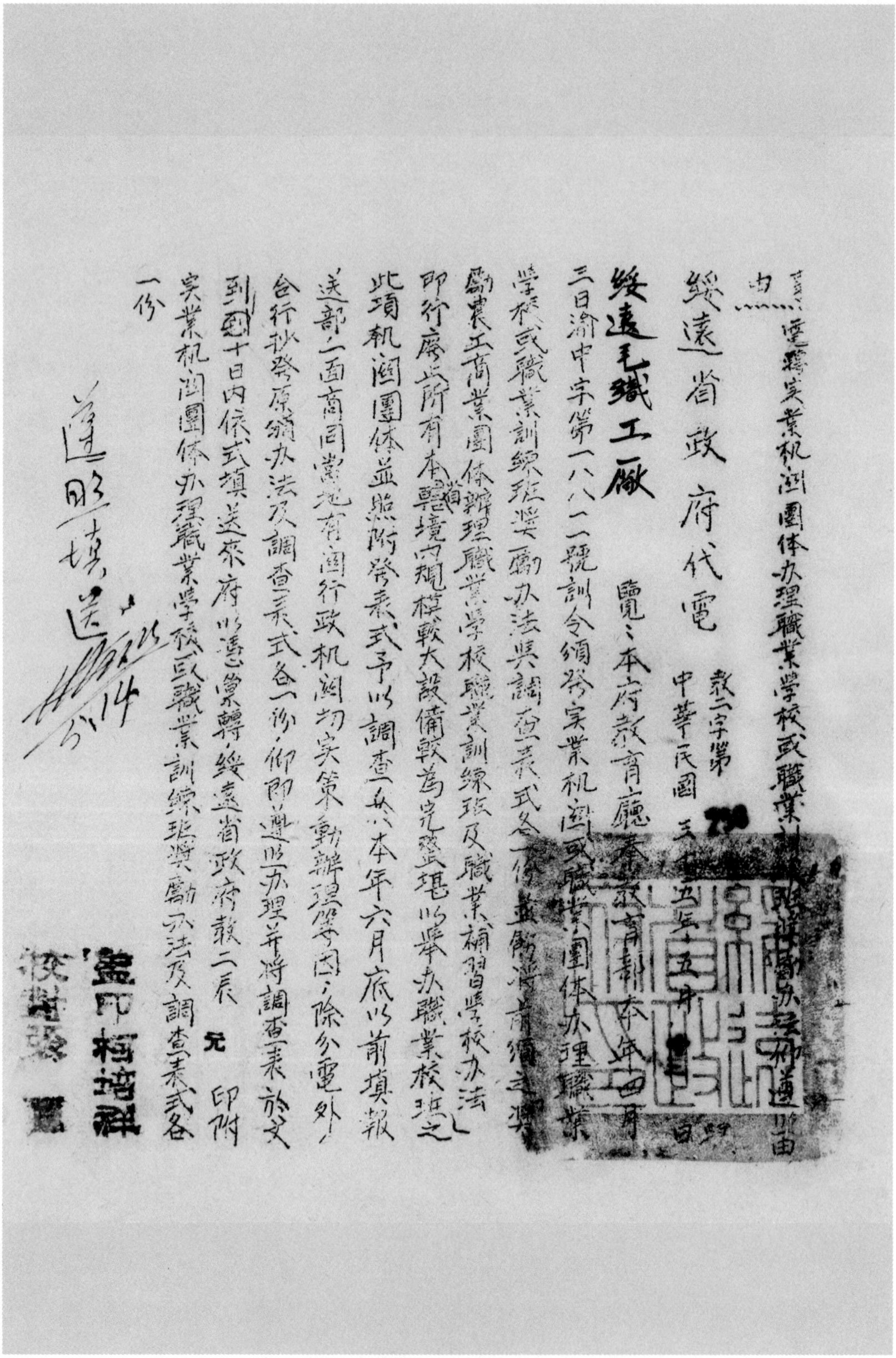
事由：為轉実業机関團体办理職業学校或職業訓練班奬勵办法[illegible]由

綏遠省政府代電　教二字第[illegible]號
中華民國三十五年五月十三日

綏遠毛織工廠

覽：本府教育廳案奉教育部本年四月三日渝中字第一八八一一號訓令，須發実業机関或職業團体办理職業學校或職業訓練班奬勵办法與調查表式各一份，並飭[illegible]奬勵農工商業團体辦理職業學校、職業訓練班及職業補習學校办法即行廢止，所有本省轄境內規模較大、設備較爲完整，堪以舉办職業校班之此項机関團体，並照附發表式予以調查，一併於本年六月底以前填報送部，一面商同當地有関行政机関切実策動辦理。等因。除分電外，合行抄發原頒办法及調查表式各一份，仰即遵照办理，并將調查表於文到十日內依式填送來府，以憑彙轉。綏遠省政府教二辰 元 印

附実業机関團体办理職業學校或職業訓練班奬勵办法及調查表式各一份

遵照填送
5/14

图 6-1-1　绥远省政府为转实业机关团体办理职业学校或职业训练班奖励办法给绥远省毛织厂代电（附奖励办法）（1946 年 5 月 13 日）（一）

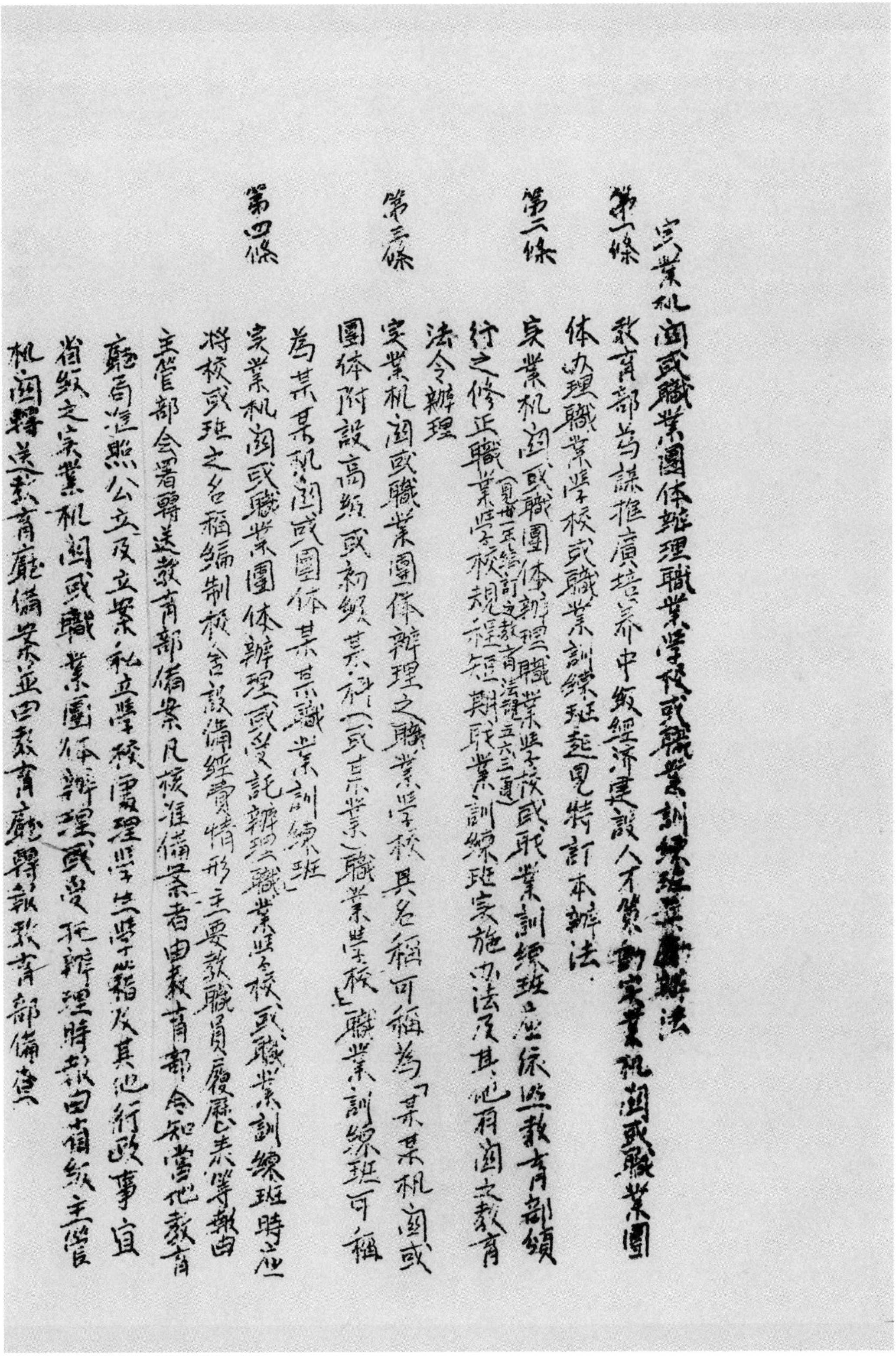
实業机關或職業團体辦理職業學校或職業訓練班獎勵辦法

第一條 教育部為謀推廣培養中級經濟建設人才獎勵实業机關或職業團体辦理職業學校或職業訓練班起見特訂本辦法。

第二條 实業机關或職業團体辦理職業學校或職業訓練班應依照教育部頒行之修正職業學校規程(見卅三年編訂之教育法令輯五六三頁)短期職業訓練班實施辦法及其他有關之教育法令辦理

第三條 实業机關或職業團体辦理之職業學校其名稱可稱為「某某机關或團体附設高級或初級某科(或某某)職業學校」職業訓練班可稱為某某机關或團体某某職業訓練班

第四條 实業机關或職業團体辦理或受託辦理職業學校或職業訓練班時應將校或班之名稱編制校舍設備經費情形主要教職員履歷表等報由主管部会署轉送教育部備案凡核准備案者由教育部令知當地教育廳局准照公立及立案私立學校處理學生學籍及其他行政事宜
省級之实業机關或職業團体辦理或受託辦理時報由省級主管機關轉送教育廳備案並由教育廳轉報教育部備查

图 6-1-1　绥远省政府为转实业机关团体办理职业学校或职业训练班奖励办法给绥远省毛织厂代电（附奖励办法）（1946 年 5 月 13 日）（二）

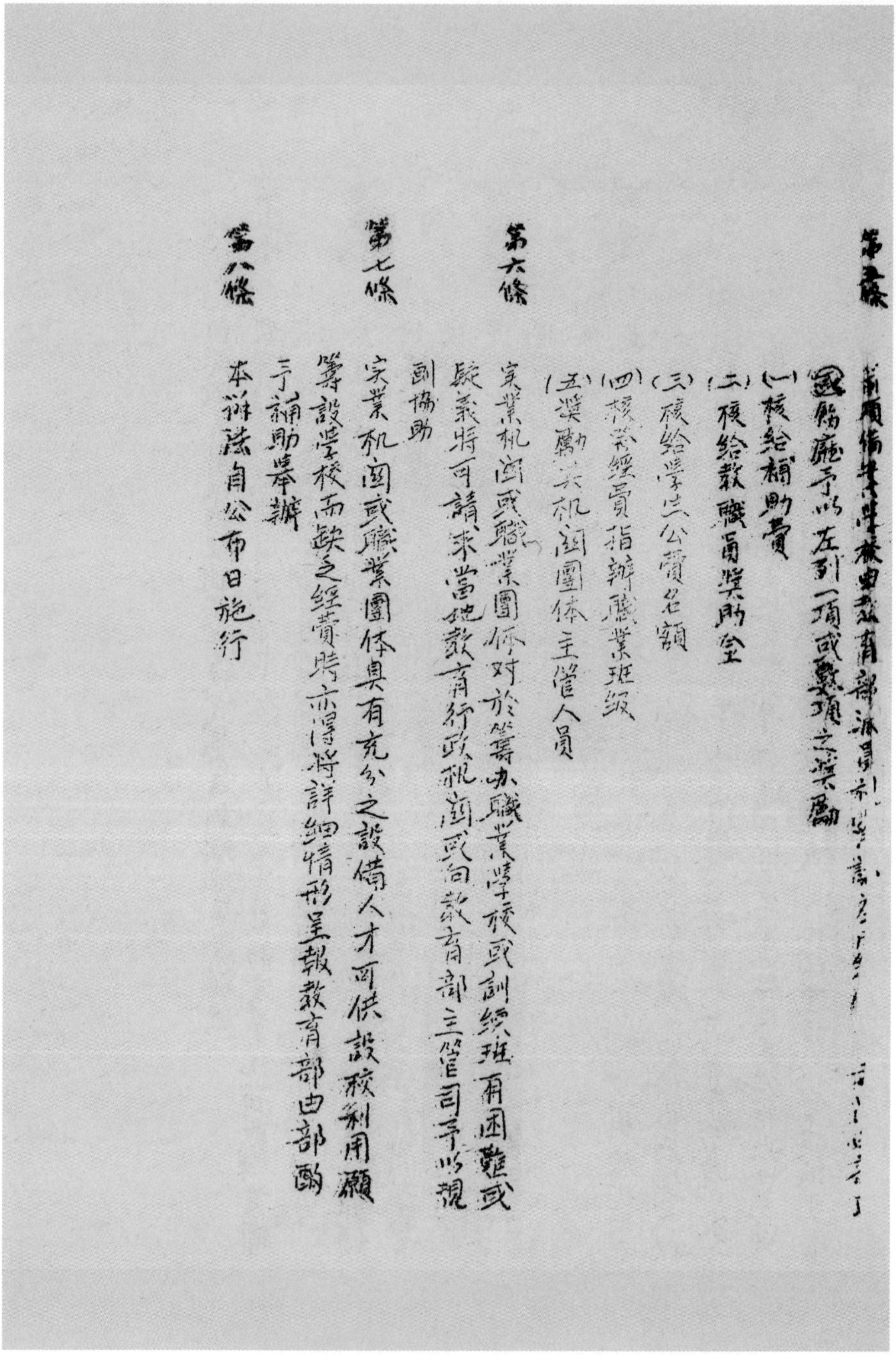
第五條 前項備案之學校由教育部派員視察[illegible]
國防廳予以左列一項或數項之獎勵
（一）核給補助費
（二）核給教職員獎助金
（三）核給學生公費名額
（四）核發經費指辦職業班級
（五）獎勵其機關團體主管人員
第六條 實業機關或職業團体对於籌办職業學校或訓練班有困難或疑義時可請求當地教育行政機關或向教育部主管司予以規劃協助
第七條 實業機關或職業團体具有充分之設備人才可供設校利用願籌設學校而缺乏經費時亦得將詳細情形呈報教育部由部酌予補助舉辦
第八條 本辦法自公布日施行

图 6-1-1　绥远省政府为转实业机关团体办理职业学校或职业训练班奖励办法给绥远省毛织厂代电（附奖励办法）（1946 年 5 月 13 日）（三）

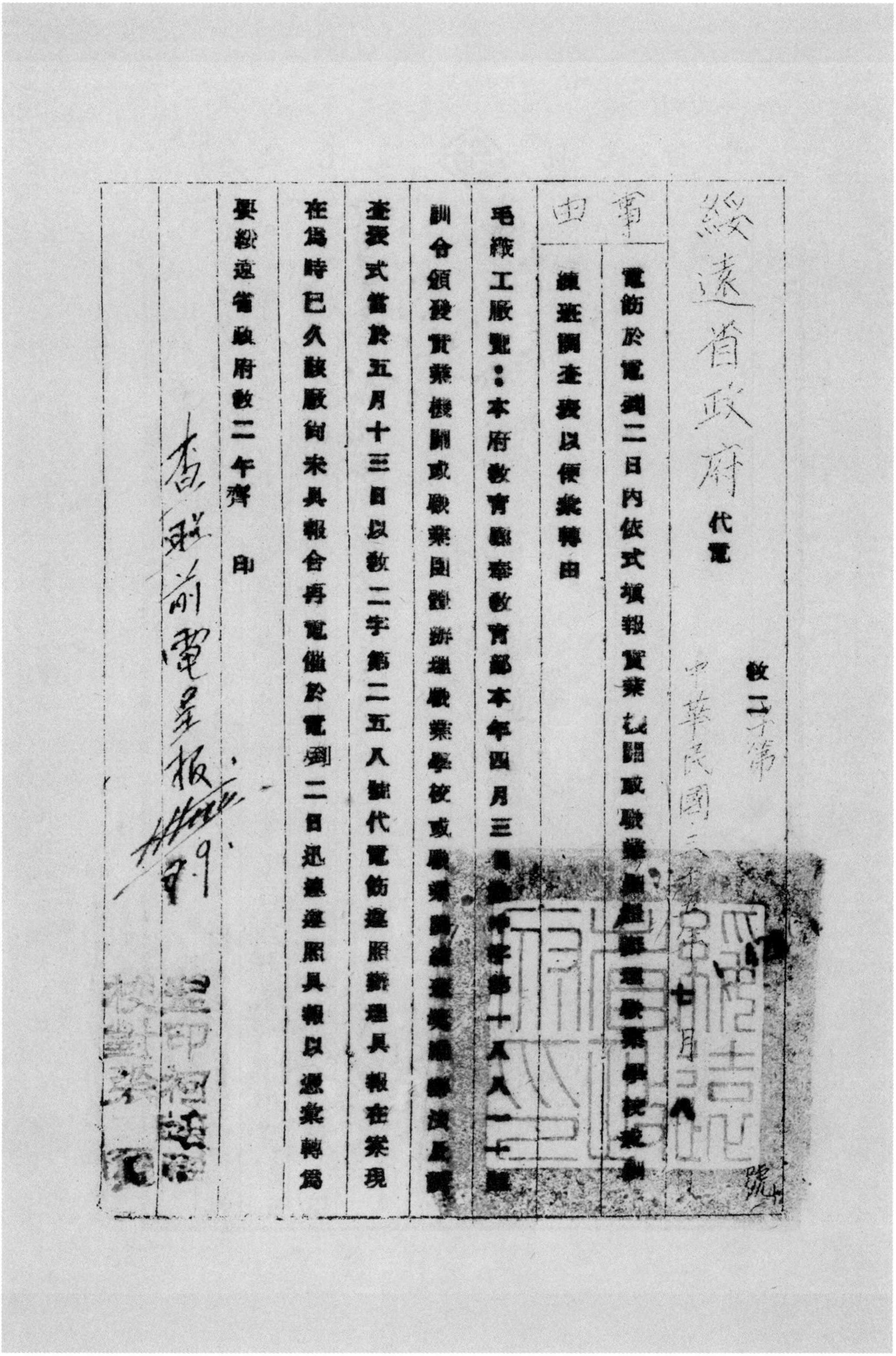
綏遠省政府代電　教二字第　號　中華民國三十五年七月八日

事由：電飭於電到二日內依式填報實業機關或職業團體辦理職業學校或訓練班調查表以便彙轉由

毛織工廠覽：本府教育廳案奉教育部本年四月三日職字第十八八一七號訓令頒發實業機關或職業團體辦理職業學校或職業補習學校暨訓練班調查表式當於五月十三日以教二字第二五八號代電飭遵照辦理具報在案現在爲時已久該廠尚未具報合再電催於電到二日迅速遵照具報以憑彙轉爲要綏遠省政府教二午齊　印

查此前電呈報

監印　校對

图 6-1-2　绥远省政府为依式填报实业机关或职业团体办理职业学校或训练班调查表给绥远省毛织厂代电（1946 年 7 月 8 日）

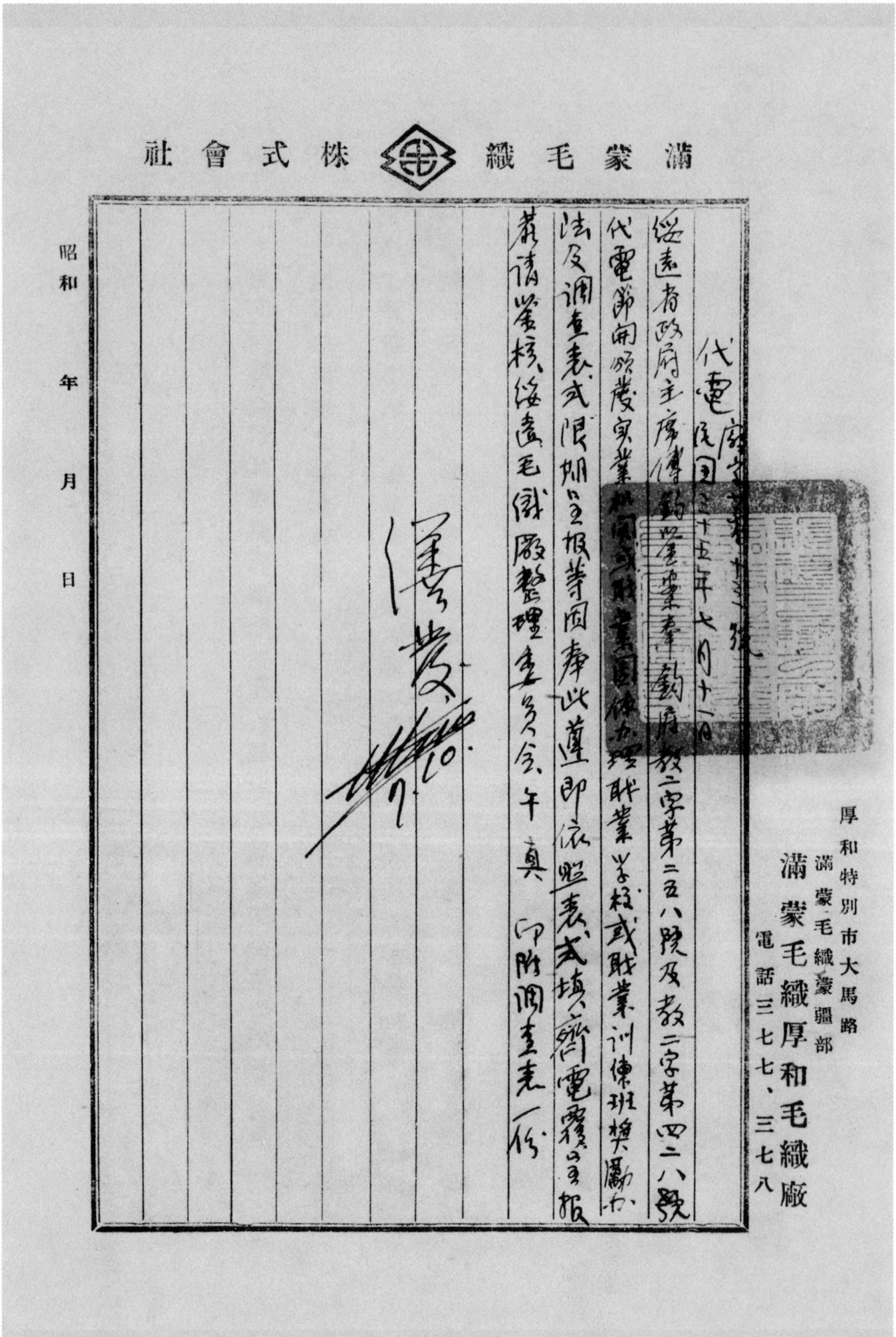

滿蒙毛織株式會社

代電 民國三十五年七月十一日 [illegible]

綏遠省政府主席傅鈞鑒：案奉鈞府教二字第二五八號及教二字第四二八號代電節開：頒發實業機關或職業團體辦理職業學校或職業訓練班獎勵辦法及調查表式，限期呈報等因。奉此，遵即依照表式填齊，電覆呈報，敬請鑒核。綏遠毛織廠整理委員會。午真印。附調查表一份。

僅發 7/10

昭和 年 月 日

厚和特別市大馬路
滿蒙毛織蒙疆部
滿蒙毛織厚和毛織廠
電話 三七七、三七八

图 6-1-3　绥远省毛织厂整理委员会为填报实业机关或职业团体办理职业学校或职业训练班调查表致绥远省政府代电（1946 年 7 月 11 日）（一）

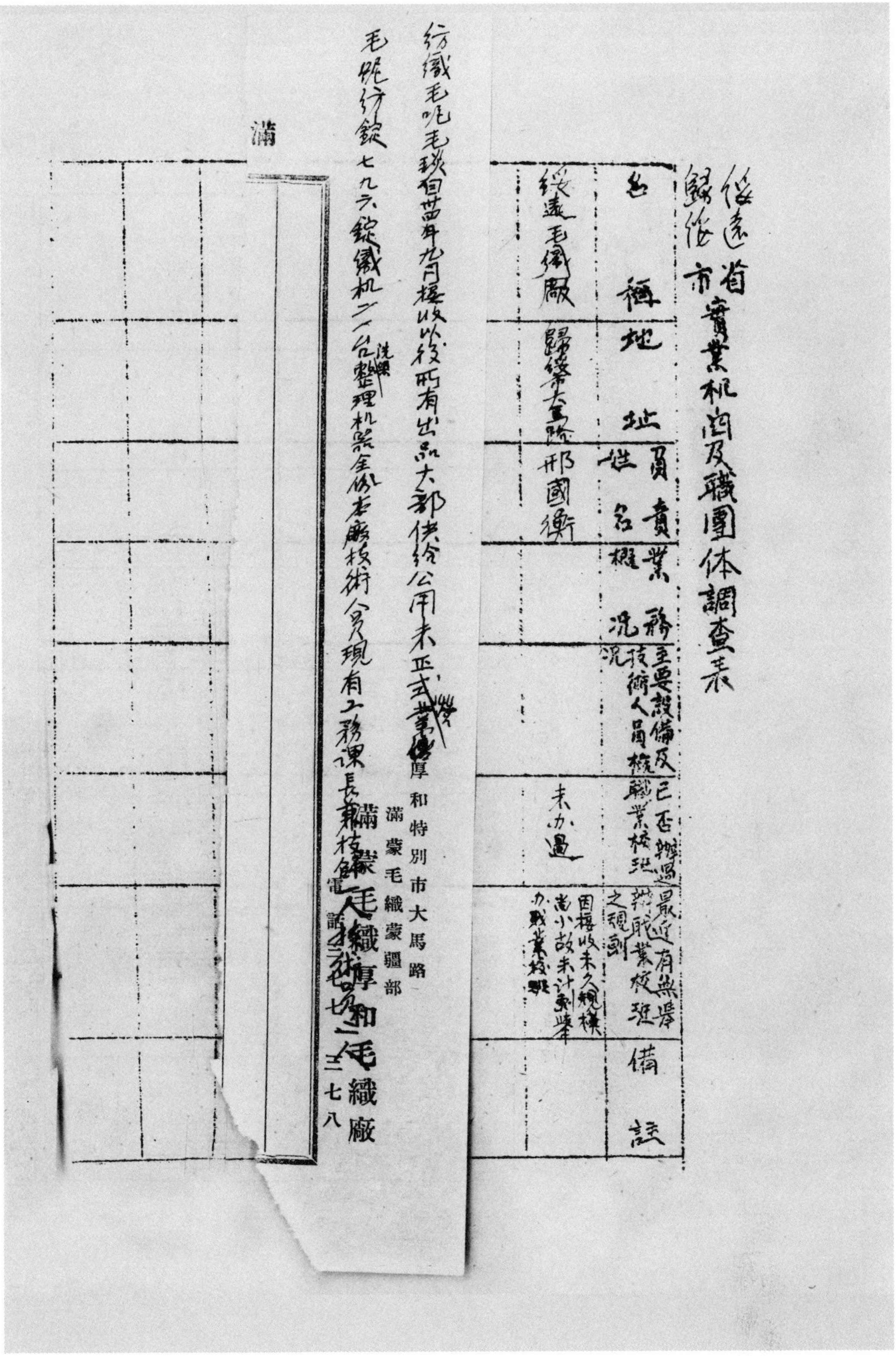

綏遠省歸綏市實業机関及職團体調查表

名稱	地址	負責人姓名	業務概況	主要設備及技術人員概況	已否辦過職業校班	最近有無舉辦職業校班之規劃	備註
綏遠毛織廠	歸綏大馬路	邢國衡	紡織毛呢毛毯自卅四年九月接收以後所有出品大部供給公用未正式營業	毛呢紡錠七九六錠織机二十一台洗毛整理机器全係本廠技術人員現有工務課長	未办過	因接收未久規模尚小故未計劃舉办職業校班	

滿蒙毛織厚和特別市大馬路

滿蒙毛織蒙疆部

厚和毛織廠

電話三七七八

图 6-1-3　绥远省毛织厂整理委员会为填报实业机关或职业团体办理职业学校或职业训练班调查表致绥远省政府代电（1946 年 7 月 11 日）（二）

（註）此項調查以側重農工医事海事方面之机關團体業務概况註明其業務工作或生產品等主要設備及技術人員概况如表內不敷填寫可另紙詳列

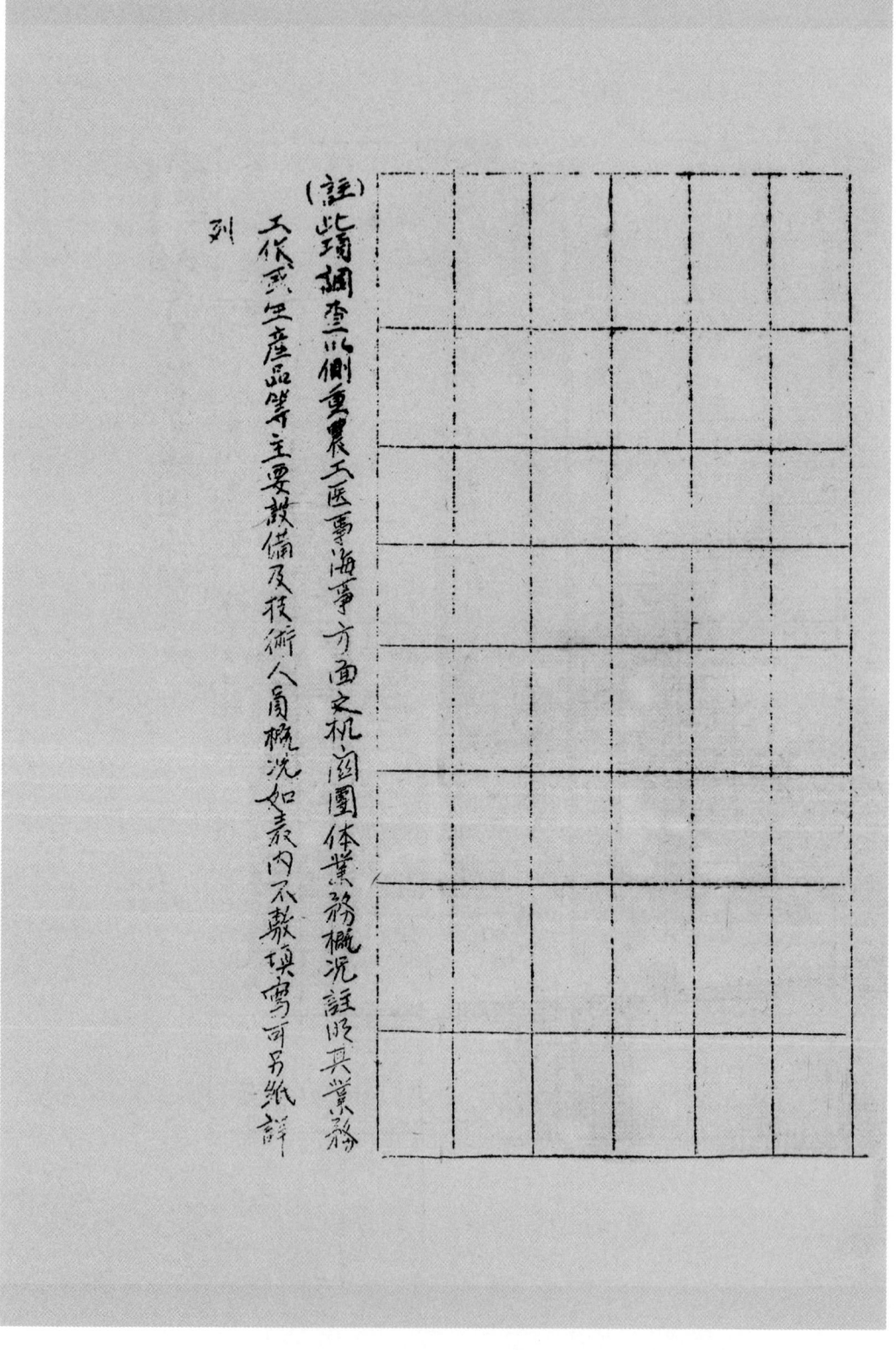

图 6-1-3　绥远省毛织厂整理委员会为填报实业机关或职业团体办理职业学校或职业训练班调查表致绥远省政府代电（1946 年 7 月 11 日）（三）

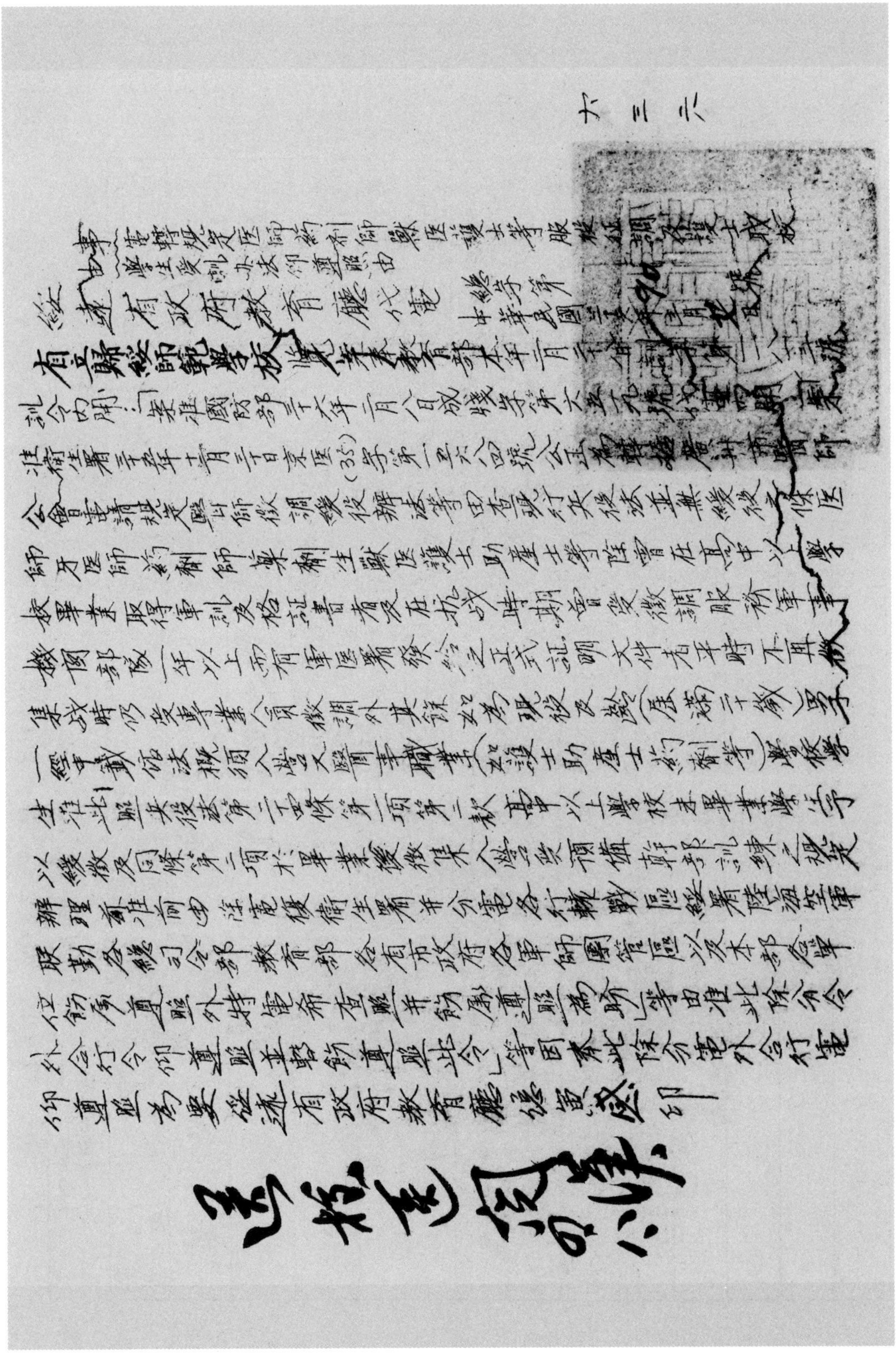

图 6-1-4　绥远省政府教育厅为转规定医师药剂师兽犬医护士服役征调及护士职校学生受训办法给省立归绥师范学校代电（1947 年 3 月 27 日）

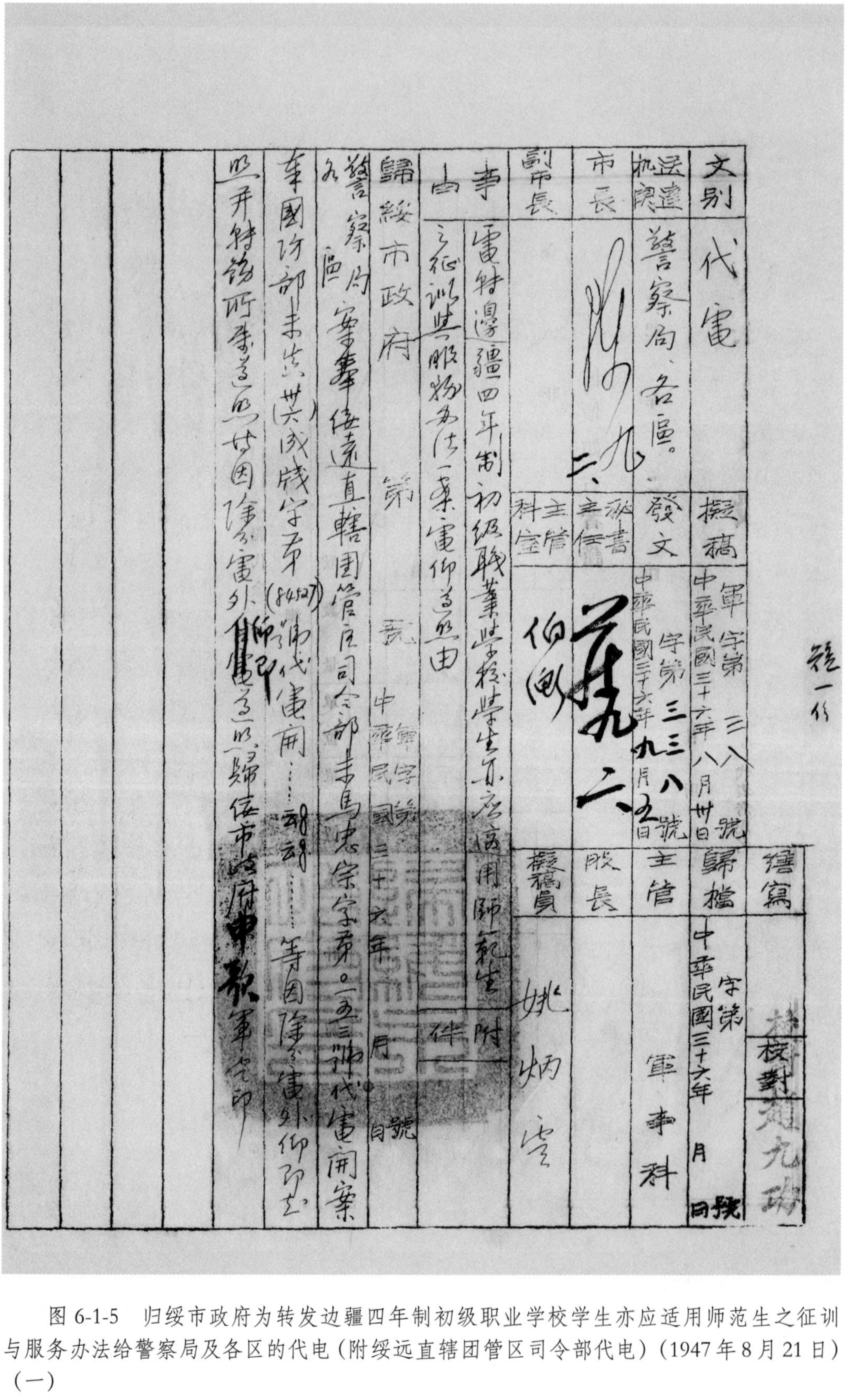
文别 代電
送達機關 警察局、各區。
市長
副市長
事由 電轉邊疆四年制初級職業學校學生亦應適用師範生之征訓與服務辦法一案電仰遵照由
附件
歸綏市政府代電 第 號 中華民國三十六年 月 日
擬稿 中華民國三十六年八月廿日 軍字第三八號
發文 字第三三八號 中華民國三十六年八月廿一日
秘書 主任
主管 科室
歸檔 中華民國三十六年 月 日 字第 號
繕寫
校對
主管 軍事科
股長
擬稿員 姚炳

图 6-1-5 归绥市政府为转发边疆四年制初级职业学校学生亦应适用师范生之征训与服务办法给警察局及各区的代电（附绥远直辖团管区司令部代电）（1947 年 8 月 21 日）（一）

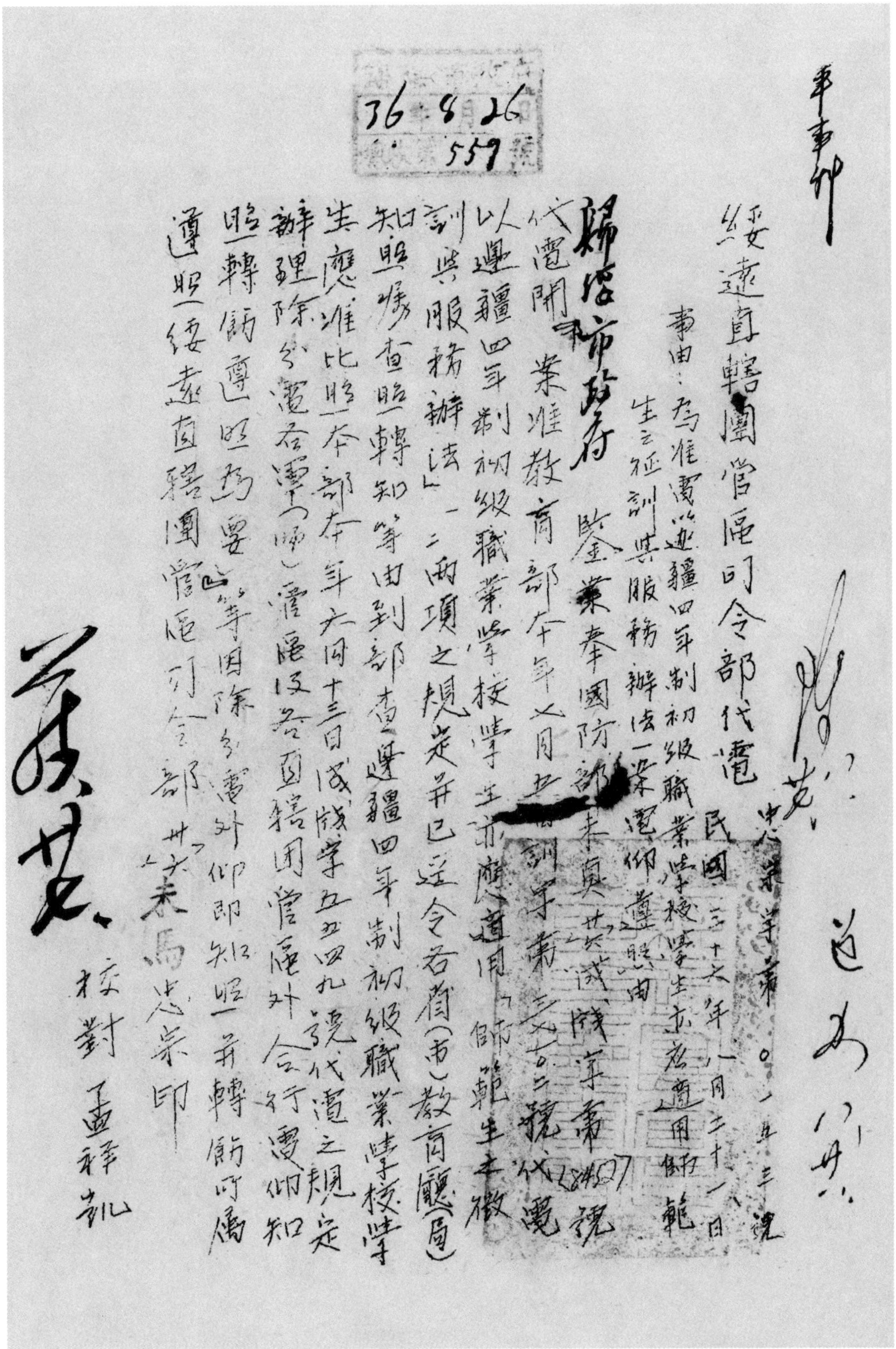
36 8 26
559

綏遠直轄團管區司令部代電

事由：為准電以邊疆四年制初級職業學校學生亦應適用師範生之征訓與服務辦法一案電仰遵照由

民國三十六年八月二十一日

忠業字第 號

歸綏市政府鑒：案奉國防部未真 代電開：案准教育部本年八月 訓字第 號代電以邊疆四年制初級職業學校學生亦應適用師範生之徵訓與服務辦法一兩項之規定并已逕令各省（市）教育廳（局）知照等查照轉知等由到部查邊疆四年制初級職業學校學生應准比照本部本年六月十三日 字五五四九號代電之規定辦理除分電各軍（師）管區及各直轄團管區外合行電仰知照轉飭遵照為要等因除分電外仰即知照并轉飭所屬遵照

綏遠直轄團管區司令部 卅六 未馬 忠崇印

校對 王世祥

图 6-1-5　归绥市政府为转发边疆四年制初级职业学校学生亦应适用师范生之征训与服务办法给警察局及各区的代电（附绥远直辖团管区司令部代电）（1947 年 8 月 21 日）（二）

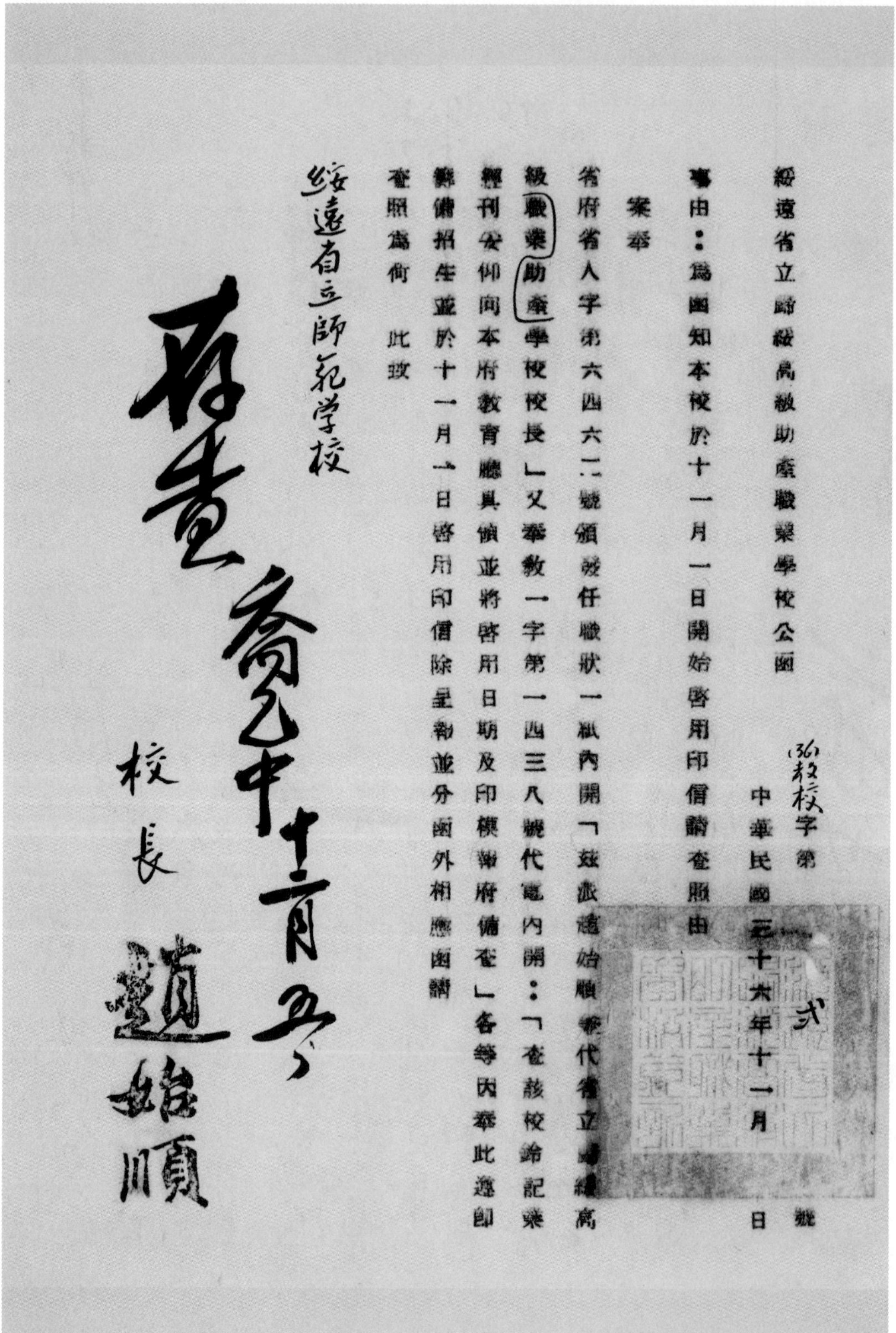
綏遠省立歸綏高級助產職業學校公函

(36)教校字第　號

中華民國三十六年十一月　日

事由：為函知本校於十一月一日開始啓用印信請查照由

案奉

省府省人字第六四六二號頒發任職狀一紙內開「茲派趙始順代省立歸綏高級職業助產學校校長」又奉教一字第一四三八號代電內開：「查該校鈐記業經刊妥仰向本府教育廳具領並將啓用日期及印模報府備查」各等因奉此遵即籌備招生並於十一月一日啓用印信除呈報並分函外相應函請

查照為荷　此致

綏遠省立師範学校

校長　趙始順

存查

图 6-1-6　绥远省立归绥高级助产职业学校为启用印信致绥远省立师范学校公函（1947 年 11 月）

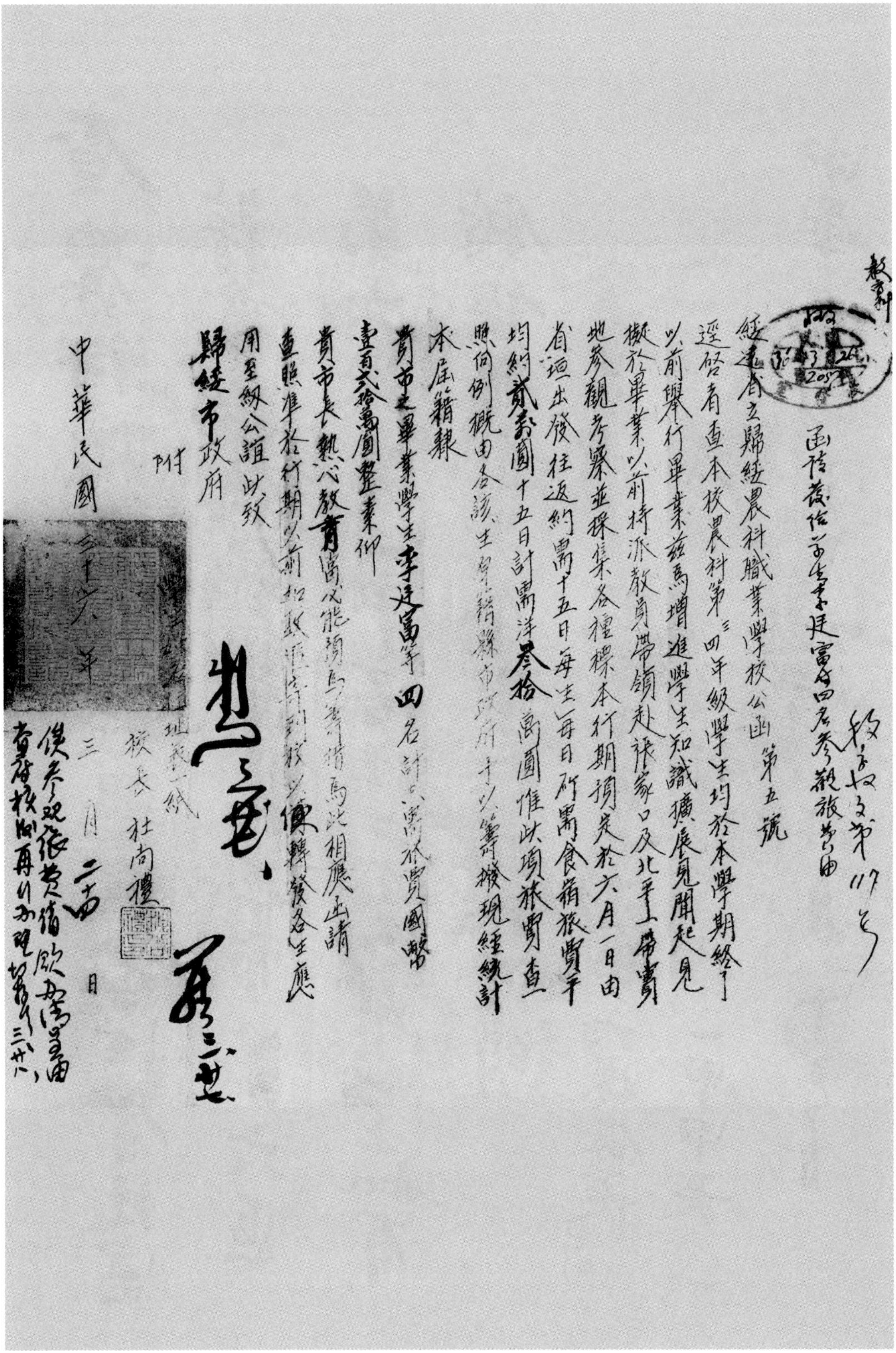

函請發給李生建富等四名參觀旅費由

秘文字第117號

綏遠省立歸綏農科職業學校公函　第五號

逕啟者查本校農科第三四年級學生均於本學期終了以前舉行畢業茲為增進學生知識擴展見聞起見擬於畢業以前特派教員帶領赴張家口及北平一帶實地參觀考察並採集各種標本行期預定於六月一日由省垣出發往返約需十五日每生每日所需食宿旅費平均約貳萬圓十五日計需洋叁拾萬圓惟此項旅費查照向例概由各該生原籍縣市政府予以籌撥現經統計本屆籍隸

貴市之畢業學生李建富等四名計共需旅費國幣壹百弍拾萬圓整素仰

貴市長熱心教育當必能預為籌措為此相應函請

查照准於行期以前如數撥付到校以便轉發各生應用至紉公誼此致

歸綏市政府

附　址表一紙

校長　杜尚禮

中華民國三十六年三月二十四日

俟參觀旅費籌款[illegible]由

查存校附再行辦理 [illegible] 三、廿八

图 6-1-7　绥远省立归绥农科职业学校为发给李建富等四名学生参观旅费致归绥市政府公函（附学生姓名住址表及籍隶证明书）（1947 年 3 月 24 日）（一）

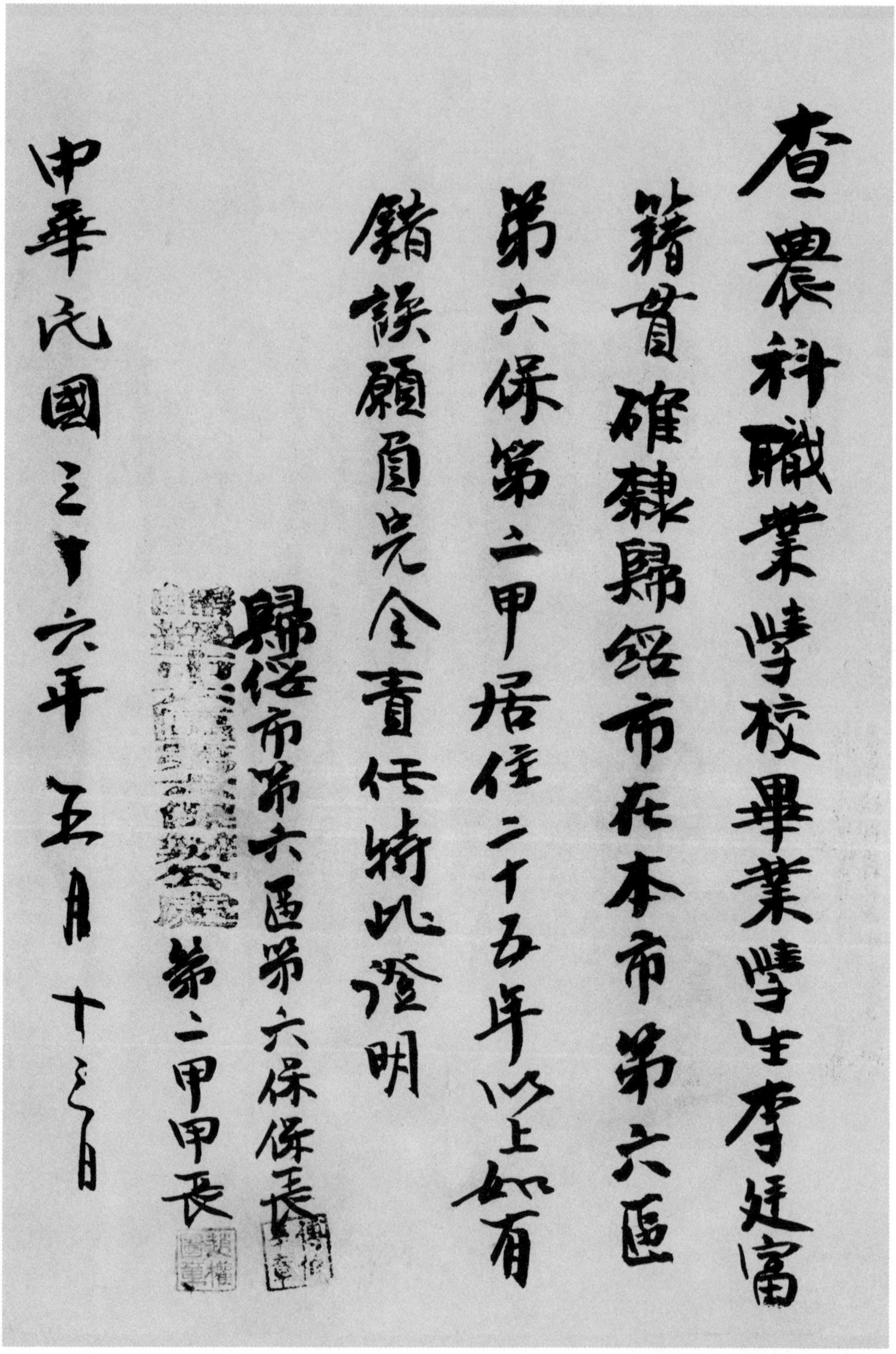
查農科職業學校畢業學生李廷富
籍貫確隸歸綏市在本市第六區
第六保第二甲居住二十五年以上如有
錯誤願負完全責任特此證明
歸綏市第六區第六保保長
第二甲甲長
中華民國三十六年五月十三日

图 6-1-7　绥远省立归绥农科职业学校为发给李建富等四名学生参观旅费致归绥市政府公函（附学生姓名住址表及籍隶证明书）（1947 年 3 月 24 日）（二）

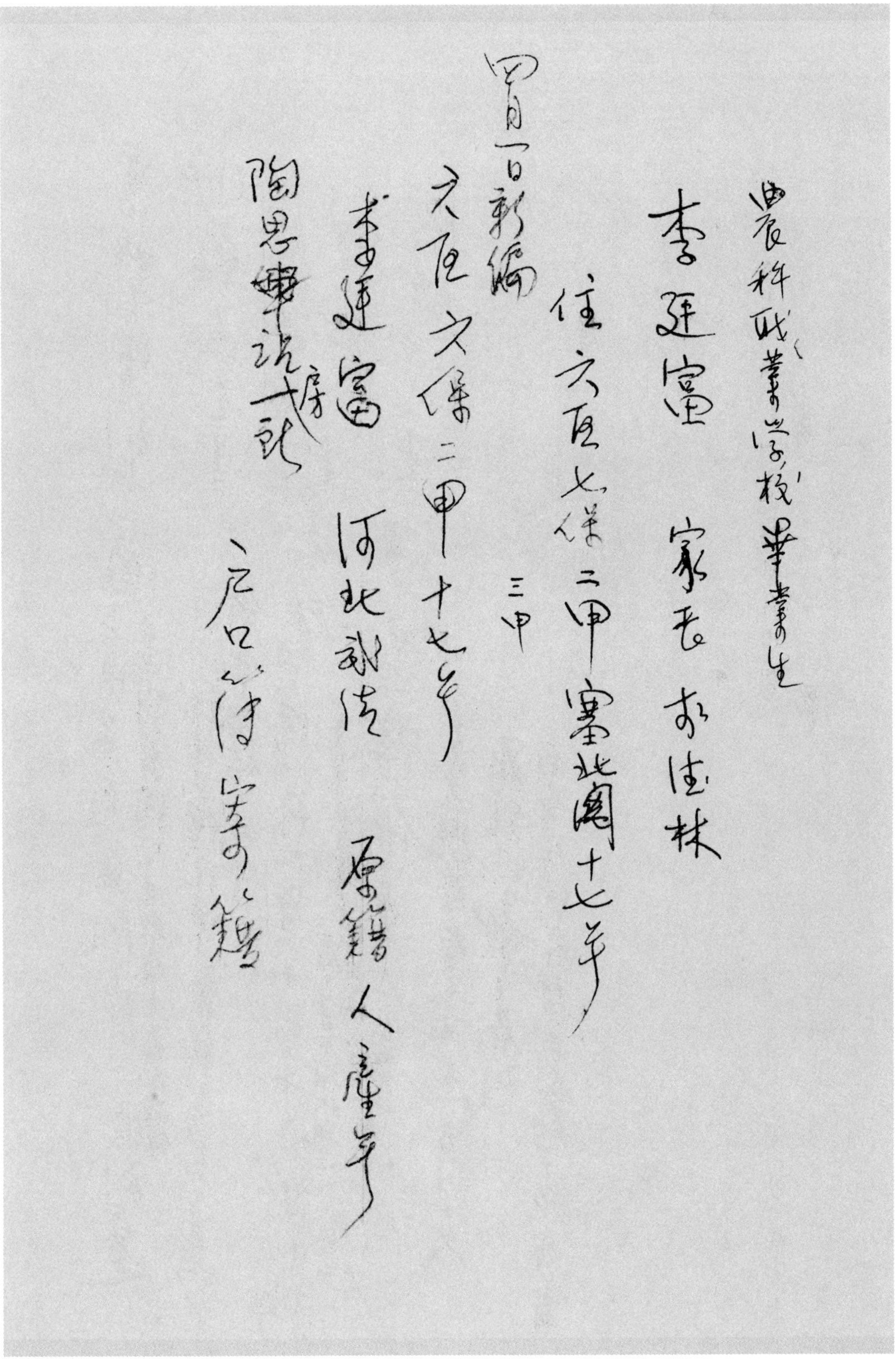
農科職業學校畢業生
李廷富　家長　李德林
住六區七保二甲塞北關十七号
三甲
買一日新編
六區六保二甲十七号
李建富　河北藏縣　原籍人屋年
陶思娣證房式記
后口徐寨籤

图 6-1-7　绥远省立归绥农科职业学校为发给李建富等四名学生参观旅费致归绥市政府公函（附学生姓名住址表及籍隶证明书）（1947 年 3 月 24 日）（三）

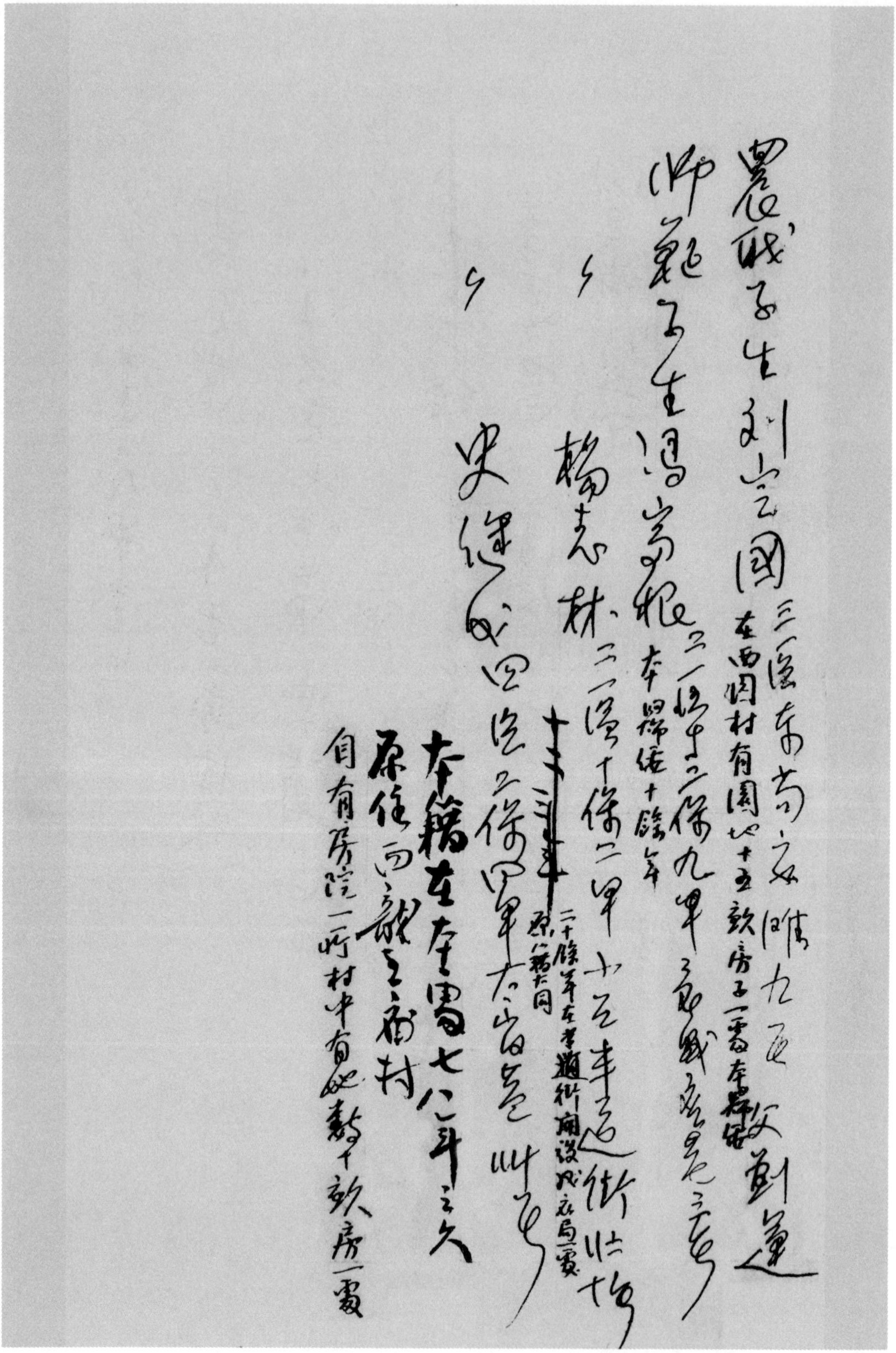

農職學生劉寶國 三區東[illegible]九[illegible] 在西園村有園地十五畝房子一處 本歸綏[illegible]

師範學生馮富根 二區[illegible]三保九甲[illegible] 本歸綏十餘年

〃 楊志林 二區十保二甲小召東[illegible]街 [illegible] 二十餘年在本街開設[illegible] 原籍大同

〃 史繼成 四區二保四甲大南[illegible] 卅[illegible]

本籍在[illegible]七八年之久

原住[illegible]村

自有房院一所村中有地數十畝房一處

图 6-1-7　绥远省立归绥农科职业学校为发给李建富等四名学生参观旅费致归绥市政府公函（附学生姓名住址表及籍隶证明书）（1947 年 3 月 24 日）（四）

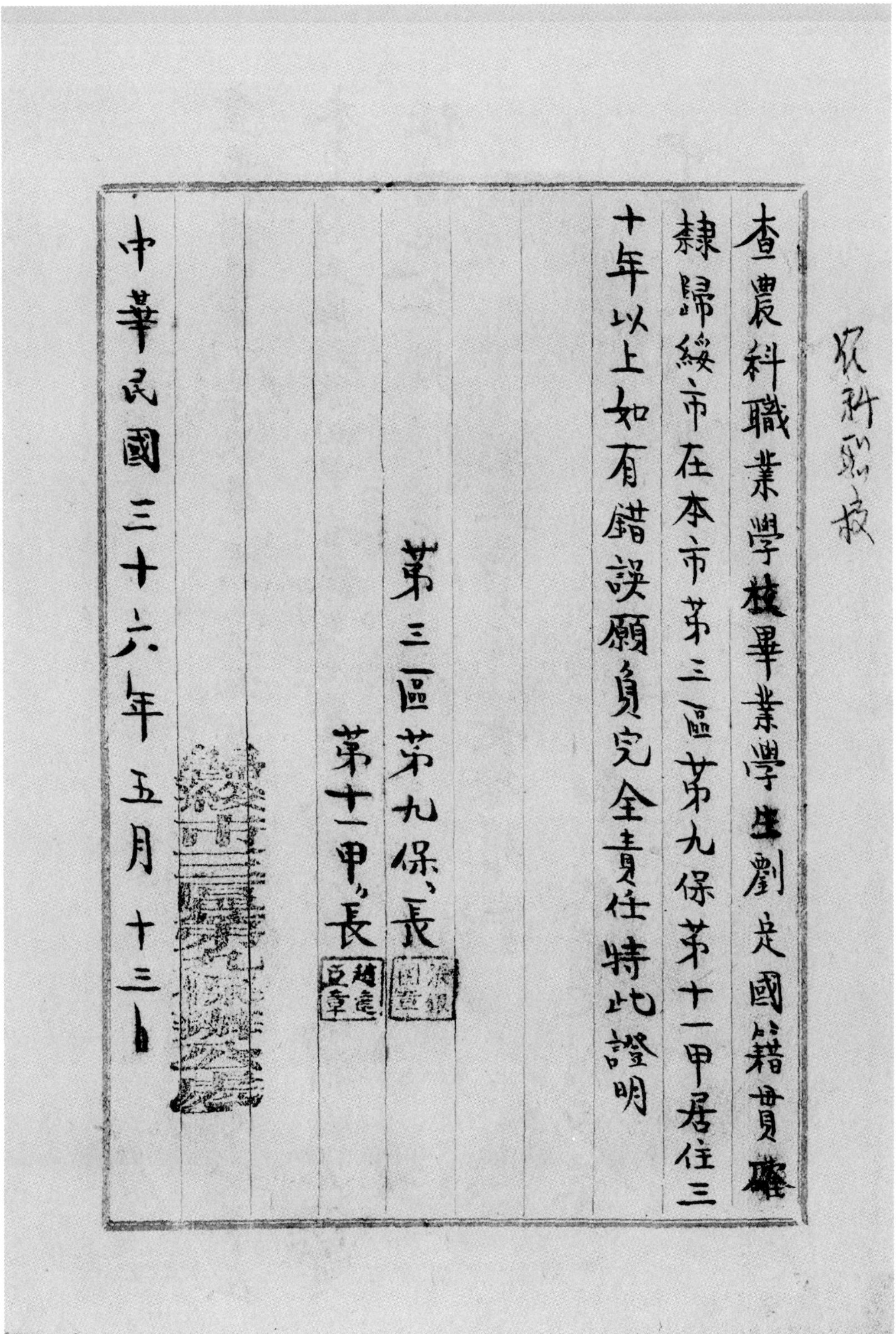

農科職校

查農科職業學校畢業學生劉足國籍貫確
隸歸綏市在本市第三區第九保第十一甲居住三
十年以上如有錯誤願負完全責任特此證明

第三區第九保保長

第十一甲甲長

中華民國三十六年五月十三日

图 6-1-7　绥远省立归绥农科职业学校为发给李建富等四名学生参观旅费致归绥市政府公函（附学生姓名住址表及籍隶证明书）（1947 年 3 月 24 日）（五）

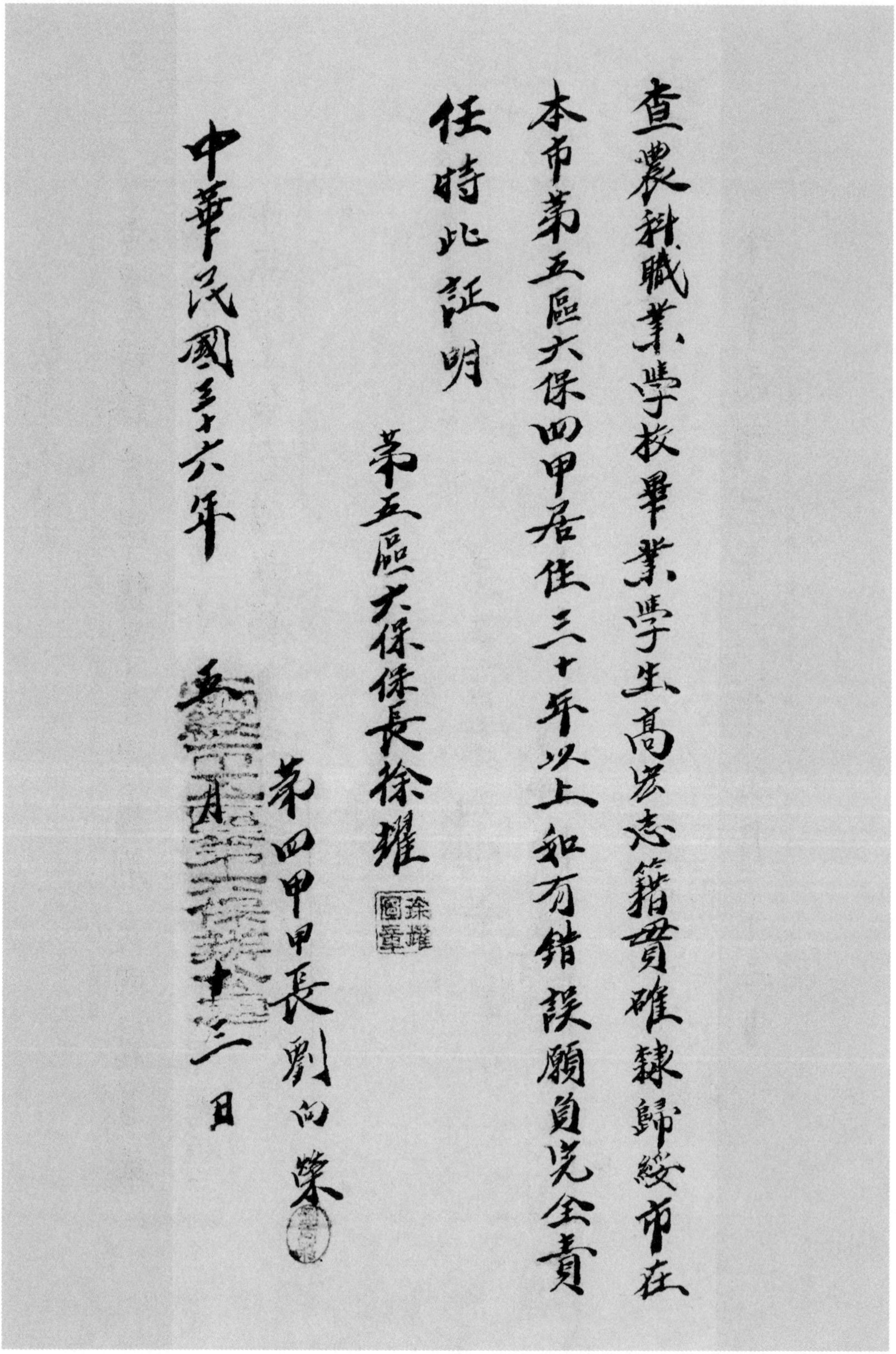
查農科職業學校畢業學生高岩志籍貫確隸歸綏市在
本市第五區大保四甲居住三十年以上如有錯誤願負完全責
任特此證明
第五區大保保長徐耀

第四甲甲長劉向榮
中華民國三十六年五月十二日

图 6-1-7　绥远省立归绥农科职业学校为发给李建富等四名学生参观旅费致归绥市政府公函（附学生姓名住址表及籍隶证明书）（1947 年 3 月 24 日）（六）

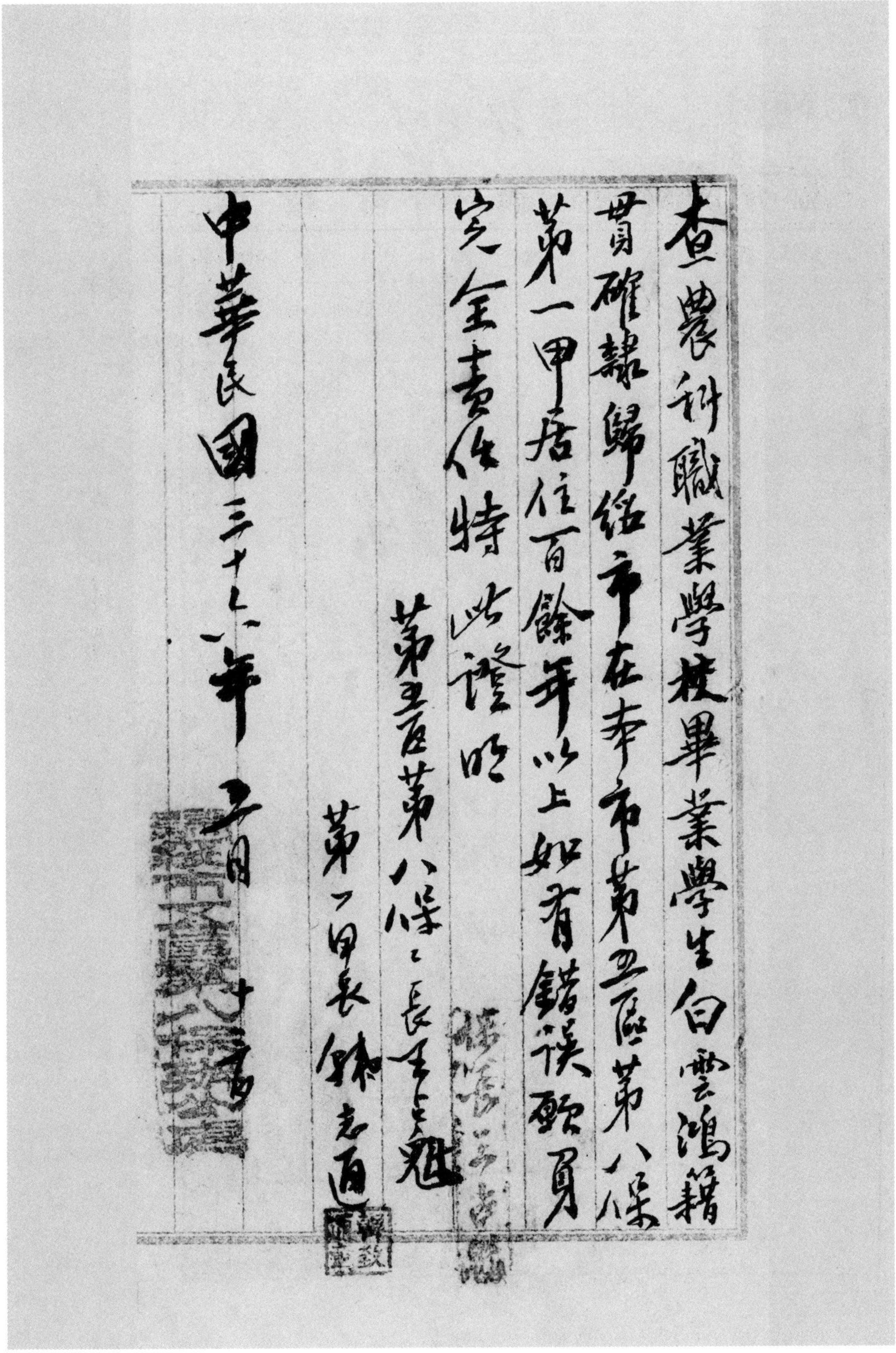
查農科職業學校畢業學生白雲鴻籍
貫確隸歸綏市在本市第五區第八保
第一甲居住百餘年以上如有錯誤願負
完全責任特此證明
第五區第八保保長王[illegible]魁
第一甲甲長韓志道
中華民國三十六年三月　日

图 6-1-7　绥远省立归绥农科职业学校为发给李建富等四名学生参观旅费致归绥市政府公函（附学生姓名住址表及籍隶证明书）（1947 年 3 月 24 日）（七）

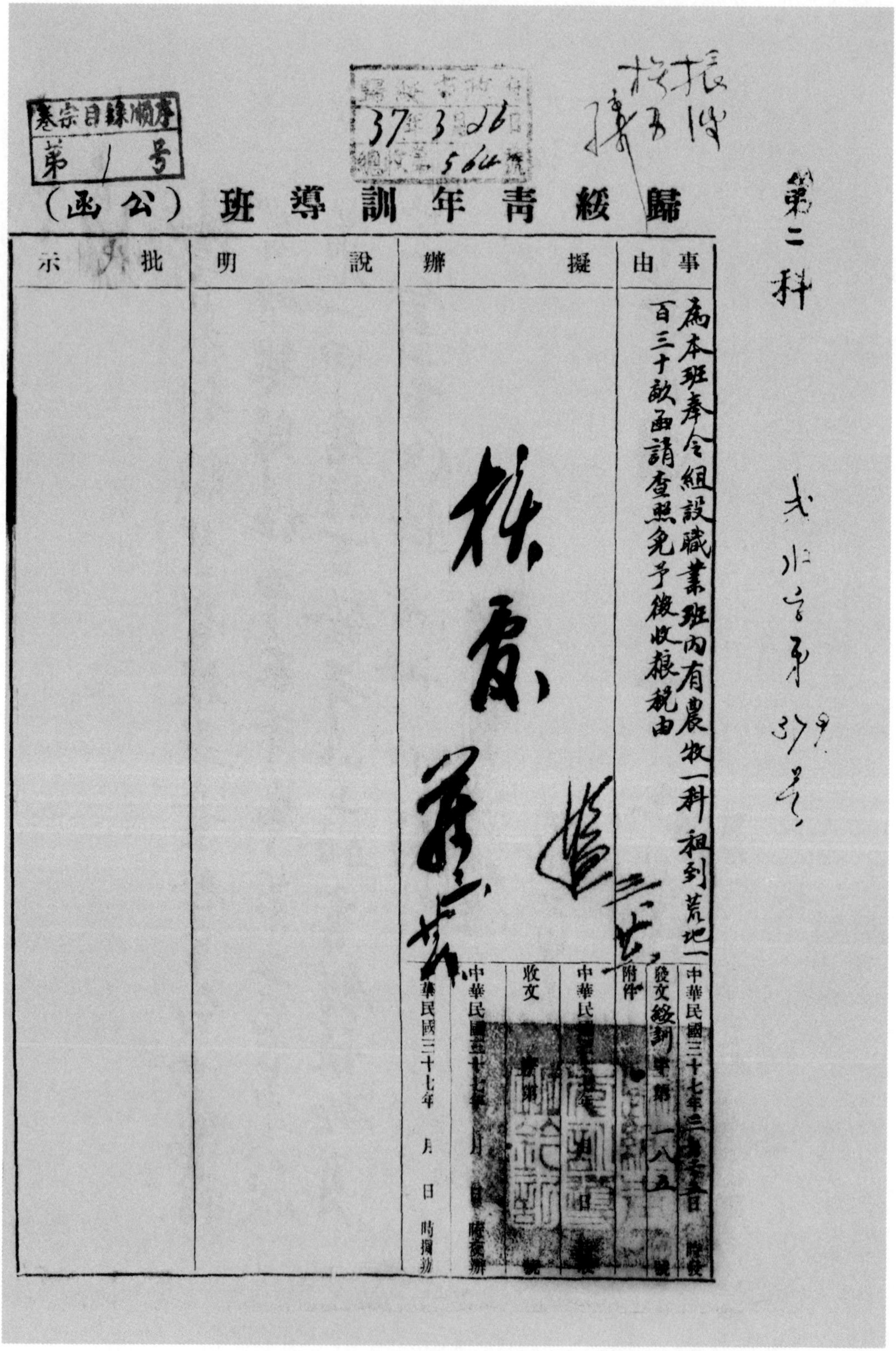

卷宗目錄順序 第1号

歸綏青年訓導班（公函）

事由	擬辦	說明	批示
為本班奉令組設職業班內有農牧一科租到荒地一百三十畝函請查照免予徵收糧稅由			

中華民國三十七年三月二十五日 附件

發文綏訓字第一八五號

中華民國 年 月 日

收文

中華民國三十七年 月 日 時擬辦

第二科

图 6-1-8　归绥青年训导班为职业班农牧一科租用荒地免予征收粮税致归绥市政府公函（1948 年 3 月 25 日）（一）

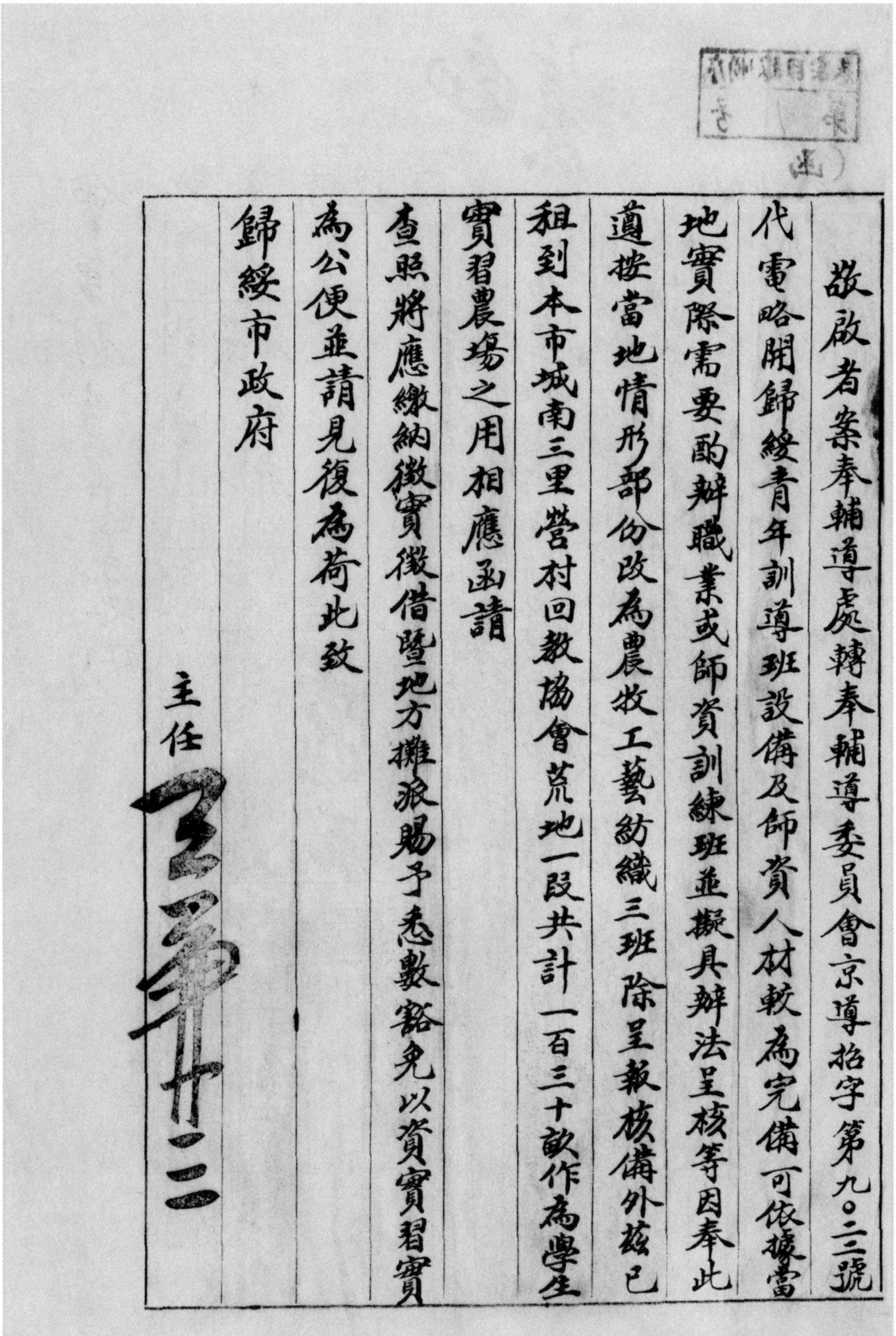

函

敬啟者案奉輔導處轉奉輔導委員會京導拾字第九○二三號代電略開歸綏青年訓導班設備及師資人材較為完備可依據當地實際需要酌辦職業或師資訓練班並擬具辦法呈核等因奉此遵擬當地情形部份改為農牧工藝紡織三班除呈報核備外茲已租到本市城南三里營村回教協會荒地一段共計一百三十畝作為學生實習農場之用相應函請

查照將應繳納徵實徵借暨地方攤派賜予悉數豁免以資實習實為公便並請見復為荷此致

歸綏市政府

主任

图 6-1-8　归绥青年训导班为职业班农牧一科租用荒地免予征收粮税致归绥市政府公函（1948 年 3 月 25 日）（二）

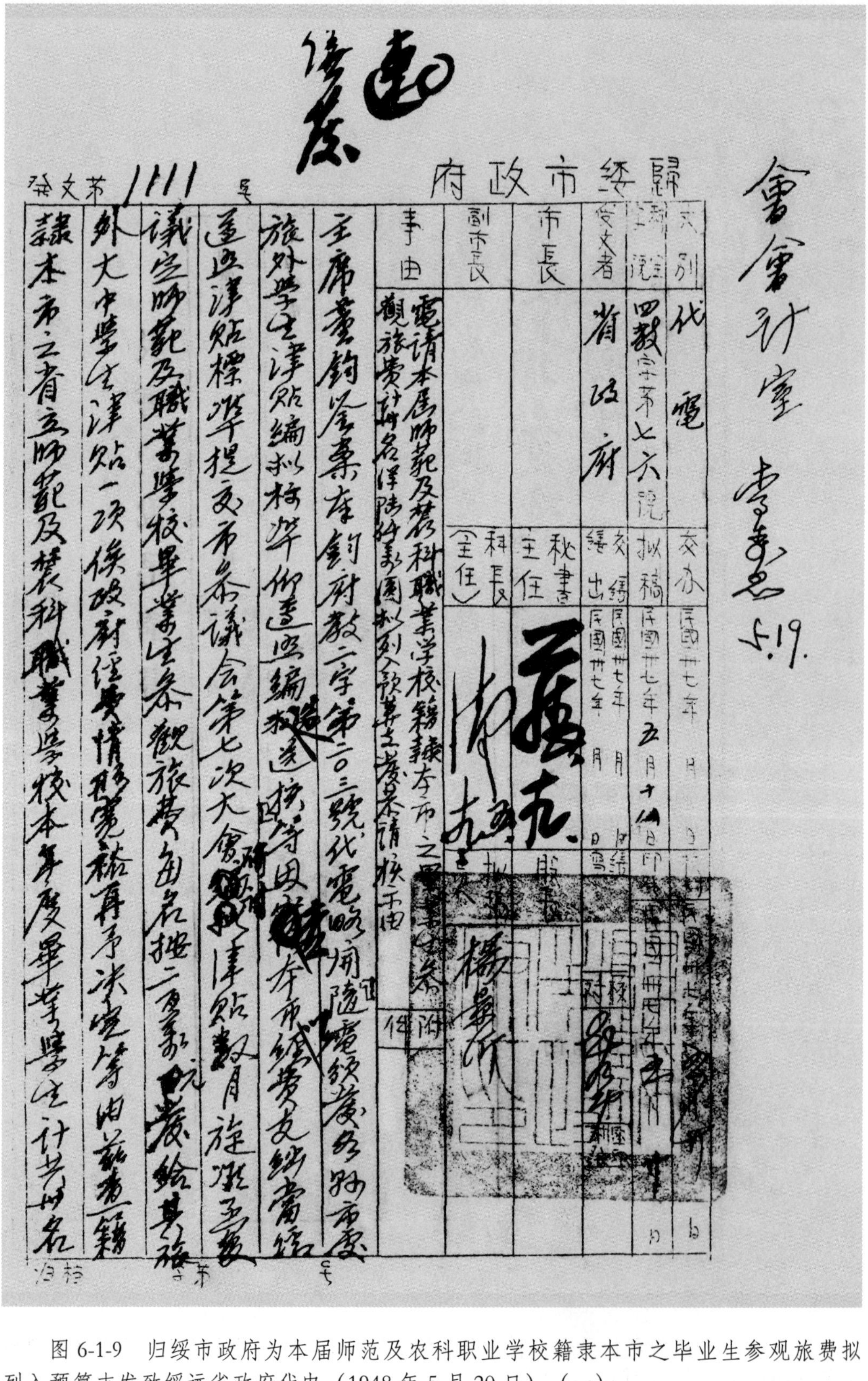
簽發

歸綏市政府

發文第1111號

文別	代電
字號	四教字第七六號
受文者	省政府
市長	
副市長	
事由	電請本屆師範及農科職業學校籍隸本市之畢業生參觀旅費計約名準將數額列入預算之處請核示由

交办	民國卅七年 月 日
擬稿	民國卅七年五月十四日
繕	民國卅七年 月 日

主席董鈞鑒案奉鈞府教二字第二〇三號代電略開隨電頒發參觀旅外學生津貼編擬標準仰遵照編報送核等因奉此本市經費支絀當經遵照津貼標準提交本市參議會第七次大會津貼數月旋准函復議定師範及職業學校畢業生參觀旅費每名擬二萬元發給其旅外大中學生津貼一項俟政府經費情形寬裕再予決定等由茲查籍隸本市之省立師範及農科職業學校本年度畢業學生計共卅名

會計室

5.19.

图 6-1-9　归绥市政府为本届师范及农科职业学校籍隶本市之毕业生参观旅费拟列入预算支发致绥远省政府代电（1948 年 5 月 20 日）（一）

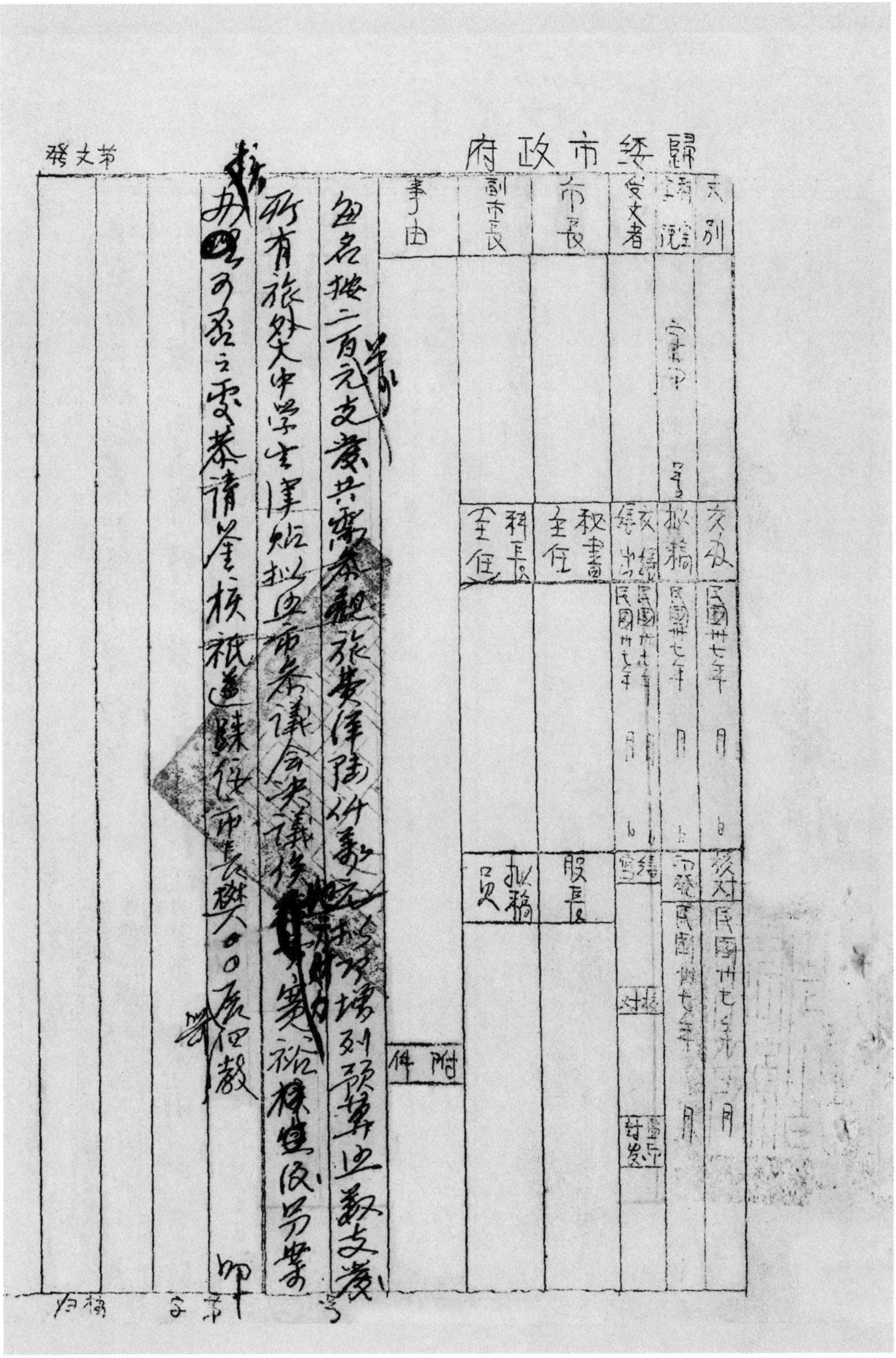

歸綏市政府

發文第　號

文別	譯電	受文者	市長	副市長	事由
	字第　號				
交收 民國卅七年　月　日	擬稿 民國卅七年　月　日	文繕 民國卅七年　月　日	秘書 主任	科長 主任	
校對 民國卅七年五月　日	印發 民國卅七年　月　日	繕寫 校對 蓋印 封發	股長	擬稿 員	附件

每名擬二百元支發共需參觀旅費陸仟[illegible]元擬請列預算照數支發

所有旅外大中學生暑假[illegible]擬由市參議會決議後[illegible]寒[illegible]救濟[illegible]

辦理可否之處恭請鑒核祇遵綏市長樊○○辰[illegible]教

歸檔　字第　號

图 6-1-9　归绥市政府为本届师范及农科职业学校籍隶本市之毕业生参观旅费拟列入预算支发致绥远省政府代电（1948 年 5 月 20 日）（二）

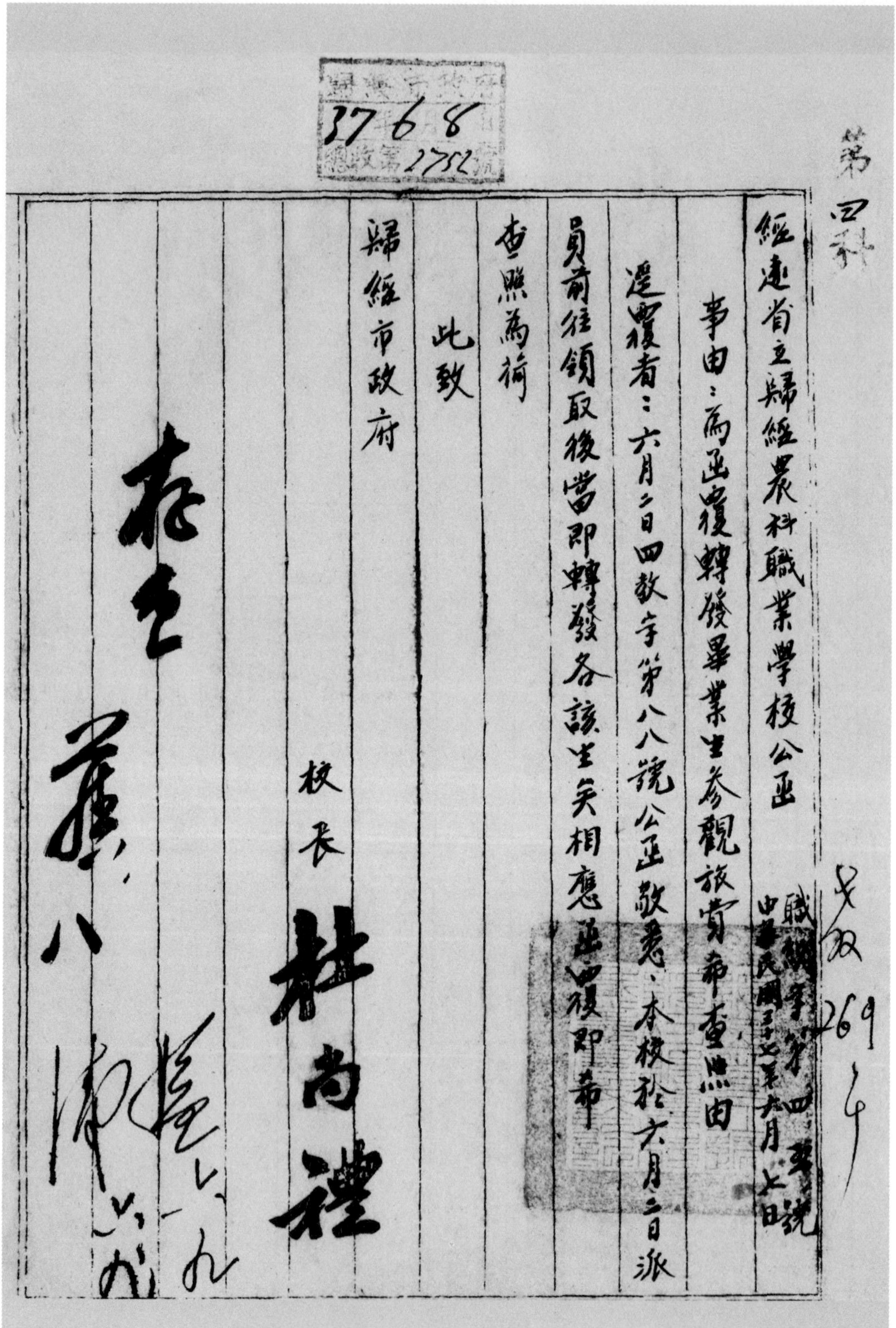
總收第1752號

第四科

綏遠省立歸綏農科職業學校公函　職字第四號

中華民國三十七年六月七日

事由：為函覆轉發畢業生參觀旅費希查照由

逕覆者：六月二日四教字第八八號公函敬悉，本校於六月二日派員前往領取後當即轉發各該生矣相應函覆即希

查照為荷

此致

歸綏市政府

校長　杜尚禮

图 6-1-10　绥远省立归绥农科职业学校为毕业生参观旅费已转发致归绥市政府公函（1948 年 6 月 7 日）

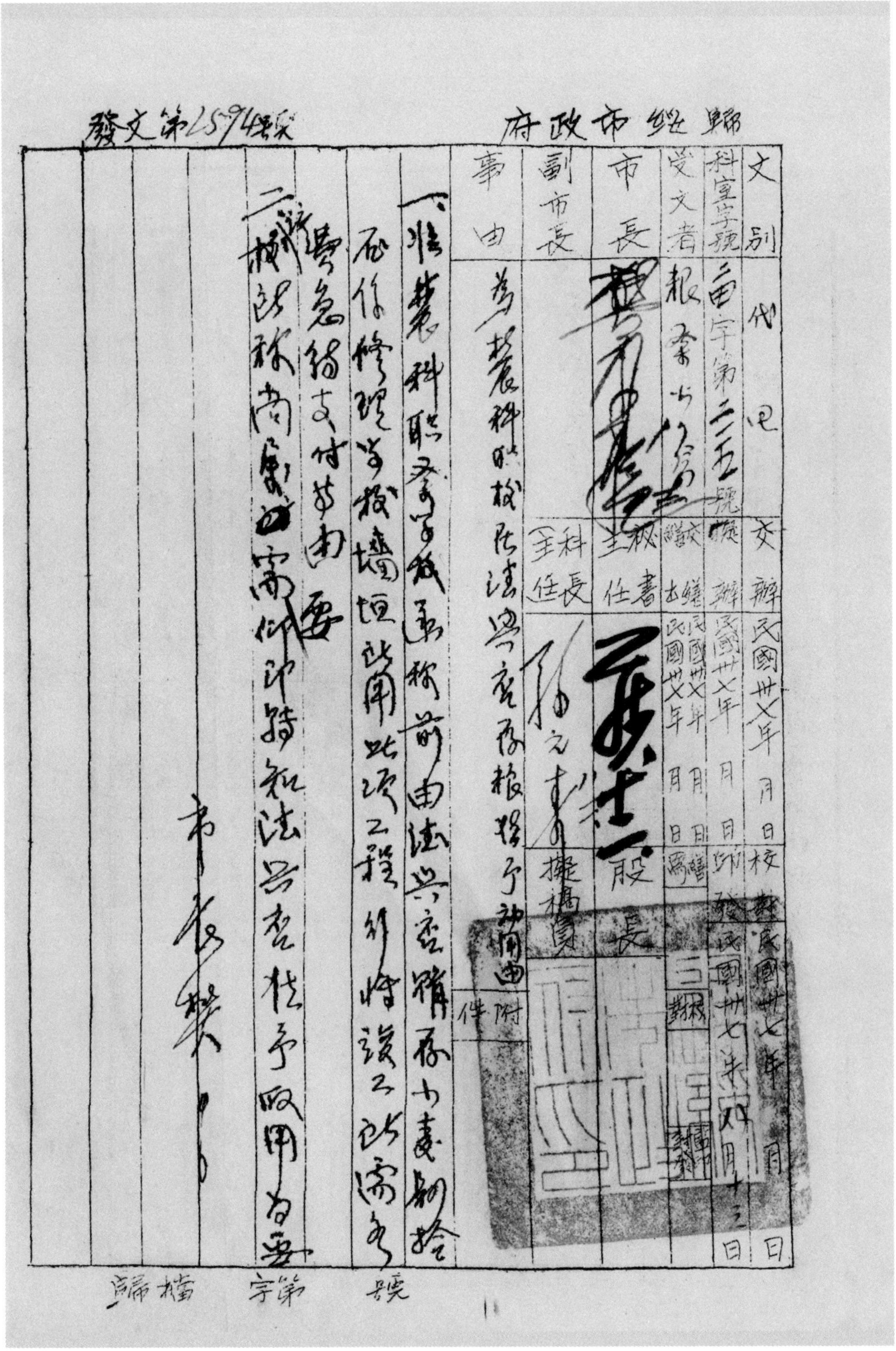

图 6-1-11 归绥市政府为农科职校在德兴店存粮准予动用给粮业公会代电（1948 年 8 月 13 日）

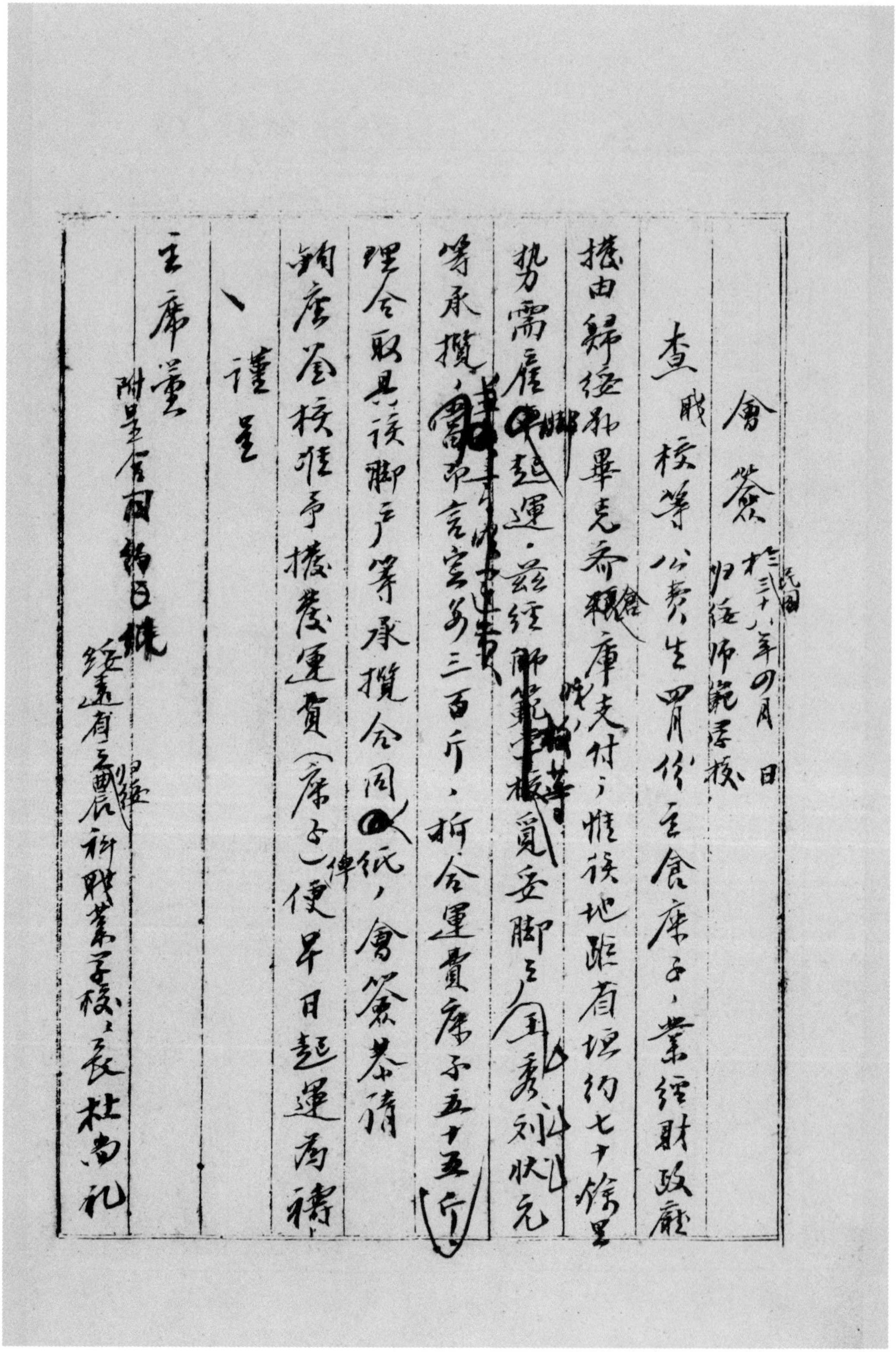
會簽　於民國三十八年四月　日
归绥师範学校
查職校等公費生四月份主食庫子，業經財政廳
撥由歸綏縣畢克齊糧倉庫支付，惟該地距省垣約七十餘里，
勢需雇車起運，茲經職等三校覓妥腳戶王秀、劉狀元
等承攬，言定每三百斤，折合運費庫子五十五斤。
理合取具該腳戶等承攬合同四紙，會簽恭請
鈞座鑒核准予撥發運費（庫子）俾便早日起運為禱。
謹呈
主席董
附呈合同肆紙
綏遠省立歸綏農科職業學校校長　杜尚礼

图 6-1-12　绥远省立归绥农科职业学校、绥远省立归绥女子师范学校、绥远省立归绥师范学校为请拨粮食运费致绥远省政府会签（1949 年 4 月）（一）

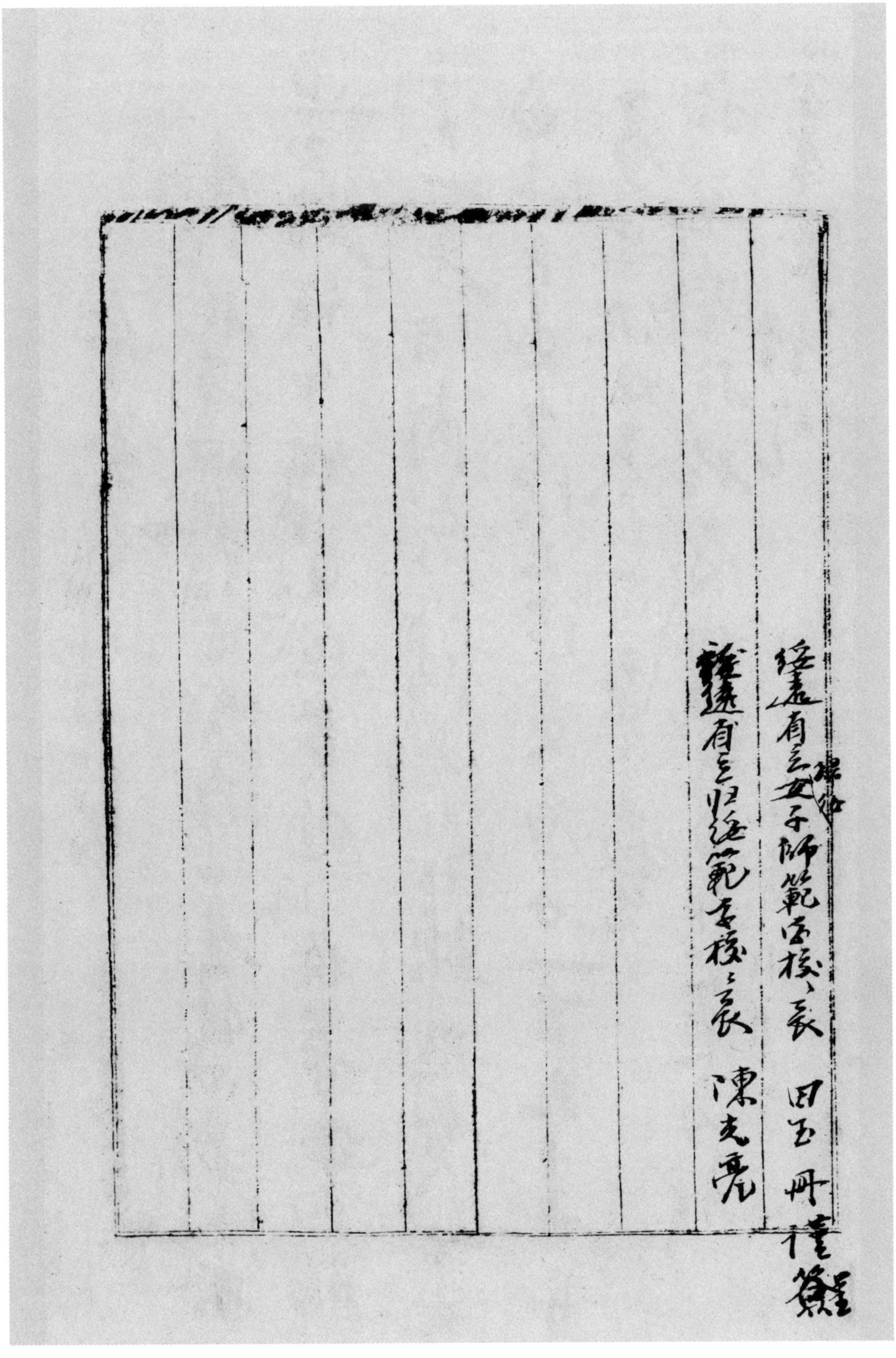
綏遠省立歸綏女子師範學校校長 田玉丹
綏遠省立歸綏師範學校校長 陳克亮
謹簽

图 6-1-12　绥远省立归绥农科职业学校、绥远省立归绥女子师范学校、绥远省立归绥师范学校为请拨粮食运费致绥远省政府会签（1949 年 4 月）（二）

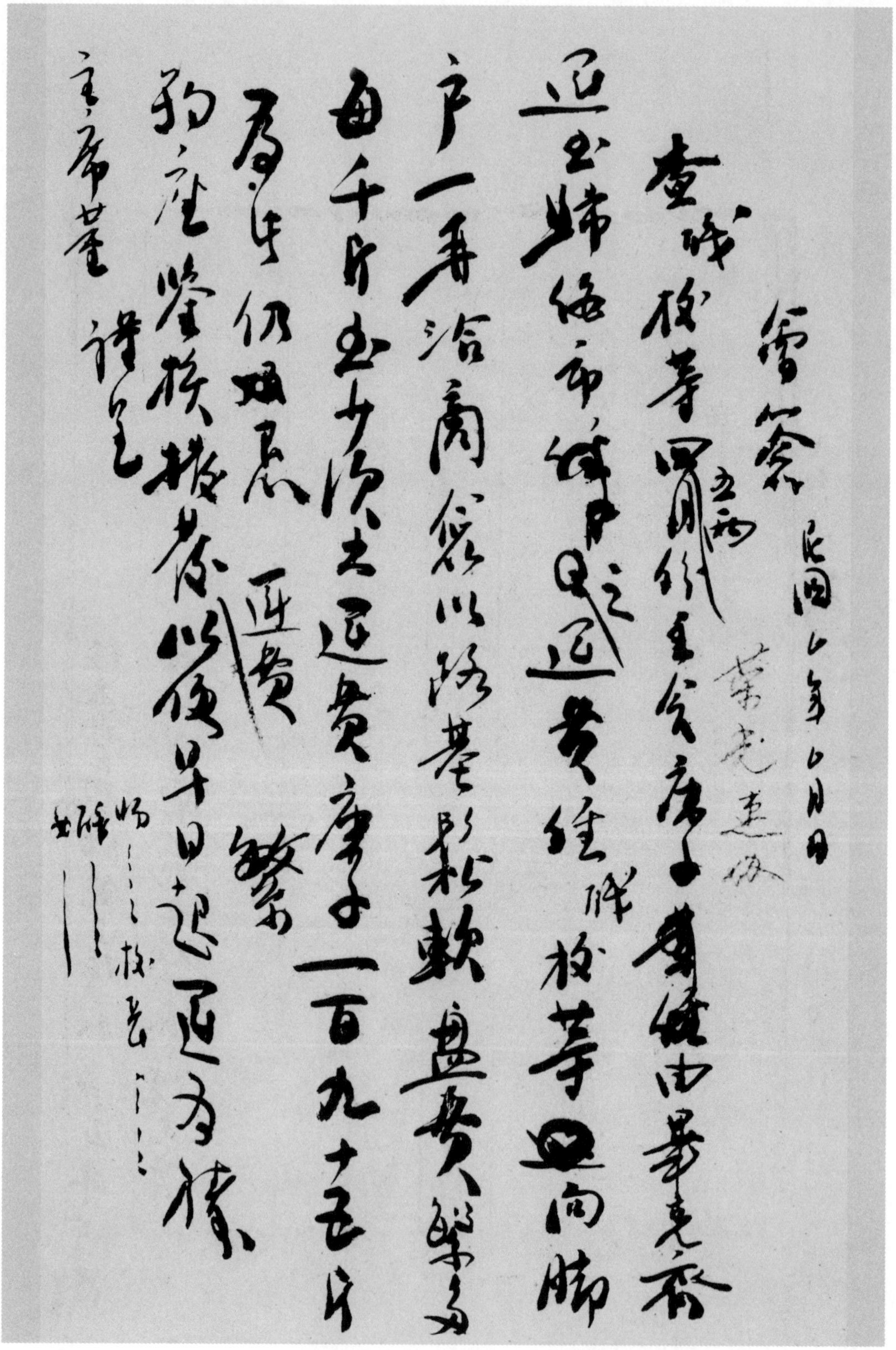

图 6-1-12 绥远省立归绥农科职业学校、绥远省立归绥女子师范学校、绥远省立归绥师范学校为请拨粮食运费致绥远省政府会签（1949 年 4 月）（三）

二 教务工作

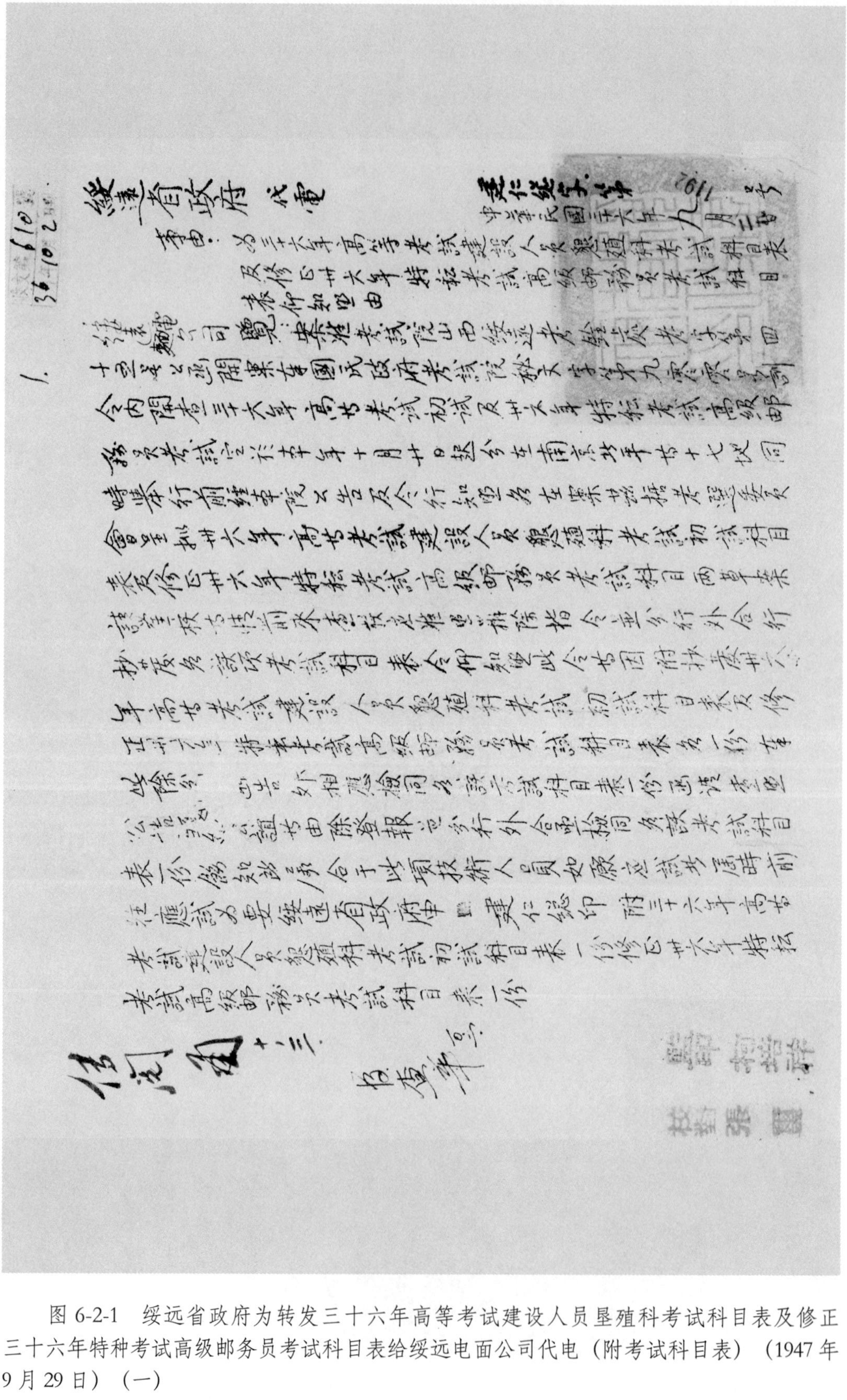
綏遠省政府 代電

事由：為三十六年高等考試建設人員墾殖科考試科目表及修正卅六年特種考試高級郵務員考試科目表

图 6-2-1　绥远省政府为转发三十六年高等考试建设人员垦殖科考试科目表及修正三十六年特种考试高级邮务员考试科目表给绥远电面公司代电（附考试科目表）（1947 年 9 月 29 日）（一）

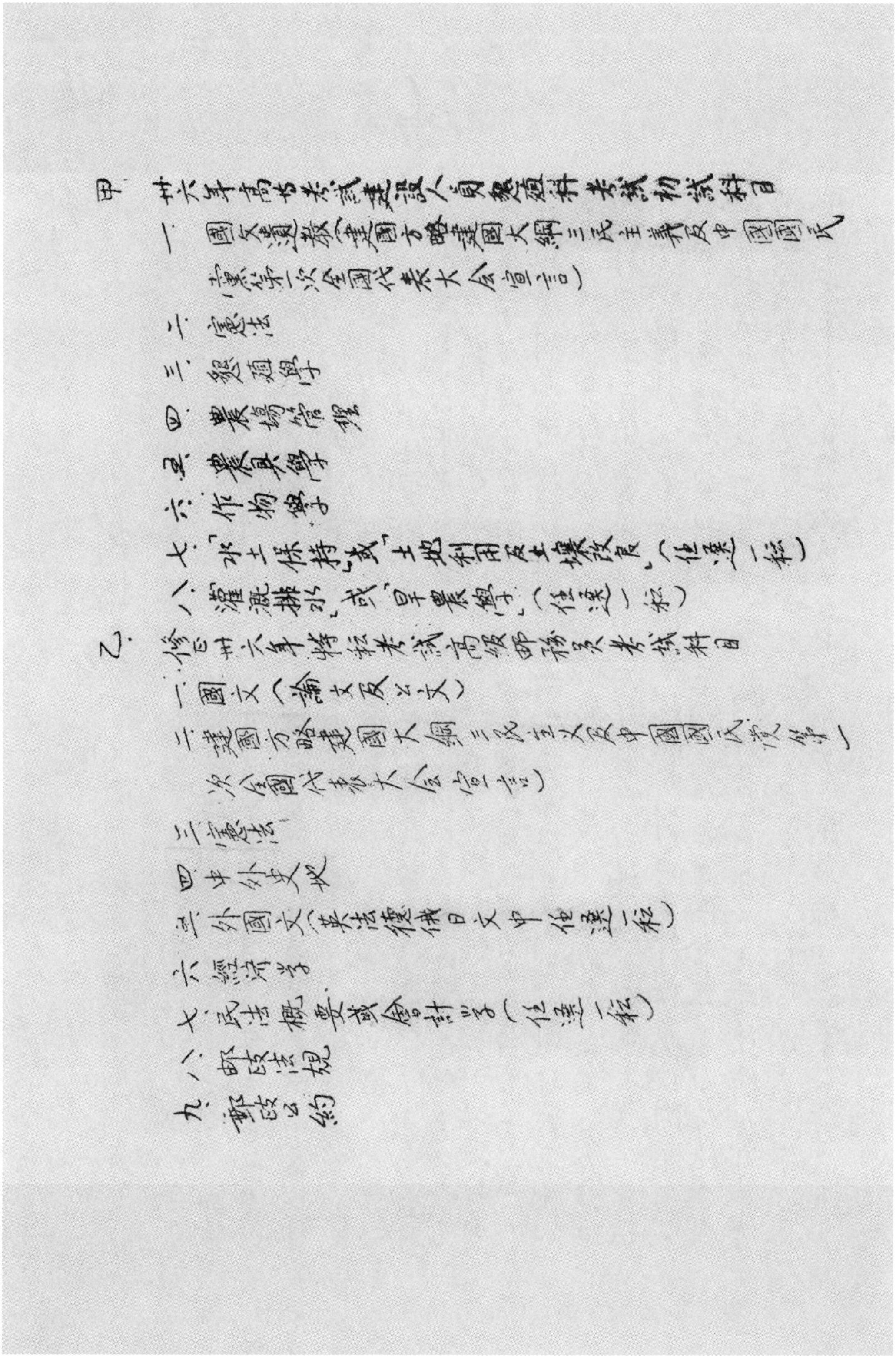

甲. 卅六年高等考试建设人员垦殖科考试科目

一. 国父遗教(建国方略建国大纲三民主义及中国国民党第一次全国代表大会宣言)

二. 宪法

三. 经济学

四. 农场经营管理

五. 农具学

六. 作物学

七. "水土保持"或"土地利用及土壤改良"(任选一科)

八. "灌溉排水"或"旱农学"(任选一科)

乙. 修正卅六年特种考试高级邮务员考试科目

一. 国文(论文及公文)

二. 建国方略建国大纲三民主义及中国国民党第一次全国代表大会宣言)

三. 宪法

四. 中外史地

五. 外国文(英法德俄日文中任选一种)

六. 经济学

七. 民法概要或会计学(任选一种)

八. 邮政法规

九. 邮政公约

图 6-2-1　绥远省政府为转发三十六年高等考试建设人员垦殖科考试科目表及修正三十六年特种考试高级邮务员考试科目表给绥远电面公司代电（附考试科目表）（1947 年 9 月 29 日）（二）

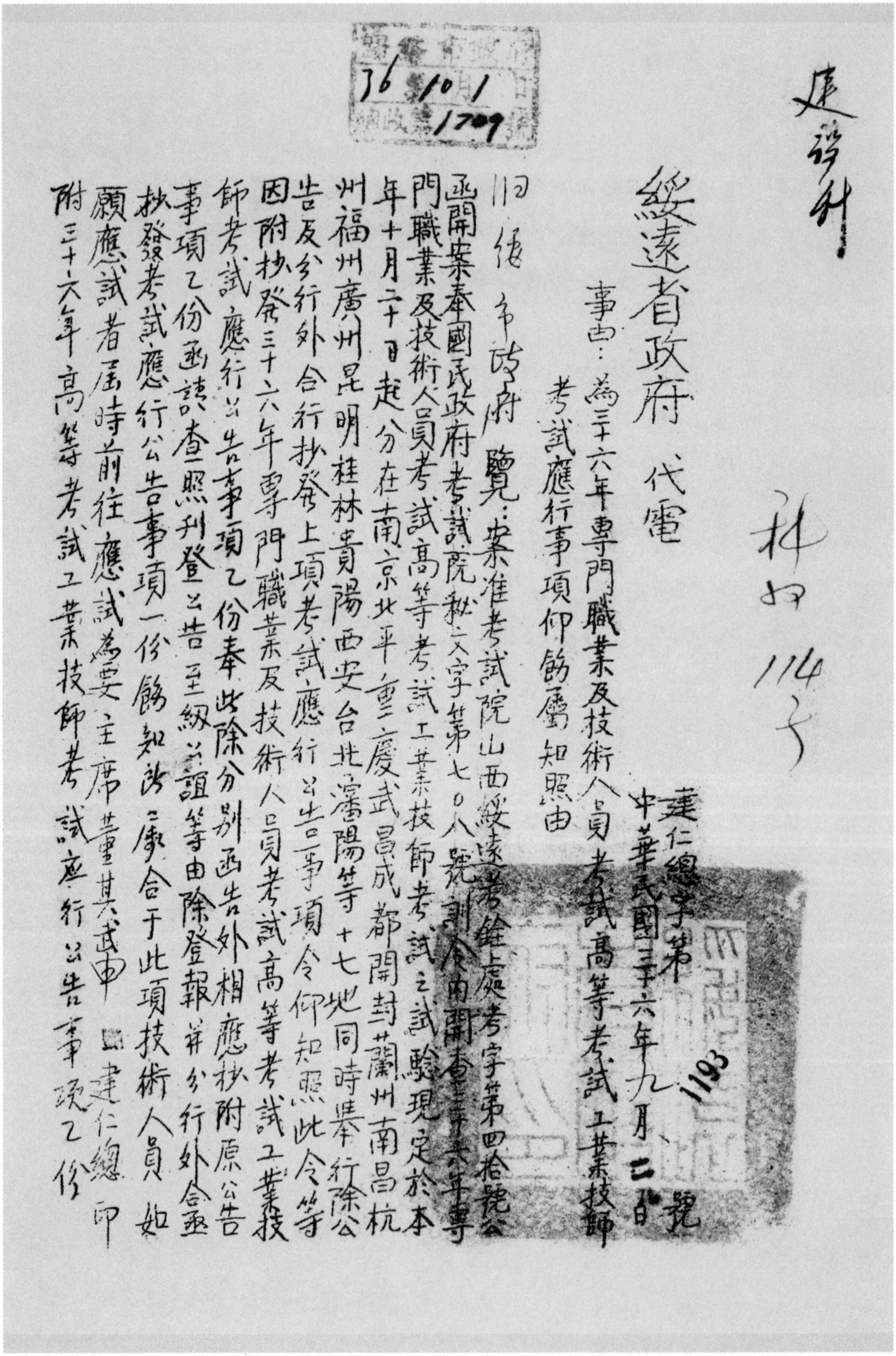
建設科

76 101 1709

綏遠省政府 代電

事由：為三十六年專門職業及技術人員考試高等考試工業技師考試應行事項仰飭屬知照由

中華民國三十六年九月二日 建仁總字第 號

1193

補如114

歸綏市政府覽：案准考試院山西綏遠考銓處考字第四拾號公函開「案奉國民政府考試院秘二六字第七〇八號訓令內開：查三十六年專門職業及技術人員考試高等考試工業技師考試之試驗現定於本年十月二十日起分在南京北平重慶武昌成都開封蘭州南昌杭州福州廣州昆明桂林貴陽西安台北瀋陽等十七地同時舉行，除公告及分行外，合行抄發上項考試應行公告事項，令仰知照此令等因，附抄發三十六年專門職業及技術人員考試高等考試工業技師考試應行公告事項乙份，奉此，除分別函告外，相應抄附原公告事項乙份，函請查照刊登公告至紉公誼」等由，除登報并分行外，合亟抄發考試應行公告事項一份，飭知該府合于此項技術人員如願應試者屆時前往應試為要。主席董其武申□建仁總印

附三十六年高等考試工業技師考試應行公告事項乙份

图 6-2-2　绥远省政府为转三十六年专门职业及技术人员考试高等考试工业技师考试应行公告事项给归绥市政府代电（附应行公告事项）（1947 年 9 月 29 日）（一）

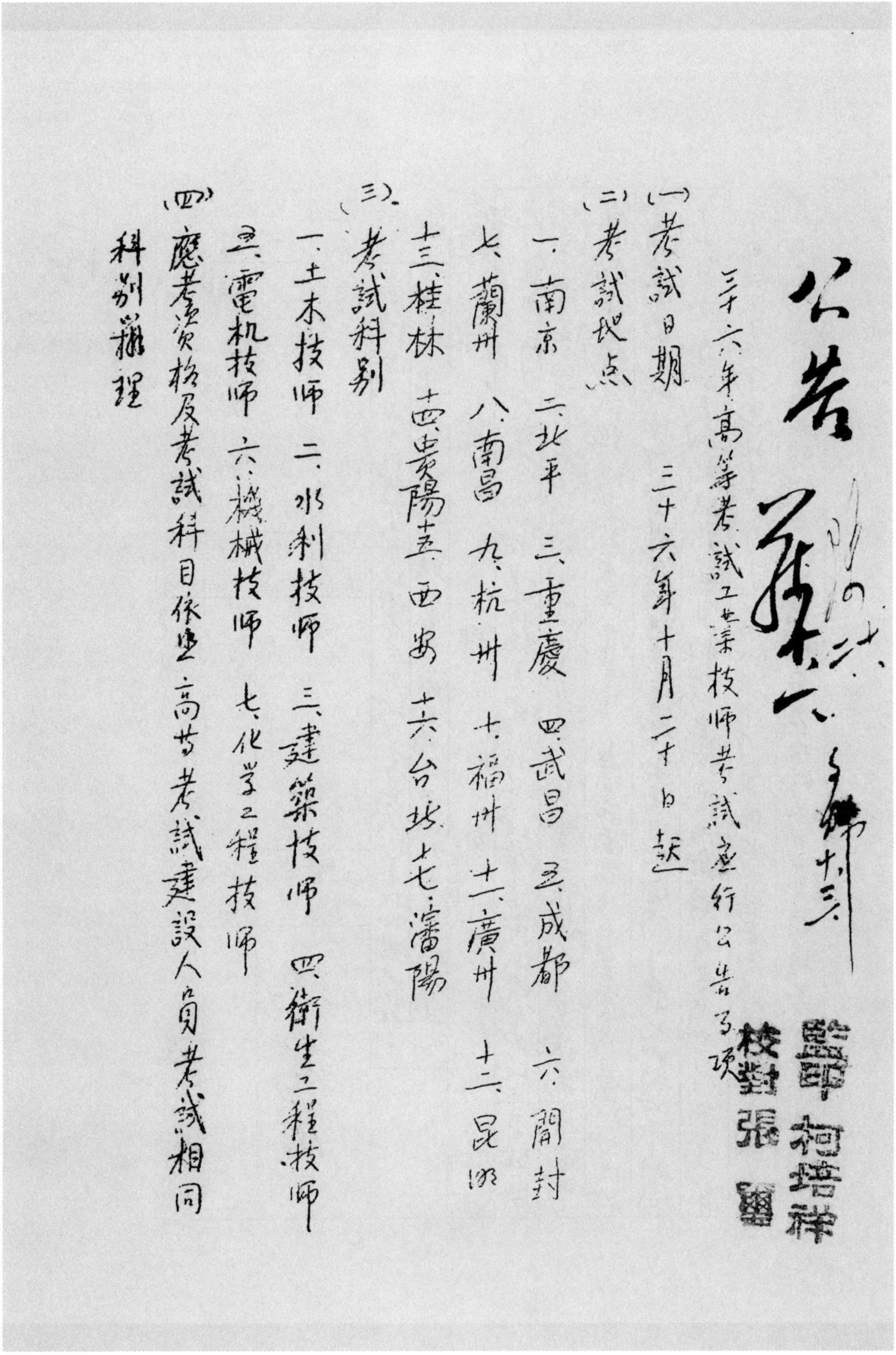

公告

三十六年高等考試工業技师考試应行公告事项

監印 柯培祥

校對 張

(一) 考試日期　三十六年十月二十日起

(二) 考試地点

一、南京　二、北平　三、重慶　四、武昌　五、成都　六、開封

七、蘭州　八、南昌　九、杭州　十、福州　十一、廣州　十二、昆明

十三、桂林　十四、貴陽　十五、西安　十六、台北　十七、瀋陽

(三) 考試科別

一、土木技师　二、水利技师　三、建築技师　四、衛生工程技师

五、電机技师　六、機械技师　七、化学工程技师

(四) 應考資格及考試科目依照高等考試建設人員考試相同

科別辦理

图 6-2-2　绥远省政府为转三十六年专门职业及技术人员考试高等考试工业技师考试应行公告事项给归绥市政府代电（附应行公告事项）（1947 年 9 月 29 日）（二）

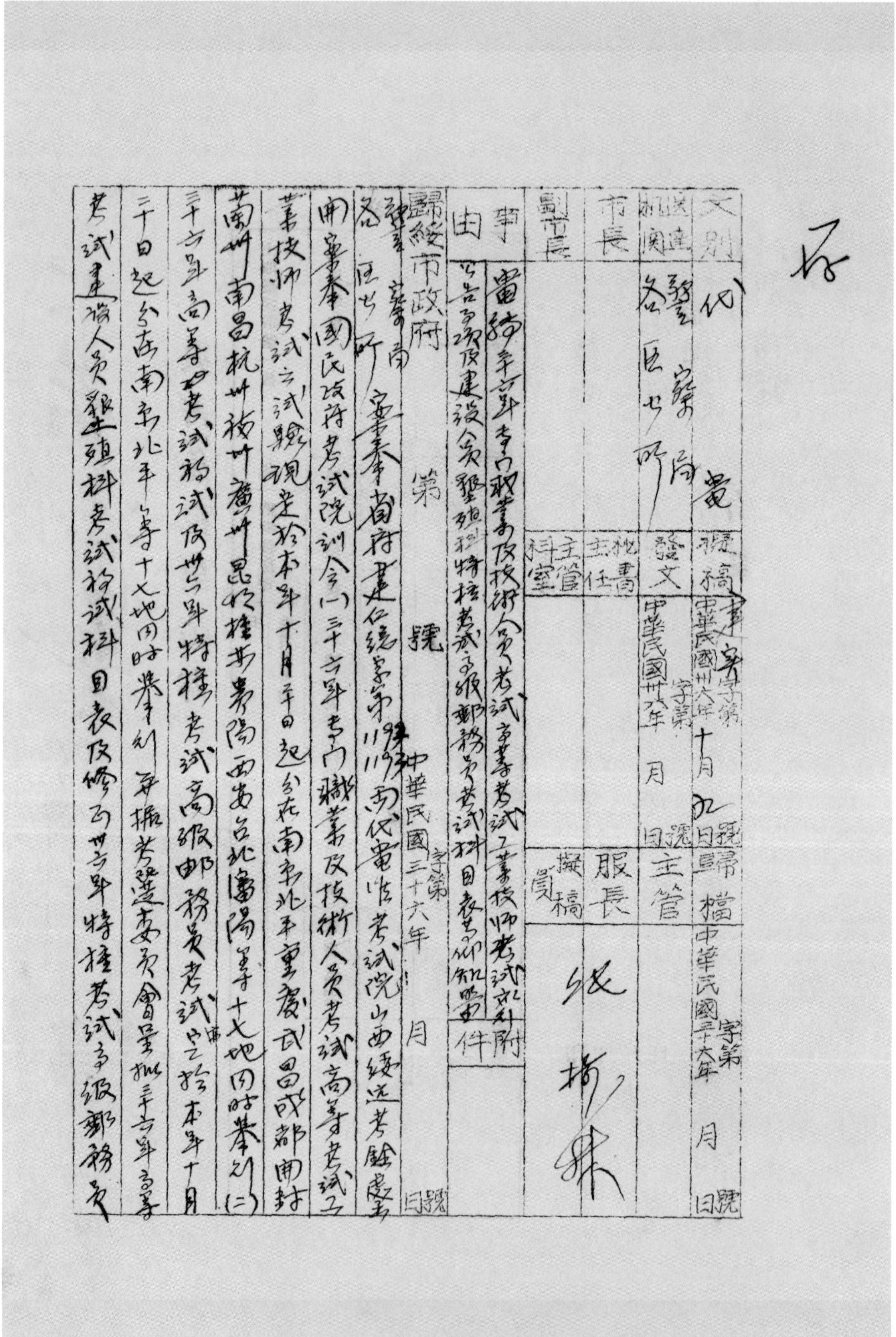

文别　代电
收受机关　各警察局　各区公所
事由　为转三十六年专门职业及技术人员考试高等考试工业技师考试应行公告事项及建设人员垦殖科特种考试高级邮务员考试科目表仰知照由
附件
拟稿　中华民国卅六年十月九日
发文　中华民国卅六年　月　日
归档　中华民国三十六年　月　日

归绥市政府　第　号　中华民国三十六年　月　日
警察局、各区公所：案奉绥远省政府建行总字第119号代电，准考试院山西绥远考铨处函略开：奉国民政府考试院训令（一）三十六年专门职业及技术人员考试高等考试工业技师考试之试验规定于本年十月二十日起分在南京北平重庆武昌成都开封兰州南昌杭州福州广州昆明桂林贵阳西安台北沈阳等十七地同时举行（二）三十六年高等考试特种考试及三十六年特种考试高级邮务员考试定于本年十月二十日起分在南京北平等十七地同时举行……考试建设人员垦殖科考试科目表及修正三十六年特种考试高级邮务员

图 6-2-3　归绥市政府为转三十六年专门职业及技术人员考试高等考试工业技师考试应行公告事项及建设人员垦殖科特种考试高级邮务员考试科目表给警察局及各区公所代电（1947 年 10 月 9 日）（一）

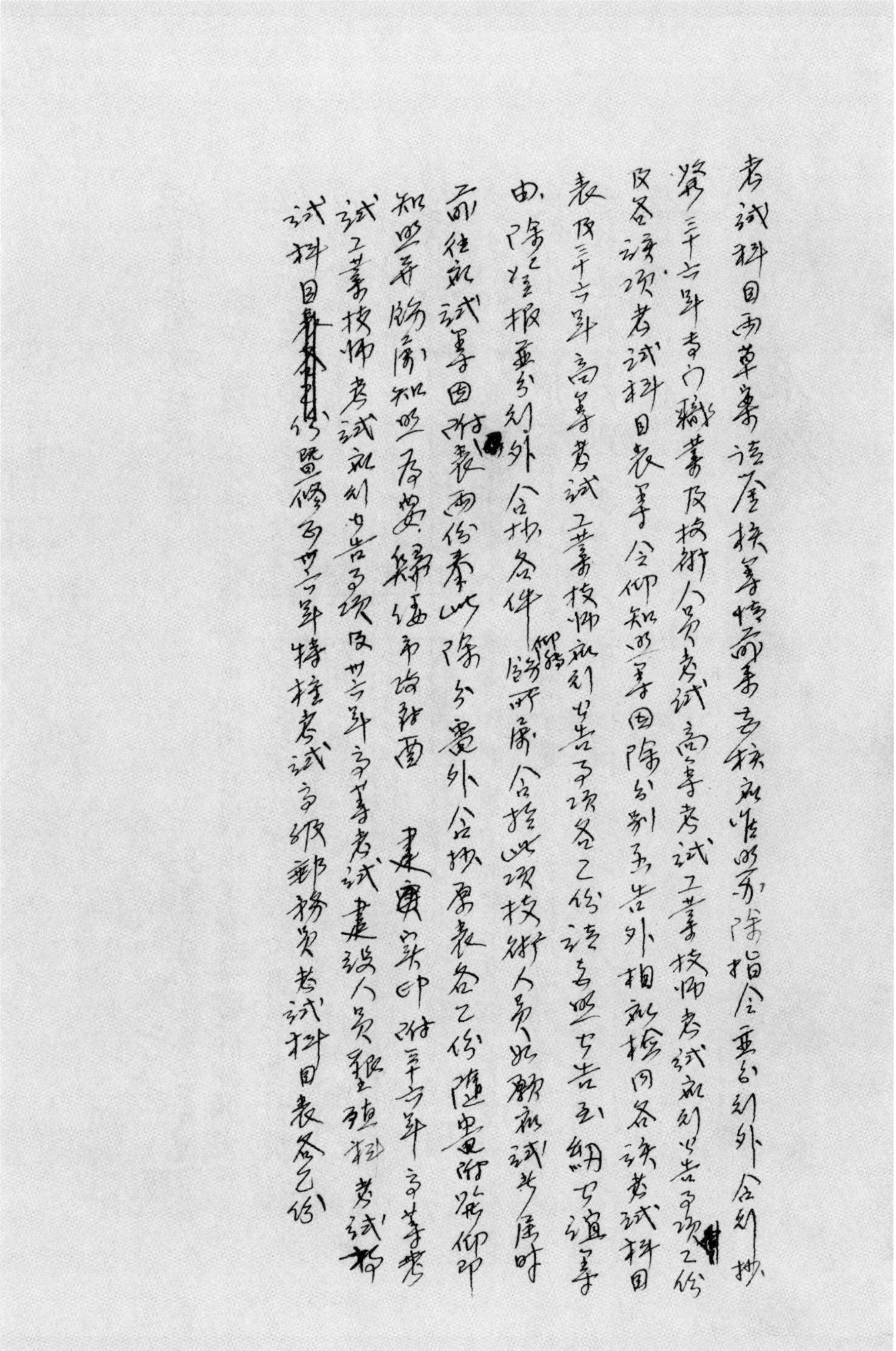
考試科目兩草案請查核等情前來，查核尚屬可行，除指令並分別外，合行抄
發三十六年專門職業及技術人員考試高等考試工業技師考試應行公告事項乙份
及各該項考試科目表等，令仰知照等因，除分別呈告外，相應檢同各該考試科目
表及三十六年高等考試工業技師應行公告事項各乙份，請查照公告並轉知遵照等
由，除已呈報並分別外，合抄各件，仰轉飭所屬，令飭此項技術人員如願應試者，屆時
前往應試等因，附表兩份，奉此，除分電外，合抄原表各乙份，隨電附發，仰即
知照並飭屬知照為要。歸綏市政府酉　建實印　附三十六年高等考
試工業技師考試應行公告事項及卅六年高等考試建設人員墾殖科考試科
試科目表乙份暨修正卅六年特種考試高級郵務員考試科目表各乙份

图 6-2-3　归绥市政府为转三十六年专门职业及技术人员考试高等考试工业技师考试应行公告事项及建设人员垦殖科特种考试高级邮务员考试科目表给警察局及各区公所代电（1947 年 10 月 9 日）（二）

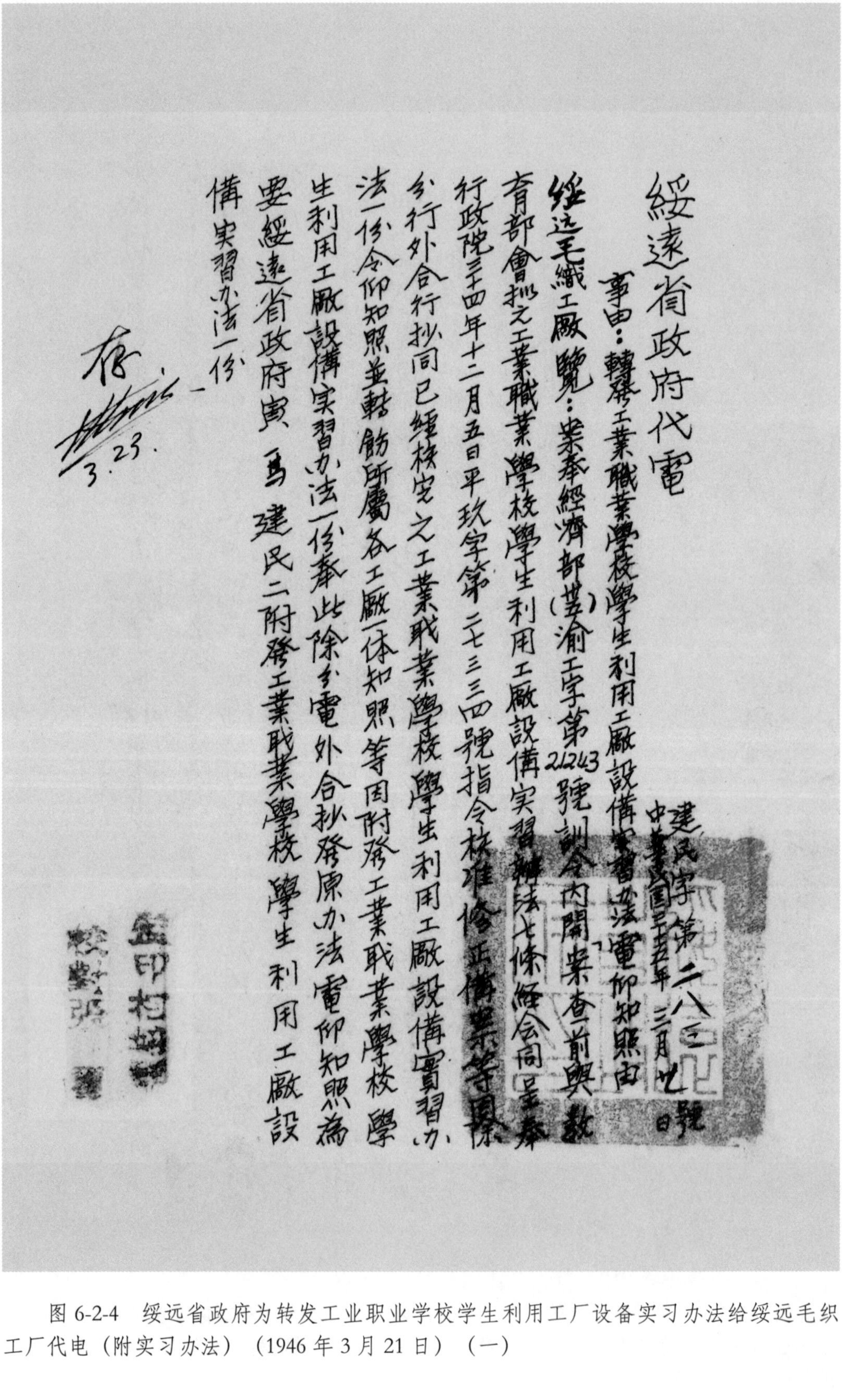

綏遠省政府代電

事由：轉發工業職業學校學生利用工廠設備實習辦法電仰知照由

建民字第二八三號
中華民國三十五年三月廿一日

綏遠毛織工廠覽：案奉經濟部（卅五）渝工字第21243號訓令內開「案查前與教育部會擬之工業職業學校學生利用工廠設備實習辦法七條，經會同呈奉行政院三十四年十二月五日平玖字第二七三三四號指令核准修正備案等因，除分行外，合行抄同已經核定之工業職業學校學生利用工廠設備實習辦法一份，令仰知照並轉飭所屬各工廠一體知照」等因，附發工業職業學校學生利用工廠設備實習辦法一份。奉此，除分電外，合抄發原辦法，電仰知照為要。綏遠省政府寅馬 建民二附發工業職業學校學生利用工廠設備實習辦法一份

存 3.23.

图 6-2-4　绥远省政府为转发工业职业学校学生利用工厂设备实习办法给绥远毛织工厂代电（附实习办法）（1946 年 3 月 21 日）（一）

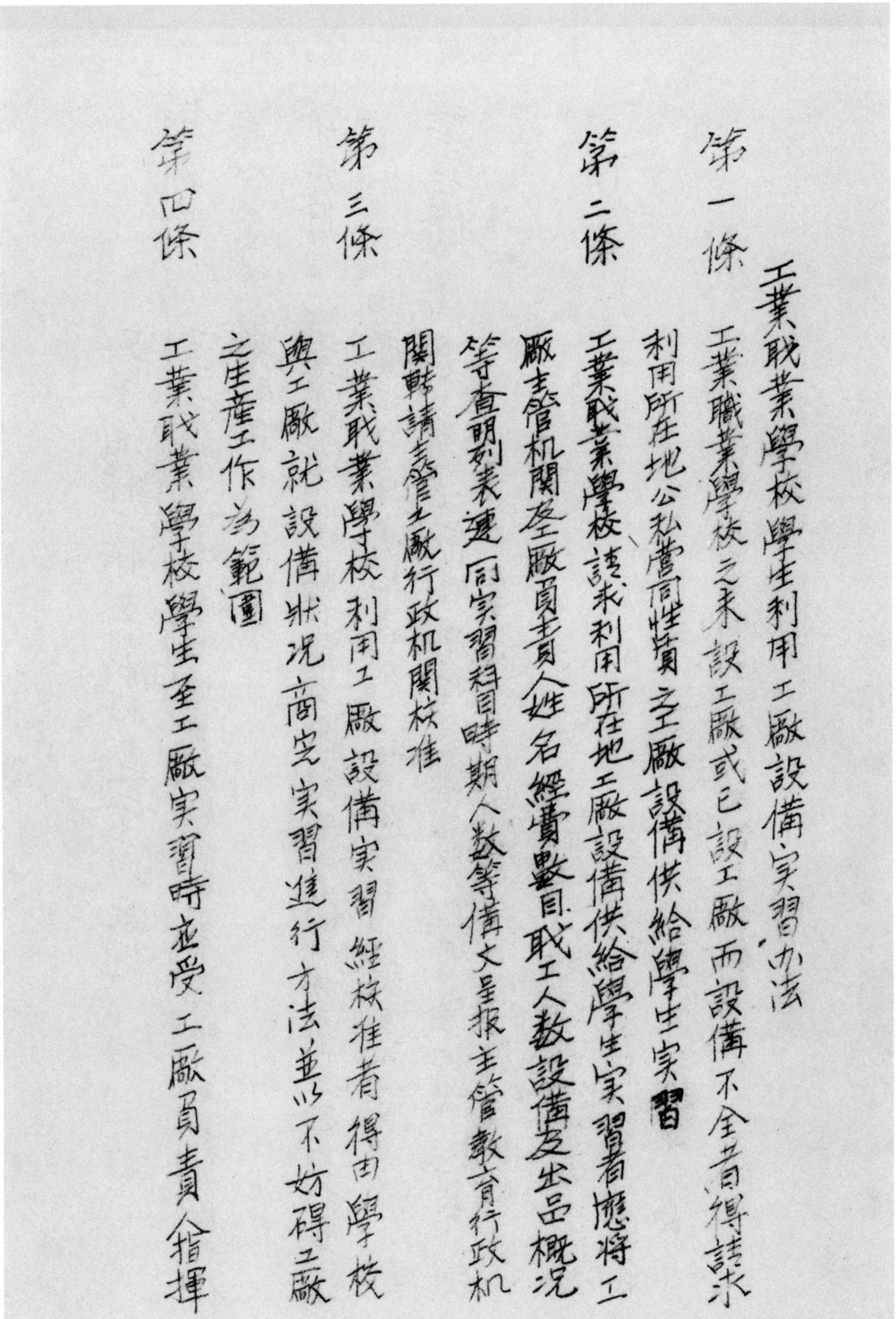
工業職業學校學生利用工廠設備实習办法

第一條 工業職業學校之未設工廠或已設工廠而設備不全者得請求利用所在地公私營同性質之工廠設備供給學生实習

第二條 工業職業學校請求利用所在地工廠設備供給學生实習者應將工廠主管机關及工廠負責人姓名經費數目職工人數設備及出品概况等查明列表連同实習科目時期人數等備文呈报主管教育行政机關轉請主管工廠行政机關核准

第三條 工業職業學校利用工廠設備实習經核准者得由學校與工廠就設備狀况商定实習進行方法並以不妨碍工廠之生產工作為範圍

第四條 工業職業學校學生至工廠实習時並受工廠負責人指揮

图 6-2-4　绥远省政府为转发工业职业学校学生利用工厂设备实习办法给绥远毛织工厂代电（附实习办法）（1946 年 3 月 21 日）（二）

第五條　與工人同樣工作並嚴格遵守一切廠規
第六條　工業職業學校學生曾在工廠實習者畢業時該工廠得優先録用
第七條　工業職業學校利用工廠設備實習時所需特殊材料其經費由學校負担之
本办法自公布日施行

图 6-2-4　绥远省政府为转发工业职业学校学生利用工厂设备实习办法给绥远毛织工厂代电（附实习办法）（1946 年 3 月 21 日）（三）

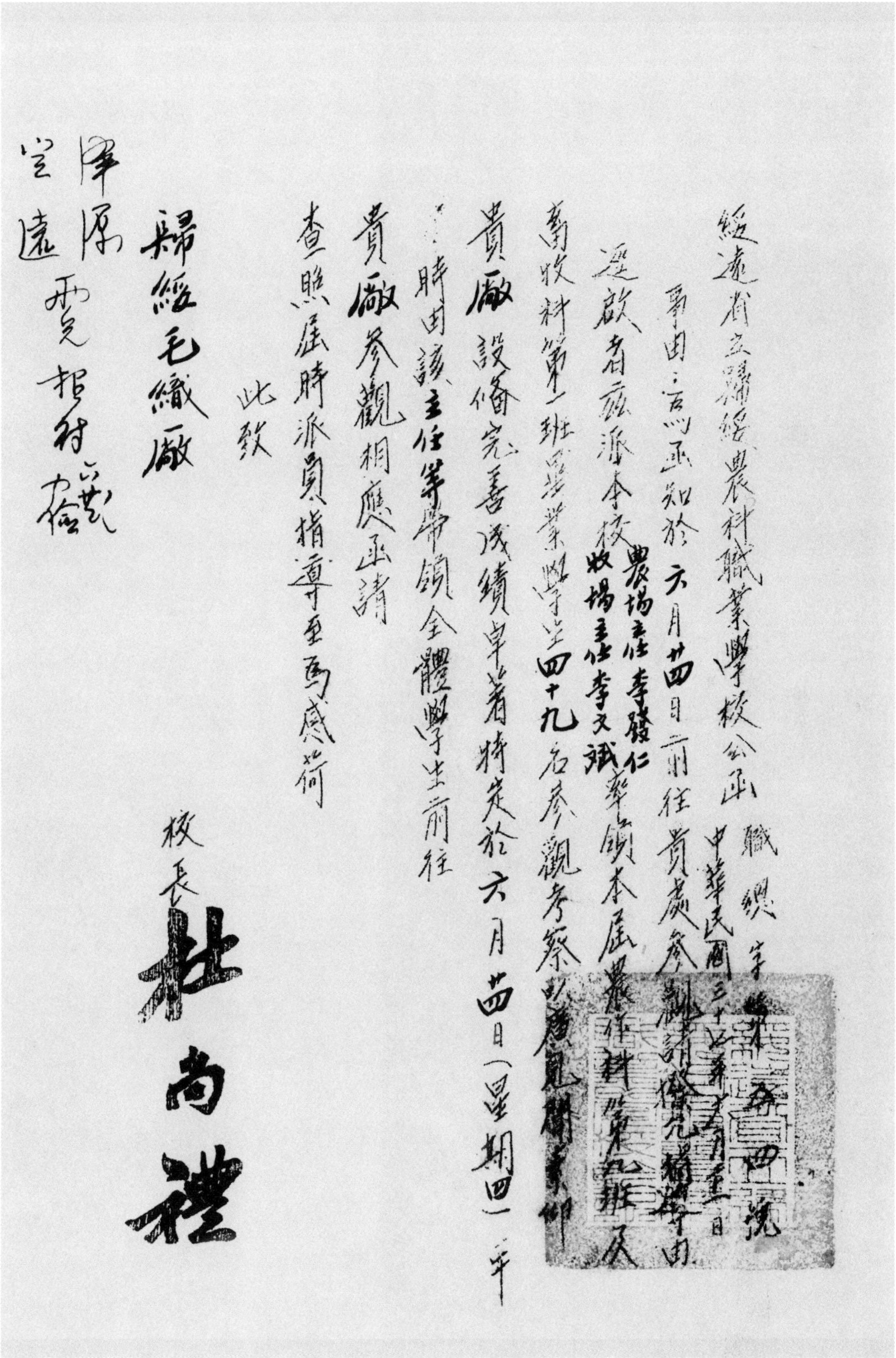

綏遠省立歸綏農科職業學校公函　職總字第四號

中華民國三十七年六月廿一日

事由：為函知於六月廿四日前往貴處參觀請准予由

逕啟者茲派本校農場主任李發仁、牧場主任李文斌率領本屆農科第一班及畜牧科第一班畢業學生四十九名參觀考察以廣見聞而資印證

貴廠設備完善成績卓著特定於六月廿四日（星期四）上午

時由該主任等帶領全體學生前往

貴廠參觀相應函請

查照屆時派員指導至為感荷

此致

歸綏毛織廠

校長　杜尚禮

图 6-2-5　绥远省立归绥农科职业学校为毕业班学生参观考察致归绥市毛织厂公函（1948 年 6 月 21 日）

三　总务工作

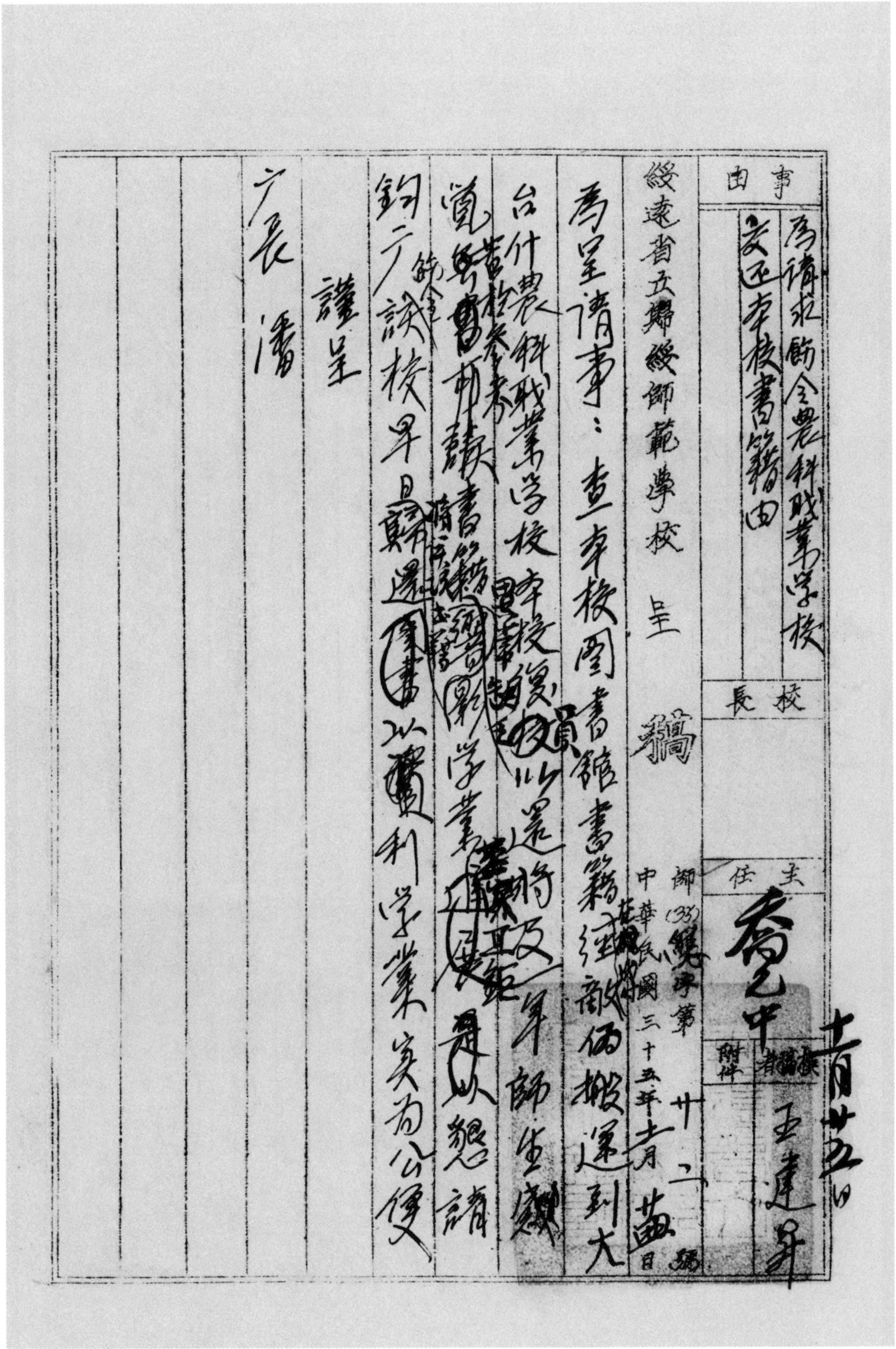

图 6-3-1　绥远省立归绥师范学校为请求饬令农科职业学校交还书籍致绥远省政府教育厅呈（1946 年 11 月 24 日）

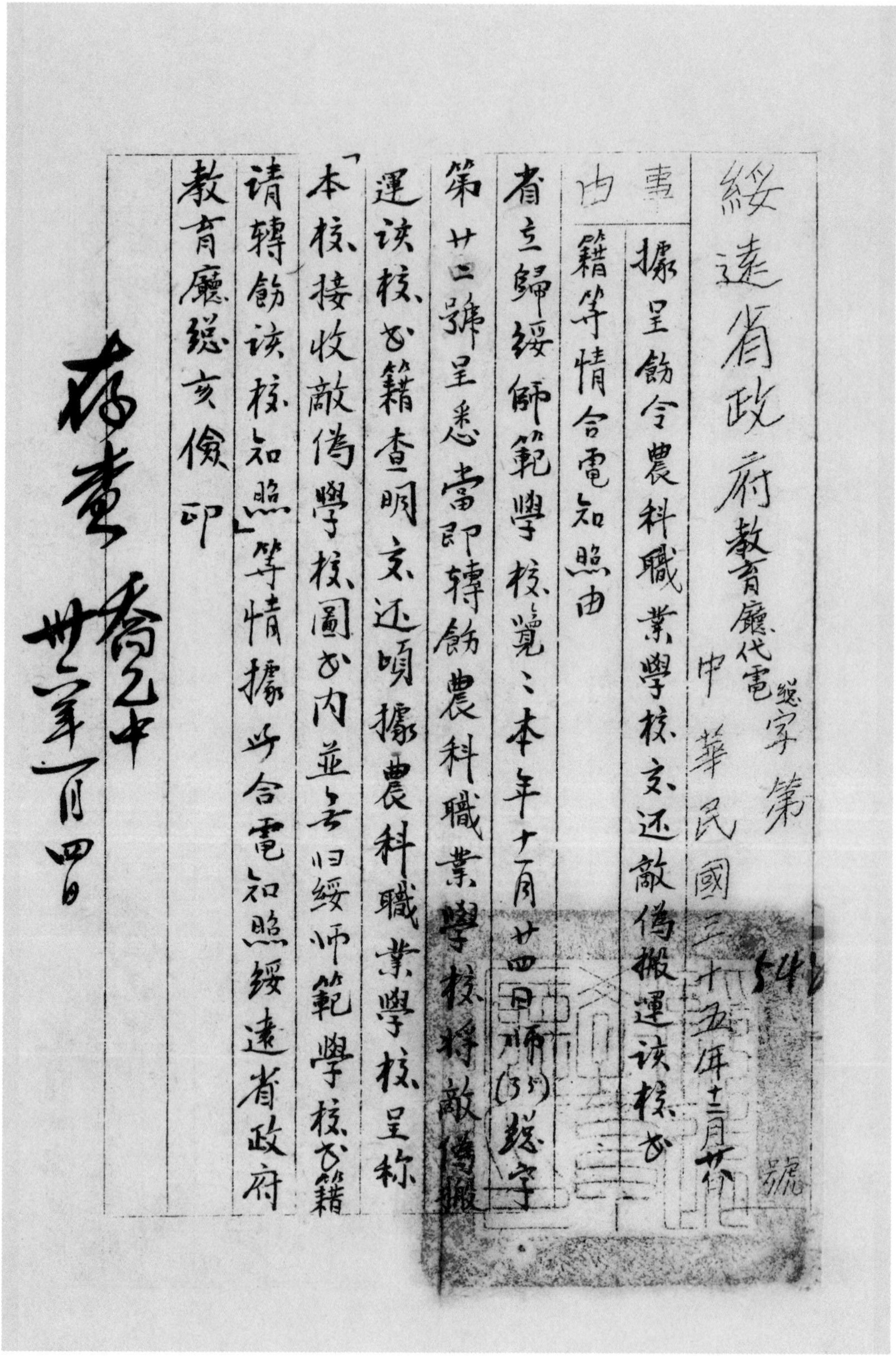
綏遠省政府教育廳代電 綏字第 號
中華民國三十五年十二月廿八日
事由 據呈飭令農科職業學校交还敵偽搬運該校书籍等情合電知照由
省立歸綏師範學校覽：本年十月廿四日师(行)綏字第廿二號呈悉。當即轉飭農科職業學校將敵偽搬運該校书籍查明交还。頃據農科職業學校呈称：「本校接收敵偽學校圖书内並無归綏师範學校书籍，請轉飭該校知照」等情。據此，合電知照。綏遠省政府教育廳綏亥儉印

图 6-3-2　绥远省政府教育厅为农科职业学校并无该校书籍给省立归绥师范学校代电（1946 年 12 月 28 日）

四　学生管理

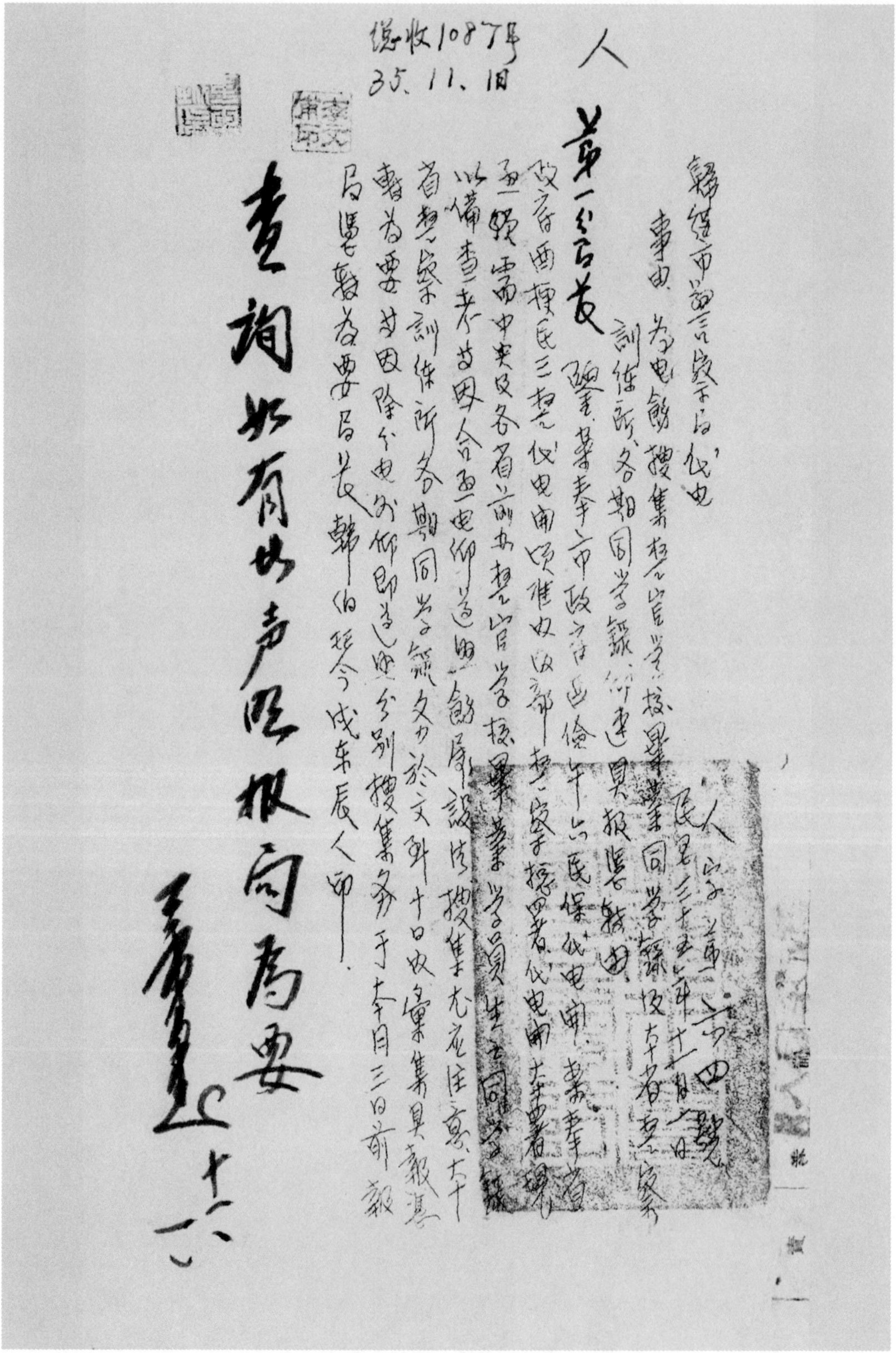

绥收1087号
35、11、1日

人

归绥市警察局代电

事由：为电饬搜集警官学校毕业同学录及绥远省警察训练所各期同学录，仰速具报凭转由。

民国三十五年十一月一日 人字第 四 号

第一分局长：

鉴：案奉市政府酉俭午亥民保代电开：案奉省政府酉梗民三警代电开：顷准内政部警察总署酉警代电开：五一号，需中央及各省前办警官学校毕业学员生之同学录以备查考，等因，合亟电仰迅即饬属设法搜集，尤应注意六十省警察训练所各期同学录，文于文到十日内汇集具报凭转为要，等因，除分电外，仰即迅速分别搜集，务于本月三日前报局汇转为要。局长韩伯 今 戌东辰 人 印

查询如有者，声明报局为要

十一

图 6-4-1　归绥市警察局为搜集警官学校毕业同学录及绥远省警察训练所各期同学录给第一分局代电（1946 年 11 月 1 日）

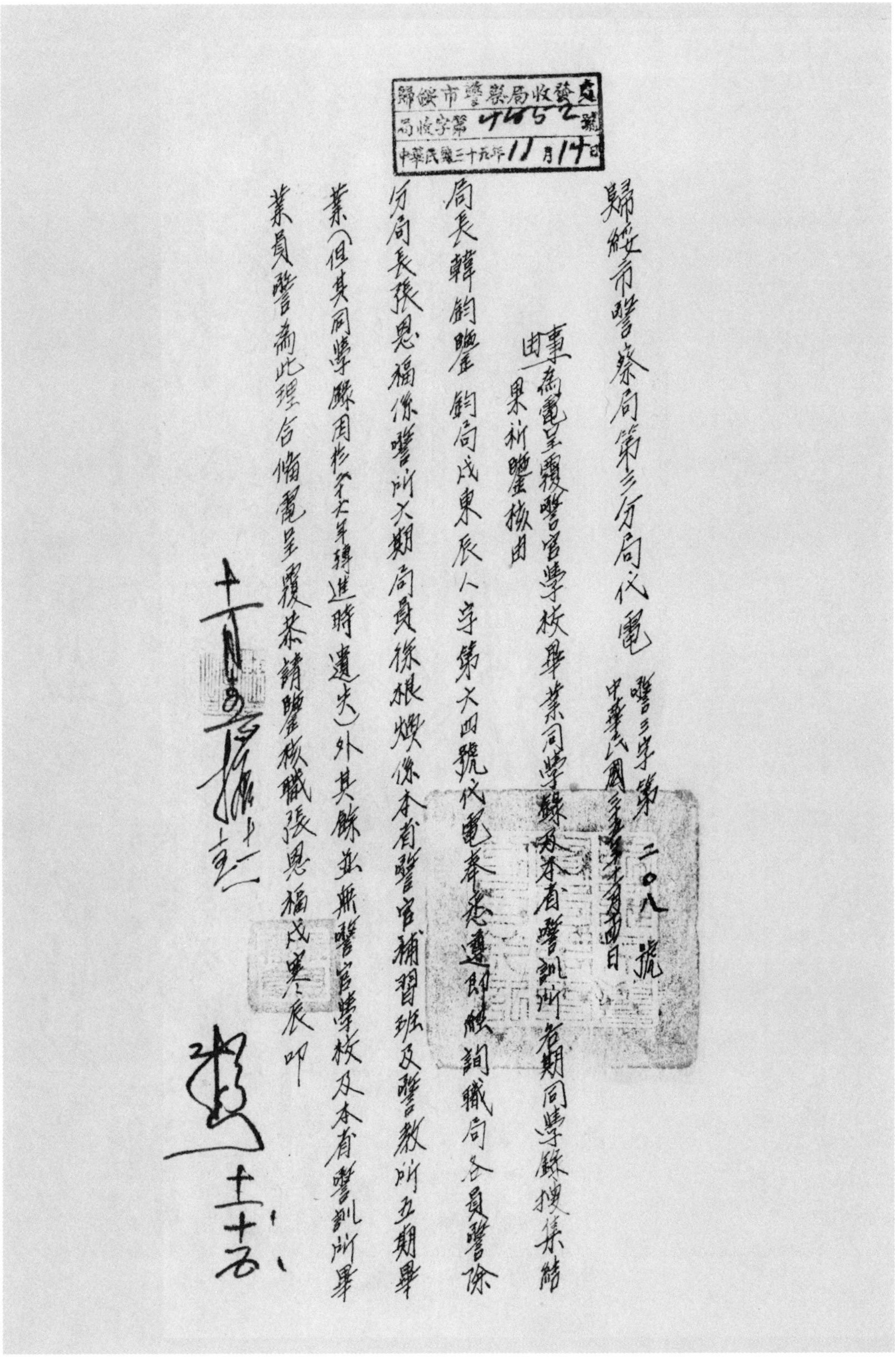
归绥市警察局收发处
局收字第4452号
中华民国三十五年11月14日

歸綏市警察局第三分局代電　警三字第二〇八號　中華民國三十五年十一月十四日

事由：爲電呈覆警官學校畢業同學錄及本省警訓所各期同學錄搜集結果祈鑒核由

局長韓鈞鑒：鈞局戌東辰人字第六四號代電奉悉，遵即飭詢職局各員警，除分局長張恩福係警訓所六期員係根據係本省警官補習班及警教所五期畢業（但其同學錄因於卅六年隸進時遺失）外，其餘並無警官學校及本省警訓所畢業員警，爲此理合備電呈覆，恭請鑒核。職張恩福戌吳辰叩

图 6-4-2　归绥市警察局第三分局为呈复警官学校毕业同学录及绥远省警训所各期同学录搜集结果致归绥市警察局代电（1946 年 11 月 14 日）

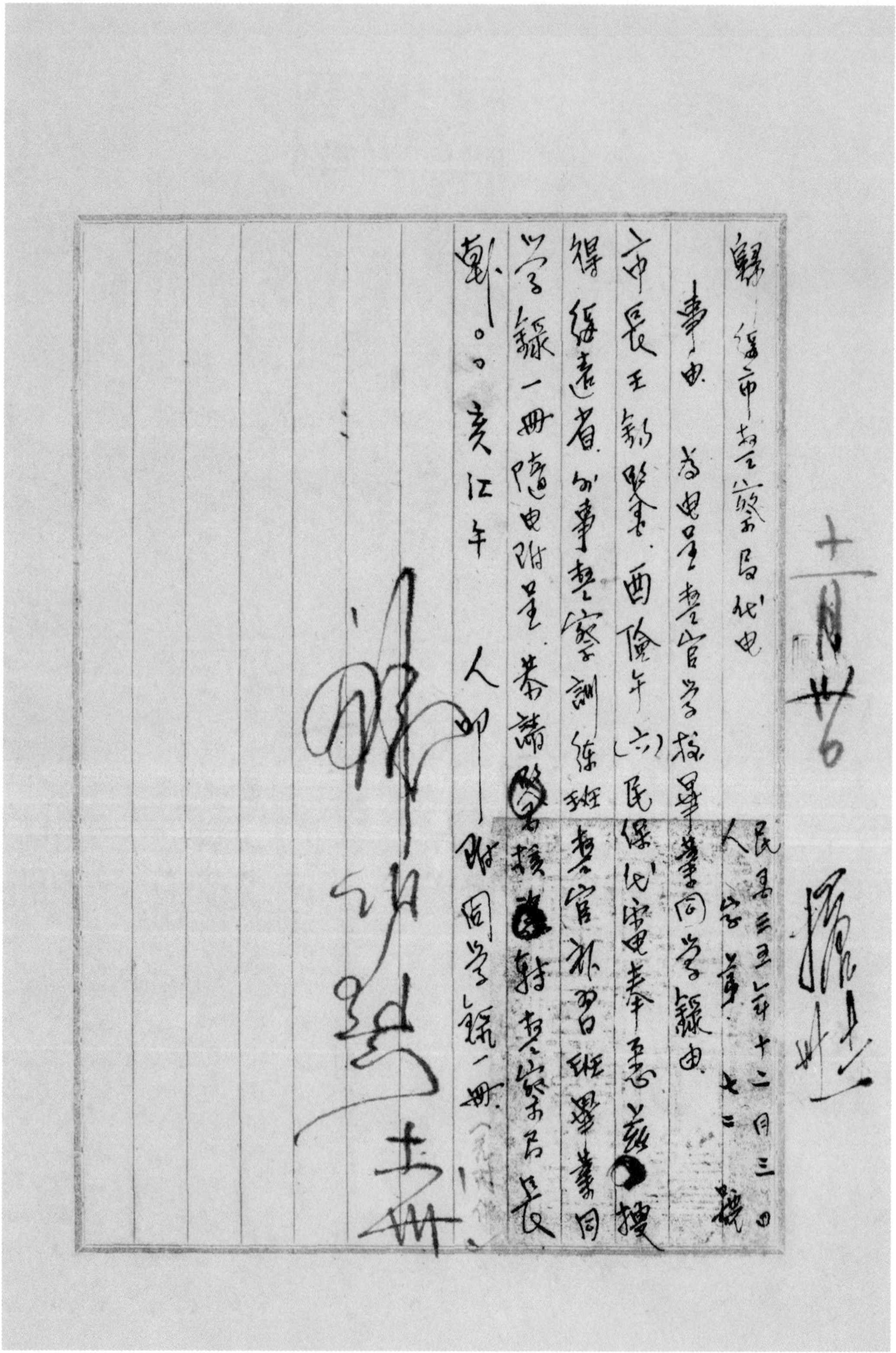

歸綏市警察局代電
事由：為電呈警官學校畢業同學錄由
市長王鈞鑒：酉除午（六）民保代電奉悉，茲搜
得綏遠省分事警察訓練班警官補習班畢業同
學錄一冊，隨電附呈，恭請鑒核。歸綏警察局長
鄭○○亥江午 人印
附同學錄一冊
民國三五年十二月三日
人字第七二號

图 6-4-3　归绥市警察局为呈警官学校毕业同学录致归绥市政府代电（1946 年 12 月 3 日）

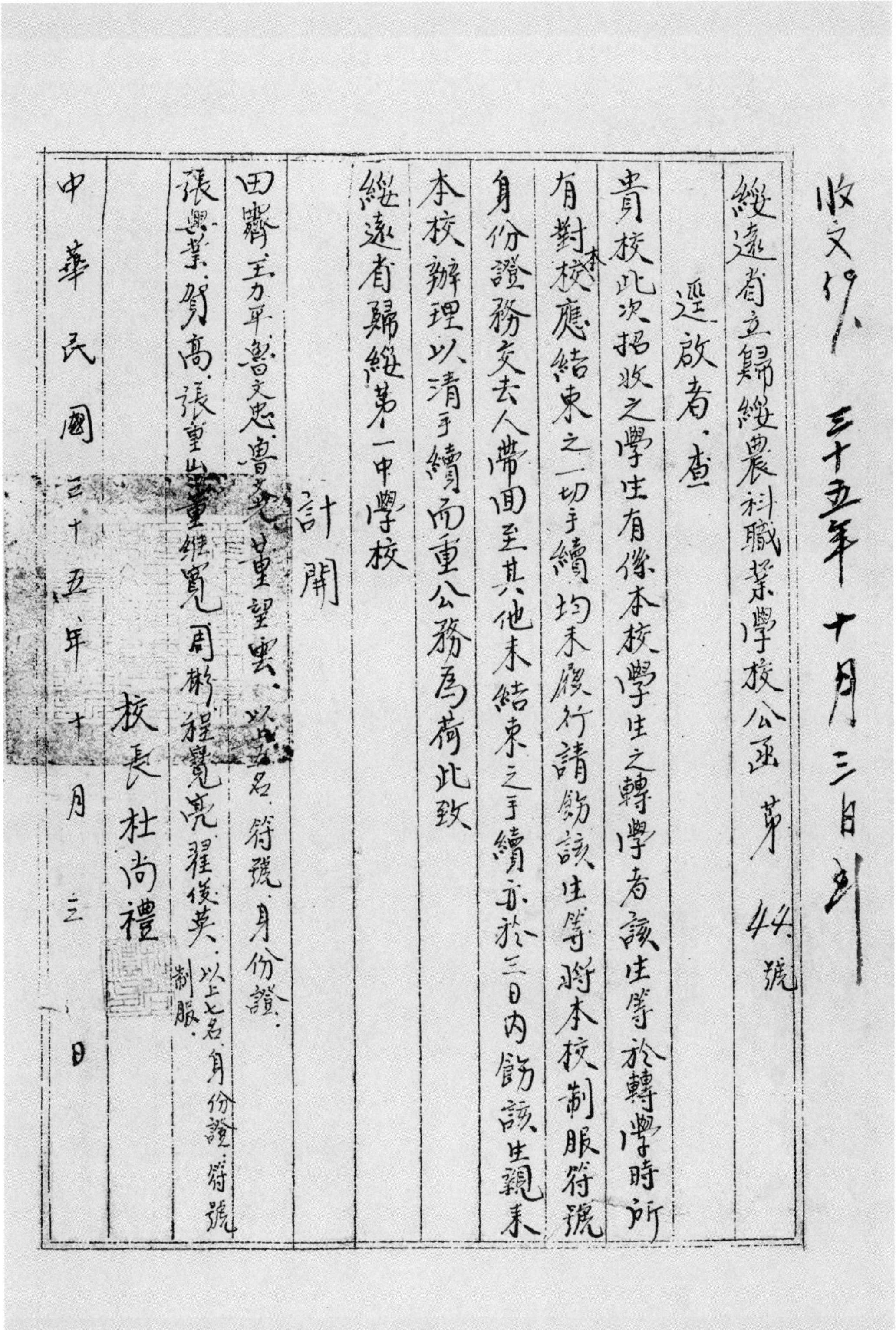
收文[illegible] 三十五年十月三日到

綏遠省立歸綏農科職業學校公函 第44號

逕啟者，查

貴校此次招收之學生有係本校學生之轉學者，該生等於轉學時所有對本校應結束之一切手續均未履行，請飭該生等將本校制服、符號、身份證務交去人帶回，至其他未結束之手續亦於三日內飭該生親來本校辦理，以清手續而重公務為荷。此致

綏遠省歸綏第一中學校

計開

田齊、王力平、魯文忠、魯文元、甘重望雲，以上五名，符號、身份證。

張興業、賀高、張重山、董繼寬、周彬、程覺亮、翟俊英，以上七名，身份證、符號、制服。

校長 杜尚禮

中華民國三十五年十月三日

图 6-4-4 绥远省立归绥农科职业学校为转学学生办理未结手续等事宜致绥远省归绥第一中学公函（1946 年 10 月 3 日）

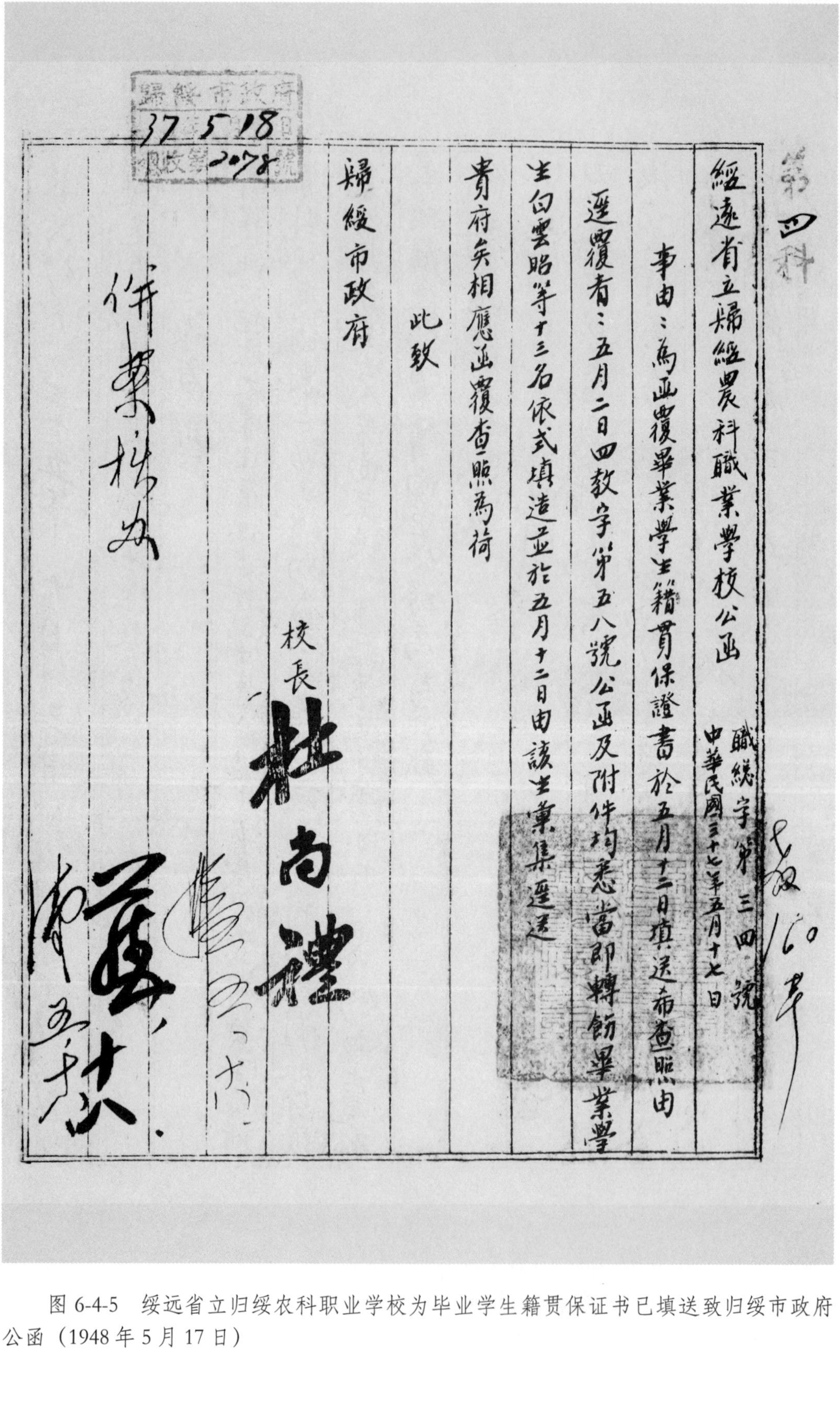

歸綏市政府
37 5 18
收字第2078號

第四科

綏遠省立歸綏農科職業學校公函

職綏字第三四號
中華民國三十七年五月十七日

事由：為函覆畢業學生籍貫保證書於五月十二日填送希查照由

逕覆者：五月二日四教字第五八號公函及附件均悉，當即轉飭畢業學生白雲昭等十三名依式填造，並於五月十二日由該生彙集逕送
貴府矣，相應函覆查照為荷
此致
歸綏市政府

校長 杜尚禮

图 6-4-5　绥远省立归绥农科职业学校为毕业学生籍贯保证书已填送致归绥市政府公函（1948 年 5 月 17 日）

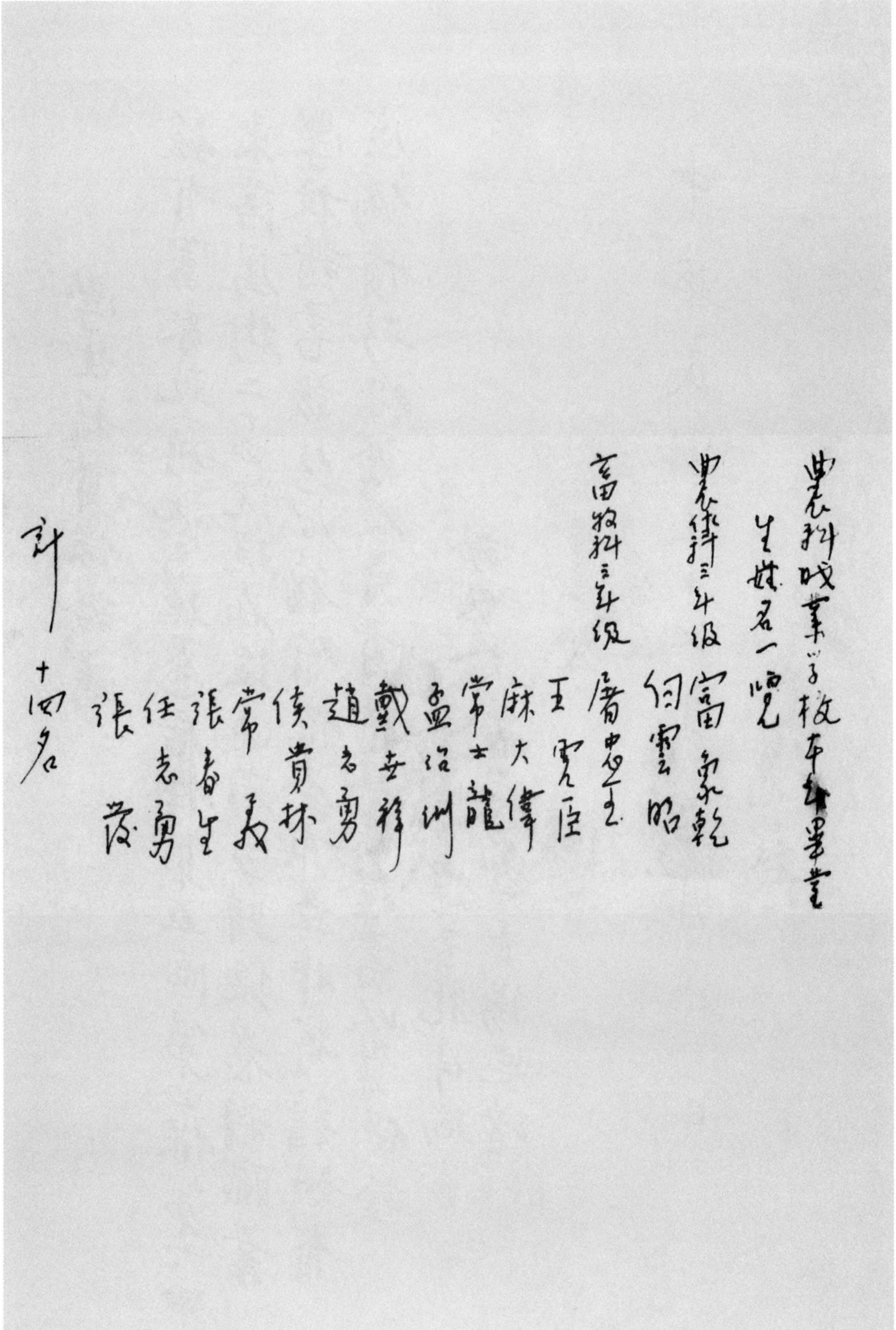
農科職業學校本屆畢業
生姓名一覽
農藝科三年級
富象乾
何雲昭
畜牧科三年級
屠忠生
王雲臣
麻大偉
常士龍
孟治洲
戴安祥
趙志勇
侯貴林
常義
張春生
任志勇
張葳
計
十四名

图 6-4-6　绥远省立归绥农科职业学校毕业学生籍贯保证书（1948 年 5 月）（一）

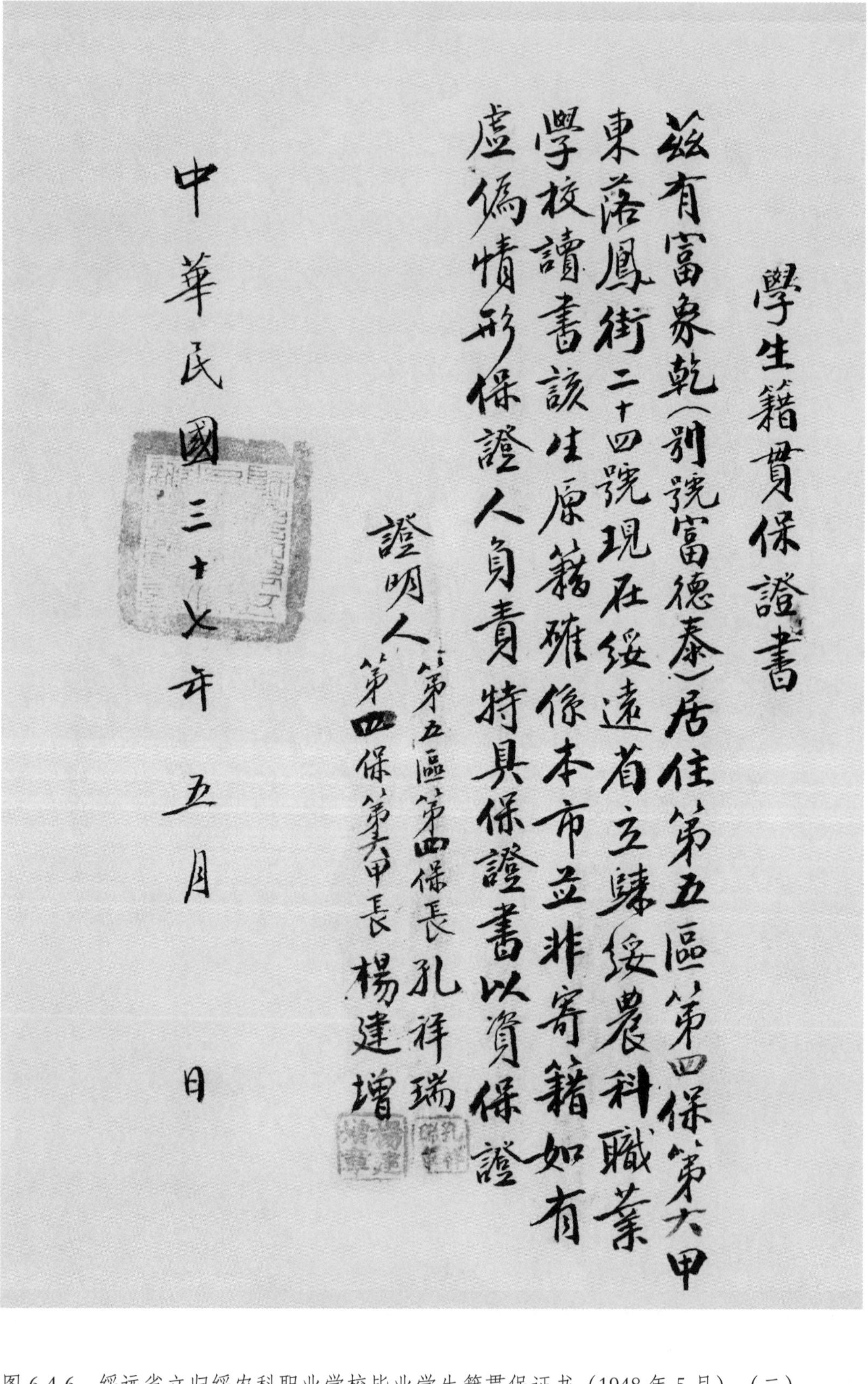

學生籍貫保證書

茲有富象乾（别號富德泰）居住第五區第四保第六甲東落鳳街二十四號現在綏遠省立歸綏農科職業學校讀書該生原籍確係本市並非寄籍如有虛偽情形保證人負責特具保證書以資保證

證明人 第五區第四保保長 孔祥瑞

第四保第六甲長 楊建增

中華民國三十七年五月 日

图 6-4-6 绥远省立归绥农科职业学校毕业学生籍贯保证书（1948 年 5 月）（二）

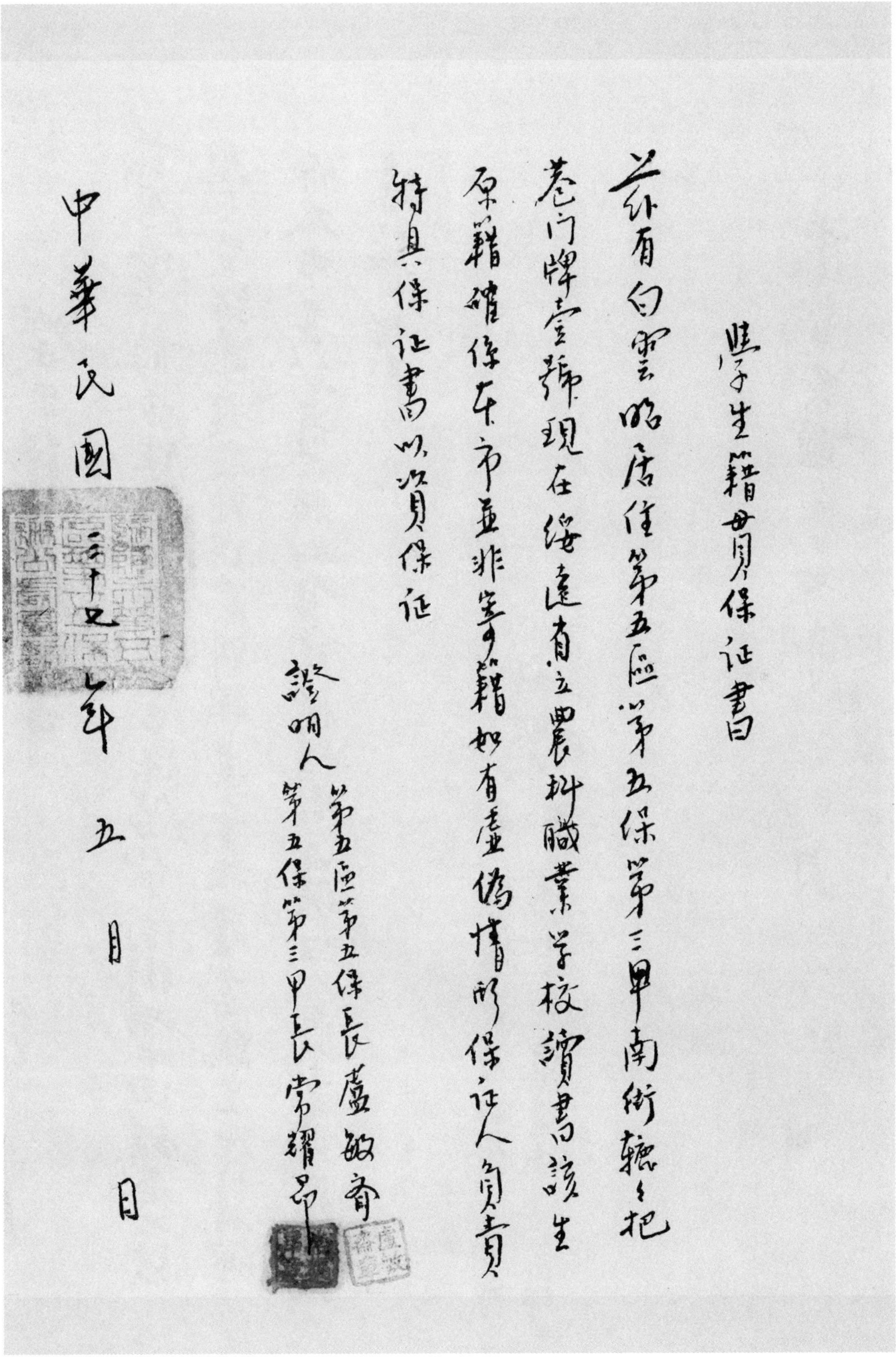

學生籍貫保証書

茲有白雲昭居住第五區第五保第三甲南街聽々把巷門牌壹號現在綏遠省立農科職業学校讀書該生原籍確係本市並非寄籍如有虛偽情形保証人負責

特具保証書以資保証

證明人 第五區第五保長盧敏齋

第五保第三甲長常耀昂

中華民國三十七年 五 月 日

图 6-4-6 绥远省立归绥农科职业学校毕业学生籍贯保证书（1948 年 5 月）（三）

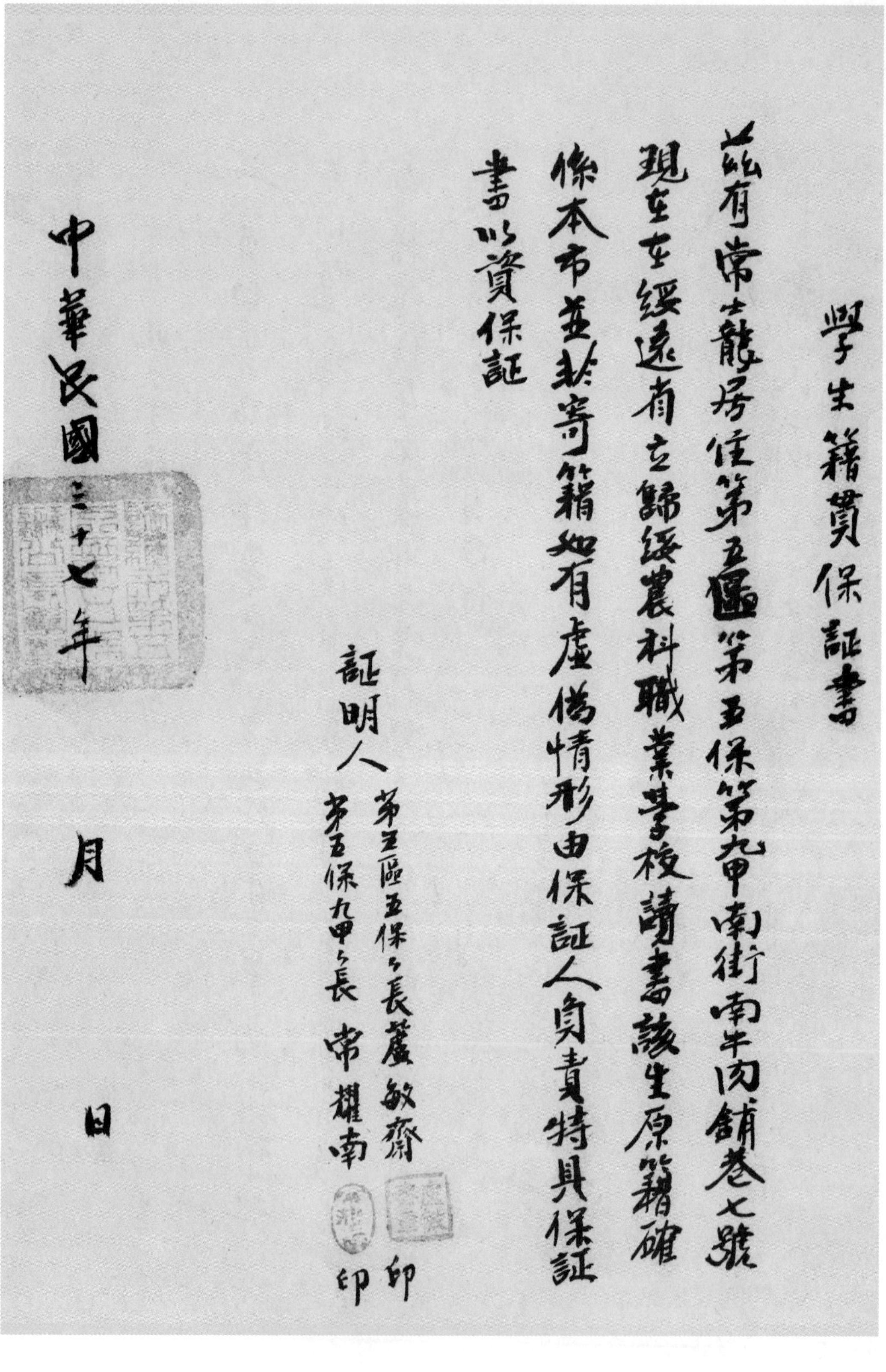
學生籍貫保証書

茲有常士龍居住第五區第五保第九甲南街南牛肉舖巷七號現在在綏遠省立歸綏農科職業學校讀書該生原籍確係本市並非寄籍如有虛偽情形由保証人負責特具保証書以資保証

証明人 第五區五保保長盧敏齋 印

第五保九甲甲長常耀南 印

中華民國三十七年 月 日

图 6-4-6 绥远省立归绥农科职业学校毕业学生籍贯保证书（1948 年 5 月）（四）

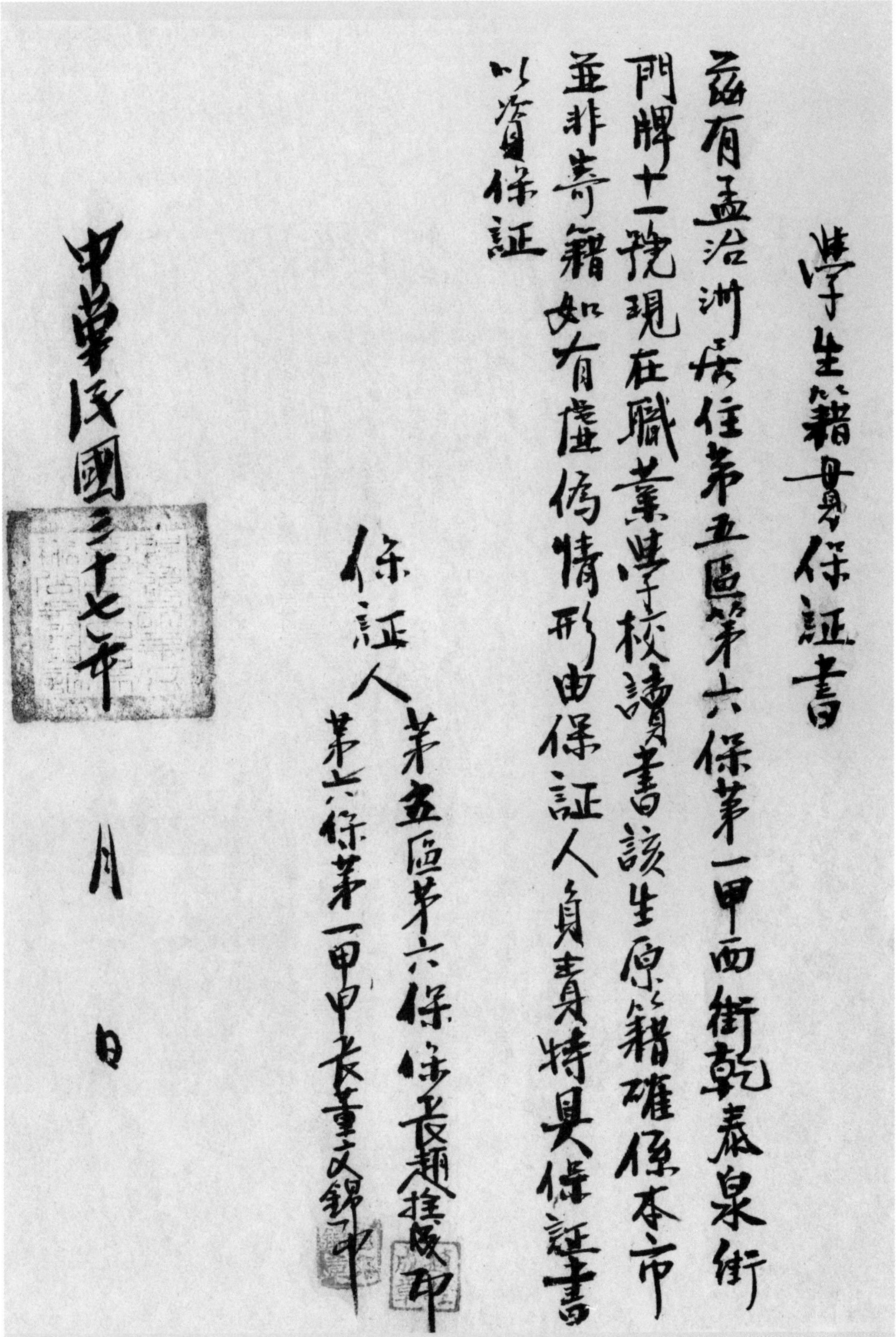

學生籍貫保證書

茲有孟治洲居住第五區第六保第一甲西街乾泰泉街門牌十二號現在職業學校讀書該生原籍確係本市並非寄籍如有虛偽情形由保證人負責特具保證書以資保證

保證人 第五區第六保保長趙[illegible]印
第六保第一甲甲長董文錦印

中華民國三十七年 月 日

图 6-4-6　绥远省立归绥农科职业学校毕业学生籍贯保证书（1948 年 5 月）（五）

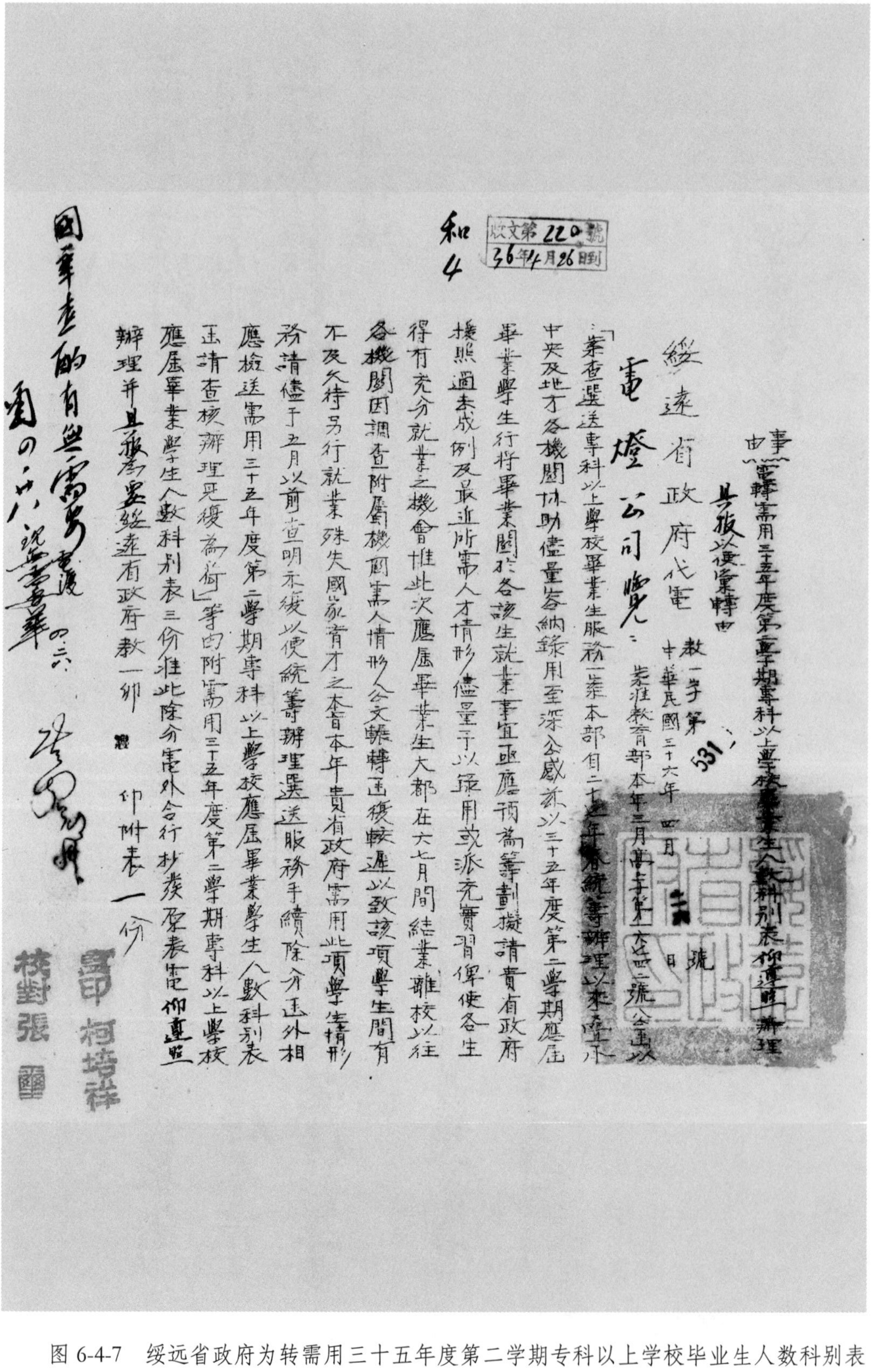

收文第220號
36年4月26日到
和4

事由：為轉需用三十五年度第二學期專科以上學校畢業生人數科別表仰遵照辦理具報以憑彙轉由

綏遠省政府代電 教一字第531號 中華民國三十六年四月 日

電燈公司覽：案准教育部本年三月高字第一六四二號代電以「案查選送專科以上學校畢業生服務一案，本部自二十一年統籌辦理以來，歷承中央及地方各機關協助，儘量容納錄用，至深公感。茲以三十五年度第二學期應屆畢業學生行將畢業，關於各該生就業事宜亟應預為籌劃，擬請貴省政府援照過去成例及最近所需人才情形，儘量予以錄用或派充實習，俾使各生得有充分就業之機會。惟此次應屆畢業生大都在六七月間結業離校，以往各機關因調查附屬機關需人情形，公文輾轉遲緩，以致該項學生間有不及久待，另行就業，殊失國家育才之本旨。本年貴省政府需用此項學生情形，務請儘於五月以前查明示復，以便統籌辦理選送服務手續。除分函外，相應檢送需用三十五年度第二學期專科以上學校應屆畢業學生人數科別表，函請查核辦理見復為荷」等由，附需用三十五年度第二學期專科以上學校應屆畢業學生人數科別表三份。准此，除分電外，合行抄發原表，電仰遵照辦理并具報為要。綏遠省政府教一卯（印） 附表一份

校對張 監印柯培祥

图 6-4-7 绥远省政府为转需用三十五年度第二学期专科以上学校毕业生人数科别表给电灯公司代电（附表）（1947 年 4 月 26 日）（一）

需用三十五年度第二學期專科以上學校畢業生人數科別表

需用畢業生科別	人數	指派實習或服務機關	職務工作性質	工作地点	薪給	報到期限地点	旅費數額

图 6-4-7　绥远省政府为转需用三十五年度第二学期专科以上学校毕业生人数科别表给电灯公司代电（附表）（1947 年 4 月 26 日）（二）

社会教育卷

呼和浩特市档案馆藏
民国时期社会教育档案概述

“社会教育”的概念，是在清光绪二十九年（1903 年）提出的。之后，光绪三十四年（1908 年），清政府颁布《简易识字学塾计划》，是中国早期社教活动之滥觞。宣统元年（1909 年），正式设立简易学堂，创办了工人半日学堂、农民耕余学习班及阅览处等社会教育形式。1912 年，国民临时政府教育部设社会教育司，开始正式使用“社会教育”一词，同时开始在全国有条件的地区推行社会教育活动。社会教育不同于其他形式的教育，其作用之大，正如清人所言：“家庭教育势力小，而学校教育与社会教育之势力大。”在中国近代，社会教育的主要受众群体，均为社会基层广大普通民众。社会教育的内容，是以传统文化、德育教育和科普知识为主，目的在于提高人民群众基本文化素养的同时，培养其民族精神和国家认同，形成较为一致的社会价值观。

相比于其他的教育内容，呼和浩特市档案馆藏呼和浩特地区抗战以前社会教育的档案少之甚少，除存有少量民国政府教育部颁发的政令和法规，这一时期关于社会教育内容的档案几乎是一片空白。这固然与绥远建省较晚，文化教育事业相对落后有关，更与日本帝国主义发动的侵略战争有着直接的关系。

日本帝国主义占领绥远后，将归绥改为“厚和市”，设立伪厚和市公署，在不断强化对地方统治的同时，对内蒙古地区文化教育落后的根源与现状进行大肆污蔑，对原有的较为薄弱的教育体系，进行了重新架构和整合，采取一系列的奴化教育措施。在社会教育领域，主要体现在以下几个方面：

1. 取缔民间私塾教育，开展失学青年普查。1937 年，日本侵略者以其控制下的伪厚和市公署颁布政令，污蔑私塾教育是“误国害民”之“万恶之源”，制定了一系列政策和法规，对私塾予以“彻底取缔”，借此隔断中华传统文化在民众中的传播，摧毁民众的民族意识与传统的国家意识。与此同时，对 12（后改为 15 岁）～ 45 岁失学群体开展全面普查，并将绝大多数的失学者纳入社会教育范畴之中。假以“提高国民素质”“促进友善共荣思想之养成”等噱头，用以彻底抹杀中华民族的优良文化以及抵抗外国侵略之传统，以达成其推行奴化教育的根本目的。

2. 以伪厚和市初、中等学校及各乡村小学校为主体，面向归绥市所属乡镇及广大农村中不同年龄的失学者，开设各类短期学习班，每班以 50 人为度，为期 1 ～ 3 个月，进行集中培训，如妇女识字班、成人培训班等。培训内容以其所编制的“基本汉语字汇”为基础开展“扫盲”活动，讲解“时政形势”，委派专职日语教师，开设日语课程，着意在占领区培养“顺民、良民”。大肆渲染“灭共铲共”，极力宣扬“东亚共荣”，毒化、奴化广大普通民众，进而美化日本帝国主义对归绥乃至全国沦陷区的统治。

3. 设立专门的短期学校，培养汉奸特务，为长期统治绥远做人员准备。在伪厚和市公署的主持下，除开设面向大众的短期学习班，还从维护地区统治的需要出发，设立了专门的短期培训学校，伪厚和市青年学校就是其中之一。

“青年学校”是伪厚和市公署名义上为青年失学者创立的培训学校，其实是专门培养特务和汉奸的教育机构。学校设于伪厚和市恒昌店巷复礼小学内，对外公开宣称，该校“以救济一般失学男女青年，授以社会上必需之知识，并改善其思想，促进民族协和之信念，俾养成优良人民为宗旨”。招收“十五岁以上、三十岁以下，曾在初小毕业或有同等学力者，……修业期六个月”。就读期间，所有学杂费用均由伪厚和市公署给付。所开设课程主要有日语、算术、常识、地理、历史、实业、修身、兵式教练、武士道等。据现有档案记载，伪厚和市公署顾问、日本人小岛育男曾专门函告“公署”所属各机关部门，凡在“青年学校”就读，且学习成绩优异者，均可由“学校校长”推荐，经伪厚和市市长批准，充入“公署”各机关及“警察局”等重要部门工作，其余人等则遣回原籍，从事“乡”“村公所”一应事务，协助地方的“治安”管理。所藏档案以及相关地方史料皆可证明，从这个学校毕业的学员，大多数都充当了伪厚和市政府的忠实走狗，有些人更是成了此后绥远地区“四三”惨案的元凶和帮凶。

日本帝国主义投降后，绥远省恢复建制。1947 年，绥远省教育厅转发了民国政府早在 1932 年颁布的《各级学校办理社会教育办法》。同年，归绥市政府在转发上述文件的同时，根据本地区具体情况，颁布了《收复地区办理社会教育应行注意事项》二十一则，指出：“收复地区前被敌伪所盘踞，人民迭遭压迫，精神麻痹，急应开展社会教育，以期唤醒民族意识、国家观念，并增进其普通知识技能，适应建国需要。所有县、市立民众教育馆、图书馆、体育场，均须积极恢复设立学校，募办社教，亦当竭力推行。”《注意事项》要求，各地学校应积极响应教育部《各级学校办理社会教育办法》，开展社教活动，运用通俗演讲、戏剧歌咏、补习学校、壁报宣传等形式，大力弘扬中华传统文化，消除日本帝国主义的影响，开展民众卫生指导和救护训练等。除推行通俗科学教育及抗敌宣传，应至少开展前述两种以上的社会教育工作。各级学校还应依照“学校德育日工作大纲，推行各种德育活动”。还规定，各级学校办理社会教育的教职员工及学生均应参加，小学校则应以教职员为主体，推行此项工作。

在民众教育的基础之上，设立专门机构，统一管理社会教育，积极举办各类职业短期教育，是这一时期呼和浩特地区社会教育的主要特点之一。

首先，在市政府教育主管部门指导下，利用民众教育馆、图书馆、体育场等设施，成立社会教育中心，下设二组：一组掌管文书、会计、庶务、人事等；二组掌理教导、生计指导、艺术活动等。

中学以上学校须组织社会教育推行委员会，隶属于学校教育处，主持社会教育事宜，委员会之组织由各级学校自定，但须呈报主管教育行政机关备案。每年度开始时，应拟办理社会教育计划呈报教育行政主管部门，核准施行。年度终了时，将办理情形编造报告，呈报教育行政主管部门备案。用于施行社会教育工作的经费，皆来自于政府拨付给各校教育经费预算之中，不足之数，经教育行政主管部门研究酌于补助。

其次，要求各类中等以上学校，依据本校的实际情况，开设专门的职业培训班。如规定“中等农业学校应一律举办农业指导及农业补习班，中等工商职业学校举办专业所长的补习班等”。从呼和浩特市档案馆藏教育档案中可见，1946年至1949年，归绥市各地方举办各类职业补习班、培训班达10余个。举办的次数少则1期，多则6期。职业培训的主要内容有法律普及、保甲组织与制度、民间代笔、救护与护理、中医药、电工、纺织、农业技能、音乐戏剧等。

在归绥市各类培训中，以警察培训最为卓著，举办的期数也最多。现存档案中，关于警察培训班的记载颇详，从培训的宗旨、目的、培训课程、成绩单、训练方法、训练器械等，到各期学员的来源、履历、花名册等一应俱全。从侧面揭示了全面内战爆发前后，绥远地区应对“社会治安”及“防共反共”的基本史实，同时也是研究绥远地区警察培养和警察制度的重要史料。

为使社教活动正规化和常态化，归绥市政府还制定了专门的呈报和监察制度。要求举办各类社教活动的机关、团体、学校，凡结业后，必须将举办的时间、地点、参加人数、活动内容、费用支出情况等和短期培训的专业课程、教师名录、学生人数及花名册等一一呈报上级教育行政主管部门备查。从呼和浩特市档案馆藏民国时期社会教育档案所揭示的内容来看，抗战胜利后，呼和浩特地区的社教活动恢复得较快，也较为活跃，社教的内容也较为符合当时民众生活和社会发展的基本需要。

一　行政工作

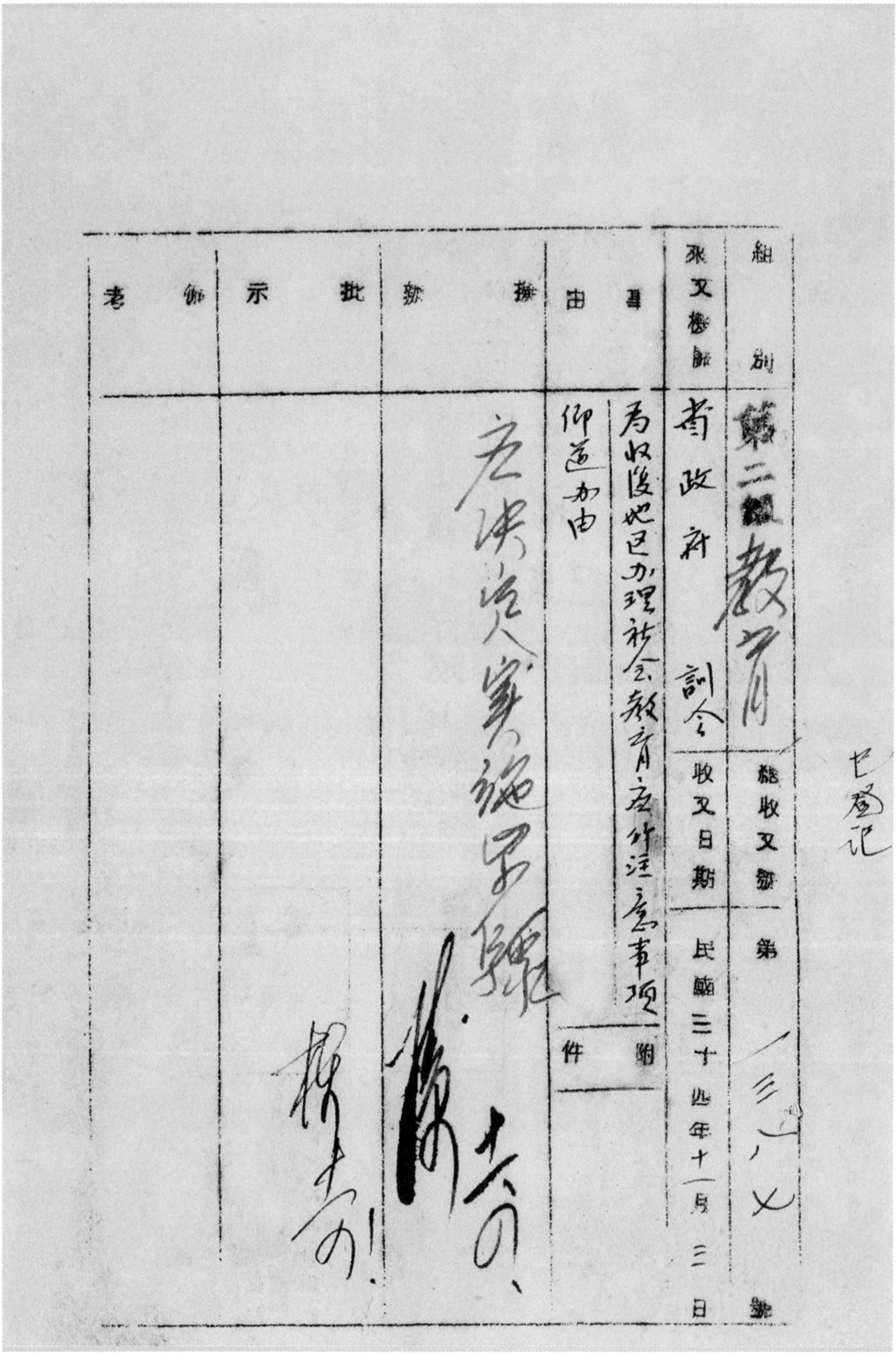
組別 第二組 教育
來文機關 省政府 訓令
總收文號 第一三八七號
收文日期 民國三十四年十一月三日
事由 為收復地區辦理社會教育應行注意事項仰遵辦由
附件
擬辦
批示
備考
已登記

图 7-1-1　绥远省政府为抄发收复地区办理社会教育应行注意事项给归绥市政府训令（附注意事项）（1945 年 11 月 3 日）（一）

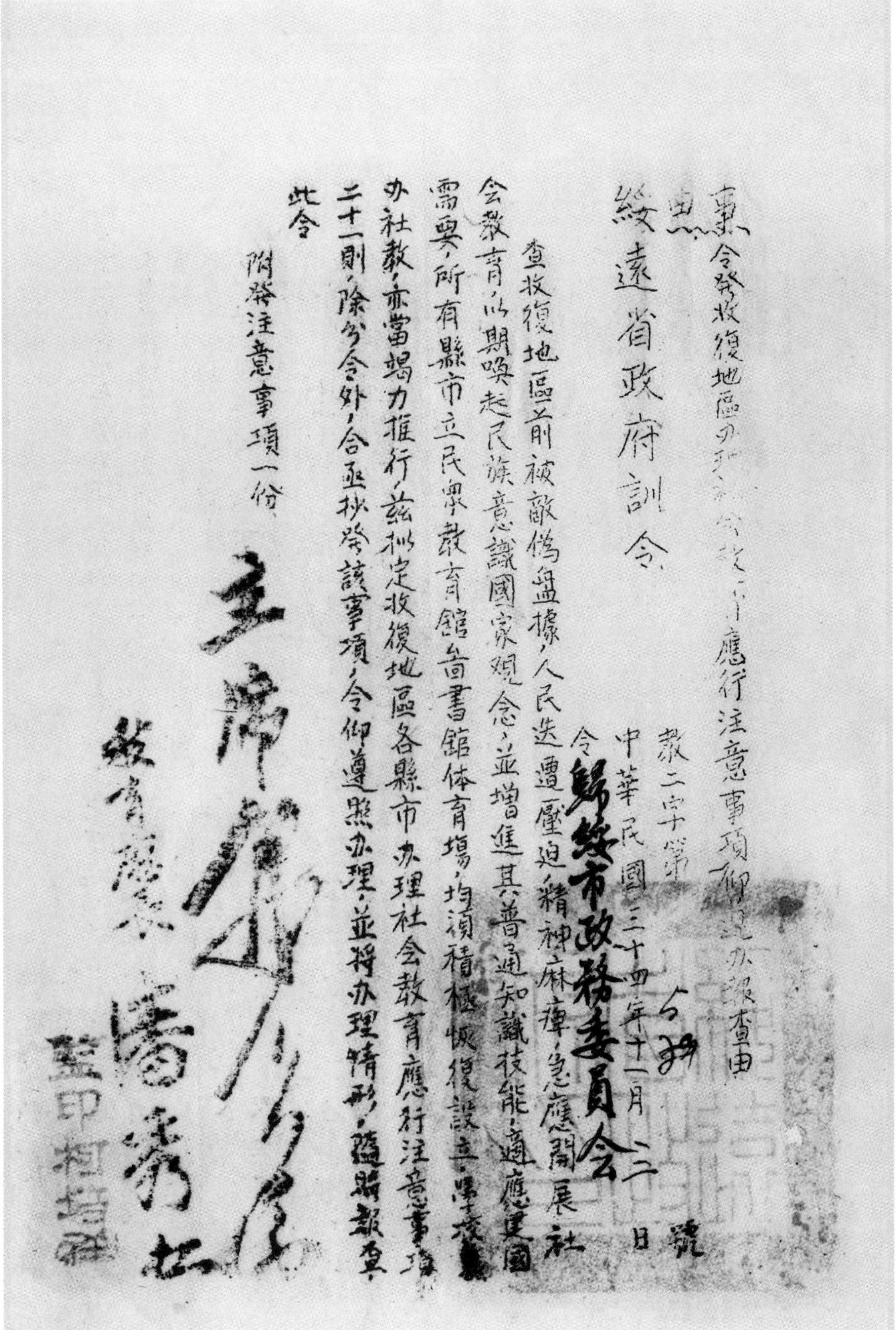

事由：令發收復地區办理社会教育應行注意事項仰遵照办理報查由

綏遠省政府訓令　　教二字第　　號

中華民國三十四年十一月三日

令歸綏市政務委員會

查收復地區前被敵偽盤據，人民迭遭壓迫，精神麻痺，急應開展社会教育，以期喚起民族意識、國家觀念，並增進其普通知識技能，適應建國需要，所有縣市立民眾教育館、圖書館、体育場，均須積極恢復設立。學校兼办社教，亦當竭力推行，茲擬定收復地區各縣市办理社会教育應行注意事項二十一則，除分令外，合亟抄發該事項，令仰遵照办理，並將办理情形，隨時報查。

此令

附發注意事項一份

主席　董其武

教育廳長　潘秀仁

監印　柯培森

图 7-1-1　绥远省政府为抄发收复地区办理社会教育应行注意事项给归绥市政府训令（附注意事项）（1945 年 11 月 3 日）（二）

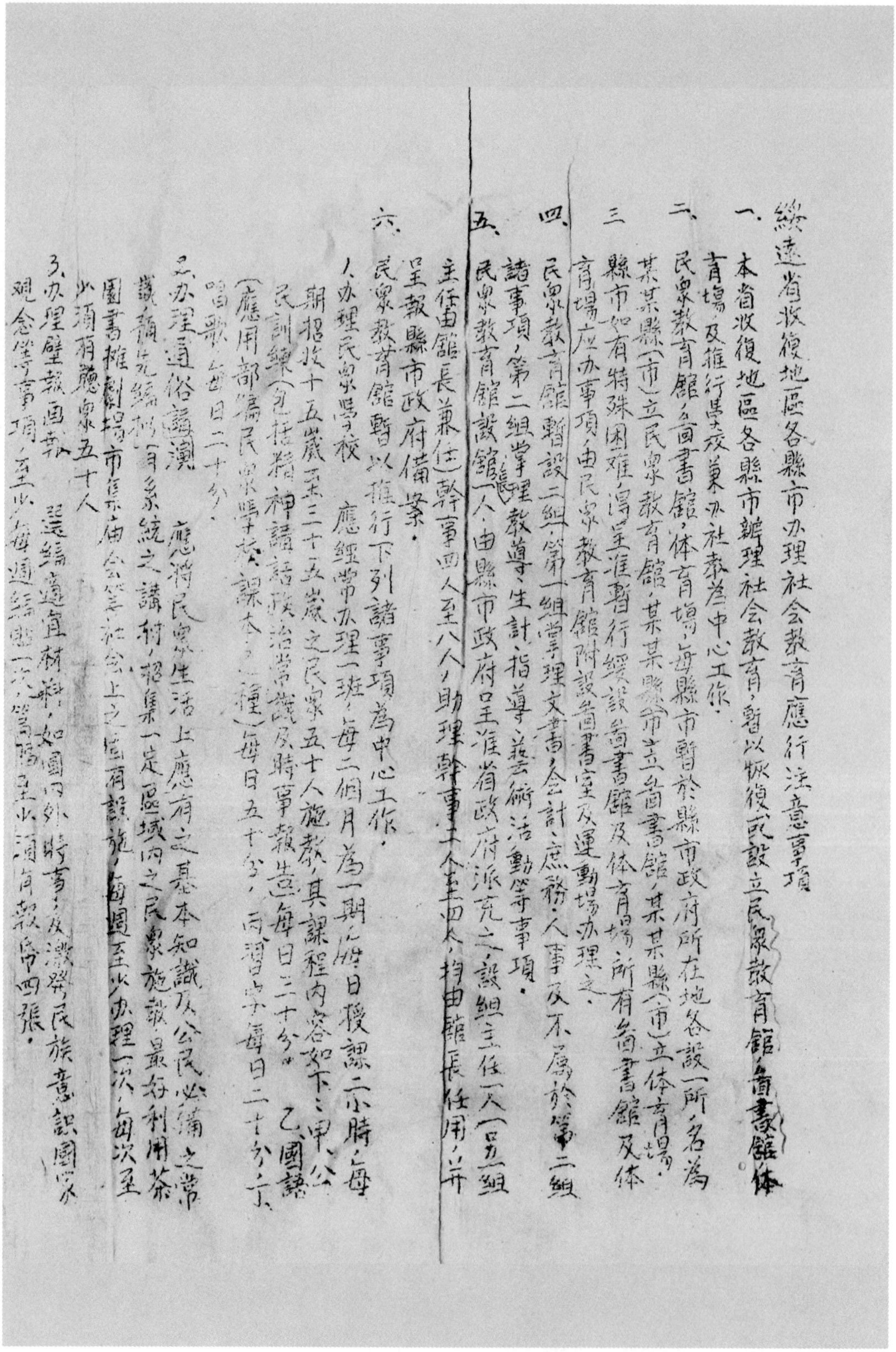
綏遠省收復地區各縣市办理社会教育應行注意事項

一、本省收復地區各縣市辦理社会教育，暫以恢復或設立民衆教育館、圖書館、体育場，及推行學校兼办社教為中心工作。

二、民衆教育館、圖書館、体育場，每縣市暫於縣市政府所在地各設一所，名為某某縣(市)立民衆教育館，某某縣(市)立圖書館，某某縣(市)立体育場。

三、縣市如有特殊困難，得呈准暫行緩設圖書館及体育場，所有圖書館及体育場應办事項，由民衆教育館附設圖書室及運動場办理之。

四、民衆教育館暫設二組，第一組掌理文書、會計、庶務、人事及不屬於第二組諸事項，第二組掌理教導、生計、指導、藝術、活動等事項。

五、民衆教育館設館長一人，由縣市政府呈准省政府派充之，設組主任一人（另一組主任由館長兼任），幹事四人至八人，助理幹事二人至四人，均由館長任用，並呈報縣市政府備案。

六、民衆教育館暫以推行下列諸事項為中心工作。

1.办理民衆學校　應經常办理一班，每二個月為一期，每日授課二小時，每期招收十五歲至三十五歲之民衆五十人施教，其課程内容如下：甲、公民訓練（包括精神講話、政治常識及時事報告）每日三十分，乙、國語（應用部編民衆學校課本二種）每日五十分，丙、習字每日二十分，丁、唱歌每日二十分。

2.办理通俗講演　應將民衆生活上應有之基本知識及公民必備之常識，預先編輯有系統之講材，招集一定區域内之民衆施教，最好利用茶園、書棚、劇場、市集、廟會等社会上之固有設施，每週至少办理一次，每次至少須有聽衆五十人。

3.办理壁報、画報　選編適宜材料，如國内外時事，及激發民族意識、國家觀念等事項，至少每週編繪一次，當時至少須有報紙四張。

图 7-1-1　绥远省政府为抄发收复地区办理社会教育应行注意事项给归绥市政府训令（附注意事项）（1945 年 11 月 3 日）（三）

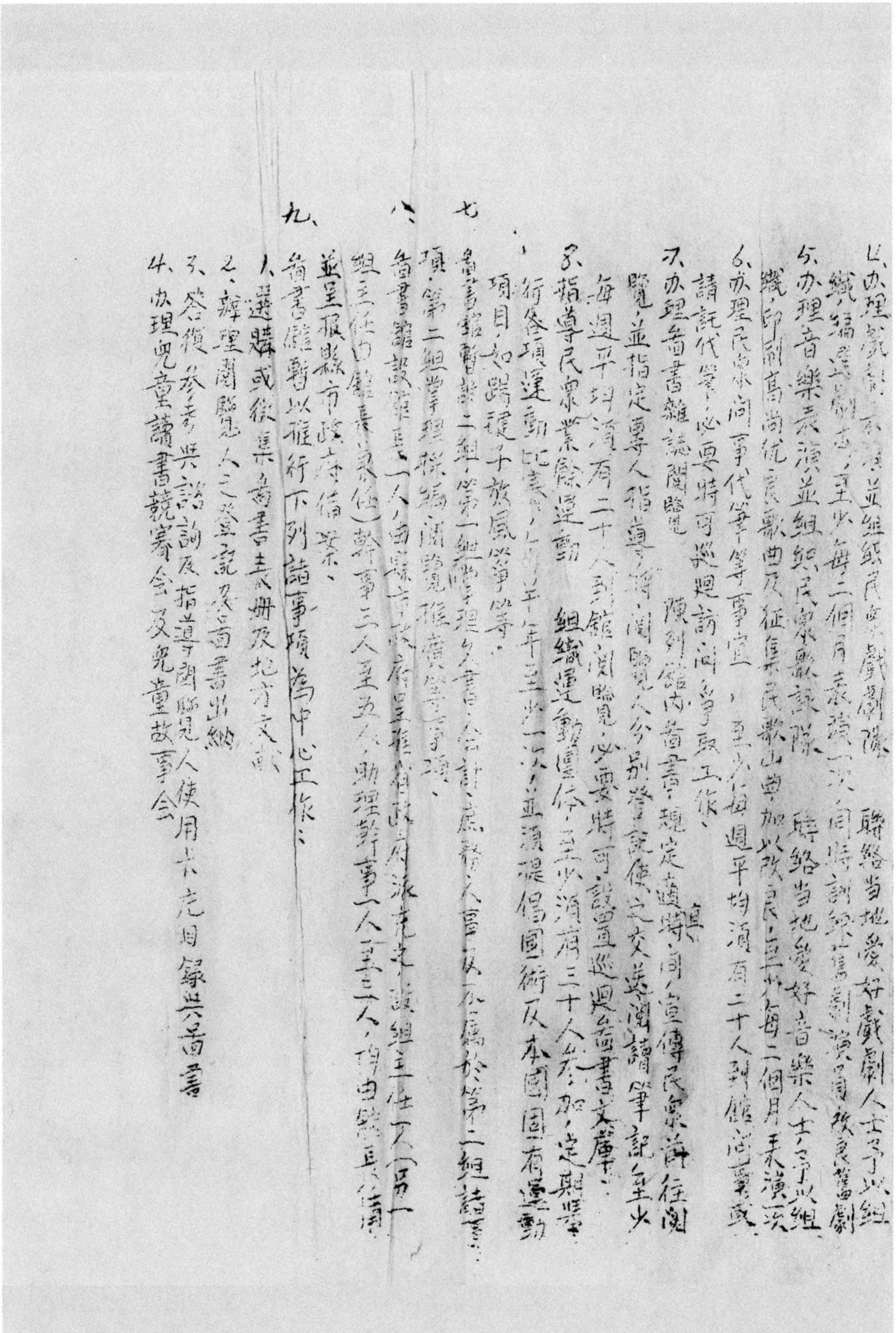
3、办理戏剧教育，並組織民众戏剧隊，聯絡当地爱好戏剧人士，予以組
織，编選剧本，至少每二個月表演一次，同時訓練旧剧演員，改良旧劇
4、办理音樂表演，並組織民众歌詠隊，聯絡当地爱好音樂人士，予以組
織，印刷高尚优良歌曲，及征集民歌山曲，加以改良，並每二個月表演一次、
5、办理民众问事代筆等事宜，至少每週平均須有二十人到館问事或
請託代筆，必要時可巡廻訪问，爭取工作、
6、办理圖書雜誌閱覽，陳列館內圖書，規定適當時間，宣傳民众前往閱
覽，並指定專人指導，將閱覽人分别登記，使之交換閱讀筆記，至少
每週平均須有二十人到館閱覽，必要時可設置巡迴圖書文庫、
7、指導民众業餘運動，組織運動團体，至少須有三十人參加，定期舉
行各項運動比賽，每半年至少一次，並須提倡國術及本國固有運動
項目，如踢毽子放風箏等。
七、圖書館暫設二組，第一組掌理文書、会計、庶務、人事，及不屬於第二組諸事
項，第二組掌理採編、閱覽、推廣等事項、
八、圖書館設館長一人，由縣市政府呈准省政府派充之，設組主任二人（另一
組主任由館長兼任），幹事三人至五人，助理幹事一人至三人，均由館長遴請
縣市政府備案、
九、圖書館暫以推行下列諸事項為中心工作：
1、選購或徵集圖書表冊及地方文献、
2、辦理閱覽人之登記及圖書出納
3、答復參考與諮詢，及指導閱覽人使用卡片目録與圖書
4、办理兒童讀書競賽会及兒童故事会

图 7-1-1　绥远省政府为抄发收复地区办理社会教育应行注意事项给归绥市政府训令（附注意事项）（1945 年 11 月 3 日）（四）

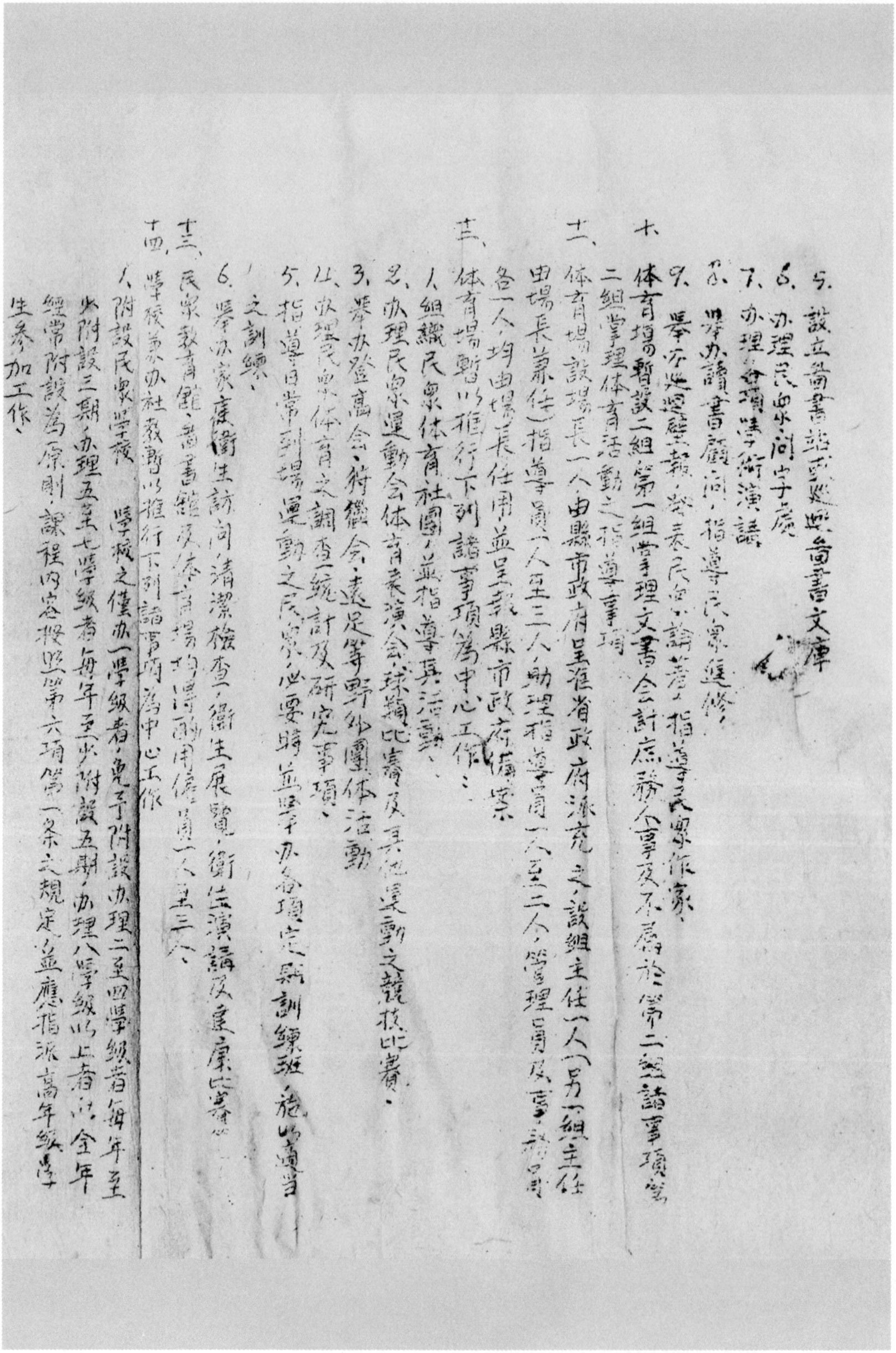
5. 設立圖書站或巡迴圖書文庫
6. 办理民衆問字處
7. 办理各項學術演講
8. 舉办讀書顧問，指導民衆進修，
9. 舉办巡迴壁報，發表民衆論著，指導民衆作家，
十、体育場暫設二組，第一組掌理文書會計庶務及不屬於第二組諸事項，第二組掌理体育活動之指導事項
十一、体育場設場長一人，由縣市政府呈准省政府派充之，設組主任一人（另一組主任由場長兼任）指導員一人至三人，助理指導員一人至二人，管理員及事務員各一人，均由場長任用並呈報縣市政府備案
十二、体育場暫以推行下列諸事項為中心工作：
1、組織民衆体育社團，並指導其活動、
2、办理民衆運動会体育表演会，球類比賽及其他運動之競技比賽，
3、舉办登高会、狩獵会、遠足等野外團体活動
4、办理民衆体育之調查、統計及研究事項、
5、指導日常到場運動之民衆，必要時並舉办各項定期訓練班，施以適當之訓練、
6. 舉办家庭衛生訪問，清潔檢查，衛生展覽，衛生演講及健康比賽
十三、民衆教育館、圖書館及体育場均得酌用僱員一人至三人、
十四、學校兼办社教暫以推行下列諸事項為中心工作
1、附設民衆學校　學校之僅办一學級者，免予附設，办理二至四學級者每年至少附設三期，办理五至七學級者每年至少附設五期，办理八學級以上者，得全年經常附設為原則，課程內容按照第六項第一条之規定，並應指派高年級學生參加工作、

图 7-1-1　绥远省政府为抄发收复地区办理社会教育应行注意事项给归绥市政府训令（附注意事项）（1945 年 11 月 3 日）（五）

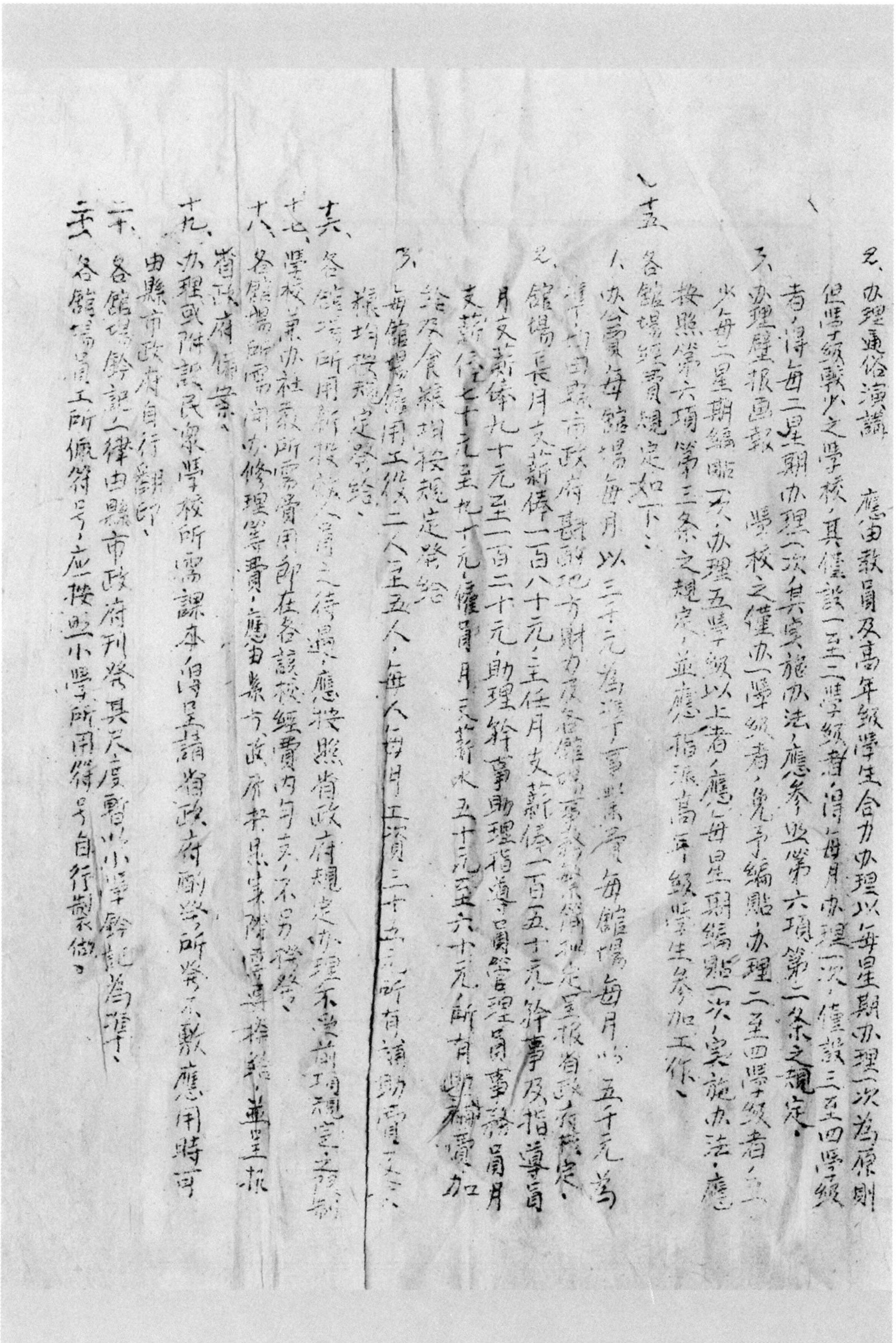

九、辦理通俗演講　應由教員及高年級學生合力辦理，以每星期辦理一次為原則，但學級較少之學校，其僅設一至二學級者，得每月辦理一次，僅設三至四學級者，得每二星期辦理一次，其實施辦法，應參照第六項第二、三條之規定。

十、辦理壁報畫報　學校之僅辦一學級者，免予編貼，辦理二至四學級者，至少每二星期編貼一次，辦理五學級以上者，應每星期編貼一次，實施辦法，應按照第六項第三條之規定，並應指派高年級學生參加工作。

乙、十五、各館場經費規定如下：

1、辦公費　每館場每月以三千元為準，事業費　每館場每月以五千元為準，如因縣市政府斟酌地方財力及各館場事務繁簡，得另定呈報省政府核定。

2、館場長月支薪俸一百八十元至二百五十元，主任月支薪俸一百五十元，幹事及指導員月支薪俸九十元至一百二十元，助理幹事、助理指導員、管理員、事務員月支薪俸七十元至九十元，僱員月支薪水五十元至六十元，所有生活補費加給及食糧均按規定發給

3、每館場僱用工役二人至五人，每人每月工資三十五元，所有補助費、食糧均按規定發給。

十六、各館場所用新校教人員之待遇，應按照省政府規定辦理，不受前項規定之限制

十七、學校兼辦社教所需費用，即在各該校經費內勻支，不另發給。

十八、各館場所需開辦、修理等費，應由縣市政府專案呈請核撥，並呈報省政府備案。

十九、辦理民眾學校所需課本，得呈請省政府酌發，所發不敷應用時，可由縣市政府自行翻印。

二十、各館場鈐記一律由縣市政府刊發，其尺度暫以小學鈐記為準。

二十一、各館場員工所佩符號，應按照小學所用符號自行製發。

图 7-1-1　绥远省政府为抄发收复地区办理社会教育应行注意事项给归绥市政府训令（附注意事项）（1945 年 11 月 3 日）（六）

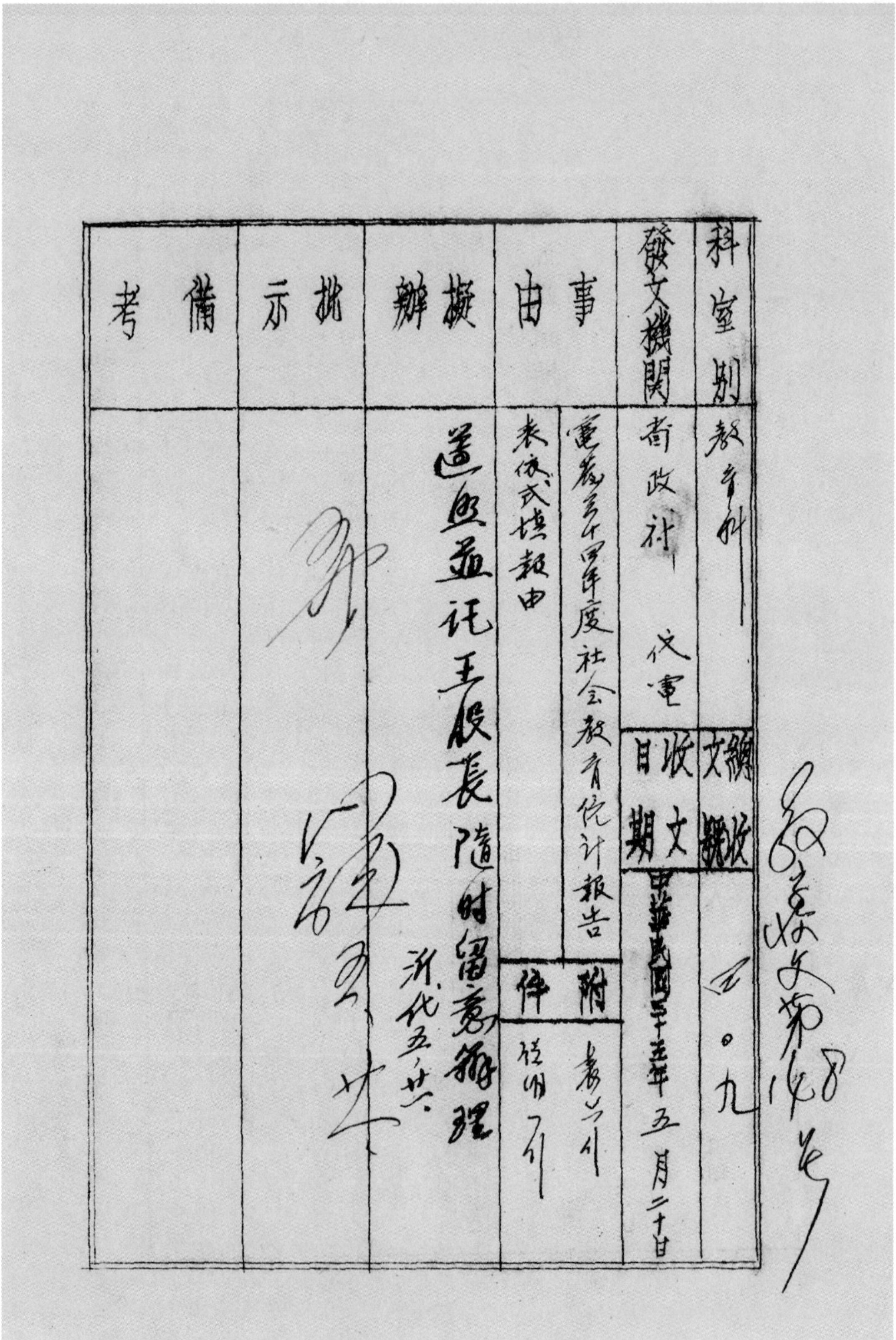

科室别	教育科
發文機關	省政府 代電
文號 收	〇〇九
收文日期	中華民國三十五年五月二十日
事由	電發三十四年度社會教育統計報告表依式填報由
附件	表六份 說明一份
擬辦	遵照並託王股長隨時留意辦理
批示	
備考	

图 7-1-2 绥远省政府为转发三十四学年度社会教育统计报告表及填表说明致归绥市政府代电（附统计报告表及填表说明）（1946 年 5 月 19 日）（一）

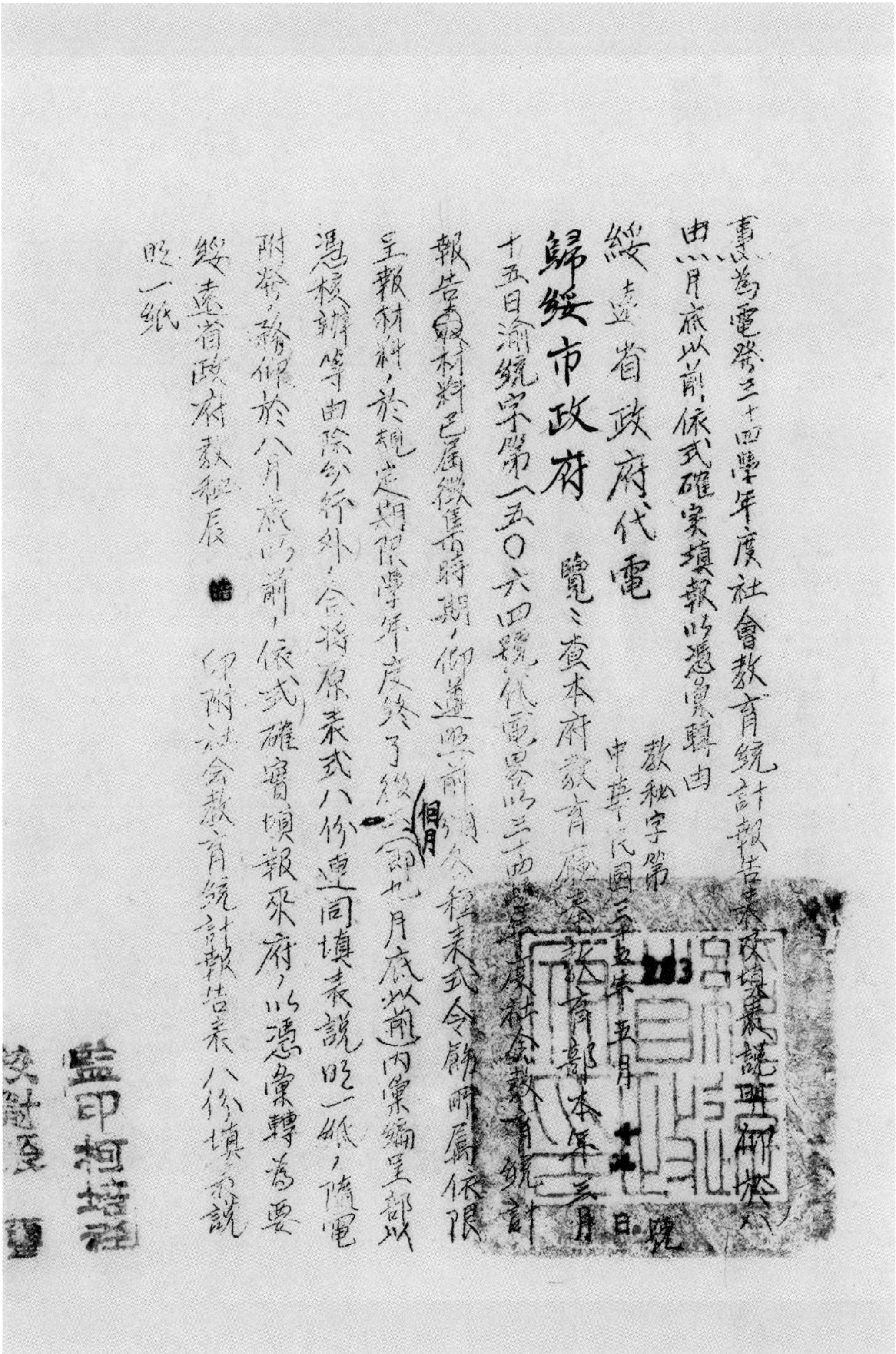

事由：為電發三十四學年度社會教育統計報告表及填表說明附發，仰於八月底以前，依式確實填報以憑彙轉由

綏遠省政府代電　教秘字第　號　中華民國三十五年五月　日

歸綏市政府　覽：查本府教育廳案准教育部本年三月十五日渝統字第一五〇六四號代電略以三十四學年度社會教育統計報告表材料已屆徵集時期，仰遵照前頒公程表式令飭所屬依限呈報材料，於規定期限學年度終了後（即九月底以前）內彙編呈部以憑核辦等由，除分行外，合將原表式八份連同填表說明一紙，隨電附發，希即於八月底以前，依式確實填報來府，以憑彙轉為要。綏遠省政府教秘辰　印

附社會教育統計報告表八份填表說明一紙

監印　柯培柱

校對

图 7-1-2　绥远省政府为转发三十四学年度社会教育统计报告表及填表说明致归绥市政府代电（附统计报告表及填表说明）（1946 年 5 月 19 日）（二）

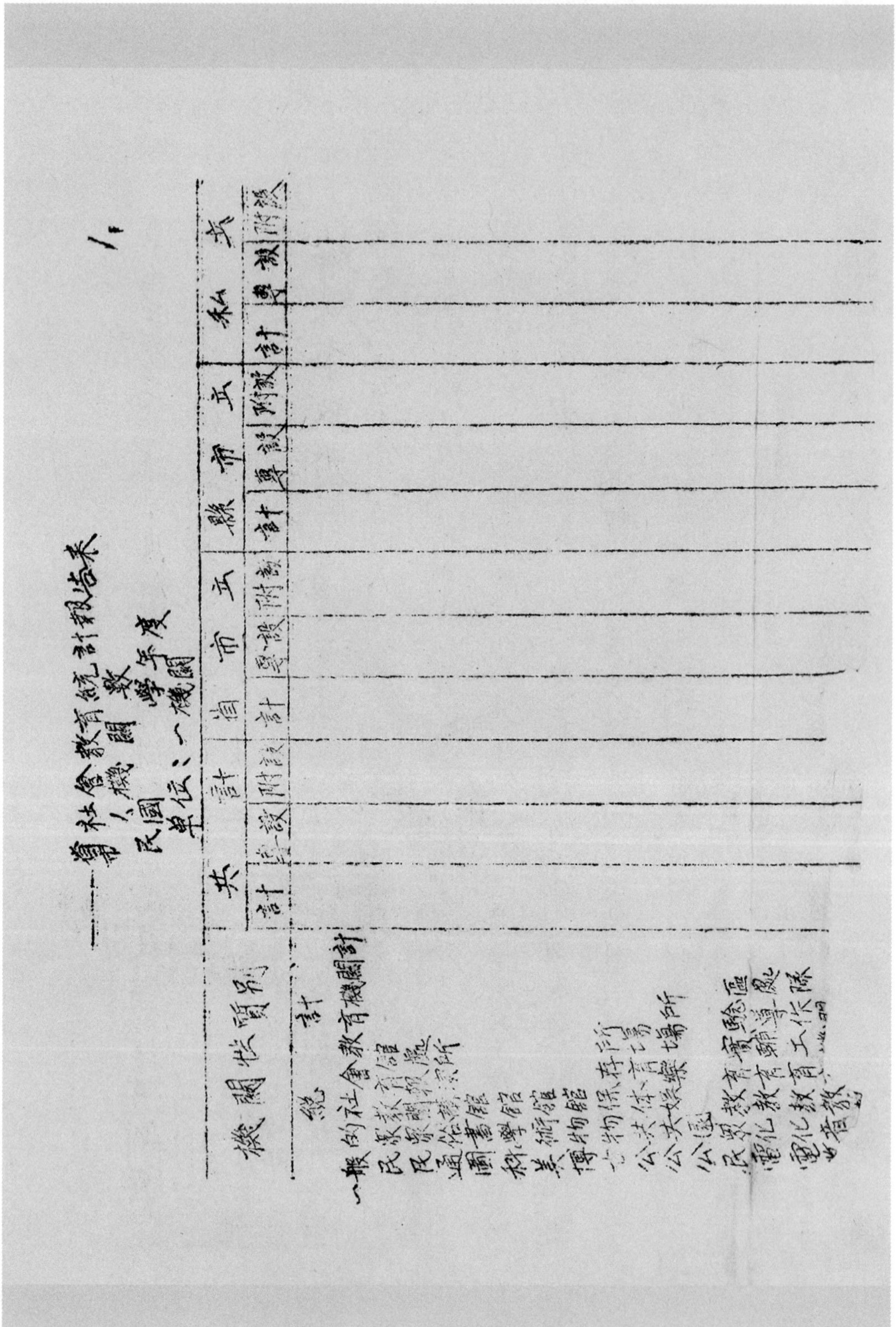

一、□□社會教育統計報告表
人、機關數
民國　　學年度
單位：一機關

機關性質別	共計			省市立			縣市立			私立		
	計	專設	附設	計	專設	附設	計	專設	附設	計	專設	附設
總計												
一般的社會教育機關計												
民眾教育館												
民眾問報處												
通俗講演所												
圖書館												
科學館												
美術館												
博物館												
古物保存所												
公共体育場												
公共娛樂場所												
公園												
民眾教育實驗區												
電化教育輔導處												
電化教育工作隊												
[illegible]												

图 7-1-2　绥远省政府为转发三十四学年度社会教育统计报告表及填表说明致归绥市政府代电（附统计报告表及填表说明）（1946 年 5 月 19 日）（三）

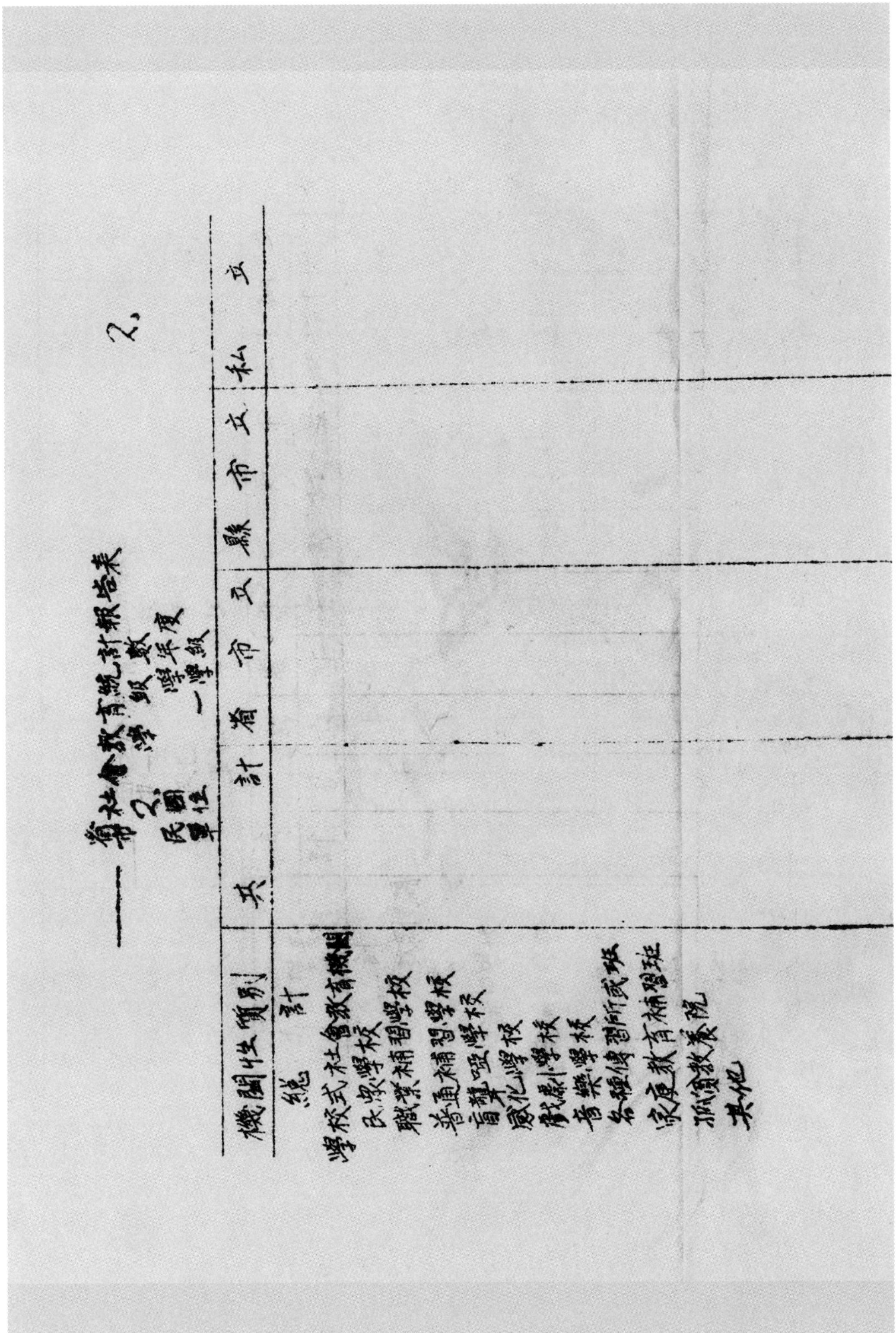

省市社會教育統計報告表

乙、學級數

民國　　學年度

單位　一學級

機關性質別	共計	省立	市立	縣市立	私立
總計					
學校式社會教育機關					
民眾學校					
職業補習學校					
普通補習學校					
盲聾啞學校					
感化學校					
戲劇學校					
音樂學校					
各種傳習所或班					
家庭教育補習班					
孤寡教養院					
其他					

图 7-1-2　绥远省政府为转发三十四学年度社会教育统计报告表及填表说明致归绥市政府代电（附统计报告表及填表说明）（1946 年 5 月 19 日）（四）

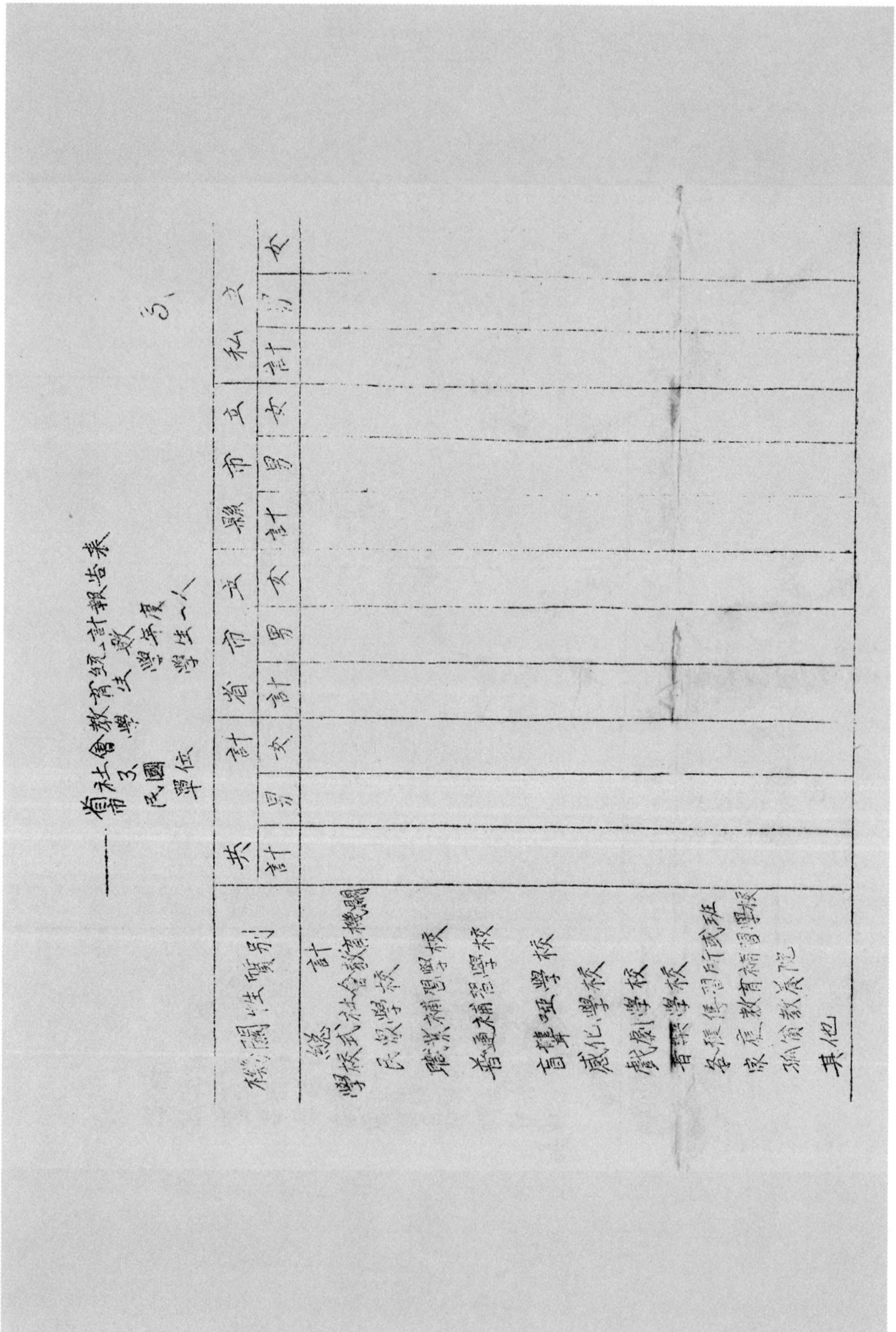

3、

——省/市社會教育統計報告表

乙、學生數

民國　　學年度

單位　　學生—人

機關性質別	共計			省市立			縣市立			私立		
	計	男	女	計	男	女	計	男	女	計	男	女
總計												
學校式社會教育機關												
民衆學校												
職業補習學校												
普通補習學校												
盲聾啞學校												
感化學校												
戲劇學校												
音樂學校												
各種傳習所或班												
家庭教育補習學校												
孤貧教養院												
其他												

图 7-1-2　绥远省政府为转发三十四学年度社会教育统计报告表及填表说明致归绥市政府代电（附统计报告表及填表说明）（1946 年 5 月 19 日）（五）

——省社會教育統計報告表
(八)畢業學生數
民國　　學年度
單位　畢業生一人

機關性質別	共計			省市立			縣市立			私立		
	計	男	女	計	男	女	計	男	女	計	男	女
總計												
學校式社會教育機關												
民衆學校												
職業補習學校												
普通補習學校												
盲聾啞學校												
感化學校												
戲劇學校												
音樂學校												
各種傳習所或班												
家庭教育補習學校												
孤貧教養院												
其他												

備註　1、省設附設社教機關畢業生數合併計算

2、本表材料包括全學年度(兩學期)畢業生數由各省市教育廳局每一學年度呈報一次至遲不得逾每年度終了後二個月第一學期畢業生數材料並應於第一學期終了時即行征集俟至第二學期畢業生數材料征齊時即行彙編呈部

图 7-1-2　绥远省政府为转发三十四学年度社会教育统计报告表及填表说明致归绥市政府代电（附统计报告表及填表说明）（1946 年 5 月 19 日）（六）

一 省市社會教育機關統計報告表

（六）教職員數

民國——學年度

單位：一人

機關性質別	共計			省市立			縣市立			私立		
	計	男	女	計	男	女	計	男	女	計	男	女
總計												
一般的社會教育機關計												
民眾教育館												
民眾閱報處												
通俗講演所												
圖書館												
科學館												
美術館												
博物館												
古物保存所												
公共体育場												
公共娛樂場所												
公園												
民眾教育實驗區												
電化教育輔導處												
電化教育工作隊												
收音教育機關												
社會教育工作團												
巡迴教育工作團(隊)												
社會教育推行委員会												
其他												
學校式社會教育機關計												
民眾學校												
職業補習學校												
普通補習學校												
盲聾啞學校												
感化學校												
戲劇學校												
音樂學校												
各種傳習所或班												
家庭教育補習班												
孤貧教養院												
其他												

——年——月——日—— 省市教育廳局長——（簽名蓋章） 主辦統計人員——（簽名蓋章）

1. 專設係單獨設立之社会机關附設係指其他机關學校所附設之社教机關其餘學級數學生數畢業生數教職員數經費數等表均得將二者合併計算不分專設與附設

2. 本表1—4各表材料係以每學年度第二學期為準由各省市教育廳局於每學年度第二學期開始後根據所屬机關學校呈報材料彙編呈部至遲不得逾年度終了後一個月

图 7-1-2　绥远省政府为转发三十四学年度社会教育统计报告表及填表说明致归绥市政府代电（附统计报告表及填表说明）（1946 年 5 月 19 日）（七）

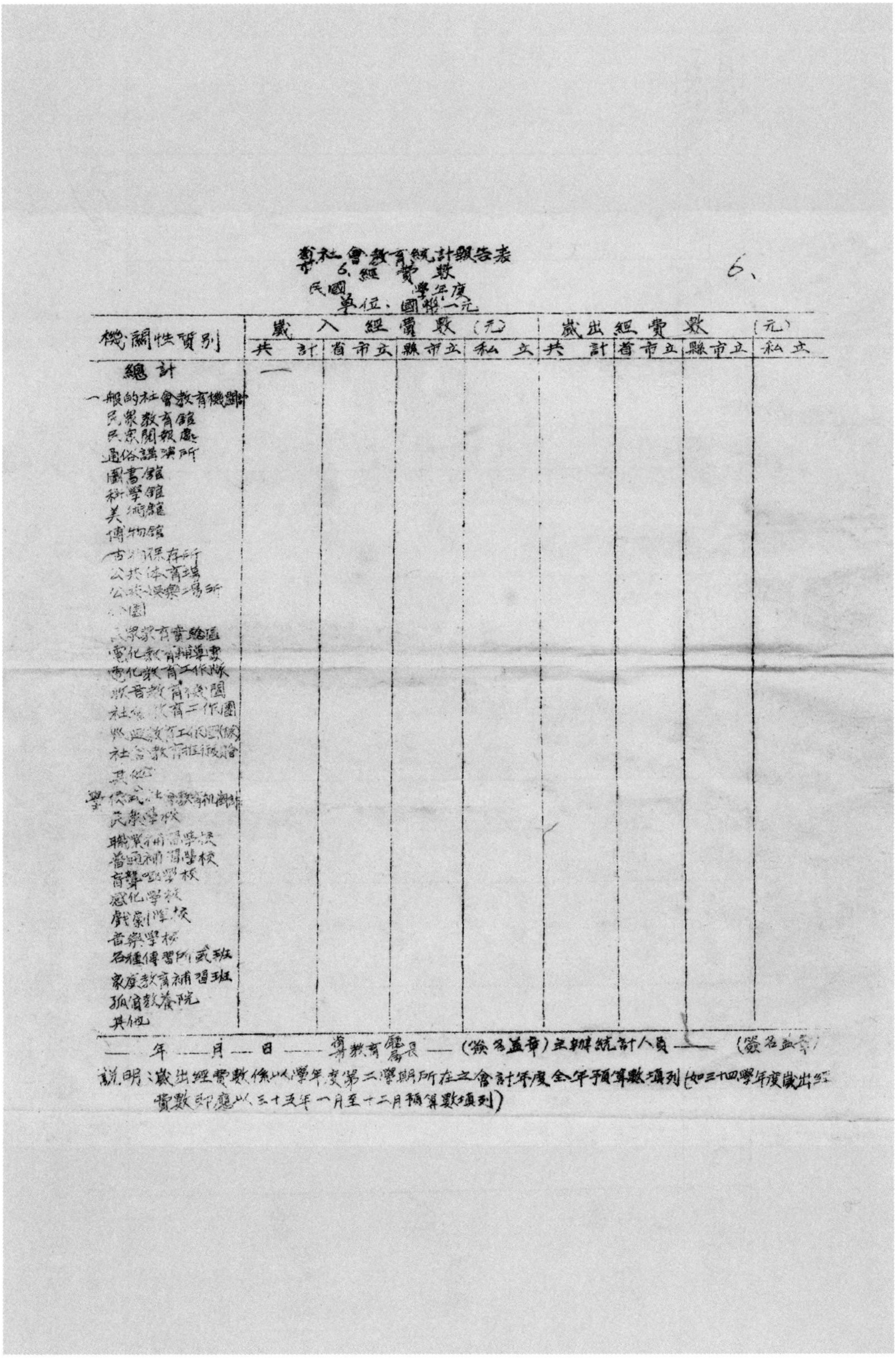

省市社會教育統計報告表
6.經費數
民國　學年度
單位：國幣一元

6、

機關性質別	歲入經費數（元）				歲出經費數（元）			
	共計	省市立	縣市立	私立	共計	省市立	縣市立	私立
總計	—							
一般的社會教育機關計								
民衆教育館								
民衆閱報處								
通俗講演所								
圖書館								
科學館								
美術館								
博物館								
古物保存所								
公共體育場								
公共娛樂場所								
公園								
民衆教育實驗區								
電化教育輔導處								
電化教育工作隊								
播音教育機關								
社會教育工作團								
巡迴教育工作團(隊)								
社會教育[illegible]								
其他								
學校式社會教育機關計								
民衆學校								
職業補習學校								
普通補習學校								
盲聾啞學校								
感化學校								
戲劇學校								
音樂學校								
各種傳習所或班								
家庭教育補習班								
孤貧教養院								
其他								

——年——月——日——省市教育廳局長——（簽名蓋章）主辦統計人員——（簽名蓋章）

說明：歲出經費數係以學年度第二學期所在之會計年度全年預算數填列（如三十四學年度歲出經費數即應以三十五年一月至十二月預算數填列）

图 7-1-2　绥远省政府为转发三十四学年度社会教育统计报告表及填表说明致归绥市政府代电（附统计报告表及填表说明）（1946 年 5 月 19 日）（八）

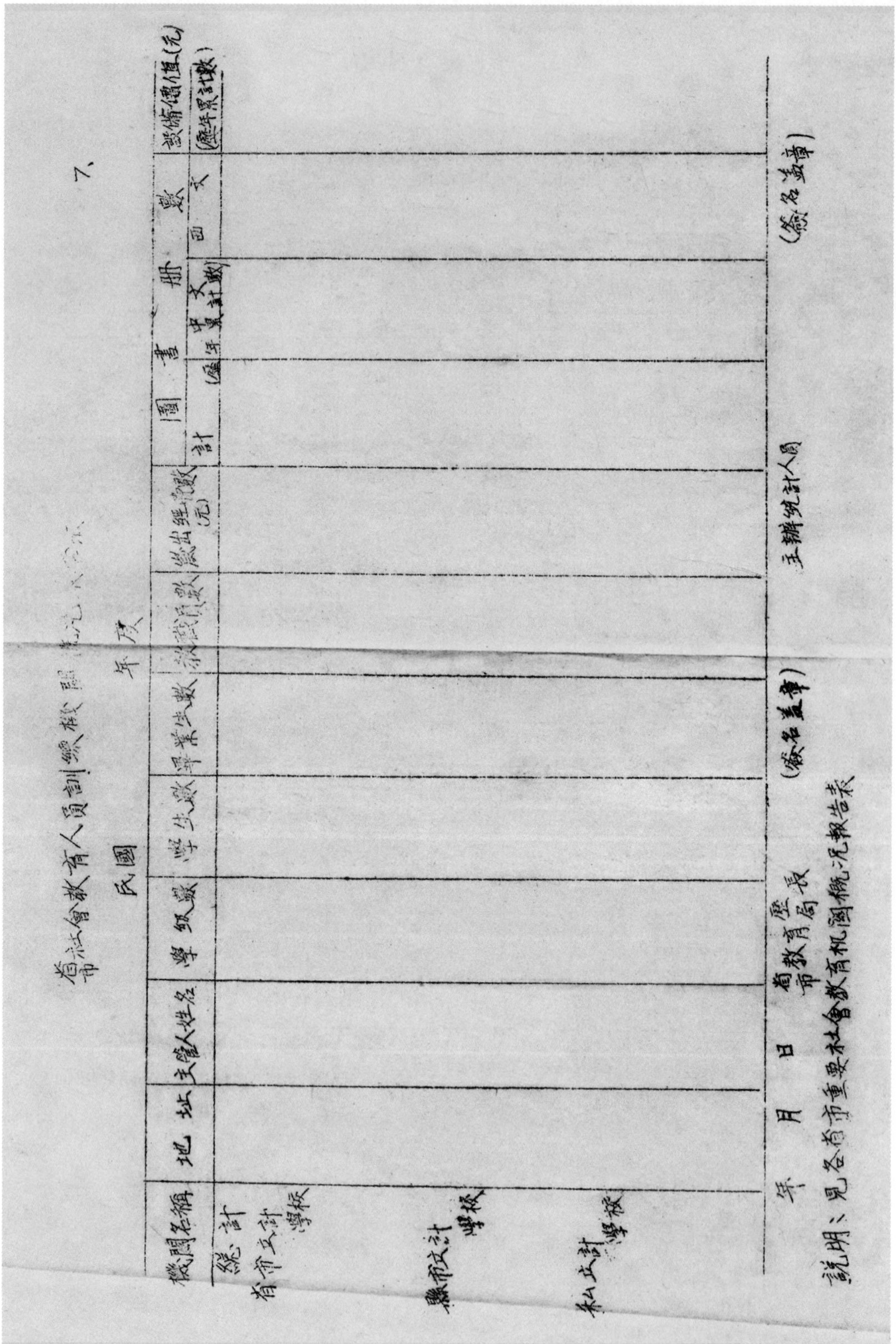

7、

省市社會教育人員訓練機關概況表

民國　　年度

機關名稱	地址	主管人姓名	學級數	學生數	畢業生數	教職員數	歲出經常數（元）	圖書冊數			設備價值（元）（歷年累計數）
								計	中文（歷年累計數）	西文	
總計											
省市立計											
學校											
縣市立計											
學校											
私立計											
學校											

年　月　日　省市教育廳局長（簽名蓋章）　主辦統計人員（簽名蓋章）

說明：見各省市重要社會教育機關概況報告表

图 7-1-2　绥远省政府为转发三十四学年度社会教育统计报告表及填表说明致归绥市政府代电（附统计报告表及填表说明）（1946 年 5 月 19 日）（九）

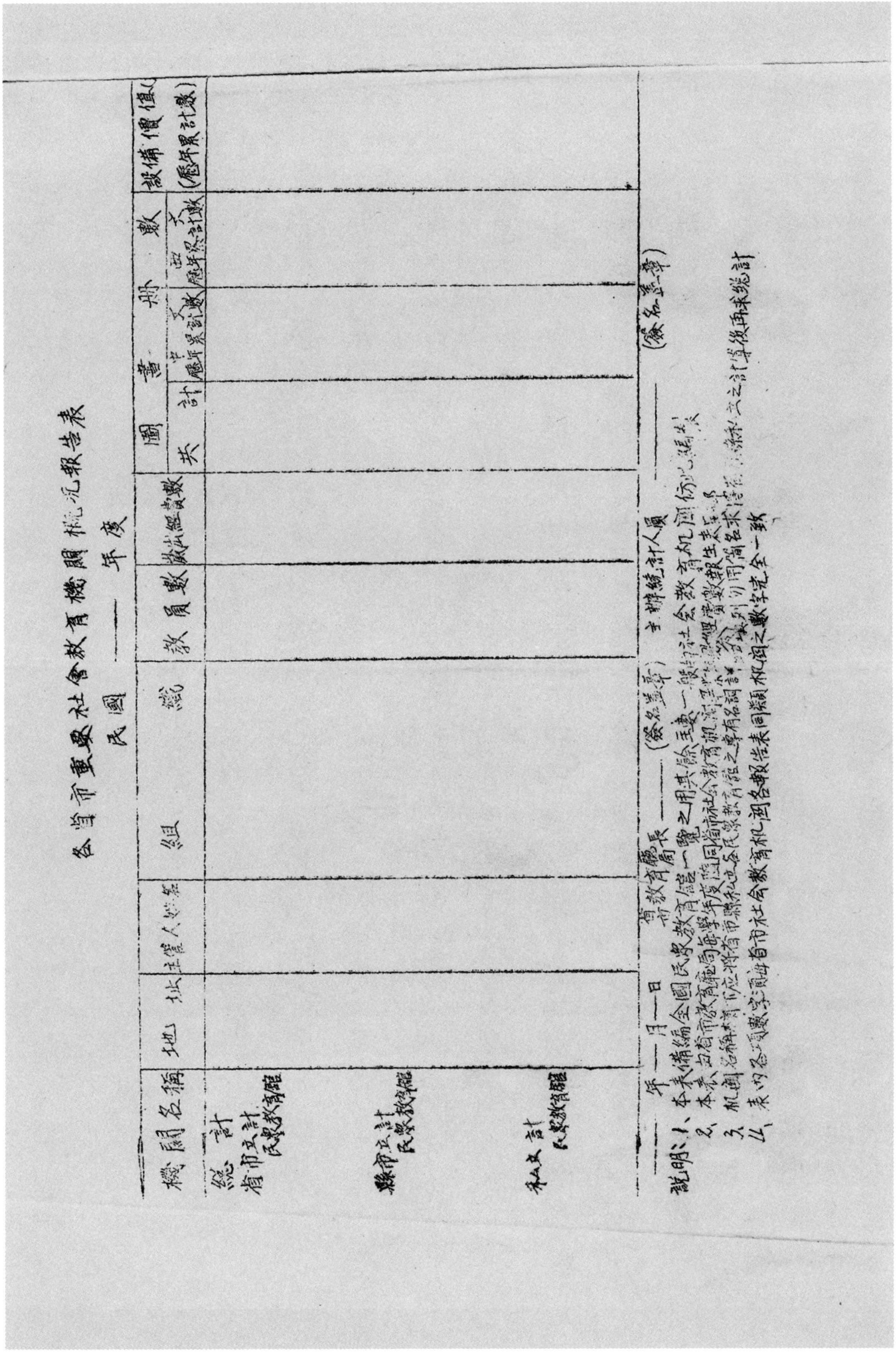

各省市重要社會教育機關概況報告表

民國——年度

機關名稱	地址	主管人姓名	組織	教員數	歲出經費數	圖書冊數 共計	圖書冊數 中文（歷年累計數）	圖書冊數 西文（歷年累計數）	設備價值（歷年累計數）
總計									
省市立計									
民衆教育館									
縣市立計									
民衆教育館									
私立計									
民衆教育館									

——年——月——日　省市教育廳局長——（簽名蓋章）　主辦統計人員——（簽名蓋章）

說明：1、本表備編全國民衆教育館一覽之用其餘主要一般的社会教育机関仿此編製

2、本表由省市教育廳局每學年度隨同省市社会教育机関[illegible]報生表[illegible]

3、机関名稱欄下应將省市縣私立各民衆教育館之專有名詞[illegible]列[illegible]用簡名求[illegible]私立之計算後再求總計

4、表内各項數字須與省市社会教育机関各報告表同類机関之數字完全一致

图 7-1-2　绥远省政府为转发三十四学年度社会教育统计报告表及填表说明致归绥市政府代电（附统计报告表及填表说明）（1946 年 5 月 19 日）（十）

三十四學年度各省市社會教育統計報告表編造說明

一、本表共八頁前六頁為各省市社會教育機關數學級數學生數教職員數畢業生數及經費數後二頁為各類社會教育機關概況報告表樣例

二、機關數學級數學生數教職員數均應以第二學期為準如有短期機關（如各種社教人員傳習所或班及民衆學校等）為期不及半載在第一學期即已辦結者應將其各項數字與第二學期數字合併計算畢業生數亦應兩學期合計經費數為簡捷易辦起見應以第二學期所在之會計年度預算數或概算數編製

图 7-1-2　绥远省政府为转发三十四学年度社会教育统计报告表及填表说明致归绥市政府代电（附统计报告表及填表说明）（1946 年 5 月 19 日）（十一）

三、收音機裝設机關一欄係調查裝設收音机之机關與學校數其職員數及經費數兩項係指管理收音机之職員及因裝設收音机所用之經費而言

四、公共体育場係指專為公共設立者而言學校操場不可計入

五、其他社會教育机關如填寫時應將机關名稱附註於机關數統計報告表之下

六、全省市社會教育机關數統計報告表分專設與附設二項專設係單獨設立者附設係由其他机關或學校附設者其餘各表均不分專設與附設

七、戰區各省份無法取得材料之縣市應將其名稱附註於表內

图 7-1-2 绥远省政府为转发三十四学年度社会教育统计报告表及填表说明致归绥市政府代电（附统计报告表及填表说明）（1946 年 5 月 19 日）（十二）

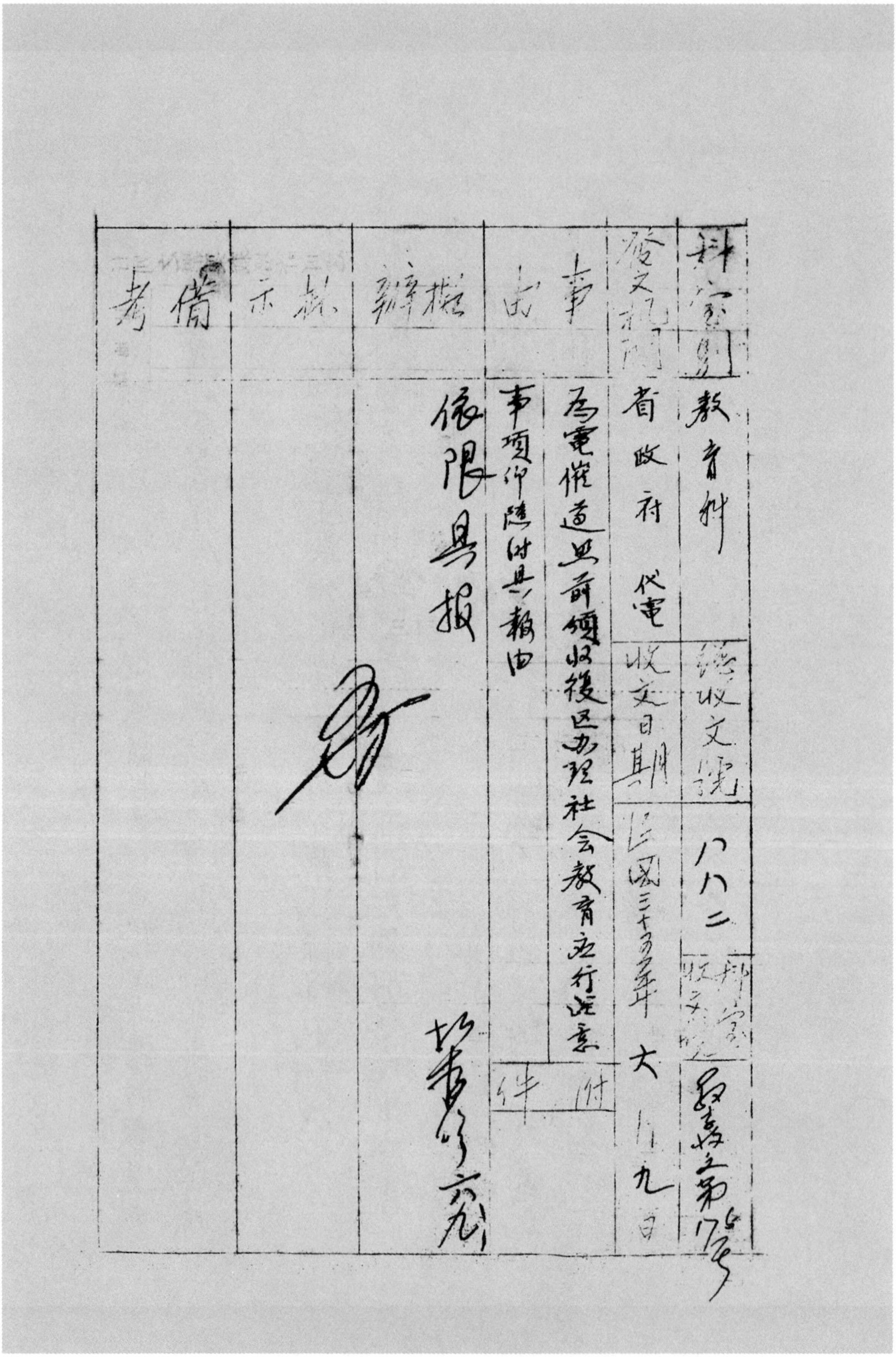

科室別	教育科	總收文號	八八二
發文機關	省政府 代電	收文日期	民國三十五年六月九日
事由	為電催遵照前頒收復区办理社会教育应行注意事項仰隨時具報由	附件	
擬辦	依限具報		
批示			
備考			

图 7-1-3　绥远省政府为催报收复地区办理社会教育情形给归绥市政府代电（1946 年 6 月 9 日）（一）

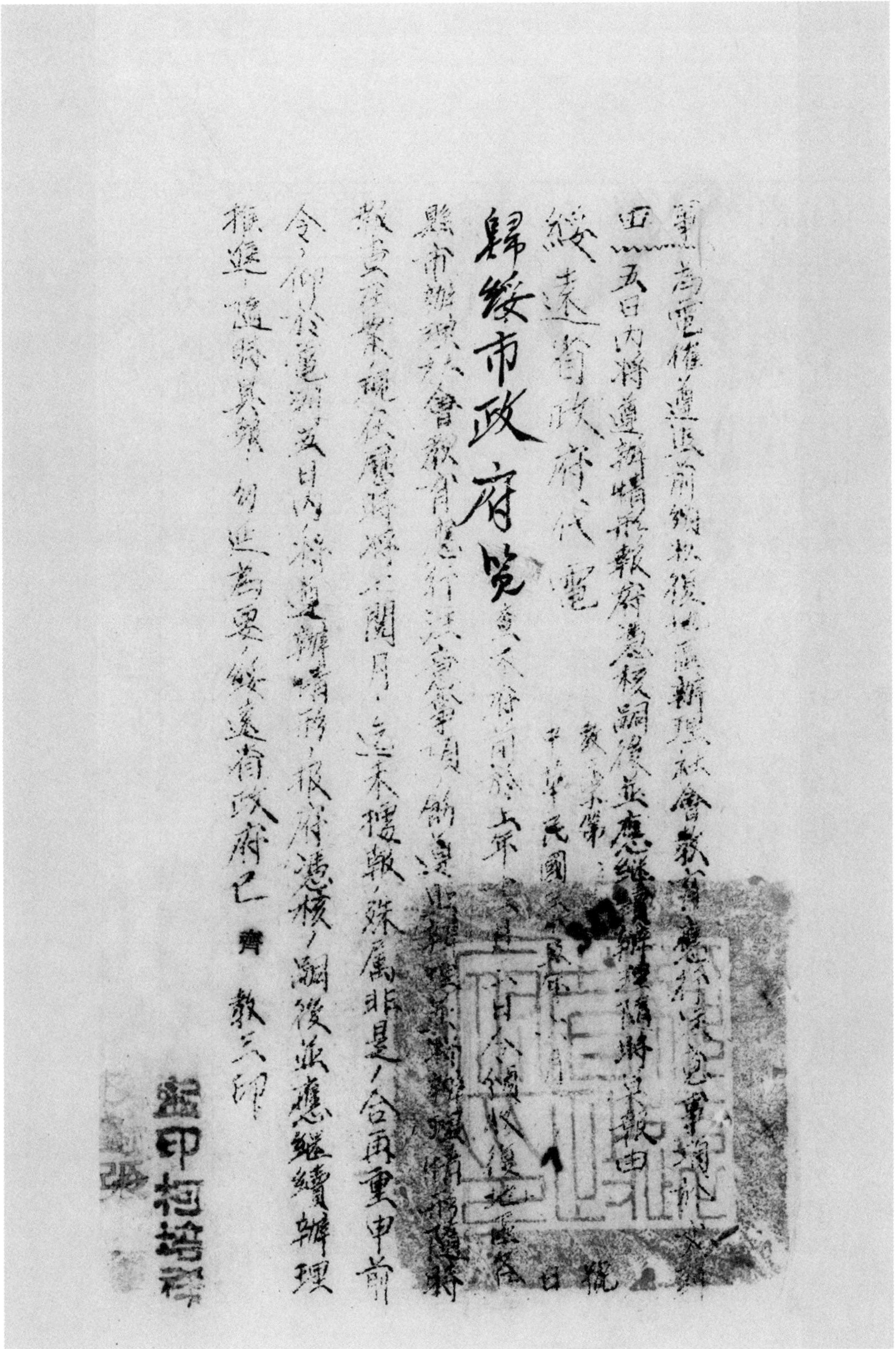
事由 為電催遵照前飭收復地區辦理社會教育應行注意事項仰於文到
四五日內將遵辦情形報府憑核嗣後並應繼續辦理隨時呈報由
綏遠省政府代電 教字第 號 中華民國三十五年六月 日 發
歸綏市政府覽 查本府前於上年三月十日令飭收復地區各
縣市辦理社會教育應行注意事項 飭遵照辦理 隨時
報查在案 現在應時將一閱月 迄未據報 殊屬非是 合再重申前
令 仰於電到五日內 將遵辦情形 報府憑核 嗣後並應繼續辦理
按 隨時具報 勿延為要 綏遠省政府巳齊 教三印
監印 柯培

图 7-1-3 绥远省政府为催报收复地区办理社会教育情形给归绥市政府代电（1946 年 6 月 9 日）（二）

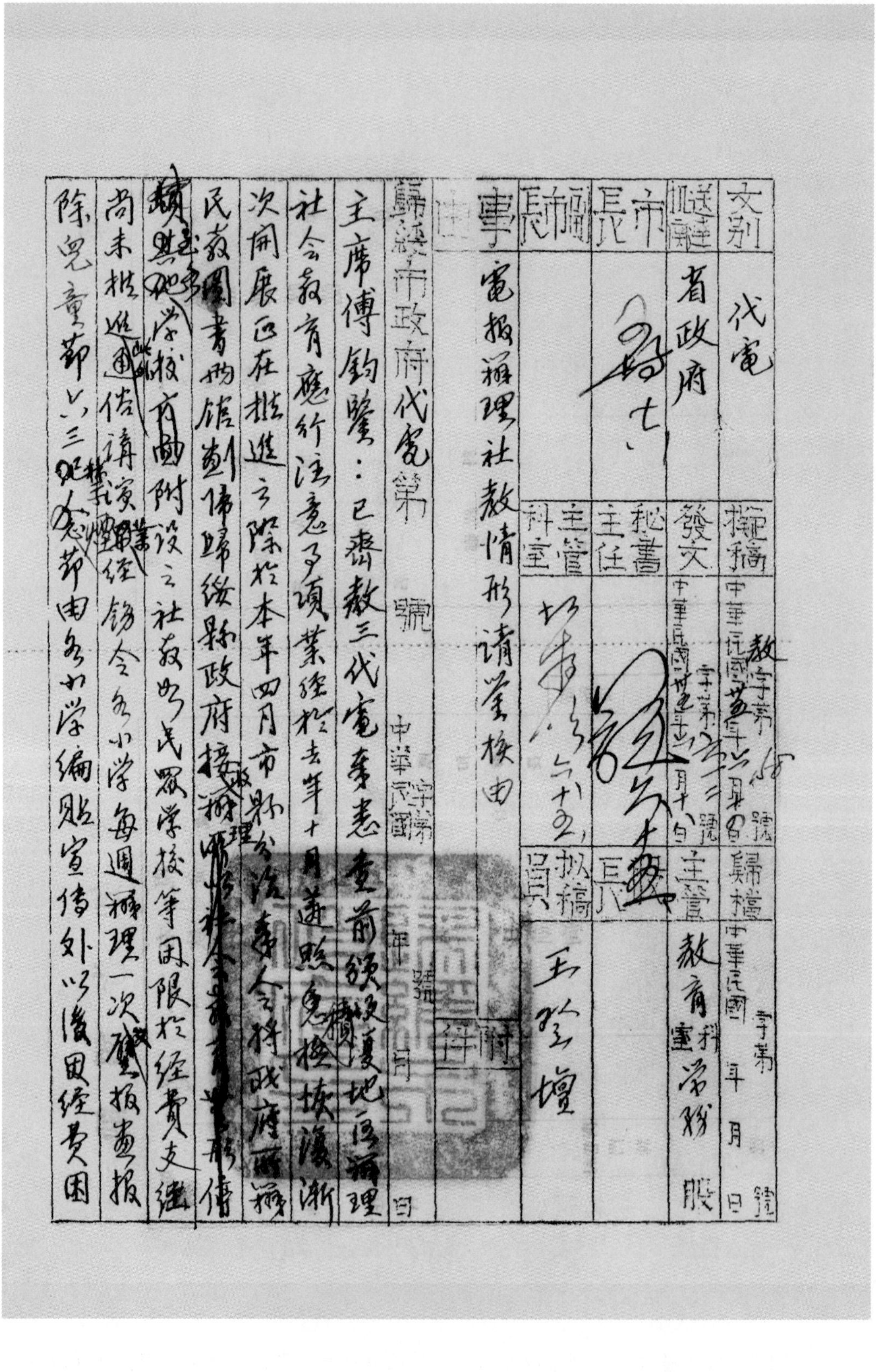

文别：代電
送達：省政府
市長：
副市長：
事由：電報辦理社教情形請鑒核由
歸綏市政府代電第　　號
擬稿：中華民國卅五年六月　日 教字第　號
發文：中華民國卅五年六月十八日 字第　號
主管：教育科常務股
擬稿員：王[illegible]

主席傅鈞鑒：巳齊教三代電奉悉。查前頒復員地區辦理社會教育應行注意事項業經於去年十月遵照[illegible]漸次開展。正在推進之際，於本年四月市縣分治，奉令將我府所辦民教圖書兩館劃歸歸綏縣政府接[illegible]……學校附設之社教如民衆學校等，因限於經費支絀，尚未推進[illegible]經飭令各小學每週辦理一次[illegible]報，除兒童節、六三[illegible]節由各小學編貼宣傳外，以後因經費困

图 7-1-4　归绥市政府为报送办理社教情形致绥远省政府代电（1946 年 6 月 18 日）（一）

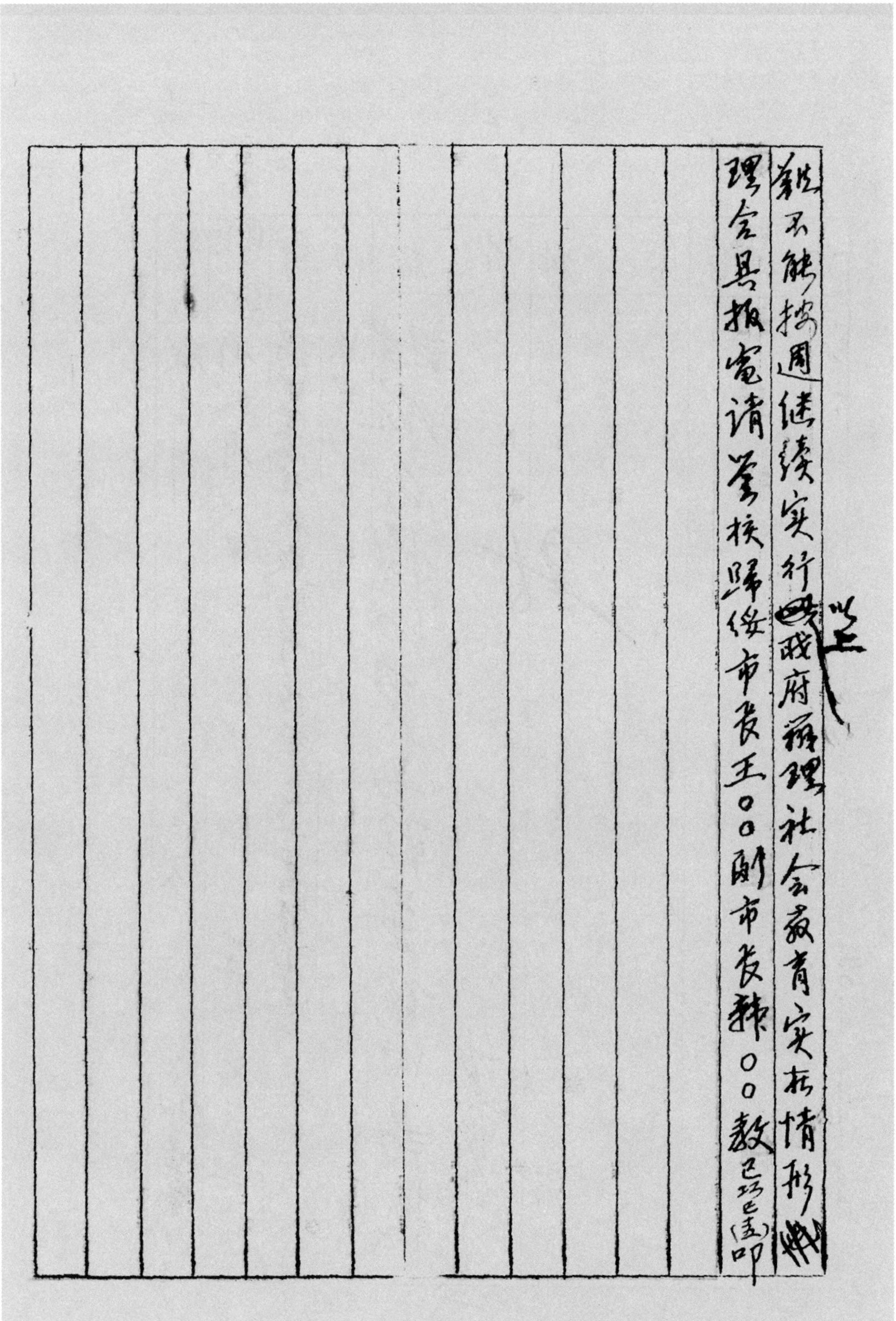

然不能按週繼續實行以上政府辦理社會教育實施情形
理合具報電請鑒核歸綏市長王〇〇副市長韓〇〇教巳巧(印)叩

图 7-1-4　归绥市政府为报送办理社教情形致绥远省政府代电（1946 年 6 月 18 日）（二）

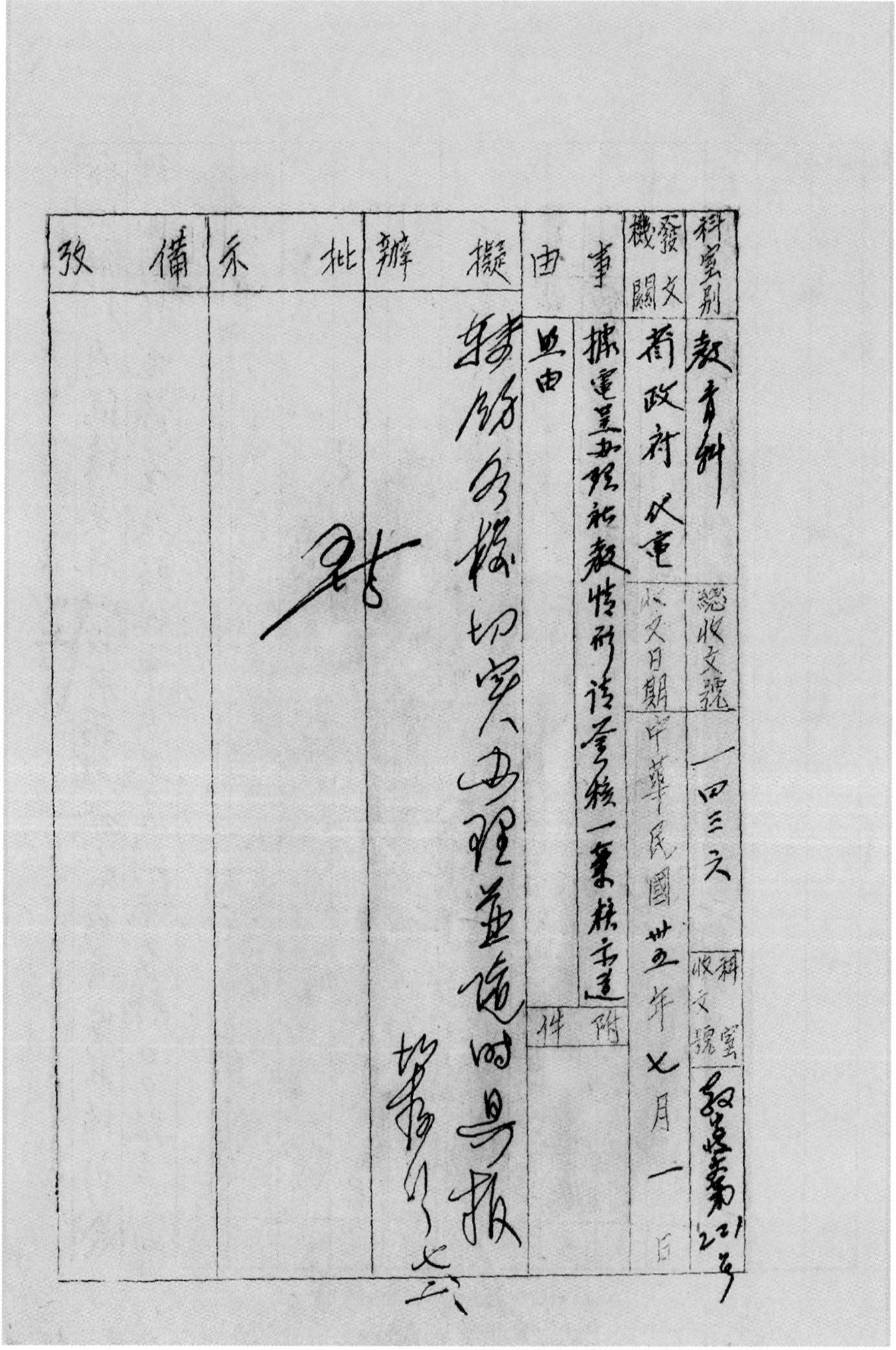

科室别：教育科

發文機關：省政府代電

總收文號：一四三六

收文日期：中華民國卅五年七月一日

科室收文號：教收字第271号

事由：據電呈辦理社教情形請鑒核一案核示遵

附件：

擬辦：轉飭各校切實辦理並隨時具報 [签名] 七六

批示：[签名]

備考：

图 7-1-5　绥远省政府为核示办理社教情形给归绥市政府代电（1946 年 6 月 30 日）（一）

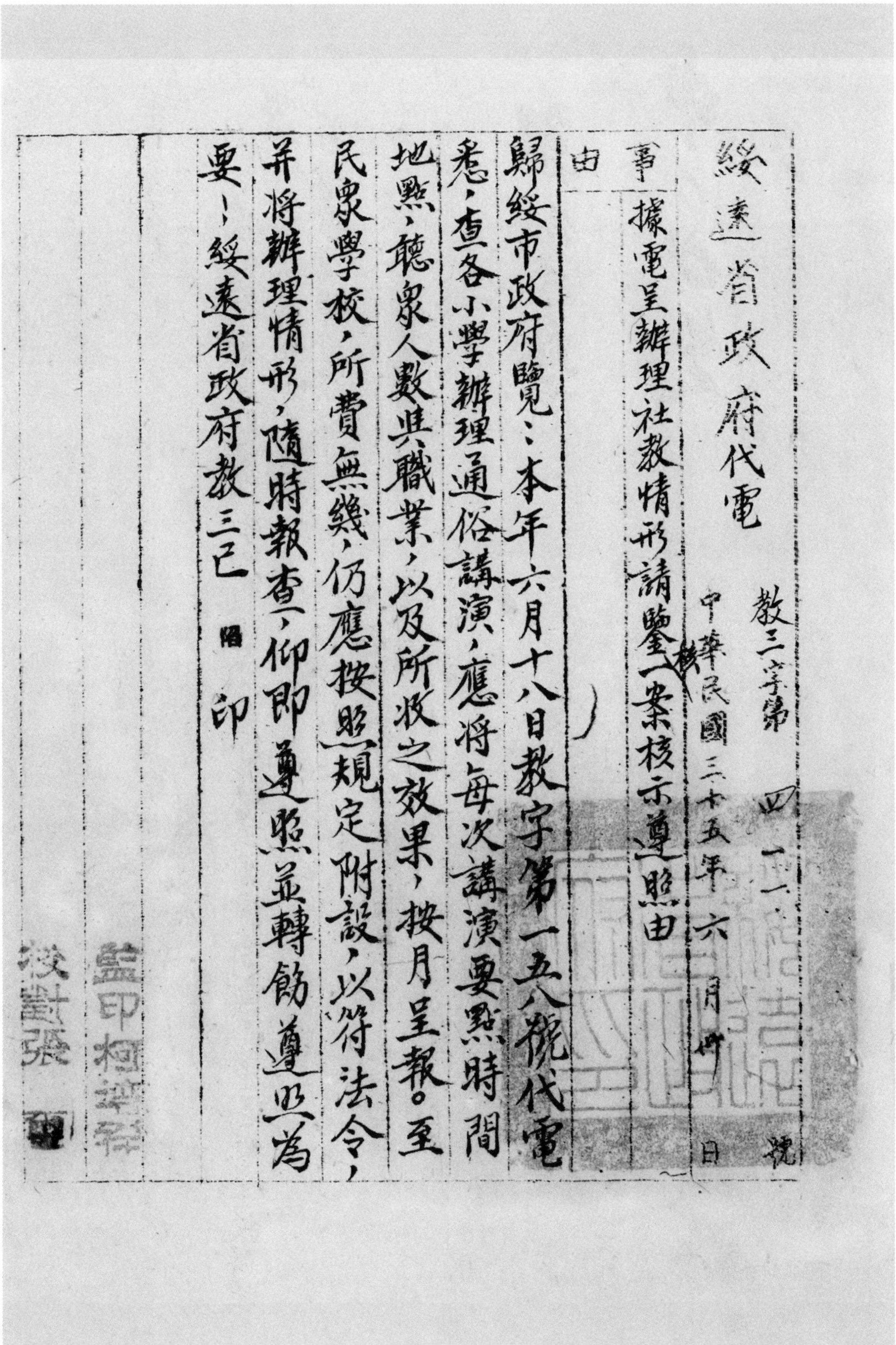
綏遠省政府代電

教三字第四一二號

中華民國三十五年六月卅日

事由　據電呈辦理社教情形請鑒核一案核示遵照由

歸綏市政府覽：本年六月十八日教字第一五八號代電悉。查各小學辦理通俗講演，應將每次講演要點、時間、地點、聽衆人數與職業，以及所收之效果，按月呈報。至民衆學校，所費無幾，仍應按照規定附設，以符法令，并將辦理情形，隨時報查，仰即遵照，並轉飭遵照為要！綏遠省政府教三巳陷印

監印柯

校對張

图 7-1-5　绥远省政府为核示办理社教情形给归绥市政府代电（1946 年 6 月 30 日）（二）

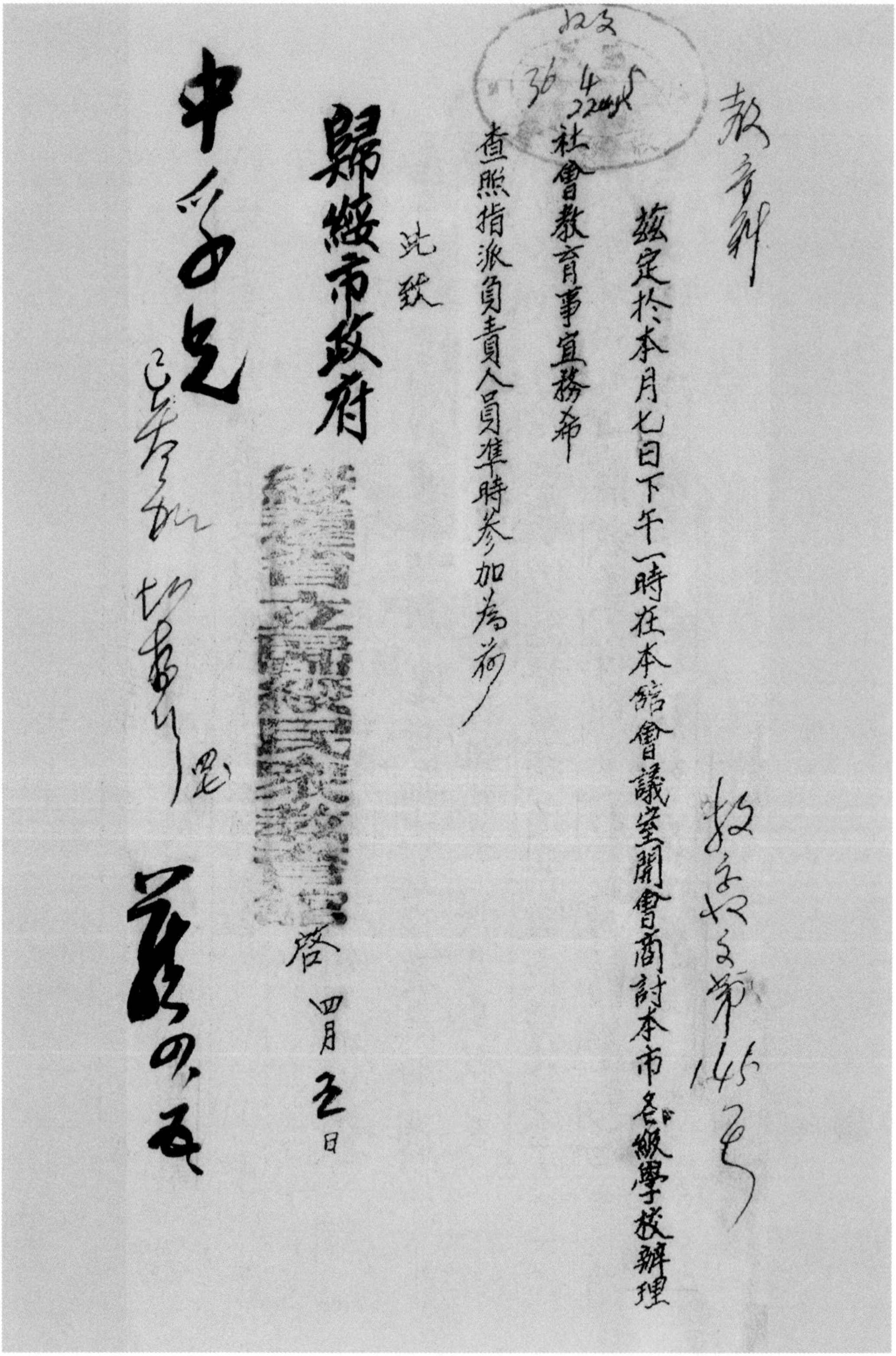
教育科

兹定於本月七日下午一時在本館會議室開會商討本市各級學校辦理社會教育事宜務希

查照指派負責人員準時参加為荷

此致

歸綏市政府

啓 四月五日

图 7-1-6　绥远省立归绥民众教育馆关于召开会议商讨各级学校办理社会教育事宜的通知（1947 年 4 月 5 日）

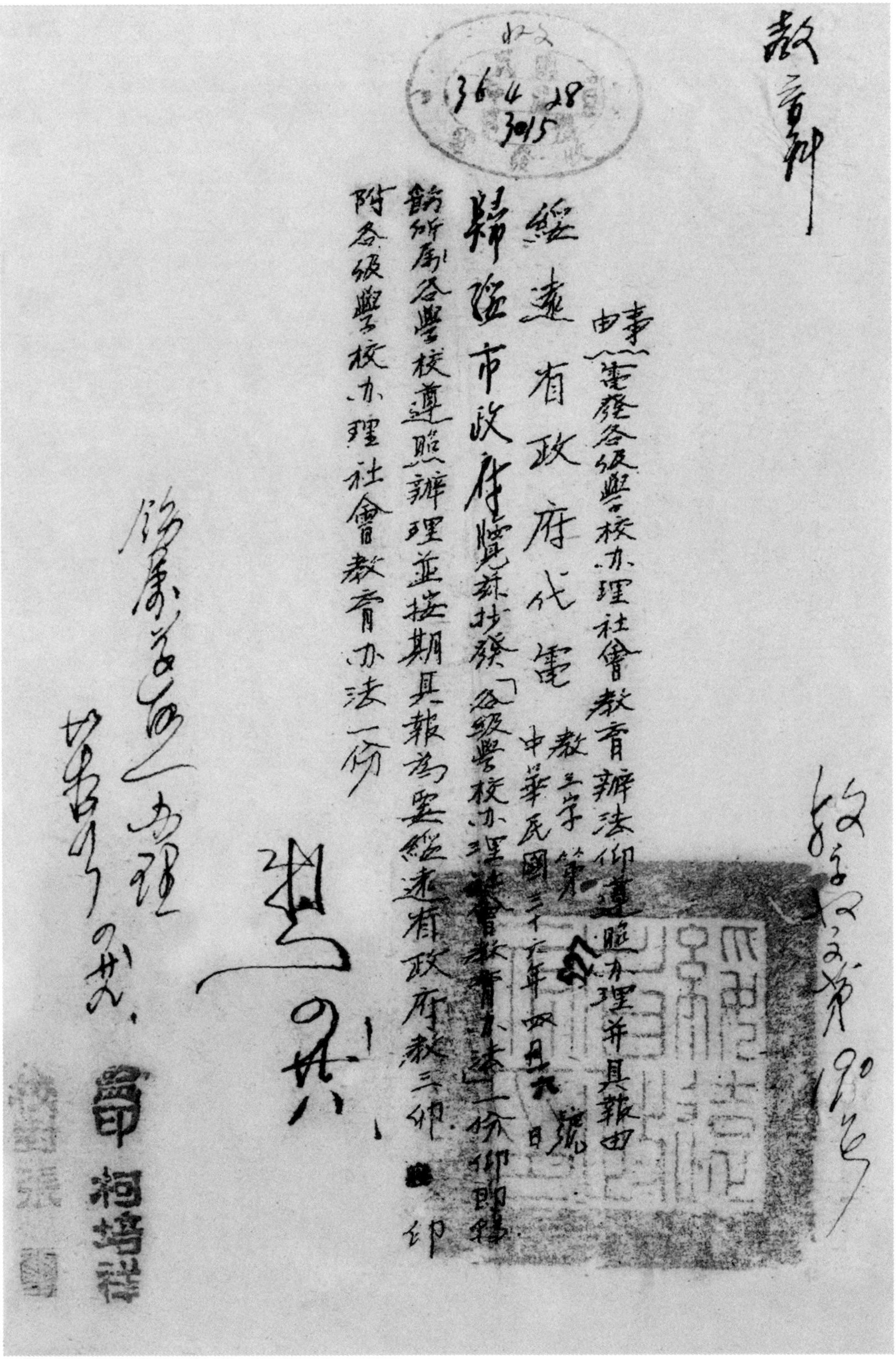
教育科

36 4 28
3015

事由：電發各級學校辦理社會教育辦法仰遵照辦理並具報由

綏遠省政府代電

教三字第 號

中華民國三十六年四月 日

歸綏市政府覽：茲抄發「各級學校辦理社會教育辦法」一份，仰即轉飭所屬各學校遵照辦理並按期具報為要。綏遠省政府教三卯 印

附各級學校辦理社會教育辦法一份

柯培祥

图 7-1-7　绥远省政府为抄发各级学校办理社会教育办法给归绥市政府代电（附办法）（1947 年 4 月 16 日）（一）

各級學校辦理社會教育辦法

第六二三五九號部令公布（三十二年十二月二十一日）

第一條　各級學校辦理社會教育依照本辦法之規定

第二條　大學各學院及專科學校應參酌下列規定各就專長辦理二種以上社會教育工作（例如農學院應辦理農業推廣及合作指導醫學院應辦理救護訓練及公共衛生指導等餘類推）

（一）學術講座

（二）補習學校

（三）函授學校

（四）民衆讀物編輯

（五）農業推廣

（六）合作指導

（七）民衆法律顧問

（一）

图 7-1-7　绥远省政府为抄发各级学校办理社会教育办法给归绥市政府代电（附办法）（1947 年 4 月 16 日）（二）

（八）地方自治指導

（九）電影及播音科學技術傳習

（十）防空防毒知能傳習

（十一）救護訓練

（十二）公共衛生指導

（十三）地方水利及土木工程指導

（十四）各種展覽會

（十五）其他為各學校所專長而切合社會需要之教育

第三條　中學校除應推行通俗科學教育及抗敵宣傳外並應就下列規定酌辦二種以上社會教育工作

（一）通俗演講

（二）戲劇歌詠團

（三）補習學校

图 7-1-7　绥远省政府为抄发各级学校办理社会教育办法给归绥市政府代电（附办法）（1947 年 4 月 16 日））（三）

（四）民衆衛生指導
（五）救護訓練
（六）成績展覽會
（七）壁報
（八）其他切合社會需要之教育

第四條　中等農業學校應一律舉辦農事指導及農業補習班中等工商業職業學校應一律舉辦工商業職業補習班

第五條　小學校除應舉辦民衆識字教育及抗敵宣傳外，應就下列規定酌辦二種以上社會教育工作
（一）通俗演講
（二）壁報
（三）民衆衛生指導
（四）學生家庭訪問

（二）

图 7-1-7　绥远省政府为抄发各级学校办理社会教育办法给归绥市政府代电（附办法）（1947 年 4 月 16 日）（四）

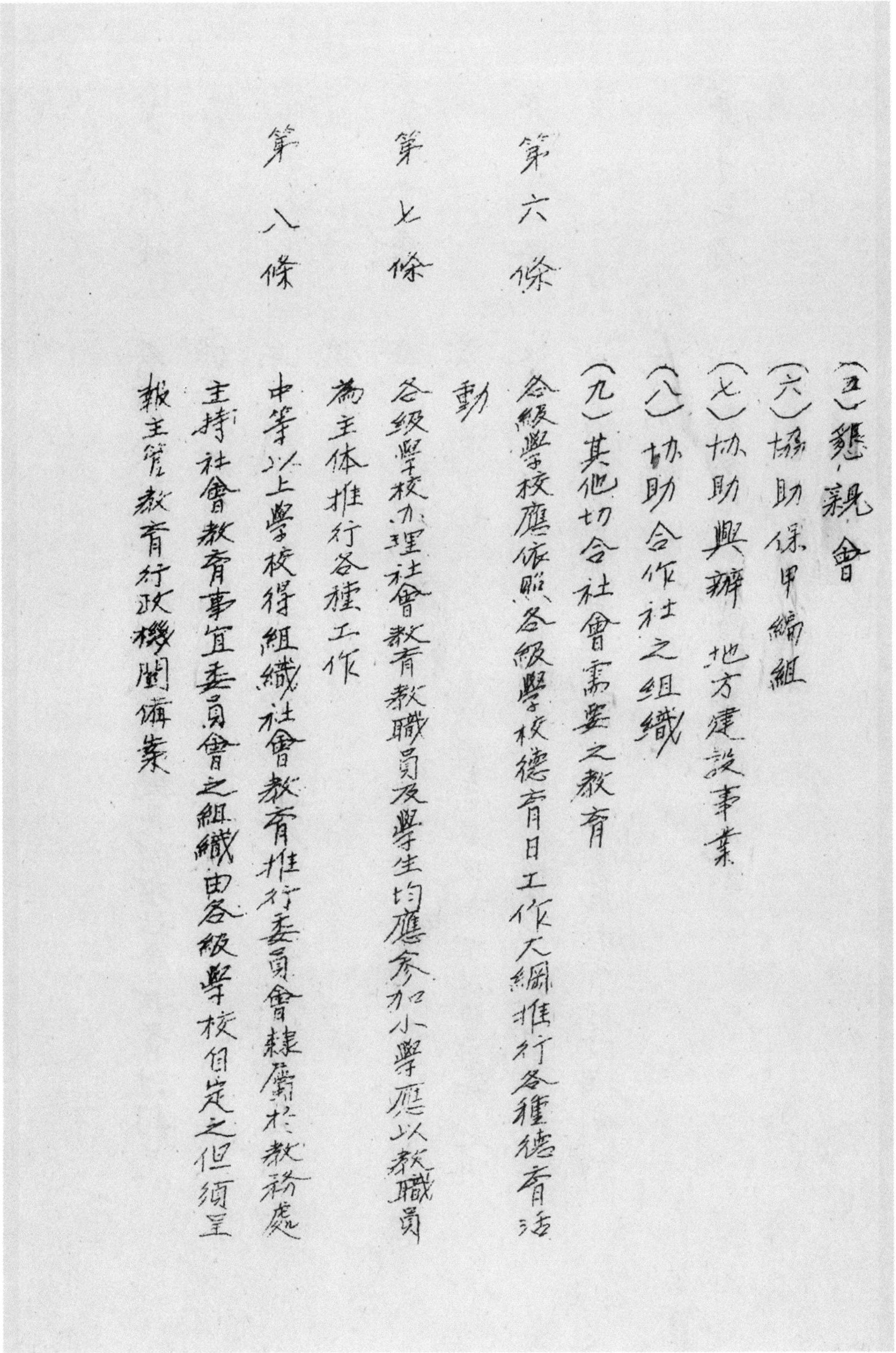

（五）懇親會
（六）協助保甲編組
（七）協助興辦地方建設事業
（八）協助合作社之組織
（九）其他切合社會需要之教育
第六條 各級學校應依照各級學校德育日工作大綱推行各種德育活動
第七條 各級學校辦理社會教育教職員及學生均應參加小學應以教職員為主体推行各種工作
第八條 中等以上學校得組織社會教育推行委員會隸屬於教務處主持社會教育事宜委員會之組織由各級學校自定之但須呈報主管教育行政機關備案

图 7-1-7　绥远省政府为抄发各级学校办理社会教育办法给归绥市政府代电（附办法）（1947 年 4 月 16 日）（五）

第九條　各級學校於每年度開始時應擬具辦理社會教育計劃呈報主管教育行政機關核准施行
年度終了時將辦理情形編造報告呈報主管教育行政機關備案

第十條　各省市縣於編製預算時應於社會教育經費項下酌列成數為支給及獎勵補助所屬各校辦理社會教育之用

第十一條　各級學校辦理社會教育所需經費應於各該學校經常費內勻支不足之數得呈請主管教育行政機關酌予補助

第十二條　本辦法自公布之日施行

图 7-1-7　绥远省政府为抄发各级学校办理社会教育办法给归绥市政府代电（附办法）（1947 年 4 月 16 日）（六）

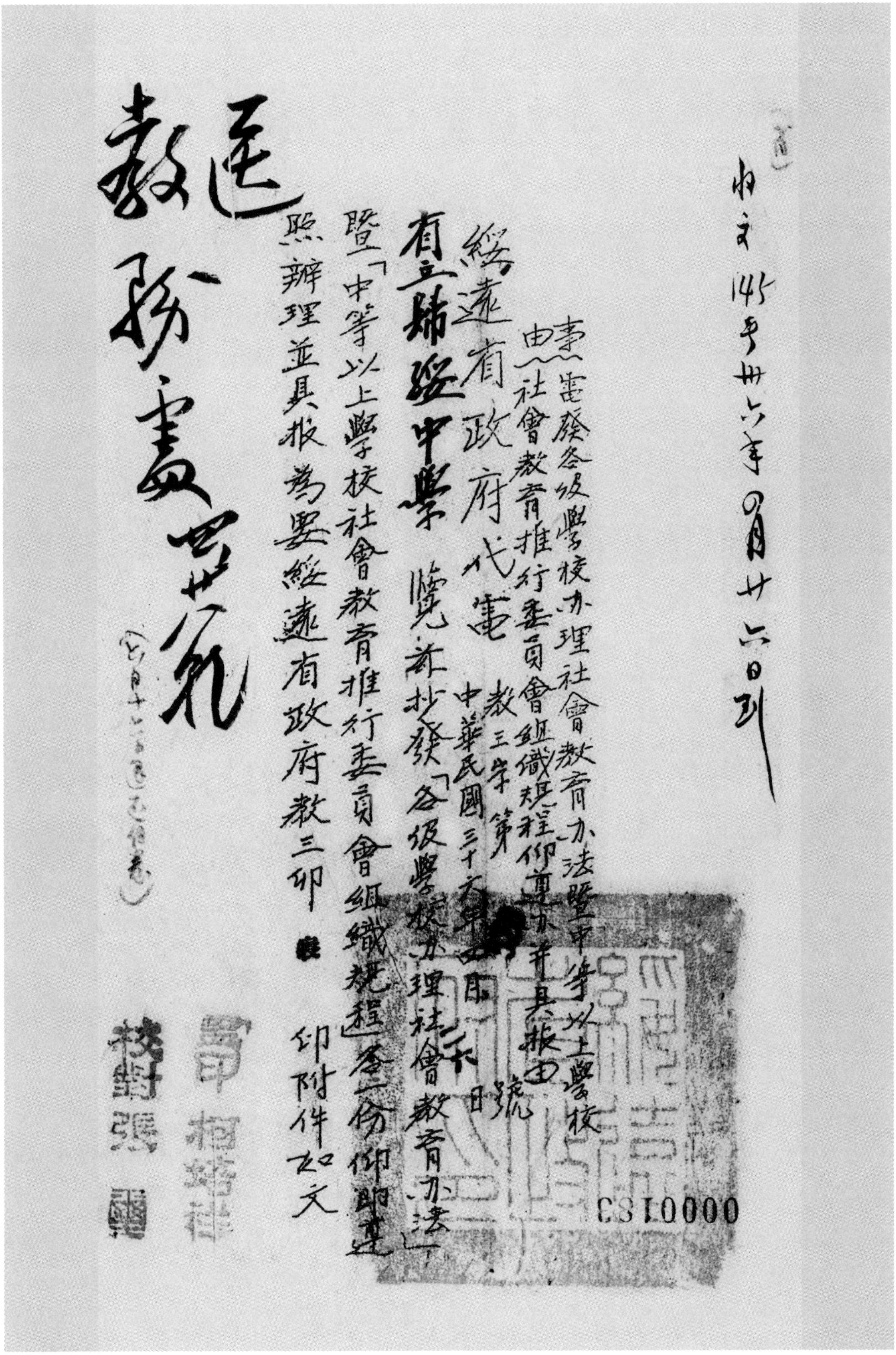
中文145号 卅六年四月廿六日到

事由 為發各級學校办理社會教育办法暨中等以上學校社會教育推行委員會組織規程仰遵办并具報由

綏遠省政府代電 教三字第　號

省立歸綏中學覽：兹抄發「各級學校办理社會教育办法」暨「中等以上學校社會教育推行委員會組織規程」各一份，仰即遵照辦理並具報為要。綏遠省政府教三卯

印 附件如文

中華民國三十六年四月　日

图 7-1-8　绥远省政府为抄发各级学校办理社会教育办法暨中等以上学校社会教育推行委员会组织规程给省立归绥中学代电（附组织规程）（1947 年 4 月 26 日）（一）

中等以上學校社會教育推行委員會組織規程

三十四年八月　日公佈

第一條　中等以上學校應依照各級學校辦理社會教育辦法第八條及本規程之規定組織社會教育推行委員會主持規劃本校辦理社會教育及家庭教育事宜。

第二條　社會教育推行委員會隸屬學校教務處或教導處由左列人員組織之：

甲、當然委員

(一)教務長或教務主任；

(二)訓導長或訓導主任或教導主任或訓育主任；

(三)總務長或總務主任或事務主任。

乙、聘任委員

(一)本校熱心推行社會教育或家庭教育之教員；

(一)

图 7-1-8　绥远省政府为抄发各级学校办理社会教育办法暨中等以上学校社会教育推行委员会组织规程给省立归绥中学代电（附组织规程）（1947 年 4 月 26 日）（二）

（三）所在地熱心推行社會教育或家庭教育之人士。

前項聘任之委員由校長聘任之。

第三條 社會教育推行委員會設常務委員一人由教務長或教務主任或教導主任担任之。

第四條 社會教育推行委員會設主任幹事一人由校長遴聘具有社會教育專門研究及相當經驗者充任之。設幹事及助理幹事由校長選聘或指派本校職員學生兼任之。

第五條 社會教育推行委員會之職掌規定如左：

甲·擬編辦理社會教育及家庭教育工作計劃概況報告等；

乙·規劃事業費並編製預決算；

丙·支配工作並考核其成績；

丁·訓練工作人員有關工作上學識技能等；

戊·聯絡當地有關機関團体及個人協同進行；

图 7-1-8　绥远省政府为抄发各级学校办理社会教育办法暨中等以上学校社会教育推行委员会组织规程给省立归绥中学代电（附组织规程）（1947 年 4 月 26 日）（三）

己、研究工作上各項實際問題；

庚、其他有關社會教育工作事項。

第六條　社會教育推行委員會每學期開常會三次於學期開始期中及結束時分别舉行必要時得召集臨時會均由常務委員召集之。

第七條　社會教育推行委員會經費由學校經常費内支給並應列入預算。

第八條　社會教育推行委員會辦事細則由各校定之。

第九條　本規程自公佈日施行。

图 7-1-8　绥远省政府为抄发各级学校办理社会教育办法暨中等以上学校社会教育推行委员会组织规程给省立归绥中学代电（附组织规程）（1947 年 4 月 26 日）（四）

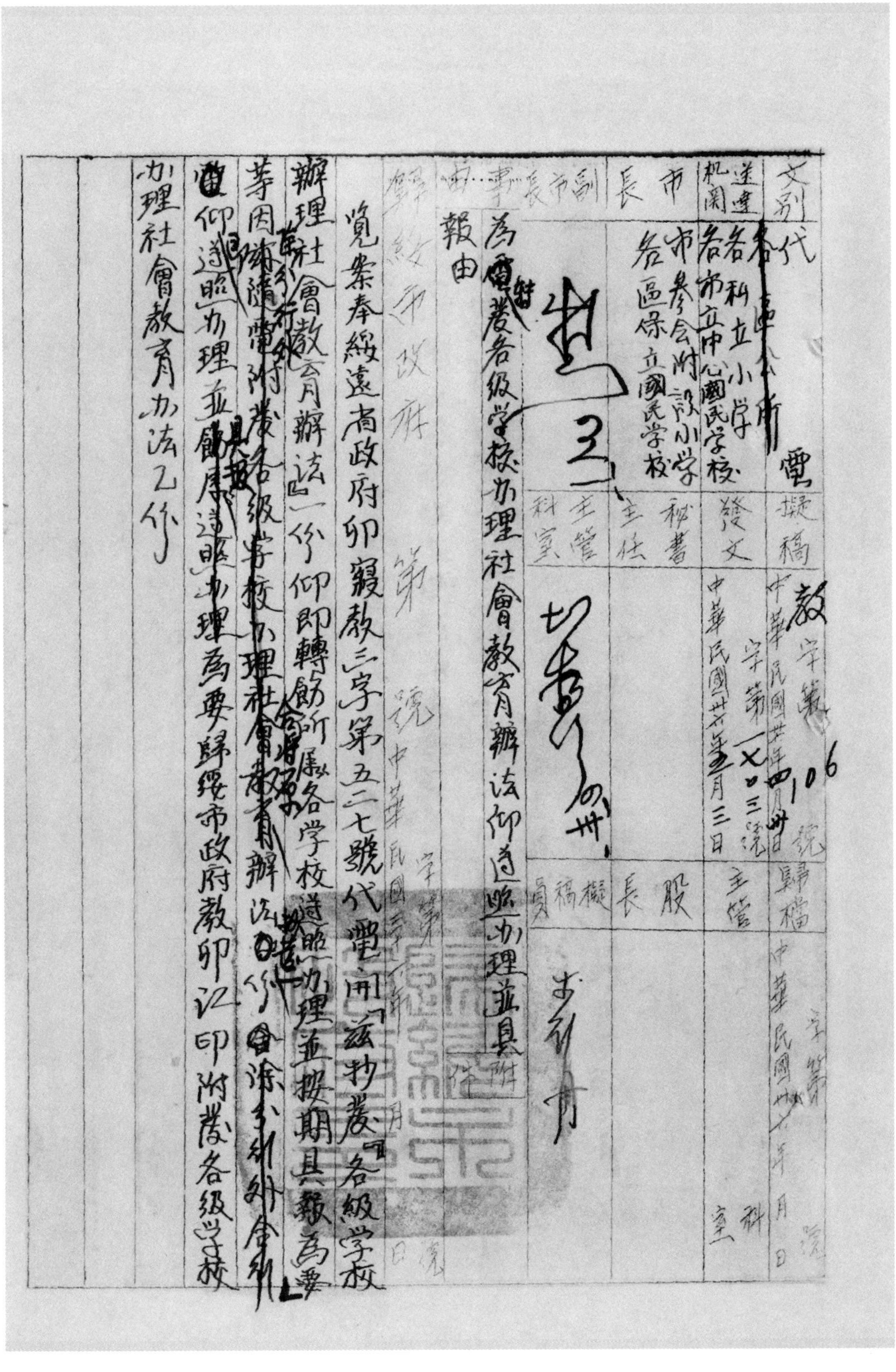
文別 代電
送達機關 各私立小學 各市立中心國民學校 市參會附設小學 各區保立國民學校
市長
副市長
擬稿 教字第 106 號 中華民國卅六年四月卅日
發文 字第一七〇三號 中華民國卅六年五月三日
事由 為轉發各級學校辦理社會教育辦法仰遵照辦理並具報由
歸綏市政府 字第 號 中華民國 年 月 日
覽案奉綏遠省政府卯寢教三字第五二七號代電開「茲抄發『各級學校辦理社會教育辦法』一份仰即轉飭所屬各學校遵照辦理並按期具報為要」等因附發各級學校辦理社會教育辦法一份仰遵照辦理並飭屬遵照辦理為要歸綏市政府教卯江印 附發各級學校辦理社會教育辦法乙份

图 7-1-9 归绥市政府关于转发各级学校办理社会教育办法的代电（1947 年 5 月 3 日）

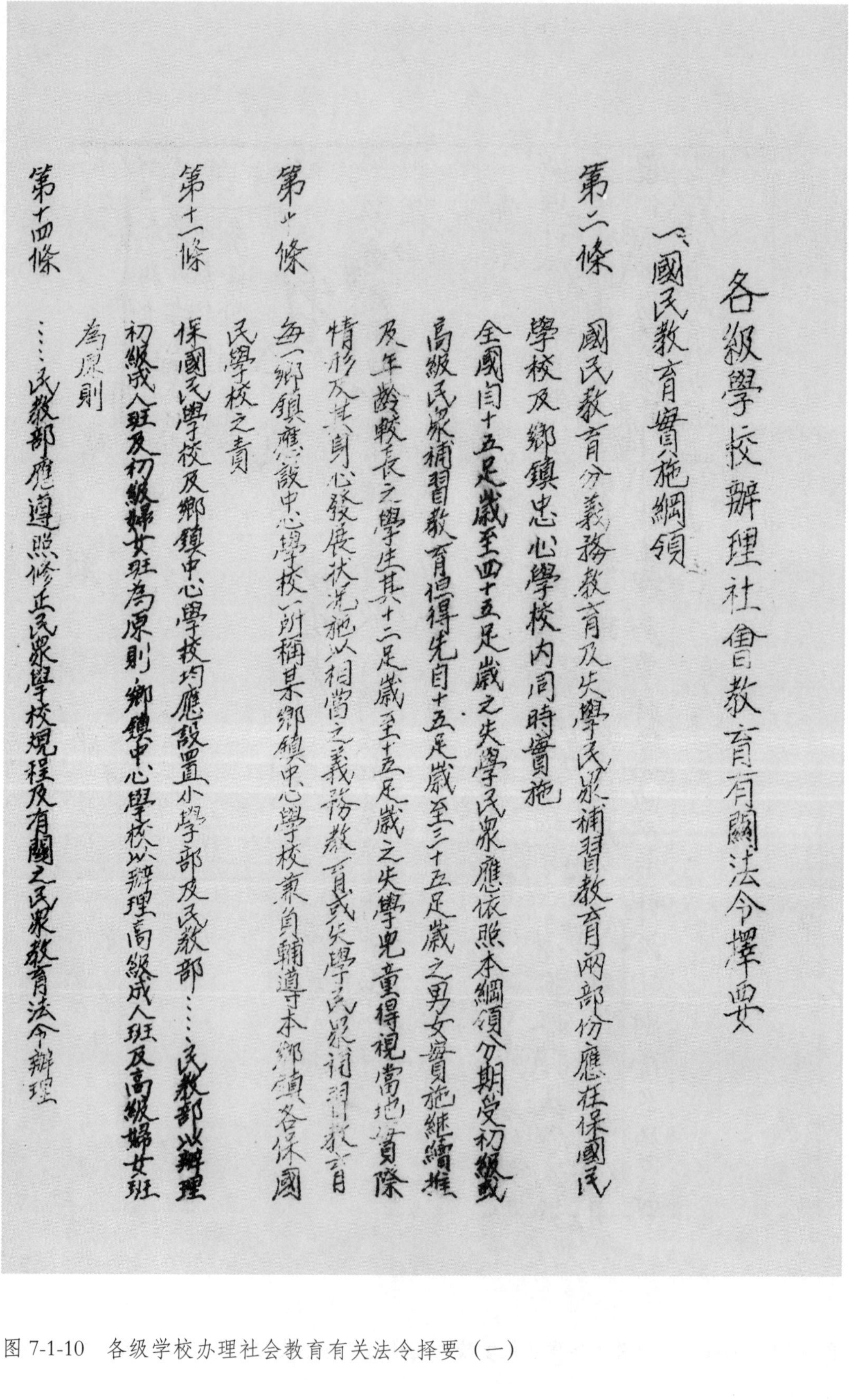

各級學校辦理社會教育有關法令擇要

一、國民教育實施綱領

第二條 國民教育分義務教育及失學民眾補習教育兩部份應在保國民學校及鄉鎮中心學校內同時實施

全國自十五足歲至四十五足歲之失學民眾應依照本綱領分期受初級或高級民眾補習教育但得先自十五足歲至三十五足歲之男女實施繼續推及年齡較長之學生其十二足歲至十五足歲之失學兒童得視當地實際情形及其身心發展狀況施以相當之義務教育或失學民眾補習教育

第七條 每一鄉鎮應設中心學校一所稱某鄉鎮中心學校兼負輔導本鄉鎮各保國民學校之責

第十一條 保國民學校及鄉鎮中心學校均應設置小學部及民教部……民教部以辦理初級成人班及初級婦女班為原則，鄉鎮中心學校以辦理高級成人班及高級婦女班為原則

第十四條 ……民教部應遵照修正民眾學校規程及有關之民眾教育法令辦理

图 7-1-10　各级学校办理社会教育有关法令择要（一）

第三十條　鄉鎮中心學校及保國民學校之教室及課桌椅以小學部與民教部合用為原則

二、鄉鎮中心學校設施要則

第四條　中心學校設置小學部與民教部

民教部依照修正民眾學校規程之規定設置高級成人班及高級婦女班收受鄉鎮內已受初級補習教育之民眾施以高級補習教育並應設置其初級成人班及初級婦女班收受學校所在地之失學民眾施以初級補習教育上項高初級成人班及婦女班應儘先收受自十五足歲至三十五足歲之男女分別施教

小學部及民教部均得視當地實際情形分別酌收超過十二足歲至未滿十五足歲之失學兒童施以教育

第五條　民教部得依其職業性別分班教學每班學額以五十人為度

第六條　民教部視季節選擇適當時間上課其課程及教學時數應依照民眾學校規程辦理

第七條　中心學校應斟酌地方需要依照修正民眾學校規程第六十二條之規定舉辦各種社會教育事業

图 7-1-10　各级学校办理社会教育有关法令择要（二）

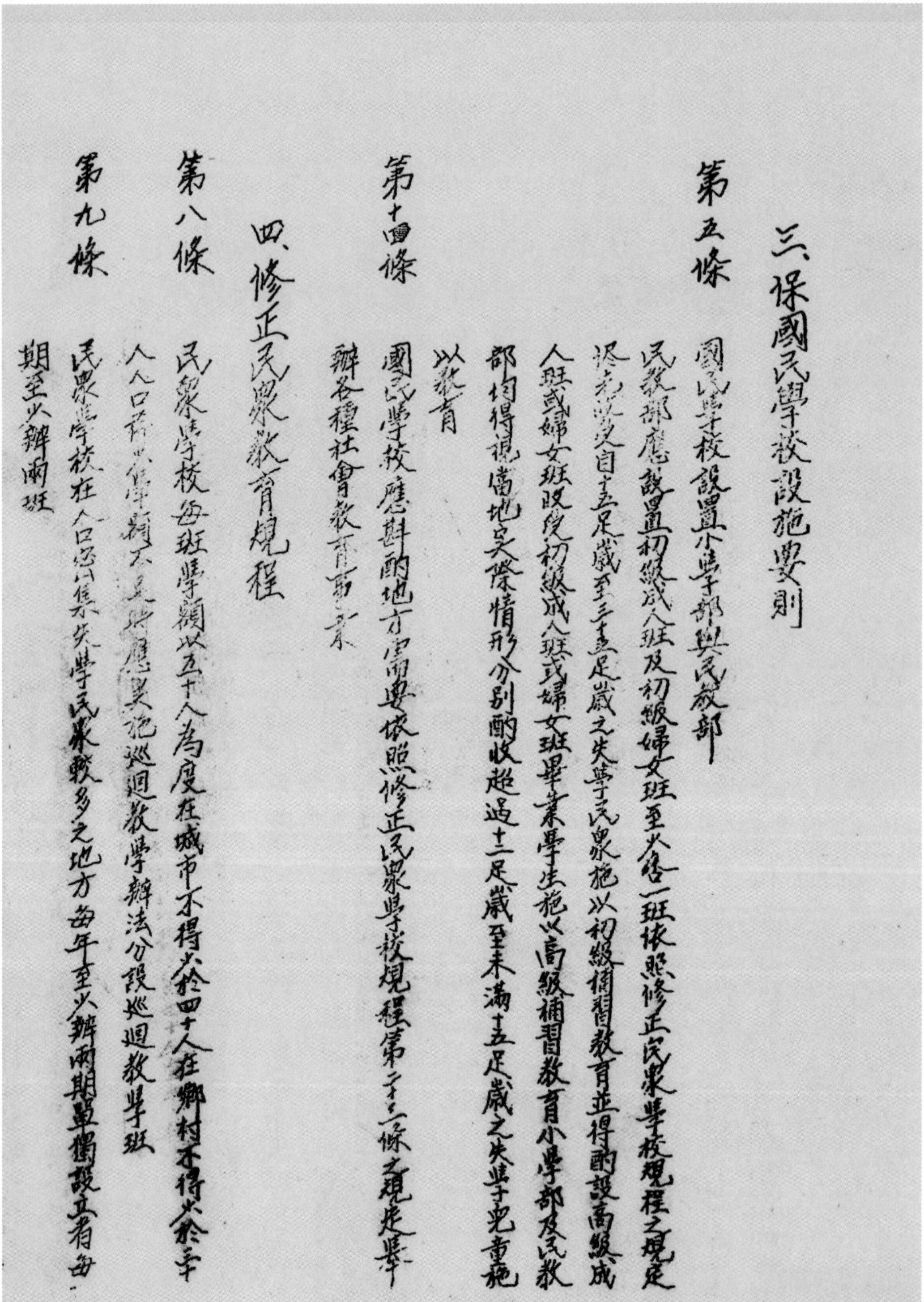

三、保國民學校設施要則

第五條 國民學校設置小學部與民教部

民教部應設置初級成人班及初級婦女班至少各一班依照修正民衆學校規程之規定收受自十五足歲至三十五足歲之失學民衆施以初級補習教育並得酌設高級成人班或婦女班收受初級成人班或婦女班畢業學生施以高級補習教育小學部及民教部均得視當地實際情形分別酌收超過十二足歲至未滿十五足歲之失學兒童施以教育

第十四條 國民學校應斟酌地方需要依照修正民衆學校規程第二十三條之規定舉辦各種社會教育事業

四、修正民衆教育規程

第八條 民衆學校每班學額以五十人為度在城市不得少於四十人在鄉村不得少於二十人人口稀少學額不足時應另施巡迴教學辦法分設巡迴教學班

第九條 民衆學校在人口密集失學民衆較多之地方每年至少辦兩期單獨設立者每期至少辦兩班

图 7-1-10 各级学校办理社会教育有关法令择要（三）

第十三條　民眾學校初級班學生受課總時數不得少於二百小時高級班學生受課總時數不得少於三百小時

第十四條　民眾學校每日教學時間以兩小時為原則得在日間或晚間行之

民眾學校學科初級班為國語（包括公民及常識等）算術（珠算或筆算）音樂體育等高級班為國語（包括公民及常識等）算術音樂體育及關於職業科目各科分量分配如下

科目／分數／級別	國語	算術	音樂	體育	職業科目
初級	六六	一八	八	八	
高級	五〇	一二	八	八	二二

施行自衛訓練者不得設體育

第二十二條　單獨設立之民眾學校得斟酌地方需要舉辦左列各種簡單社會教育事業

一、舉辦通俗講演　二、置備通俗圖書公開閱覽

三、編印壁報、傳播時事消息　四、辦理民眾體育及衛生事宜

五、辦理禮俗改良、提倡正當娛樂　六、接受民眾教育館之指導，辦理生計教育

图 7-1-10　各级学校办理社会教育有关法令择要（四）

七、協助民眾教育館之巡迴施教工作　八、辦理其他有關社會教育事業

第二十六條　民眾學校應接受省縣市立民眾教育館之輔導

五、各省市中心學校及國民學校辦理民教部應行注意事項

第一條　各省市自三十學年第一學期起所設中心學校及國民學校必須一律設置民教部以辦理高初級成人班婦女班為主

第五條　各省市中心學校及國民學校應就原有教員中指定一人充任民教部主任負責計劃並辦理全校成人教學及督導事宜

六、各級學校兼辦社會教育辦法

第三條　中學校除應兼辦通俗科學~~民眾學校戰時~~教育~~及抗戰宣傳~~外並應酌量兼辦左列社會教育工作二種以上

（一）通俗講演　（二）民眾歌詠團　（三）壁報

（四）民眾衛生指導　（五）救護訓練　（六）成績展覽會

（七）其他切合社會需要之教育

第四條　中等農業學校應一律兼辦農事指導及農業補習班中等工商職業學

图 7-1-10　各级学校办理社会教育有关法令择要（五）

第五條　校應一律兼辦工商業職業補習班
小學校除應兼辦民衆識字教育及抗敵宣傳外並應酌量兼辦左列社會教
育工作一種以上
(一)通俗演講　(二)壁　報　(三)民衆衛生指導
(四)學生家庭訪問　(五)懇　親　會　(六)協助保甲編組
(七)協助本鄉地方建設事業　(八)協助合作社之組織　(九)其他切合社會需要之教育

第七條　各級學校兼辦社會教育教職員及學生均應參加

第八條　中等以上學校得組織社會教育推行委員會隸屬於教務部主持社會教育
事宜委員會之組織章程由各級學校自定之但須呈報主管教育行政機關備
案

第九條　各級學校於每年度開始時應擬具兼辦社會教育計劃呈報主管教育行
政機關核准施行

第十條　各級學校兼辦社會教育所需經費應於各該學校經常費內動支不足之數
得呈請主管教育行政機關酌予補助

第十二條　各級學校於每年度終了時應將本年度內兼辦社會教育之經過及成效編
成報告呈報主管教育行政機關備案

图 7-1-10　各级学校办理社会教育有关法令择要（六）

七、各級學校兼辦社會教育暫行工作標準

二、各級學校兼辦社會教育應師生合作以促實際指導學生服務小學並應以教員為施教主体

四、高級中學兼辦社會教育之工作標準如下、

甲、依照各級學校兼辦社會教育辦法第三條各項辦理。

乙、三班以下之學校每學期辦民眾學校一班（以辦高級班為原則）六班以下者辦民眾學校兩班，九班以下者辦三班餘依此類推。

五、師範學校兼辦社會教育之工作標準如下、

甲、依照各級學校兼辦社會教育辦法第三條各項辦理

乙、三班以下學校每學期辦民眾學校一班六班以下者辦民眾學校兩班九班以下者辦三班餘依此類推、

丙、研究編輯地方性教材供師範區內各小學兼辦民眾學校補充教材之用

丁、研究並試驗關於兼辦社會教育各項實際問題每學期報告主管教育機關以資參考。

戊、切實指導教生實習兼辦社會教育並擬訂考核辦法。

图 7-1-10　各级学校办理社会教育有关法令择要（七）

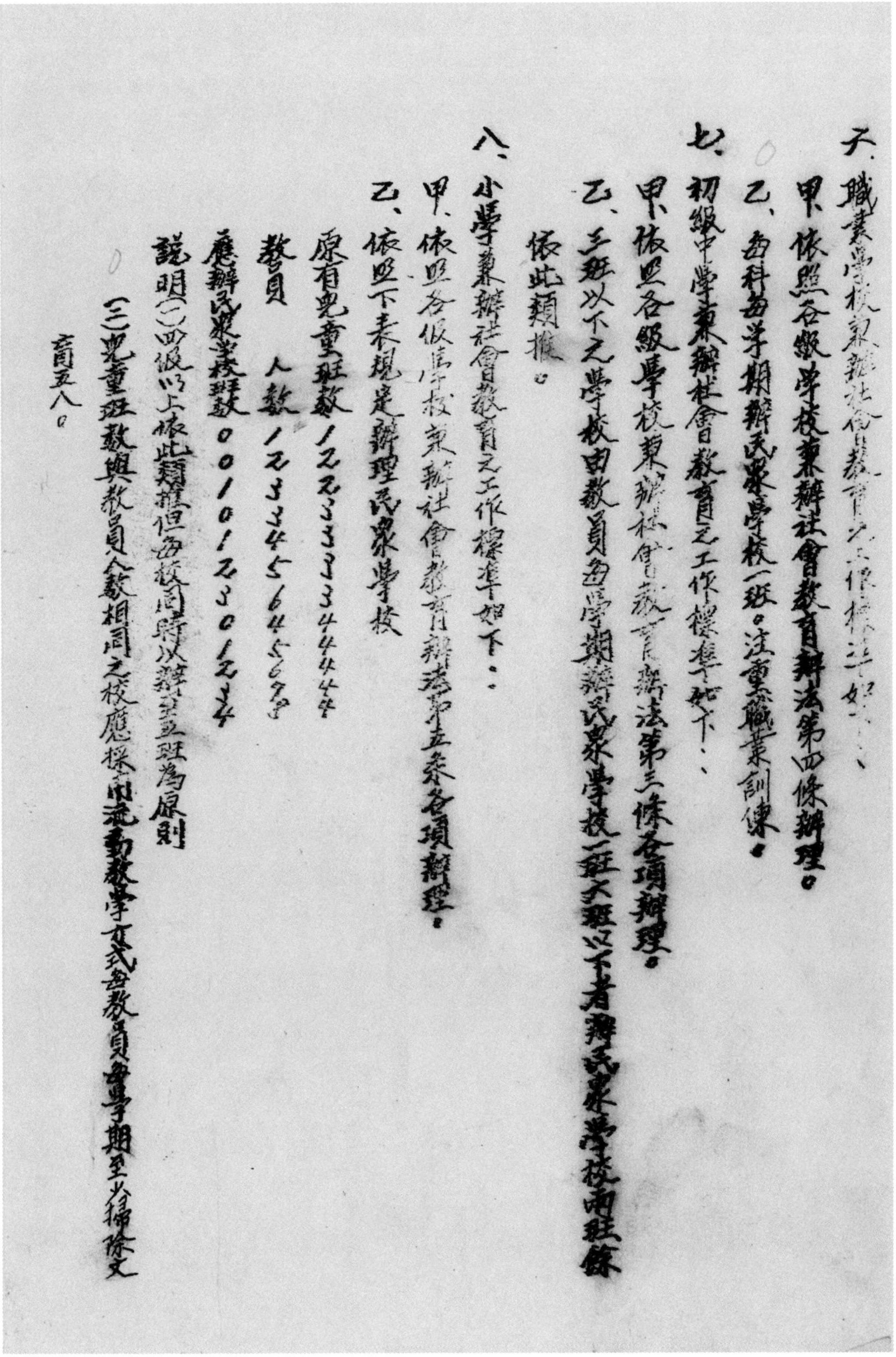

丙、職業學校兼辦社會教育之工作標準如下、

甲、依照各級學校兼辦社會教育辦法第四條辦理。

乙、各科每學期辦民眾學校一班。注重職業訓練。

七、初級中學兼辦社會教育之工作標準如下、

甲、依照各級學校兼辦社會教育辦法第三條各項辦理。

乙、三班以下之學校由教員每學期辦民眾學校一班六班以下者辦民眾學校兩班餘依此類推。

八、小學兼辦社會教育之工作標準如下、

甲、依照各級學校兼辦社會教育辦法第五條各項辦理。

乙、依照下表規定辦理民眾學校

原有兒童班數	1	2	2	3	3	3	3	4	4	4	4	4
教員人數	1	2	3	3	4	5	6	4	5	6	7	8
應辦民眾學校班數	0	0	1	0	1	2	3	0	1	2	3	4

說明(一)四級以上依此類推但每校同時以辦至五班為原則

(三)兒童班數與教員人數相同之校應採用流動教學方式每教員每學期至少掃除文盲五人。

图 7-1-10　各级学校办理社会教育有关法令择要（八）

九、各級學校須設法利用電影、幻燈、收音機、演講、壁報、戲劇、畫書及体育設備普遍施教以輔助學校或社會教育之推行。

图 7-1-10　各级学校办理社会教育有关法令择要（九）

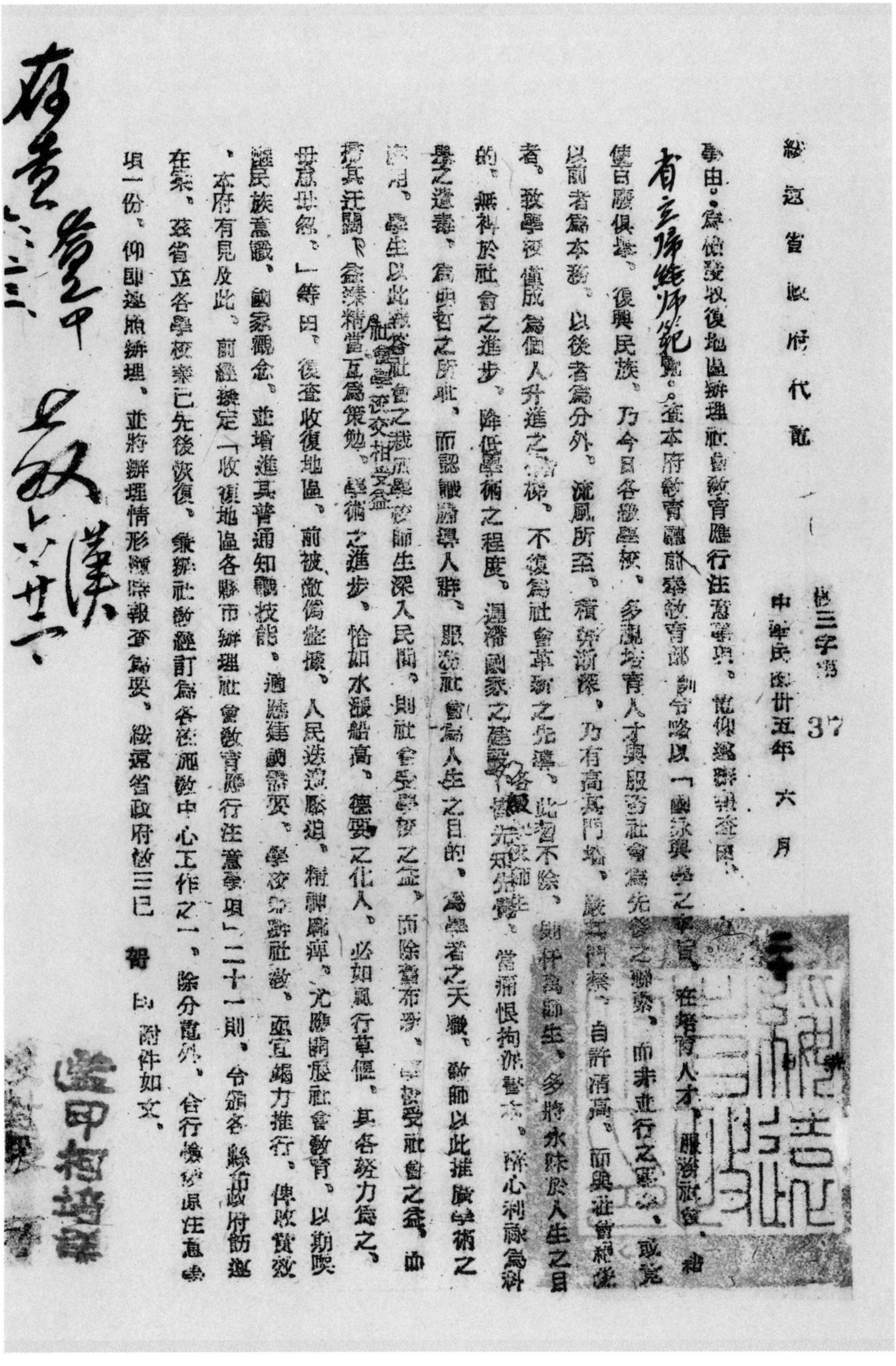

綏遠省政府代電

教三字第 37

中華民國卅五年六月

事由：為檢發收復地區辦理社會教育應行注意事項電仰遵照辦理具報由。

省立歸綏師範覽：查本府教育廳前奉教育部訓令略以「國家興學之宗旨，在培育人才，服務社會，

使百廢俱舉，復興民族。乃今日各級學校，多視培育人才與服務社會為先後之聯繫，而非並行之兩途，或竟

以前者為本務，以後者為分外。流風所至，積漸深深，乃有高其門牆，嚴立界禁，自許清高，而與社會相隔

者。致學校僅成為個人升進之階梯，不復為社會革新之先導。此習不除，則升為師生，多將永昧於人生之目

的，無補於社會之進步，降低學術之程度，遲滯國家之建設。各級學校師生，當痛恨拘泥舊習，齊心利祿為科

舉之遺毒，為世者之所恥，而認識領導人群，服務社會為人生之目的，為學者之天職。教師以此推廣學術之

應用，學生以此熟悉社會之狀況，學校師生深入民間，則社會受學校之益，而除[illegible]布[illegible]，學校受社會之益，而

得其任導，社會學校交相受益，益臻精當互為策勉，學術之進步，恰如水漲船高，德業之化人，必如風行草偃，其各努力為之，

毋忽其忽。」等因。復查收復地區，前被敵偽盤據，人民迭遭壓迫，精神麻痺，尤應闡揚社會教育，以期喚

醒民族意識，國家觀念，並增進其普通知識技能，適應建國需要，學校兼辦社教，亟宜竭力推行，俾收實效

。本府有見及此，前經擬定「收復地區各縣市辦理社會教育應行注意事項」二十一則，令飭各縣市政府飭遵

在案。茲省立各學校業已先後恢復，兼辦社教經訂為各校施教中心工作之一，除分電外，合行檢發原注意事

項一份，仰即遵照辦理，並將辦理情形隨時報查為要。綏遠省政府教三巳　智　印　附件如文。

图 7-1-11　绥远省政府为检发收复地区办理社会教育应行注意事项给省立归绥师范学校代电（1946 年 6 月 20 日）

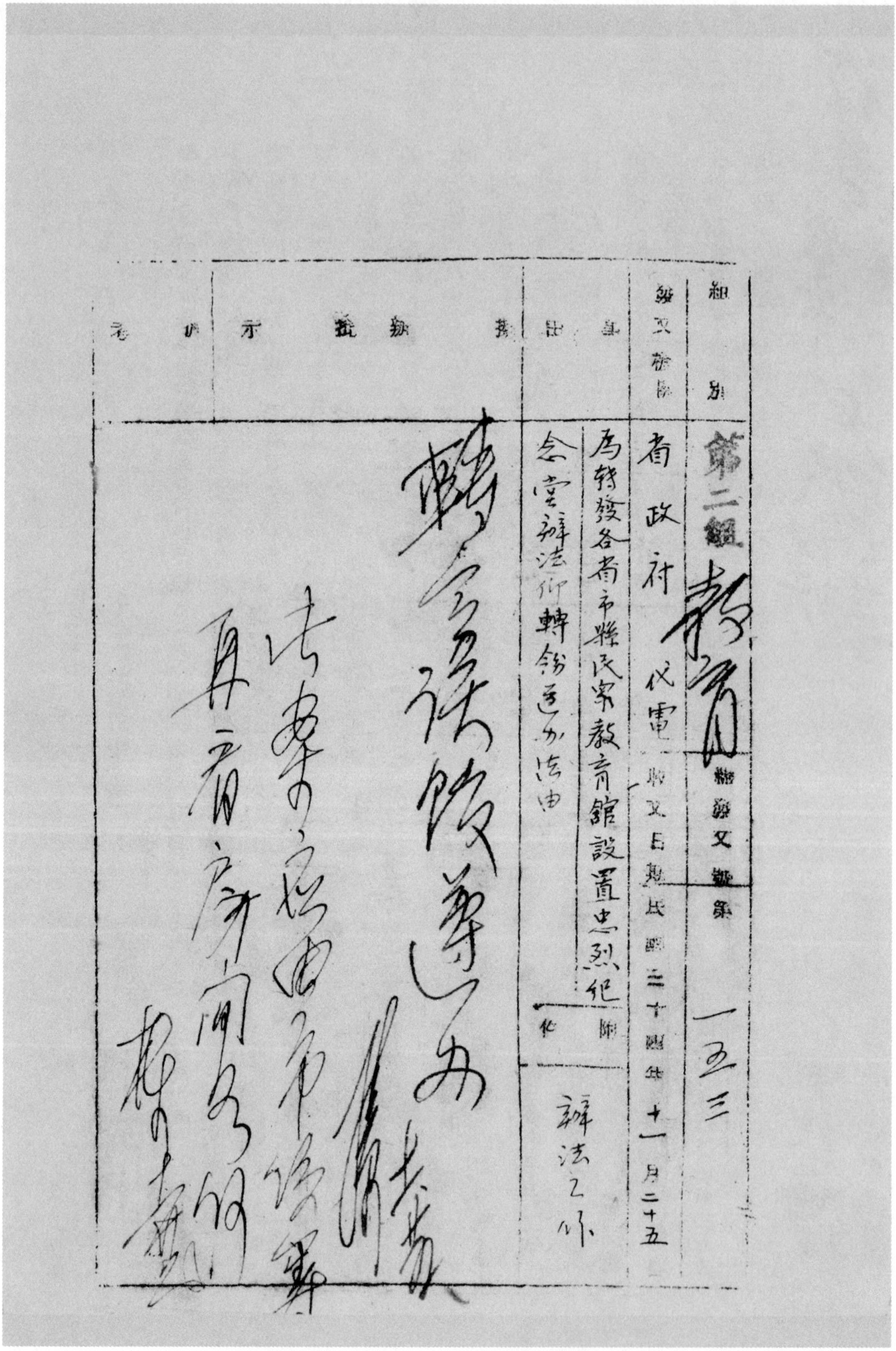
第二組 教育
一五三
省政府 代電
收文日期 民國三十四年十一月二十五
為轉發各省市縣民眾教育館設置忠烈紀念堂辦法仰轉飭遵辦由
辦法乙份

图 7-1-12　绥远省政府为转发各省市县民众教育馆设置忠烈纪念堂办法给归绥市政府代电（1945 年 11 月 24 日）（一）

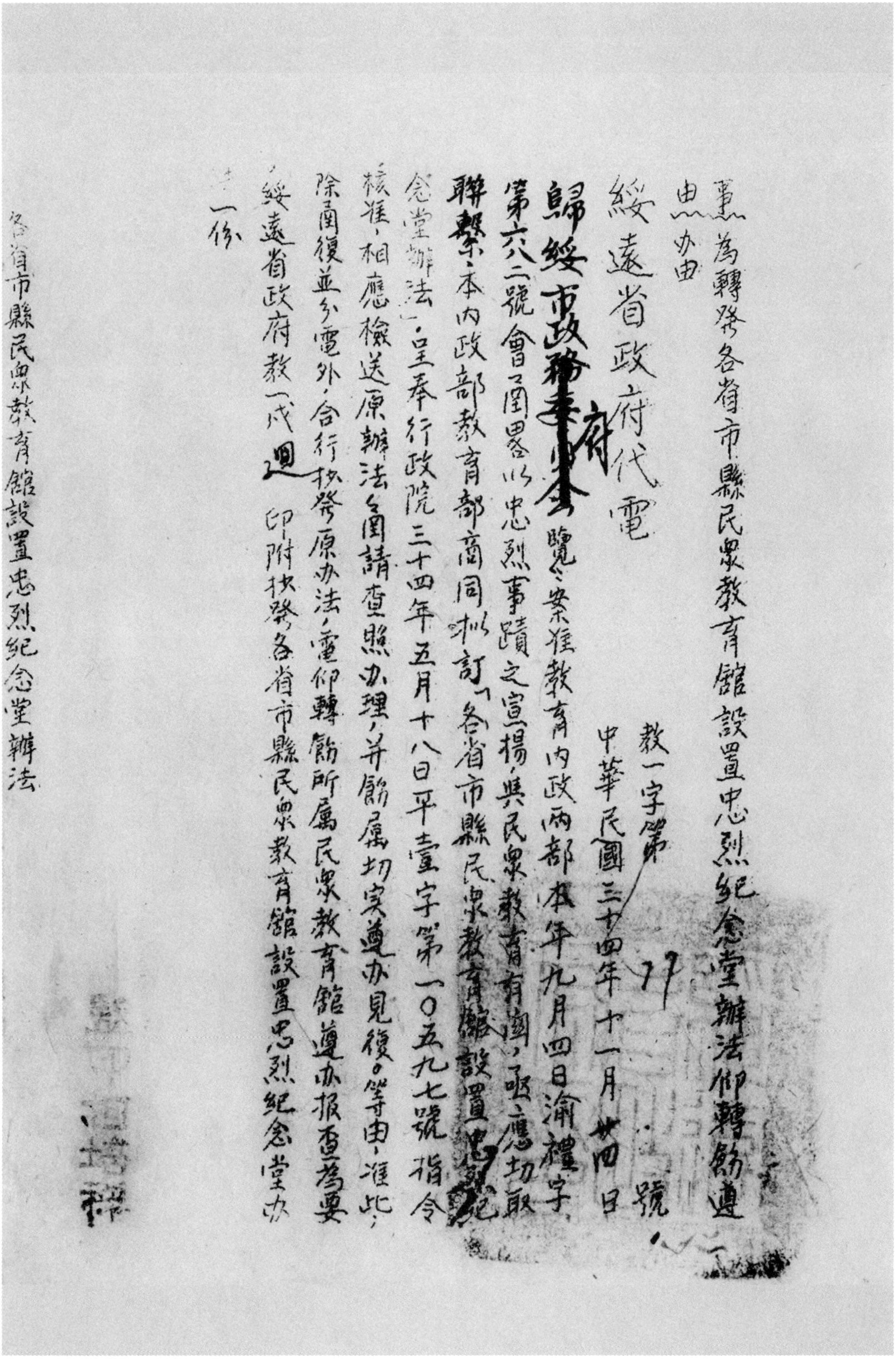

事由：為轉發各省市縣民衆教育館設置忠烈紀念堂辦法仰轉飭遵照辦由

綏遠省政府代電

教一字第77號

中華民國三十四年十一月廿四日

歸綏市政府覽：案准教育內政兩部本年九月四日渝禮字第六二號會函略以「忠烈事蹟之宣揚，與民衆教育有關，亟應切取聯繫。本內政部教育部商同擬訂「各省市縣民衆教育館設置忠烈紀念堂辦法」，呈奉行政院三十四年五月十八日平壹字第一〇五九七號指令核准，相應檢送原辦法，函請查照辦理，并飭屬切實遵辦見復」。等由，准此，除函復並分電外，合行抄發原辦法，電仰轉飭所屬民衆教育館遵辦報查為要。

綏遠省政府教一戌迥 印

附抄發各省市縣民衆教育館設置忠烈紀念堂辦法一份

各省市縣民衆教育館設置忠烈紀念堂辦法

图 7-1-12　绥远省政府为转发各省市县民众教育馆设置忠烈纪念堂办法给归绥市政府代电（1945 年 11 月 24 日）（二）

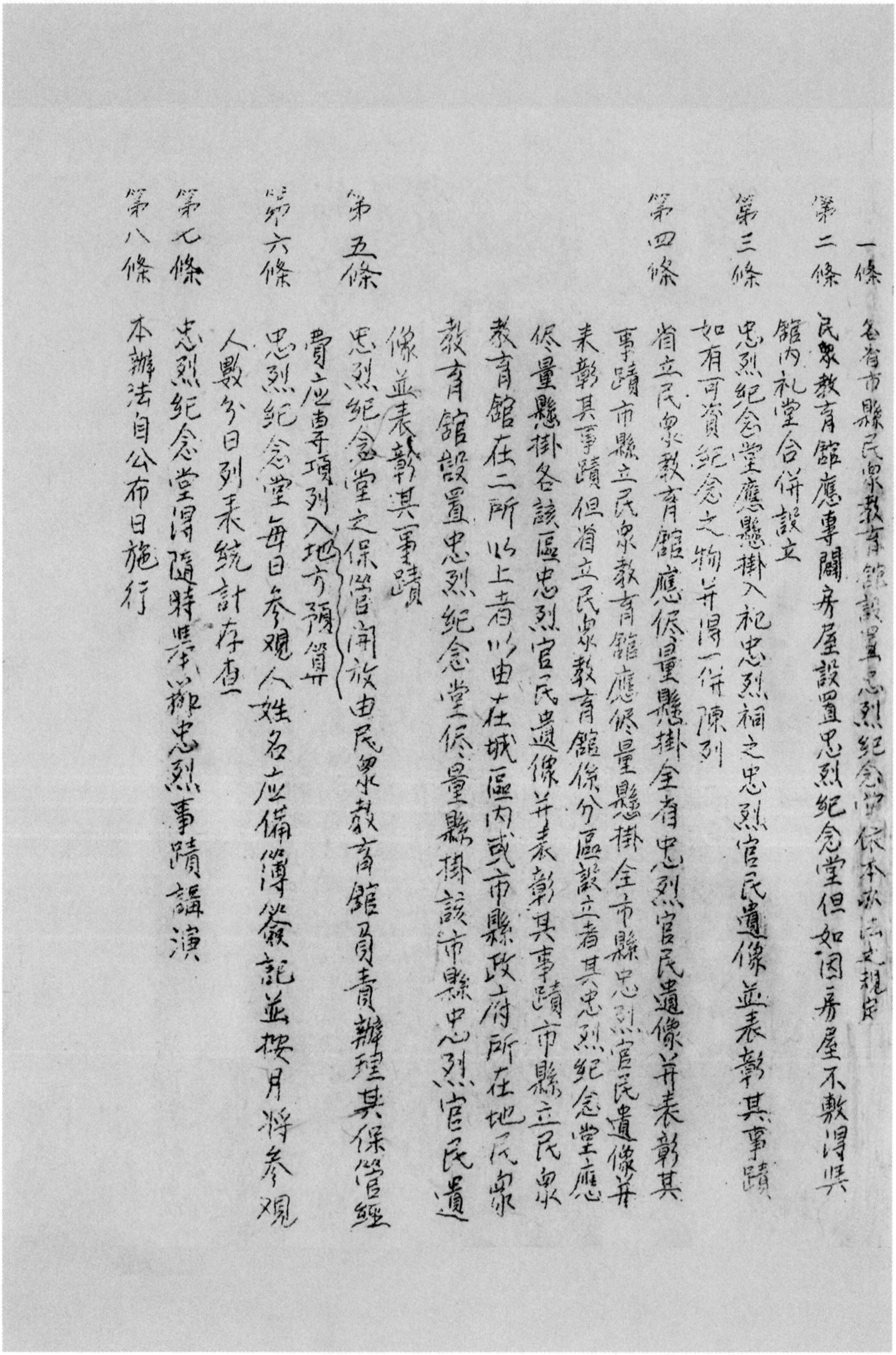

一條 各省市縣民衆教育館設置忠烈紀念堂依本辦法之規定
第二條 民衆教育館應專闢房屋設置忠烈紀念堂但如因房屋不敷得與館內礼堂合併設立
第三條 忠烈紀念堂應懸掛入祀忠烈祠之忠烈官民遺像並表彰其事蹟如有可資紀念之物并得一併陳列
第四條 省立民衆教育館應儘量懸掛全省忠烈官民遺像并表彰其事蹟市縣立民衆教育館應儘量懸掛全市縣忠烈官民遺像并表彰其事蹟但省立民衆教育館係分區設立者其忠烈紀念堂應儘量懸掛各該區忠烈官民遺像并表彰其事蹟市縣立民衆教育館在二所以上者以由在城區內或市縣政府所在地民衆教育館設置忠烈紀念堂儘量懸掛該市縣忠烈官民遺像並表彰其事蹟
第五條 忠烈紀念堂之保管開放由民衆教育館負責辦理其保管經費應由專項列入地方預算并
第六條 忠烈紀念堂每日參觀人姓名應備簿簽記並按月將參觀人數分日列表統計存查
第七條 忠烈紀念堂得隨時舉辦忠烈事蹟講演
第八條 本辦法自公布日施行

图 7-1-12 绥远省政府为转发各省市县民众教育馆设置忠烈纪念堂办法给归绥市政府代电（1945 年 11 月 24 日）（三）

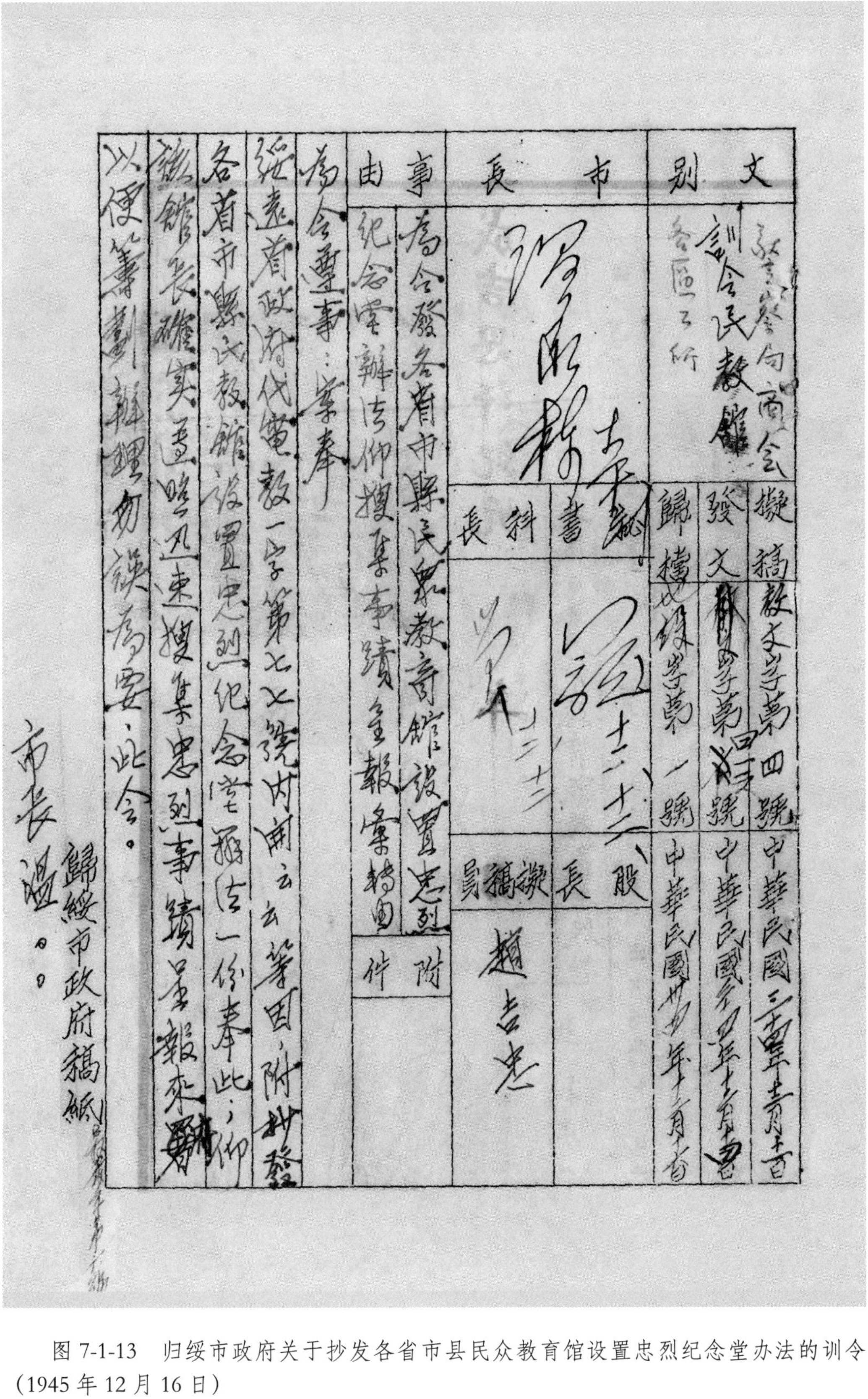

文别：训令 民教馆
事由：为令发各省市县民众教育馆设置忠烈纪念堂办法仰搜集事迹呈报由
附件

为令遵事：案奉
绥远省政府代电教一字第七七号内开：云云等因，附抄发
各省市县民众教育馆设置忠烈纪念堂办法一份，奉此，仰
该馆长确实遵照迅速搜集忠烈事迹呈报来府，
以便筹划办理，勿误为要，此令。

市长

拟稿 教文字第四号 中华民国三十四年十二月十四日
发文 字第 号 中华民国三十四年十二月十六日
归档 第一号

归绥市政府稿纸

图 7-1-13 归绥市政府关于抄发各省市县民众教育馆设置忠烈纪念堂办法的训令（1945 年 12 月 16 日）

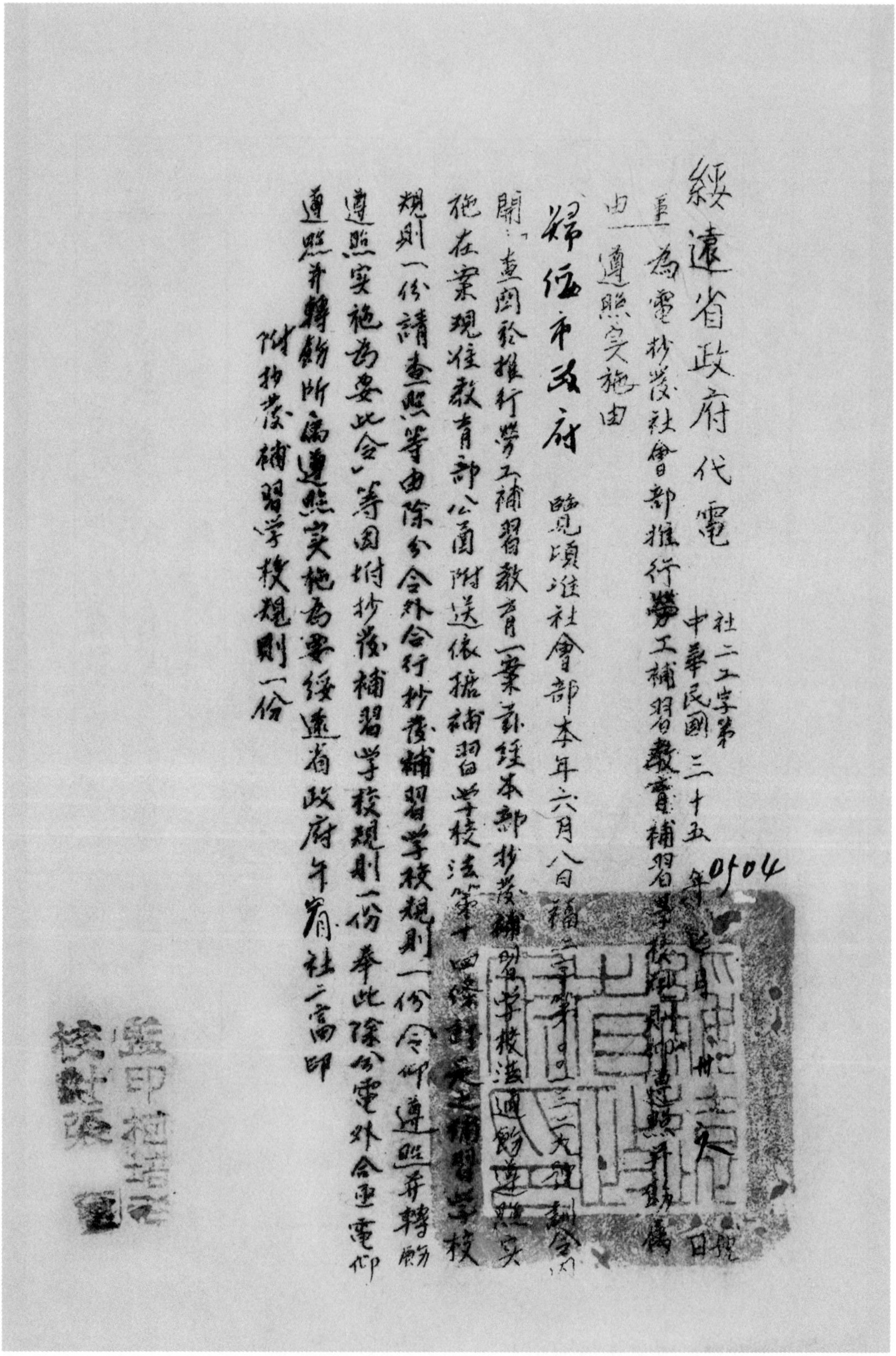
綏遠省政府代電

社二工字第　　號
中華民國三十五年七月　日發

事為電抄發社會部推行勞工補習教育補習學校規則仰遵照并飭屬遵照實施由

歸綏市政府鑒現准社會部本年六月八日福二字第四三九號訓令內開「查關於推行勞工補習教育一案前經本部抄發補習學校法通飭遵照實施在案現准教育部公函附送依據補習學校法第十四條訂定之補習學校規則一份請查照等由除分令外合行抄發補習學校規則一份令仰遵照并轉飭遵照實施為要此令」等因附抄發補習學校規則一份奉此除分電外合亟電仰遵照并轉飭所屬遵照實施為要綏遠省政府午宥社二富印

附抄發補習學校規則一份

0504

監印 楊浩若
校對 張□

图 7-1-14　绥远省政府为抄发社会部推行劳工补习教育补习学校规则给归绥市政府代电（附补习学校规则）（1946 年 7 月 26 日）（一）

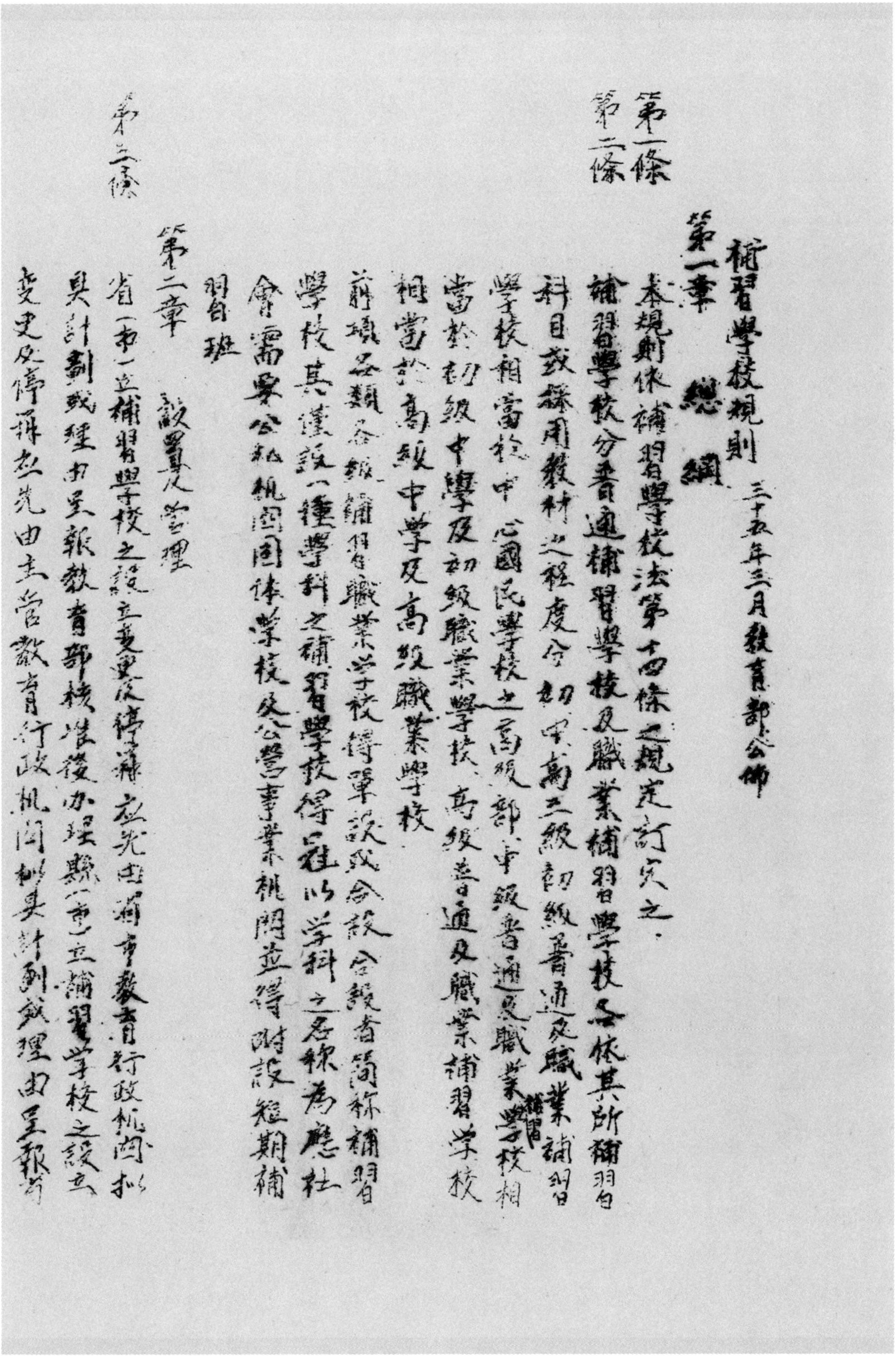

補習學校規則　三十五年三月教育部公佈

第一章　總綱

第一條　本規則依補習學校法第十四條之規定訂定之。

第二條　補習學校分普通補習學校及職業補習學校，各依其所補習科目或採用教材之程度，分初、中、高三級。初級普通及職業補習學校相當於中心國民學校之高級部，中級普通及職業補習學校相當於初級中學及初級職業學校，高級普通及職業補習學校相當於高級中學及高級職業學校。

前項各類各級補習學校得單設或合設，合設者簡稱補習學校，其僅設一種學科之補習學校得冠以學科之名稱。為應社會需要，公私機關團體、學校及公營事業機關並得附設短期補習班。

第二章　設置及管理

第三條　省（市）立補習學校之設立、變更及停辦，應先由省市教育行政機關擬具計劃或理由呈報教育部核准後辦理。縣（市）立補習學校之設立、變更及停辦，應先由主管教育行政機關擬具計劃或理由呈報省

图 7-1-14　绥远省政府为抄发社会部推行劳工补习教育补习学校规则给归绥市政府代电（附补习学校规则）（1946 年 7 月 26 日）（二）

教育厅核准後办理並由教育厅转报教育部備案、
私立補習學校之設立變更及停办,依照私立學校規程内所規定
程序办理並应轉報教育部備案
各公私机関團体学校及公營事業機構附設補習学校之設置及管理
與公私立補習学校同
公私立補習学校之設立變更及停办,不依前項規定程序办理者,上
級教育行政机関得撤消之

第四條 省(市)立補習学校以所在地之名之,縣(市)立補習学校逕称某
縣(市)立補習学校,一地有立別相同之公立補習学校二所以上時,得
再冠以數字區別之,私立補習学校应採用專有名称

公私立補習学校应行呈報事項如左

第五條 一、每学年開始後一個月内,应將本学校本年度經費預算、業務進
行計劃、上年度經費内決算、教職員更動情形呈报主管教育行
政机関備案
二、每期或(学科)開始時,应將設置学科、教材、教学時數、教学進度、
教職員一覧表、学生名冊呈報主管教育行政机関備案

图 7-1-14　绥远省政府为抄发社会部推行劳工补习教育补习学校规则给归绥市政府代电（附补习学校规则）（1946 年 7 月 26 日）（三）

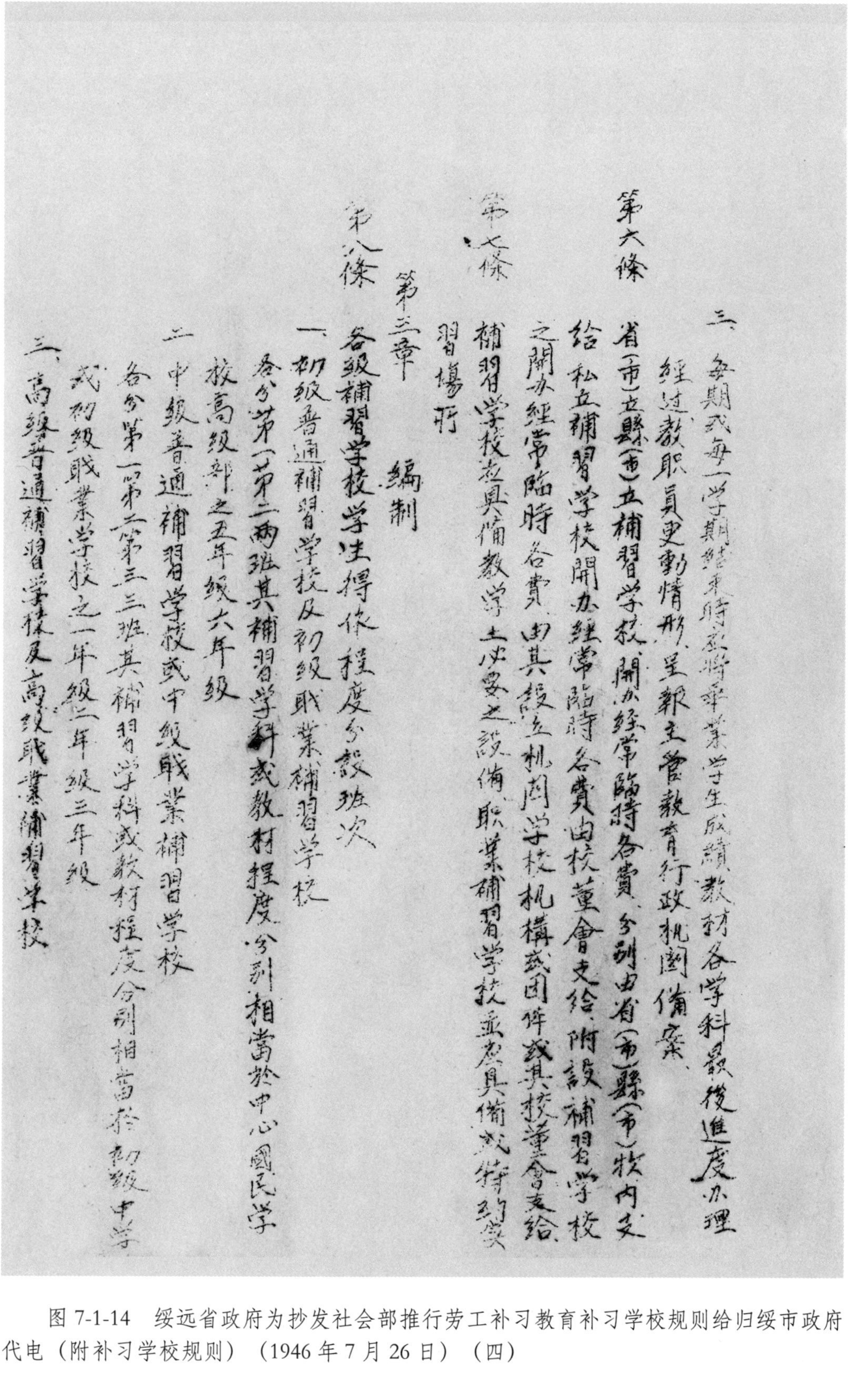

三、每期或每一学期結束時，應將畢業学生成績、教材各学科教授進度辦理
經過、教職員更動情形，呈報主管教育行政機關備案。

第六條 省（市）立縣（市）立補習学校開辦、經常、臨時各費，分別由省（市）縣（市）預算內支
給；私立補習学校開辦、經常、臨時各費由校董會支給；附設補習学校
之開辦、經常、臨時各費，由其設立機關、学校、機構或團体或其校董會支給。

第七條 補習学校應具備教学上必要之設備，職業補習学校並應具備或特約實
習場所。

第三章 編制

第八條 各級補習学校学生得依程度分設班次：
一、初級普通補習学校及初級職業補習学校
各分第一、第二兩班，其補習学科或教材程度，分別相當於中心國民学
校高級部之五年級、六年級。
二、中級普通補習学校或中級職業補習学校
各分第一、第二、第三三班，其補習学科或教材程度分別相當於初級中学
或初級職業学校之一年級、二年級、三年級。
三、高級普通補習学校及高級職業補習学校

图 7-1-14 绥远省政府为抄发社会部推行劳工补习教育补习学校规则给归绥市政府代电（附补习学校规则）（1946 年 7 月 26 日）（四）

各分第一第二第三之班其補習学科教材程度分别相當於高級
中学或高級職業学校之一年級二年級三年級
四 短期補習班 視其補習学科或教材程度分班教学分别相當
於各学校之年級
第九條 補習学校每学級人數以二十人至五十人為度
第十條 補習学校学生以男女分班或分校教学為原則
第四章 分科及課程
第十一條 補習学校採用学科制得分科教学
第十二條 各級補習学校学科應照下列規定分别設置
一 初級普通補習学校為國語、算術、常識（即社會自然）等科
二 中級普通補習学校為公民、國文、數学、自然科学（包括博物、生理、衛生
化学、物理）、歷史、地理、外國文等科
三 高級普通補習学校為公民、國文、外國文、數学、生物、礦物、化学
物理、歷史、地理等科
四 各級職業補習学校分普通学科及職業学科二種、初級職業補
習学校普通学科為國語、常識（即社會自然）算術等科

图 7-1-14　绥远省政府为抄发社会部推行劳工补习教育补习学校规则给归绥市政府代电（附补习学校规则）（1946 年 7 月 26 日）（五）

職業学科得依據实際需要自行拟訂呈經主管教育行政机関核准後行之中級及高級職業補習学校普通学科為公民國文數学外國文史地理化（中級為生物）等科職業学科应依照教育部規定之各該級職業学校課程办理經呈准後並得增設实際需要之其他科目

五 短期補習班学科由設立人視实際需要自定之但須事先呈經主管教育行政机関核准備案

第十三條 補習学校課程標準除初級職業補習学校另行頒訂外其餘均適用同類同級正式学校之課程標準

第十四條 職業補習学校实習应佔全教学時間百分之二十至三十其生產机関附設者得將实習時間酌量減少

第十五條 補習学校应实施公民訓練並应斟酌情形实施体育及音樂活動

第五章 学生及入学

第十六條 補習学校学生不分性別入学年齡初級中学須在十二足歲以上高級須在十四足歲以上

第十七條 各級補習学校学生入学資格如左

图 7-1-14 绥远省政府为抄发社会部推行劳工补习教育补习学校规则给归绥市政府代电（附补习学校规则）（1946 年 7 月 26 日）（六）

一、初級普通補習學校及初級職業補習學校學生須具左列資格之一
(1) 高級成人班或婦女班畢業者
(2) 國民學校或中心國民學校中級部修業期滿者
(3) 有同等學力者
二、中級普通補習學校及中級職業補習學校學生須具備左列資格之一
(1) 初級普通補習學校或初級職業補習學校畢業者
(2) 中心國民學校高級部畢業者
(3) 有同等學力者
三、高級普通補習學校及高級職業補習學校學生須具備左列資格之一
(1) 中級普通補習學校或中級職業補習學校畢業者
(2) 初級中等學校畢業者
(3) 有同等學力者
四、短期補習班學生具有同等學力者均可入學

图 7-1-14 绥远省政府为抄发社会部推行劳工补习教育补习学校规则给归绥市政府代电（附补习学校规则）（1946 年 7 月 26 日）（七）

第十八條 補習學校學生入學須經編級試驗及格 初級中級普通及職業補習學校試驗以國文公民常識為必試科目高級普通及職業補習學校編級試驗以國文公民本國史地數學（或算術）為必試科目職業補習學校及短期補習班並得選定與修習學科有關之科目一種至二種試驗之

第六章 成績考查及結業

第十九條 補習學校學生平時應由教員舉行臨時試驗結業時應舉行結業試驗

第二十條 每學科缺席時數達該科教學總時數三分之一以上之學生不得參加該科結業試驗

第二十一條 補習學校學生在每一班修習某一學科期滿或在校將某一學科或將全部學科修業完畢經試驗成績及格由校發給某科某班或某級學業證書或結業證書

學業及格證書式樣另訂之

第七章 教學時間

第二十二條 補習學校上課時間採用下列方法之一

一、按日制 每日上下午或晚間上課 至某種學科授畢為止 按日教

图 7-1-14 绥远省政府为抄发社会部推行劳工补习教育补习学校规则给归绥市政府代电（附补习学校规则）（1946 年 7 月 26 日）（八）

学并不間斷者
二、間日制 在同星期日上課每星期內某幾日上課其餘日期并不教
学者
上項補習学校上課時間除每月每星期指定日間或夜間一部
分時間授課外并得於寒暑假或其他特定時間办理之
第廿三條 補習学校上課採用按日制者每日上課時間不得少於兩小時採用
間日制者每次上課時間不得少於三小時
其每週授課時數与時間由学校依地方情形及補習学科性
質訂定呈請主管教育行政机関核准
第廿四條 補習学校每一種学科教学總時數不得少於同級正式学校課
程標準內規定總時數三分之二每一種学科修業期限不得少
於兩個月
其編制並得採行学月制與学科制前者以学期為單位以修滿若
干學月為終了後者以学科為單位以修滿其其学科為終了
第八章 轉学及升学資格
第廿五條 各級補習学校得收同級正式学校程度相當或程度相銜接之

图 7-1-14 绥远省政府为抄发社会部推行劳工补习教育补习学校规则给归绥市政府代电（附补习学校规则）（1946 年 7 月 26 日）（九）

學生（如中級普通補習學校第三班得收受曾在初級中學三年級肄業或在初級中級修畢二年級課程之學生）

第廿六條　前項學生入學時須繳驗正式學校成績單成績及格者得除入學試驗

補習學校各班學生修畢同級正式學校與該班程度相當之年級之主要學科並經試驗及格者得以同等學力投考正式學校程度相銜接之班次肄業（如中級普通補習學校第一班學生在補習學校內將初中一年級主要學科修習完畢成績及格得考入初級中學二年級肄業）

第廿七條　各級補習學校學生修畢規定學科並經試驗及格者得以同等學力投考與原補習學校程度相銜接之正式學校（如中級普通補習學校學生在補習學校內修畢規定學科成績及格得投考高級中學一年級）

第廿八條　補習學校學生修畢同級正式學校各種主要學科並經試驗及格得由主管教育行政機關舉行考驗及格者由主管教育行政機關給予資格證明書其所證明之資格與同級正式學校之畢業資格同

前項考驗辦法另訂之

图 7-1-14　绥远省政府为抄发社会部推行劳工补习教育补习学校规则给归绥市政府代电（附补习学校规则）（1946 年 7 月 26 日）（十）

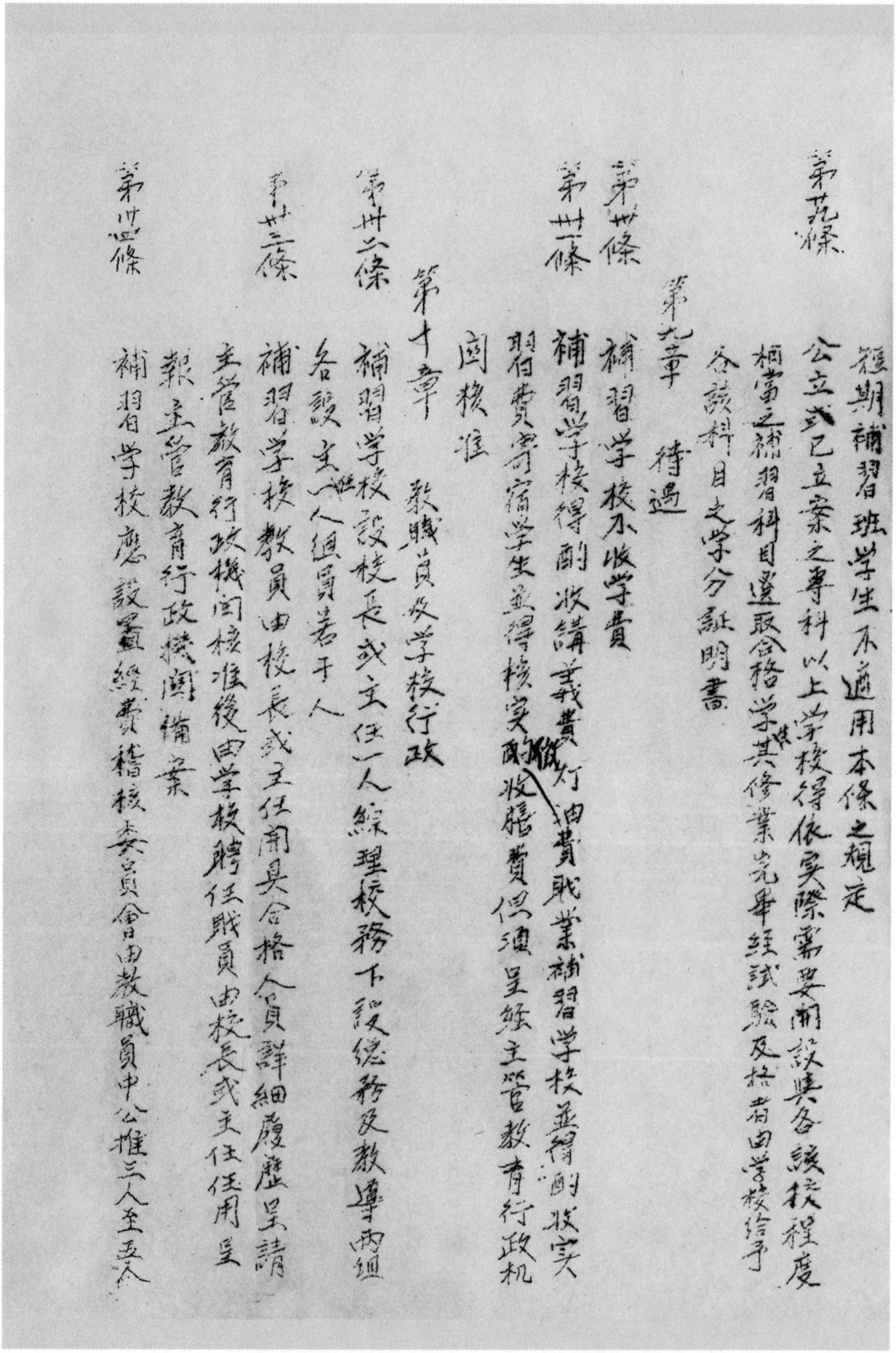
第廿九條　短期補習班學生不適用本條之規定
公立或已立案之專科以上學校得依實際需要開設與各該校程度
相當之補習科目選取合格學生其修業完畢經試驗及格者由學校給予
各該科目之學分証明書
第九章　待遇
第卅條　補習學校不收學費
第卅一條　補習學校得酌收講義費燈油費職業補習學校並得酌收實
習費寄宿學生並得核實酌收膳費但須呈經主管教育行政機
関核准
第十章　教職員及學校行政
第卅二條　補習學校設校長或主任一人綜理校務下設總務及教導兩組
各設主任一人組員若干人
第卅三條　補習學校教員由校長或主任聘具合格人員詳細履歷呈請
主管教育行政機関核准後由學校聘任職員由校長或主任任用呈
報主管教育行政機関備案
第卅四條　補習學校應設置經費稽核委員會由教職員中公推三人至五人

图 7-1-14　绥远省政府为抄发社会部推行劳工补习教育补习学校规则给归绥市政府代电（附补习学校规则）（1946 年 7 月 26 日）（十一）

組織之（校長或主任總務主任事務員均不得參加）輪流充當主席負責核收支帳目及單據之責每月開會一次職業補習學校並應設置職業指導委員會以校長或主任各組主任及有關教員組織之以校長或主任為主席負指導結業學生就業之責每半年至少開會一次

第廿五條　補習學校於必要時得增設其他各種委員會或舉行各種會議

補習學校校長（或主任）及教員須分別具備同級正式學校校長及教員之資格其待遇標準亦分別適用同級正式學校之待遇辦法

第七章　附則

第廿六條　其他與補習教育有關之業餘補習班升學預備班講習會傳習所等均應一律改為補習學校或短期補習班適用本規則有關各條之規定

第廿七條　本規則自公布日施行

图 7-1-14　绥远省政府为抄发社会部推行劳工补习教育补习学校规则给归绥市政府代电（附补习学校规则）（1946 年 7 月 26 日）（十二）

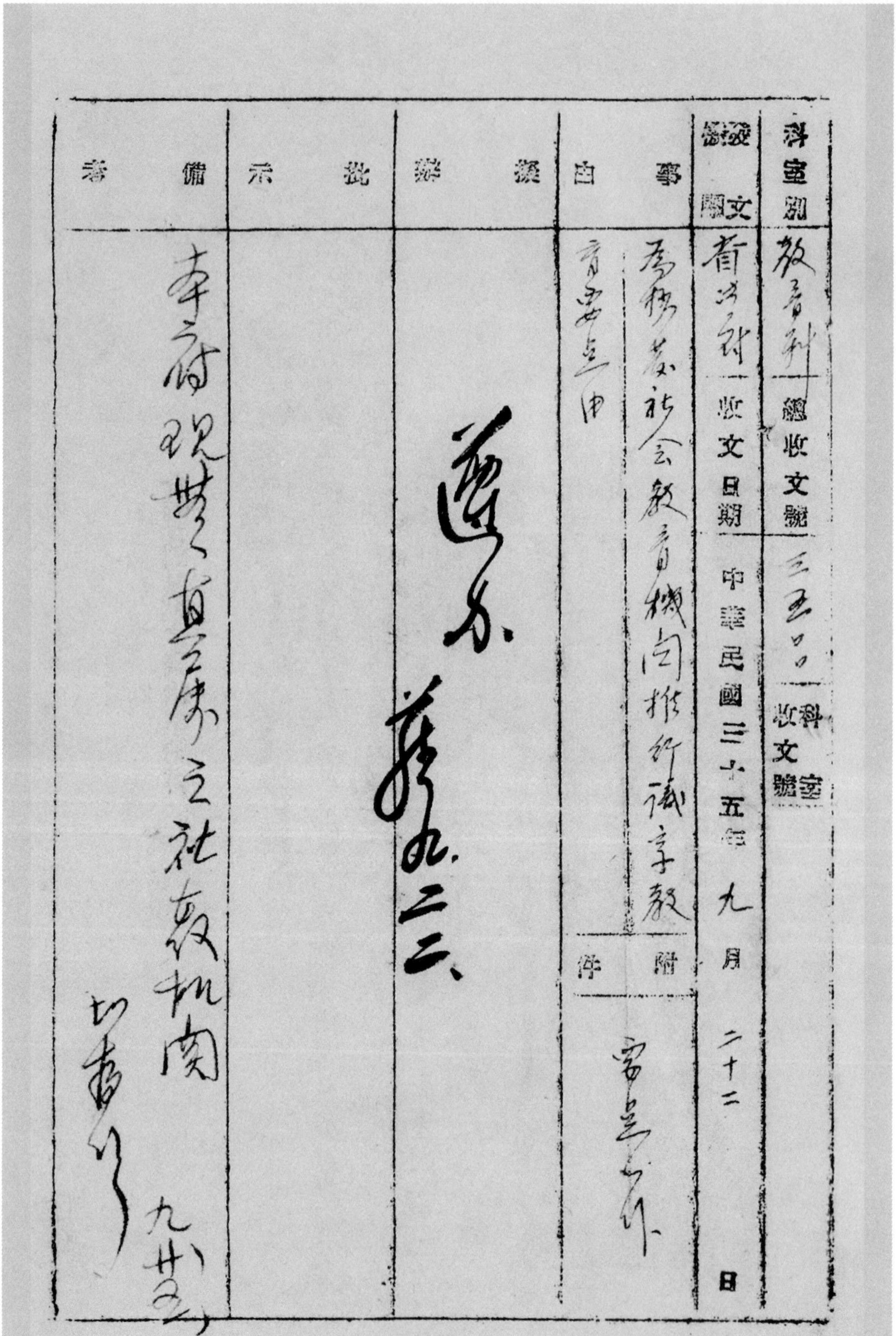
科室別 教育科
總收文號 三五〇〇
科室收文號
文別機關 省政府
收文日期 中華民國三十五年九月二十二日
事由 為抄發社會教育機關推行識字教育要點由
附件 要點
擬辦 遵示 蔡 九、二二
批示
備考 本府現無直屬之社教機關 九卅三

图 7-1-15　绥远省政府为抄发社会教育机关推行识字教育要点给归绥市政府代电（附要点）（1946 年 9 月 20 日）（一）

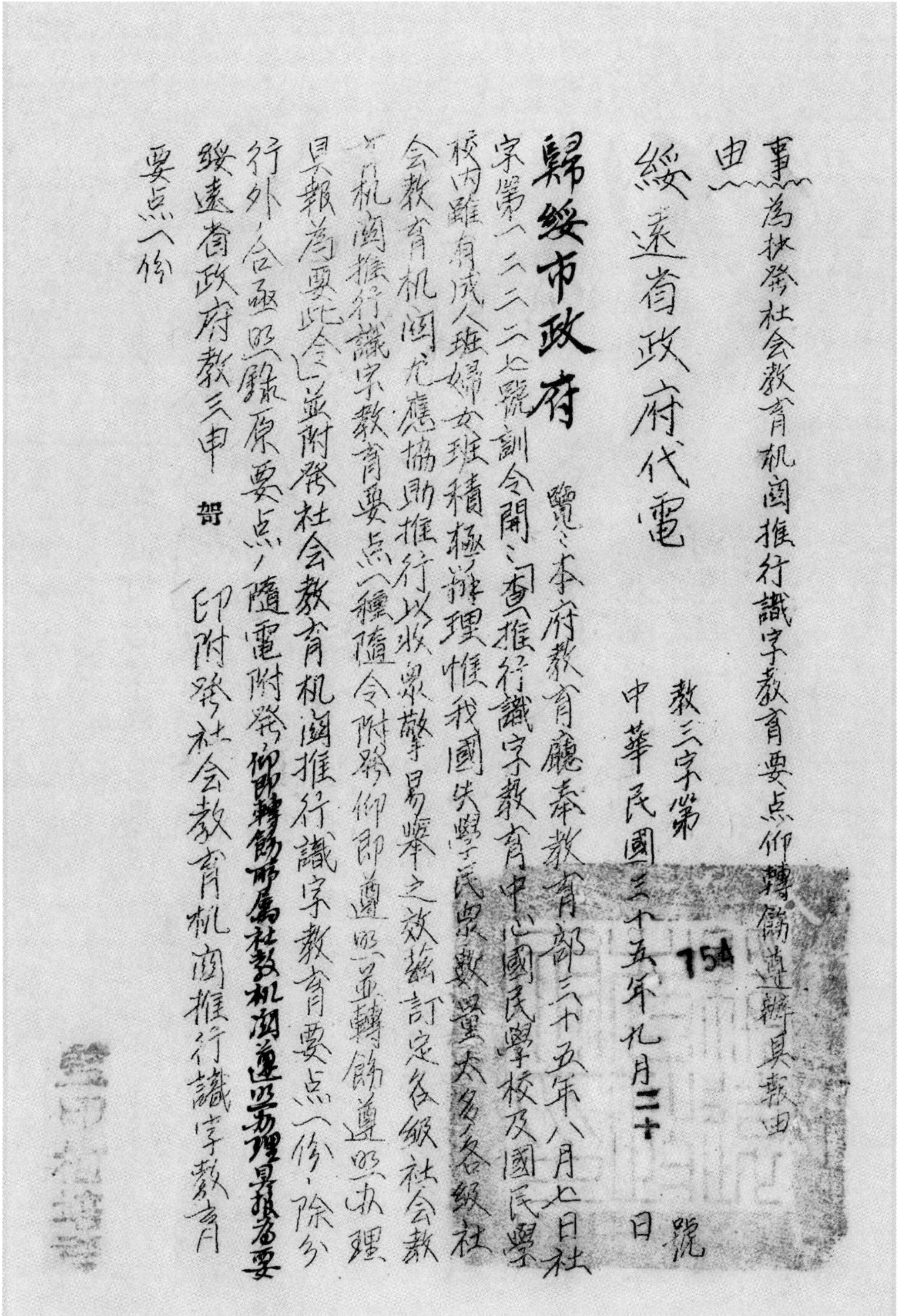

事由：為抄發社会教育机関推行識字教育要点仰轉飭遵辦具報由

綏遠省政府代電　教三字第　號

中華民國三十五年九月二十日

歸綏市政府

覽：本府教育廳奉教育部三十五年八月七日社字第一二二二七號訓令開：「查推行識字教育，中心國民學校及國民學校內雖有成人班、婦女班積極辦理，惟我國失學民衆數量太多，各級社会教育机関尤應協助推行，以收衆擎易舉之效，茲訂定各級社会教育机関推行識字教育要点一種，隨令附發，仰即遵照並轉飭遵照辦理具報為要。」此令。等因，並附發社会教育机関推行識字教育要点一份。除分行外，合亟照錄原要点，隨電附發，仰即轉飭所屬社教机関遵照辦理具報為要。

綏遠省政府教三申　哿　印

附發社会教育机関推行識字教育要点一份

图 7-1-15　绥远省政府为抄发社会教育机关推行识字教育要点给归绥市政府代电（附要点）（1946 年 9 月 20 日）（二）

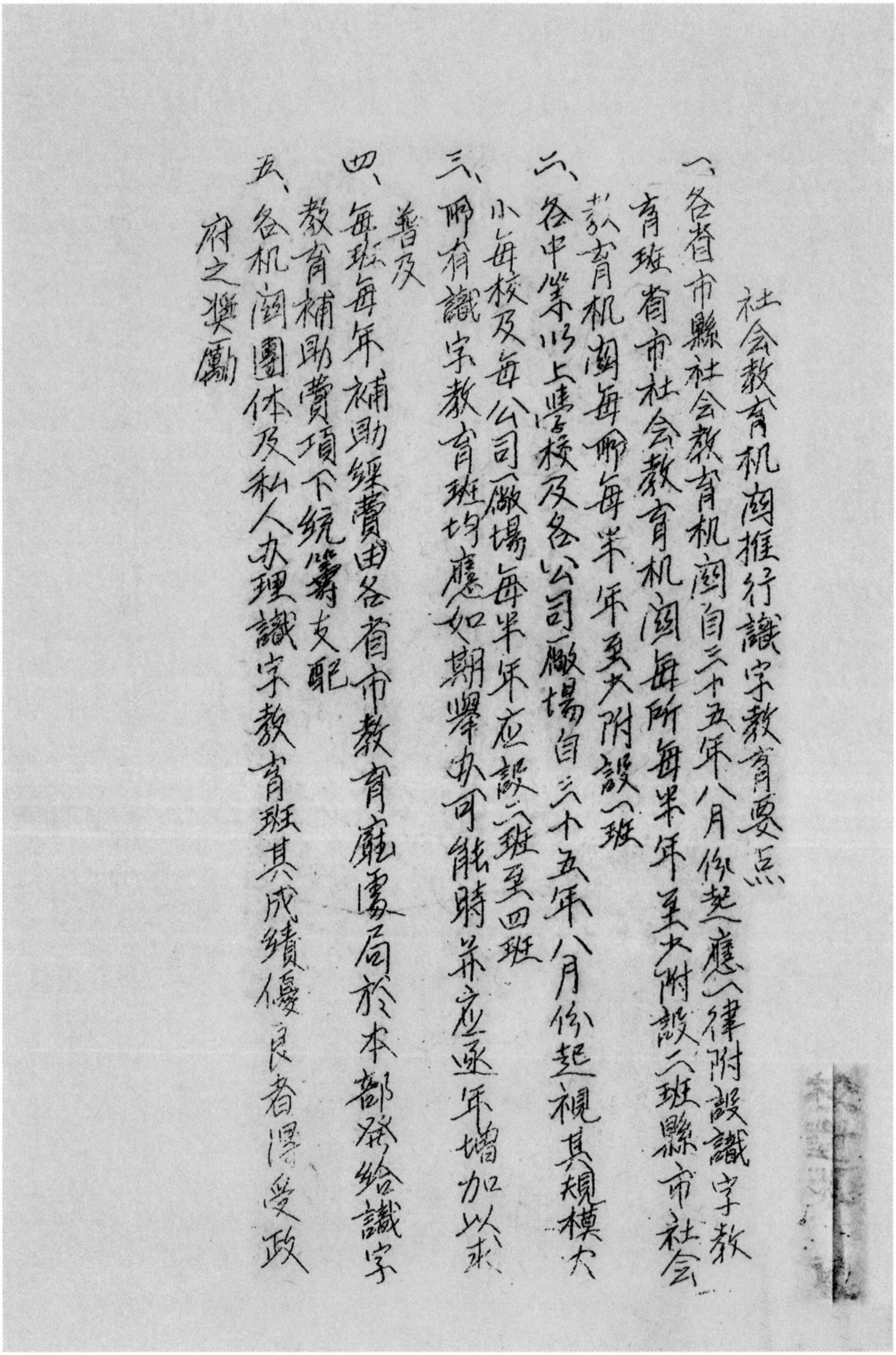
社会教育机関推行識字教育要点

一、各省市縣社会教育机関自三十五年八月份起應一律附設識字教育班省市社会教育机関每所每半年至少附設一班縣市社会教育机関每所每半年至少附設一班

二、各中等以上學校及各公司廠場自三十五年八月份起視其規模大小每校及每公司廠場每半年應設一班至四班

三、所有識字教育班均應如期舉办可能時并應逐年增加以求普及

四、每班每年補助經費由各省市教育廳處局於本部發給識字教育補助費項下統籌支配

五、各机関團体及私人办理識字教育班其成績優良者得受政府之獎勵

图 7-1-15 绥远省政府为抄发社会教育机关推行识字教育要点给归绥市政府代电（附要点）（1946 年 9 月 20 日）（三）

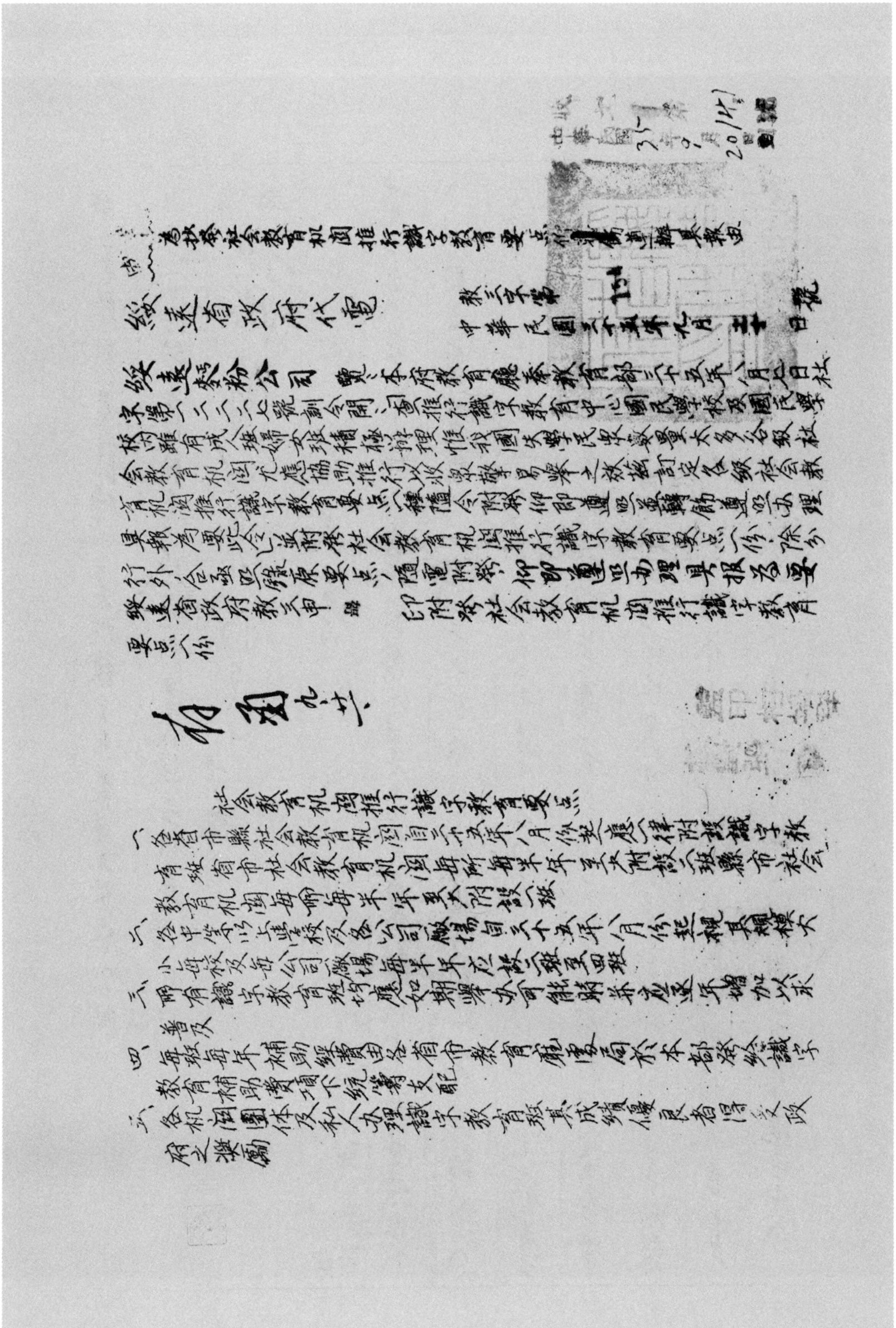
為抄發社會教育機關推行識字教育要點仰遵辦具報由

教三字第　　號

中華民國三十五年九月二十　日發

綏遠省政府代電

綏遠麵粉公司覽：本府教育廳奉教育部三十五年八月七日社字第一二一一七號訓令開：「查推行識字教育中心國民學校及國民學校雖有成人班婦女班積極辦理，惟我國失學民眾數量太多，各級社會教育機關尤應協助推行，以收迅速普及之效，茲訂定各級社會教育機關推行識字教育要點六條隨令附發，仰即遵照並轉飭遵照辦理具報為要。此令。」並附發社會教育機關推行識字教育要點一份。除分行外，合亟照錄原要點，隨電附發，仰即遵照辦理具報為要。綏遠省政府教三申　印附發社會教育機關推行識字教育要點一份

存司 九·廿二

社會教育機關推行識字教育要點

一、各省市縣社會教育機關自三十五年八月份起應一律附設識字教育班，省市社會教育機關每所每半年至少附設二班，縣市社會教育機關每所每半年至少附設一班。

二、各中等以上學校及各公司廠場自三十五年八月份起視其規模大小，由學校及公司廠場每半年應設一班至四班。

三、所有識字教育班均應依期畢業，亦可能時並分別逐年增加以求普及。

四、每班每年補助經費由各省市教育廳局於本部發給識字教育補助費項下統籌支配。

五、各機關團體及私人辦理識字教育班其成績優良者得呈請政府之獎勵。

图 7-1-16　绥远省政府为抄发社会教育机关推行识字教育要点给绥远面粉公司代电（附要点）（1946 年 9 月 20 日）

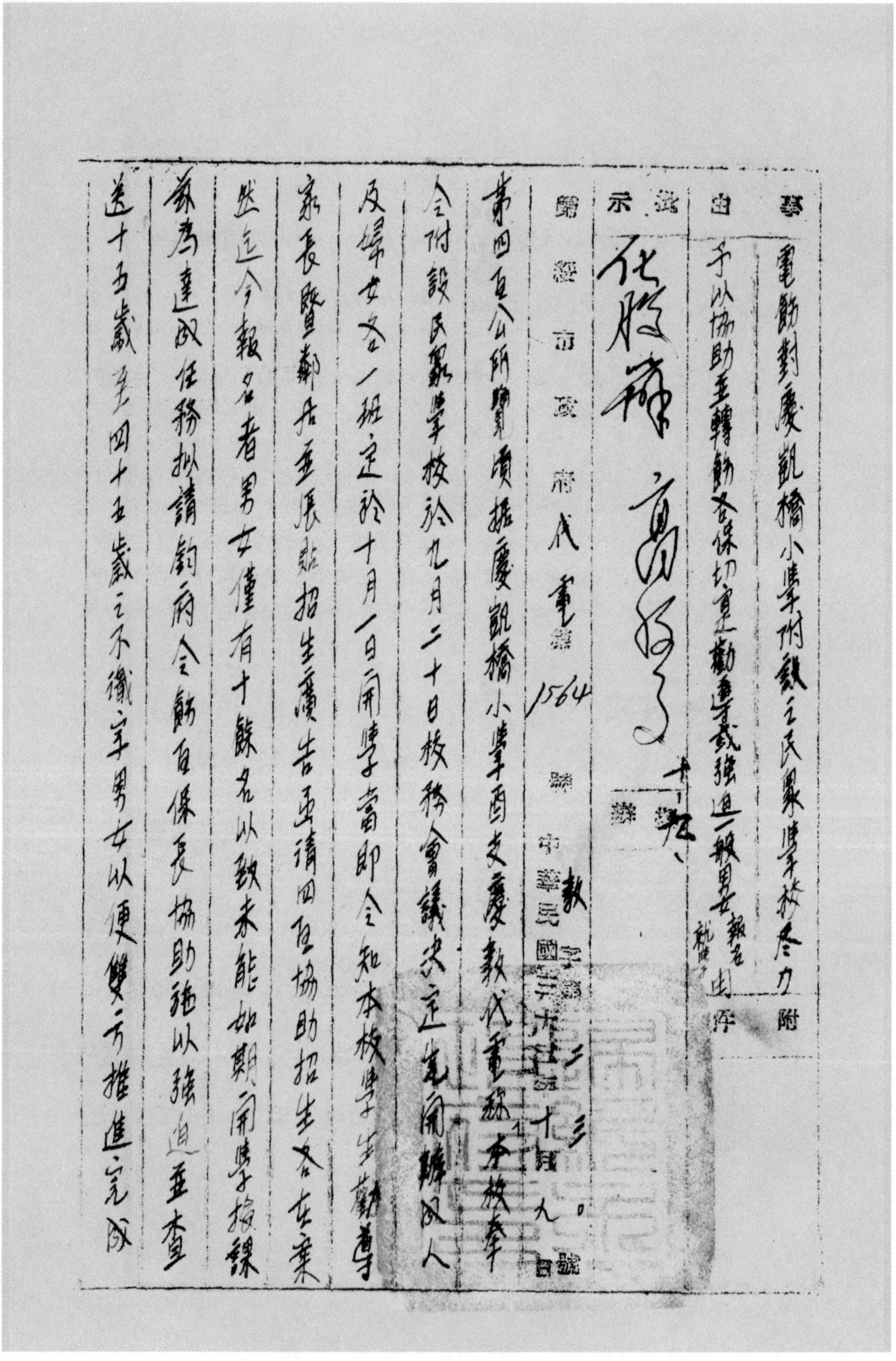

事由 電飭對慶凱橋小學附設之民衆學校盡力予以協助並轉飭各保切實勸導或強迫一般男女報名就學由

批示 [illegible] 十.九

歸綏市政府代電 1564 號

中華民國三十五年十月九日 教字第 號

第四區公所覽：頃據慶凱橋小學校長支慶教代電稱：本校奉令附設民衆學校，於九月二十日校務會議決定先開辦成人及婦女各一班，定於十月一日開學。當即令知本校學生勸導家長暨鄰居，並張貼招生廣告，函請四區協助招生，各在案。然迄今報名者男女僅有十餘名，以致未能如期開學授課，殊為違政任務。擬請鈞府令飭各保長協助，施以強迫，並查送十五歲至四十五歲之不識字男女，以便雙方推進完成

图 7-1-17　归绥市政府为对庆凯桥小学附设之民众学校尽力予以协助并转饬各保切实劝导或强迫一般男女报名就学给第四区公所代电（1946 年 10 月 9 日）（一）

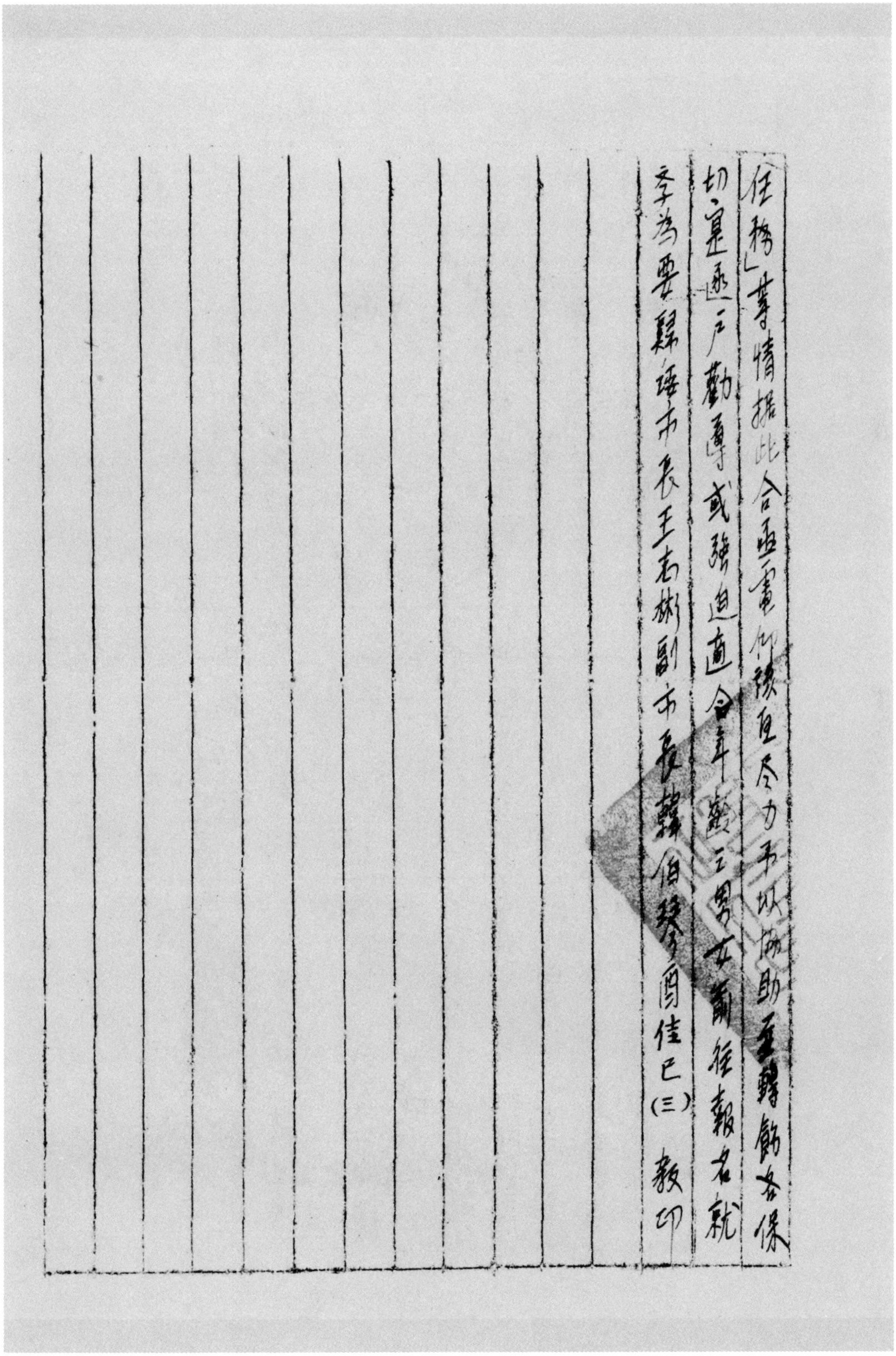
任務」等情据此合亟電仰該區尽力予以協助並轉飭各保
切實逐戶勸導或強迫適合年齡之男女前往報名就
學為要歸綏市長王志彬副市長韓伯琴酉佳巳（三）教印

图 7-1-17　归绥市政府为对庆凯桥小学附设之民众学校尽力予以协助并转饬各保切实劝导或强迫一般男女报名就学给第四区公所代电（1946 年 10 月 9 日）（二）

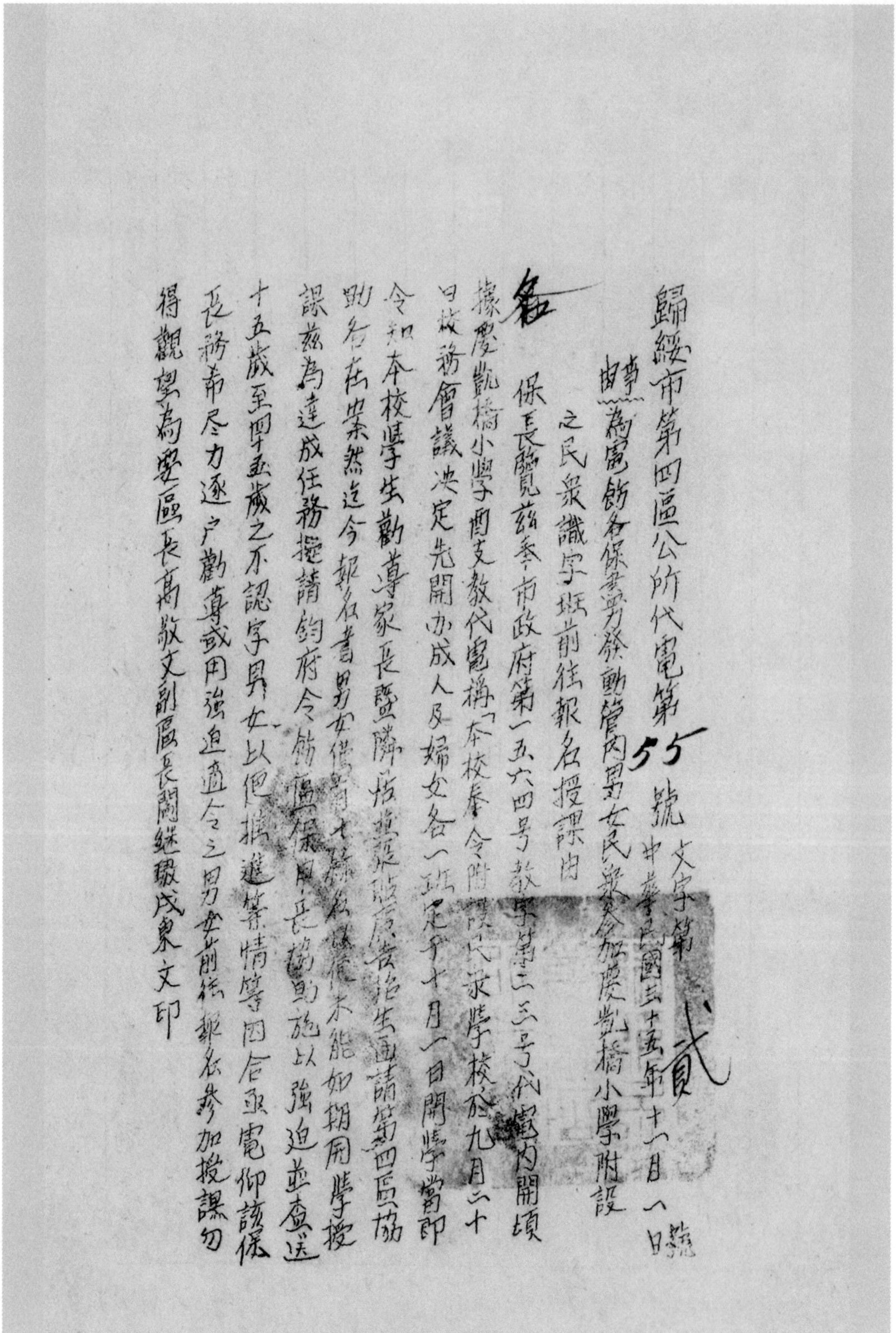
歸綏市第四區公所代電第55號　文字第貳號　中華民國三十五年十一月一日

事由：為電飭各保盡力發動管內男女民眾參加慶凱橋小學附設之民眾識字班前往報名授課由

保長覽：茲奉市政府第一五六四號教字第三三號代電內開：頃據慶凱橋小學西支教代電稱「本校奉令附設民眾學校，於九月二十日校務會議決定先開辦成人及婦女各一班，定于十月一日開學，當即令知本校學生勸導家長暨鄰居[illegible]告知生[illegible]請第四區協助各在案，然迄今報名者男女僅有七人，[illegible]不能如期開學授課，茲為達成任務，提請鈞府令飭區保甲長協助，施以強迫，並查送十五歲至四十五歲之不認字男女，以便[illegible]情」等因，合亟電仰該保長務希盡力逐戶勸導，或用強迫，適令之男女前往報名參加授課，勿得觀望為要。區長高敬文　副區長閻繼璇　戌東文印

图 7-1-18　归绥市第四区公所关于各保尽力发动管内男女民众参加庆凯桥小学附设民众识字班的代电（1946 年 11 月 1 日）

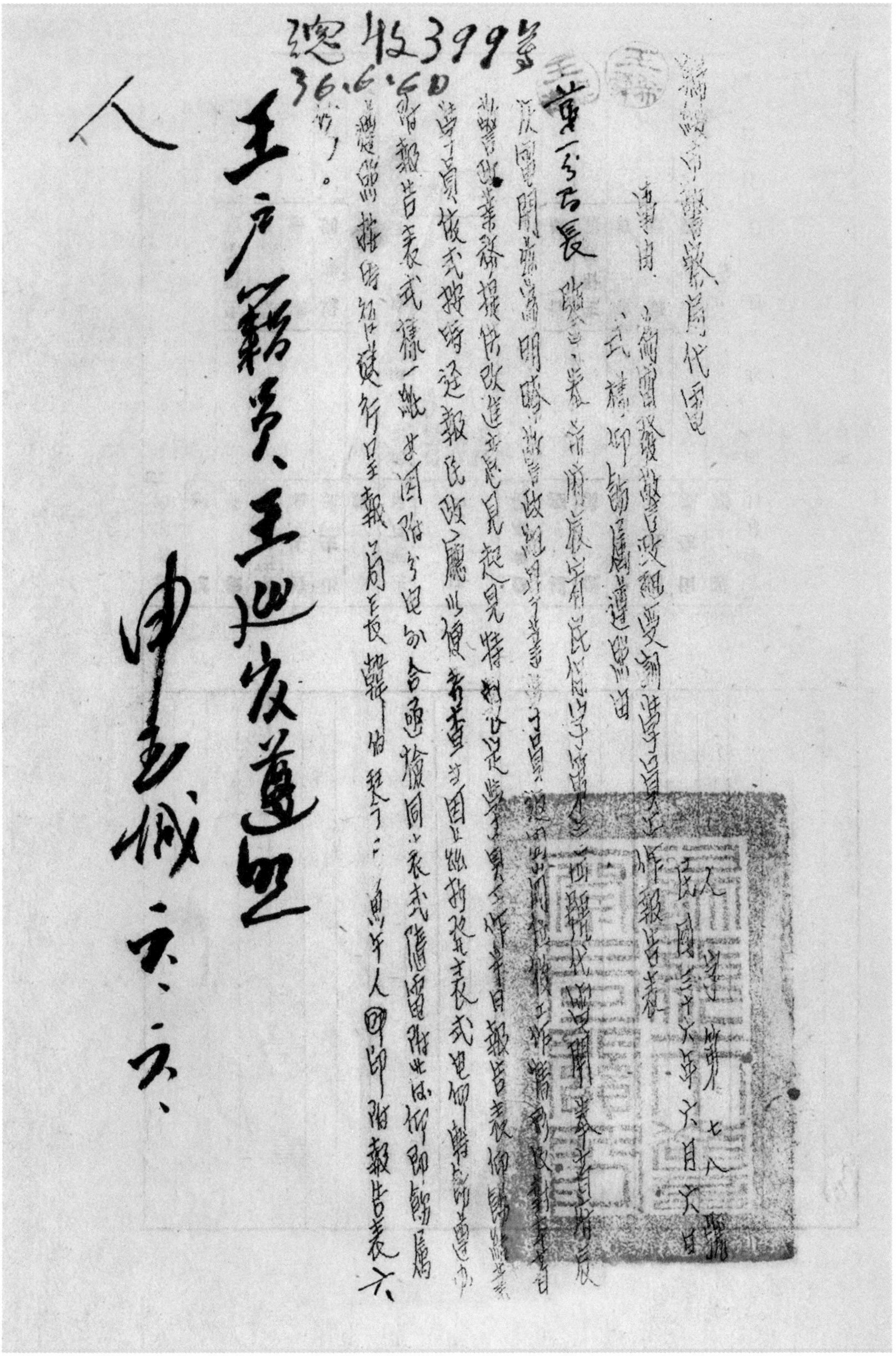

图 7-1-19　归绥市警察局为转发警政组受训学员工作报告表式样给第一分局代电（1947 年 6 月 6 日）

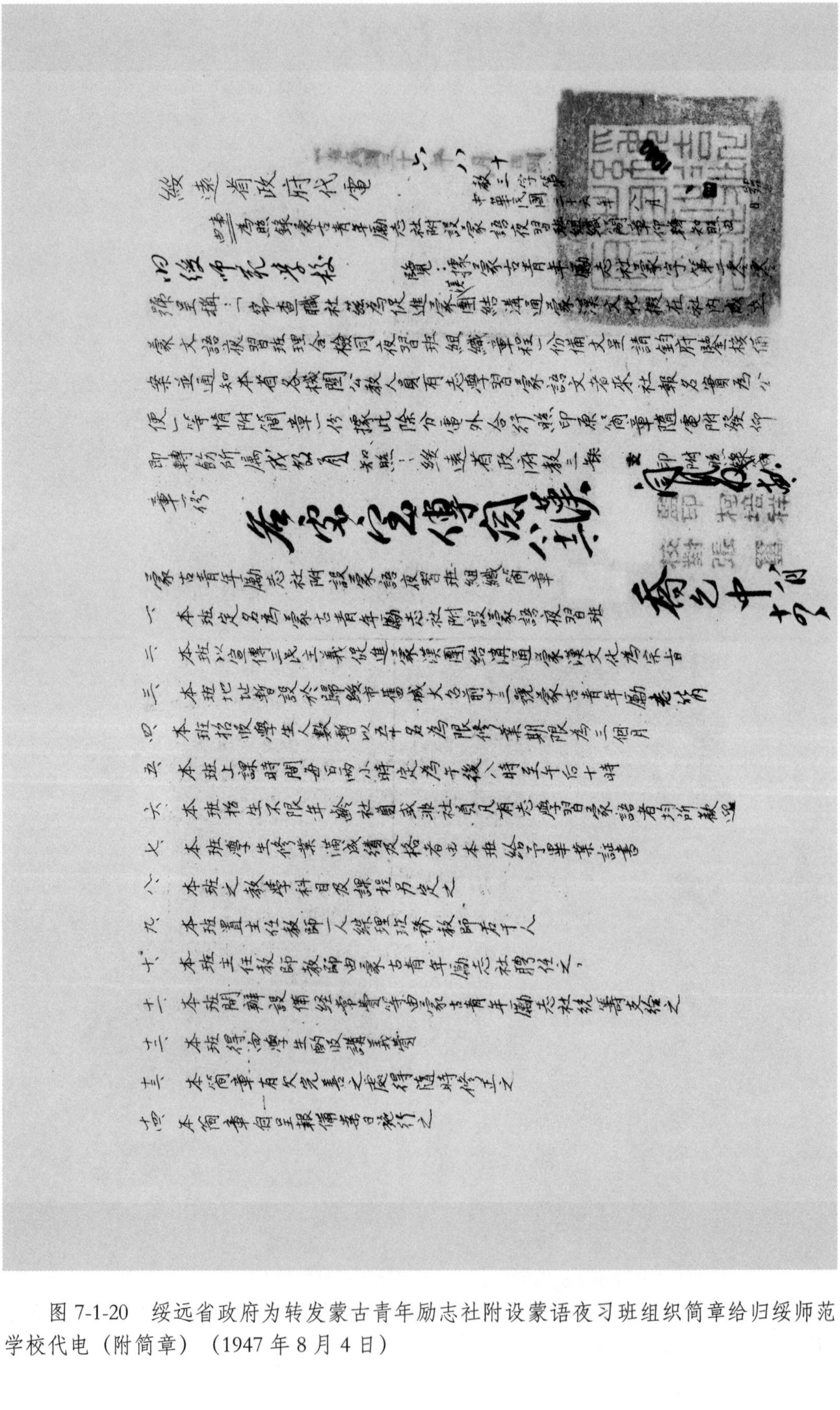

綏遠省政府代電

事由：為照錄蒙古青年勵志社附設蒙語夜習班組織簡章仰知照由

歸綏師範學校覽：據蒙古青年勵志社呈稱：本社為促進蒙漢團結溝通蒙漢文化擬在社內成立

蒙文語言夜習班理合檢同夜習班組織章程一份備文呈請鑒核備

案並通知本省各機關公教人員有志學習蒙語文者來社報名實為公

便"等情附簡章一份據此除分電外合行照印原簡章隨電附發仰

即轉飭所屬知照。綏遠省政府教三

蒙古青年勵志社附設蒙語夜習班組織簡章

一、本班定名為蒙古青年勵志社附設蒙語夜習班

二、本班以宣傳三民主義促進蒙漢團結溝通蒙漢文化為宗旨

三、本班地址暫設於歸綏市舊城大召前十三號蒙古青年勵志社內

四、本班招收學生人數暫以五十名為限修業期限為三個月

五、本班上課時間每日兩小時定為午後八時至午后十時

六、本班招生不限年齡社員或非社員凡有志學習蒙語者均所歡迎

七、本班學生修業期滿成績及格者由本班發給結業證書

八、本班之教學科目及課程另定之

九、本班置主任教師一人總理班務教師若干人

十、本班主任教師教師由蒙古青年勵志社聘任之

十一、本班開辦設備經常費等由蒙古青年勵志社統籌支給之

十二、本班得酌收學生聽講費

十三、本簡章有未盡完善之處得隨時修正之

十四、本簡章自呈報備案之日施行之

图 7-1-20　绥远省政府为转发蒙古青年励志社附设蒙语夜习班组织简章给归绥师范学校代电（附简章）（1947 年 8 月 4 日）

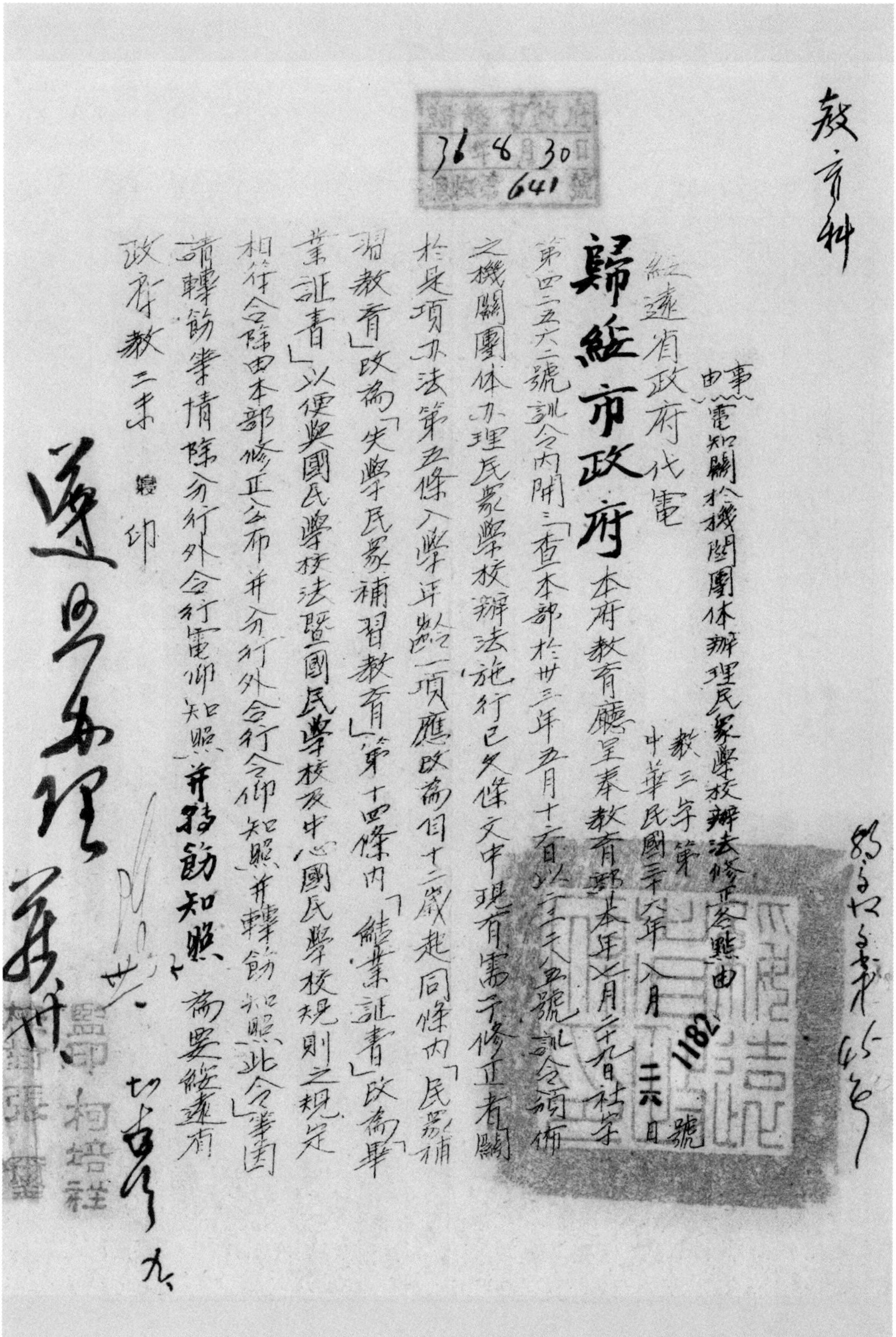

教育科

事由：電知關於機關團体辦理民衆學校辦法修正各點由

36 8 30
641

綏遠省政府代電　教三字第1182號
中華民國三十六年八月二十六日

歸綏市政府：本府教育廳呈奉教育部本年七月二十四日社字第四二五六二號訓令內開：「查本部於卅三年五月十六日以二三八五號訓令頒佈之機關團体辦理民衆學校辦法施行已久，條文中現有需予修正者。關於是項辦法第五條「入學年齡」一項，應改為自十二歲起，同條內「民衆補習教育」改為「失學民衆補習教育」，第十四條內「結業證書」改為「畢業證書」，以便與國民學校法暨國民學校及中心國民學校規則之規定相符。合除由本部修正公布并分行外，合行令仰知照，并轉飭知照。」此令。等因，請轉飭等情，除分行外，合行電仰知照，并轉飭知照。綏遠省政府教二未（寢）印

遵照辦理

图 7-1-21　绥远省政府为知照机关团体办理民众学校办法修正条款给归绥市政府代电（1947 年 8 月 26 日）

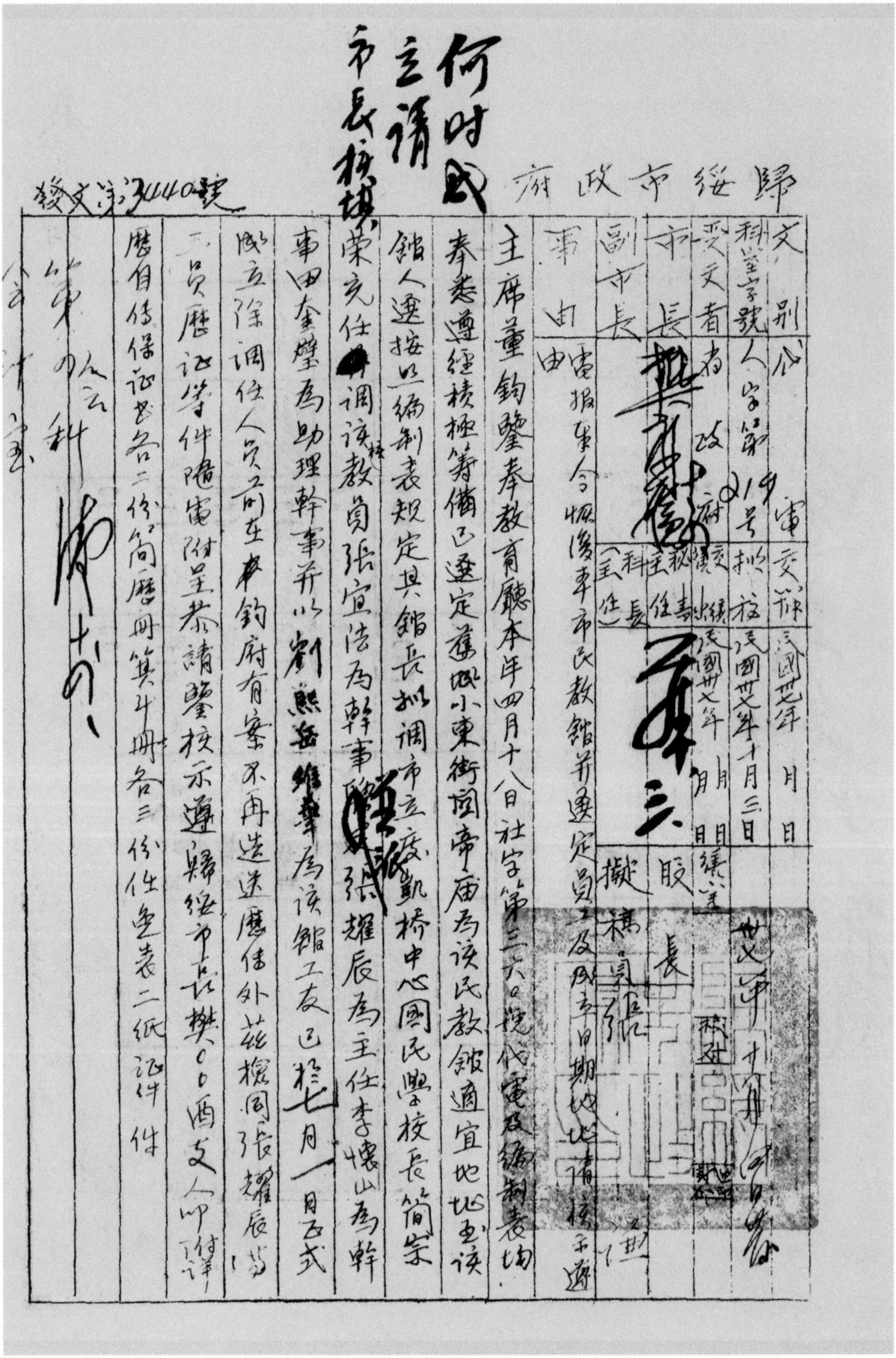
歸綏市政府
發文第3440號
何時成立請市長核填

文別：公
科室字號：人字第219號
收文者：省政府
事由：電復奉令恢復市民教館并遴定員工及成立日期地址請核示遵
發文：民國卅七年十月三日
繕校：民國卅七年 月 日

主席董鈞鑒奉教育廳本年四月十八日社字第二六〇號代電及編制表均
奉悉遵經積極籌備已遴定舊城小東街關帝廟為該民教館適宜地址並該
館人選按照編制表規定其館長擬調市立疲凱橋中心國民學校長簡宗
榮充任并調該教員張宜浩為幹事張耀辰為主任李懷山為幹
事田奎璧為助理幹事并以劉熙岳雅華為該館工友已於七月一日正式
成立除調任人員工前在本鈞府有案不再造送履歷外茲檢同張耀辰等
二員履歷證件隨電附呈恭請鑒核示遵歸綏市長樊〇〇酉支人印付
履歷證件各二份簡履冊箕斗冊各三份任免表二紙證件 件

图 7-1-22　归绥市政府为奉令恢复民教馆并选定员工及成立日期地址致绥远省政府代电（附省政府代电及人员经费编制表）（1948 年 10 月 4 日）（一）

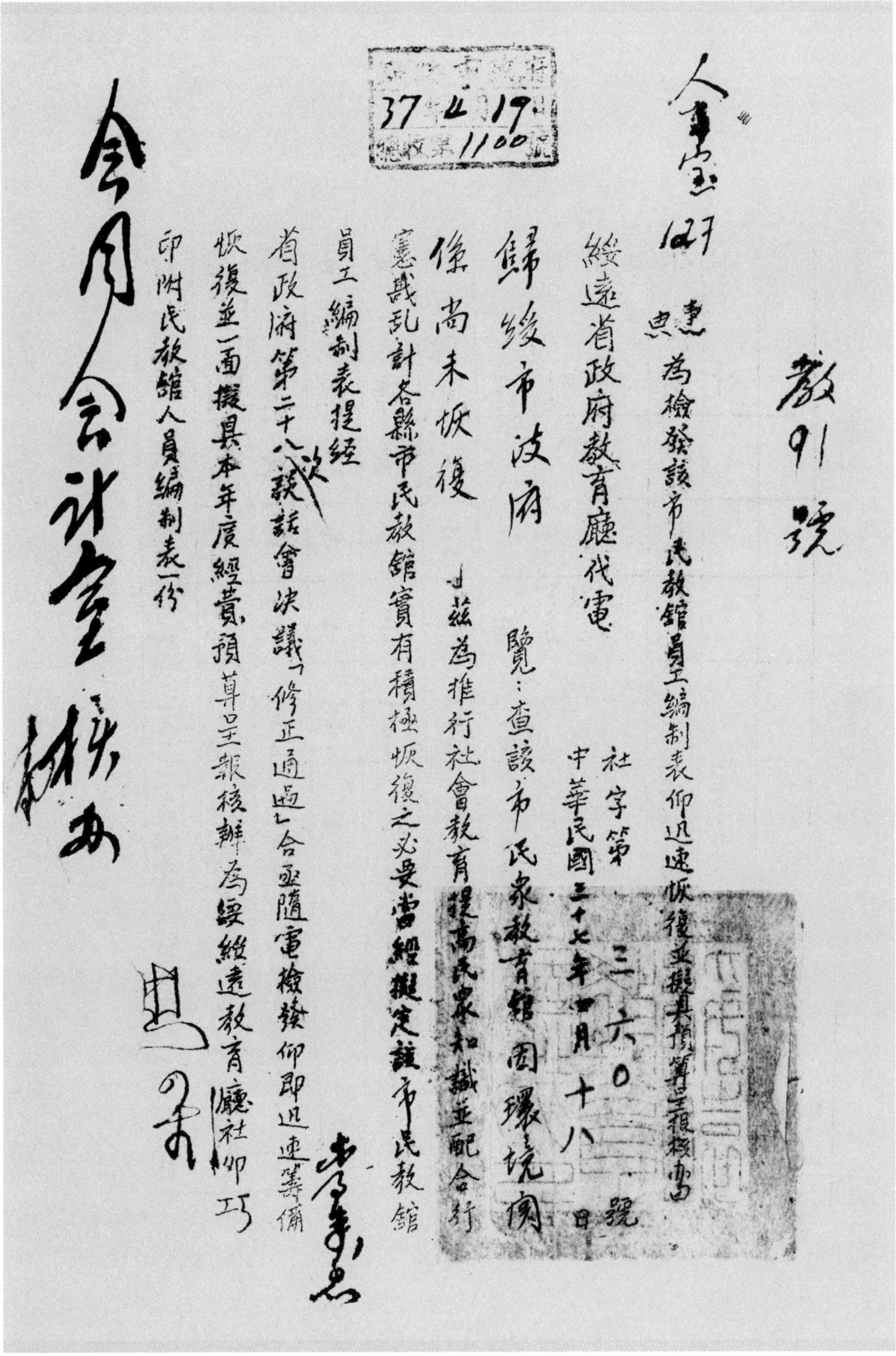
人事室 1477

敎91號

事由 為檢發該市民教館員工編制表仰迅速恢復並擬具預算呈報核由

綏遠省政府教育廳代電

社字第 三六〇 號

中華民國三十七年十月十八日

歸綏市政府覽：查該市民衆教育館因環境關係尚未恢復，茲為推行社會教育提高民衆知識並配合行憲戡亂計，各縣市民教館實有積極恢復之必要，當經擬定該市民教館員工編制表，提經省政府第二十八次政務會議決議「修正通過」，合亟隨電檢發，仰即迅速籌備恢復，並一面擬具本年度經費預算呈報核辦為要。綏遠教育廳社卯巧

印附民教館人員編制表一份

會同會計室核辦

37 10 19
1100

图 7-1-22 归绥市政府为奉令恢复民教馆并选定员工及成立日期地址致绥远省政府代电（附省政府代电及人员经费编制表）（1948 年 10 月 4 日）（二）

歸綏市民衆教育館民國三十七年人員經費編制表 第 頁

職別	任別	級別	員額	月支俸額 單計	月支俸額 複計	備考
館長	委	三	一	一六〇	一六〇	
主任	〃	六	一	一二〇	一二〇	
幹事	委	八	二	一〇〇	二〇〇	
助理幹事	〃	一二	一	八〇	八〇	
公役			二	一四	二八	
小計			員五 役二		五六〇 二八	
辦公事業費					一五〇〇〇〇〇	按照民衆教育館規程所定標準分配填列
小計					一五〇〇〇〇〇	
合計					一五〇〇五八八	

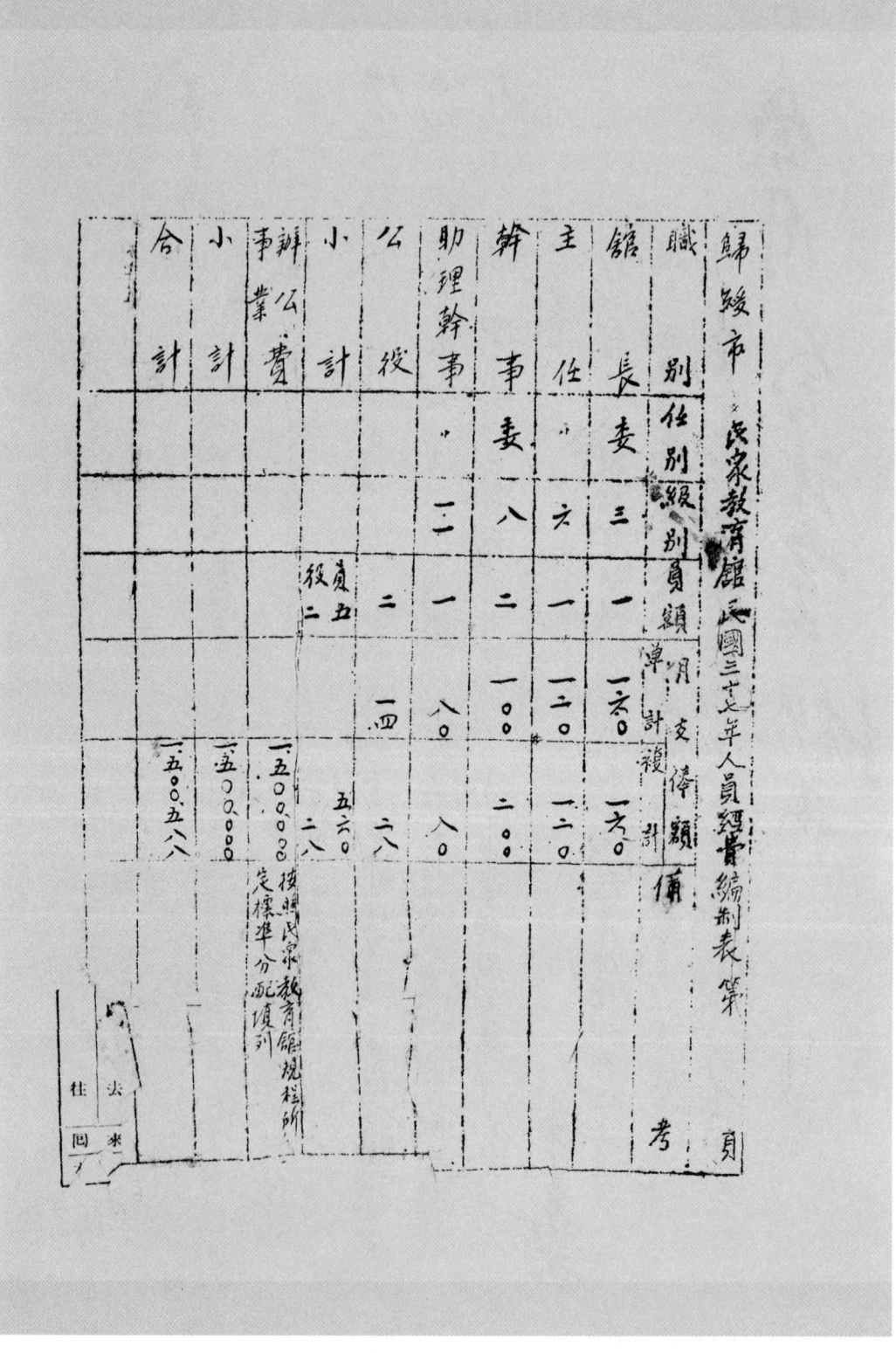

图 7-1-22 归绥市政府为奉令恢复民教馆并选定员工及成立日期地址致绥远省政府代电（附省政府代电及人员经费编制表）（1948 年 10 月 4 日）（三）

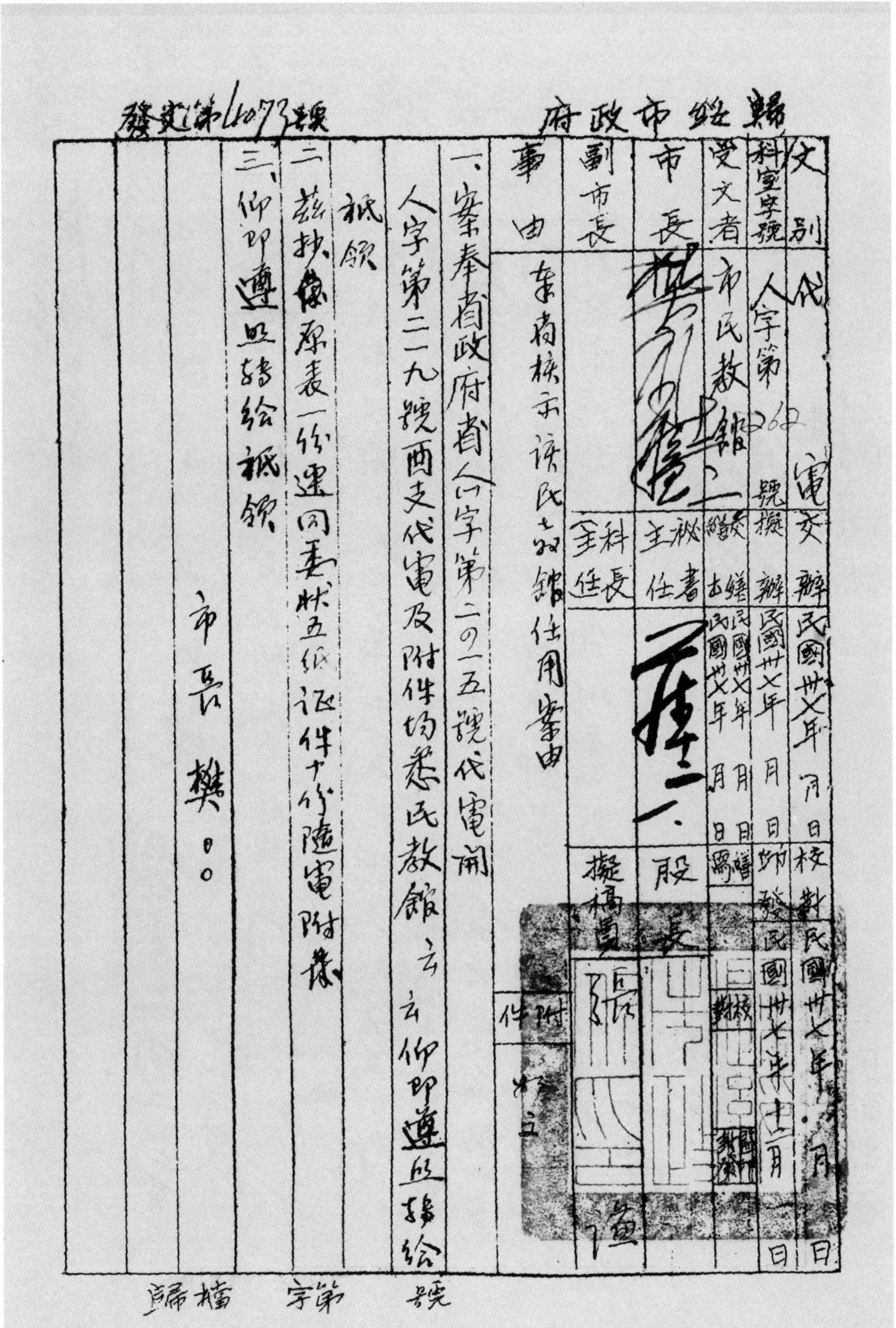

歸綏市政府代電　發文第4073號

文別	代電
科室字號	人字第262號
受文者	市民教館
市長	
副市長	
事由	案為核示該民教館任用案由

一、案奉省政府省人(四)字第二〇一五號代電開：人字第二一九號西支代電及附件均悉。民教館云云。云云。仰即遵照轉給

祇領

二、茲抄發原表一份，連同委狀五紙，證件十份，隨電附發

三、仰即遵照轉給祇領

市長　樊○○

附件

歸檔　字第　號

图 7-1-23　归绥市政府为人员任用给民教馆代电（附绥远省政府代电及人员任免表）（1948 年 12 月 1 日）（一）

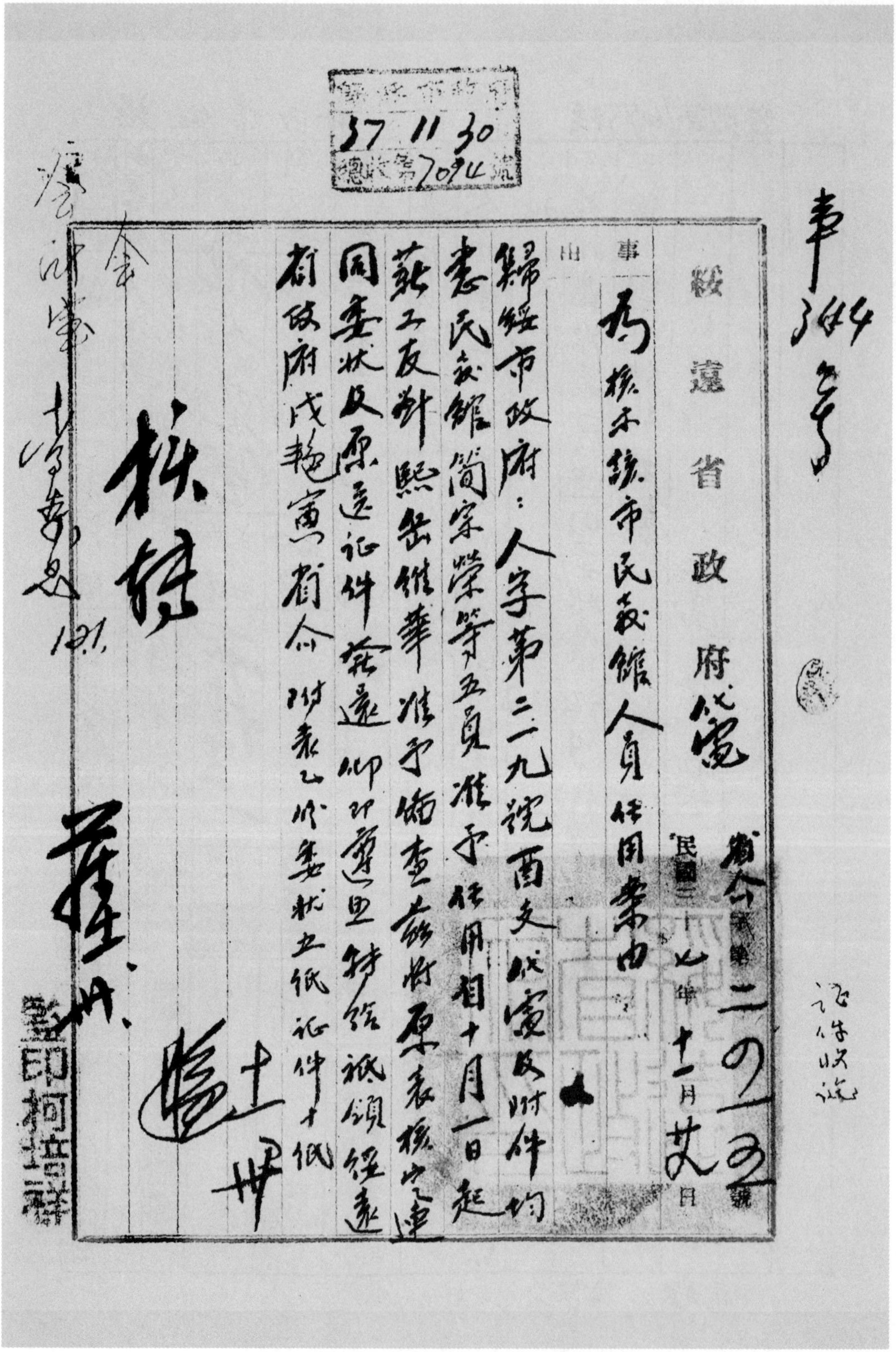
綏遠省政府代電

事由：為核示該市民教館人員任用案由

省令 第二〇三號

民國三十七年十一月廿日

歸綏市政府：人字第二一九號酉支代電及附件均悉。民教館簡家榮等五員准予任用，自十月一日起薪。工友對熙岳、魏維華准予備查。茲將原表核定連同委狀及原送証件發還，仰即遵照。

綏遠省政府戌艳寅 省府

附表一份 委狀九紙 証件十紙

图 7-1-23　归绥市政府为人员任用给民教馆代电（附绥远省政府代电及人员任免表）（1948 年 12 月 1 日）（二）

歸綏市政府人員任免表

區別	擬任級職	原任級職	姓名	性別	年齡	籍貫	學歷	經歷	受訓期別	任免原因	擬補	批示	附記
任	館長		簡宗業	男	三三	綏遠歸綏	綏遠省立歸綏中學校高中畢業	曾任歸綏[illegible]訓主任[illegible]部副書記長[illegible]小學校長	[illegible]	資歷相宜		如准	[illegible]
任	主任		張耀辰	男	三一	綏遠薩縣	仝前	曾任臨河[illegible]動委員會主任[illegible]綏遠省黨部[illegible]包頭縣政府秘書	[illegible]	仝前		如准	
任	幹事		張子法	男	二六	綏遠陶林	張家口師範學校畢業	曾任包頭[illegible]保安司令部中尉[illegible]書[illegible]國民黨[illegible]歸綏市黨部幹事	第三期教育組	仝前		如准	
任	幹事		李懷山	男	三三	綏遠歸綏	綏遠省立中山學院畢業	曾任薩縣[illegible]歸綏縣[illegible]校長[illegible]市黨部幹事	第二八期教育組	仝前		如准	
任	助幹		田全璧	男	二九	綏遠歸綏	私立正風中學畢業	曾任清水河縣政府科員[illegible]縣黨部幹事	[illegible]期黨務班	仝前		如准	

中華民國三十七年　月　日

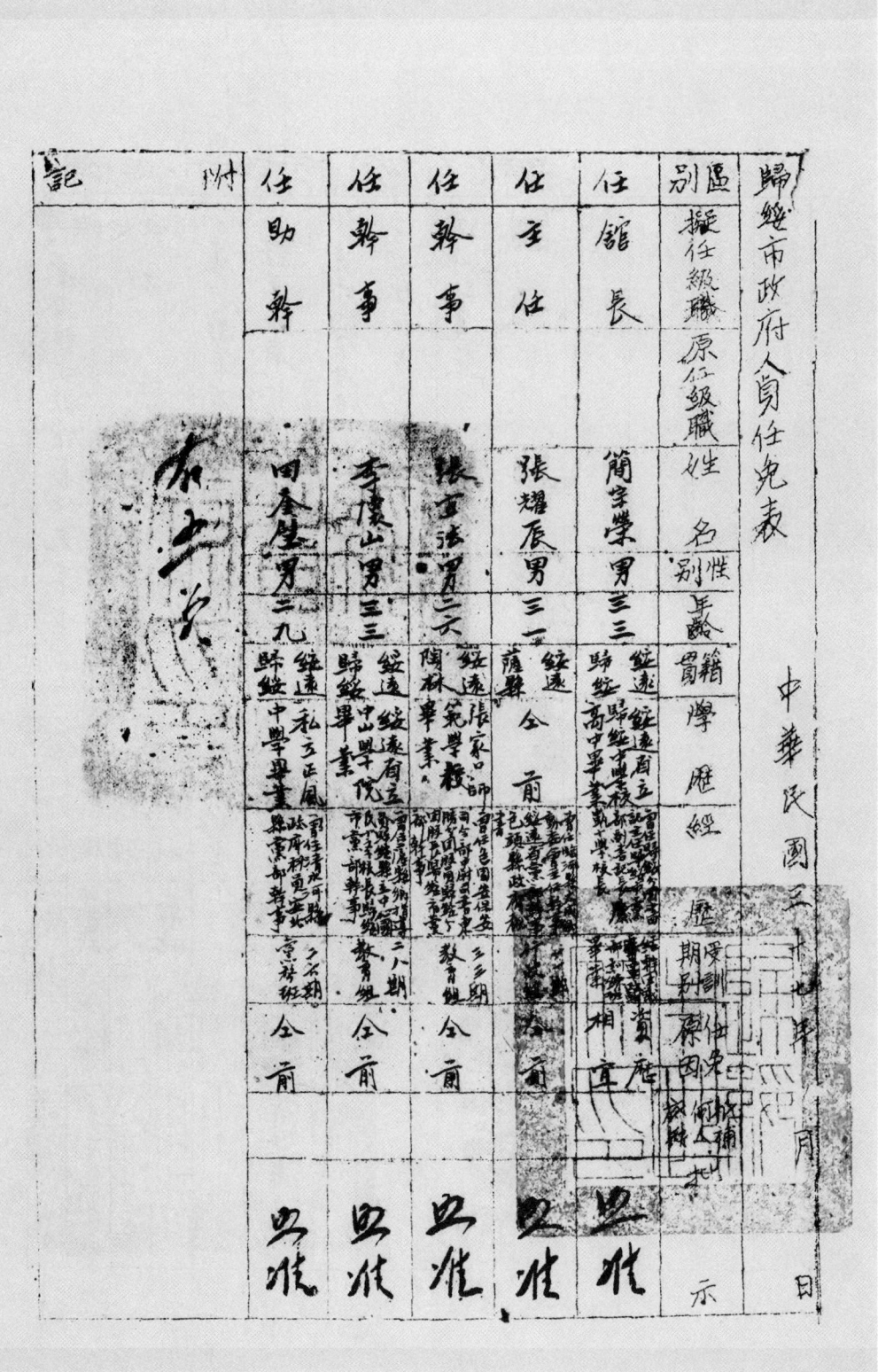

图7-1-23　归绥市政府为人员任用给民教馆代电（附绥远省政府代电及人员任免表）（1948年12月1日）（三）

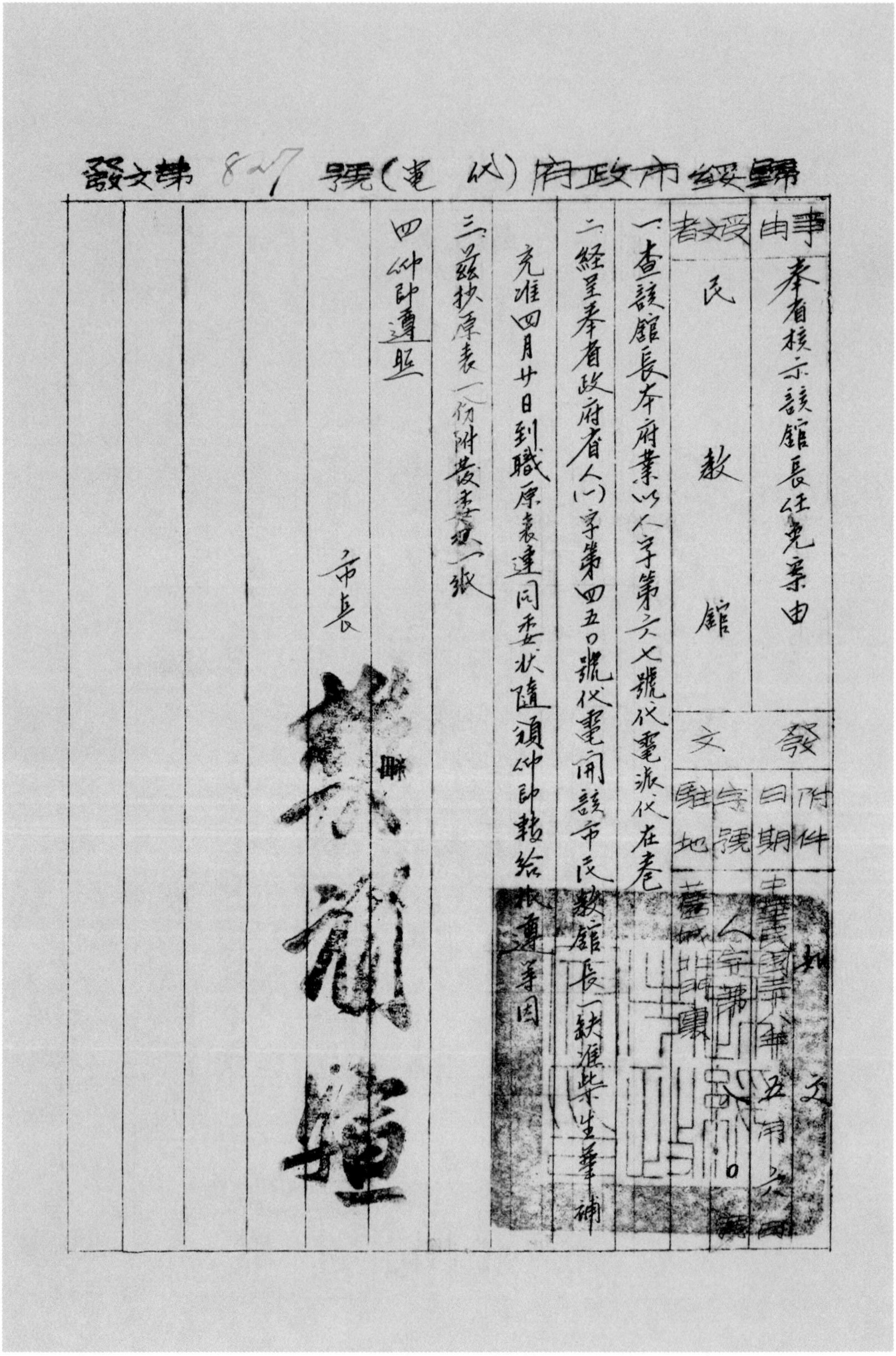

歸綏市政府（代電）發文第827號

事由	奉省核示該館長任免案由
受文者	民教館

一、查該館長本府業以人字第六七號代電派代在卷

二、經呈奉省政府省人(一)字第四五〇號代電開該市民教館長一缺准以畢生華補充准四月廿日到職原表連同委狀隨頒仰即轉給祇遵等因

三、茲抄原表一份附發委狀一張

四、仰即遵照

市長

發文	
附件	如文
日期	中華民國卅八年五月六日
字號	人字第 號
駐地	歸綏

图 7-1-24　归绥市政府为馆长任免给民教馆代电（附人员任免表）（1949 年 5 月 6 日）（一）

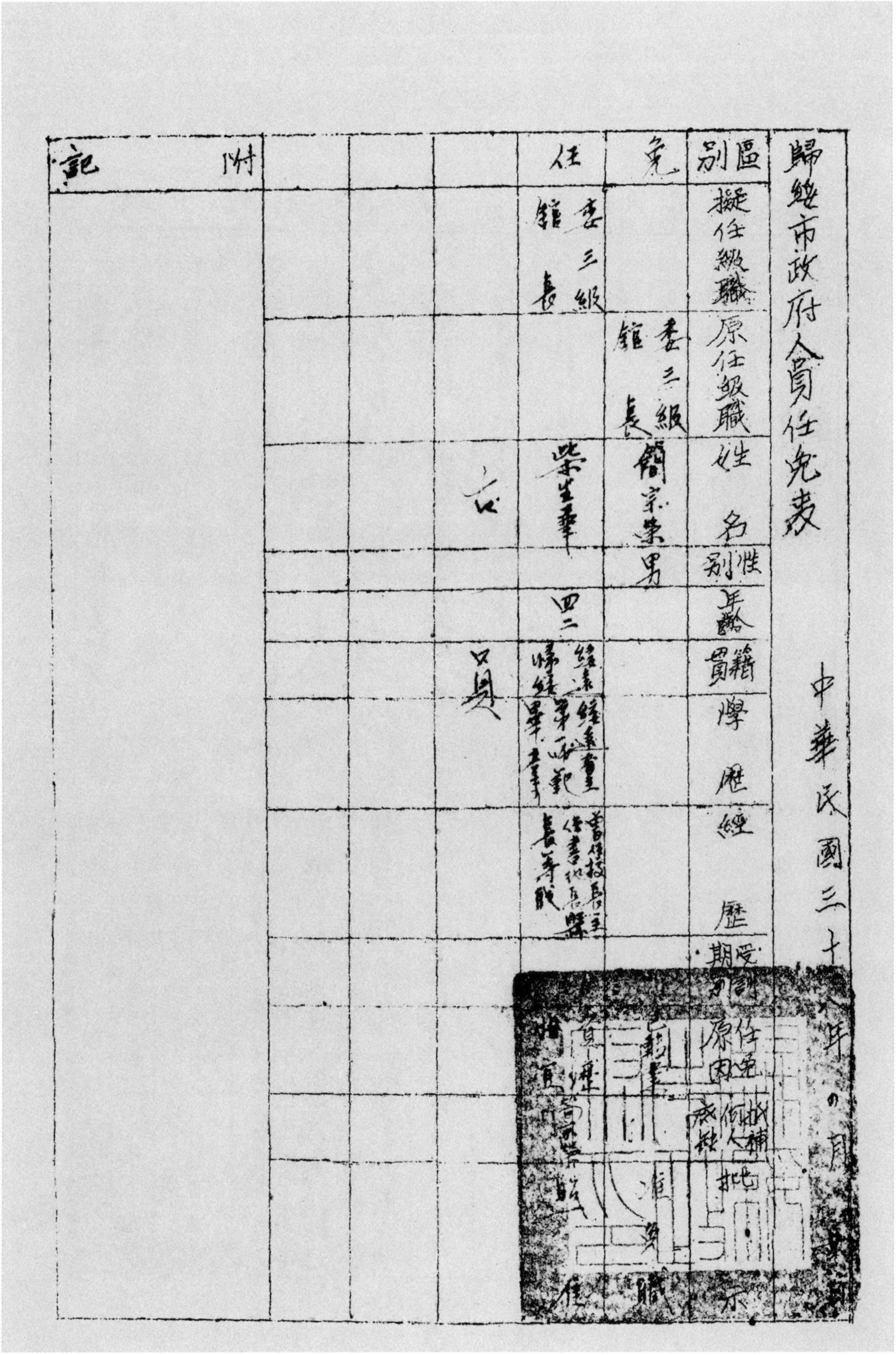

歸綏市政府人員任免表

區別	擬任級職	原任級職	姓名	性別	年齡	籍貫	學歷	經歷	受訓期別	任免原因
免		委三級館長	簡宗棠	男						
任	委三級館長		柴生華		四二	綏遠歸綏	綏遠省立第一師範畢業	曾任校長主任書記委員等職		

附記

中華民國三十八年五月 日

图 7-1-24　归绥市政府为馆长任免给民教馆代电（附人员任免表）（1949 年 5 月 6 日）（二）

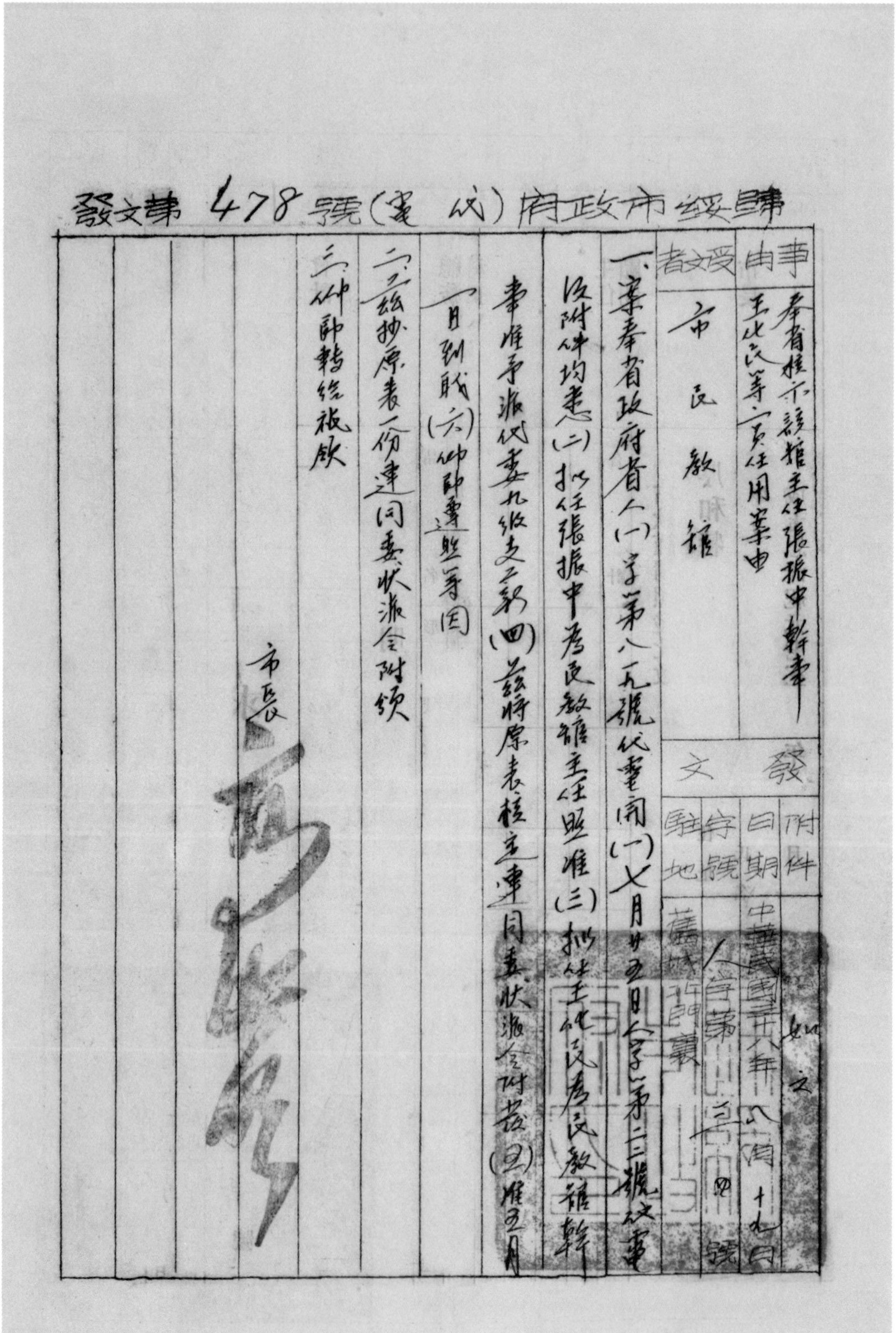
歸綏市政府（代電）發文第478號

事由：奉省核示該館主任張振中幹事王化民等二員任用案由

受文者：市民教館

發文
附件：
日期：中華民國卅八年八月十九日
字號：人字第二四號
駐地：舊城府衙

一、案奉省政府省人（一）字第八一九號代電開（一）七月廿五日人字第二號代電及附件均悉（二）擬任張振中為民教館主任照准（三）擬任王化民為民教館幹事准予派代委九級支薪（四）茲將原表核定連同委狀派令附發（五）准五月一日到職（六）仰即遵照等因

二、茲抄原表一份連同委狀派令附頒

三、仰即轉給祇領

市長

图 7-1-25　归绥市政府为主任张振中干事王化民等二员任用给民教馆代电（1949 年 8 月 19 日）

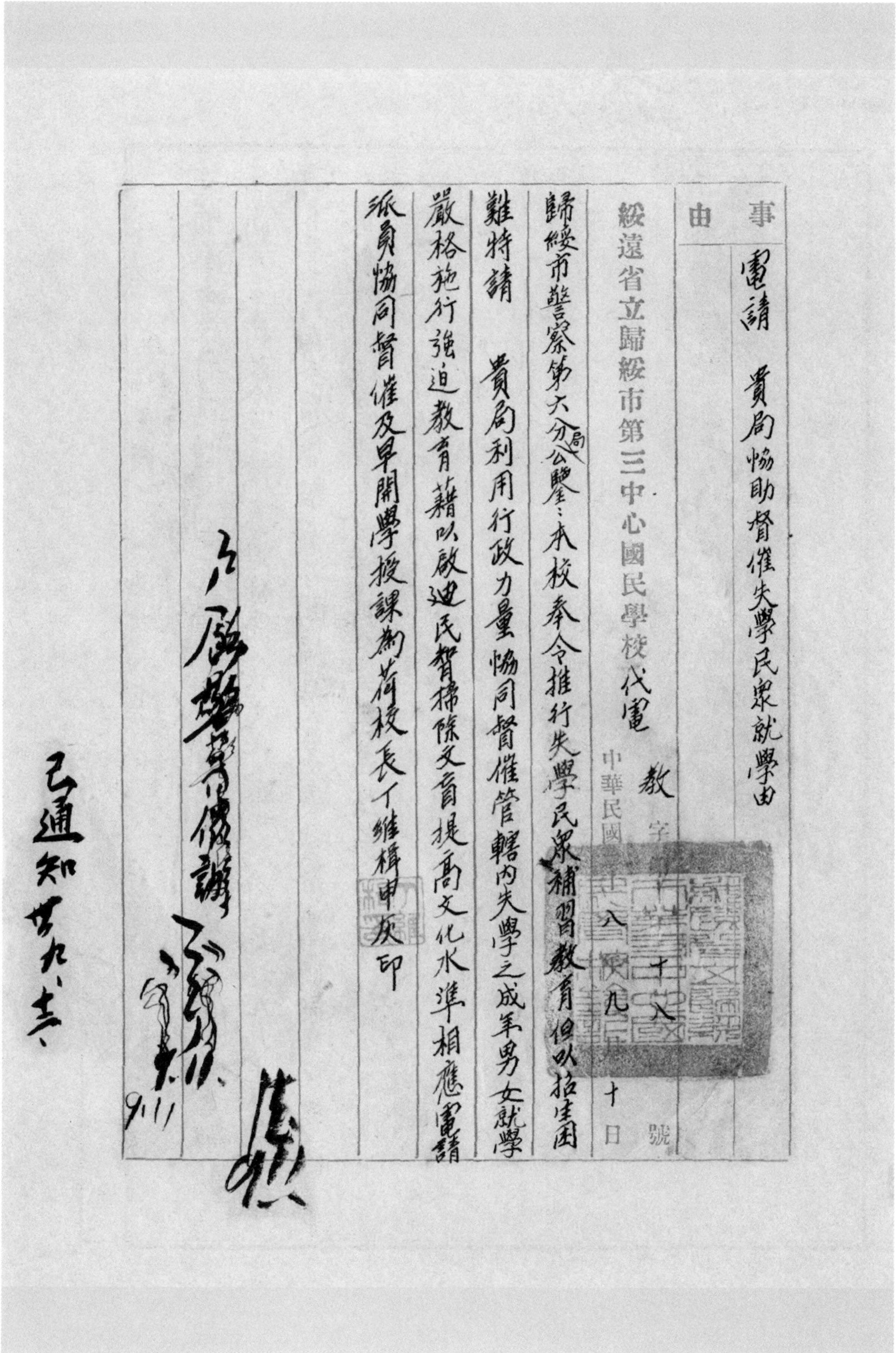

事由：電請貴局協助督催失學民衆就學由

綏遠省立歸綏市第三中心國民學校代電　教字第　號　中華民國三十八年九月十日

歸綏市警察第六分局公鑒：本校奉令推行失學民衆補習教育但以招生困難特請

貴局利用行政力量協同督催管轄內失學之成年男女就學嚴格施行強迫教育藉以啟迪民智掃除文盲提高文化水準相應電請

派員協同督催及早開學授課為荷校長丁維楫申灰印

图 7-1-26　绥远省立归绥市第三中心国民学校为请协助督催失学民众就学致归绥市警察第六分局代电（1949 年 9 月 10 日）

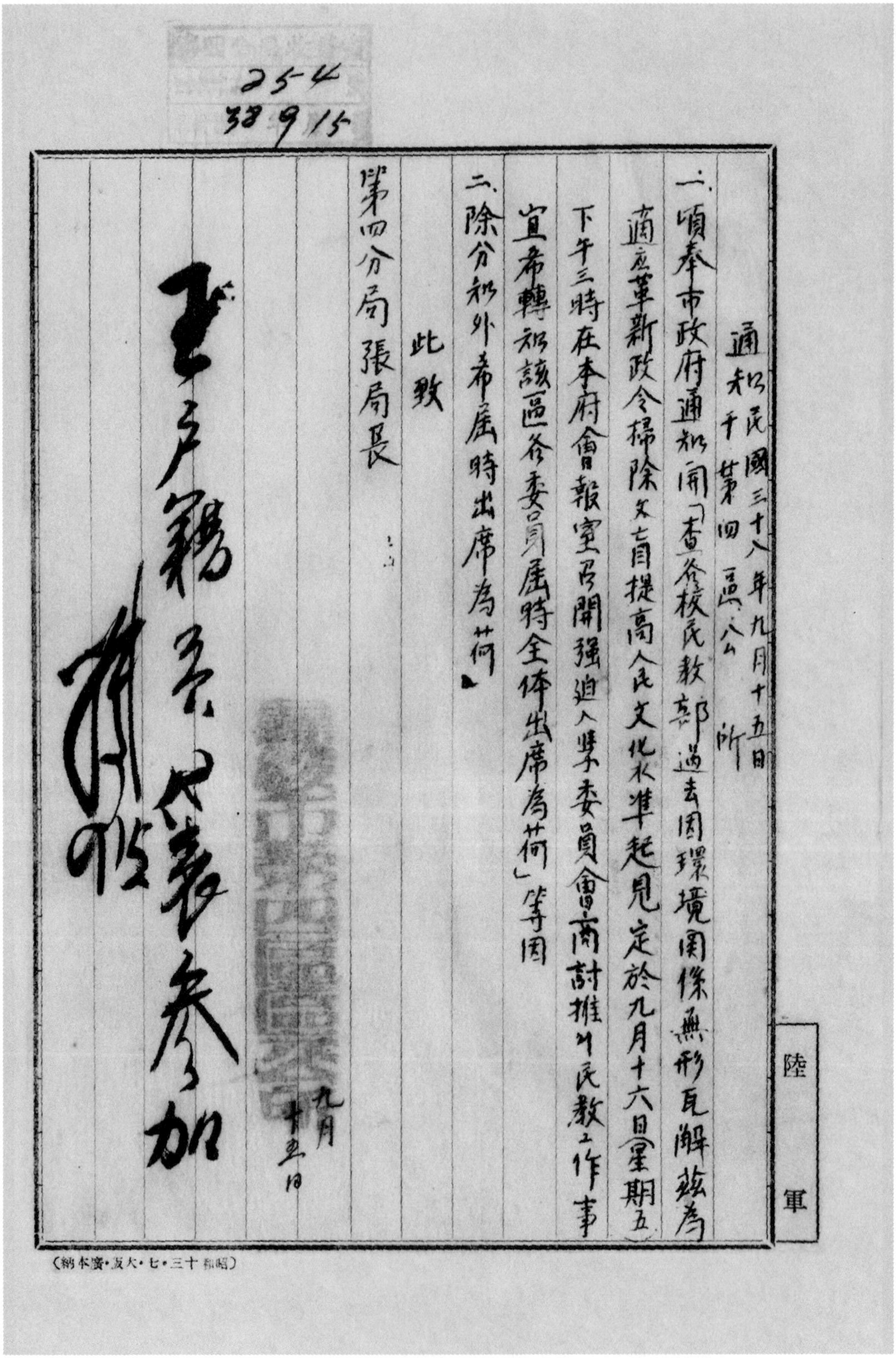

254
38 9 15

通知 民國三十八年九月十五日 于第四區公所

一、頃奉市政府通知開「查各校民教部過去因環境關係無形瓦解茲為適應革新政令掃除文盲提高人民文化水準起見定於九月十六日（星期五）下午三時在本府會報室召開強迫入學委員會商討推行民教工作事宜希轉知該區各委員屆時全体出席為荷」等因

二、除分知外希屆時出席為荷。

此致

第四分局張局長

派户籍员代表参加

九月十五日

陸軍

图 7-1-27　归绥市第四区公所关于召开强迫入学委员会议商讨推行民教工作事宜的通知（1949 年 9 月 15 日）

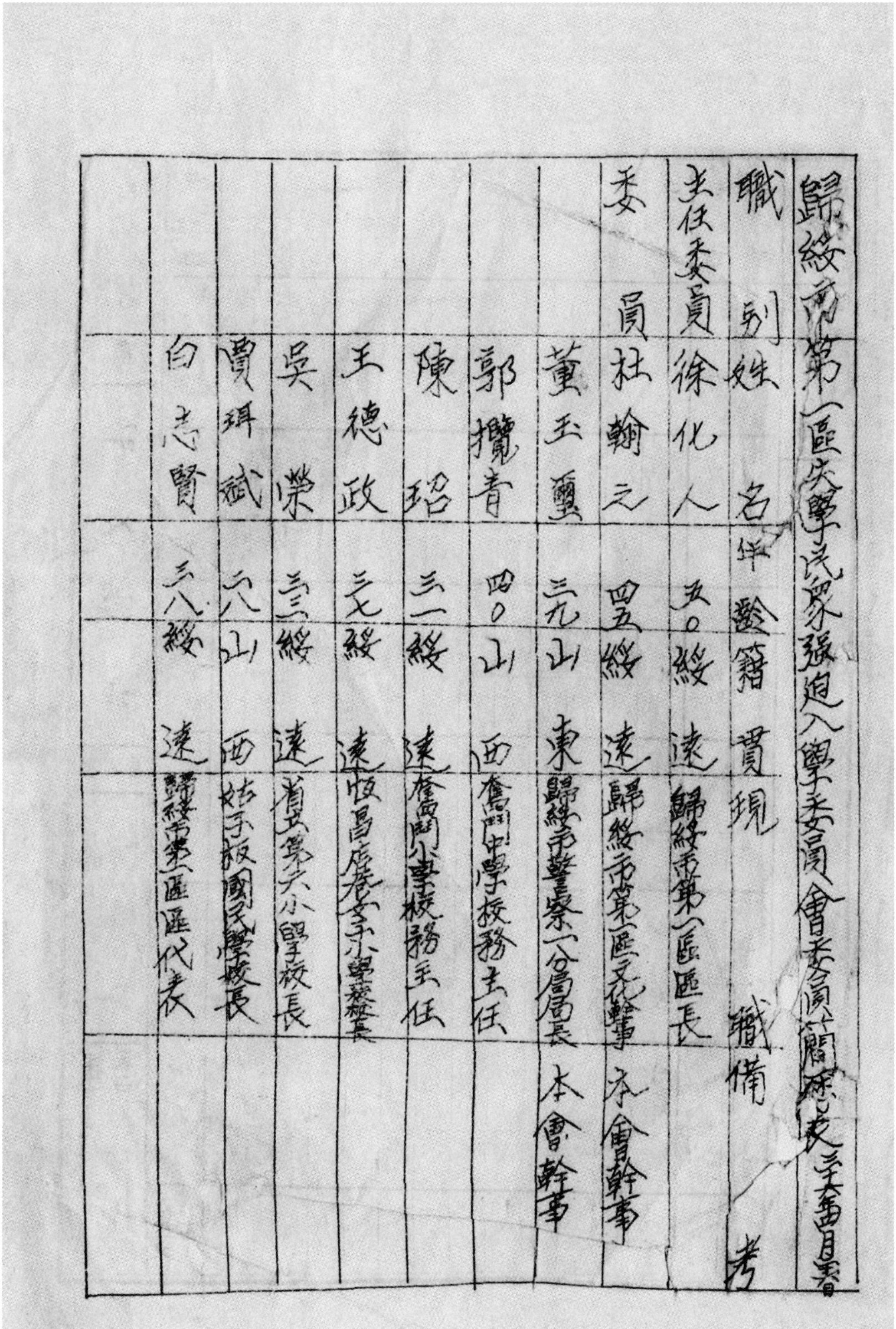

歸綏市第一區失學民眾強迫入學委員會委員簡歷表 卅六年四月廿六日

職別	姓名	年齡	籍貫	現職	備考
主任委員	徐化人	五〇	綏遠	歸綏市第一區區長	
委員	杜翰之	四五	綏遠	歸綏市第一區文化幹事	本會幹事
	董玉璽	三九	山東	歸綏市警察一分局局長	本會幹事
	郭攬青	四〇	山西	奮鬥中學校務主任	
	陳瑤	三一	綏遠	奮鬥小學校務主任	
	王德政	三七	綏遠	恢昌店巷子小學校長	
	吳榮	三三	綏遠	省立第六小學校長	
	賈珥斌	二八	山西	姑子板國民學校長	
	白志賢	三八	綏遠	歸綏市第一區區代表	

图 7-1-28　归绥市第一区失学民众强迫入学委员会委员简历表（1947 年 4 月 26 日）

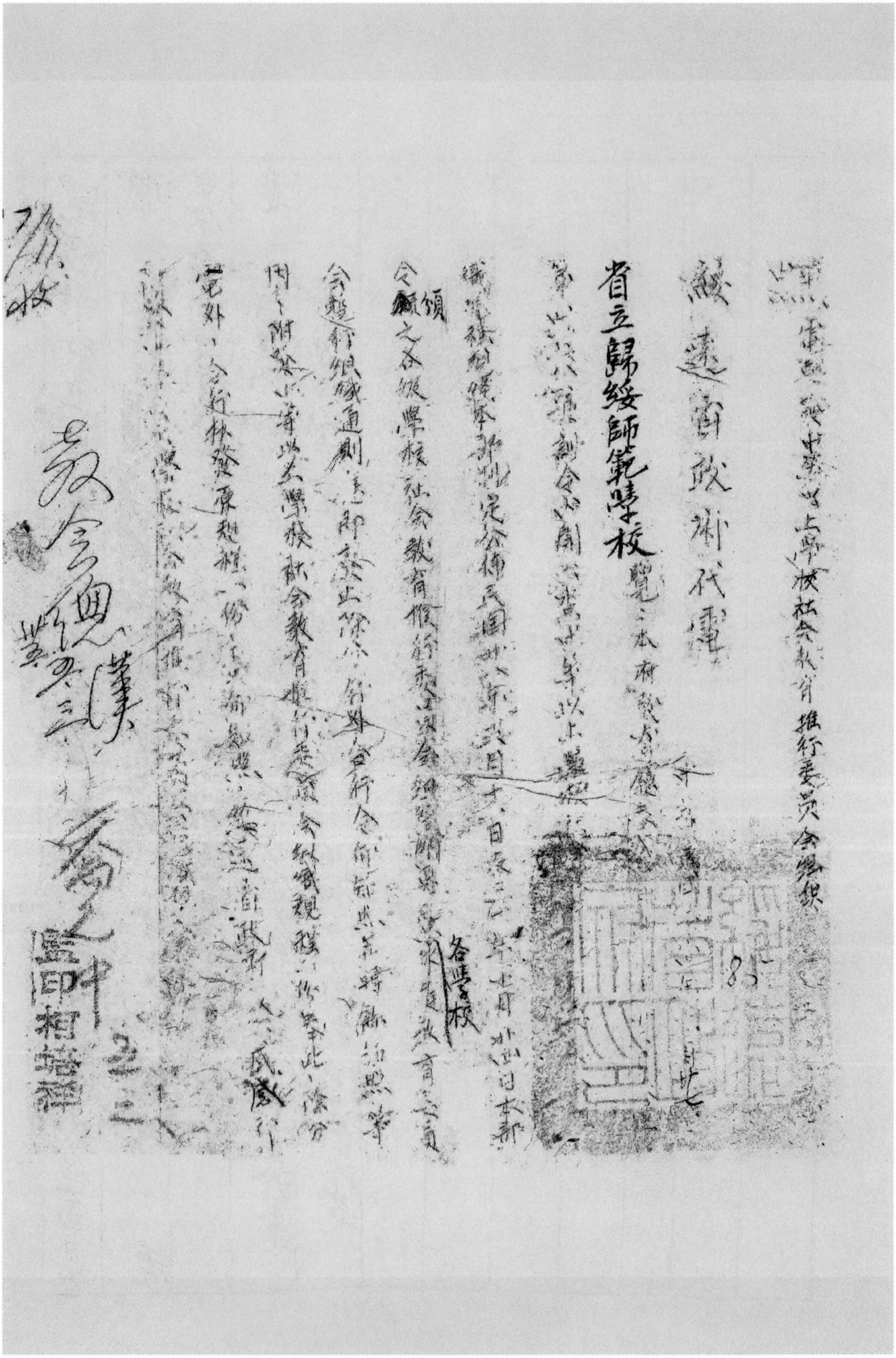

图 7-1-29　绥远省政府为转发中等以上学校社会教育推行委员会组织规程给省立归绥师范学校代电（附组织规程）（1946 年 4 月 27 日）（一）

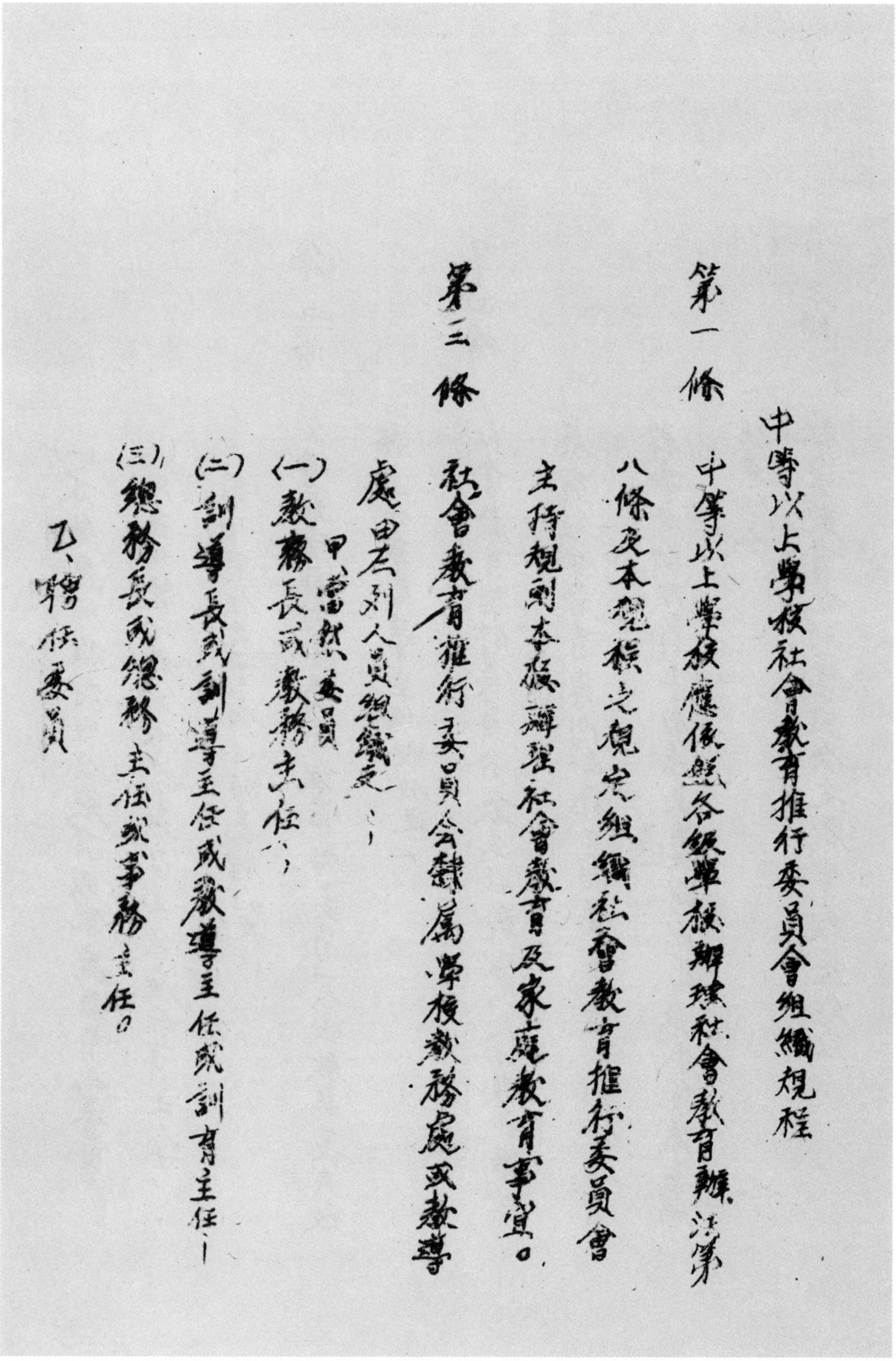

中等以上學校社會教育推行委員會組織規程

第一條 中等以上學校應依照各級學校辦理社會教育辦法第八條及本規程之規定組織社會教育推行委員會主持規劃本校辦理社會教育及家庭教育事宜。

第二條 社會教育推行委員會隸屬學校教務處或教導處由左列人員組織之：

甲、當然委員

(一)教務長或教務主任；

(二)訓導長或訓導主任或教導主任或訓育主任；

(三)總務長或總務主任或事務主任。

乙、聘任委員

图 7-1-29　绥远省政府为转发中等以上学校社会教育推行委员会组织规程给省立归绥师范学校代电（附组织规程）（1946 年 4 月 27 日）（二）

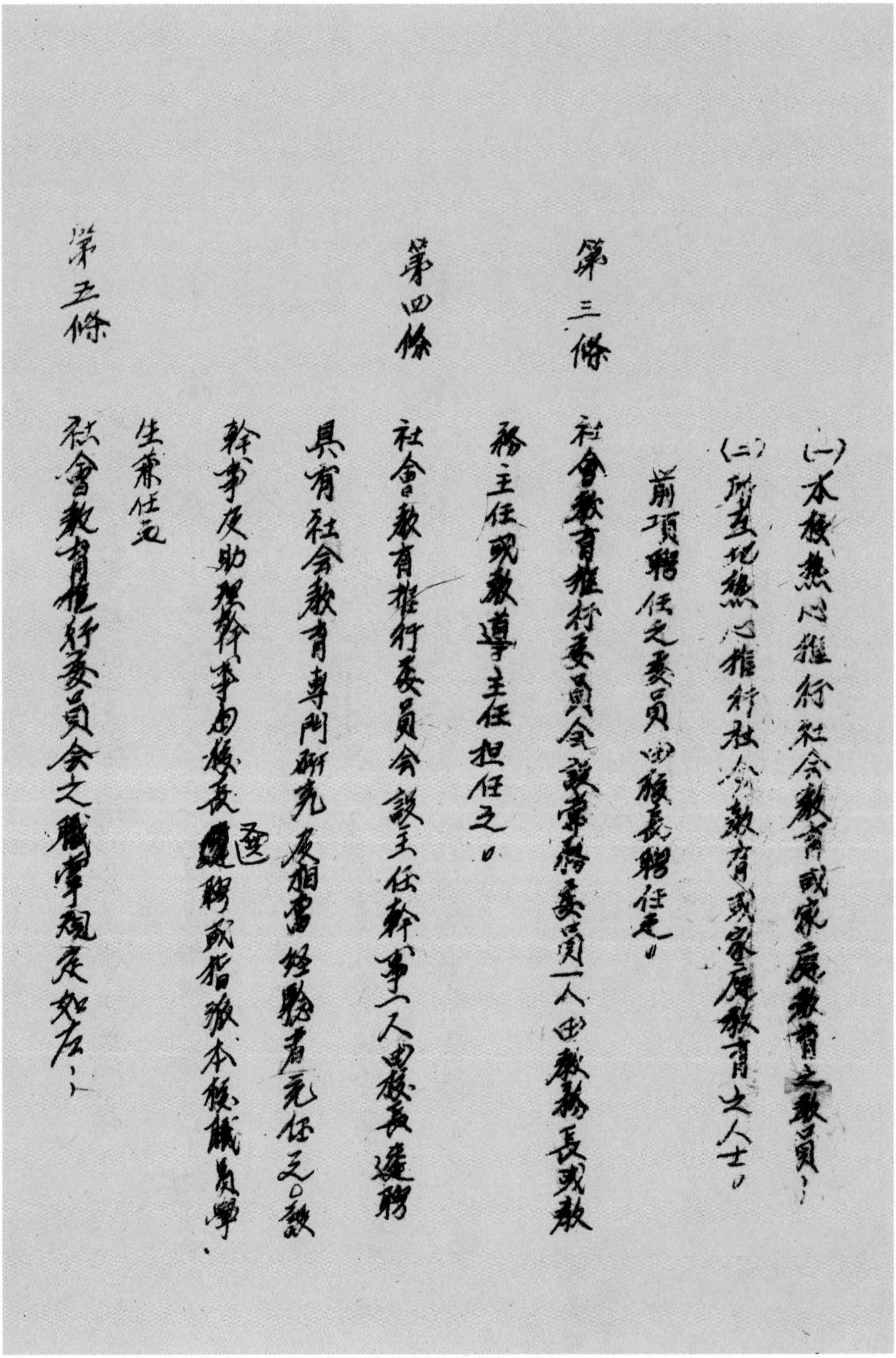
(一)本校熱心推行社會教育或家庭教育之教員；
(二)所在地熱心推行社會教育或家庭教育之人士。
前項聘任之委員由校長聘任之。
第三條　社會教育推行委員會設常務委員一人由教務長或教務主任或教導主任担任之。
第四條　社會教育推行委員會設主任幹事一人由校長遴聘具有社會教育專門研究及相當經驗者充任之。設幹事及助理幹事由校長遴聘或指派本校職員學生兼任之。
第五條　社會教育推行委員會之職掌規定如左：

图 7-1-29　绥远省政府为转发中等以上学校社会教育推行委员会组织规程给省立归绥师范学校代电（附组织规程）（1946 年 4 月 27 日）（三）

甲、拟编辑社会教育及家庭教育之工作计划

概况报告等；

乙、规划事业费并编制预算；

丙、支配工作并考核其成绩；

丁、训练工作人员有关工作上学识技能等；

戊、联络当地有关机关团体及个人协同进行；

己、办理工作上各项实际问题；

庚、其他有关社会教育工作事项。

~~第七條~~

第六條

社会教育推行委员会每学期开常会三次，于学

期开始、期中及结束时举行，必要时得召集临

图 7-1-29　绥远省政府为转发中等以上学校社会教育推行委员会组织规程给省立归绥师范学校代电（附组织规程）（1946 年 4 月 27 日）（四）

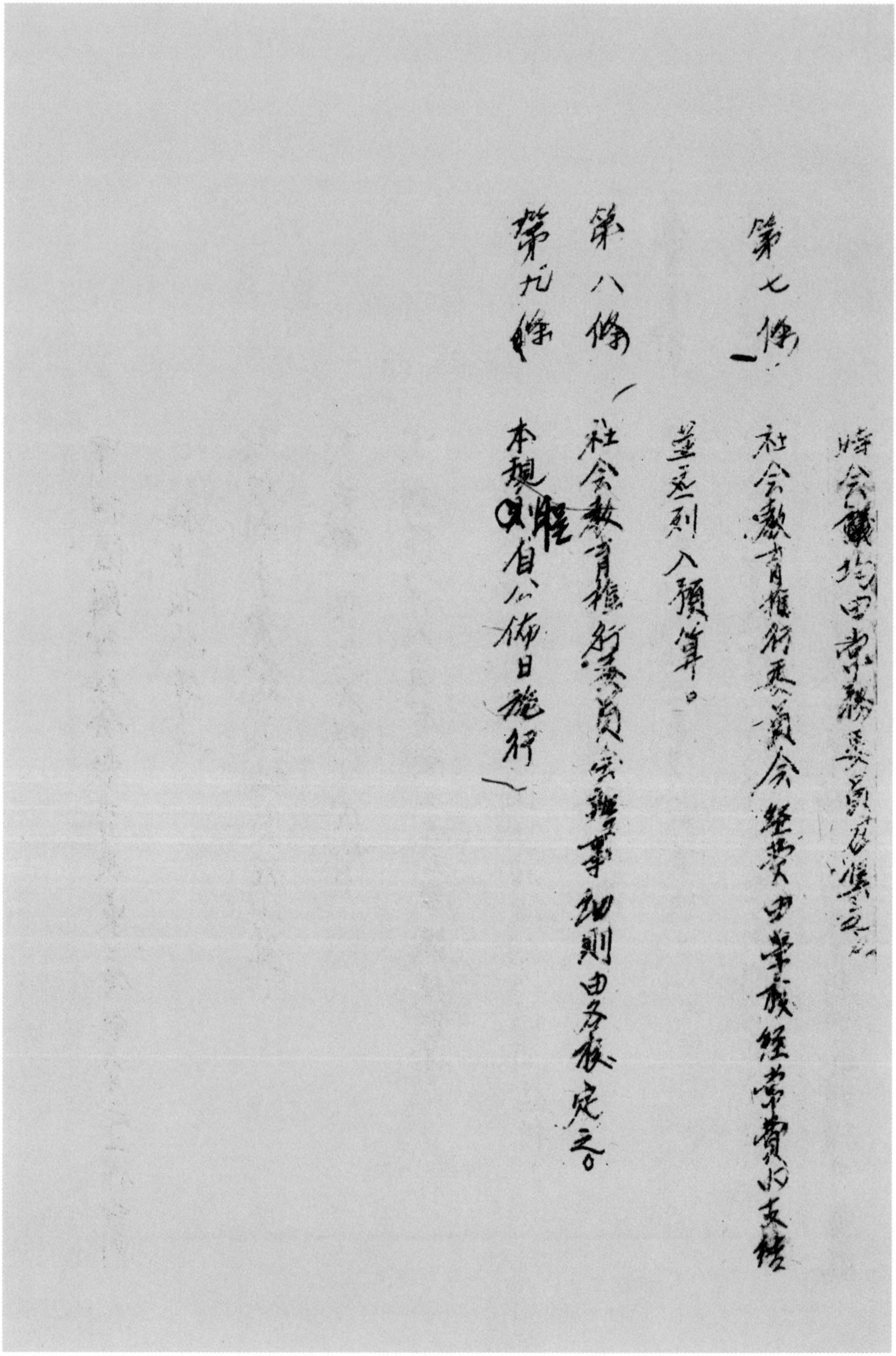
時会議均由常務委員召集之
第七條　社会教育推行委員会經費由學校經常費內支給
並另列入預算。
第八條　社会教育推行委員会辦事細則由各校定之。
第九條　本規程自公佈日施行

图 7-1-29　绥远省政府为转发中等以上学校社会教育推行委员会组织规程给省立归绥师范学校代电（附组织规程）（1946 年 4 月 27 日）（五）

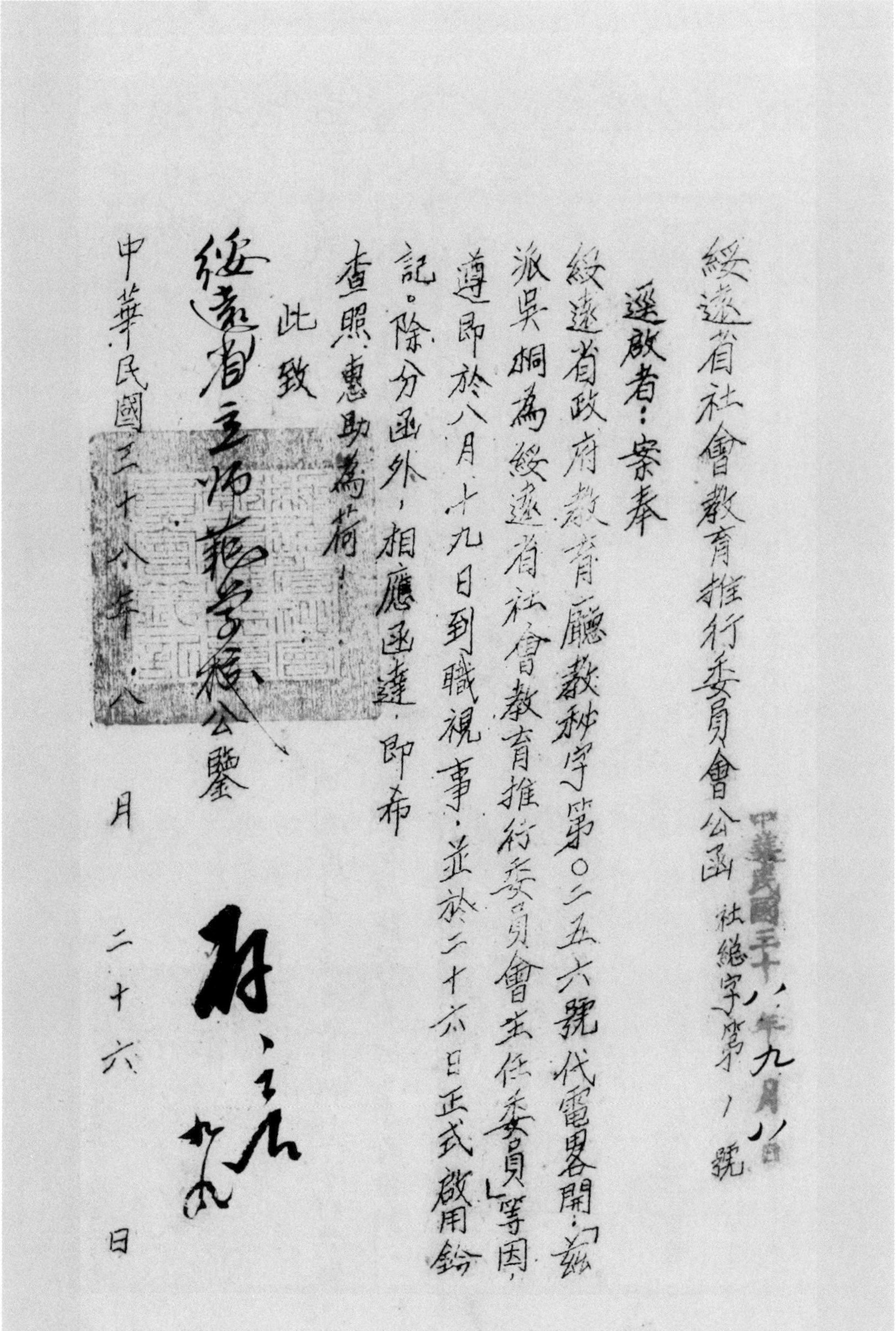

綏遠省社會教育推行委員會公函　社總字第一號

中華民國三十八年九月八日

逕啟者：案奉

綏遠省政府教育廳教秘字第〇二五六號代電略開：「茲派吳桐為綏遠省社會教育推行委員會主任委員」等因，遵即於八月十九日到職視事，並於二十六日正式啟用鈐記。除分函外，相應函達，即希

查照，惠助為荷！

此致

綏遠省立師範學校公鑒

中華民國三十八年八月二十六日

图7-1-30　绥远省社会教育推行委员会关于派吴桐为主任委员的公函（1949年8月26日）

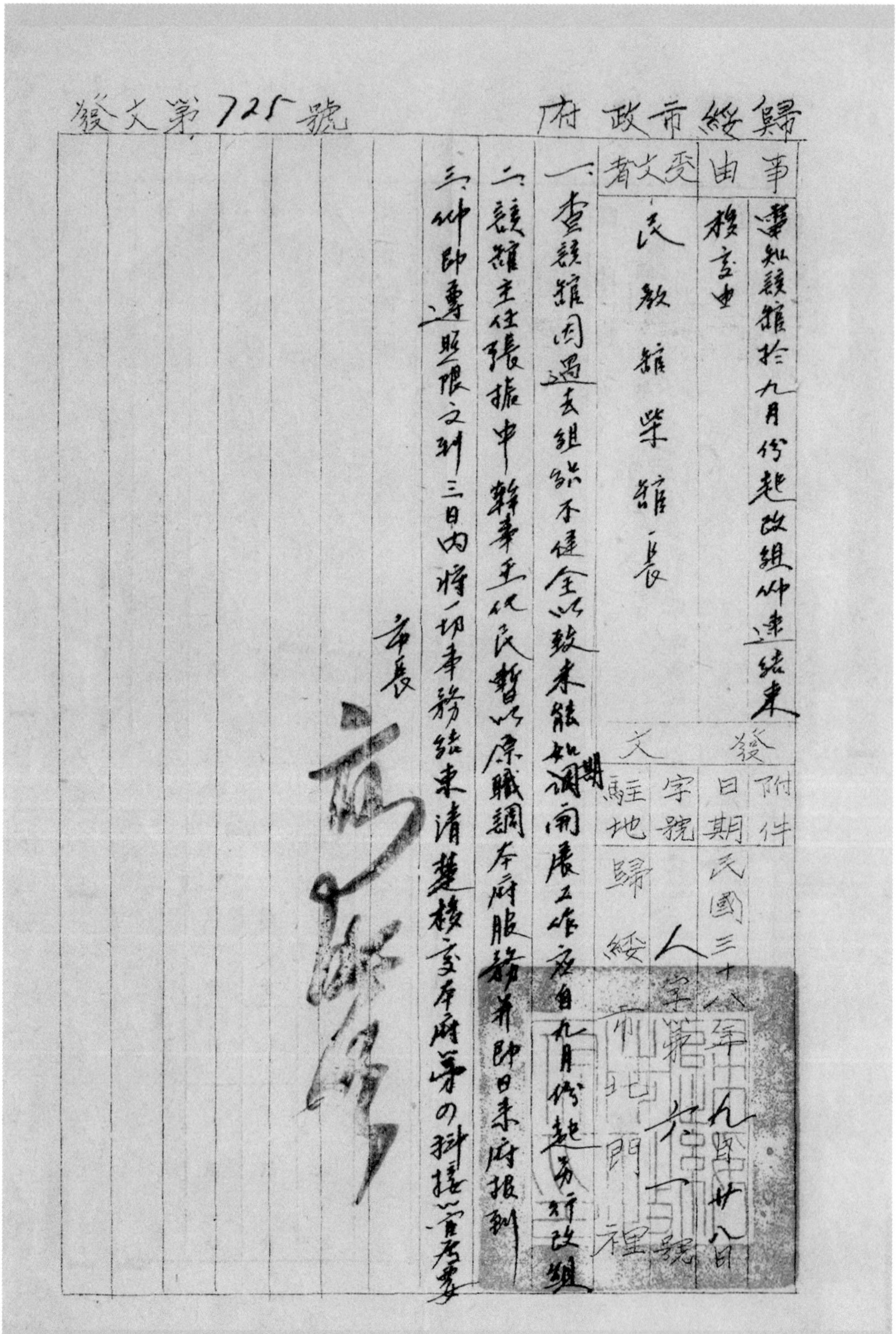

歸綏市政府　發文第725號

事由：電知該館於九月份起改組仰速結束移交由

受文者：民教館榮館長

一、查該館因過去組織不健全以致未能如期開展工作茲自九月份起另行改組

二、該館主任張振中幹事王化民暫以原職調本府服務並即日來府報到

三、仰即遵照限文到三日內將一切事務結束清楚移交本府第四科接收為要

市長

發文　日期：民國三十八年九月廿八日　字號：人字第六一號　駐地：歸綏市北門裡　附件：

图 7-1-31　归绥市政府为改组移交事宜给民教馆代电（1949 年 9 月 28 日）

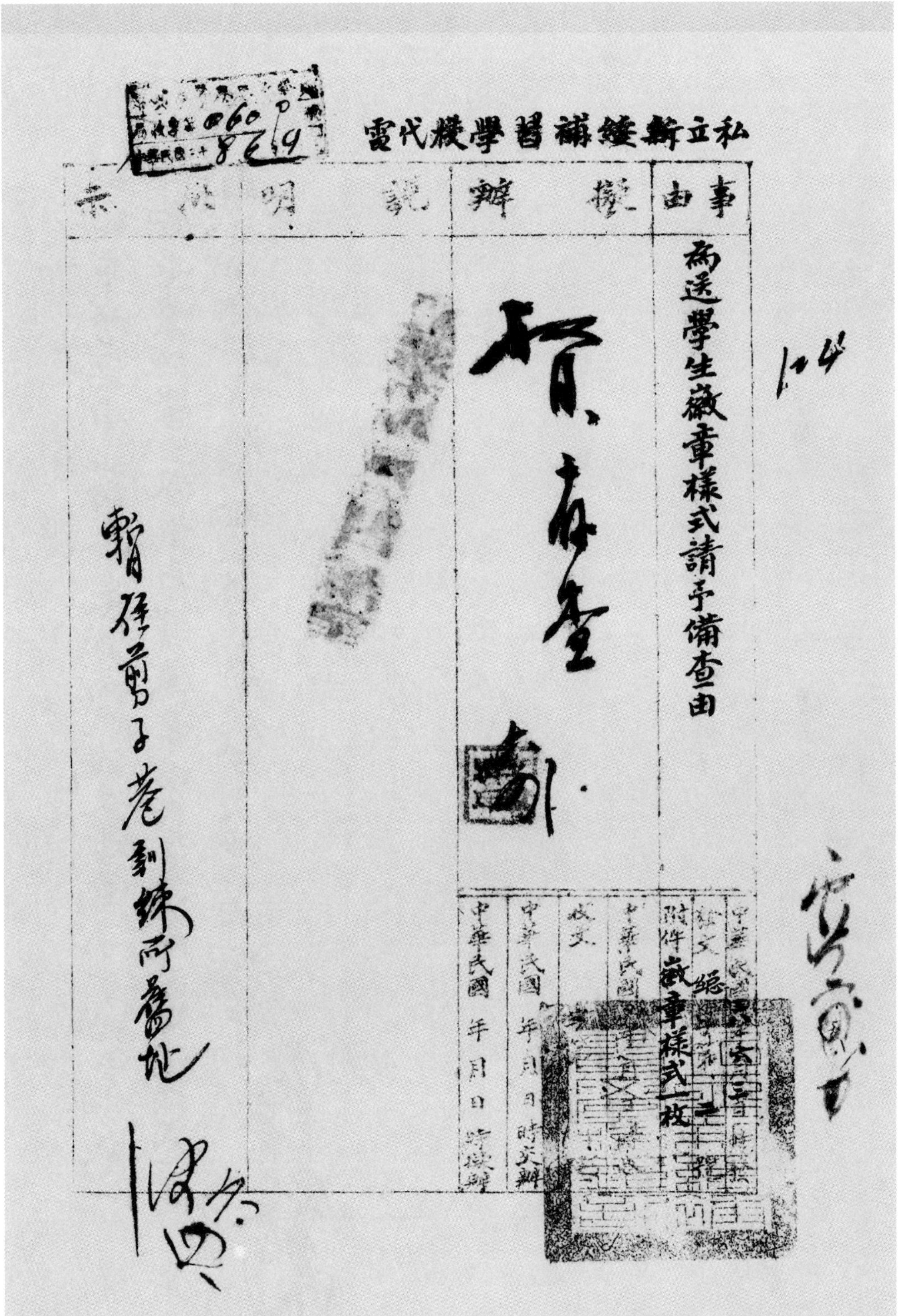
私立新綏補習學校代電

事由	擬辦	說明	批示
爲送學生徽章樣式請予備查由			

附件 徽章樣式一枚

图 7-1-32 私立新绥补习学校为送学生徽章样式致归绥市警察局代电（1947 年 6 月 3 日）（一）

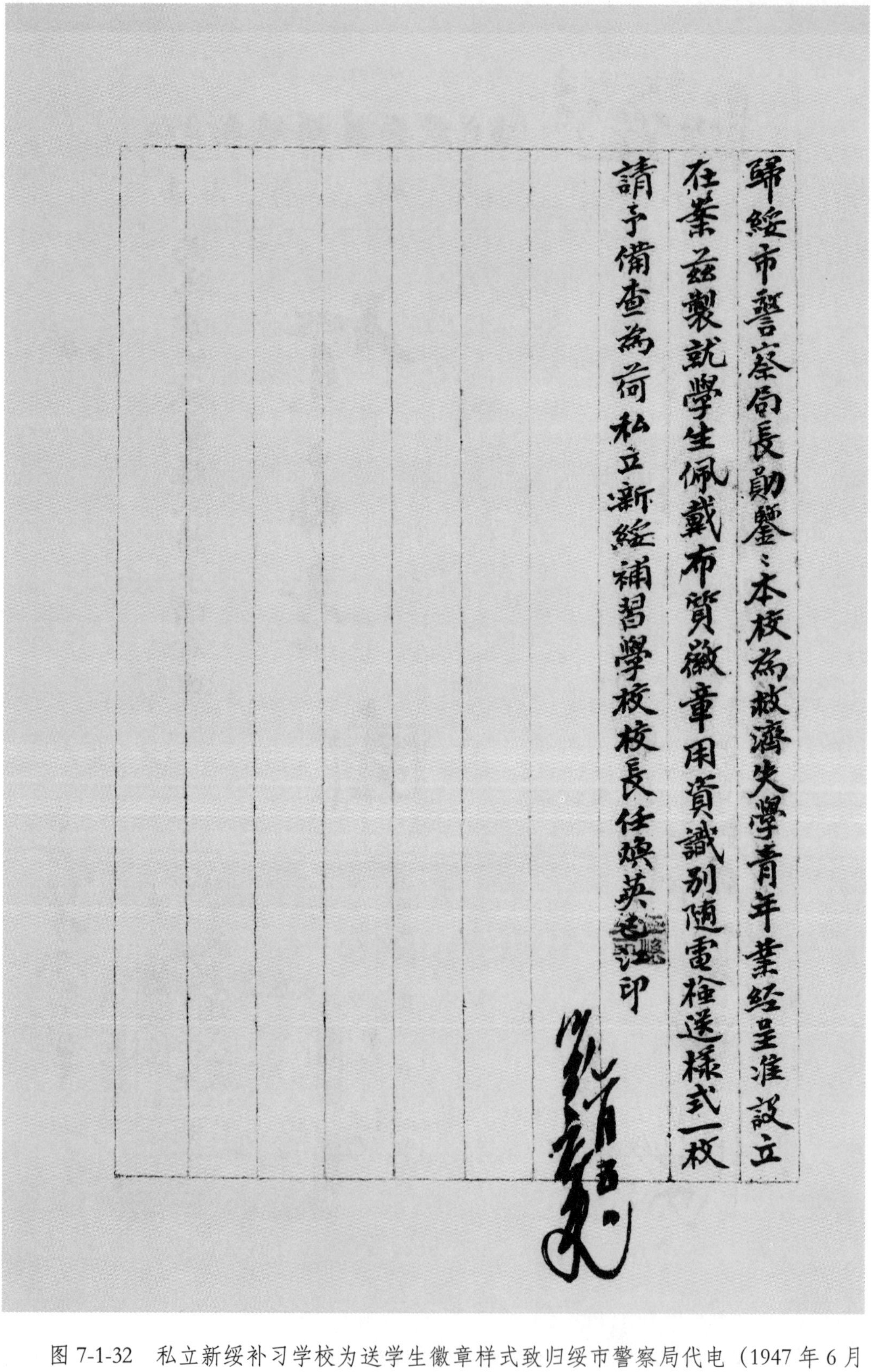
歸綏市警察局長勛鑒：本校為救濟失學青年業經呈准設立
在案茲製就學生佩戴布質徽章用資識別隨電檢送樣式一枚
請予備查為荷 私立新綏補習學校校長任煥英印

图 7-1-32 私立新绥补习学校为送学生徽章样式致归绥市警察局代电（1947 年 6 月 3 日）（二）

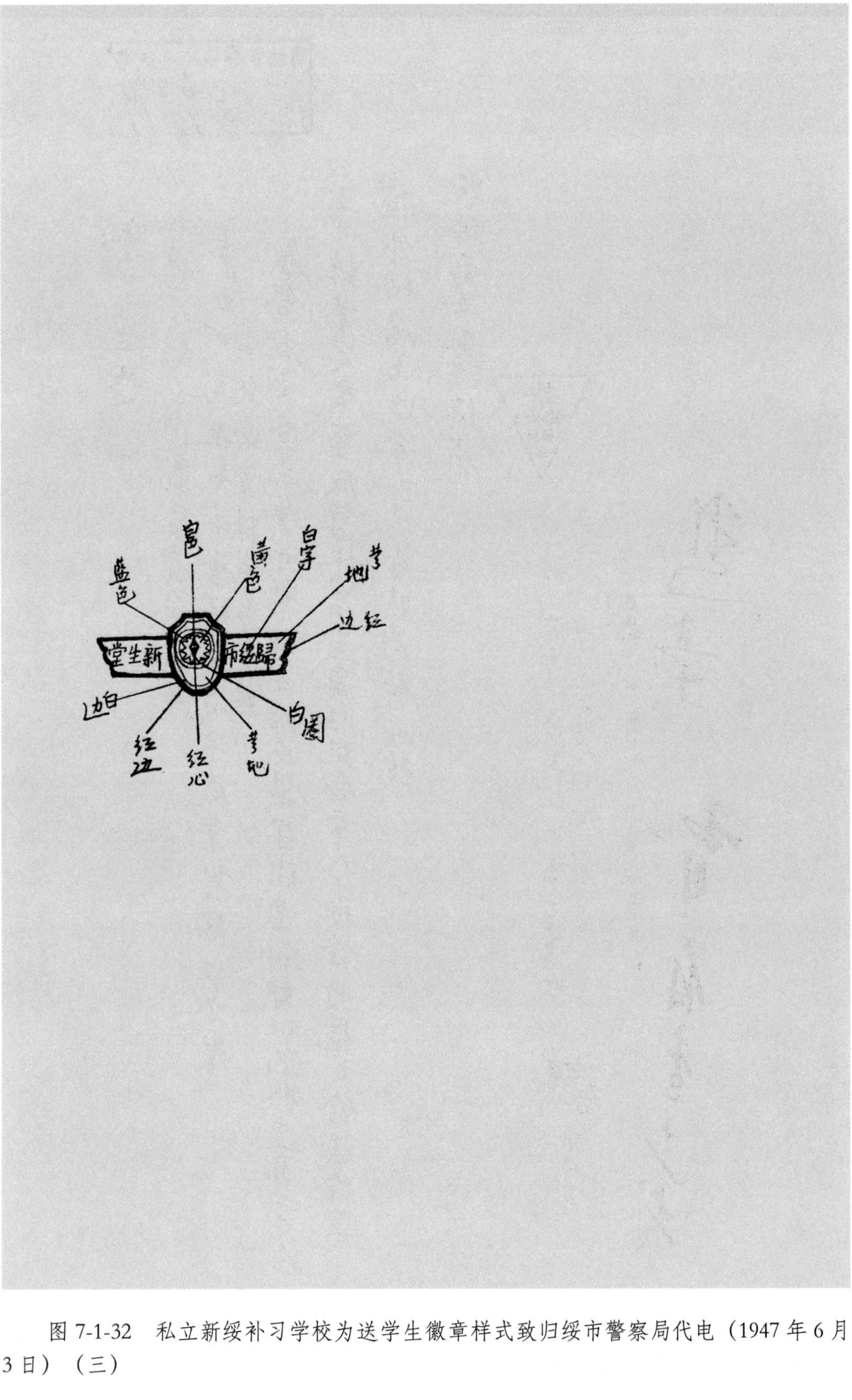

图 7-1-32　私立新绥补习学校为送学生徽章样式致归绥市警察局代电（1947 年 6 月 3 日）（三）

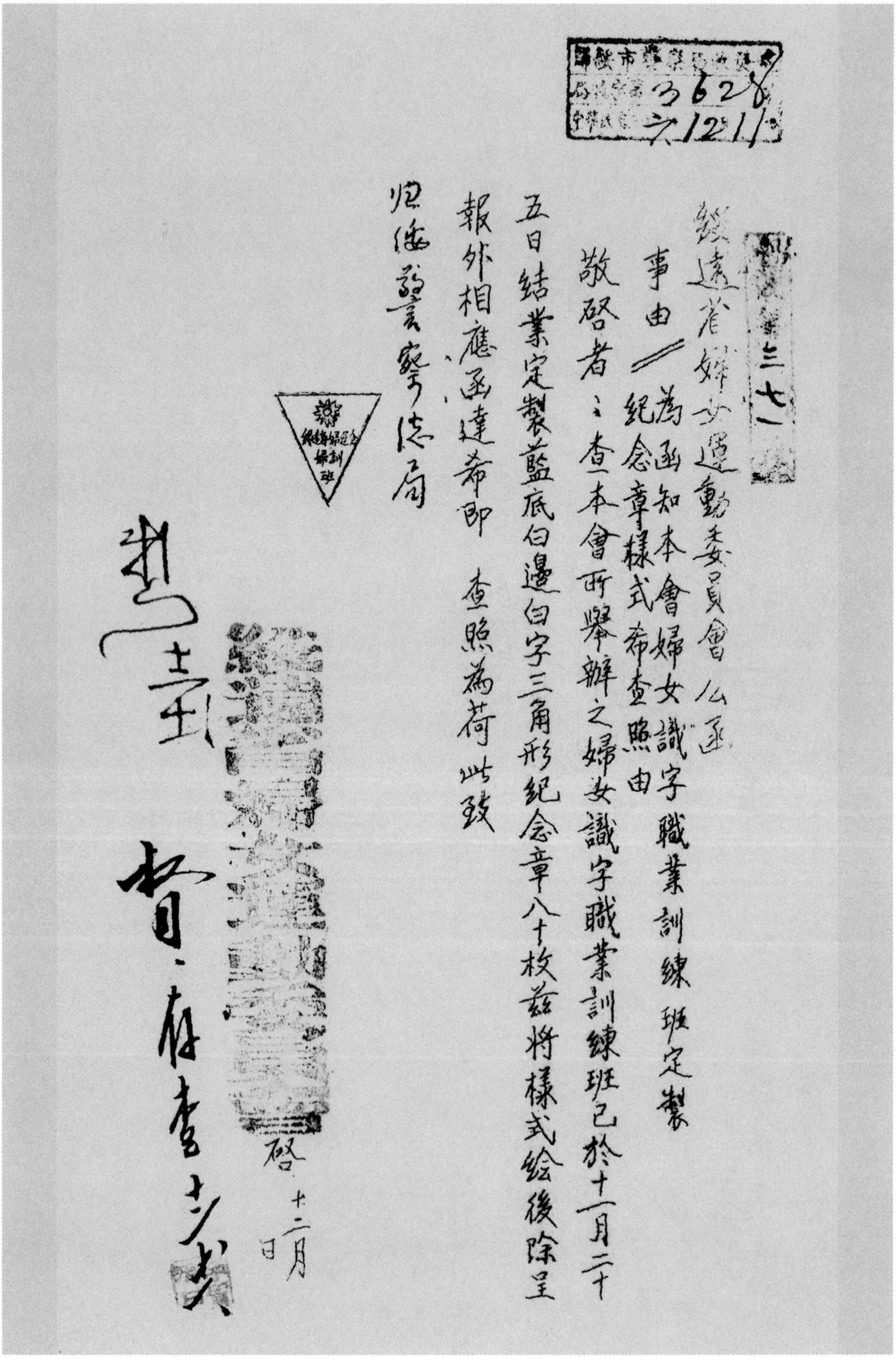

綏遠省婦女運動委員會公函

事由：為函知本會婦女識字職業訓練班定製紀念章樣式希查照由

敬啓者：查本會所舉辦之婦女識字職業訓練班已於十一月二十五日結業，定製藍底白邊白字三角形紀念章八十枚，茲將樣式繪後，除呈報外，相應函達，希即查照為荷。此致

歸綏警察總局

十二月　日　啓

图 7-1-33　绥远省妇女运动委员会为呈报妇女识字职业训练班纪念章式样致归绥警察总局公函（1947 年 12 月 11 日）

二 经费管理

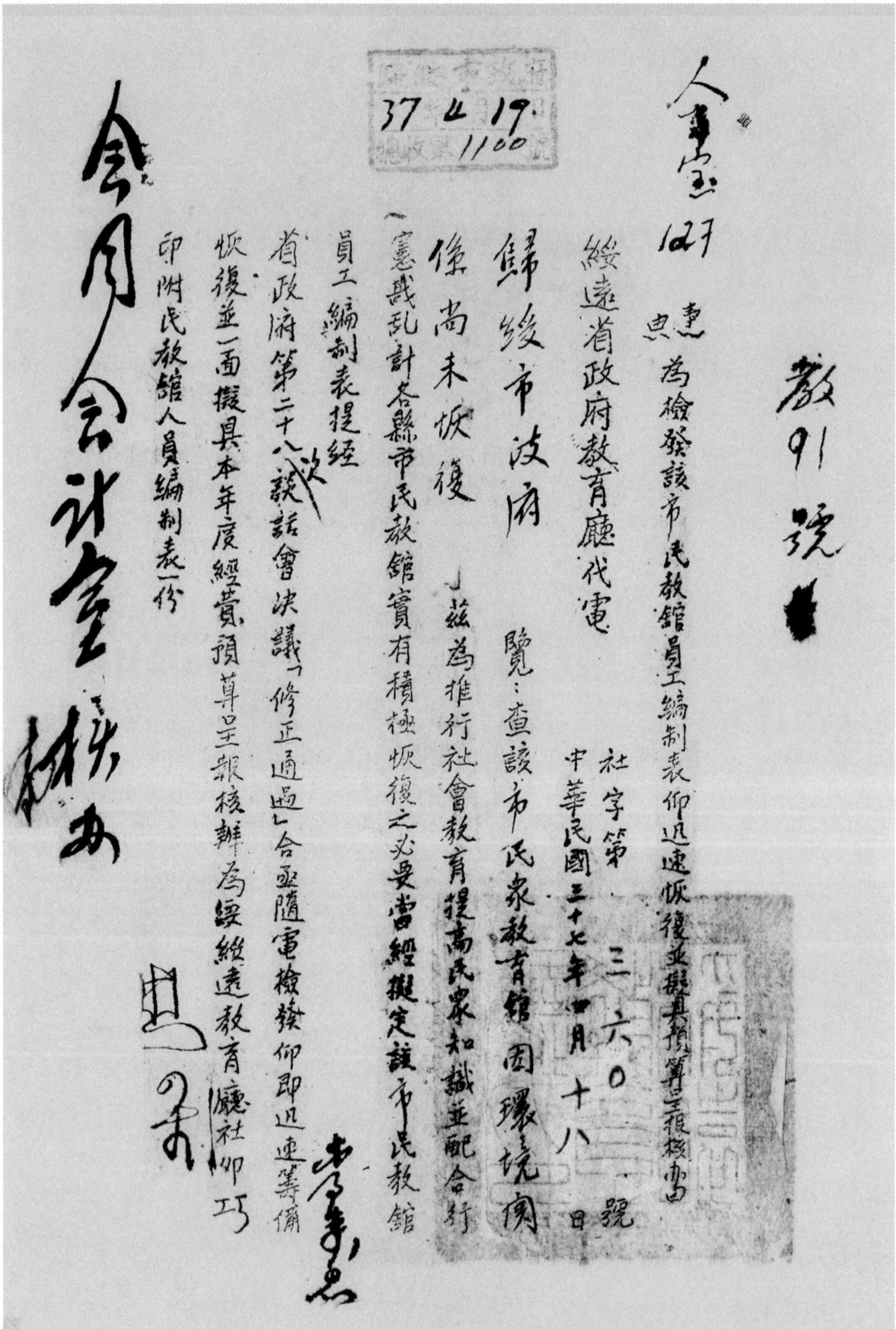
人事室 1277

教91號

37 4 19 1100

為檢發該市民教館員工編制表仰迅速恢復並擬具預算呈報核辦由

綏遠省政府教育廳代電 社字第三六〇號

歸綏市政府 中華民國三十七年四月十八日

覽：查該市民眾教育館因環境關係尚未恢復，茲為推行社會教育提高民眾知識並配合行憲戡亂計各縣市民教館實有積極恢復之必要當經擬定該市民教館員工編制表提經省政府第二十八次談話會決議「修正通過」合亟隨電檢發仰即迅速籌備恢復並一面擬具本年度經費預算呈報核辦為要綏遠教育廳社卯巧

印附民教館人員編制表一份

會同會計室核辦

图 7-2-1　绥远省政府教育厅为检发民教馆员工编制表及迅速恢复并呈报预算给归绥市政府代电（附民教馆人员经费编制表）（1948 年 4 月 18 日）（一）

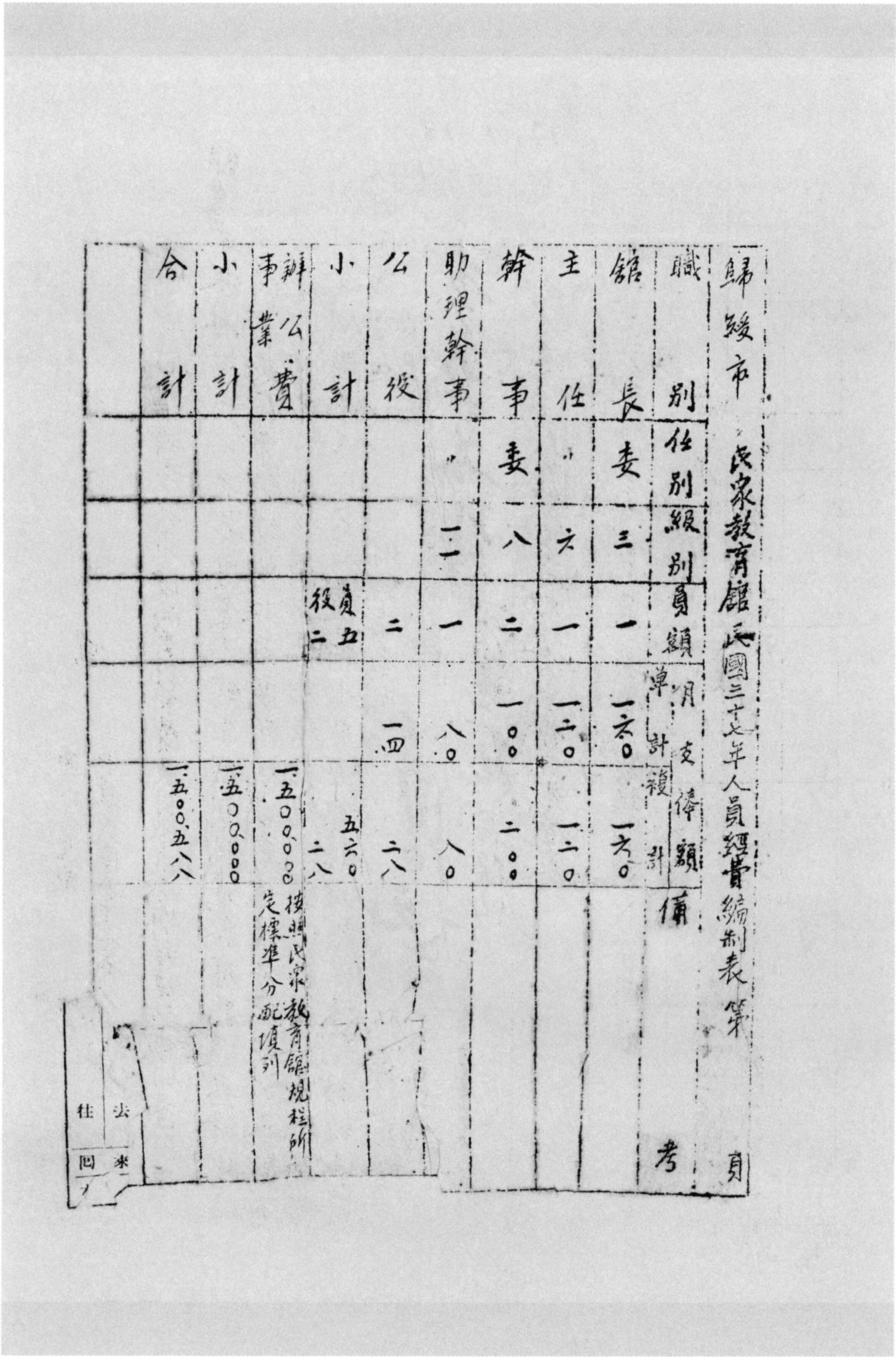

歸綏市民衆教育館民國三十七年人員經費編制表　第　頁

職別	任別	級別	員額	月支俸額單計	月支俸額複計	備考
館長	委	三	一	一六〇	一六〇	
主任	〃	六	一	一二〇	一二〇	
幹事	委	一八	二	一〇〇	二〇〇	
助理幹事	〃	二一	一	八〇	八〇	
公役			二	一四	二八	
小計			員五 役二		五六〇 二八	
辦公事業費					一.五〇〇.〇〇〇	按照民衆教育館規程所定標準分配填列
小計					一.五〇〇.〇〇〇	
合計					一.五〇〇.五八八	

图 7-2-1　绥远省政府教育厅为检发民教馆员工编制表及迅速恢复并呈报预算给归绥市政府代电（附民教馆人员经费编制表）（1948 年 4 月 18 日）（二）

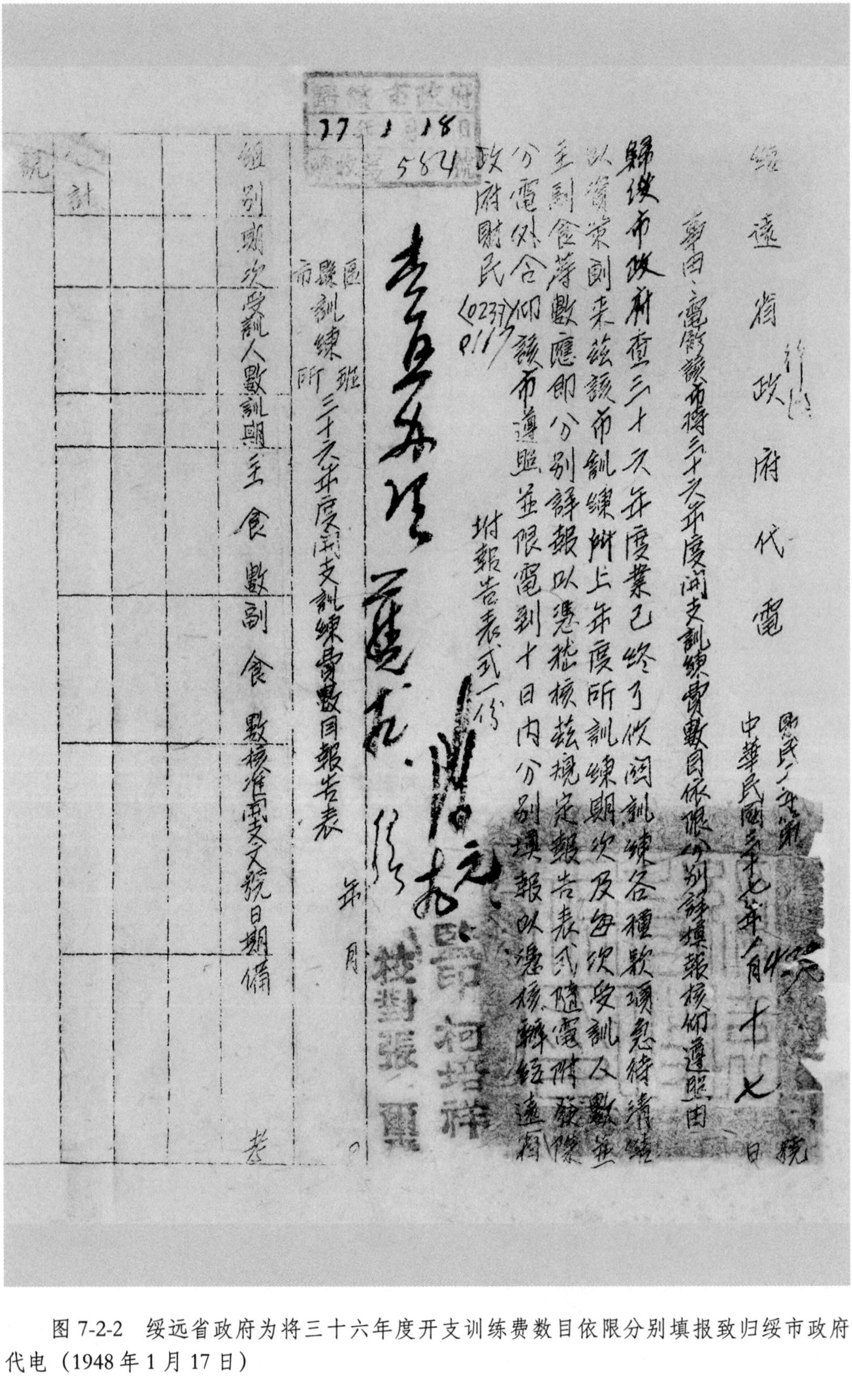

图 7-2-2　绥远省政府为将三十六年度开支训练费数目依限分别填报致归绥市政府代电（1948 年 1 月 17 日）

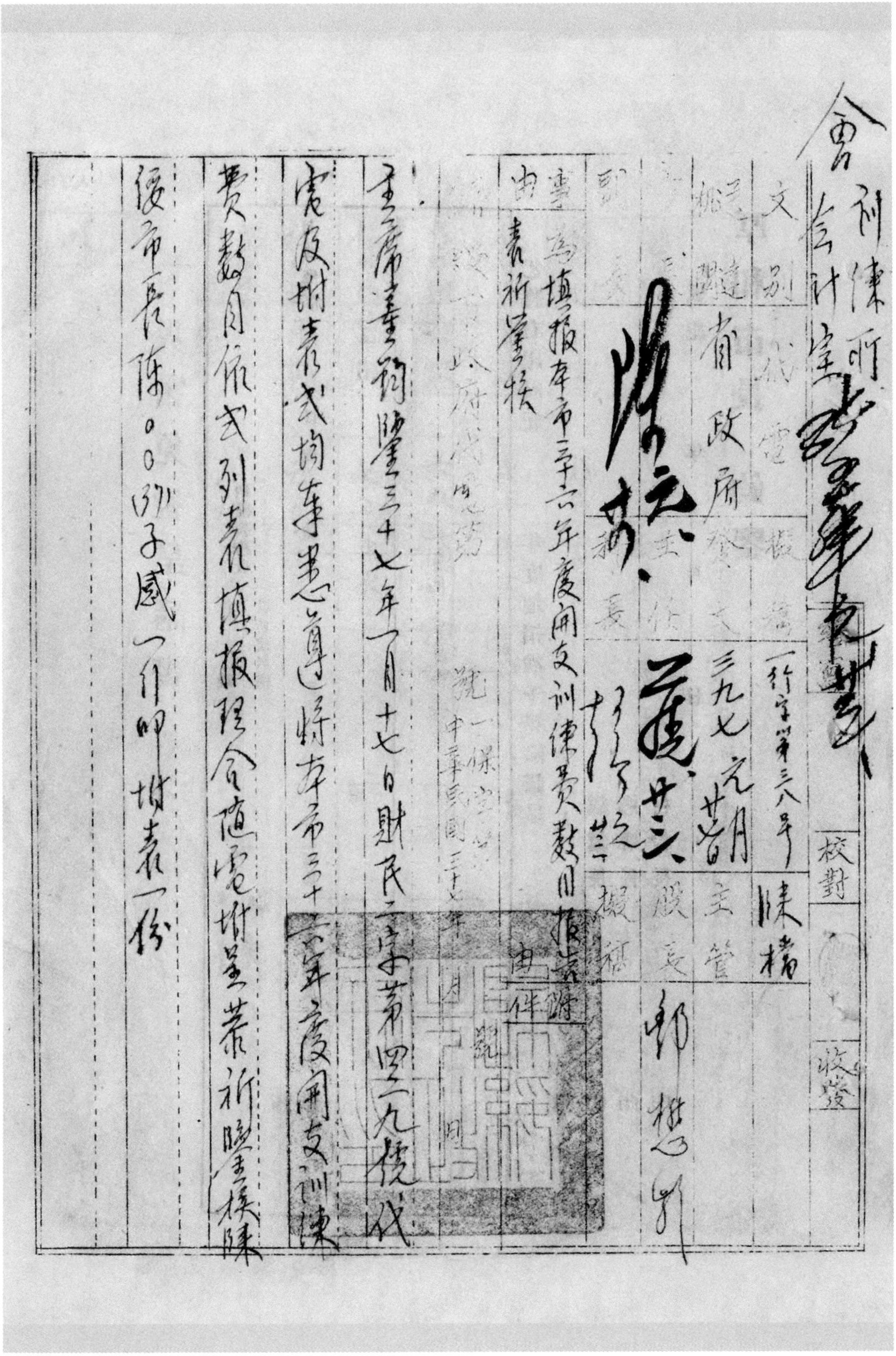
事由：為填報本市三十六年度開支訓練費數目報告表祈鑒核由

主席董鈞鑒：三十七年一月十七日財民一字第四一九號代電敬悉。遵將本市三十六年度開支訓練費數目依式列表填報，理合隨電附呈，恭祈鑒核。歸綏市長陳○○叩子感 附表一份

图 7-2-3　归绥市政府为填报三十六年度开支训练费数目报告表致绥远省政府代电（附报告表）（1948 年 1 月 27 日）（一）

歸綏市訓練所三十六年度開支訓練費數目報告表　　年　月　日

組別	期次	受訓人數	訓期	主食費	副食費	核准開支文號	備考
保甲組	二期	八四	一個月				本期調訓保[illegible]保自費
保甲組	四期	七三	二十天	二〇八八七二	三〇六六〇〇	財民元字一九五號 三十六年四月十六	調訓保長 副保長
保甲組	六期	六九	一個月	四三六七〇〇	四一四〇〇〇	財民元字三三四四號 三十六年七月二日	〃 〃
保甲組	七期	七〇	十天				調訓后籍副保長不在職者
社政組	十期	五〇	二十天				本期調訓公會職員保自費
地方自治研討會	十一期	九八	十天	五二五五三五〇	一九六〇〇〇	酉艷財民元五四八四號	調訓各區保代表
說明							

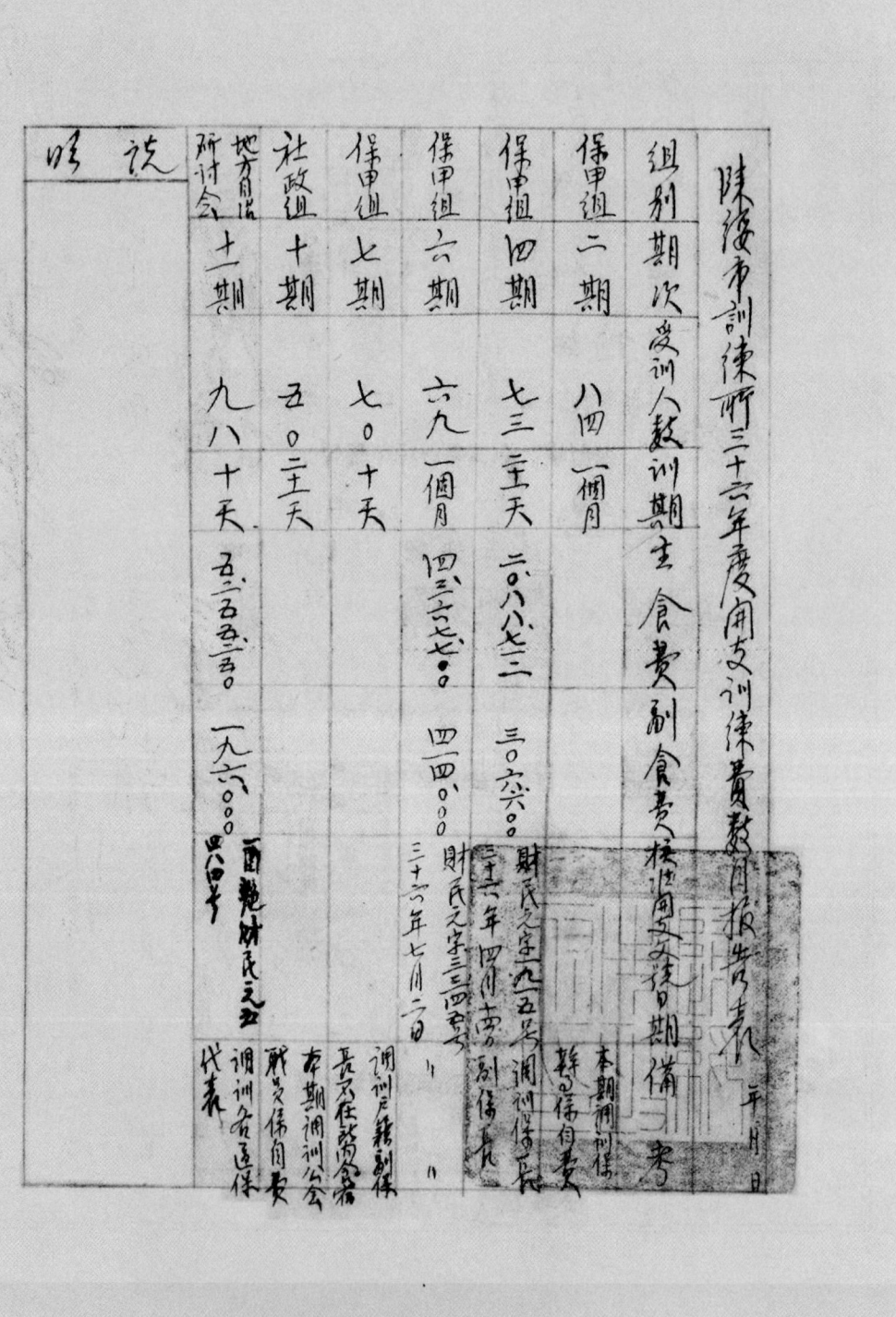

图 7-2-3　归绥市政府为填报三十六年度开支训练费数目报告表致绥远省政府代电（附报告表）（1948 年 1 月 27 日）（二）

三　教务工作

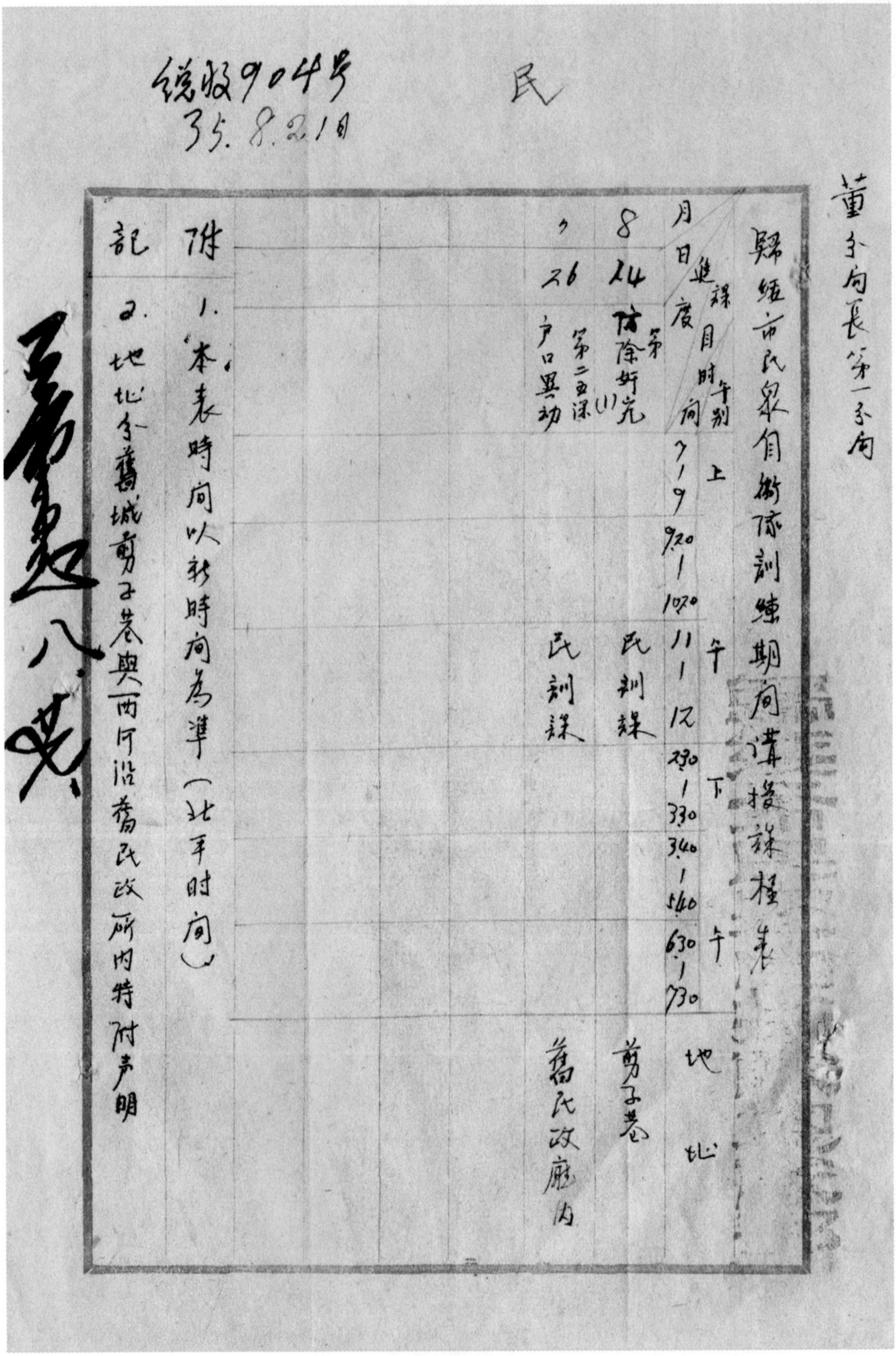

图 7-3-1 归绥市民众自卫队训练期间讲授课程表（1946 年 8 月 21 日）

外事警察訓練班第二月課程表

月/日	星期	上午八時至八時五五分 課目	教官	九時〇五分至十時 課目	教官
6/30	一	英語	吳琦霖	英語	吳琦霖
7/1	二	英語	〃	實務	〃
7/2	三	憲法要義	王科長	精神講話	局長
7/3	四	英語	吳琦霖	實務	吳琦霖
7/4	五	戶籍法	許科長	英語	〃
7/5	六	英語	吳琦霖	英語	〃
7/7	一	違警罰法	羅守宗	英語	〃
7/8	二	英語	吳琦霖	實務	吳琦霖
7/9	三	國籍法	王致中	精神講話	張子模
7/10	四	英語	吳琦霖	實務	吳琦霖
7/11	五	英語	〃	英語	〃
7/12	六	規則	常維	英語	〃
7/14	一	英語	吳琦霖	英語	吳琦霖
7/15	二	英語	〃	實務	〃
7/16	三	戶籍法	許科長	精神講話	局長
7/17	四	英語	吳琦霖	實務	吳琦霖
7/18	五	規則	常維	英語	〃
7/19	六	英語	吳琦霖	英語	〃
7/21	一	〃	〃	〃	〃
7/22	二	違警罰法	羅守宗	〃	〃
7/23	三	憲法要義	王科長	精神講話	張子模
7/24	四	國籍法	王致中	英語	吳琦霖
7/25	五	英語	吳琦霖	實務	吳琦霖
7/26	六	〃	〃		督察長
7/28	一	〃	〃	英語	吳琦霖
7/29	二	〃	〃	實務	〃
7/30	三	規則	常維	精神講話	局長
7/31	四	英語	吳琦霖	實務	吳琦霖
8/1	五	〃	〃	英語	〃
8/2	六	憲法要義	王科長	〃	〃

图 7-3-2　外事警察训练班第二月课程表（1947 年 7 月）

外事警察訓練班第三月課程表

民國三十六年八月　日

月日	星期	上午八時至八時五五分 課目	教官	九時〇五分至十時 課目	教官
8/4	一	英語	吳沛霖	實務	吳沛霖
8/5	二	英語	〃	英語	〃
8/6	三	精神講話	張子模	國籍法	王黎中
8/7	四	英語	吳沛霖	違警罰法	羅守棠
8/8	五	外交禮節	張子模	英語	吳沛霖
8/9	六	英語	吳沛霖	實務	〃
8/11	一	英語	〃	英語	〃
8/12	二	英語	吳沛霖	實務	吳沛霖
8/13	三	條約	羅守棠	精神講話	局長
8/14	四	英語	吳沛霖	時事分析	督察長
8/15	五	英語	吳沛霖	實務	吳沛霖
8/16	六	英語	吳沛霖	違警罰法	羅守棠
8/18	一	英語	吳沛霖	英語	吳沛霖
8/19	二	精神講話	張子模	英語	〃
8/20	三	憲法要義	王科長	國際法	劉分局長

月日	星期	上午八時至八時五五分 課目	教官	九時〇五分至十時 課目	教官
8/21	四	英語	吳沛霖	實務	吳沛霖
8/22	五	英語	〃	英語	〃
8/23	六	英語	〃	實務	〃
8/25	一	英語	吳沛霖	英語	吳沛霖
8/26	二	英語	〃	實務	〃
8/27	三	違警罰法	羅守棠	精神講話	局長
8/28	四	英語	吳沛霖	戶籍法	許主任
8/29	五	英語	〃	條約	羅守棠
8/30	六	英語	〃	實務	吳沛霖
9/1	一	英語	吳沛霖	實務	〃
9/2	二	英語	〃	英語	〃
9/3	三	精神講話	張子模	違警罰法	羅守棠
9/4	四	英語	吳沛霖	實務	吳沛霖
9/5	五	英語	〃	英語	〃
9/6	六	英語	〃	條約	羅守棠

图 7-3-3　外事警察训练班第三月课程表（1947 年 8 月）

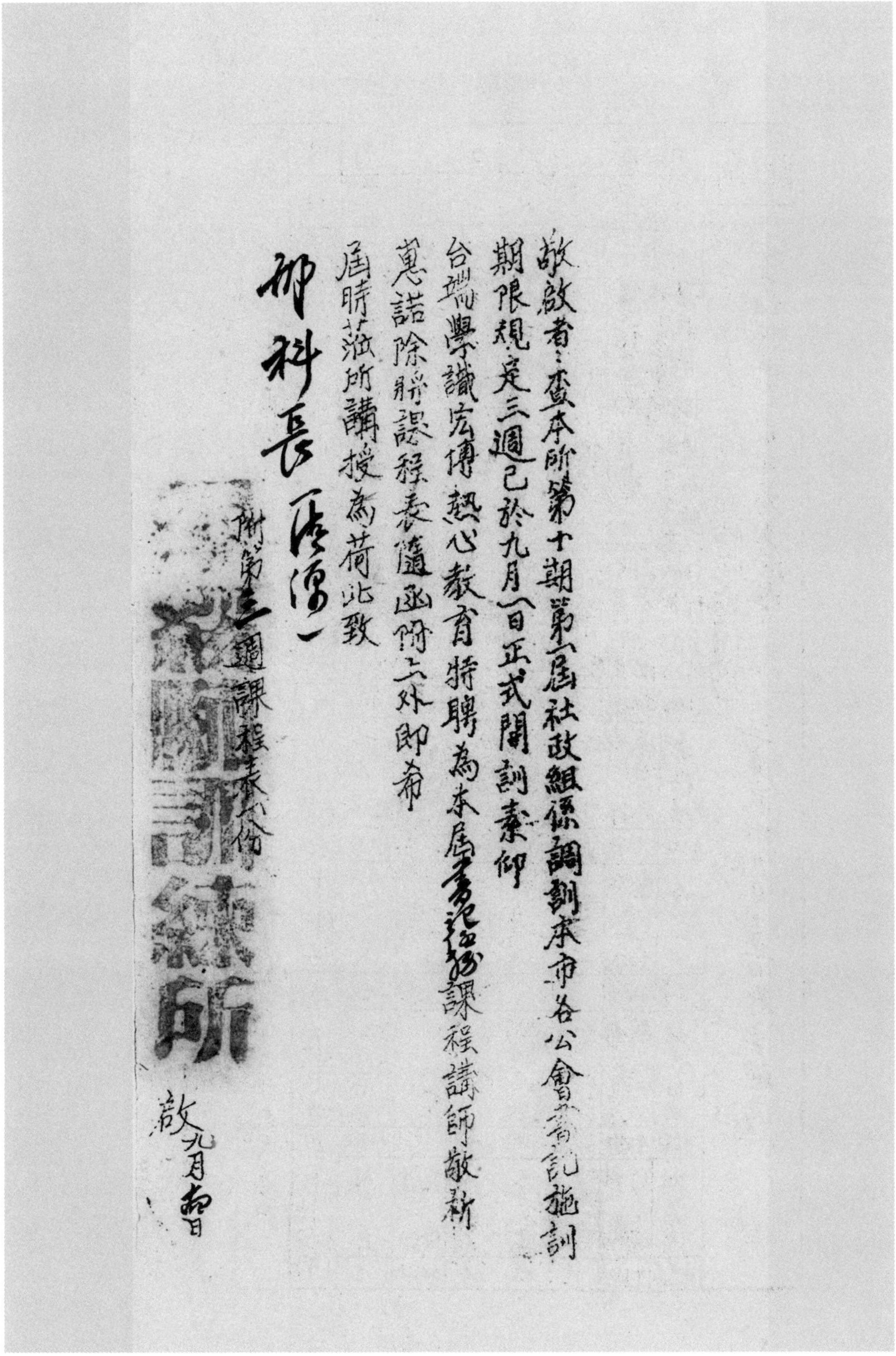
敬啟者：查本所第十期第一屆社政組係調訓本市各公會書記施訓期限規定三週已於九月一日正式開訓素仰
台端學識宏博熱心教育特聘為本屆黨務課程講師敬祈
惠諾除將課程表隨函附上外即希
屆時蒞所講授為荷此致
邢科長

附第三週課程表一份

歸綏市縣訓練所敬
九月十四日

图 7-3-4 归绥市县训练所聘请讲师的函（附第十期第一届社政组第三周课程表）（1947 年 9 月 14 日）（一）

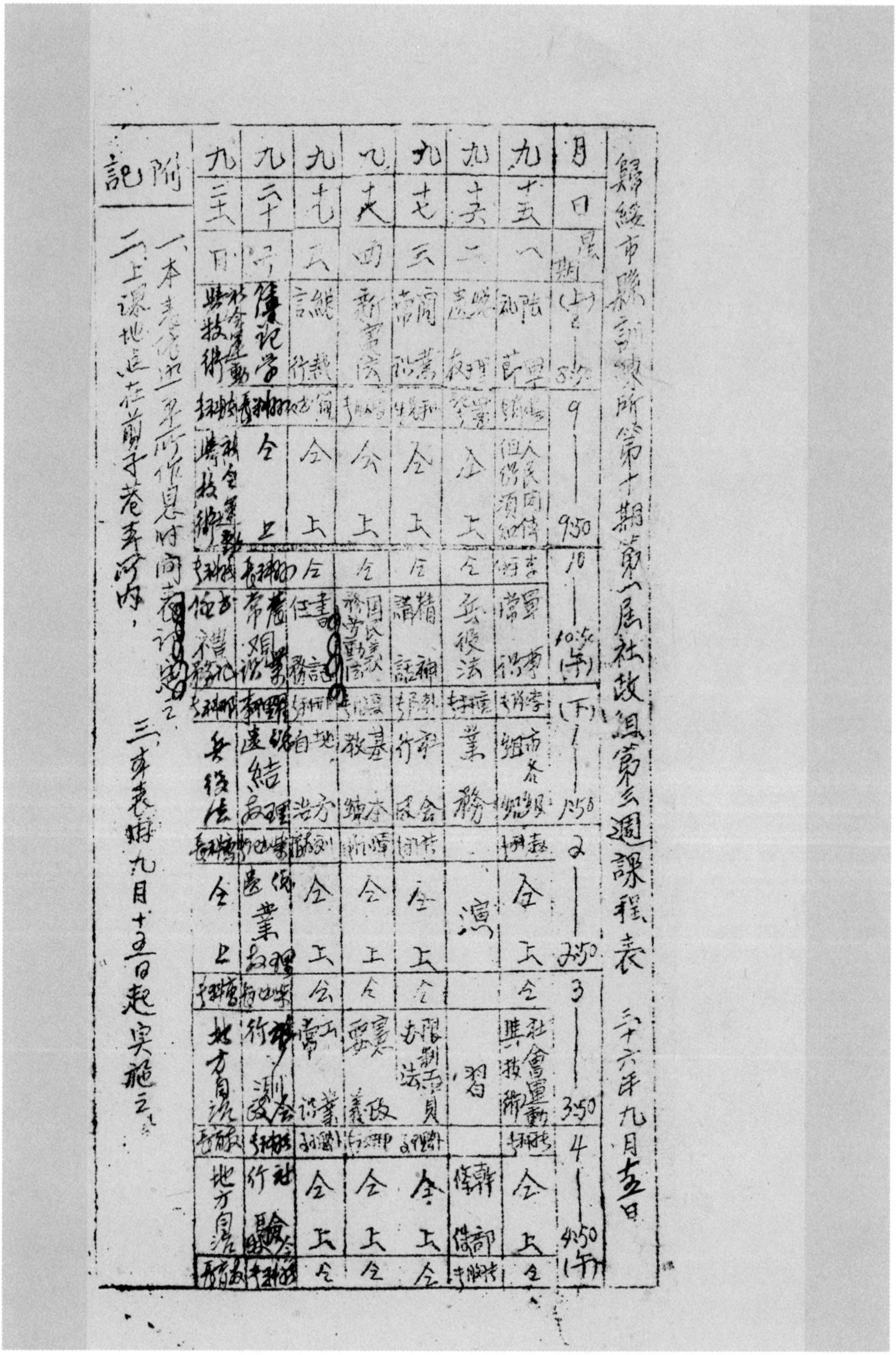

歸綏市縣訓練所第十期第一屆社政組第三週課程表　三十六年九月十五日

月日	九.十五	九.十六	九.十七	九.十八	九.十九	九.二十	九.二一
星期	一	二	三	四	五	六	日
(上午)8—8:50	[illegible]	[illegible]	[illegible]	[illegible]	總裁言行	傳記學	社會運動 縣技術
9—9:50	人民團體組織須知	仝上	仝上	仝上	仝上	仝上	社會運動 縣技術
10—10:50	貿易常識	兵役法	精神講話	[illegible]	書記任務	農業常識	禮俗
(下午)1—1:50	[illegible]	業務	[illegible]	[illegible]	地方自治	[illegible]	兵役法
2—2:50	仝上	演[illegible]	仝上	仝上	仝上	[illegible]	仝上
3—3:50	社會運動 縣技術	習	[illegible]	[illegible]	[illegible]	[illegible]	地方自治
4—4:50	仝上	[illegible]	仝上	仝上	仝上	[illegible]	地方自治

附記

一、本表依照本所作息時間表訂定之

二、上課地點在前子巷本所內，

三、本表自九月十五日起實施之

图 7-3-4　归绥市县训练所聘请讲师的函（附第十期第一届社政组第三周课程表）（1947 年 9 月 14 日）（二）

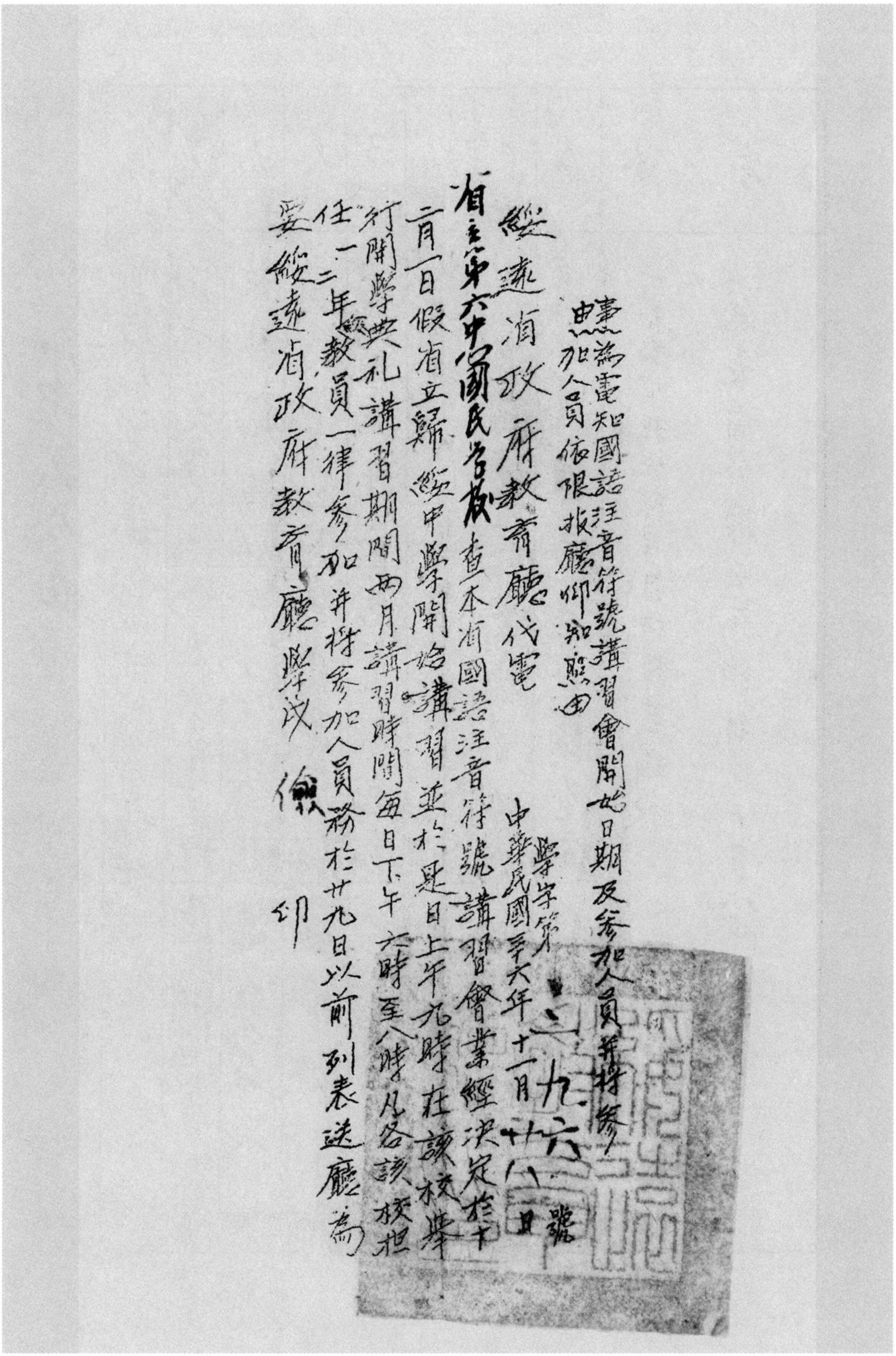

事由：為電知國語注音符號講習會開始日期及參加人員並將參加人員依限報廳仰知照由

綏遠省政府教育廳代電

學字第九六號
中華民國三十六年十一月廿八日

省立第六中學國民學校：查本省國語注音符號講習會業經決定於十二月一日假省立歸綏中學開始講習，並於是日上午九時在該校舉行開學典禮。講習期間兩月，講習時間每日下午六時至八時。凡各該校擔任一二年級教員一律參加，并將參加人員務於廿九日以前列表送廳為要。綏遠省政府教育廳學戊儉印

图 7-3-5　绥远省政府教育厅关于国语注音符号讲习会开始日期及参加人员的代电（1947 年 11 月 28 日）

第六分局

歸綏市警察局户籍人員訓練班課程表

時間 / 科目 / 星期	七時三十分至八時二十分	教官	八時三十分至九時二十分	教官	九時三十分至十時二十分	教官
1	精神講話	局長	户籍法	劉復鑫	違警罰法	周景宇
2	國父遺教	康靜書	警察實務	劉少先	社會調查	劉復鑫
3	總裁言行	[illegible]	犯罪研究	周景宇	户口調查	秦復鑫
4	户籍法	劉復鑫	違警罰法	周景宇	户口調查	劉復鑫
5	户口調查	劉復鑫	警察實務	劉少先	保甲法規	劉復鑫
6	違警罰法	周景宇	户口調查	劉復鑫	警察法規	周景宇

備考

一、各教官担任課目自行擇要講授

二、本表自公佈之日施行（十月八日）

图 7-3-6 归绥市警察局户籍人员训练班课程表

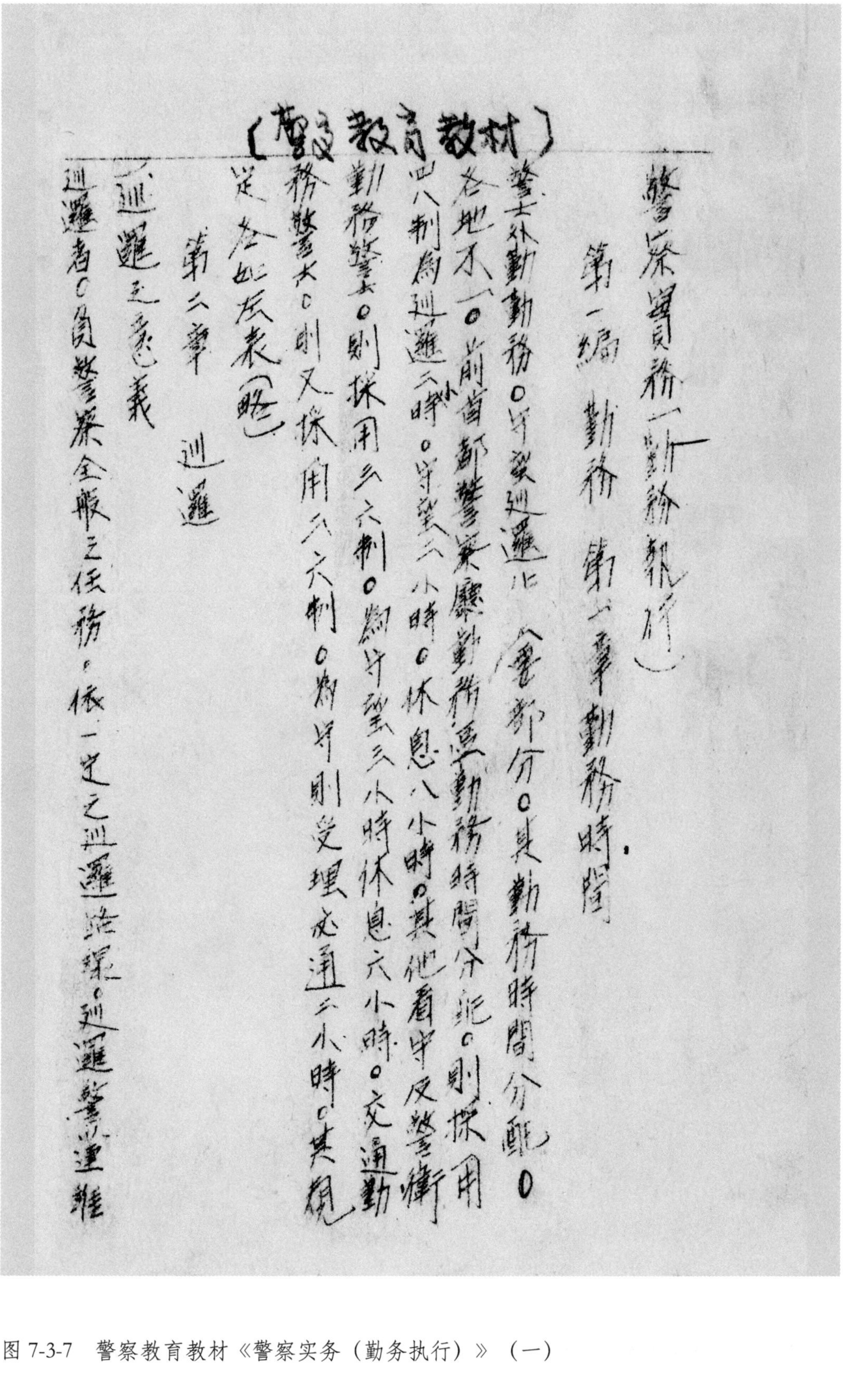
〔警察教育教材〕

警察實務（勤務執行）

第一編 勤務 第一章 勤務時間

警士外勤勤務，守望巡邏二（重要部分），其勤務時間分配，各地不一，前首都警察廳勤務區（勤務時間分配）則採用四八制，為巡邏二小時，守望二小時，休息八小時，其他看守及警衛勤務警士，則採用三六制，為守望三小時休息六小時，交通勤務警士，則又採用三六制，為守則受理或通三小時，其規定各如左表（略）

第二章 巡邏

一、巡邏之意義

巡邏者，負警察全般之任務，依一定之巡邏路線，巡邏警士運雅

图 7-3-7 警察教育教材《警察实务（勤务执行）》（一）

持社會安寧秩序保護人民生命財產之目的一種警察勤務。宜耳目靈敏。注意周到。對于　故。以能適機應變。迅速處理為要

二巡邏之法

巡邏須依一定之路線巡行。其路線及每日巡行次數。由各警察局規定。首都各警察局徒步巡邏。其步度以每分鐘四十五步為準。(註二)每次經過巡邏箱收時。應於箱收考勤表上。註明到達時間。併加蓋名戳。以憑稽核。(註三)遇有可疑之人[illegible]可疑之事既應詳細盤詰查察否[illegible]如上全有不法者即行拘捕遇關係重大事件則宜從速報告長官。不可怠遲處置。

图 7-3-7　警察教育教材《警察实务（勤务执行）》（二）

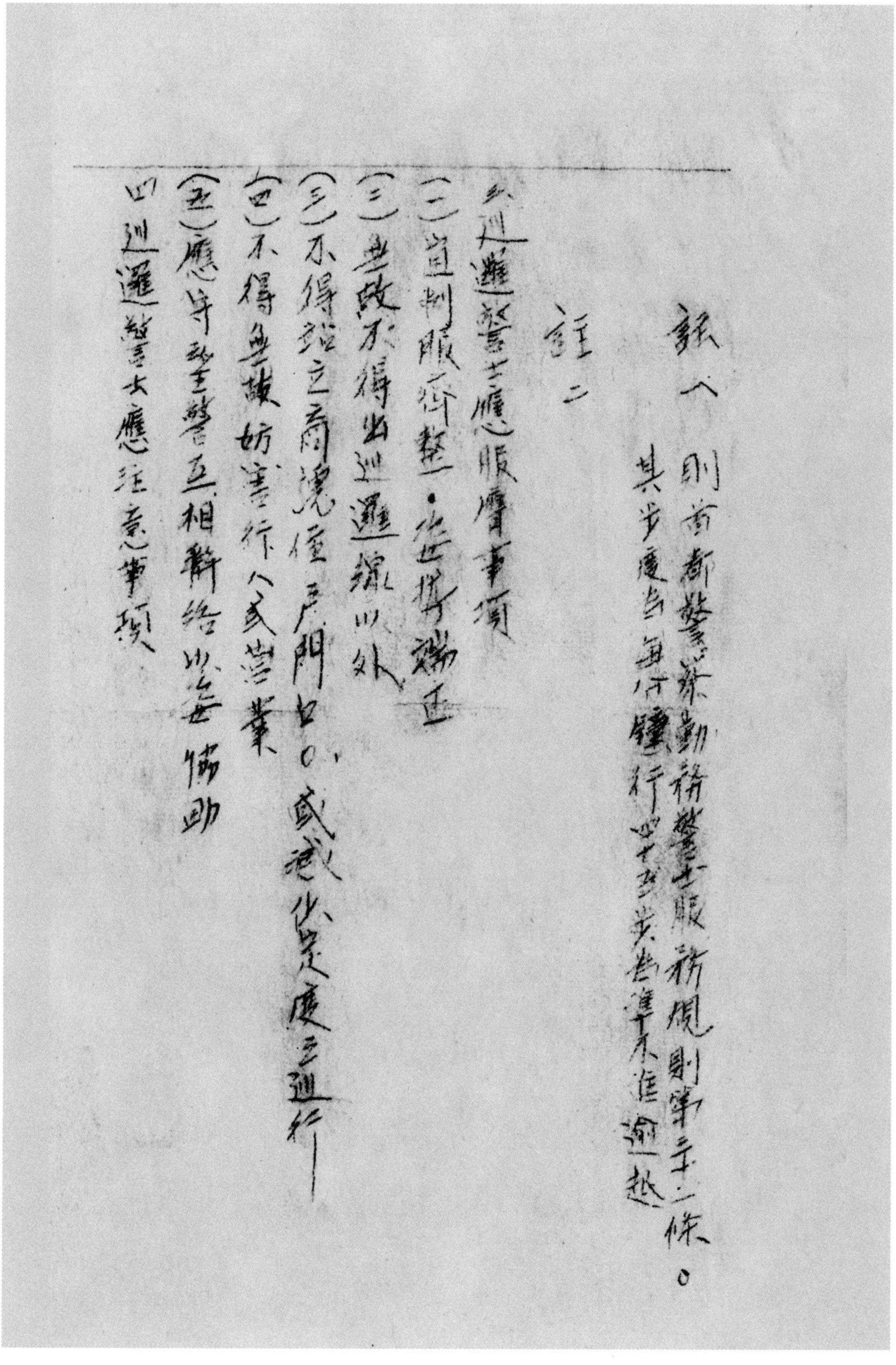

試八 則前都警察勤務警士服務規則第二十二條。

其步度每分鐘行四十五步為準不住逾越

註二

六、巡邏警士應服膺事項

(一)着制服齊整・姿勢端正

(二)無故不得出巡邏線以外

(三)不得站立商店住戶門口。或越此定度之通行—

(四)不得無故妨害行人或營業

(五)應與警士互相聯絡以資協助

四、巡邏警士應注意事項

图 7-3-7　警察教育教材《警察实务（勤务执行）》（三）

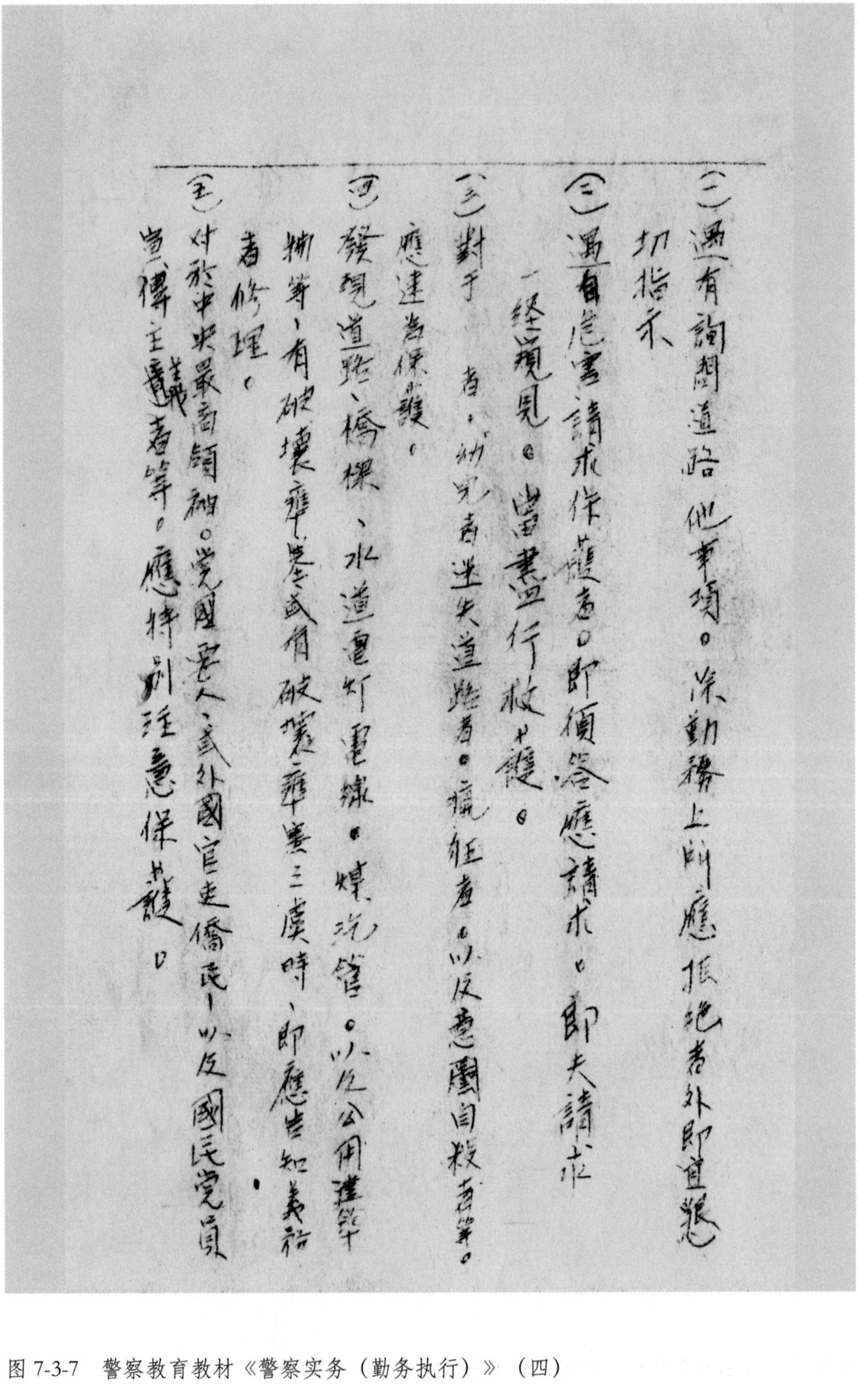

(一)遇有詢問道路 他事項。除勤務上則應拒絕者外即宜懇切指示

(二)遇有危害請求保護者。即須答應請求。即未請求一經覺見。當盡力救護。

(三)對于 者，幼兒者迷失道路者。瘋狂者。以及意圖自殺者等。應速為保護。

(四)發現道路、橋樑、水道電灯電線。煤汽管。以及公用建築物等，有破壞痕迹或有破壞痕迹之虞時，即應告知義務者修理。

(五)对於中央最高領袖。黨國要人、或外國官吏僑民，以及國民黨員宣傳主義者等。應特別注意保護。

图 7-3-7　警察教育教材《警察实务（勤务执行）》（四）

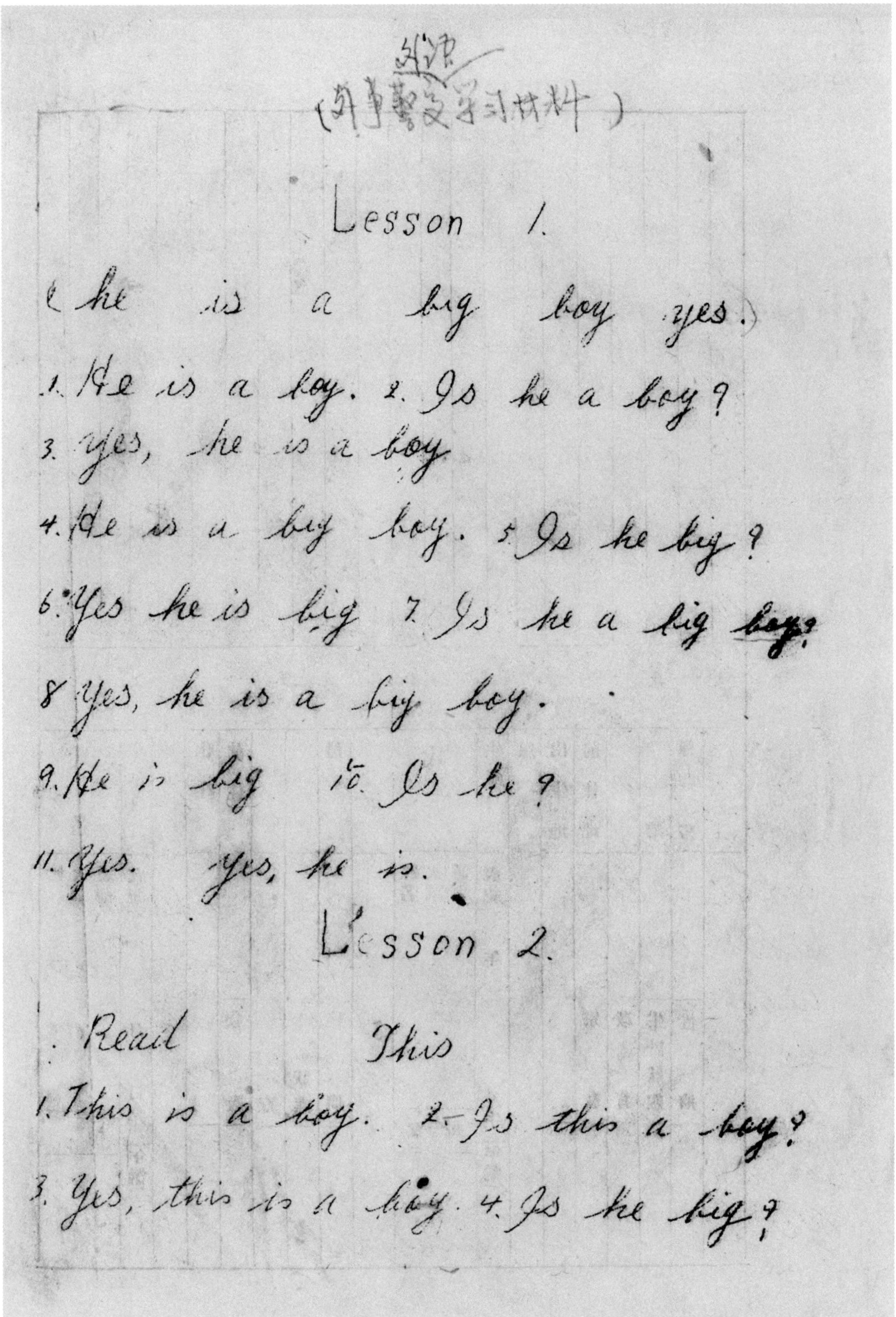

外语
（外事警察学习材料）

Lesson 1.

(he is a big boy yes.)

1. He is a boy. 2. Is he a boy?

3. yes, he is a boy

4. He is a big boy. 5. Is he big?

6. Yes he is big 7. Is he a big boy?

8 Yes, he is a big boy.

9. He is big 10. Is he?

11. Yes. yes, he is.

Lesson 2.

. Read This

1. This is a boy. 2. Is this a boy?

3. Yes, this is a boy. 4. Is he big?

图 7-3-8　外事警察外语学习材料（节选）（一）

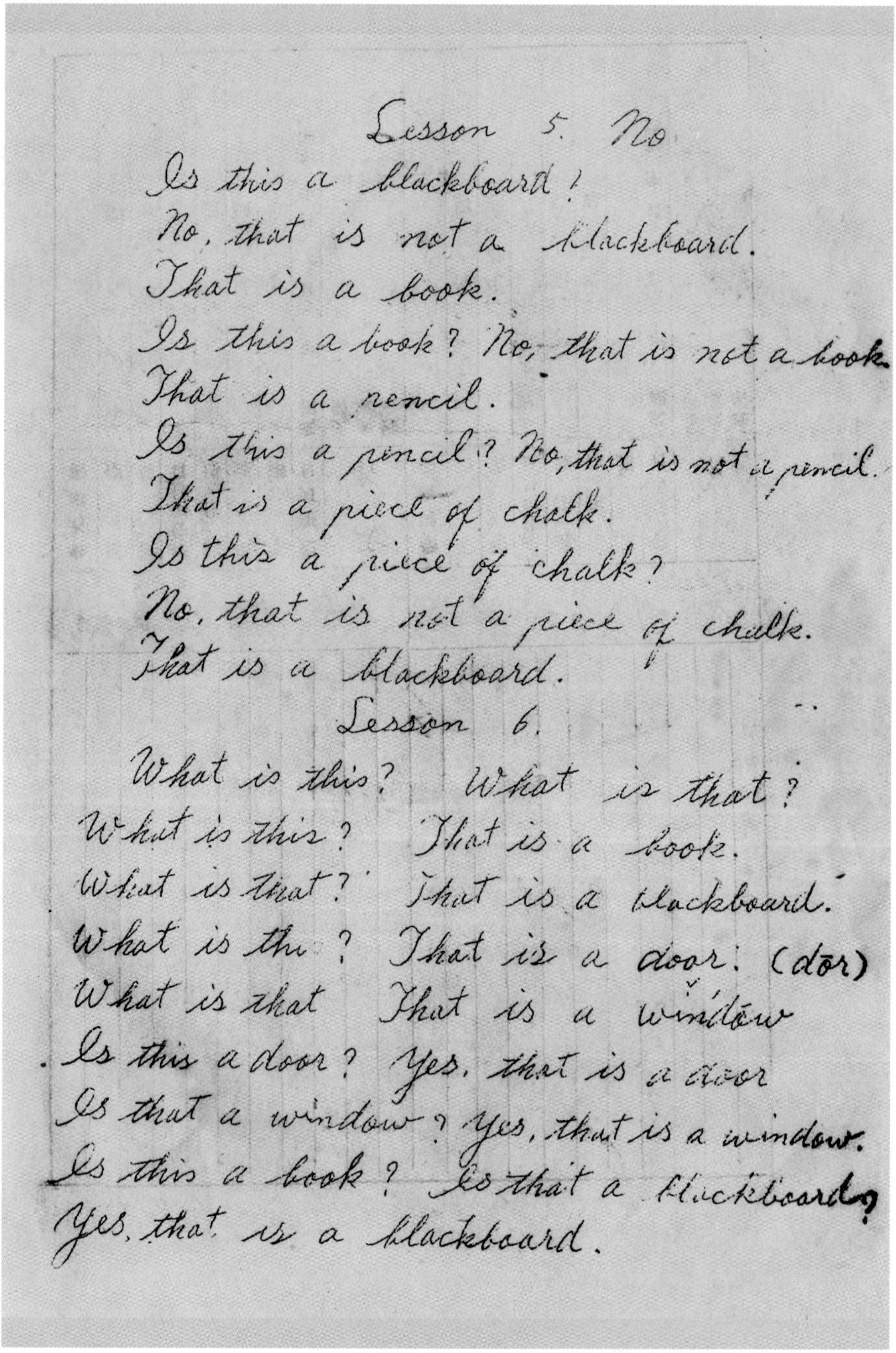

Lesson 5. No

Is this a blackboard?
No, that is not a blackboard.
That is a book.
Is this a book? No, that is not a book.
That is a pencil.
Is this a pencil? No, that is not a pencil.
That is a piece of chalk.
Is this a piece of chalk?
No, that is not a piece of chalk.
That is a blackboard.

Lesson 6.

What is this? What is that?
What is this? That is a book.
What is that? That is a blackboard.
What is this? That is a door. (dōr)
What is that That is a window
Is this a door? Yes, that is a door
Is that a window? Yes, that is a window.
Is this a book? Is that a blackboard?
Yes, that is a blackboard.

图 7-3-8　外事警察外语学习材料（节选）（二）

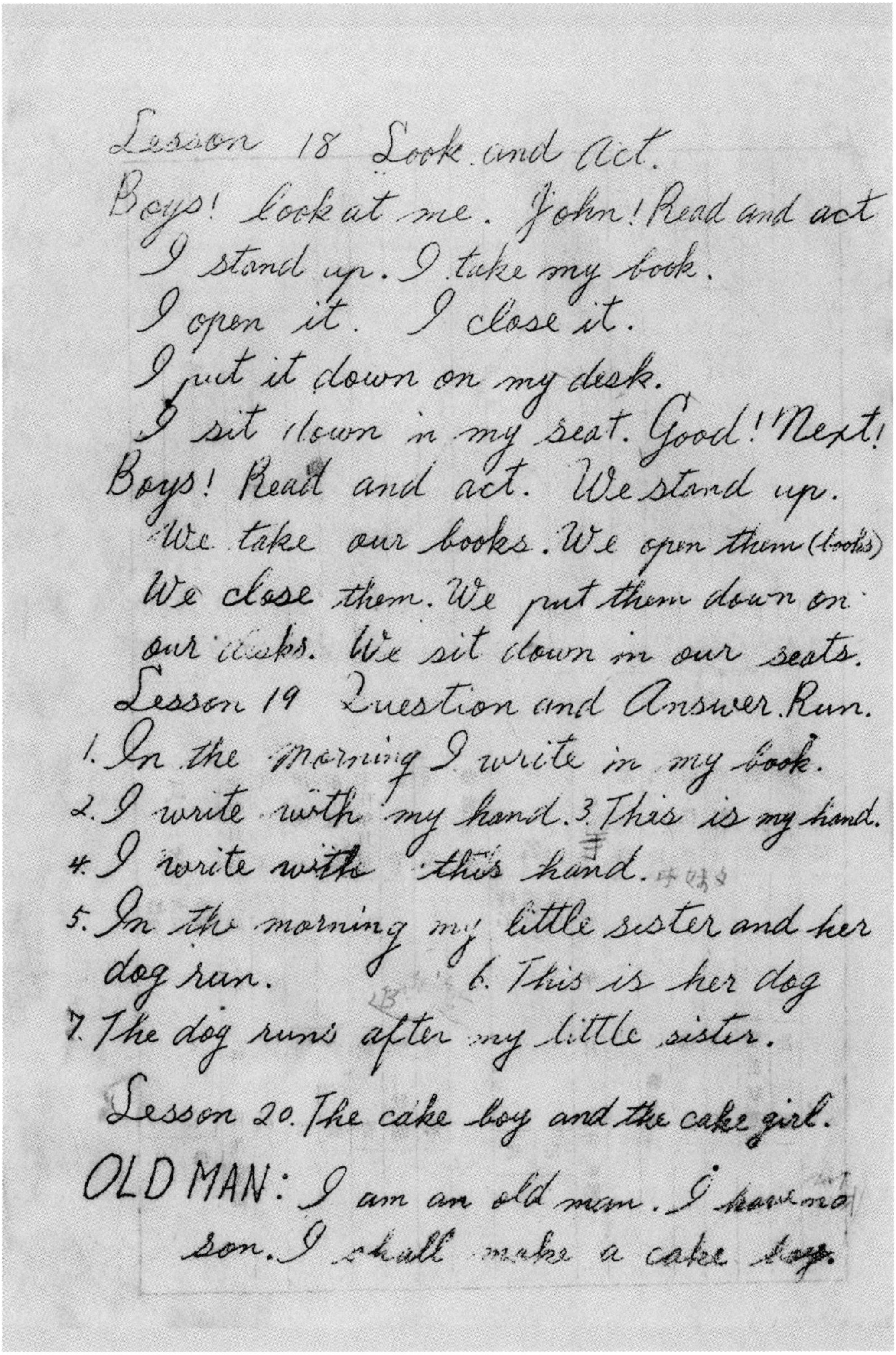

Lesson 18 Look and Act.
Boys! Look at me. John! Read and act
I stand up. I take my book.
I open it. I close it.
I put it down on my desk.
I sit down in my seat. Good! Next!
Boys! Read and act. We stand up.
We take our books. We open them (books)
We close them. We put them down on
our desks. We sit down in our seats.
Lesson 19 Question and Answer. Run.
1. In the morning I write in my book.
2. I write with my hand. 3. This is my hand.
4. I write with this hand.
5. In the morning my little sister and her
dog run. 6. This is her dog
7. The dog runs after my little sister.
Lesson 20. The cake boy and the cake girl.
OLD MAN: I am an old man. I have no
son. I shall make a cake boy.

图 7-3-8　外事警察外语学习材料（节选）（三）

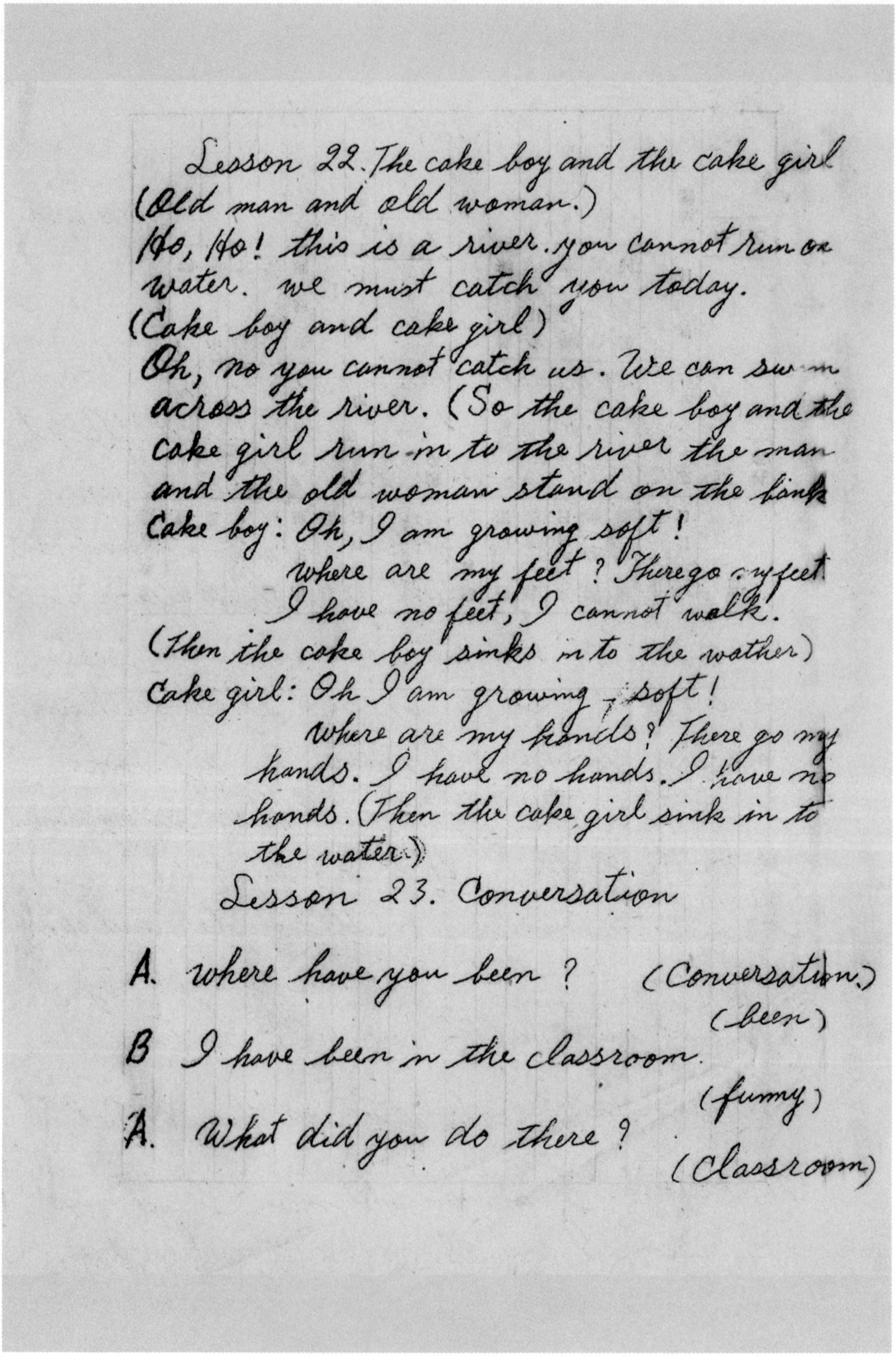

Lesson 22. The cake boy and the cake girl
(Old man and old woman.)
Ho, Ho! this is a river. you cannot run on water. we must catch you today.
(Cake boy and cake girl)
Oh, no you cannot catch us. We can swim across the river. (So the cake boy and the cake girl run in to the river the man and the old woman stand on the bank
Cake boy: Oh, I am growing soft!
Where are my feet? There go my feet. I have no feet, I cannot walk.
(Then the cake boy sinks in to the wather)
Cake girl: Oh I am growing soft!
Where are my hands? There go my hands. I have no hands. I have no hands. (Then the cake girl sink in to the water.)

Lesson 23. Conversation

A. where have you been? (Conversation.)
(been)
B I have been in the classroom.
(funny)
A. What did you do there?
(Classroom)

图 7-3-8　外事警察外语学习材料（节选）（四）

歸綏市警察局刑事隊第一期教育計劃

常雄 擬

一、刑事警察之意義及其任務

刑事警察為預防偵判刑事案件之警察、它的任務不僅對於業已發生之刑事案件必須偵查、同時尤注重犯罪之預防、故其勤務中遂有查訪偵查及監視等項目、此為有別於其他警察者是也。

二、訓練之重要

刑警責任不僅在偵查犯罪於既發、尤須預防犯罪於未然、故需要學術專精、經驗豐富、身體健旺、道德高尚、才能勝任愉快、此種人材非一般警察與常人所得濫竽、必經一種刑警嚴格訓練而後可肩此重任、回顧目前事實、國內各地警察機關之所謂刑警人員、大都良莠不齊、甚至有從盜匪竊賊地痞流氓以及江湖幫徒中挑選而來者、不學無術、辦理案件多採以毒攻毒之方式、此種保民不足、擾民有餘、何能達成真正任務、況當今科學進步、犯罪之方法巧妙、預防與偵查犯罪之事亦愈困難、刑警欲期有罪必獲、無辜不冤、進而達成「刑期無刑」之刑事政策、則對犯罪原因有關之學科必須知道、以利預防、更應

图 7-3-9 归绥市警察局刑事队第一期教育计划（1947 年 1 月 26 日）（一）

瞭解與熟練各種犯罪學科，使偵查技術漸趨科學化，然此等學科均具有高深理論與精巧之技術，每一刑警非加以嚴格訓練，難達其明白運用之效。是以刑警先進國家莫不注重訓練，吾國刑警學識淺陋，欲加改革，唯一途經，亦在加緊其學術之訓練。

三、訓練重心

刑警訓練科目繁多，如弗知其重心所在，則必然無所措手，倘若貿然從事，則必勞而無功，然則訓練之重心為何，曰「德」「智」「體」三者，茲述其理由如左：

第一「德」德即是德育，為刑警精神訓練之重心，以「仁」為主，吾國五千年之政治哲學以行「仁政」為本，故刑警必須發以施仁方合國情之需要，況刑警工作朝夕與社會黑暗相接觸，倘其道德訓練不夠，則貪贓枉法、挾嫌誣陷之事出焉，何能談到預防與偵查犯罪，故富貴不淫、威武不屈，為刑警應有之德性，明乎此，然後方能忠實、守職、公正、廉明、以達終身服膺，明禮義、知廉恥、負責任、守紀律之寶訓、

第二「智」即智育是也，為刑警學科訓練之重心，以增進常識為主，方能賴視聽言動之徵，以收見微知著之效，至於刑警工作之基本學科如犯罪研究、犯罪偵查、驗槍、指紋、警犬、

图 7-3-9　归绥市警察局刑事队第一期教育计划（1947 年 1 月 26 日）（二）

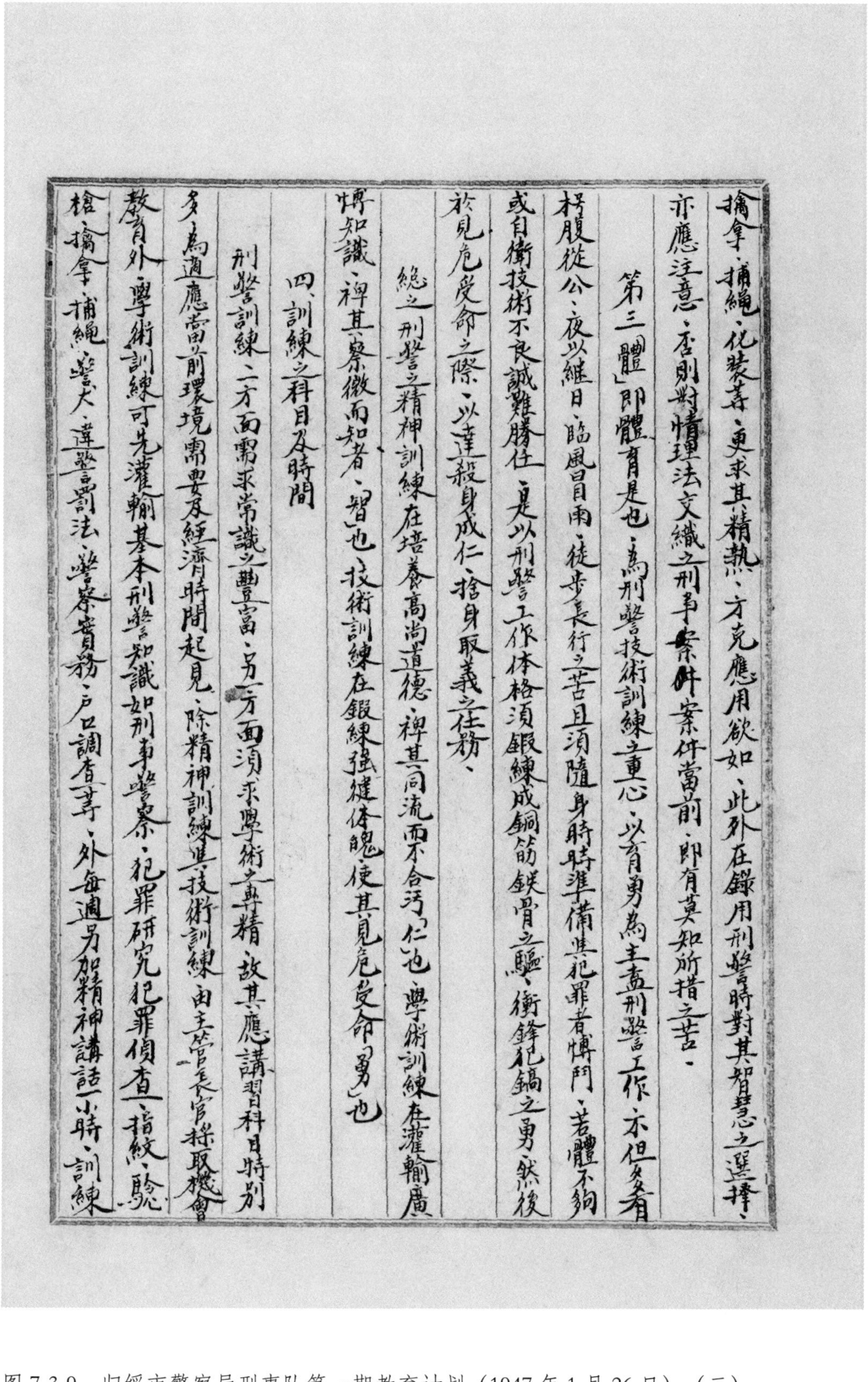

擒拿、捕繩、化裝等，更求其精熟，方克應用。欲如此，外在錄用刑警時，對其智慧之選擇，亦應注意，否則對情理法文纖之刑事案件案件當前，即有莫知所措之苦。

第三「體」即體育是也。為刑警技術訓練之重心，以育勇為主。蓋刑警工作，不但多有枵腹從公，夜以繼日，臨風冒雨，徒步長行之苦，且須隨身時時準備與犯罪者博鬥，若體不夠或自衛技術不良，誠難勝任。是以刑警工作体格須鍛練成銅筋鐵骨之驅，衝鋒犯鎬之勇，然後於見危受命之際，以達殺身成仁，捨身取義之任務。

總之，刑警之精神訓練在培養高尚道德，俾其同流而不合污「仁」也。學術訓練在灌輸廣博知識，俾其察微而知著，「智」也。技術訓練在鍛練強健体魄，使其見危受命「勇」也。

四、訓練之科目及時間

刑警訓練一方面需求常識之豐富，另一方面須求學術之專精，故其應講習科目特別多，為適應當前環境需要及經濟時間起見，除精神訓練與技術訓練由主管長官採取機會教育外，學術訓練可先灌輸基本刑警知識，如刑事警察、犯罪研究、犯罪偵查、指紋、驗槍、擒拿、捕繩、警犬、違警罰法、警察實務、戶口調查等。外每週另加精神講話一小時，訓練

图 7-3-9　归绥市警察局刑事队第一期教育计划（1947 年 1 月 26 日）（三）

期間暫訂三個月，於每日上午講授兩小時，按其所訂課程需要時間，分别予以講授

附預訂訓練科目及時數分配表

預訂科目	預訂時間	備考
精神講話	[illegible]十七小時	六小時
刑事警察	三十六小時	三十小時
犯罪研究	二十四小時	二十小時
犯罪偵查	三十六小時	三十小時
指紋	十六小時	十四小時
驗槍	十六小時	十二小時
擒拿	八小時	六小時
捕繩	八小時	七小時
警犬	八小時	七小時
警察實務	十八小時	十六小時

图 7-3-9　归绥市警察局刑事队第一期教育计划（1947 年 1 月 26 日）（四）

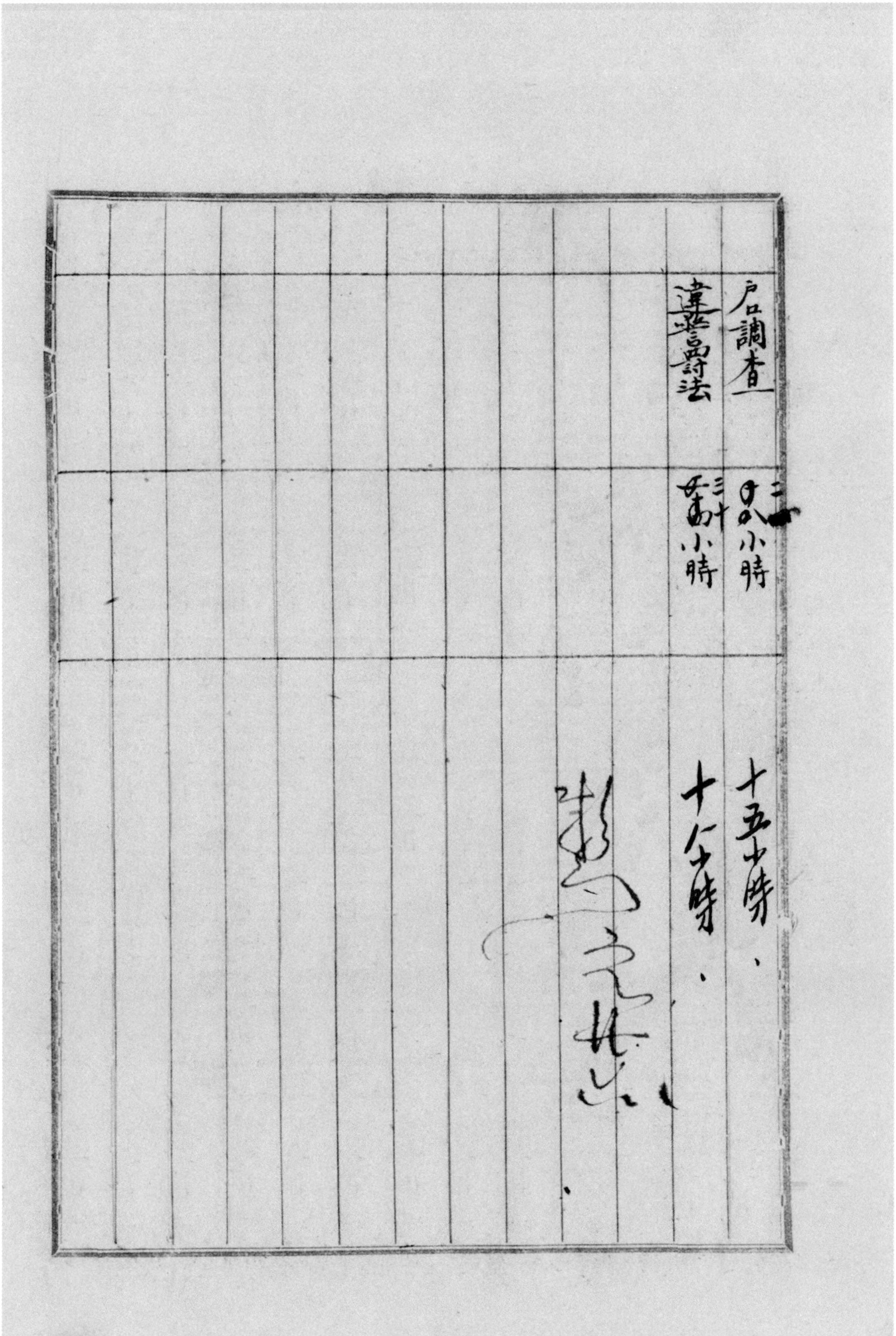

图 7-3-9　归绥市警察局刑事队第一期教育计划（1947 年 1 月 26 日）（五）

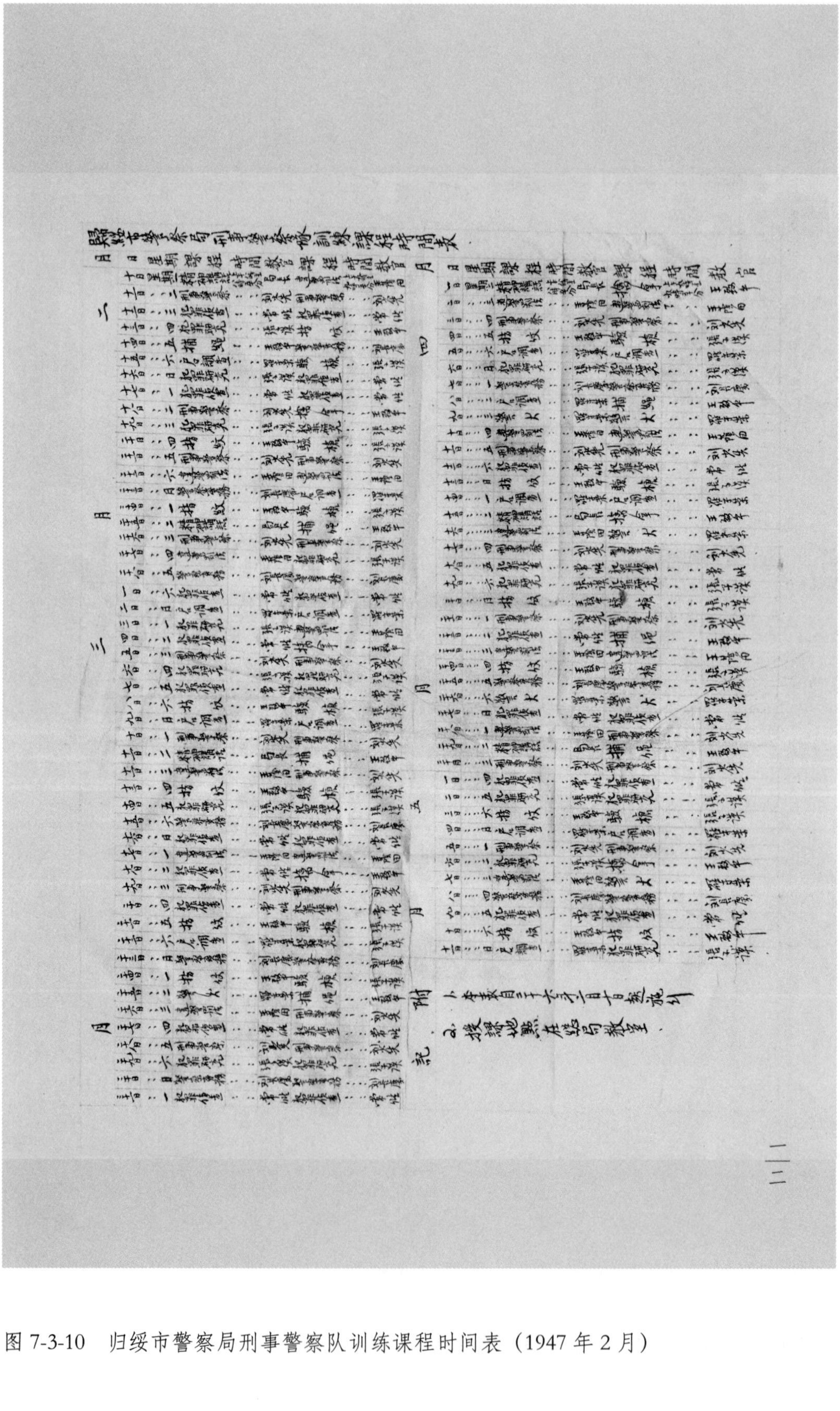
歸綏市警察局刑事警察隊訓練課程時間表

图 7-3-10　归绥市警察局刑事警察队训练课程时间表（1947 年 2 月）

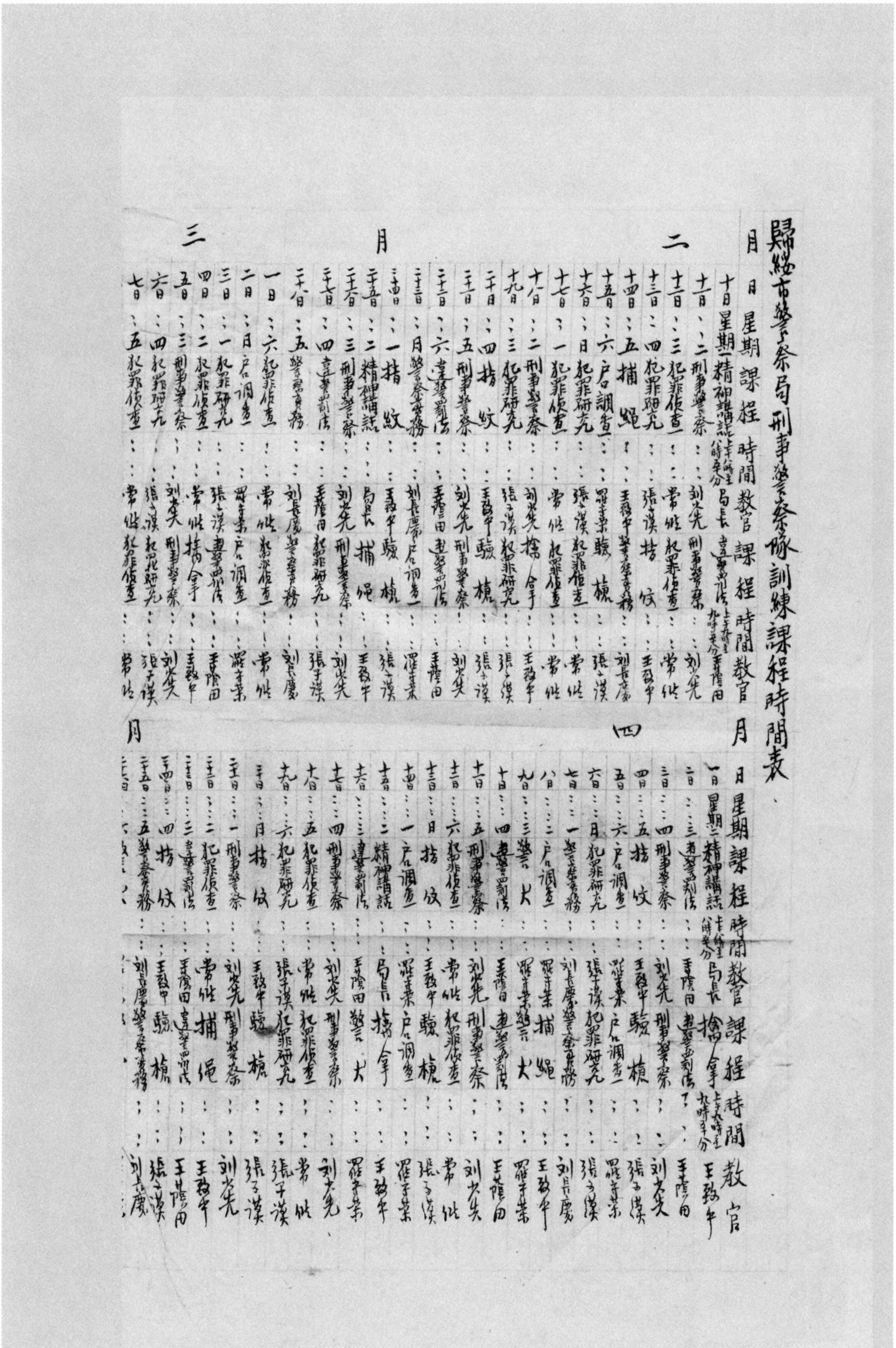

歸綏市警察局刑事警察隊訓練課程時間表

月	日	星期	課程	時間	教官	課程	時間	教官
二月	十日	一	精神講話	上午八時至八時五十分	局長	違警罰法	上午九時至九時五十分	王蔭田
	十一日	二	刑事警察		劉光先	刑事警察		劉光先
	十二日	三	犯罪偵查一		常似	犯罪偵查一		常似
	十三日	四	犯罪研究		張子漢	指紋		王致中
	十四日	五	捕繩		王致中	警察業務		劉長慶
	十五日	六	戶口調查一		羅子業	驗槍		張子漢
	十六日	月	犯罪研究		張子漢	犯罪偵查一		常似
	十七日	一	犯罪偵查一		常似	犯罪偵查一		常似
	十八日	二	刑事警察		劉光先	擒拿		王致中
	十九日	三	犯罪研究		張子漢	犯罪研究		張子漢
	二十日	四	指紋		王致中	驗槍		張子漢
	二十一日	五	刑事警察		劉光先	刑事警察		劉光先
	二十二日	六	違警罰法		王蔭田	違警罰法		王蔭田
	二十三日	月	警察業務		劉長慶	戶口調查一		羅子業
	二十四日	一	指紋		王致中	驗槍		張子漢
	二十五日	二	精神講話		局長	捕繩		王致中
	二十六日	三	刑事警察		劉光先	刑事警察		劉光先
	二十七日	四	違警罰法		王蔭田	犯罪研究		張子漢
	二十八日	五	警察業務		劉長慶	警察業務		劉長慶
三月	一日	六	犯罪偵查一		常似	犯罪偵查一		常似
	二日	月	戶口調查一		羅子業	戶口調查		羅子業
	三日	一	犯罪研究		張子漢	違警罰法		王蔭田
	四日	二	犯罪偵查一		常似	擒拿		王致中
	五日	三	刑事警察		劉光先	刑事警察		劉光先
	六日	四	犯罪研究		張子漢	犯罪研究		張子漢
	七日	五	犯罪偵查		常似	犯罪偵查		常似

月	日	星期	課程	時間	教官	課程	時間	教官
四月	一日	二	精神講話	上午八時至八時五十分	局長	擒拿	上午九時至九時五十分	王致中
	二日	三	違警罰法		王蔭田	違警罰法		王蔭田
	三日	四	刑事警察		劉光先	刑事警察		劉光先
	四日	五	指紋		王致中	驗槍		張子漢
	五日	六	戶口調查一		羅子業	戶口調查一		羅子業
	六日	月	犯罪研究		張子漢	犯罪研究		張子漢
	七日	一	警察業務		劉長慶	警察業務		劉長慶
	八日	二	戶口調查		羅子業	捕繩		羅子業
	九日	三	警犬		羅子業	警犬		王致中
	十日	四	違警罰法		王蔭田	違警罰法		王蔭田
	十一日	五	刑事警察		劉光先	刑事警察		劉光先
	十二日	六	犯罪偵查一		常似	犯罪偵查一		常似
	十三日	月	指紋		王致中	驗槍		張子漢
	十四日	一	戶口調查一		羅子業	戶口調查		羅子業
	十五日	二	精神講話		局長	擒拿		王致中
	十六日	三	違警罰法		王蔭田	警犬		羅子業
	十七日	四	刑事警察		劉光先	刑事警察		劉光先
	十八日	五	犯罪偵查一		常似	犯罪偵查一		常似
	十九日	六	犯罪研究		張子漢	犯罪研究		張子漢
	二十日	月	指紋		王致中	驗槍		張子漢
	二十一日	一	刑事警察		劉光先	刑事警察		劉光先
	二十二日	二	犯罪偵查一		常似	捕繩		王致中
	二十三日	三	違警罰法		王蔭田	違警罰法		王蔭田
	二十四日	四	指紋		王致中	驗槍		張子漢
	二十五日	五	警察業務		劉長慶	警察業務		劉長慶
	二十六日	[illegible]	[illegible]		[illegible]	[illegible]		劉長慶

图 7-3-10　归绥市警察局刑事警察队训练课程时间表（1947 年 2 月）（局部图一）

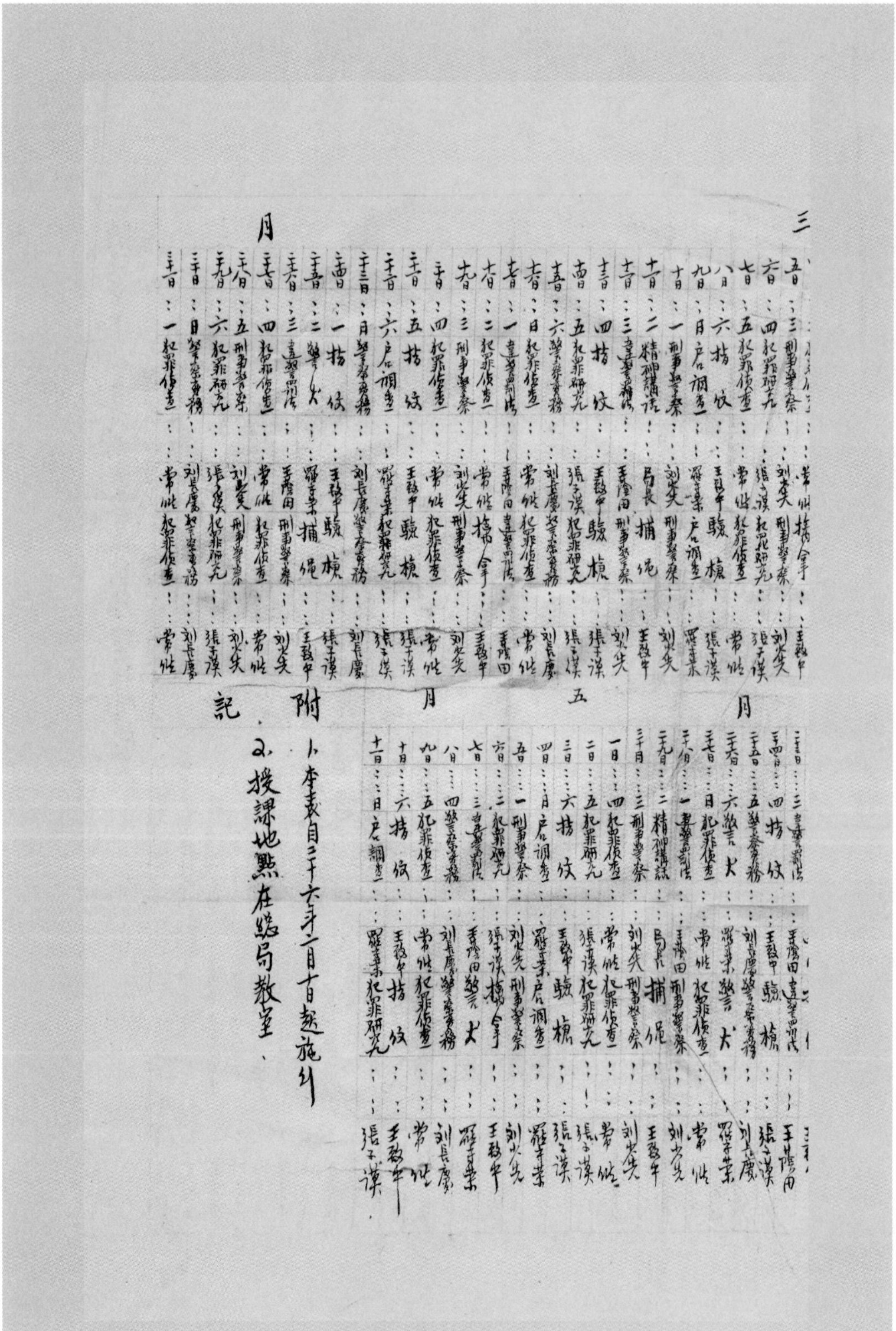

附記
1. 本表自三十六年二月十日起施行
2. 授課地點在總局教室

图 7-3-10　归绥市警察局刑事警察队训练课程时间表（1947 年 2 月）（局部图二）

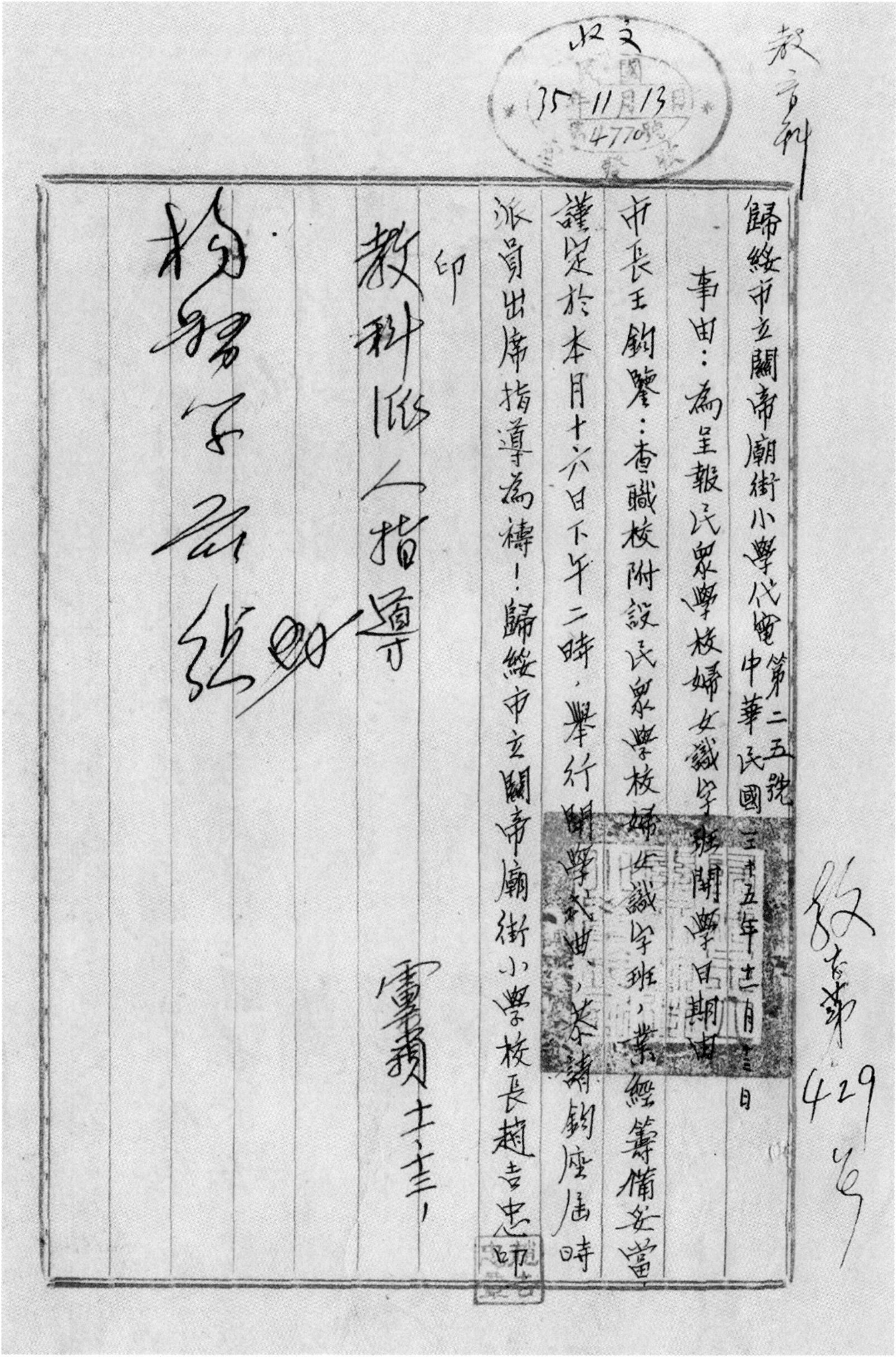
歸綏市立關帝廟街小學代電 第二五號 中華民國三十五年十一月十三日

事由：為呈報民眾學校婦女識字班開學日期由

市長王鈞鑒：查職校附設民眾學校婦女識字班，業經籌備妥當，謹定於本月十六日下午二時，舉行開學式典，恭請鈞座屆時派員出席指導為禱！歸綏市立關帝廟街小學校長趙吉忠叩

印

教科派人指導

图 7-3-11 归绥市立关帝庙街小学为呈报民众学校妇女识字班开学日期致归绥市政府代电（1946 年 11 月 13 日）

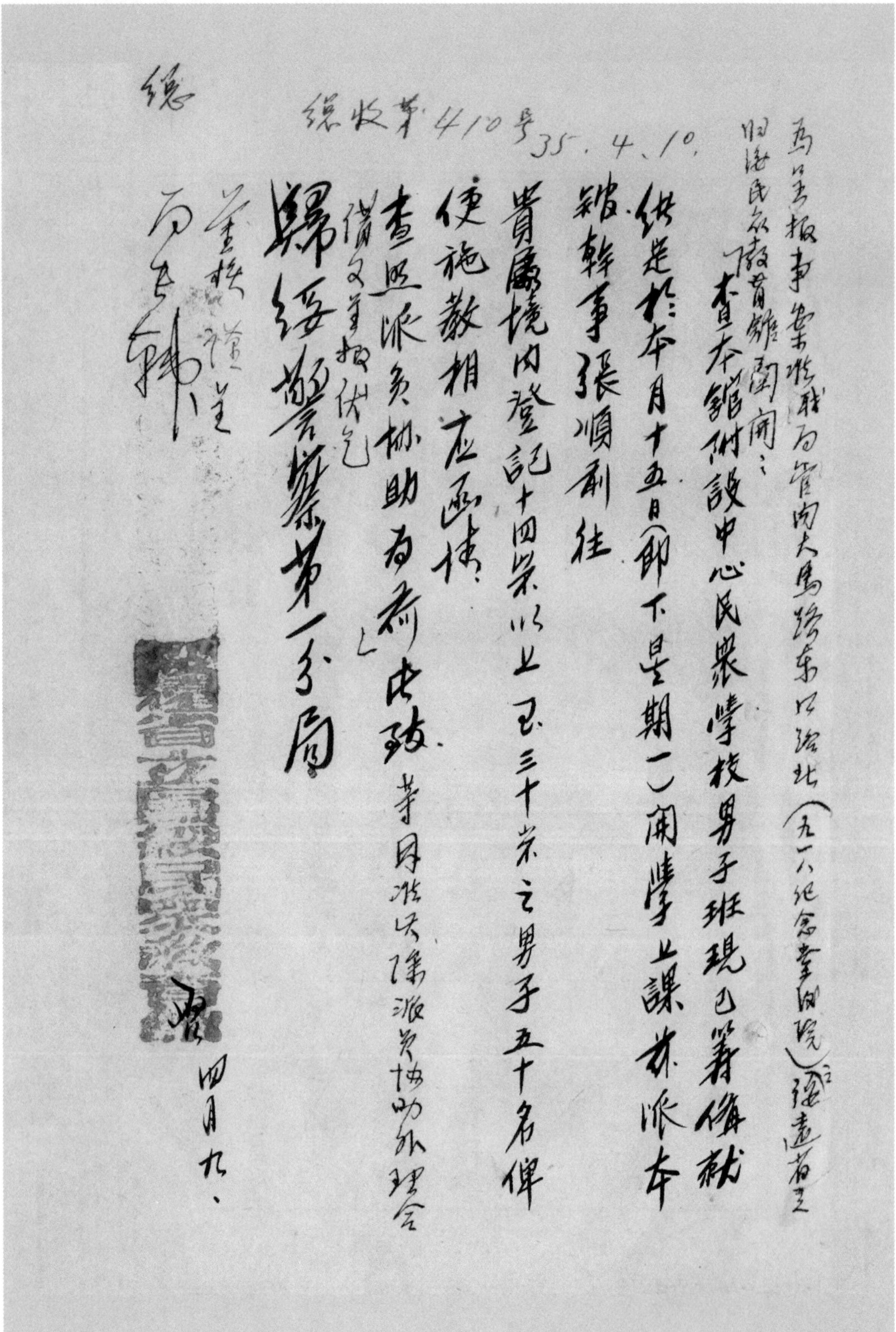
绥

绥收第410号 35.4.10.

為呈報事。案准我局管内大馬路东口路北（五一八紀念堂內院）綏遠省立歸綏民衆教育館函開：

查本館附設中心民衆學校男子班現已籌備就緒，茲定於本月十五日（即下星期一）開學上課，茲派本館幹事張順前往

貴處境内登記十四歲以上至三十歲之男子五十名，俾便施教，相應函請

查照派員協助為荷。此致。

等因。准此，除派員協助外，理合備文呈報，伏乞

鑒核備查。謹呈

歸綏警察第一分局

四月九、

图 7-3-12　绥远省立归绥民众教育馆为附设中心民众学校男子班派人前往境内登记招生致归绥市警察局第一分局呈（1946 年 4 月 9 日）

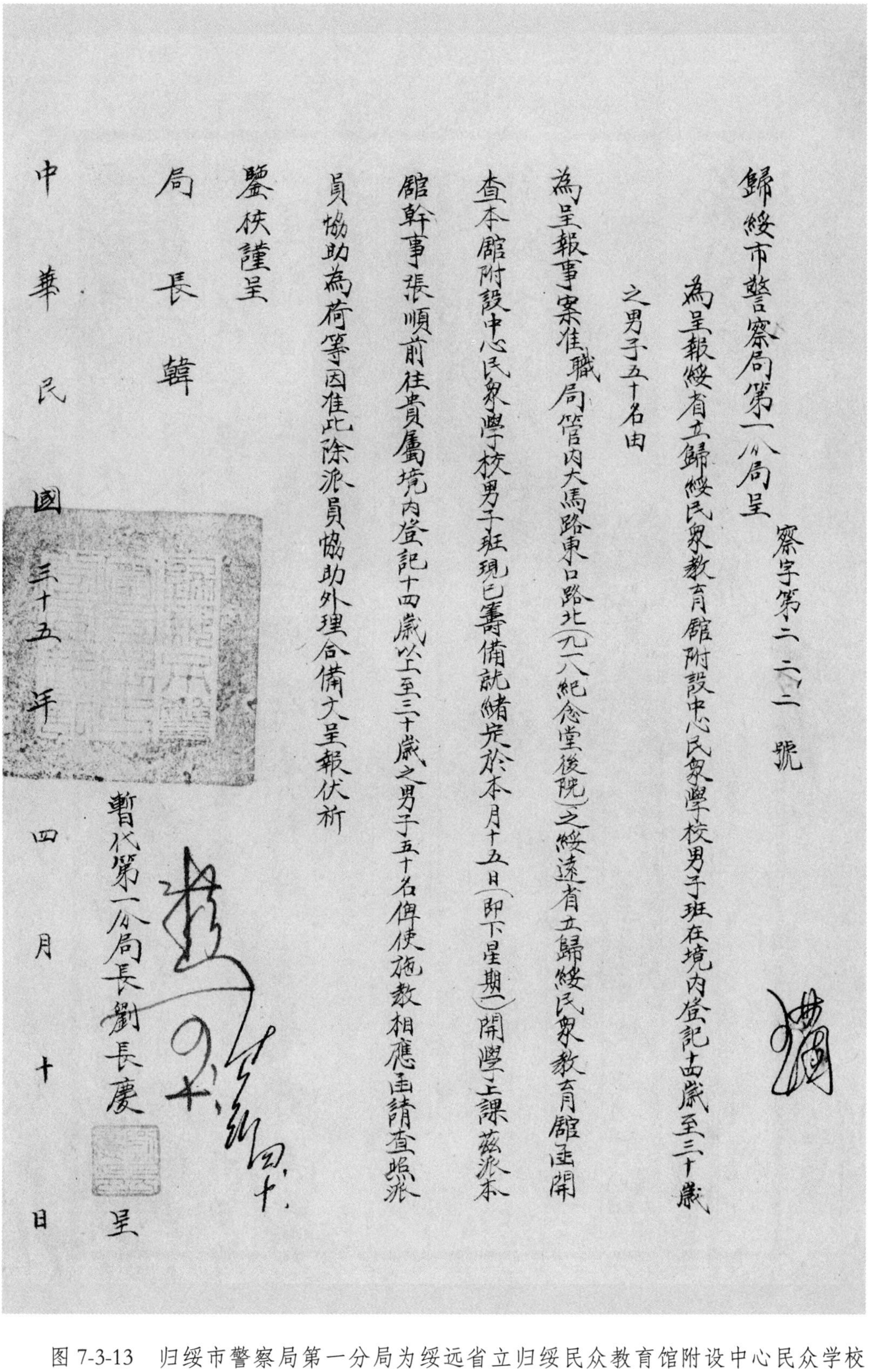
歸綏市警察局第一分局呈　察字第二〇二號

為呈報綏省立歸綏民衆教育館附設中心民衆學校男子班在境內登記十四歲至三十歲之男子五十名由

為呈報事案准職局管內大馬路東口路北（九一八紀念堂後院）之綏遠省立歸綏民衆教育館函開查本館附設中心民衆學校男子班現已籌備就緒定於本月十五日（即下星期一）開學上課茲派本館幹事張順前往貴屬境內登記十四歲以上至三十歲之男子五十名俾使施教相應函請查照派員協助為荷等因准此除派員協助外理合備文呈報伏祈

鑒核謹呈

局長韓

暫代第一分局長劉長慶　呈

中華民國三十五年四月十日

图 7-3-13　归绥市警察局第一分局为绥远省立归绥民众教育馆附设中心民众学校男子班派人在境内登记招生致归绥市警察局呈（1946 年 4 月 10 日）

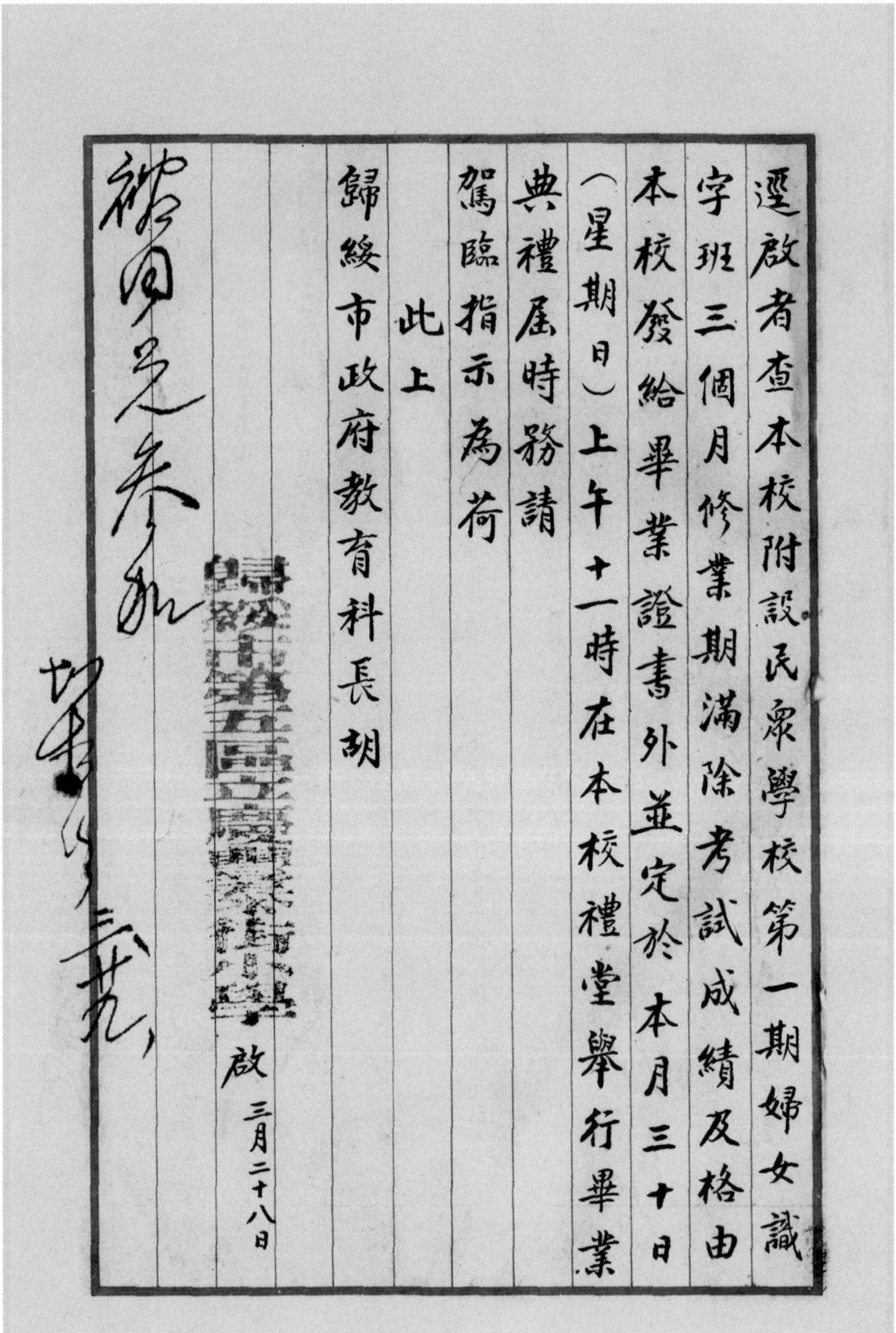
逕啟者查本校附設民衆學校第一期婦女識字班三個月修業期滿除考試成績及格由本校發給畢業證書外並定於本月三十日（星期日）上午十一時在本校禮堂舉行畢業典禮屆時務請

駕臨指示為荷

此上

歸綏市政府教育科長胡

啟

三月二十八日

图 7-3-14　归绥市第五区立庆丰泰街小学为附设民众学校第一期妇女识字班举行毕业典礼致归绥市政府教育科函（1947 年 3 月 28 日）

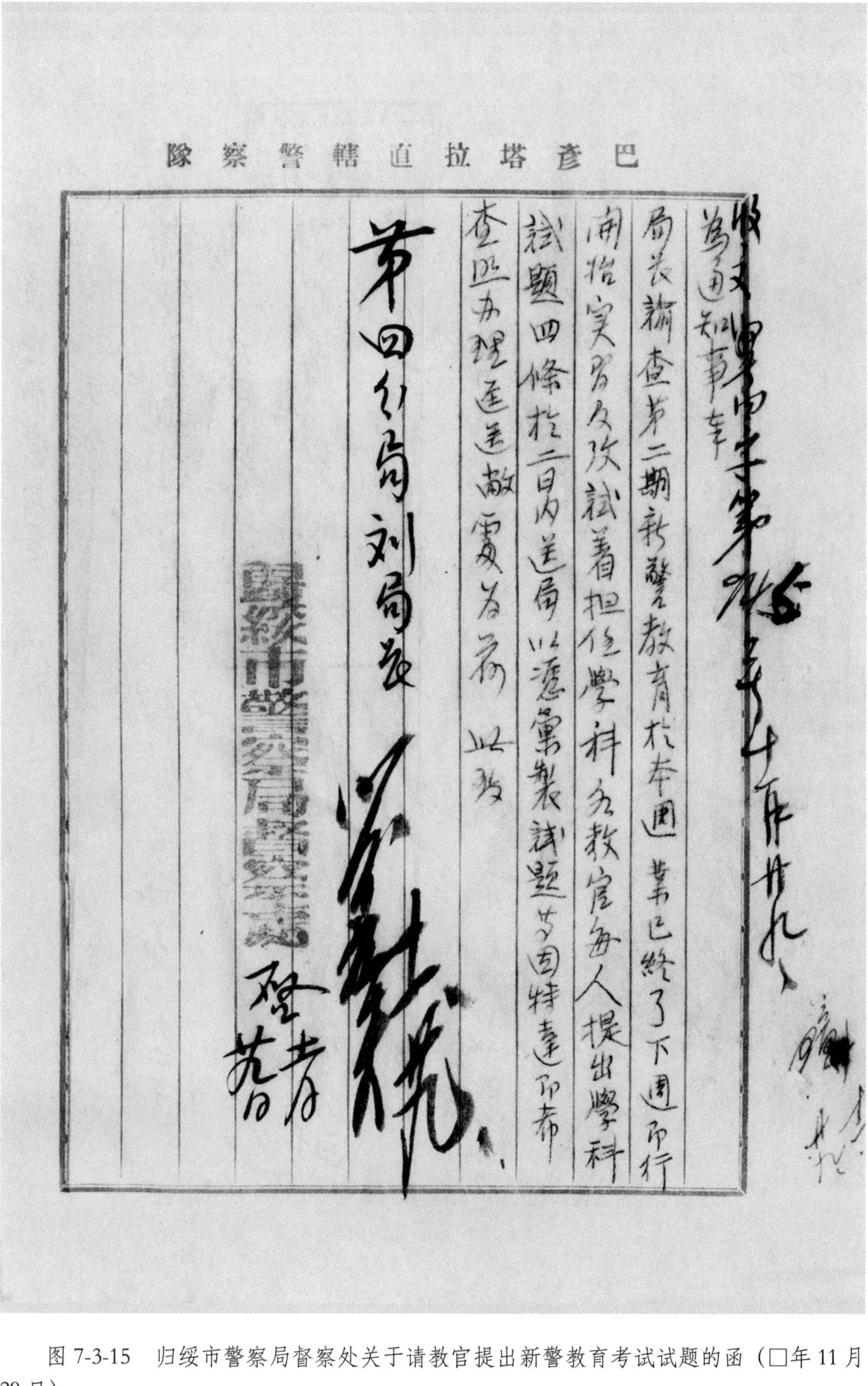
巴彥塔拉直轄警察隊

為函知事
局長諭查第二期新警教育於本週業已終了下週即行
開始實習及考試著担任學科各教官每人提出學科
試題四條於二日內送局以憑彙製試題等因特達即希
查照办理逕送敝處為荷　此致
第四分局刘局長

歸綏市警察局督察處

图 7-3-15　归绥市警察局督察处关于请教官提出新警教育考试试题的函（□年 11 月 29 日）

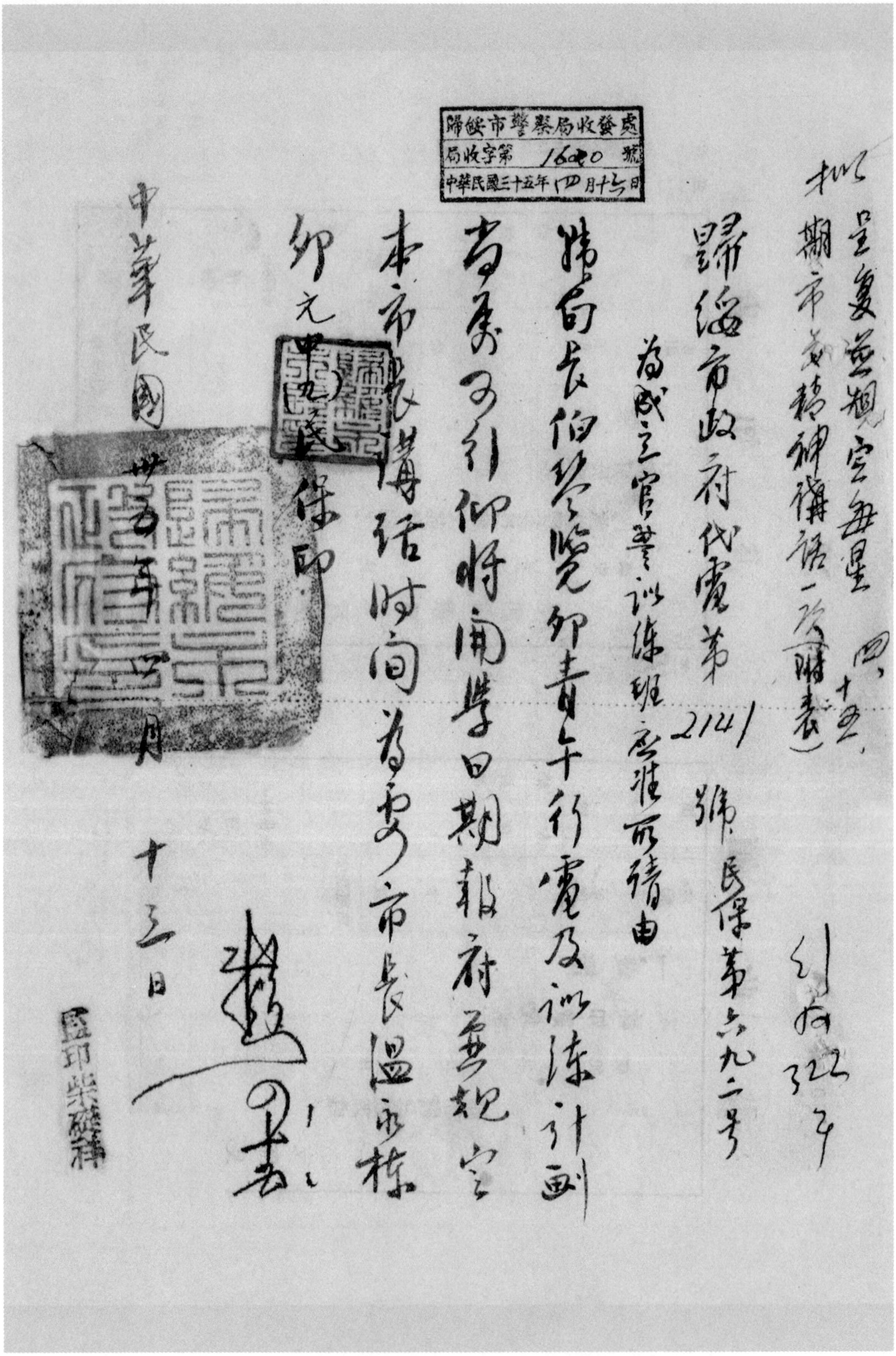
歸綏市警察局收發處
局收字第 1620 號
中華民國三十五年四月十五日

批 呈复

本期市长精神讲话一份（附表）

歸綏市政府代電第 2141 號 綏民保第六九二號

為成立警官訓練班應准所請由

警局長伯琛覽：卯青午行電及訓練計劃書悉，可行，仰將開學日期報府。本市長講話時間另定。市長溫承棣。卯元中九民保印

中華民國卅五年四月十三日

監印 柴

图 7-3-16　归绥市政府为准予成立警官训练班给归绥市警察局代电（1946 年 4 月 13 日）

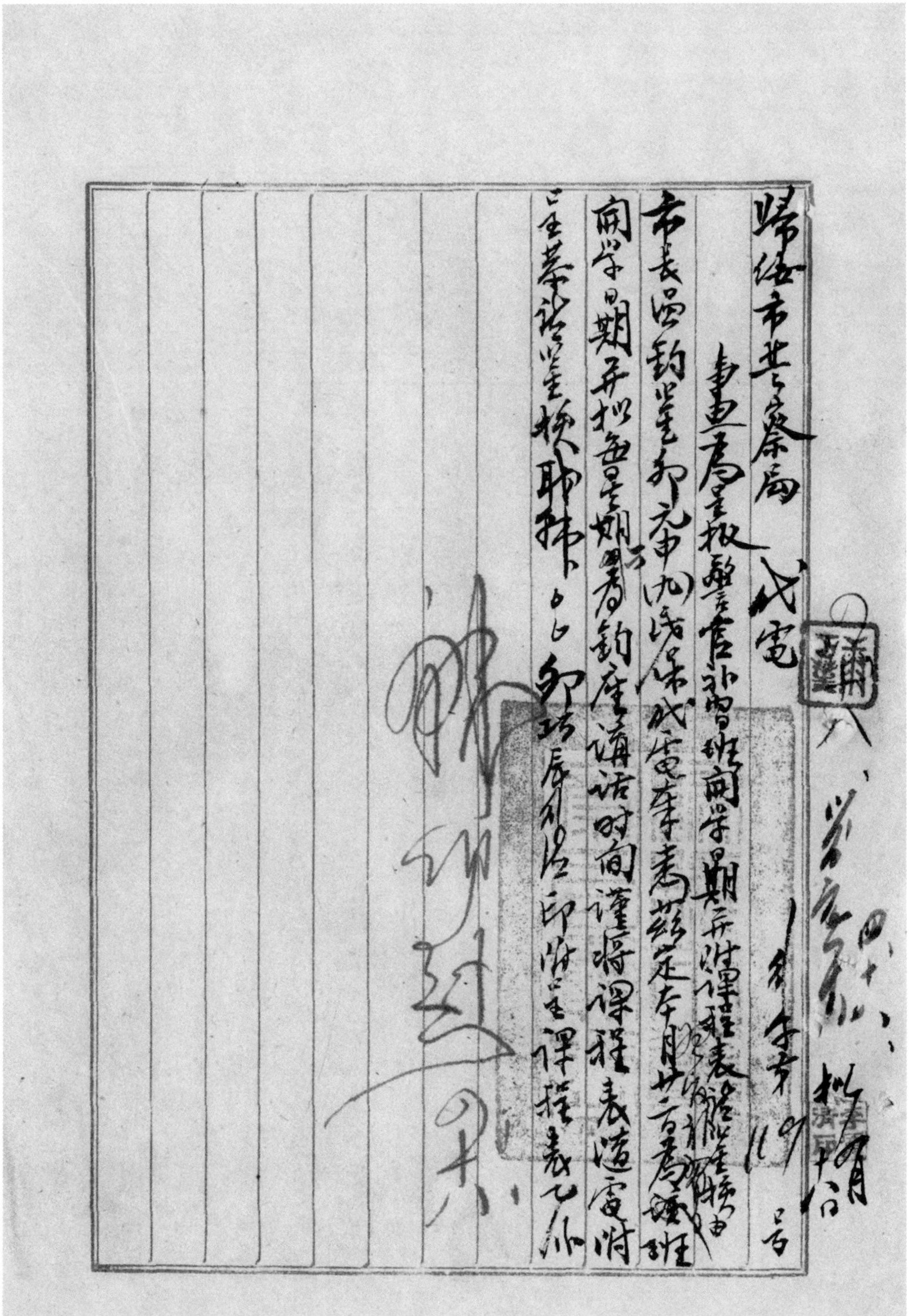

归绥市警察局代电

事由：为呈报警官补习班开学日期并附课程表请鉴核由

市长曾钧鉴：卯元（九）府代电奉悉，兹定本月廿二日为该班开学日期，并拟恳钧座莅临训话，时间谨将课程表随电附呈，恭请鉴核。职陆〇〇印。卯巧。局外印。附呈课程表乙份。

图 7-3-17　归绥市警察局为呈报警官补习班开学日期并附课程表致归绥市政府代电（1946 年 4 月 18 日）

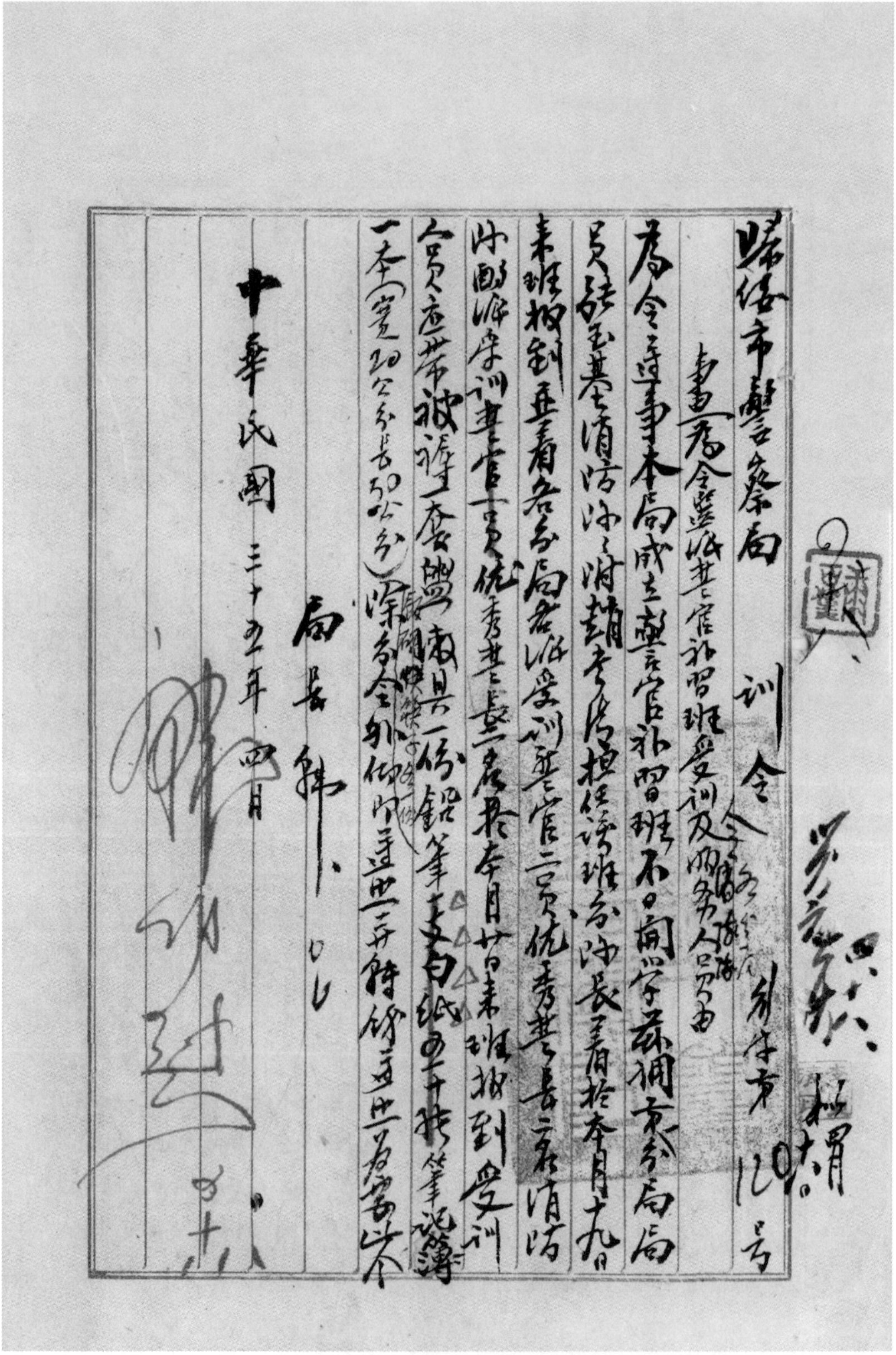

归绥市警察局训令 [illegible]字第[illegible]号

事由：为令选派警官补习班受训及服务人员由

为令遵事。本局成立警官补习班，不日开学，兹调各分局局员[illegible]消防队附赵专修担任该班分队长，着于本月十九日来班报到，并着各分局各派受训警官二员、优秀警长一名，消防队酌派受训警官一员、优秀警长一名，限于本月廿日来班报到受训。各员应带被褥一套、盥漱具一份、铅笔一支、白纸五十张、笔记簿一本（宽20公分，长30公分）。除分令外，仰即遵照并转饬遵照为要。此令

局长 韩[illegible]

中华民国三十五年四月 日

图 7-3-18　归绥市警察局关于选派警官补习班受训及服务人员的训令（1946年4月18日）

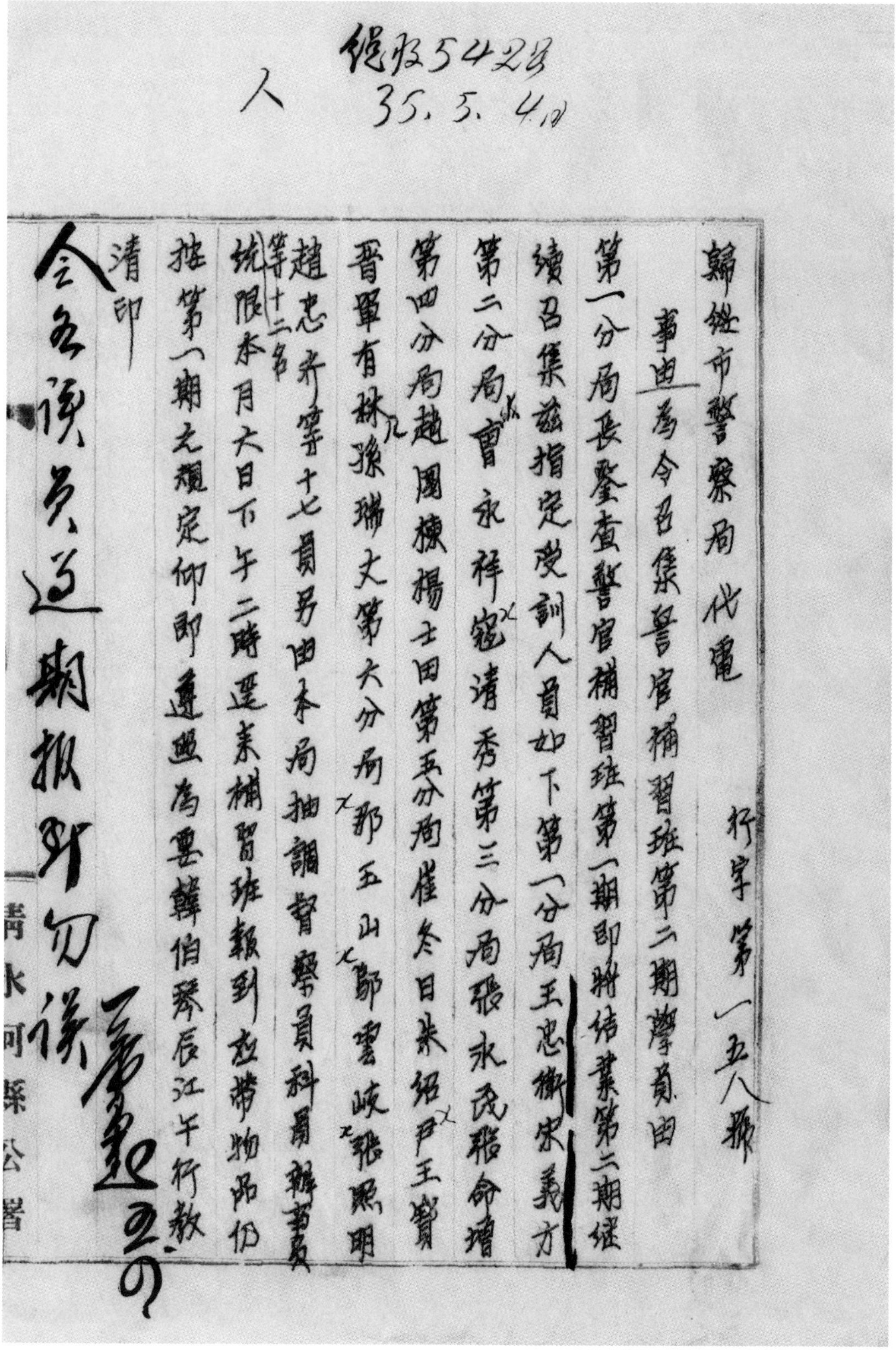
绥教5428
人 35.5.4日

歸綏市警察局代電 行字第一五八號

事由 為令召集警官補習班第二期學員由

第一分局長鑒查警官補習班第一期即將結業第二期經續召集茲指定受訓人員如下第一分局王忠撤宋義方第二分局曹永祥寇清秀第三分局張永茂張命增第四分局趙國棟楊士田第五分局崔冬日朱紹尹王寶晉單有林孫瑞文第六分局那五山郎雲峻張照明趙忠斉等十七員另由本局抽調督察員科員辦事員等十二名統限本月六日下午二時還來補習班報到並帶物品仍按第一期之規定仰即遵照為要韓伯琴辰江午行教

清印

令各该员遵期报到勿误

五.四

图7-3-19 归绥市警察局为召集警官补习班第二期学员给第一分局代电（1946年5月4日）

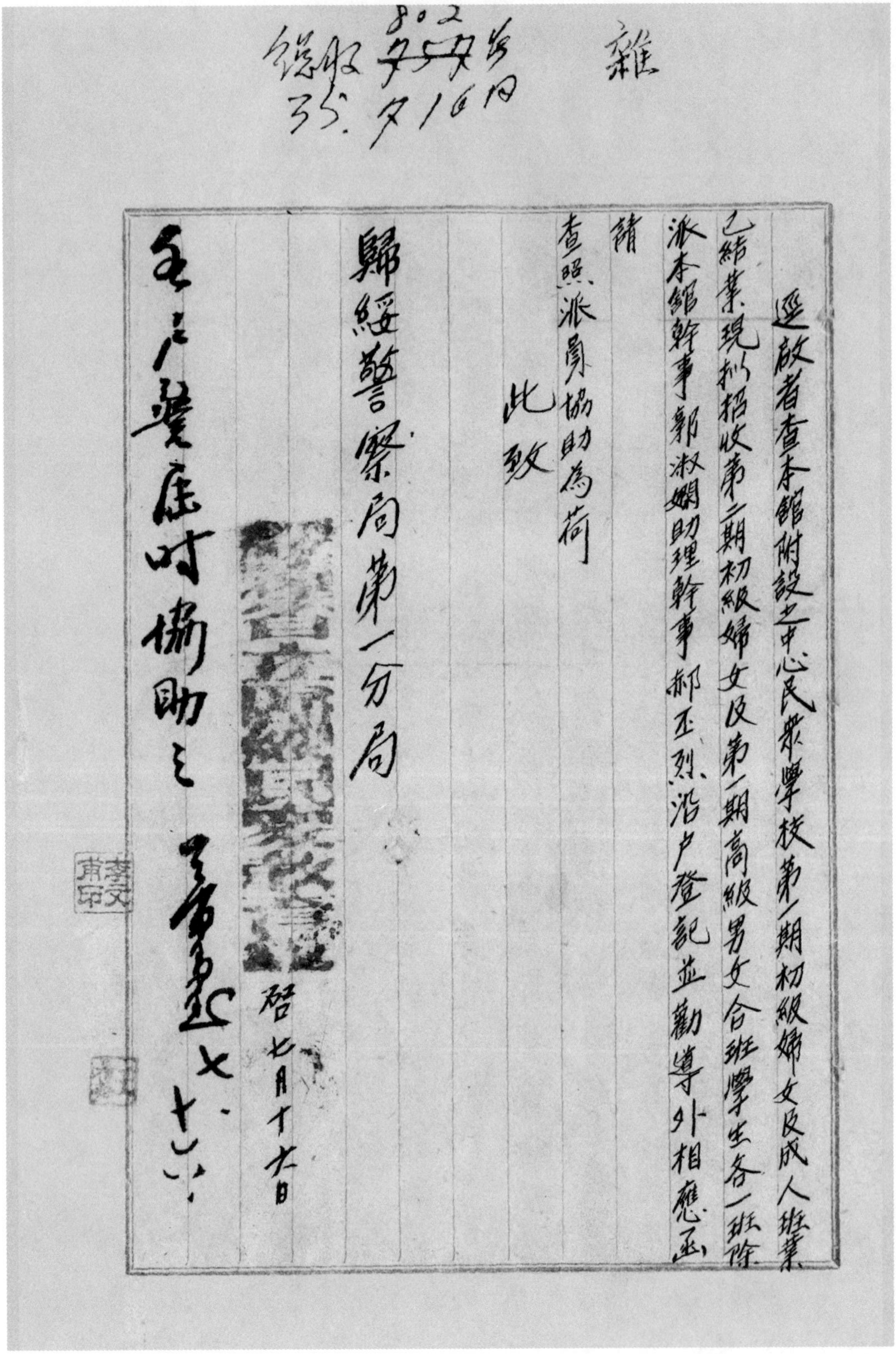

雜

綏收 802 號
35.7.16日

逕啟者查本館附設之中心民衆學校第一期初級婦女及成人班業已結業現擬招收第二期初級婦女及第一期高級男女合班學生各一班除派本館幹事郭淑嫻助理幹事郝丕烈沿户登記並勸導外相應函

請

查照派員協助為荷

此致

歸綏警察局第一分局

啓 七月十六日

希户警随时協助之 七.十六

图 7-3-20　绥远省立归绥民众教育馆为附设中心民众学校初级妇女班及高级男女合班招收学生派人沿户登记劝导致归绥市警察局第一分局函（1946 年 7 月 16 日）

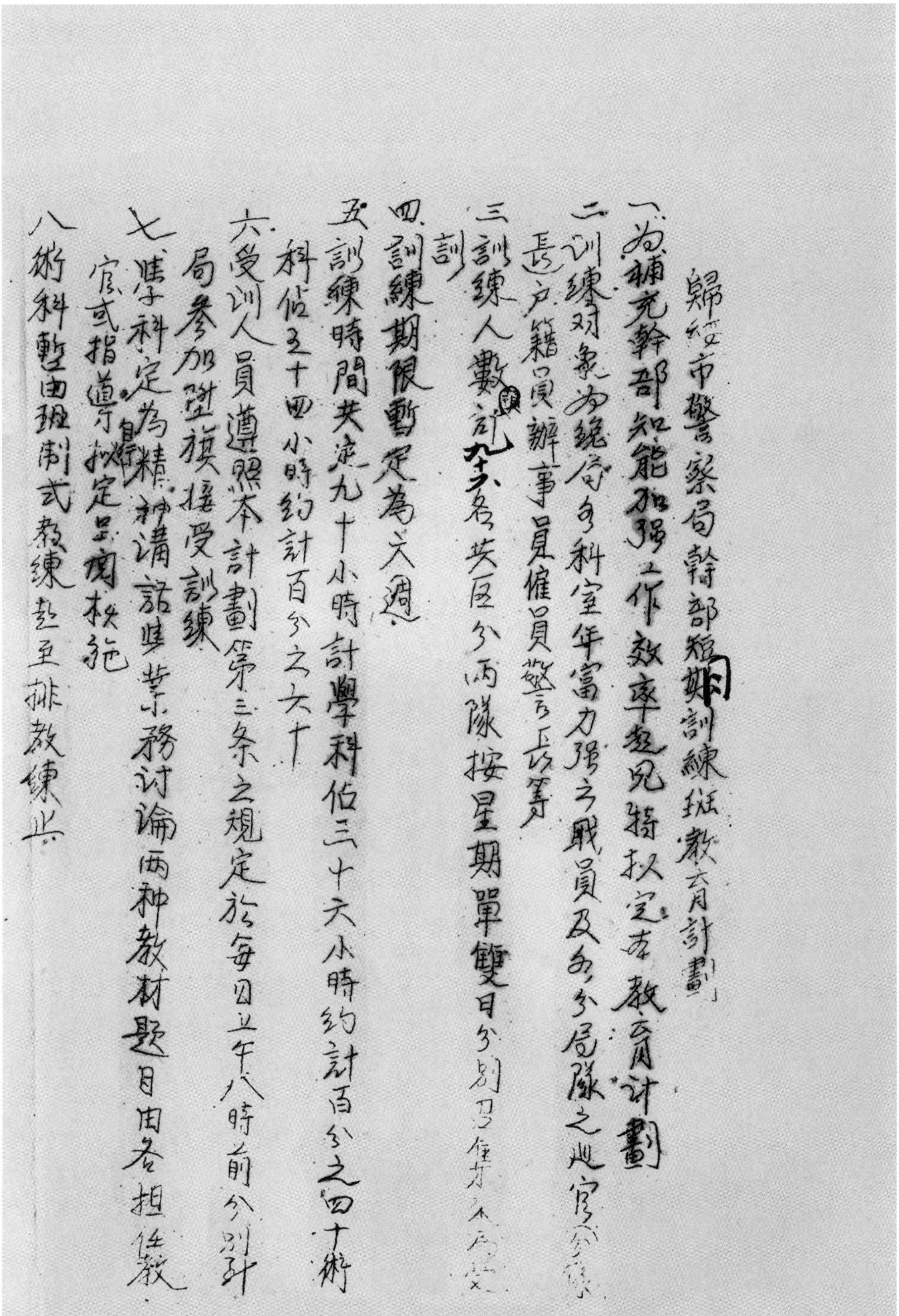

歸綏市警察局幹部短期訓練班教育計劃

一、為補充幹部知能加強工作效率起見特擬定本教育計劃

二、訓練對象為總局各科室年富力強之職員及各分局隊之巡官（分隊長）戶籍員辦事員僱員警長等

三、訓練人數計九十六名共區分兩隊按星期單雙日分別召集來局受訓

四、訓練期限暫定為六週

五、訓練時間共定九十小時計學科佔三十六小時約計百分之四十術科佔五十四小時約計百分之六十

六、受訓人員遵照本計劃第三条之規定於每日上午八時前分別到局參加升旗接受訓練

七、學科定為精神講話業務討論兩種教材題目由各担任教官或指導員自行擬定呈局核施

八、術科暫由班制式教練起至排教練止

图 7-3-21　归绥市警察局干部短期训练班教育计划（一）

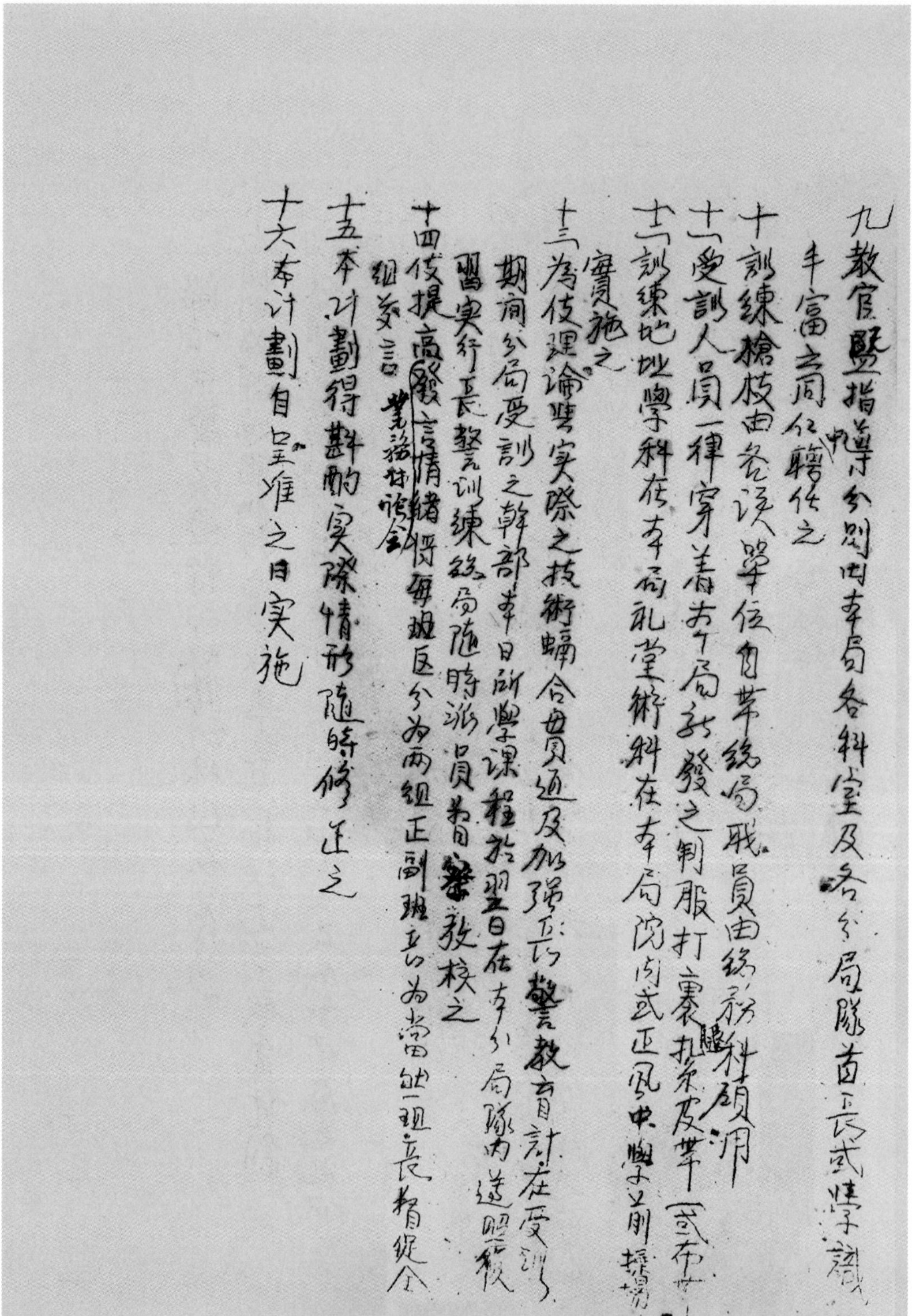

九、教官暨指導分別由本局各科室及各分局隊首長或學識丰富之同仁聘任之
十、訓練槍枝由各該單位自帶，總局職員由總務科領用
十一、受訓人員一律穿着本局新發之制服，打裹腿，扎系皮帶（或布帶）
十二、訓練地址學科在本局禮堂，術科在本局院内或正風中學運動場實施之
十三、為使理論與實際之技術融合貫通及加強長警教育計，在受訓期間分局受訓之幹部本日所學課程於翌日在本分局隊内遵照教習實行長警訓練，總局隨時派員指導教授之
十四、使提高業務檢討會發言情緒，將每班區分為兩組，正副班長為當然組長，指導全組發言
十五、本計劃得斟酌實際情形隨時修正之
十六、本計劃自呈准之日實施

图 7-3-21 归绥市警察局干部短期训练班教育计划（二）

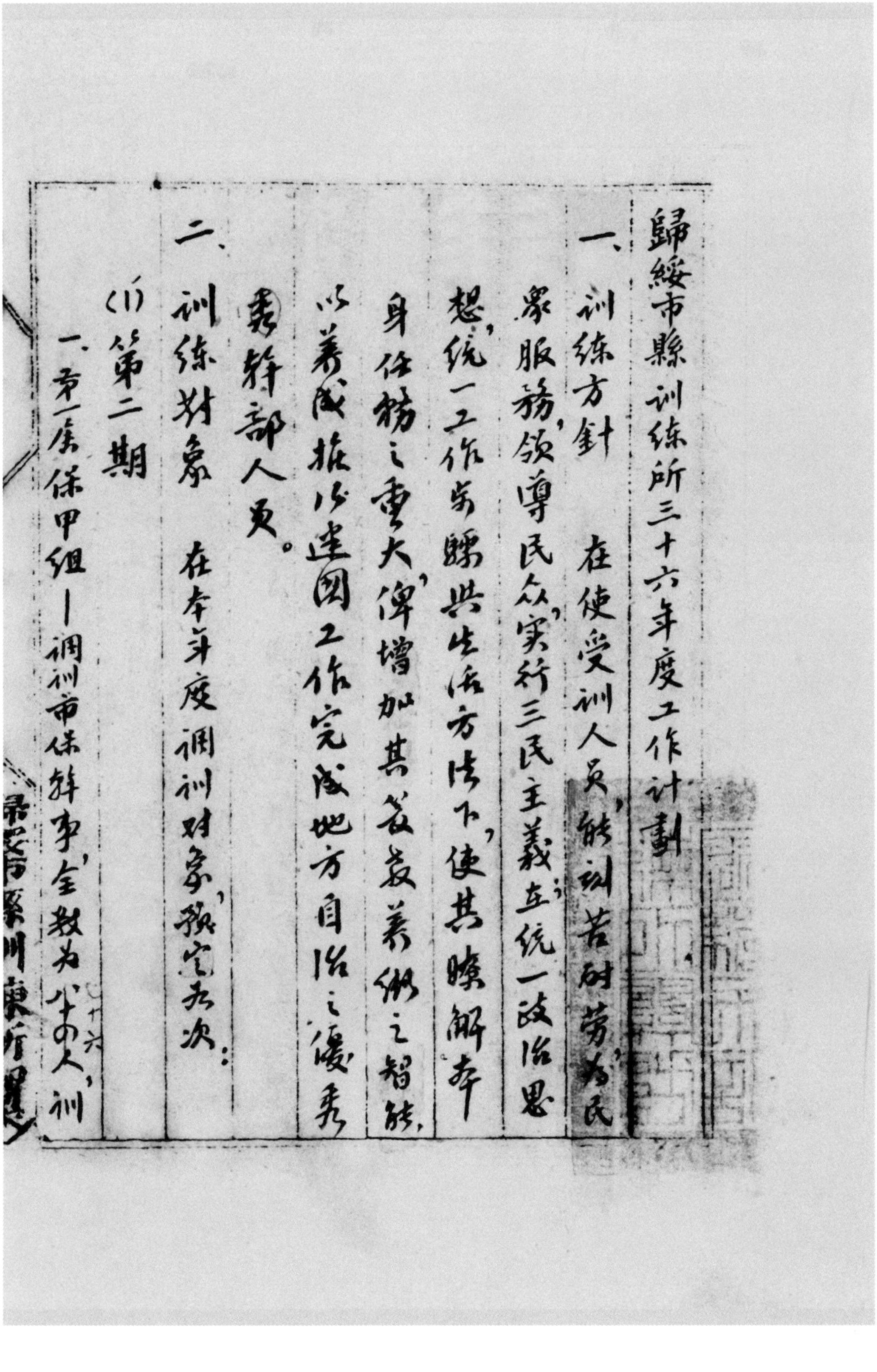

歸綏市縣训练所三十六年度工作计劃

一、训练方針　在使受训人员，能刻苦耐劳，为民眾服務，領導民众，实行三民主義；在统一政治思想，统一工作步驟與生活方法下，使其瞭解本身任務之重大，俾增加其發展革命之智能，以养成推行建国工作完成地方自治之優秀幹部人員。

二、训练對象　在本年度调训对象，预定五次：

(1)第二期

一、第一屆保甲组——调训市保幹事，全数为七十六人，训

图 7-3-22　归绥市县训练所三十六年度工作计划（一）

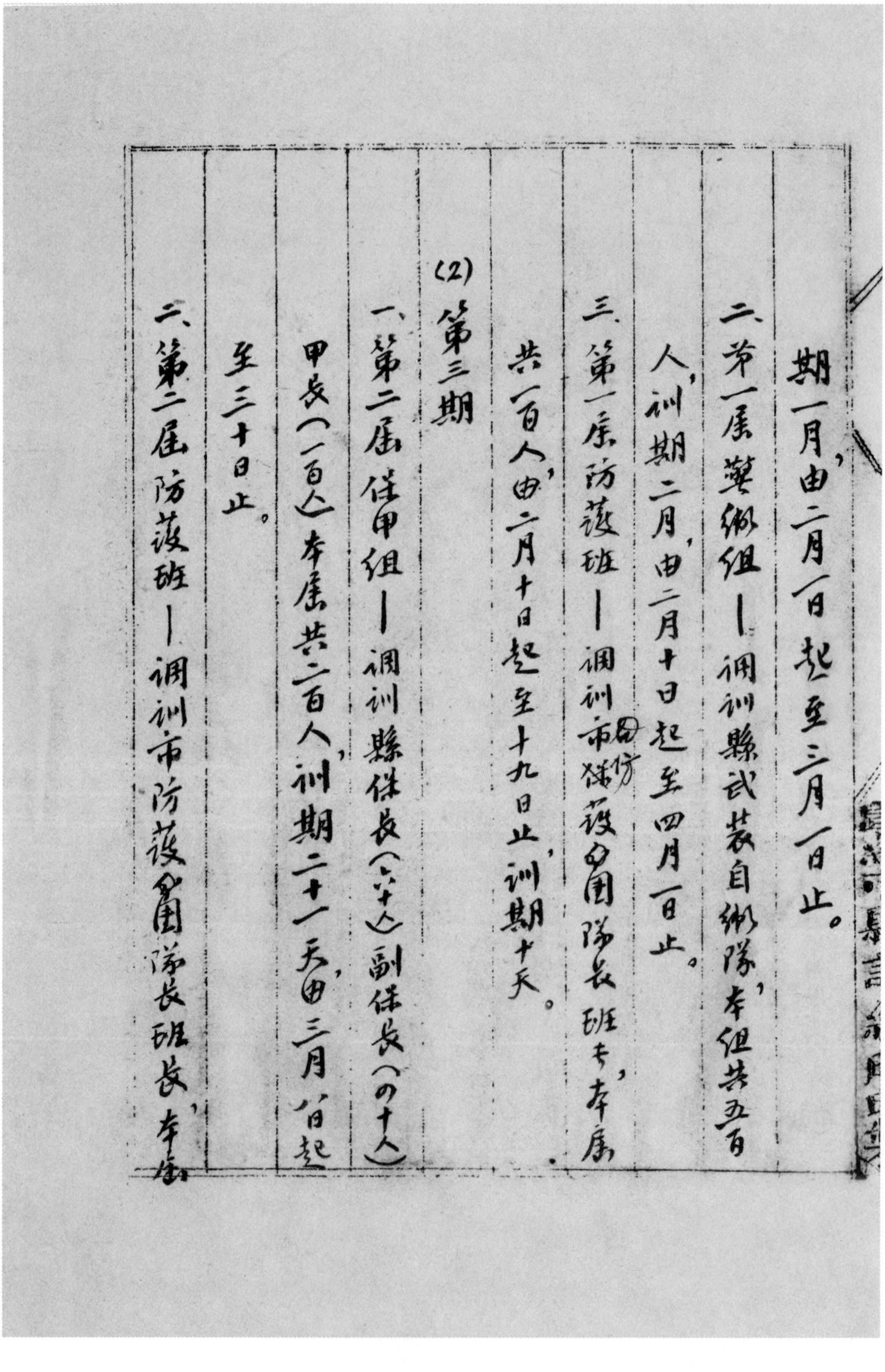

期一月，由二月一日起至三月一日止。

二、第一屆警鄉組——调训縣武裝自衛隊，本組共五百人，训期二月，由二月十日起至四月一日止。

三、第一屆防護班——调训市防保護團隊長班長，本屆共一百人，由二月十日起至十九日止，训期十天。

(2)第三期

一、第二屆保甲組——调训縣保長（六十人）副保長（四十人）甲長（一百人）本屆共二百人，训期二十一天，由三月一日起至三十日止。

二、第二屆防護班——调训市防護團隊長班長，本屆

图 7-3-22　归绥市县训练所三十六年度工作计划（二）

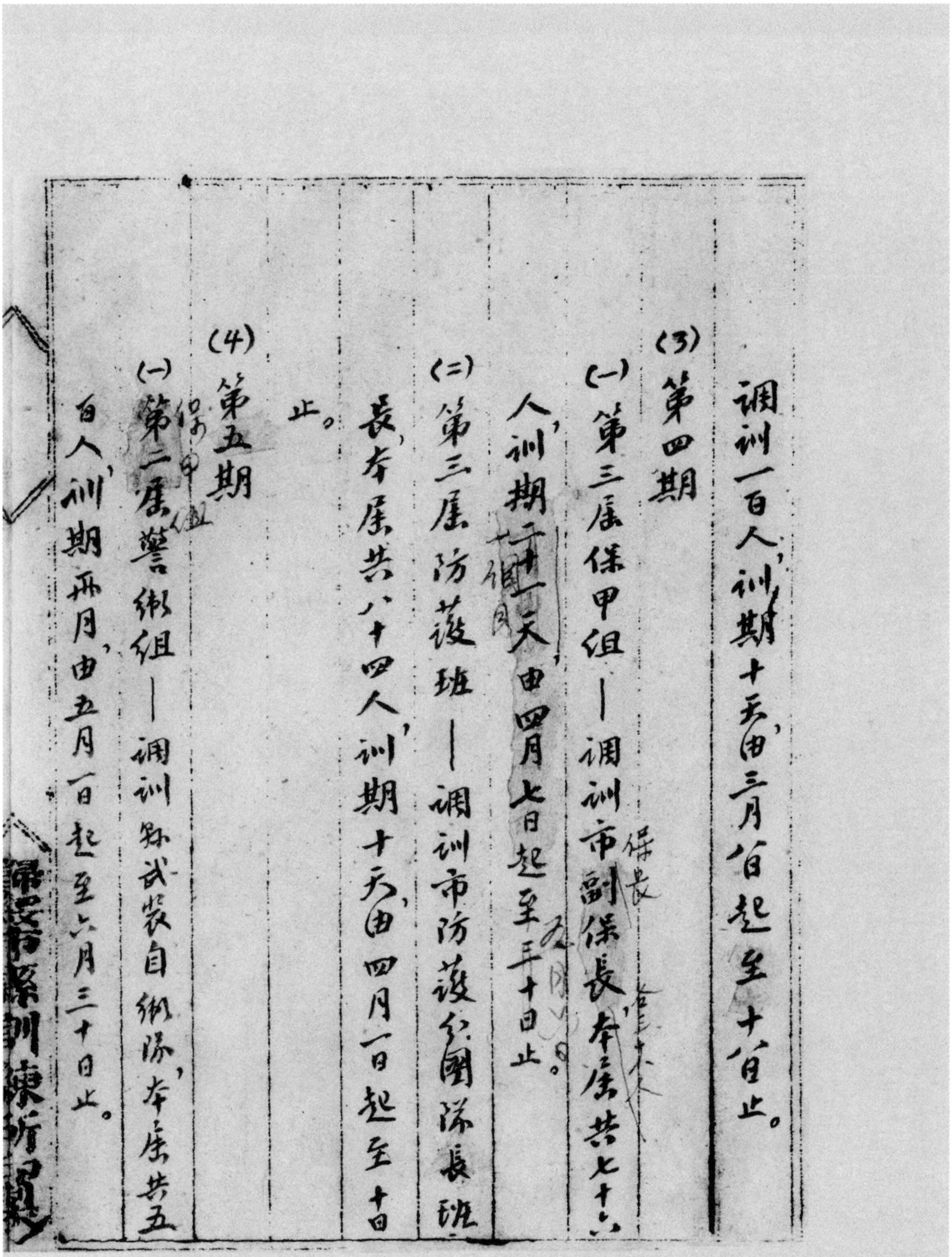

调训一百人，训期十天，由三月一日起至十日止。

（3）第四期

（一）第三届保甲组——调训市副保长，本届共七十六人，训期二十一天，由四月七日起至三十日止。

（二）第三届防护班——调训市防护团队长班长，本届共八十四人，训期十天，由四月一日起至十日止。

（4）第五期

（一）第二届警乡组——调训乡武装自卫队长，本届共五百人，训期两月，由五月一日起至六月三十日止。

图 7-3-22　归绥市县训练所三十六年度工作计划（三）

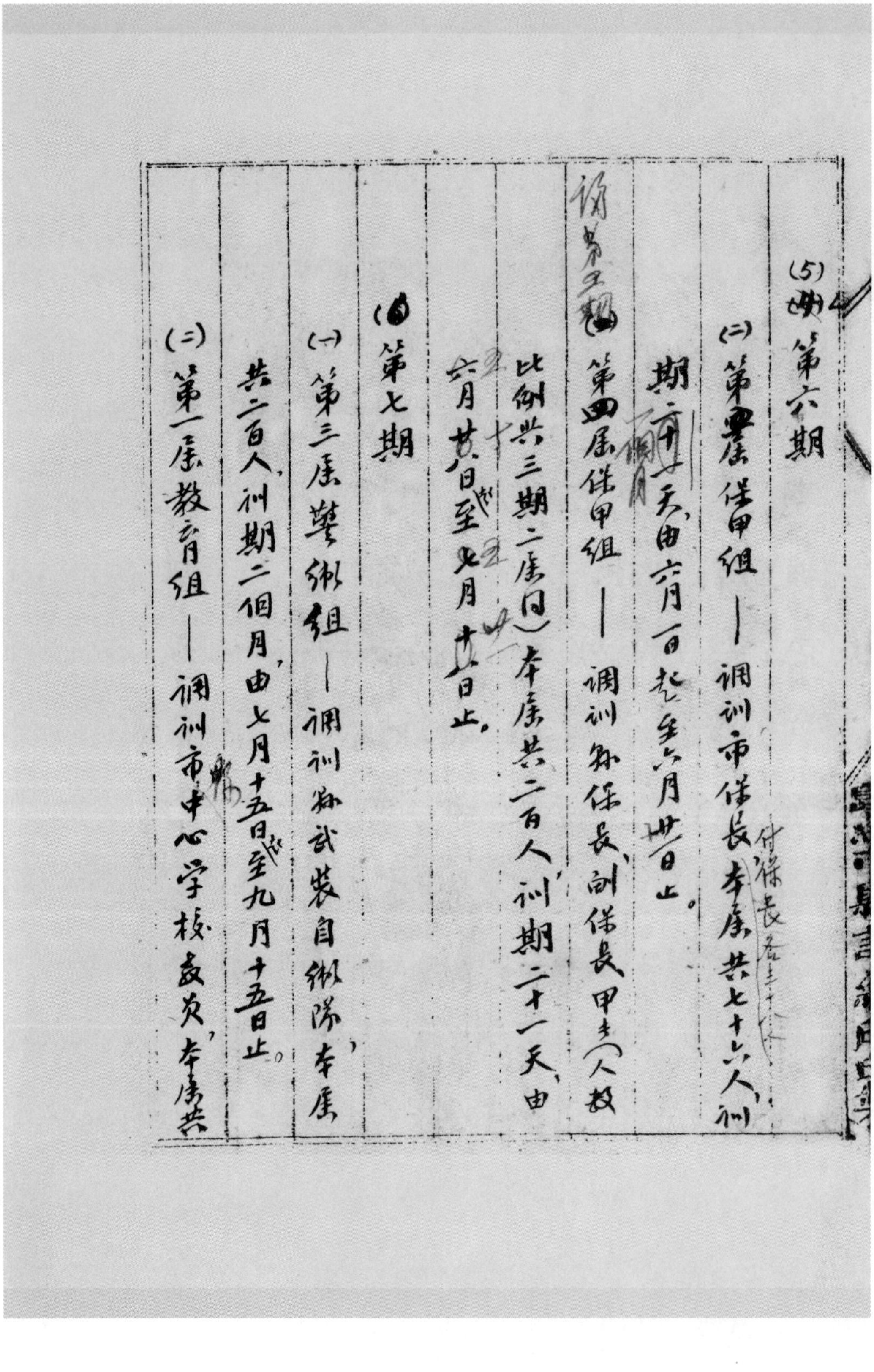

（5）第六期
（二）第四届保甲组——调训市保长、付保长各三十八人，本届共七十六人，训
期二十天，由六月一日起至六月廿日止。
（三）第四届保甲组——调训乡保长、副保长、甲长人数
比例共三期二届（四）本届共二百人，训期二十一天，由
六月廿日起至七月十日止。
（6）第七期
（一）第三届警乡组——调训乡武装自卫队，本届
共二百人，训期二个月，由七月十五日起至九月十五日止。
（二）第一届教育组——调训市中心学校教员，本届共

图 7-3-22　归绥市县训练所三十六年度工作计划（四）

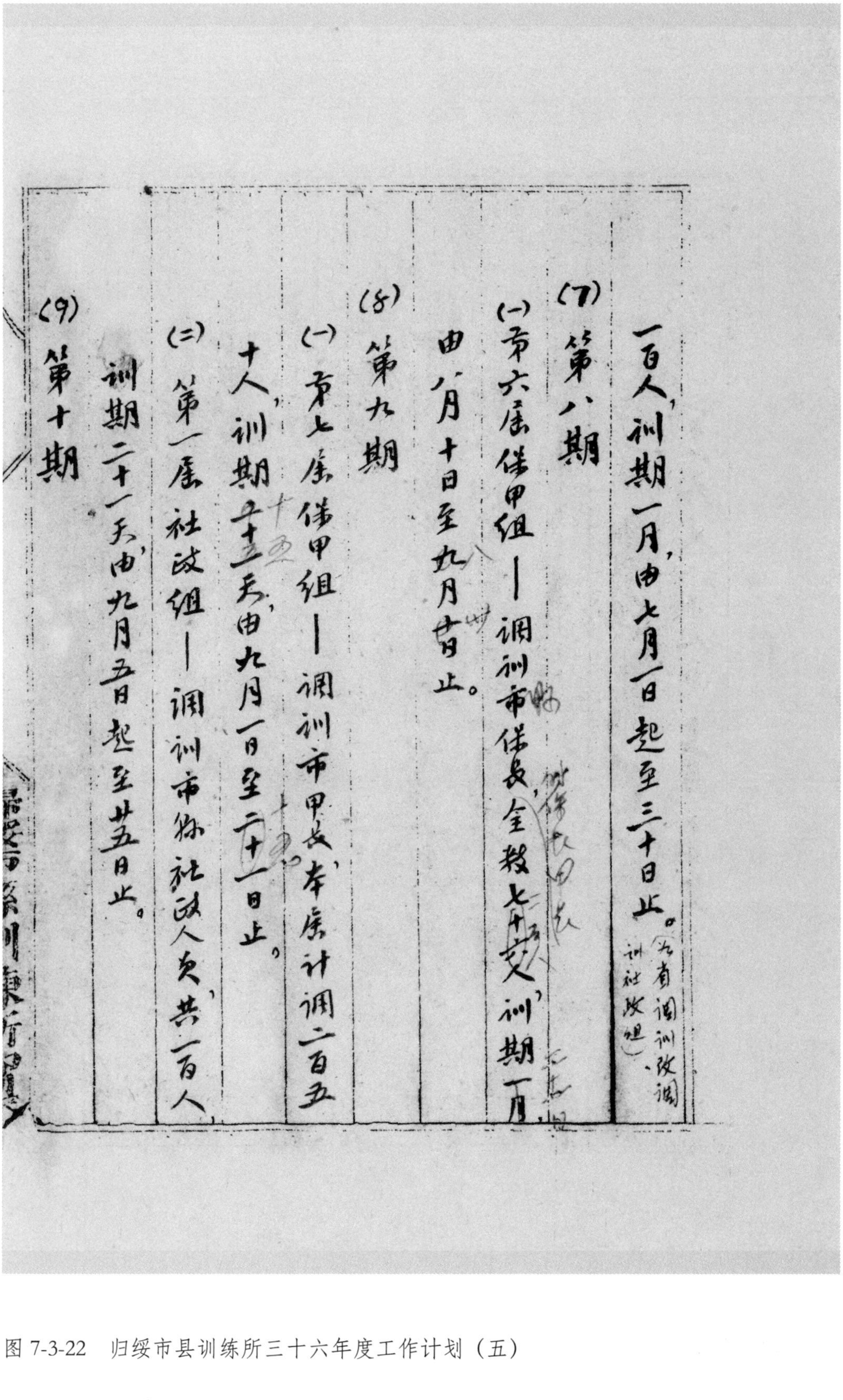

一百人，训期一月，由七月一日起至三十日止。（系省调训政调训社政组）

(7) 第八期

(一) 市六区保甲组——调训市保长，全数七十六人，训期一月，

由八月十日至九月廿日止。

(8) 第九期

(一) 市七区保甲组——调训市甲长，本区计调一百五

十人，训期二十三天，由九月一日至二十一日止。

(二) 第一区社政组——调训市县社政人员，共一百人，

训期二十一天，由九月五日起至廿五日止。

(9) 第十期

图 7-3-22　归绥市县训练所三十六年度工作计划（五）

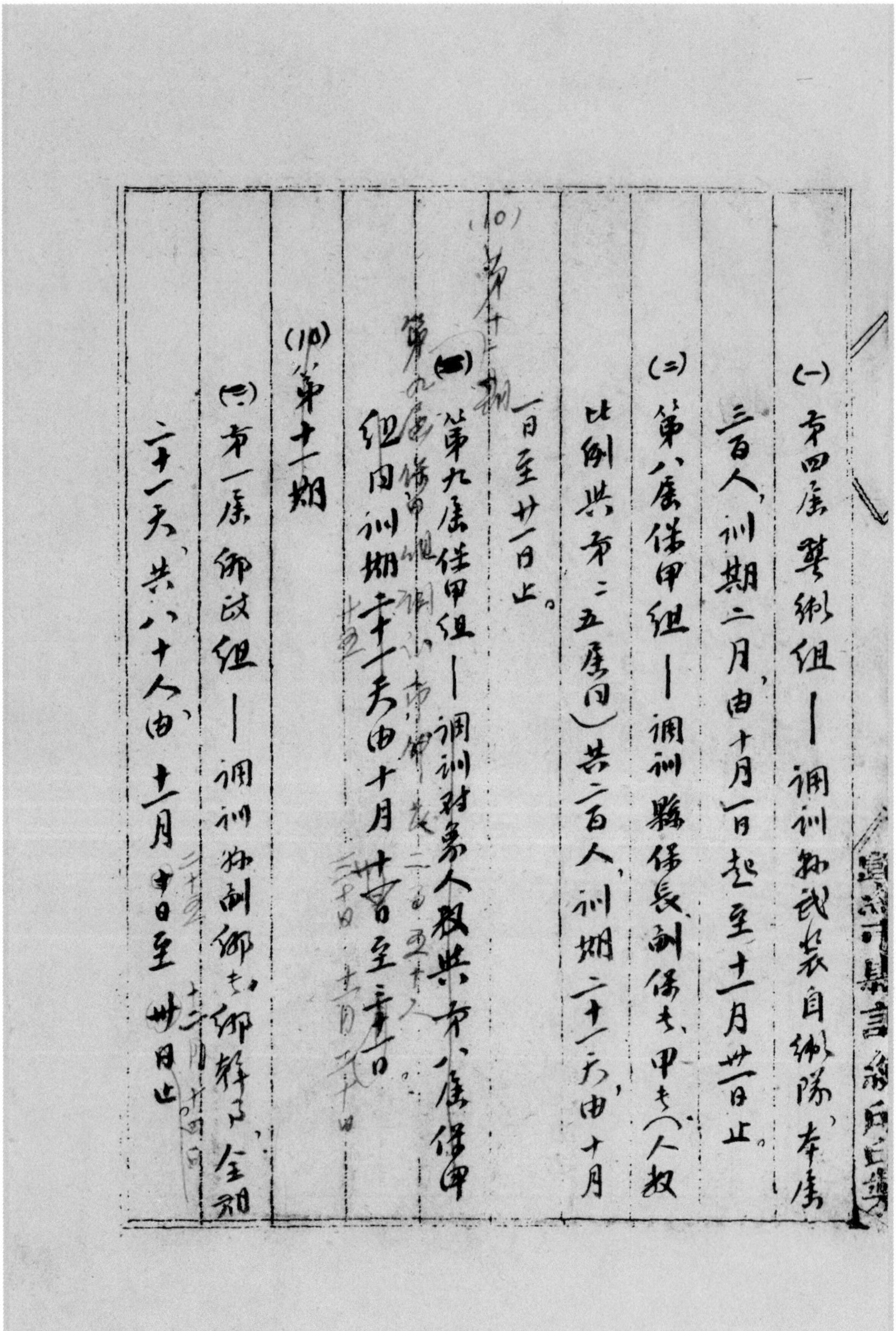

(一)市四届警乡组——调训乡武长自卫队，本届三百人，训期二月，由十月一日起至十一月廿日止。

(二)第八届保甲组——调训县保长、副保长、甲长(人数比例共市二五届同)共二百人，训期二十一天，由十月一日至廿一日止。

(三)第九届保甲组——调训对象人数共市八届保甲组同，训期二十一天，由十月廿二日至十一月十一日。

(11)第十一期

(三)市一届乡政组——调训乡副乡长、乡干事，全部二十一天，共八十人，由十一月廿日至卅日止

图 7-3-22　归绥市县训练所三十六年度工作计划（六）

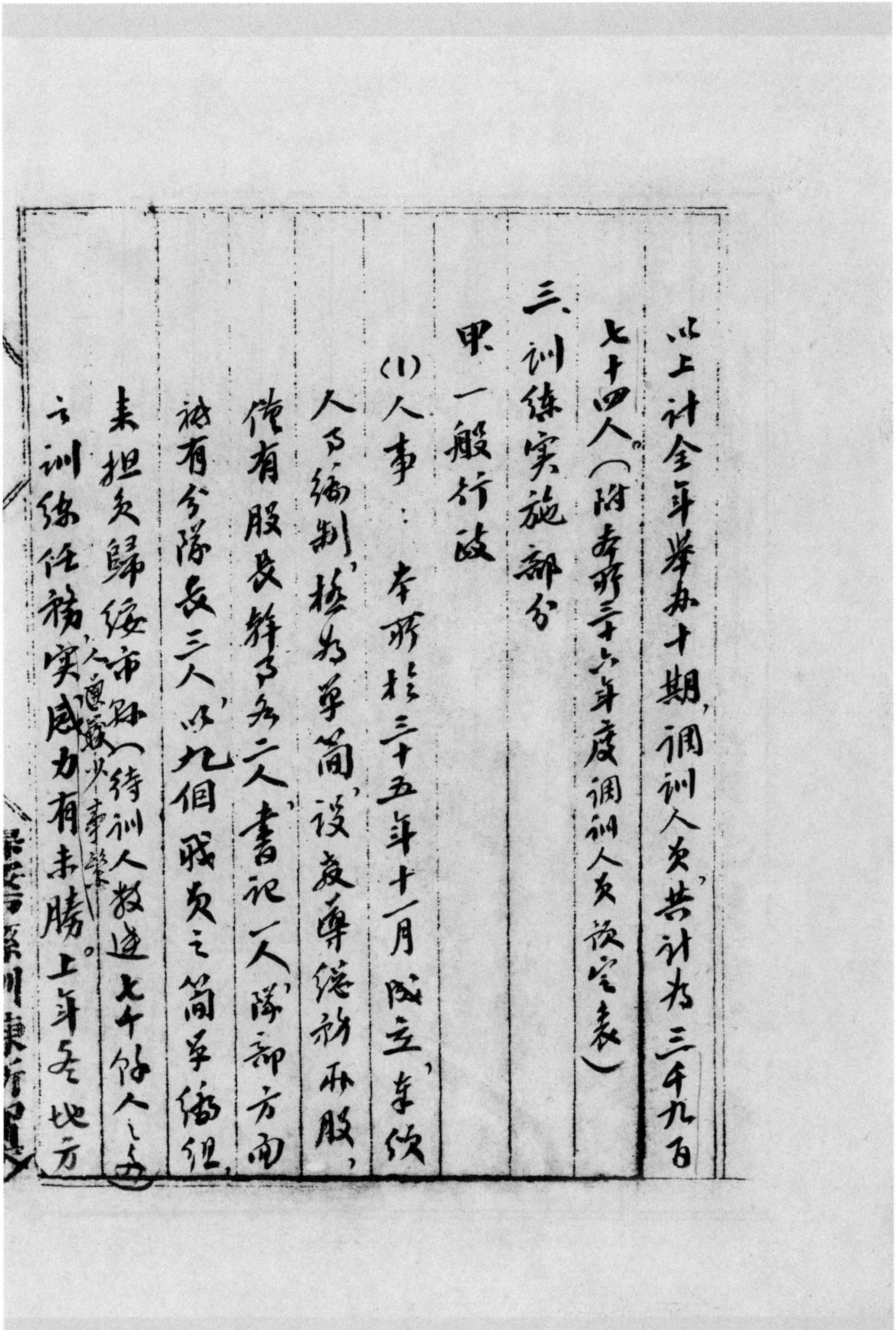

以上计全年举办十期，调训人员共计为三千九百七十四人。（附本所三十六年度调训人员设定表）

三、训练实施部分

甲 一般行政

(1) 人事： 本所于三十五年十一月成立，奉饬人员编制，极为单简，设教导总务两股，仅有股长干事各二人，书记一人，队部方面只有分队长三人，以九个职员之简单编组，来担负归绥市县，人员最少事繁（待训人数达七千余人之众）之训练任务，实感力有未胜。上年冬地方

图 7-3-22　归绥市县训练所三十六年度工作计划（七）

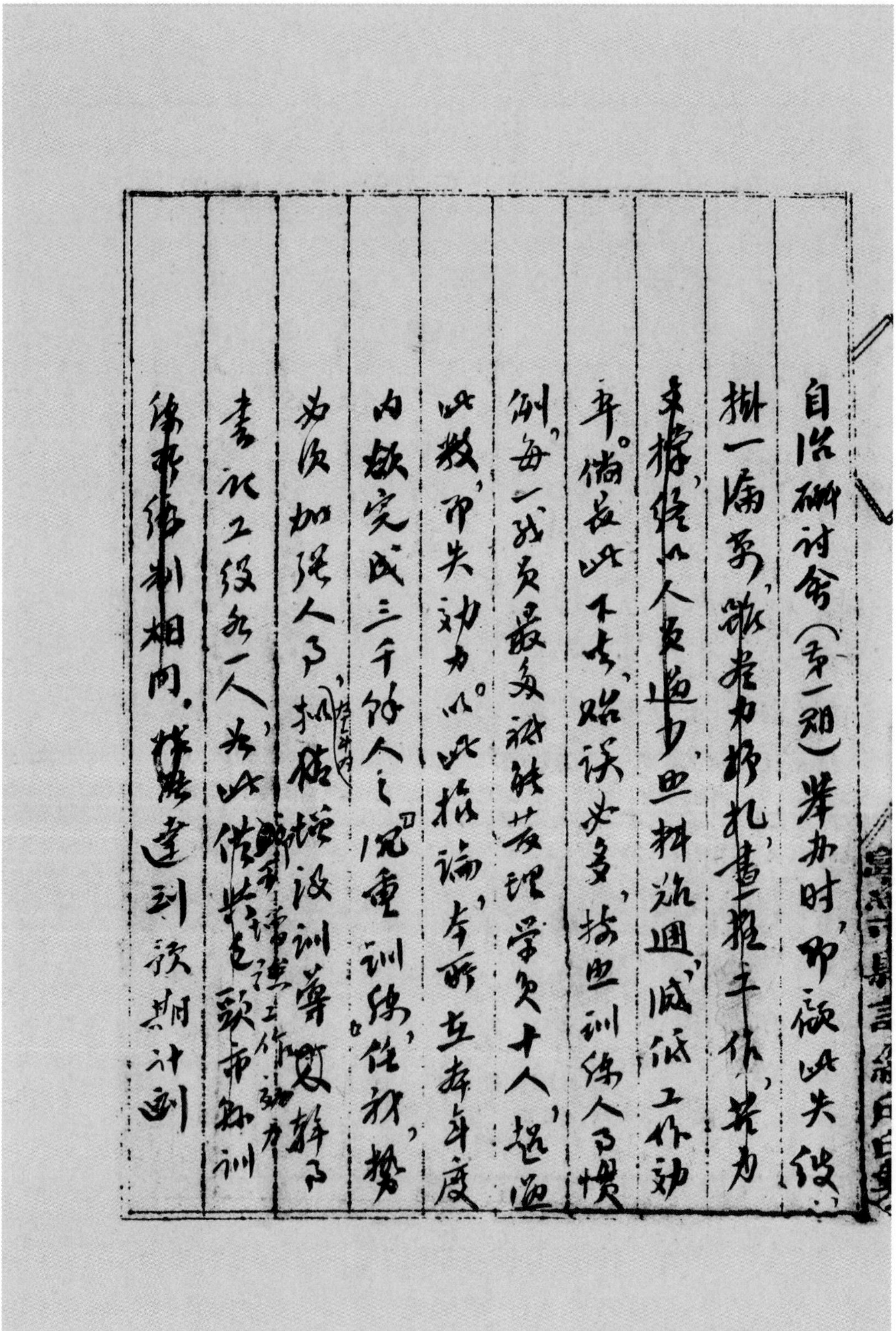

自治研讨会（第一期）举办时，即顾此失彼，
挂一漏万，职员尽力挣扎，尽推工作，若为
来源，终以人员过少，无精兼顾，减低工作效
率。倘长此下去，贻误必多，按照训练人员惯
例，每一职员最多办理学员十人，超过
此数，即失效力。以此推论，本所在本年度
内欲完成三千余人之繁重训练任务，势
必须增加职人员，拟请增设训导股及干事
书记工役各一人，共此借
练制相同。达到预期计划

图 7-3-22　归绥市县训练所三十六年度工作计划（八）

（2）擧員待遇：本年計劃調訓人員，以保長副保長甲長佔大多數，（約為全數三分之二）上項人員，均為保甲基層幹部，而均為無給職。保長雖有車馬費之補給，但數亦極微，又以鄉級保甲長大部為自耕農，勢不能脫離生產，半個月或三週之訓期（期限）雖不過長，而保甲長等則感到損失不小。補救之方，惟有擧（學）員之受訓期間所需之主副食及講義、燒炭等費，統由政府方面，統籌供給，以期計劃，本年度能求實現。

图 7-3-22　归绥市县训练所三十六年度工作计划（九）

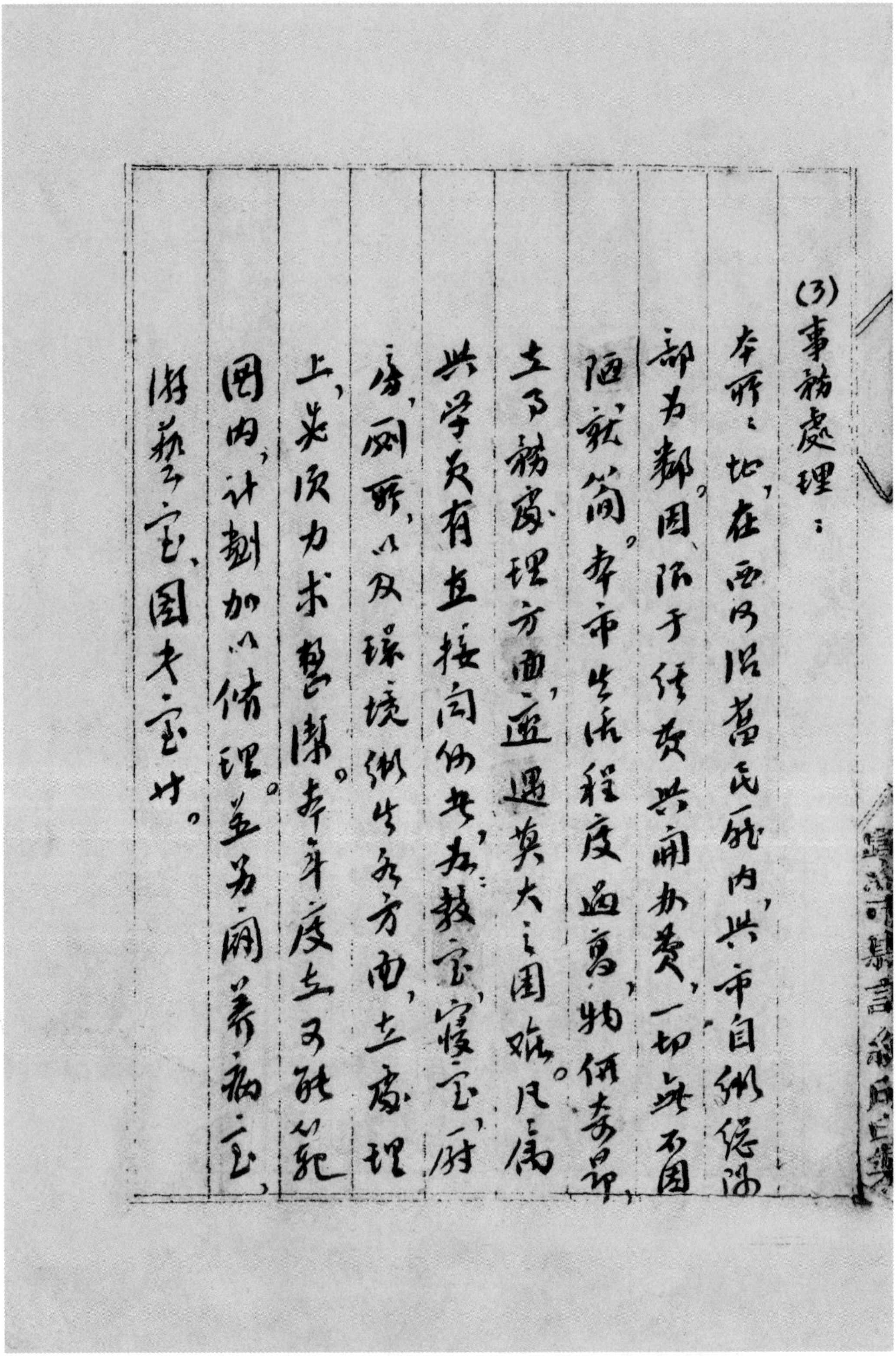
(3)事務處理：

本所之地，在西河沿舊民教館內，與市自衛總隊部為鄰，因限于經費，與開辦費，一切無不因陋就簡。本市生活程度過高，物價奇昂，在事務處理方面，遇莫大之困難。凡關與學員有直接關係者，如教室、寢室、廚房、廁所，以及環境衛生各方面，在處理上，莫須力求整潔。本年度在可能範圍內，計劃加以修理，並另闢菜圃之區、游藝之室、圖書之室等。

图 7-3-22　归绥市县训练所三十六年度工作计划（十）

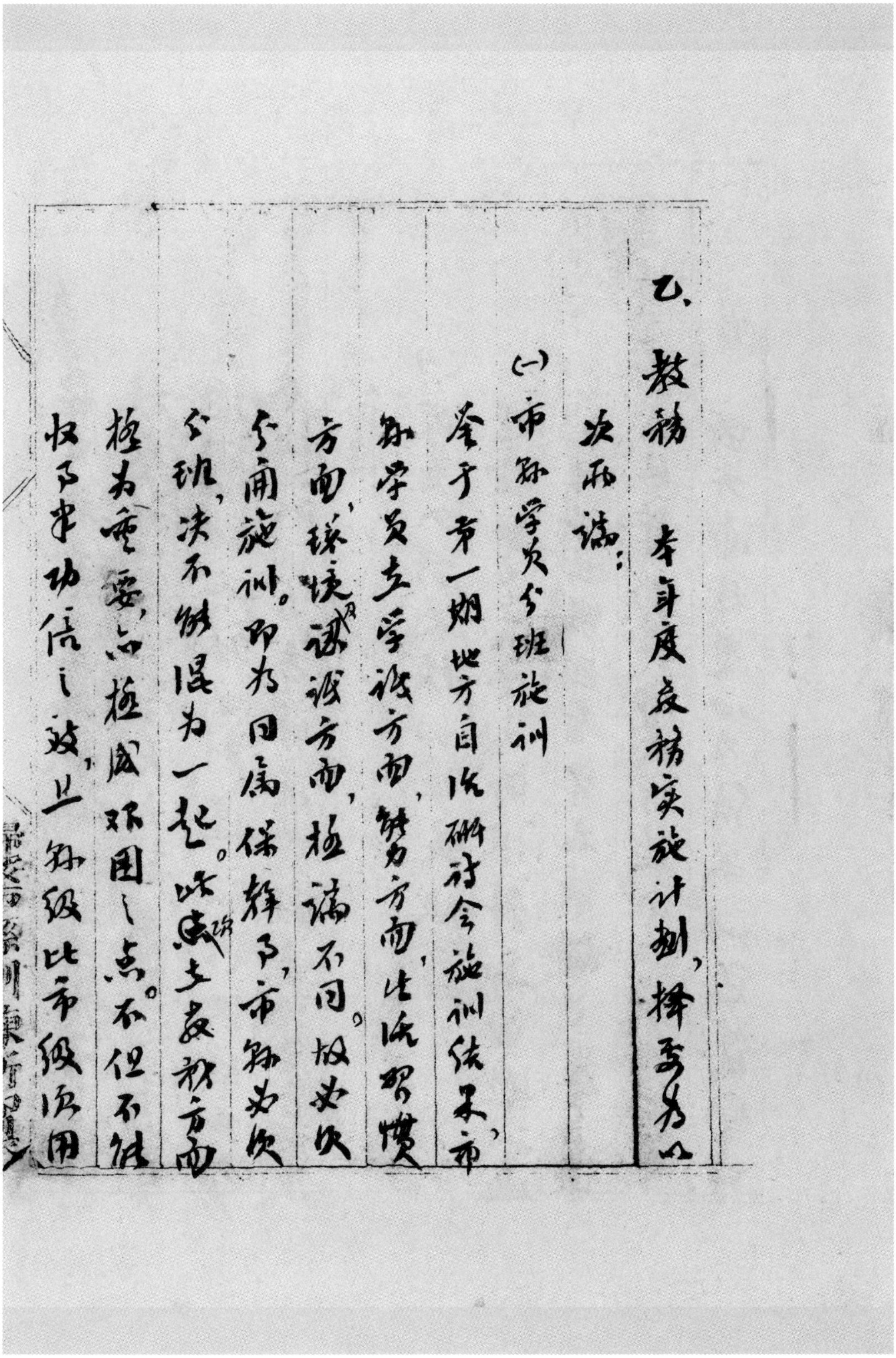

乙、教務　本年度教務實施計劃，擬分為以下兩端：

(一)市縣學員分班施訓

鑒于市一般地方自治研討會施訓結果，市縣學員在學識方面，能力方面，生活習慣方面，深淺認識方面，理論不同。故必須分開施訓。即為同屬係辦了，市縣亦為分分班，決不能混為一起。此點在教材方面極為重要，亦極感困難之點。不但不能收了案功倍之效，且縣級比市級所用

图 7-3-22　归绥市县训练所三十六年度工作计划（十一）

精力極多，又不若市級收效之大，亦以鄉村教育，彼等學員大部多為文盲者，通常識，尚談不到，遑論其他。故市縣今後施訓，為本年度最新實施之重要節目。

（二）學員入所必須切實考核

學識能力落後之縣、鄉、保、幹部，因逃訓，逃訓之不可能，因有冒名頂替之舉，以致弛法舉動，在鄉民方面，以為取巧，而本所方面，徒費心力，結果訓練落空，即

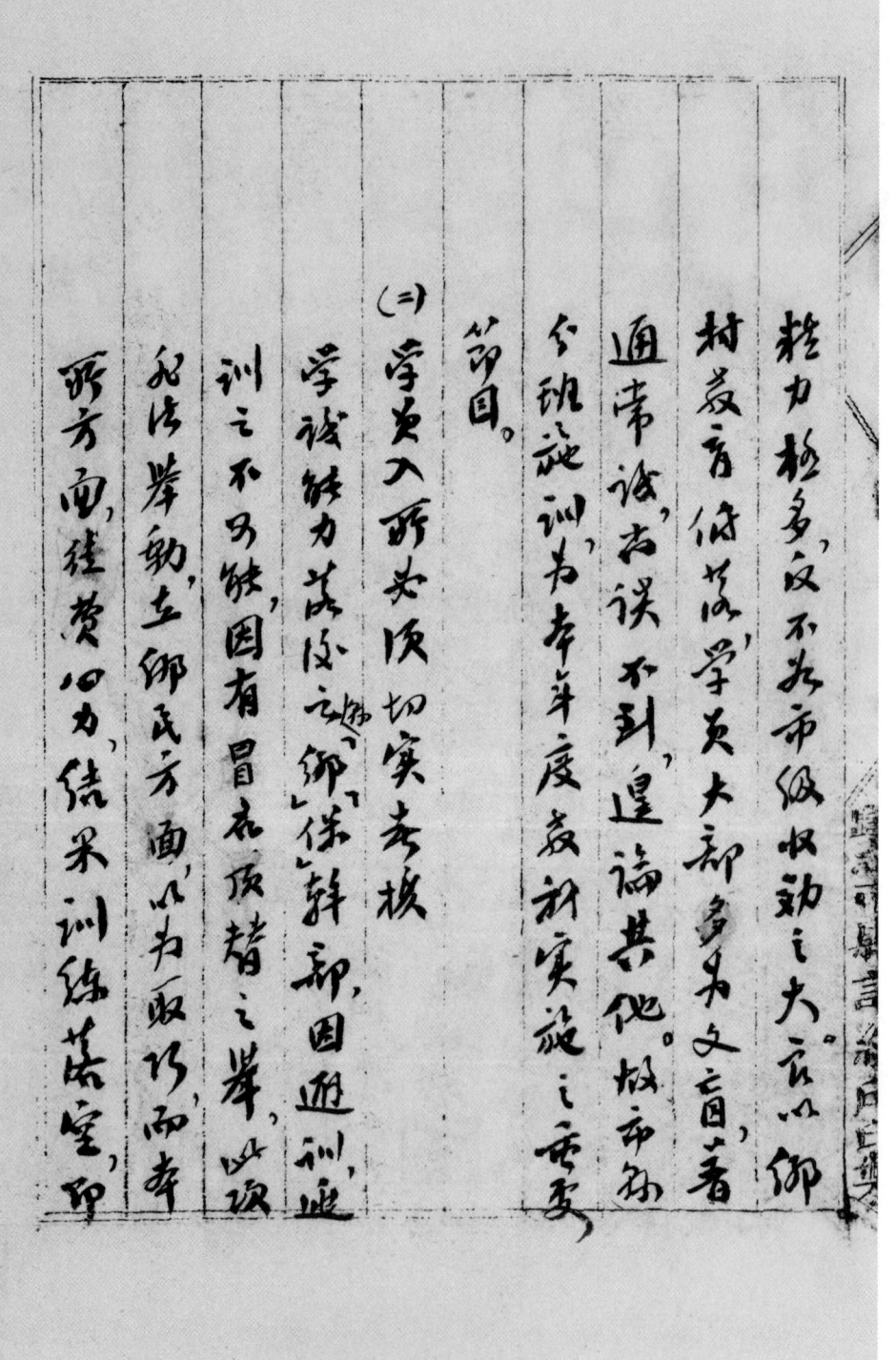

图 7-3-22　归绥市县训练所三十六年度工作计划（十二）

训练其人，冀能人尽其才之效。市级方面，冒名顶替者虽少，但调训人员，大多低能。因由原任机关失于考核，而以私人关係滥竽充数者亦多。此次学员在工作岗位上已不称职，在训练方面，即已失掉根据。因此，学员入所之始，必须举行测验，及格人员，始予入所。其冒名顶替或程度过低，不能造就者，即不予收录。

丙、训导

归绥市县，沦陷八年，胜利复员，为时较短。

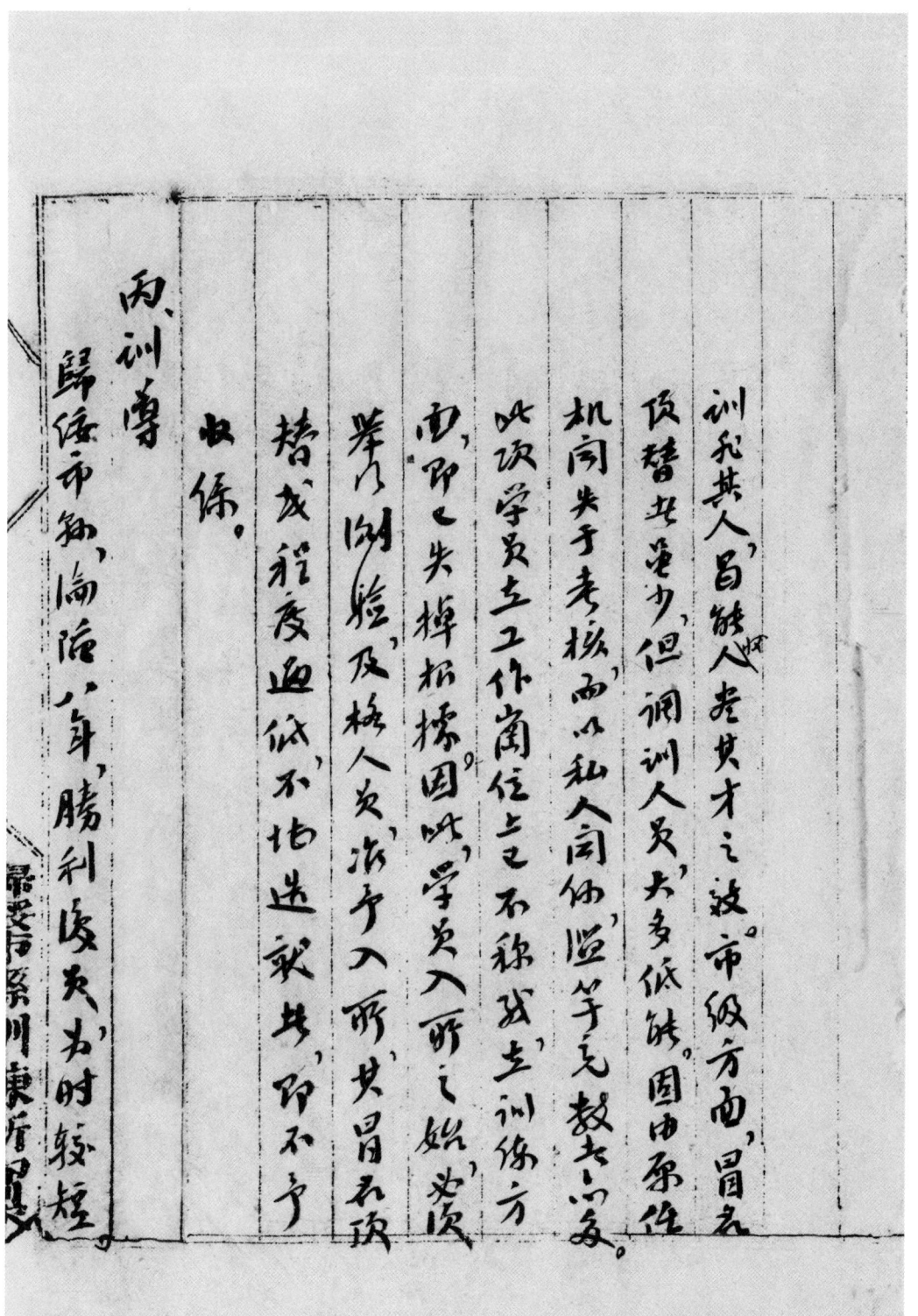

图 7-3-22　归绥市县训练所三十六年度工作计划（十三）

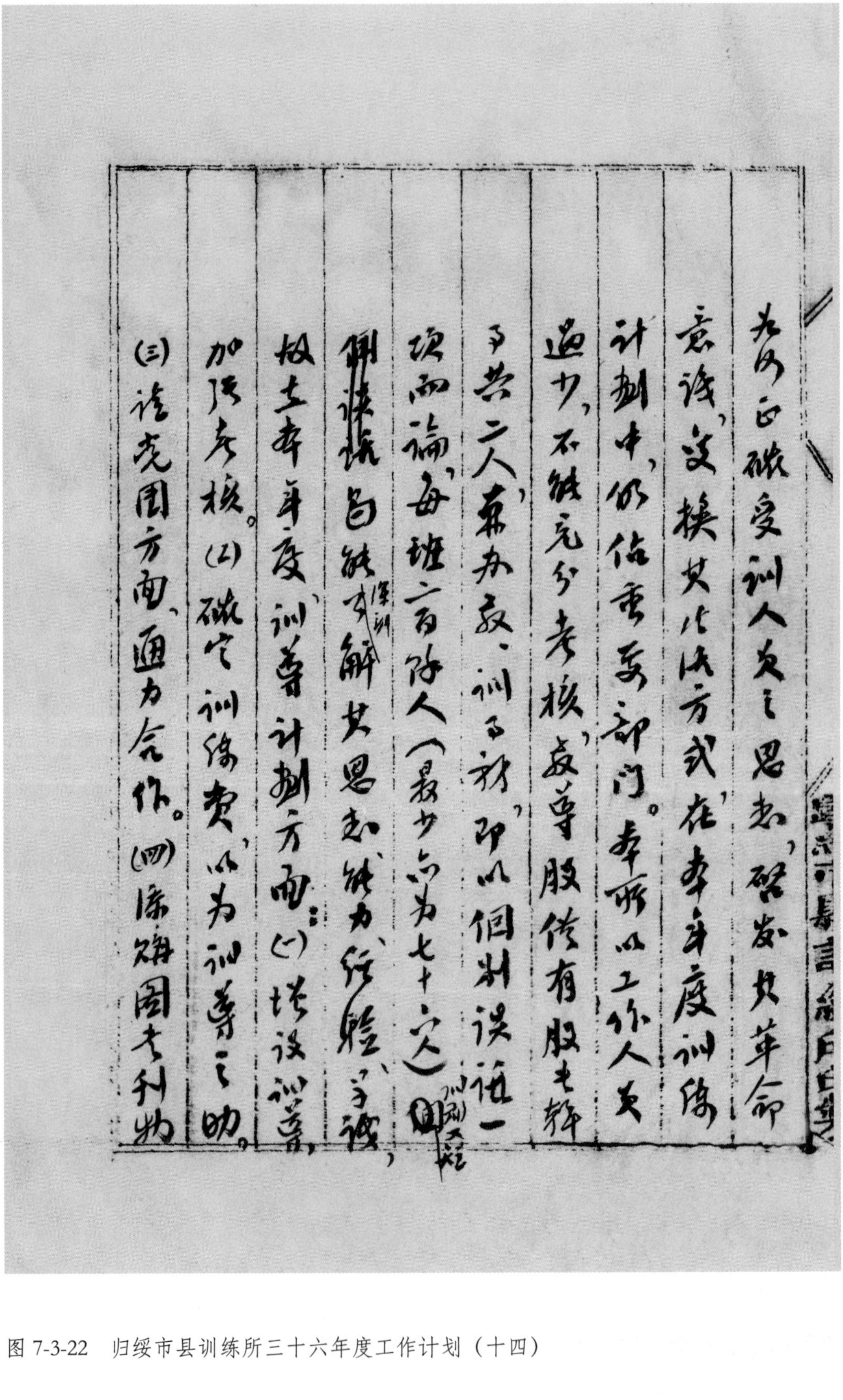

发正确受训人员之思想，启发其革命意识，变换其作法方式，在本年度训练计划中，仍佔重要部门。本所以工作人员过少，不能充分考核，教导股仅有股长干事共二人兼办教、训、事材，即以個别谈话一项而论，每班二百余人（最少亦为七十六人），个别谈话，自能详细了解其思想、能力、经验、学识，故本年度训导计划方面：（一）增设训导，加强考核。（二）确定训练费，以为训导之助。（三）请党团方面，通力合作。（四）係编团专利物

图 7-3-22　归绥市县训练所三十六年度工作计划（十四）

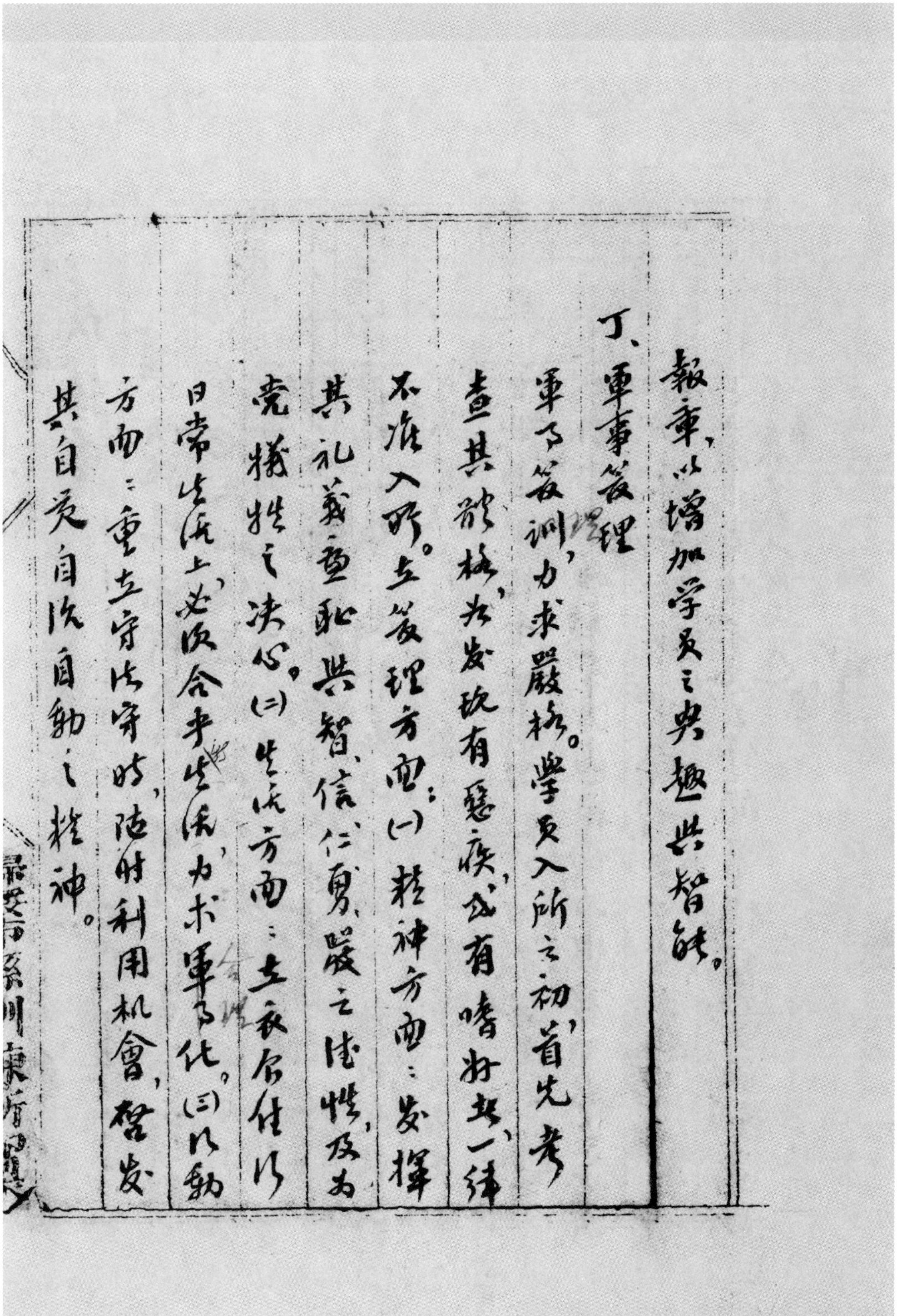

報章，以增加學員之興趣與智能。

丁、軍事管理

軍事管訓，力求嚴格。學員入所之初，首先考查其體格，如發現有惡疾或有嗜好者，一律不准入所。在管理方面：(一)精神方面：發揮其禮義廉恥與智、信、仁、勇、嚴之德性，及為党犧牲之決心。(二)生活方面：在衣食住行日常生活上，必須合乎生活，力求軍事化。(三)行動方面：重在守法守時，隨時利用機會，啓發其自覺自治自動之精神。

图 7-3-22　归绥市县训练所三十六年度工作计划（十五）

戊、辅导

学员结业后，大多与所方脱节，失掉联系，以失训练意义，变为一般人所轻视。学员辅导工作，在目前实属为要。除（拟令所）依照学级办法切实实施外（如未通讯联络办法），并须做到：（一）按时令结业学员举行小组会。（二）每次小组会，所方必须派员参加。（三）「通讯」按照~~[illegible]~~规定日数，必须使学员写作，所方接到学员通讯后，必须有以详细指示。此外更须做到：甲、解决学员之工作或生活上之困难。乙、使学员之工作有保障，方此辅导方有其义。（附办法）

图 7-3-22 归绥市县训练所三十六年度工作计划（十六）

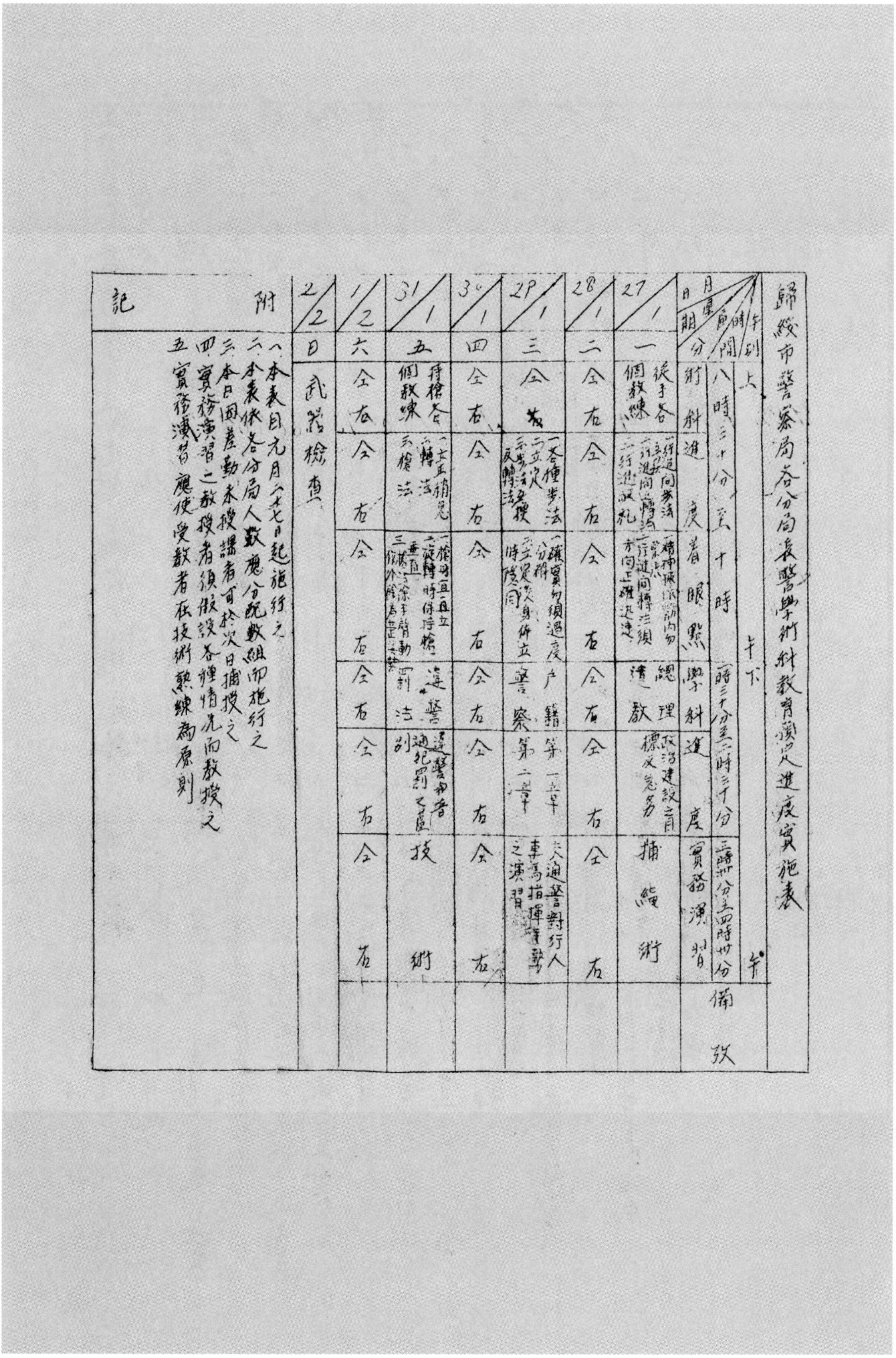

歸綏市警察局各分局長警學術科教育預定進度實施表

日期	星期	上午 八時三十分至十時 術科進度	着眼點	下午 一時三十分至二時三十分 學科進度	二時卅分至四時卅分 實務演習
27/1	一	徒手各個教練	一、行進間步法 二、行進間之轉法 三、行進敬禮	一、精神振作動作分明 二、行進間轉法須迅速 三、向上礙迅速	總理遺教；政治建設之目標及急務	捕繩術
28/1	二	仝右	仝右	仝右	仝右	仝右
29/1	三	仝右	一、各種步法 二、立定 三、步法及轉法	一、確實勿須過度分解 二、立定後人身體須直立時應同	戶籍第一章至第二章；警察第二章	交通警對行人車馬指揮手勢之演習
30/1	四	仝右	仝右	仝右	仝右	仝右
31/1	五	持槍各個教練	一、立正稍息 二、轉法 三、槍法	一、槍身直立 二、旋轉時保持槍垂直 三、除手臂動作外餘應靜止	違警罰法；違警罰法與違警犯罰之區別	技術
1/2	六	仝右	仝右	仝右	仝右	仝右
2/2	日	武器檢查				

備考

附記

一、本表自元月二十七日起施行之
二、本表依各分局人數應分配數組而施行之
三、本日因差勤未授課者可於次日補授之
四、實務演習之教授者須假設各種情況而教授之
五、實務演習應使受教者在技術熟練為原則

图 7-3-23　归绥市警察局各分局长警学术科教育预定进度实施表

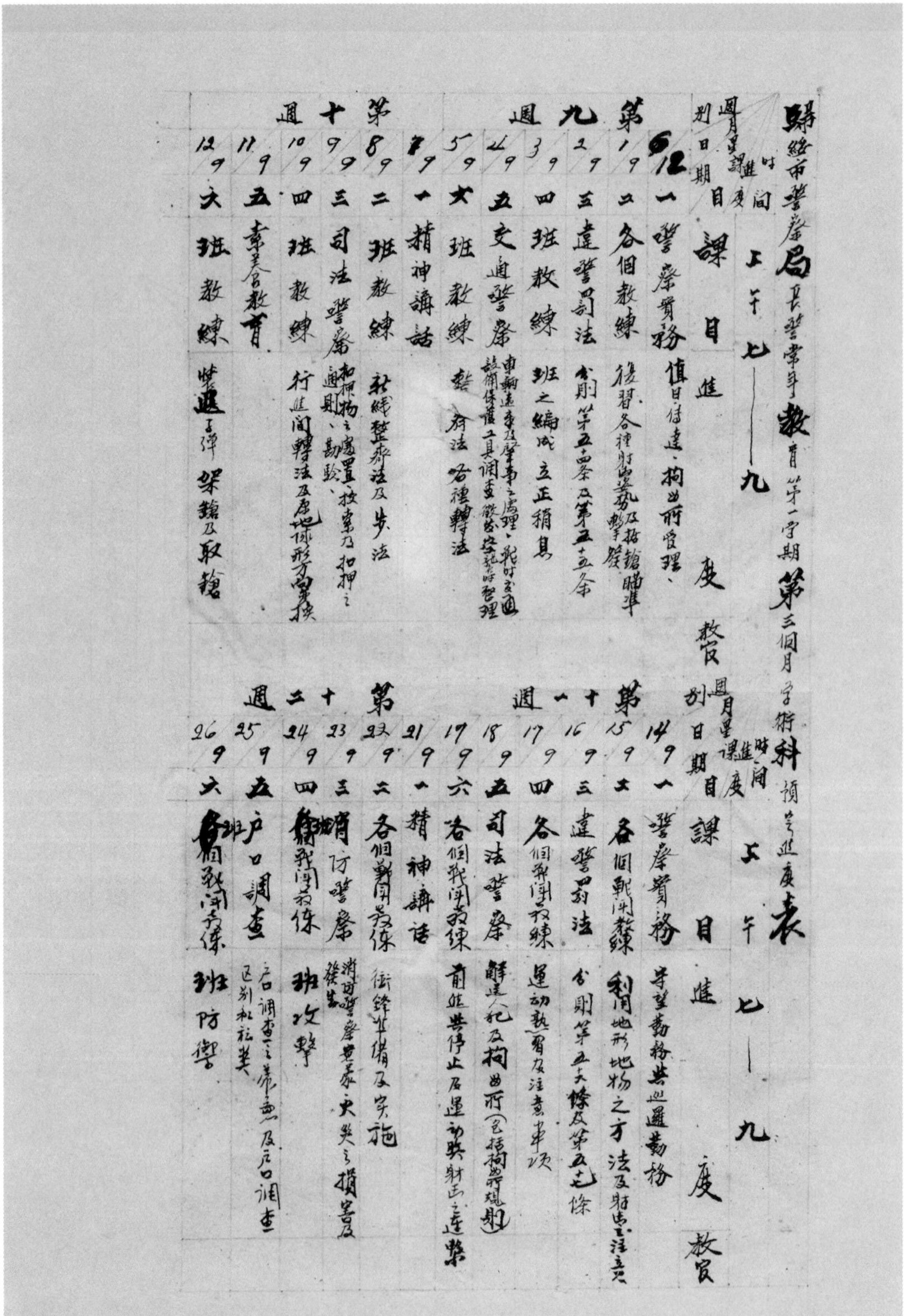

歸綏市警察局長警常年教育第一學期第三個月學術科預定進度表

時間：上午七—九

週別	月日	星期	課目	進度	教官
第九週	9/1	一	警察實務	值日傳達、拘留所管理、	
	9/2	二	各個教練	復習各種射擊姿勢及托鎗瞄準擊發	
	9/3	三	違警罰法	分則第五十四條及第五十五條	
	9/4	四	班教練	班之編成 立正稍息	
	9/5	五	交通警察	車輛違章及肇事之處理、非時交通設備保護工具調查[illegible]整理	
	9/6	六	班教練	[illegible]法 各種轉法	
第十週	9/7	一	精神講話		
	9/8	二	班教練	[illegible]整齊法及步法	
	9/9	三	司法警察	押物之處置、搜索及扣押之通則、勘驗、	
	9/10	四	班教練	行進間轉法及應地形方向變換	
	9/11	五	綜合教育		
	9/12	六	班教練	裝退子彈 架鎗及取鎗	
第十一週	9/14	一	警察實務	守望勤務、巡邏勤務	
	9/15	二	各個戰鬥教練	利用地形地物之方法及射擊之注意	
	9/16	三	違警罰法	分則第五十六條及第五十七條	
	9/17	四	各個戰鬥教練	運動熟習及注意事項	
	9/18	五	司法警察	解送人犯及拘留所（包括拘留所規則）	
	9/17	六	各個戰鬥教練	前進、停止及運動與射擊之連繫	
第十二週	9/21	一	精神講話		
	9/22	二	各個戰鬥教練	衝鋒準備及實施	
	9/23	三	消防警察	消防警察意義、火災之損害及發生	
	9/24	四	班戰鬥教練	班攻擊	
	9/25	五	戶口調查	戶口調查之意義及戶口調查區別和種類	
	9/26	六	班戰鬥教練	班防禦	

图 7-3-24　归绥市警察局长警常年教育学术科预定进度表（1948 年）（一）

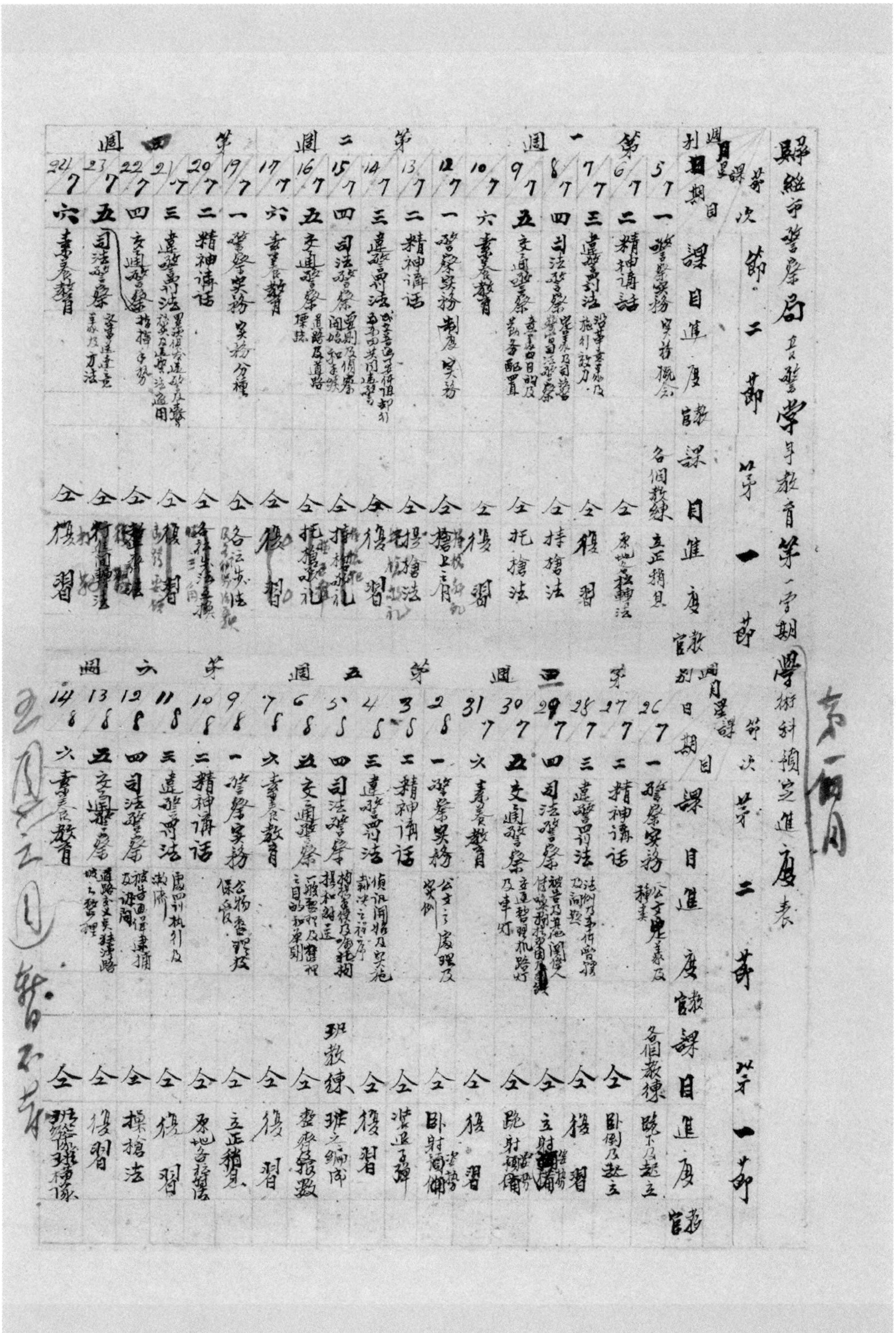

歸綏市警察局長警常年教育第一學期學術科預定進度表

第二節 第一節

週別	月日	星期	學科課目進度	術科課目進度
第一週	7/5	一	警察實務	各個教練 全 立正稍息
	7/6	二	精神講話	全 原地各種轉法
	7/7	三	違警罰法	全 復習
	7/8	四	司法警察	全 持槍法
	7/9	五	交通警察	全 托槍法
	7/10	六	素養教育	全 復習
第二週	7/12	一	警察實務	全 槍上肩
	7/13	二	精神講話	全 提槍法
	7/14	三	違警罰法	全 復習
	7/15	四	司法警察	全 [illegible]
	7/16	五	交通警察	全 托槍敬禮
	7/17	六	素養教育	全 復習
第三週	7/19	一	警察實務	全 路步法
	7/20	二	精神講話	全 [illegible]
	7/21	三	違警罰法	全 復習
	7/22	四	交通警察	全 [illegible]
	7/23	五	司法警察	全 行進間轉法
	7/24	六	素養教育	全 復習
第四週	7/26	一	警察實務	各個教練 全 跪下及起立
	7/27	二	精神講話	全 臥倒及起立
	7/28	三	違警罰法	全 復習
	7/29	四	司法警察	全 立射預備
	7/30	五	交通警察	全 跪射預備
	7/31	六	素養教育	全 復習
第五週	8/2	一	警察實務	全 臥射預備
	8/3	二	精神講話	全 裝退子彈
	8/4	三	違警罰法	全 復習
	8/5	四	司法警察	班教練 全 班之編成
	8/6	五	交通警察	全 整齊報數
	8/7	六	素養教育	全 復習
第六週	8/9	一	警察實務	全 立正稍息
	8/10	二	精神講話	全 原地各種轉法
	8/11	三	違警罰法	全 復習
	8/12	四	司法警察	全 操槍法
	8/13	五	交通警察	全 復習
	8/14	六	素養教育	全 班各種隊形

第一月

五月廿三日 暫不要

图 7-3-24 归绥市警察局长警常年教育学术科预定进度表（1948 年）（二）

歸綏市警察局長警常年教育第一學期第三個月學術科預定進度表

民國三十七年十二月五日

週別	月	日	星期	課目（上午七—九）	進度	教官
第九週	12	6	一	警察實務	值日、傳達、拘留所管理。	
	12	7	二	各個教練	復習各種射擊姿勢及搭鎗瞄準、擊發。	
	12	8	三	違警罰法	分則第五十四條及第五十五條	
	12	9	四	班教練	班之編成、立正、稍息。	
	12	10	五	交通警察	車輛違章及肇事之處理。戰時交通設備保護、工具調查、敵機空襲時整理。	
	12	11	六	班教練	整齊法、各種轉法	
第十週	12	13	一	精神講話		
	12	14	二	班教練	新式整齊法及其法	
	12	15	三	司法警察	扣押物之處置、搜索及扣押之通則、勘驗。	
	12	16	四	班教練	行進間轉法及依地形方向變換。	
	12	17	五	素養教育		
	12	18	六	班教練	裝退子彈、架鎗及取鎗	
第十一週	12	20	一	警察實務	守望勤務與巡邏勤務	
	12	21	二	各個戰鬪教練	利用地形地物之方法及射擊之注意	
	12	22	三	違警罰法	分則第五十六條及第五十七條。	
	12	23	四	各個戰鬪教練	運動間動作及注意事項	
	12	24	五	司法警察	解送人犯及拘留所（包括拘留所規則）	
	12	25	六	各個戰鬪教練	前進與停止及運動與射擊之連擊	
第十二週	12	27	一	精神講話		
	12	28	二	各個戰鬪教練	衝鋒準備及實施	
	12	29	三	消防警察	消防警察意義、火災之損害及發生	
	12	30	四	班戰鬪教練	班攻擊	
	12	31	五	戶口調查	戶口調查之義意及戶口調查區別、種類。	
	1	1	六	班戰鬪教練	班防禦	

图 7-3-24　归绥市警察局长警常年教育学术科预定进度表（1948 年）（三）

照表實施

歸綏市警察局新警訓練教育計畫表

第二週

時間	課目	9/30 1	10/1 2	10/2 3	10/3 4	10/4 5	10/5 6
上午 八時至十時	術科	立正稍息 各種轉法	室内敬禮 各種步法	行進間各種轉法	行進間各種步法	跪倒起立 素養教育 站坐姿勢	變換隊形 變換方向
	着眼點	1.動作要活潑 2.兩足掌須用力着地 3.方向要正確 4.動作要敏捷	1.舉手敬禮右肘要正確右手向上直舉 2.脫帽敬禮注意須離及前傾度數	1.兩眼須保持前視 2.方向要正確 3.向内轉下之角度以較小為宜	1.上体保持立正姿勢 2.兩眼注視目標 3.兩臂運動務求自然	1.跪勢兩足尖着實跪地胸部挺出下顎後收 2.坐勢上体保持不動姿勢頭正目注兩手心置於膝上	1.基準兵確對方向不可偏斜 2.兩眼平視保守間隔 3.前後距離左右間隔須確實保持
十一時至十二時	學科	精神訓話	陸軍禮節	違警罰法	警察須知	行政警察	勤務要則
	教官	局長	劉局長	王科長	劉科員	許科長	馬局長
下午 二時十分至三時	學科	三民主義	警察實務	行政警察	司法警察	消防警察	戶籍行政
	教官	曾秘書	劉科員長慶	許科長	王科長	張隊長	陳主任
三時十分至四時	學科	戶籍行政	步兵操典	交通警察	衛生警察	交通警察	消防警察
	教官	陳主任	孟主任	董局長	張組長	董局長	張隊長
四時十分至五時	術科	鐵槓	手榴彈演習	捕繩術	柔軟體操	手榴彈演習	捕繩術
	教官	張隊長	趙隊附	張隊長	趙隊附	張隊長	趙隊附
七時至八時	實務演習	交通勤務	門衛勤務	上卜勤務	巡邏勤務	守望勤務	傳喚勤務
	教官	董局長	馬局長	張局長	劉局長	董局長 三個	劉局長 大先

附記

一、星期日早操時間複習本週術科,早餐後整理内務,下午施行技術或游戲

二、學科在總局西廂房教室,實務演習在消防隊院内

三、如遇天雨術科酌改學科

图 7-3-25　归绥市警察局新警训练教育计划表（第二周）

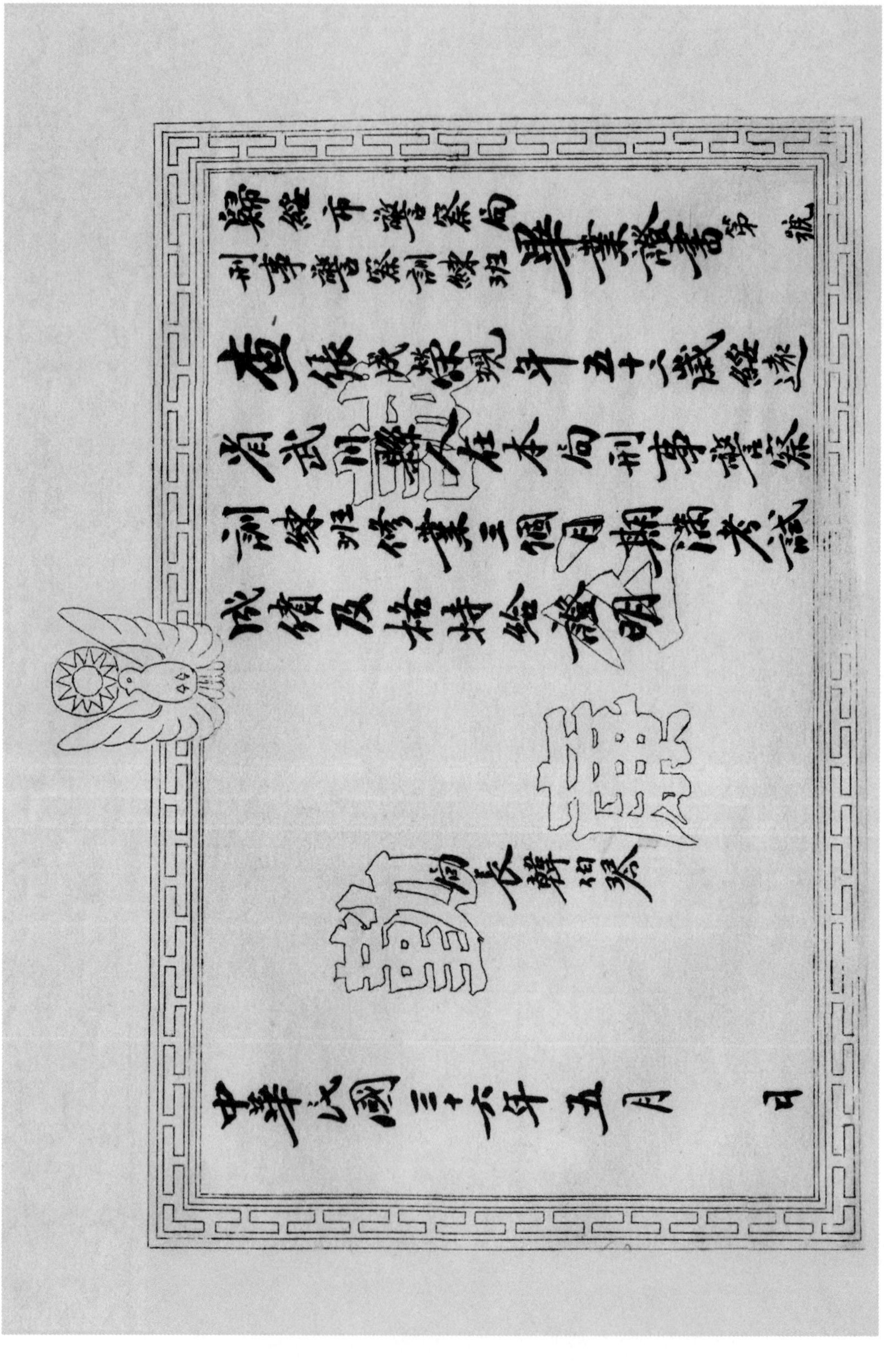

歸綏市警察局
刑事警察訓練班畢業證書第　號
省武川縣人在本局刑事警察
訓練班修業三個月期滿考試
成績及格特給證明
中華民國三十六年五月　日

图 7-3-26　归绥市警察局刑事警察训练班毕业证书（1947 年 5 月）

四　学生管理

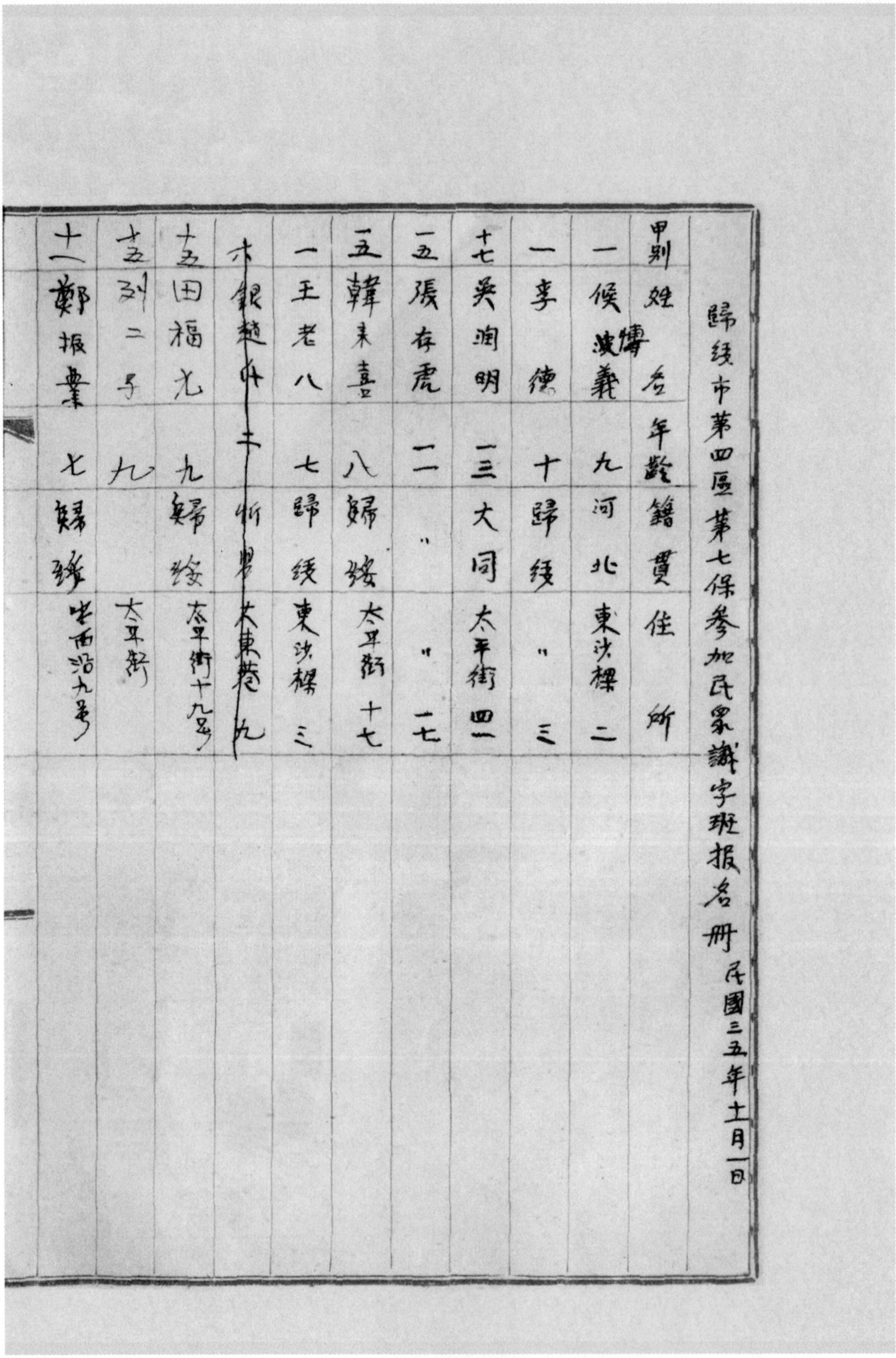

歸綏市第四區第七保參加民衆識字班報名冊 民國三五年十一月一日

甲別	姓名	年齡	籍貫	住所
一	侯澳義（傳）	九	河北	東沙梁二
一	李德	十	歸綏	〃 三
十七	吳潤明	一三	大同	太平街四一
一五	張存虎	一二	〃	〃 一七
一五	韓來喜	八	歸綏	太平街十七
一	王老八	七	歸綏	東沙梁三
~~木~~	~~銀趙仆~~	~~十~~	~~忻県~~	~~大東巷九~~
十五	田福九	九	歸綏	太平街十九號
十五	劉二子	九		太平街
十八	鄭振業	七	歸綏	坐西沿九號

图 7-4-1　归绥市第四区第七保参加民众识字班报名册（节选）（1946 年 11 月 1 日）

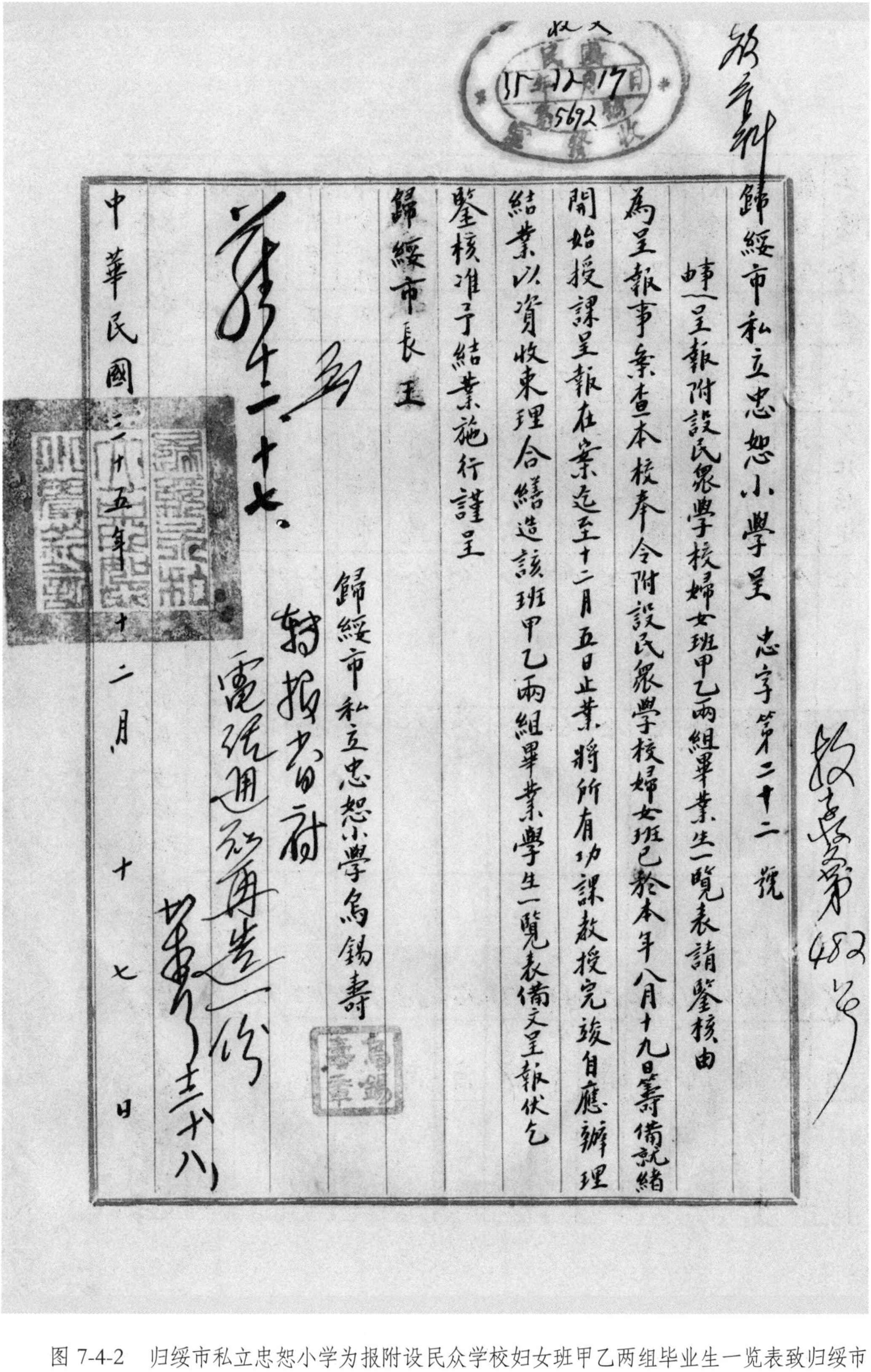

歸綏市私立忠恕小學呈　忠字第二十二號

事由：呈報附設民衆學校婦女班甲乙兩組畢業生一覽表請鑒核由

為呈報事案查本校奉令附設民衆學校婦女班已於本年八月十九日籌備就緒開始授課呈報在案迄至十二月五日止業將所有功課教授完竣自應辦理結業以資收束理合繕造該班甲乙兩組畢業生一覽表備文呈報伏乞

鑒核准予結業施行謹呈

歸綏市長王

歸綏市私立忠恕小學烏錫壽

中華民國三十五年十二月十七日

图 7-4-2　归绥市私立忠恕小学为报附设民众学校妇女班甲乙两组毕业生一览表致归绥市政府呈（节选）(1946 年 12 月 17 日）（一）

歸綏市私立忠恕小學附設民眾學校婦女班組乙畢業生一覽表

姓名	性別	年齡	籍貫	入學年月日	畢業年月日	畢業成績	家庭職業	備註
南來鳳	女	二八	歸綏市	三十五年八月九日	三十五年十二月十五日	92.8	農	
郭明星	女	二七	山西定襄	仝	仝	90.4	交通	
鄭金秀	女	二四	歸綏市	仝	仝	89.8	軍	
郭東菊	女	一五	河北冀縣	仝	仝	88	商	
李素花	女	三一	河北保定	仝	仝	86.2	商	
張鮮鮮	女	一四	山西代縣	仝	仝	83.3	商	
劉田惠	女	二六	山西忻縣	仝	仝	82.6	軍	
張愛香	女	二九	仝	仝	仝	81.2	商	
劉三扣	女	一三	河北冀縣	仝	仝	80.2	商	
劉金花	女	四〇	山西大同	仝	仝	80.1	商	
段淑雲	女	三五	山西忻縣	仝	仝	79.6	商	
龐玉令	女	三五	河北定縣	仝	仝	78.8	政	
王德珍	女	三九	河北保定	仝	仝	78	商	

中華民國三十五年十二月十四日

图 7-4-2　归绥市私立忠恕小学为报附设民众学校妇女班甲乙两组毕业生一览表致归绥市政府呈（节选）(1946年12月17日)（二）

馬世蓉	女	二七	歸綏市	仝		仝		77.3	商	
董惠德	女	二六	河北涿縣	仝		仝		75.8	軍	
李鳳至	女	三一	河北高陽	仝		仝		75.4	商	
胡秀珍	女	三二	山西崞縣	仝		仝		74.6	新商	
劉香亭	女	三五	河北獻縣	仝		仝		74.4	商	
蘇玉仙	女	三二	山西忻縣	仝		仝		73	商	
崔月卿	女	四四	山西左雲	仝		仝		70	商	
翟梅梅	女	四〇	歸綏市	仝		仝		68.5	商	
席蓮芳	女	四五	河北交河	仝		仝		68.4	商	
曾穆娥	女	二七	河北宛平	仝		仝		67.8	警	
李秀臣	女	三五	山東縣	仝		仝		61.6	商	
劉果桃	女	二五	歸綏市	仝		仝		82.7	商	
鹿玉花	女	二〇	河北保定	仝		仝		86	農	
畢秀英	女	四五	河北丰潤	仝		仝		79.7	工	
張玉蓮	女	三〇	歸綏市	仝		仝		78	工	

图 7-4-2　归绥市私立忠恕小学为报附设民众学校妇女班甲乙两组毕业生一览表致归绥市政府呈（节选）(1946 年 12 月 17 日）（三）

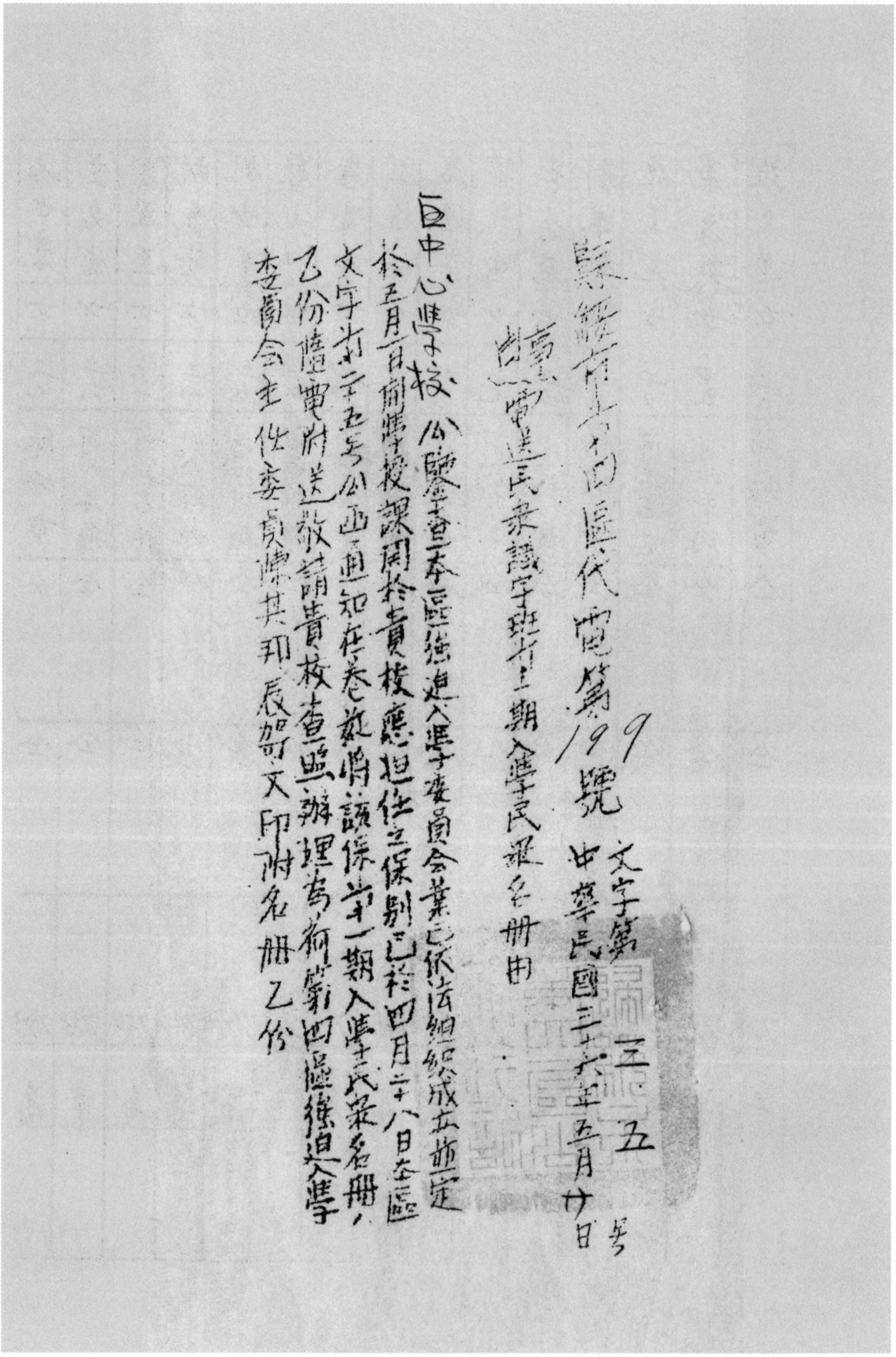

歸綏市第四區代電第199號

為電送民衆識字班第一期入學民衆名冊由

文字第二五五

中華民國三十六年五月廿日發

區中心學校公鑒：查本區識字委員會業已依法組織成立並定於五月一日開學授課，關於貴校應担任之保別，已於四月廿八日本區文字第二五号公函通知在卷。兹將該保第一期入學民衆名冊乙份隨電附送，敬請貴校查照辦理爲荷。第四區識字委員會主任委員陳其邦 辰哿文印 附名冊乙份

图 7-4-3　归绥市第四区公所为送民众识字班第一期入学民众名册给区中心学校代电（附名册）（节选）（1947 年 5 月 20 日）（一）

姓名	性別	年齡	体格狀况	家庭經济狀况	職業	住址	識字	不識字	備考
馬秀貞	女	十六				警局前曹強巷三號			報名
張金蓮	〃	十六				警局前六號			
郭秀芝	〃	十七				十二號			
趙毛〃	〃	二三				十三號			
秦玉貞	〃	一四				十四號			報名
趙月英	〃	一八				十四號			報名
劉改梅	〃	一八				七號			
路清廉	〃	一九				八號			
郭秀苓	〃	一九				十七號			
郎秀貞	〃	一四				八號			報名
田秀英 42	〃	一五				九號			報名
張俊女	〃	一四				一號			
張二娃	〃	一五				一號			
李桂枝	〃	一七				八號			報名

图 7-4-3　归绥市第四区公所为送民众识字班第一期入学民众名册给区中心学校代电（附名册）（节选）（1947 年 5 月 20 日）（二）

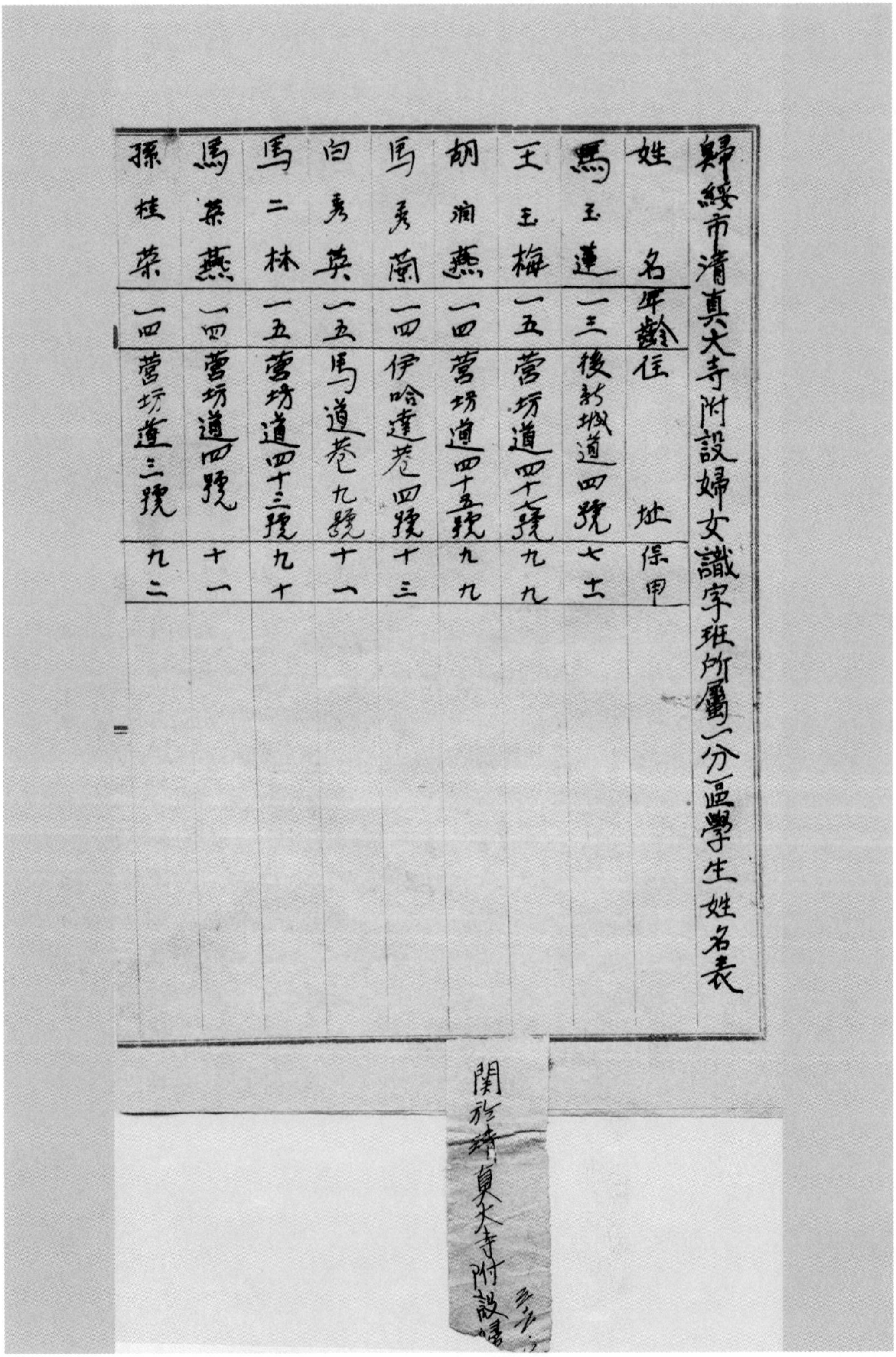

歸綏市清真大寺附設婦女識字班所屬一分區學生姓名表

姓名	年齡	住址	保甲
馬玉蓮	一三	後新城道四號	七十
王玉梅	一五	營坊道四十六號	九九
胡潤燕	一四	營坊道四十五號	九九
馬秀蘭	一四	伊哈達巷四號	十三
白秀英	一五	馬道巷九號	十一
馬二林	一五	營坊道四十三號	九十
馬榮燕	一四	營坊道四號	十一
孫桂榮	一四	營坊道三號	九二

關於清真大寺附設婦

图 7-4-4　归绥市清真大寺附设妇女识字班所属一分区学生姓名表（节选）（1947 年）（一）

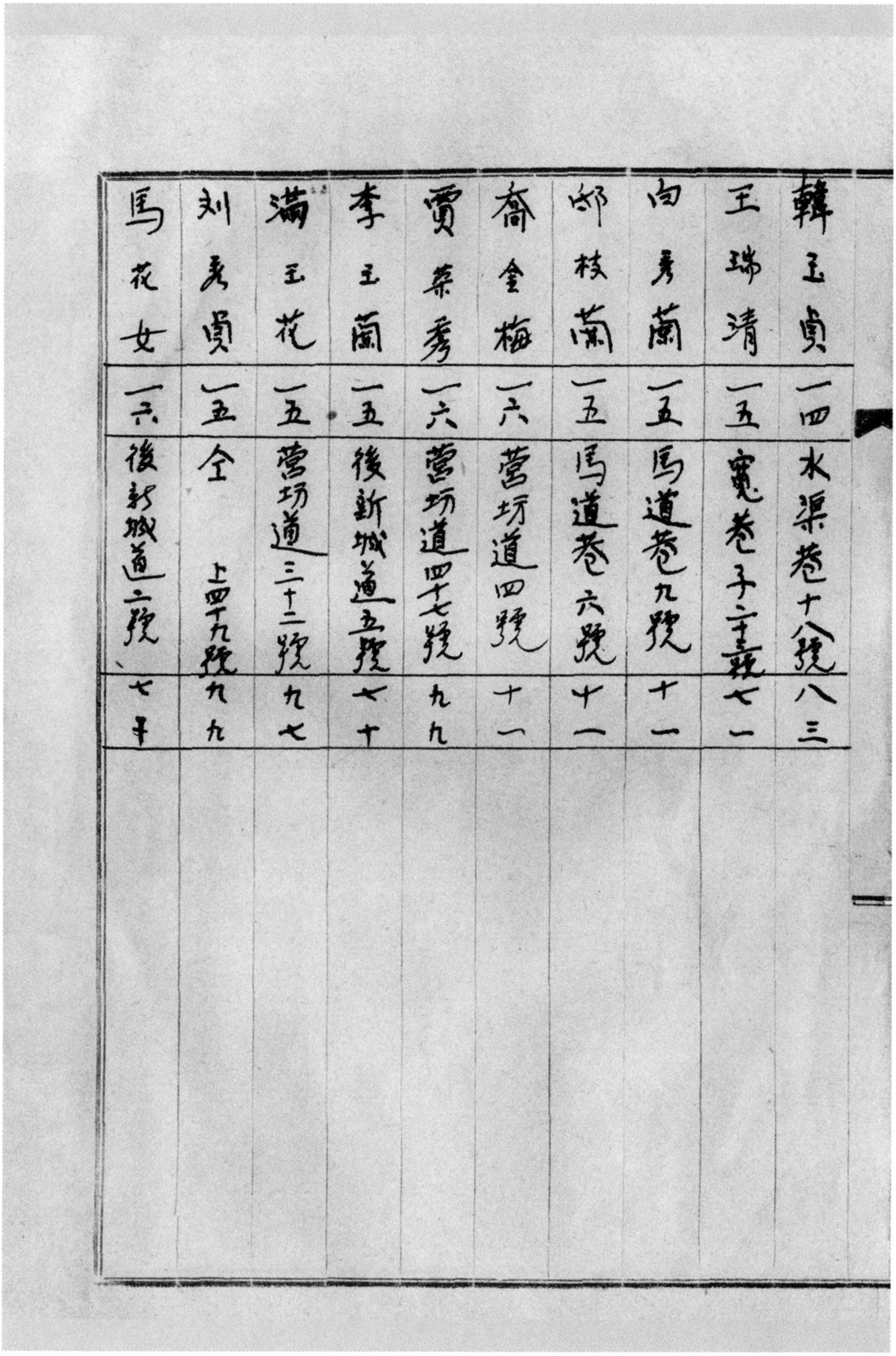

韓玉貞	一四	水渠巷十八號	八	三
王瑞清	一五	寬巷子二十號	七	一
白秀蘭	一五	馬道巷九號	十	一
郝枝蘭	一五	馬道巷六號	十	一
喬金梅	一六	營坊道四號	十	一
賈榮秀	一六	營坊道四十七號	九	九
李玉蘭	一五	後新城道五號	七	十
滿玉花	一五	營坊道三十二號	九	七
刘秀貞	一五	仝上四十九號	九	九
馬花女	一六	後新城道二號	七	十

图 7-4-4　归绥市清真大寺附设妇女识字班所属一分区学生姓名表（节选）（1947 年）（二）

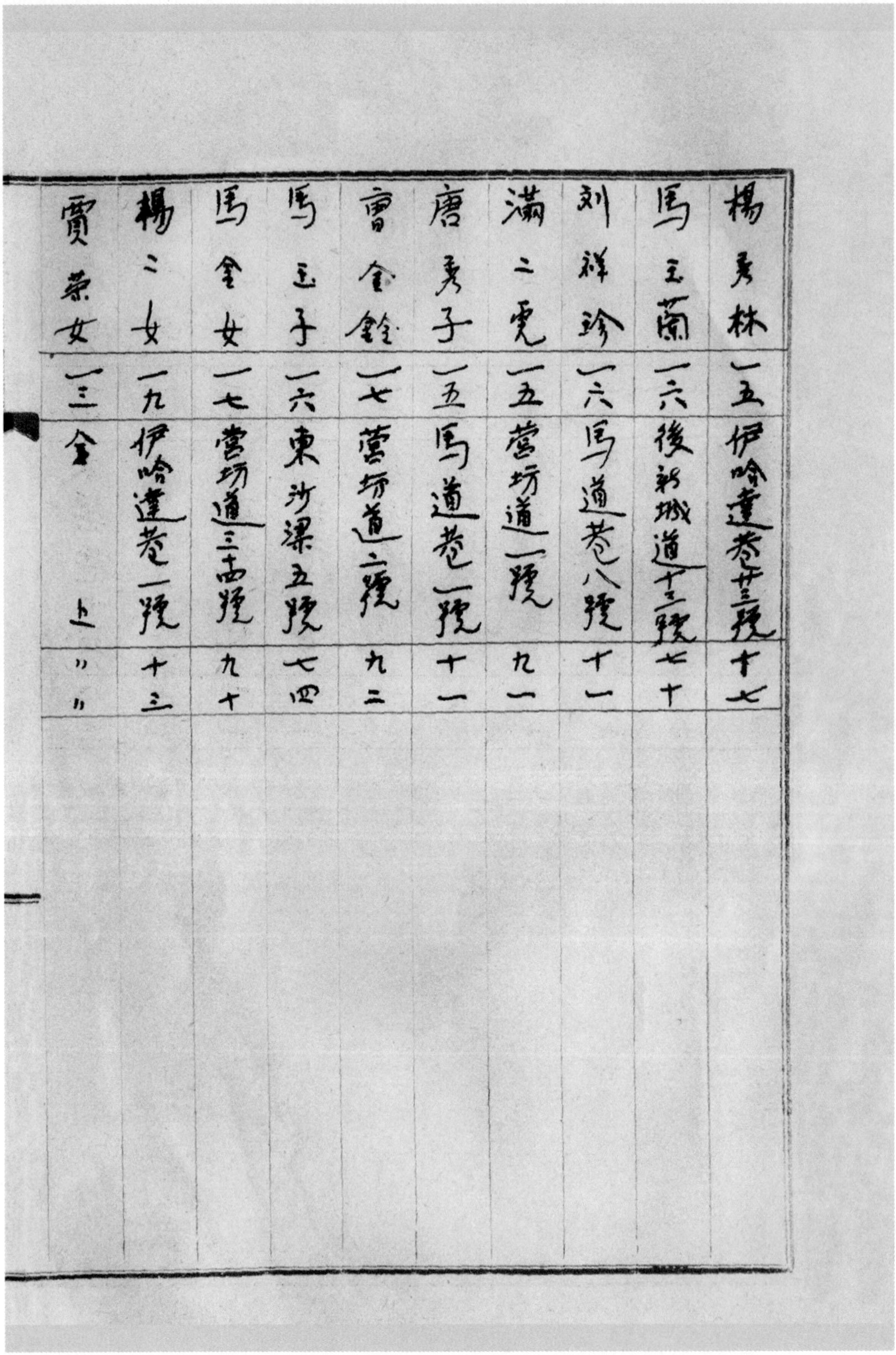

楊秀林	一五	伊哈達巷廿三號	十七
馬玉蘭	一六	後新城道十三號	七十
刘祥珍	一六	馬道巷八號	十一
满二兎	一五	營坊道一號	九一
唐秀子	一五	馬道巷一號	十一
曹金銓	一七	營坊道二號	九二
馬玉子	一六	東沙渠五號	七四
馬金女	一七	營坊道三十四號	九十
楊二女	一九	伊哈達巷一號	十三
賈榮女	一三	全上	〃〃

图 7-4-4　归绥市清真大寺附设妇女识字班所属一分区学生姓名表（节选）（1947 年）（三）

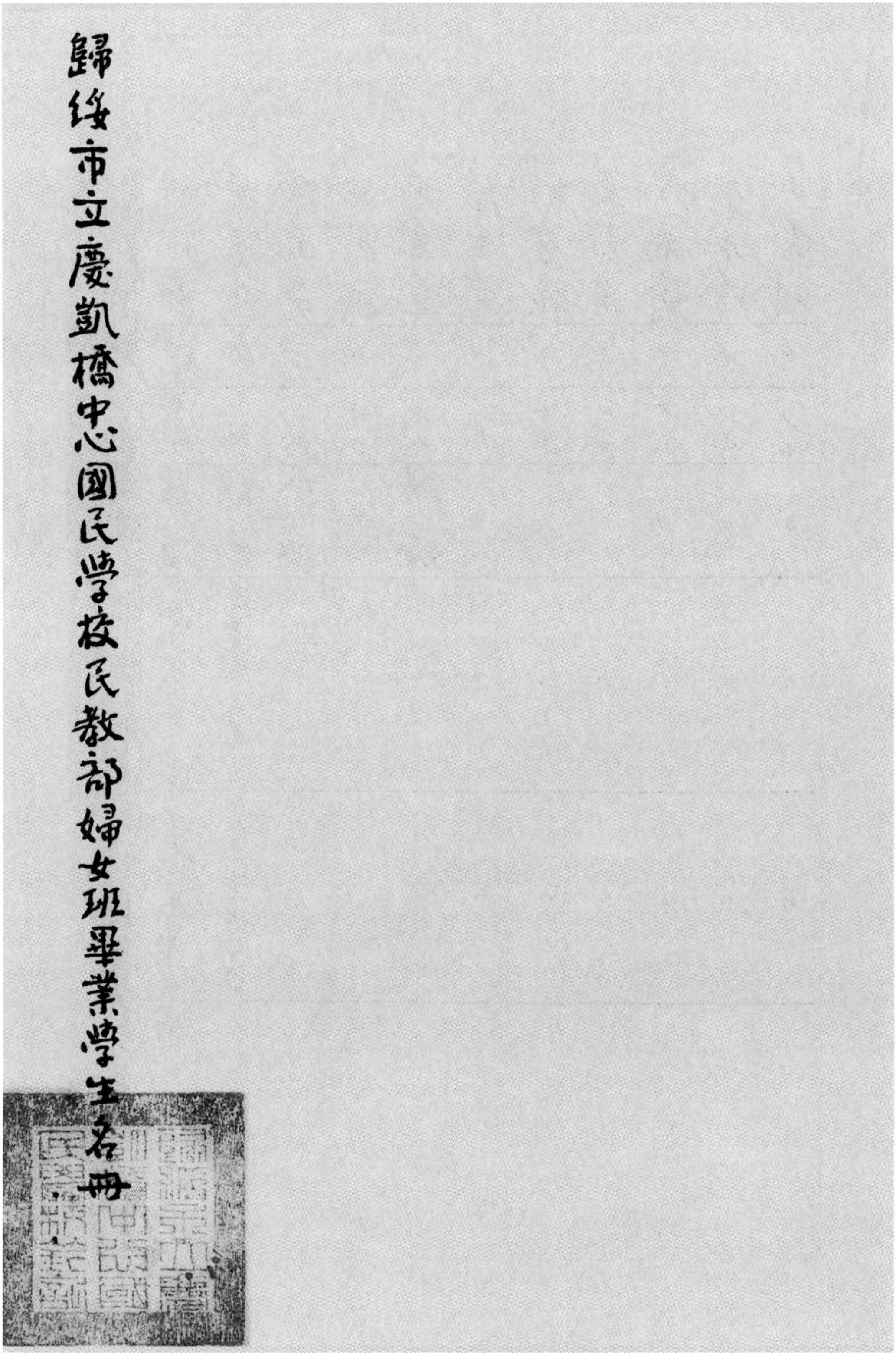

歸綏市立慶凱橋中心國民學校民教部婦女班畢業學生名冊

图 7-4-5　归绥市立庆凯桥中心国民学校民教部妇女班毕业学生名册（1947 年 5 月）（一）

歸綏市立慶凱橋中心國民學校民教部婦女班畢業學生一覽表　36年5月

姓名	性別	年齡	籍貫	入學年月日	畢業年月日	備考
李惠蘭	女	一七	歸綏	三十五年十月二十八日	三十六年五月三十日	
蘇鳳英	〃	一六	山西	〃	〃	
王秀娥	〃	三二	〃	〃	〃	
王金蓮	〃	二八	歸綏	〃	〃	
翟秀花	〃	一九	〃	〃	〃	
靳雲霞	〃	三三	〃	〃	〃	
宸秀貞	〃	一五	〃	〃	〃	
武佩蘭	〃	一八	〃	〃	〃	
李永珍	〃	一六	〃	〃	〃	
王秀明	〃	一七	〃	〃	〃	

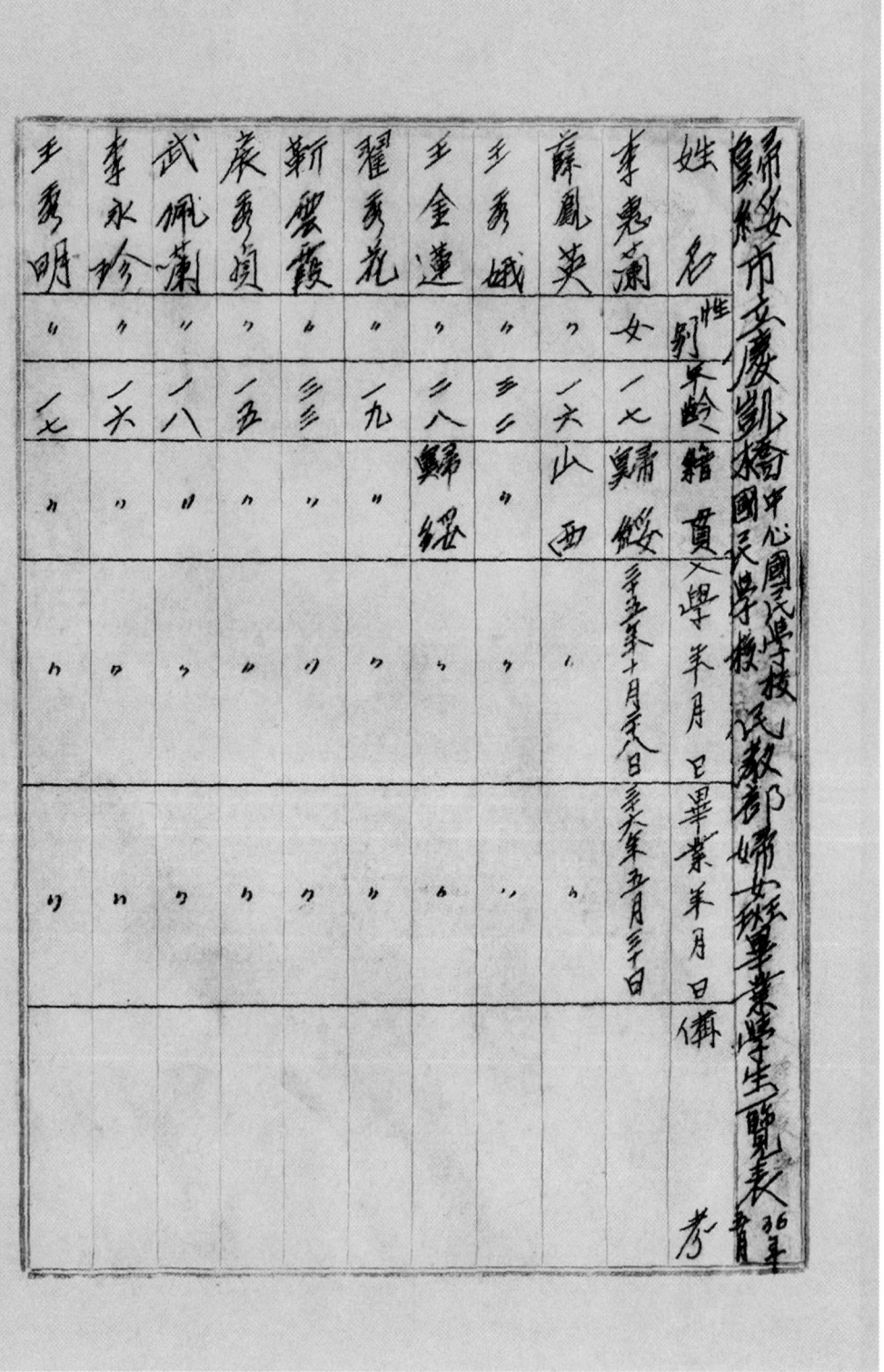

图 7-4-5　归绥市立庆凯桥中心国民学校民教部妇女班毕业学生名册（1947 年 5 月）（二）

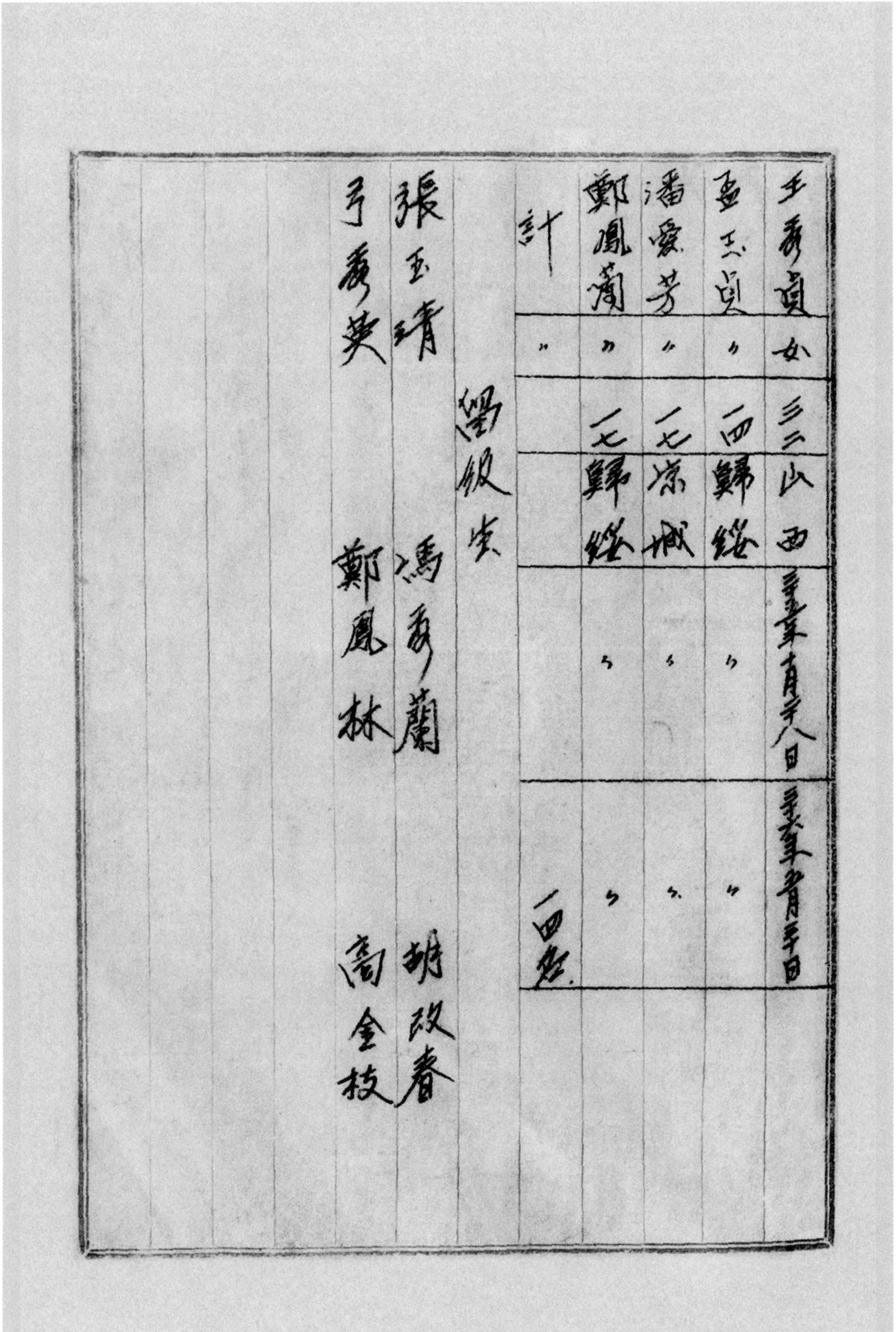

王秀貞	女	三二	山西	三五年十月二十八日	三六年五月三十日
孟玉貞	〃	一四	歸綏	〃	〃
潘愛芳	〃	一七	涼城	〃	〃
鄭鳳蘭	〃	一七	歸綏	〃	〃
計					一四名

劉級安

張玉靖　馮秀蘭　胡改春

于秀英　鄭鳳林　高金枝

图 7-4-5　归绥市立庆凯桥中心国民学校民教部妇女班毕业学生名册（1947 年 5 月）（三）

會計訓練班同學錄序

丁亥五月，余奉命忝長綏遠省政府會計處，履任後、初以處內同仁、新進居多，對會計業務，多不諳習，乃呈准舉辦會計人員公餘講習會，就本處全體職員及各廳處會計同仁、授以必要課程，以期增進會計學識，一面呈請開辦箇計訓練班、就本省訓練團實施訓練，內分調訓學員及招訓學生各五十名，修業期間爲三個月，期造成一般會計人才，以爲宏展會計業務之基礎，計自八月中旬開學，預定十一月中旬卒業，茲因將屆結業之期，學員生等擬醵資刊製同學錄，問序於余，余固不文，然亦安能終辭，因思諺云，同舟過渡，五百年緣，此言雖俚，極具深義，蓋謂人生聚散離合，均非偶然，何況合全國各地英才，聚集一堂，聯席共硯，切磋琢磨，此豈同舟過渡所可同日語哉，此其爲緣，豈啻五百年哉，吾知其更非偶然也，故今日同學錄之刊，不僅記姓名，審邦族，用備不忘而已，在此數月之間，聚首一堂，或以道德相結合，或以學問相知交，或以志趣相投契，或以義氣相感孚，如孔程之傾蓋言歡，如范張之死生不渝，如鍾俞之流水知音，如桃園之肝膽相與，均爲人生難期之遇合，古今不可重視之盛事，俱可於此際得之，是豈等諸萍水相逢哉，他日分道揚鑣，各奔前程，展卷披覽，恍如疇昔之一堂晤對，其心契神孚爲何如耶，豈復有緣淺之嘆哉，抑更有進者，學員生等，經此次訓練，其於會計學術，果能心領神會確有所獲乎，返其原任，授之職務，果能游刃有餘不致茫無所措乎，吾知學員生等，必能懔乎業精於勤荒於嬉之古訓而寸陰是惜自求進步也，吾於是尤有厚望焉，中華民國三十六年十一月綏遠省政府會計長兼會計訓練班主任劉鵬識序於會計處

图 7-4-6　绥远省训练团会计训练班暨银行组同学录（节选）（1947 年 11 月）（一）

靑年守則

一、忠勇爲愛國之本
二、孝順爲齊家之本
三、仁愛爲接物之本
四、信義爲立業之本
五、和平爲處世之本
六、禮節爲治事之本
七、服從爲負責之本
八、勤儉爲服務之本
九、整潔爲强身之本
十、助人爲快樂之本
十一、學問爲濟世之本
十二、有恆爲成功之本

图 7-4-6　绥远省训练团会计训练班暨银行组同学录（节选）（1947 年 11 月）（二）

幹部條件

一、四有

- 有共同信仰——信仰三民主義信仰　蔣主席堅信不移
- 有一貫目的——在求中國之自由平等貫澈始終
- 有一定是非——合乎共同信仰一貫目的爲是反之爲非
- 有三責任心——國家責任心組織責任心職務責任心

二、六爲

- 爲整體——國家民族
- 爲將來——人生幸福
- 爲工作——革命建國
- 爲人民——民主向上
- 爲士兵——同甘共苦
- 爲成功——完成國民革命

三、六要

- 要奮鬥犧牲——以成仁之決心達成功之目的
- 要自動創造——自強不息日新又新
- 要忍耐謙和
- 要堅苦清廉
- 要互助合作——親愛精誠分工連繫
- 要服從紀律——紀律高於一切命令重於生命

图 7-4-6　绥远省训练团会计训练班暨银行组同学录（节选）（1947 年 11 月）（三）

幹部戒條

一、絕不烟賭嫖。

二、絕不說洩氣話。

三、絕不存僱傭觀念。

四、絕不明無意見，退有後言。

五、絕不自己敷衍，忌人努力。

六、絕不劃小圈子，站小立場。

七、絕不蒙上欺下，弄權欺世。

八、絕不誹謗同志，鄙視他人。

九、絕不文過飾非，拒絕批評。

十、絕不鬥心眼、要心眼、猜心眼。

十一、絕不接受人民及下級饋贈。

十二、絕不兼營商業。

图 7-4-6　绥远省训练团会计训练班暨银行组同学录（节选）（1947 年 11 月）（四）

生活

（一）良知是自覺的

1.要認識自我——（人人有良心，無私慾蒙蔽，便能自覺。）

2.要自反知恥——（不爲聖賢，便爲禽獸）

3.（要愼獨硏幾一念成，一念敗，一念生，一念死，）
要至誠無妄——（不自欺，不欺人，言顧行，行顧言，）

（二）行動是服務（利他）的

1.人生以服務爲目的、不以攘奪爲目的，

2.我們爲人民公僕、非以役人、乃役於人，

3.眞能努力服務社會者、才配吃飯、

4.眞能增進人類幸福者，不配推崇，

5.己以與人己愈有、己以利人己愈多，爲人即是爲己

（三）身體是勞動的

1.勞動爲人類生理所必需、愈勞動、愈健康，

2.種瓜得瓜，種豆得豆，一分勞動，一分事業，

3.非分及安逸的享受，是最可恥的生活，

（四）精神是愉快的

1.不患得，不患失，不怨天，不尤人，

2.絕嗜好，除妄念，便無苦累，

3.助人爲快樂之本，

4.辛勤後之愉樂，乃爲眞樂，

5.理得心安、君子坦蕩蕩、

图 7-4-6　绥远省训练团会计训练班暨银行组同学录（节选）（1947 年 11 月）（五）

意識

（五）生活是大衆的

1. 創造好環境，使公共生活提高，人人享受，
2. 人民及士兵的生活，我們一致的生活標準，
3. 堅苦是光榮，不是恥辱，是美德，不是寒傖，
4. 獨樂樂不若與衆樂樂，

（六）我們應有之表現

1. 對自己：
   a. 良心積極
   b. 慾心消極
   C 整體愛護重於私人感情
   d. 整體成功重於私人利益
2. 對人民：
   a. 教愛人民，幫助人民，
   b. 保障人民應有權利，服從人民共同意志，
   C 自己不特殊，要站在羣衆裡邊，不要站在羣衆上邊：
   d. 以堅苦生活，熱誠服務，謙和態度，爭取人民信任和敬愛，
3. 對同志：
   a 親愛精誠，互勵互助，
   b. 對外不攻擊同志誹謗整體對內要坦白批評嚴格檢討
   C 幫助好的表揚好的感化壞的打擊壞的
   d. 搶着做工作推着讓權利

图 7-4-6 绥远省训练团会计训练班暨银行组同学录（节选）（1947 年 11 月）（六）

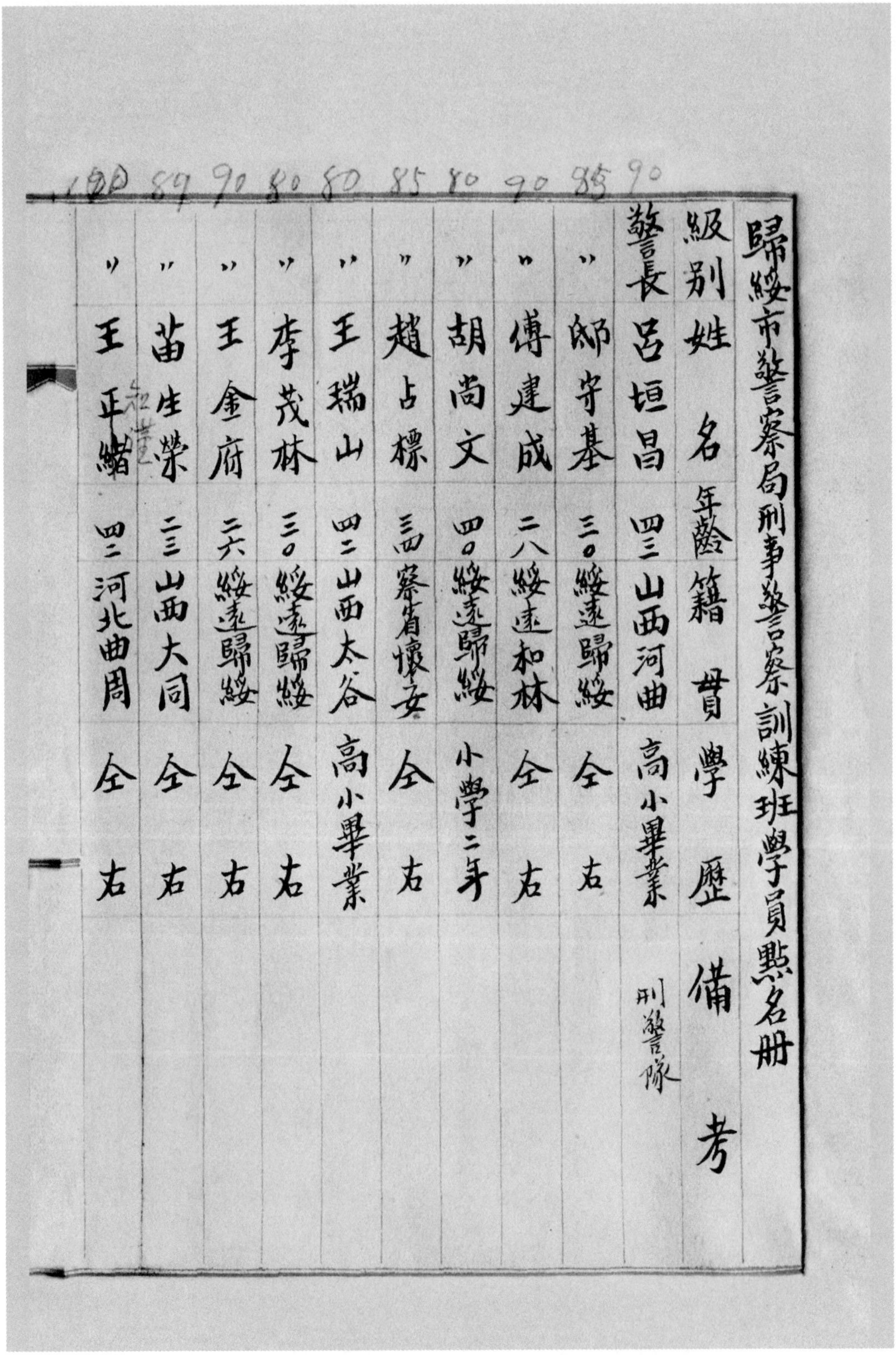

歸綏市警察局刑事警察訓練班學員點名冊

	級別	姓名	年齡	籍貫	學歷	備考
90	警長	呂垣昌	四三	山西河曲	高小畢業	刑警隊
85	〃	邱守基	三〇	綏遠歸綏	仝右	
90	〃	傅建成	二八	綏遠和林	仝右	
80	〃	胡尚文	四〇	綏遠歸綏	小學二年	
85	〃	趙占標	三四	察省懷安	仝右	
80	〃	王瑞山	四二	山西太谷	高小畢業	
80	〃	李茂林	三〇	綏遠歸綏	仝右	
90	〃	王金府	二六	綏遠歸綏	仝右	
89	〃	苗生榮	二三	山西大同	仝右	
100	〃	王正緒	四三	河北曲周	仝右	

图 7-4-7　归绥市警察局刑事警察训练班学员点名册（一）

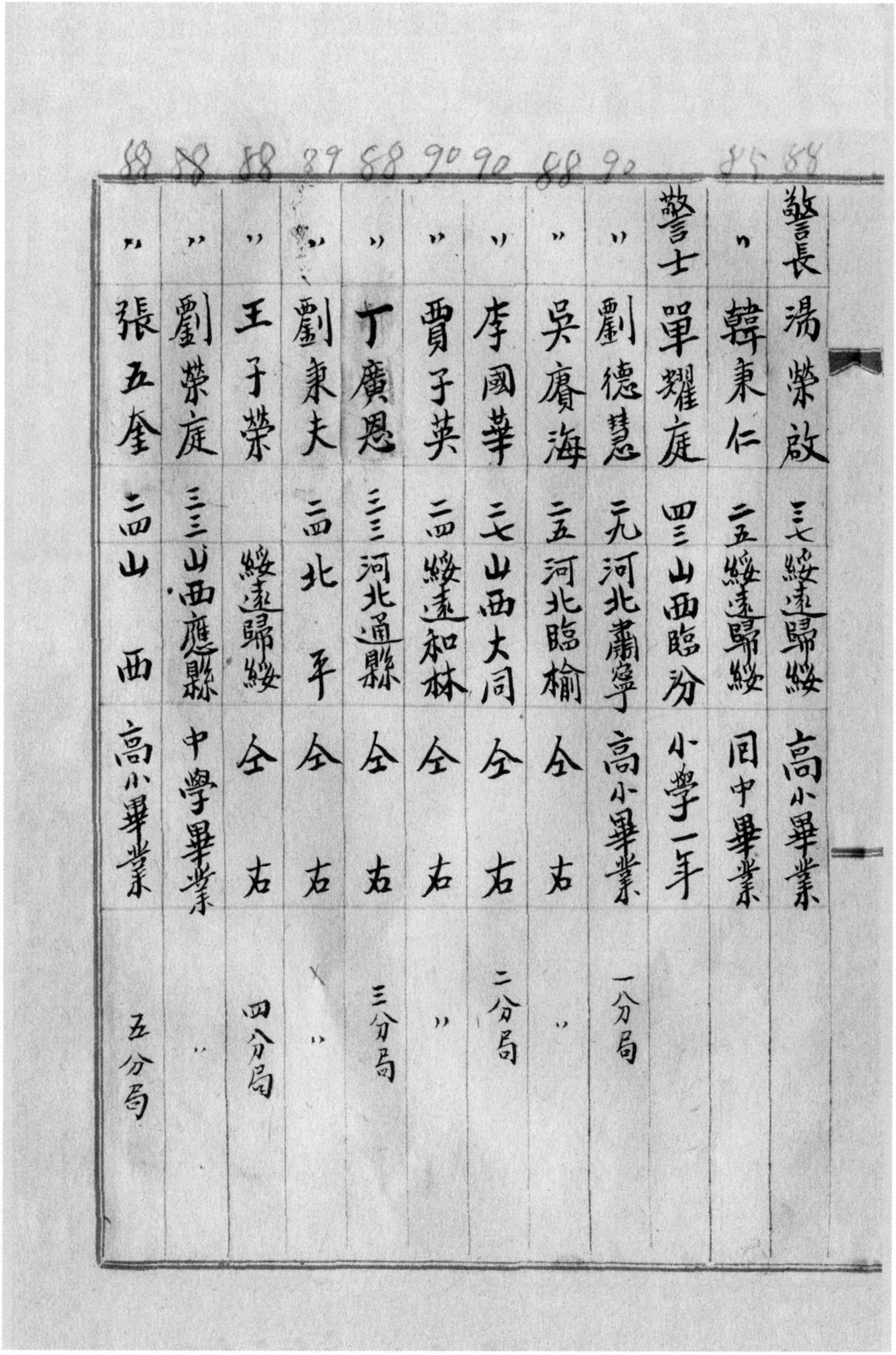

88	警長	湯榮啟	三七	綏遠歸綏	高小畢業	
85	〃	韓東仁	二五	綏遠歸綏	同中畢業	
	警士	單耀庭	四三	山西臨汾	小學一年	
90	〃	劉德慧	二九	河北肅寧	高小畢業	一分局
88	〃	吳賡海	二五	河北臨榆	仝右	〃
90	〃	李國華	二七	山西大同	仝右	二分局
90	〃	賈子英	二四	綏遠和林	仝右	〃
88	〃	丁廣恩	三三	河北通縣	仝右	三分局
89	〃	劉秉夫	二四	北平	仝右	〃
88	〃	王子榮		綏遠歸綏	仝右	四分局
88	〃	劉榮庭	三三	山西應縣	中學畢業	〃
88	〃	張五奎	二四	山西	高小畢業	五分局

图 7-4-7　归绥市警察局刑事警察训练班学员点名册（二）

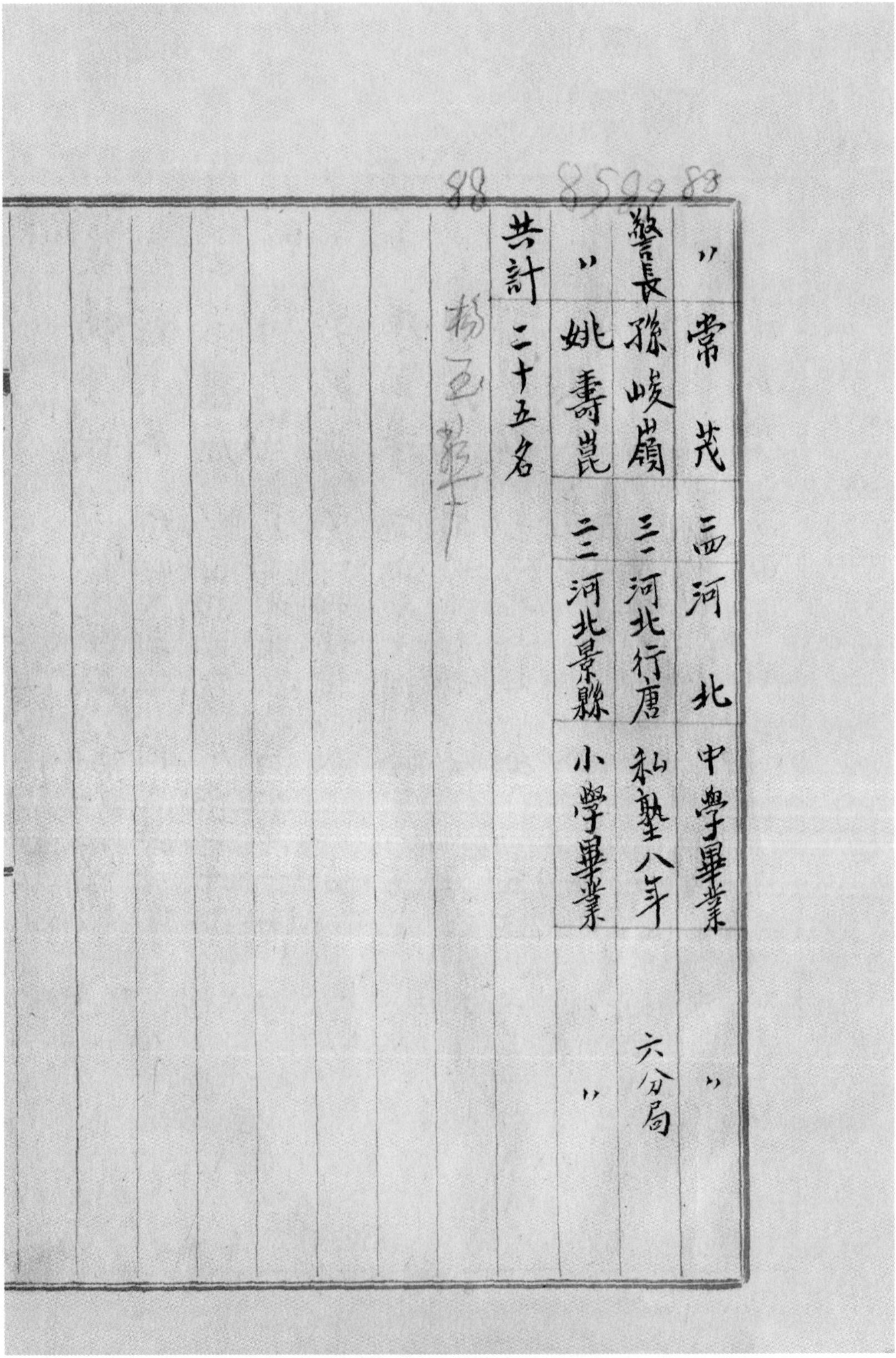

〃	常茂	二四	河北	中學畢業	〃
警長	孫峻嶺	三一	河北行唐	私塾八年	六分局
〃	姚壽崑	二三	河北景縣	小學畢業	〃

共計二十五名

图 7-4-7 归绥市警察局刑事警察训练班学员点名册（三）

已辦

第三號

綏遠建設廳訓令電灯公司

事由	擬辦	決定辦法	備考
為奉令飭選派防空學員等因仰遵照辦理並將學員姓名暨起程日期報核備轉由	送請副經理核奪 四月十一	閱 四月十一	

附件

字第 號

廿四年四月十一日 時到

收文 字第 號

图 7-4-8 绥远省建设厅为选派防空学员给绥远电灯公司训令（1935 年 4 月 11 日）（一）

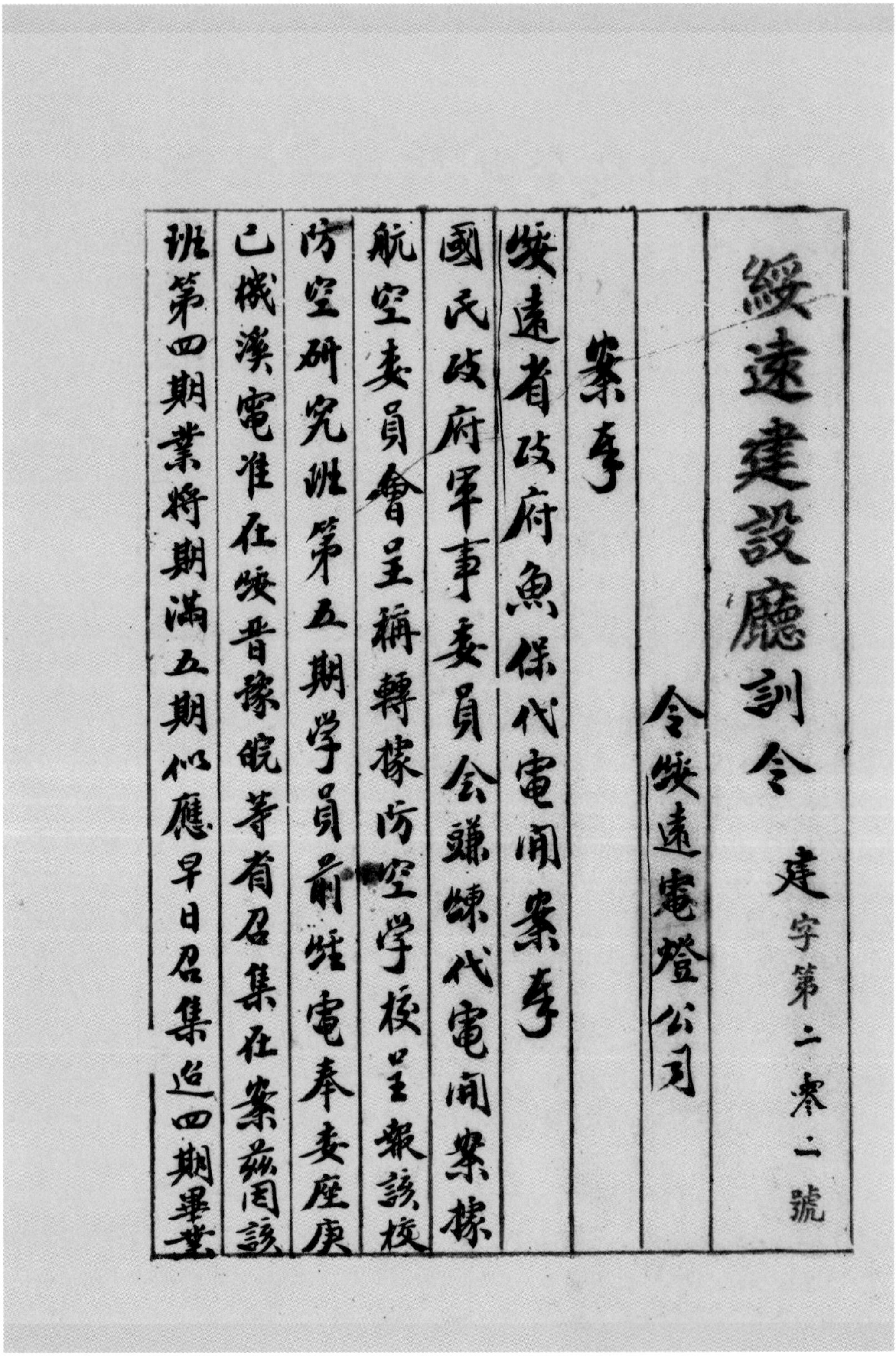

綏遠建設廳訓令 建字第二零二號

令綏遠電燈公司

案奉

綏遠省政府魚保代電開案奉

國民政府軍事委員會蔣代電開案據

航空委員會呈稱轉據防空學校呈報該校

防空研究班第五期學員前經電奉委座庚

已機漢電准在綏晋豫皖等省召集在案茲因該

班第四期業將期滿五期似應早日召集迨四期畢業

图 7-4-8　绥远省建设厅为选派防空学员给绥远电灯公司训令（1935 年 4 月 11 日）（二）

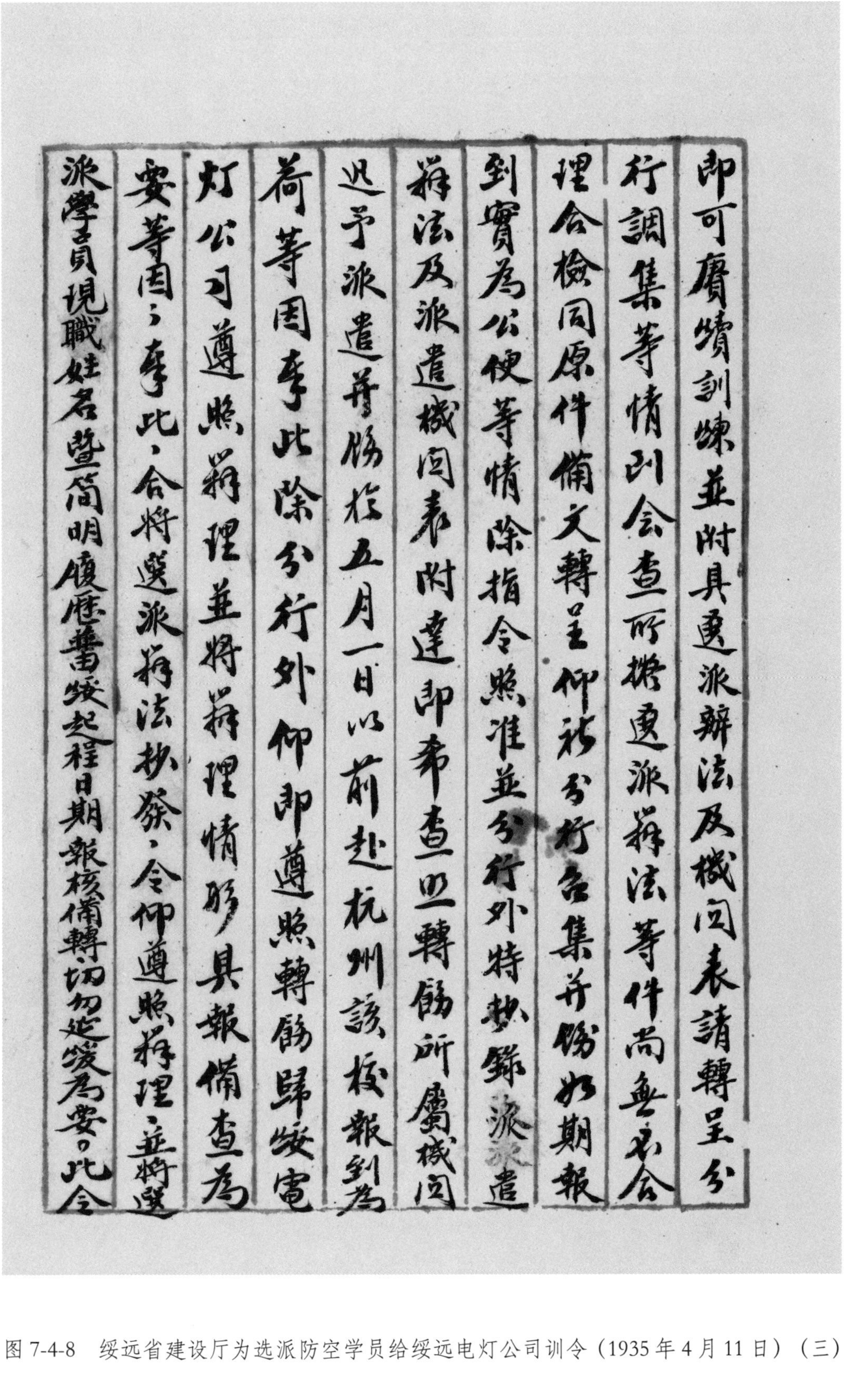

即可賡續訓練並附具選派辦法及機關表請轉呈分
行調集等情到會查所擬選派辦法等件尚無不合
理合檢同原件備文轉呈仰祈分行召集并務如期報
到實為公便等情除指令照准並分行外特抄錄派遣
辦法及派遣機關表附達即希查照轉飭所屬機關
迅予派遣并務於五月一日以前赴杭州該校報到為
荷等因奉此除分行外仰即遵照轉飭歸綏電
灯公司遵照辦理並將辦理情形具報備查為
要等因。奉此。合將選派辦法抄發。令仰遵照辦理。並將選
派學員現職姓名暨簡明履歷並出發起程日期報核備轉切勿延誤為要。此令

图 7-4-8　绥远省建设厅为选派防空学员给绥远电灯公司训令（1935 年 4 月 11 日）（三）

附選派辦法一份

中華民國二十四年四月十一日

廳長 [illegible]

監印 校對 劉潤田

图 7-4-8　绥远省建设厅为选派防空学员给绥远电灯公司训令（1935 年 4 月 11 日）（四）

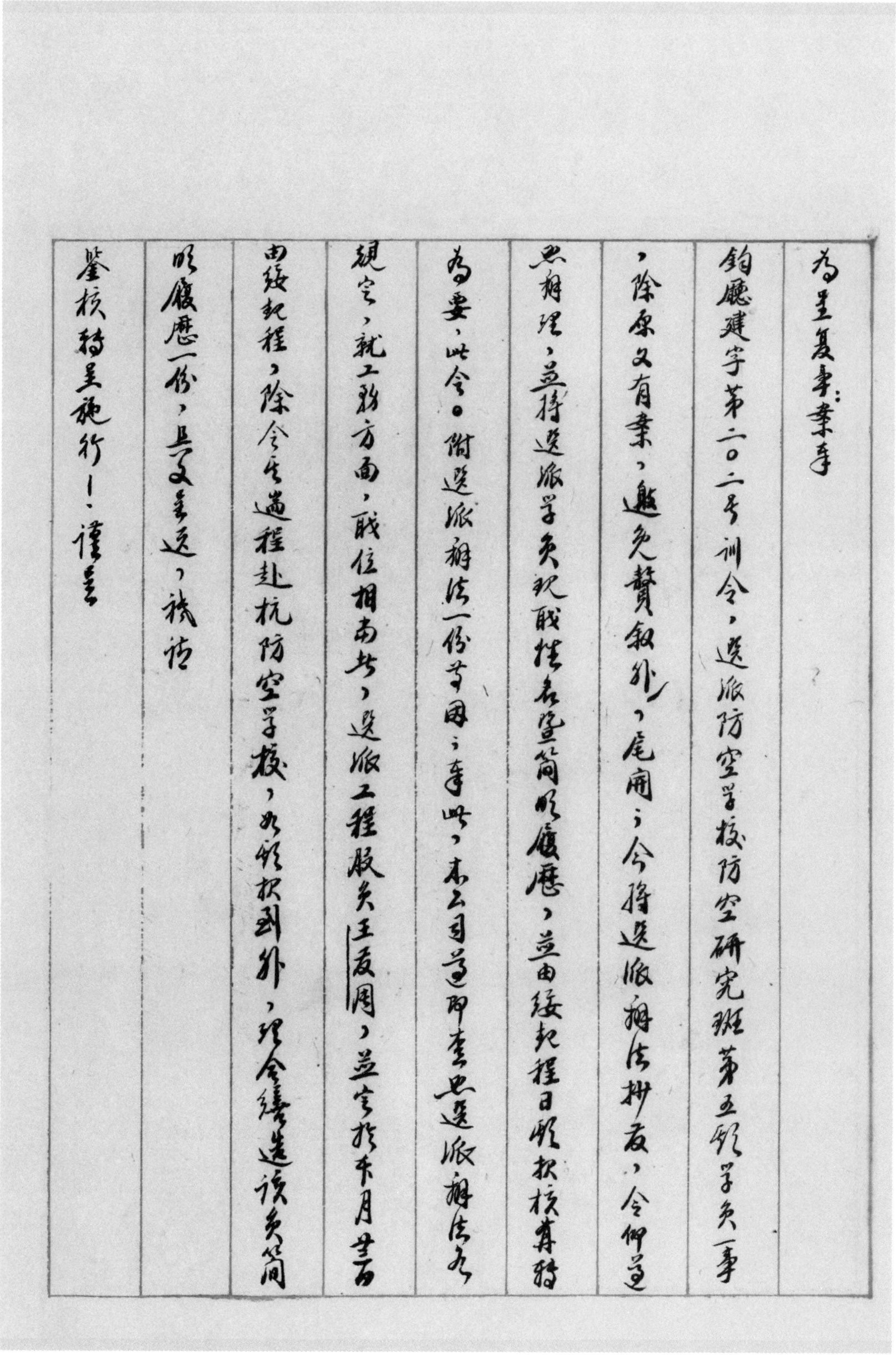

為呈復事：案奉
鈞廳建字第二〇二號訓令，選派防空學校防空研究班第五期學員一事
，除原文有案，邀免贅叙外，尾開：「今將選派辦法抄發，令仰遵
照辦理，並將選派學員現職姓名暨簡明履歷，並由綏起程日期報核，以憑轉
為要。此令。」附選派辦法一份等因；奉此，本公司遵即查照選派辦法九
規定，就工務方面，職位相當者，選派工程股員汪友周，並定於本月廿五日
由綏起程，除令其遄程赴杭防空學校，如期報到外，理合繕造該員簡
明履歷一份，呈文呈送，祈
鑒核轉呈施行！謹呈

图 7-4-9　绥远电灯公司为报送选派防空学员及起程日期致绥远省建设厅呈（1935 年 4 月 20 日）（一）

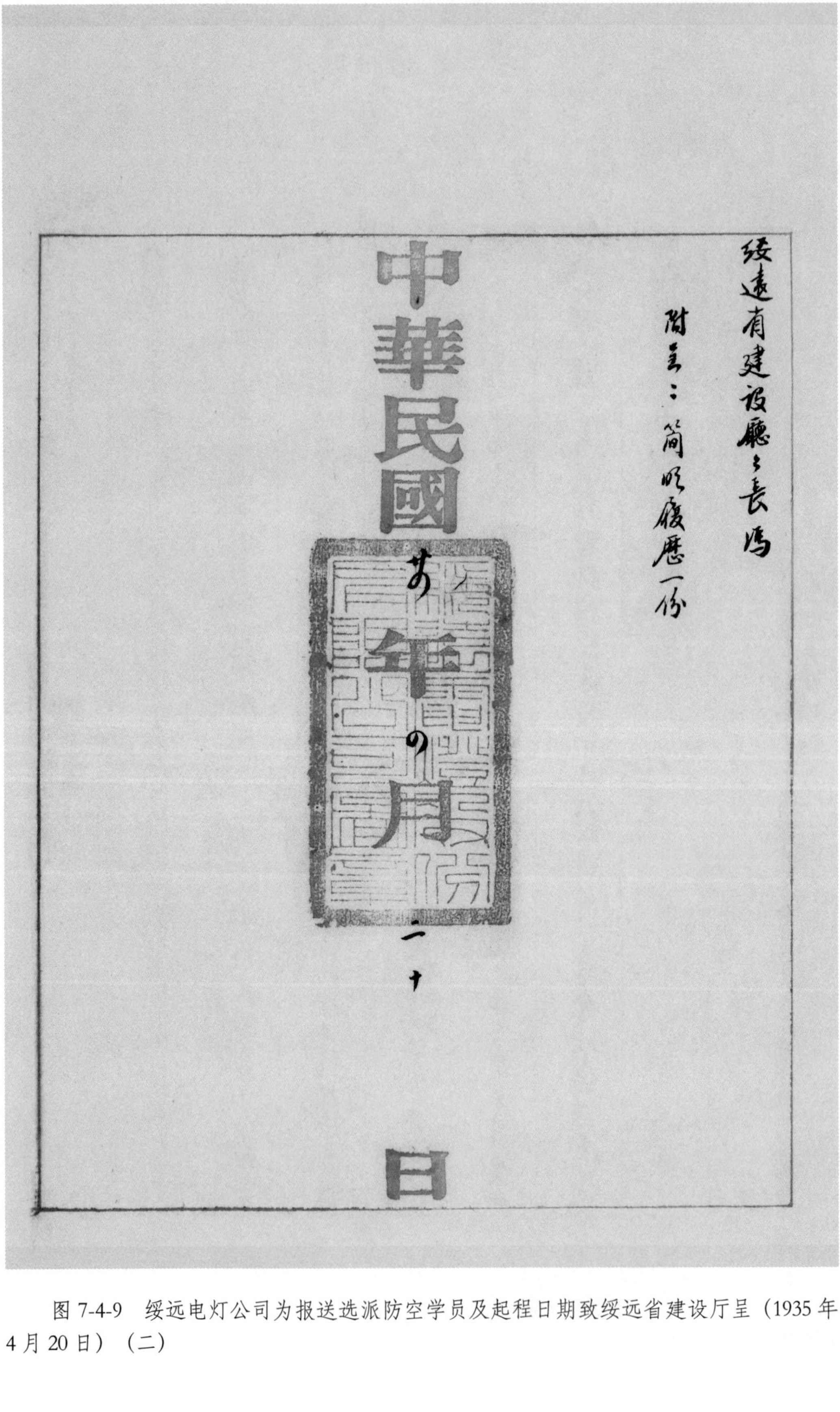
綏遠省建設廳廳長馮
附呈二簡明履歷一份
中華民國廿四年四月二十日

图 7-4-9　绥远电灯公司为报送选派防空学员及起程日期致绥远省建设厅呈（1935 年 4 月 20 日）（二）

7号

第三號

綏遠建設廳訓令綏遠電灯公司

事由	擬辦	決定辦法	備考
為選派防空研究班學員王發周已由省府備文保送並發給大洋壹百五十元仰知照由 附件	存案 五三		

字第 號 年 月 日 時到

收文 字第 號

图 7-4-10 绥远建设厅为选派防空研究班学员王发周已由省府备文保送并发给大洋一百五十元给绥远电灯公司训令（1935 年 5 月 3 日）（一）

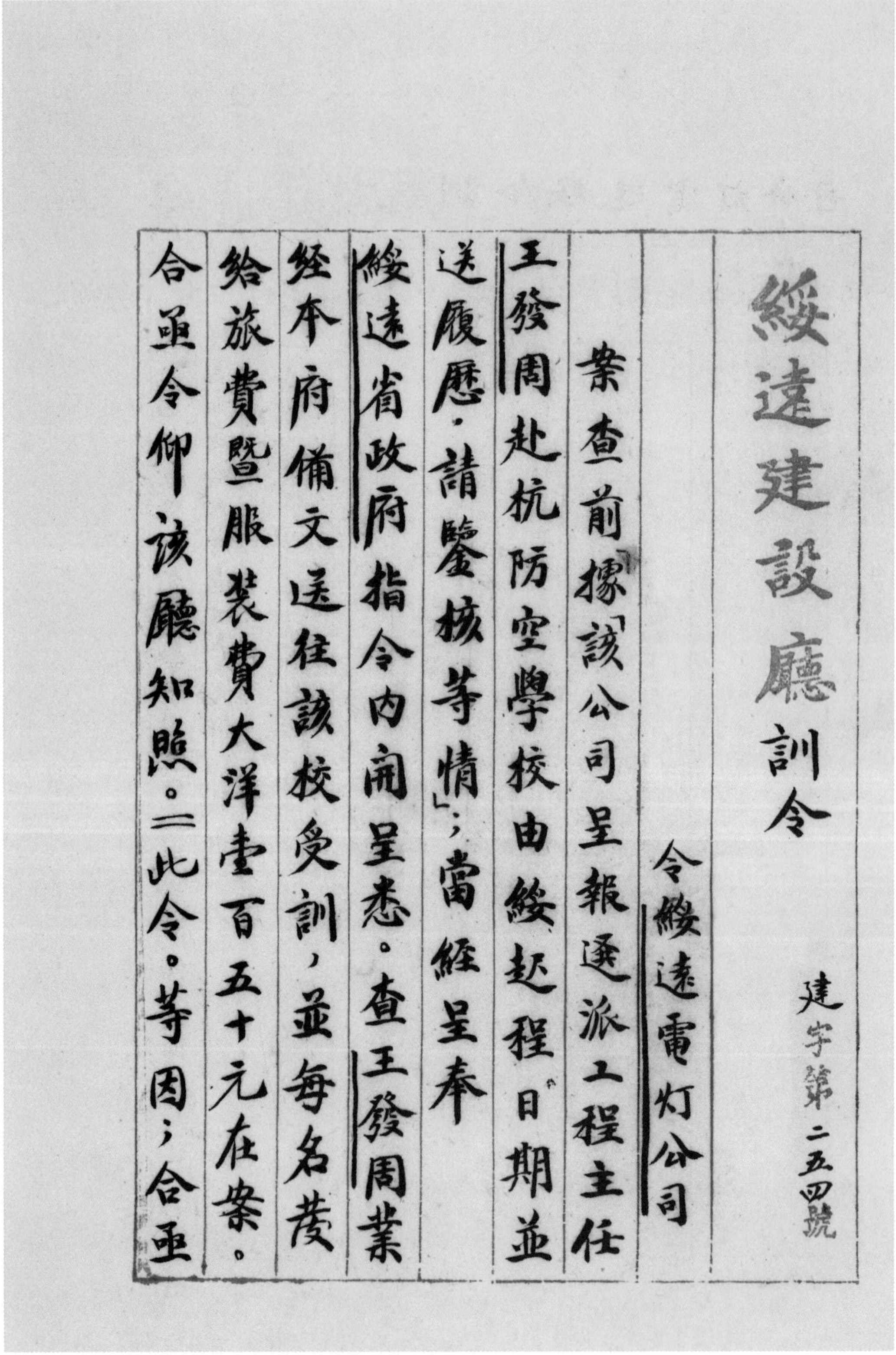

綏遠建設廳訓令

建字第二五四號

令綏遠電灯公司

案查前據「該公司呈報遴派工程主任王發周赴杭防空學校由綏起程日期並送履歷，請鑒核等情」；當經呈奉綏遠省政府指令內開呈悉。查王發周業經本府備文送往該校受訓，並每名發給旅費暨服裝費大洋壹百五十元在案。合亟令仰該廳知照。」此令。等因；合亟

图 7-4-10　绥远建设厅为选派防空研究班学员王发周已由省府备文保送并发给大洋一百五十元给绥远电灯公司训令（1935 年 5 月 3 日）（二）

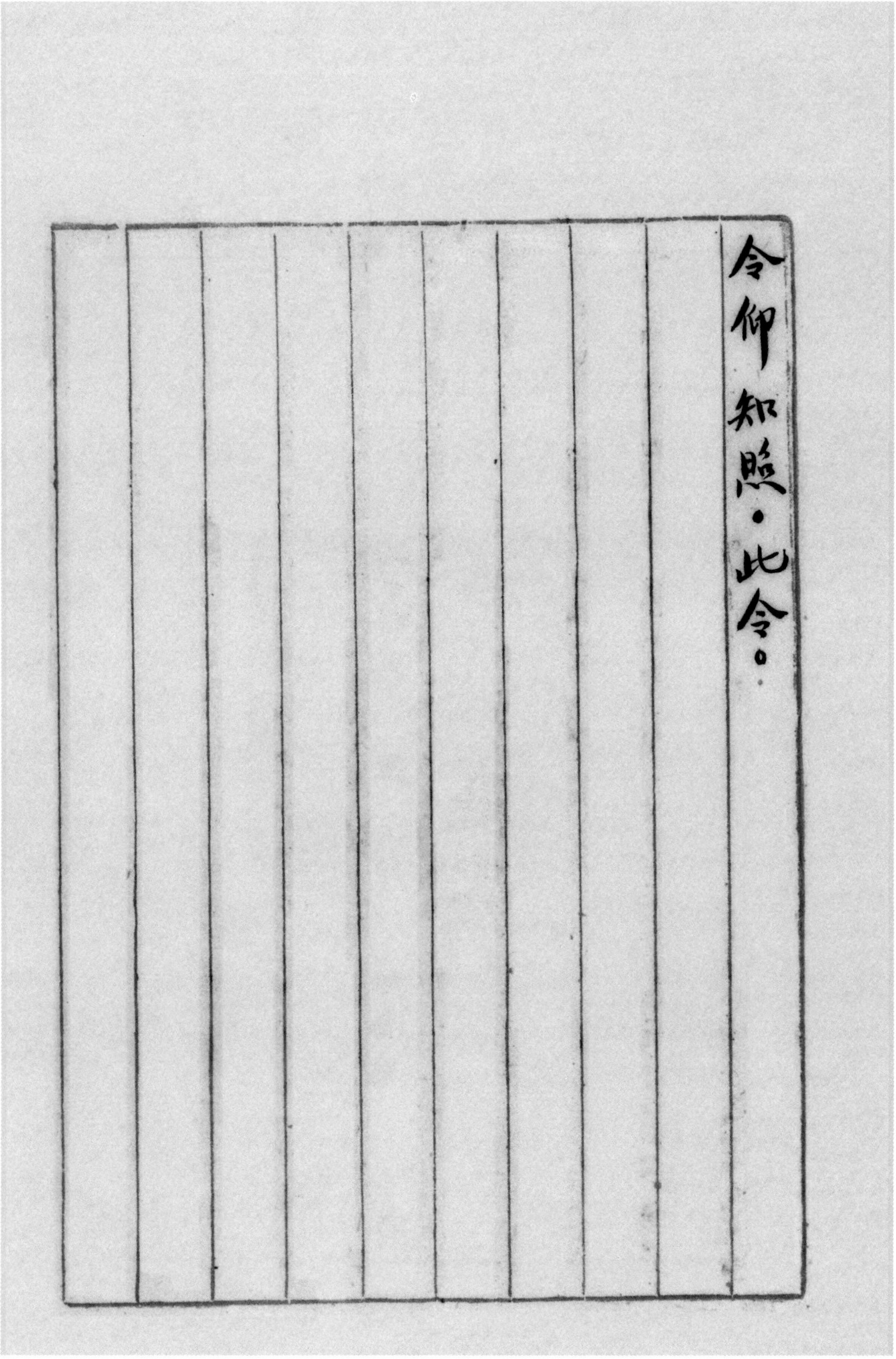

令仰知照。此令。

图 7-4-10　绥远建设厅为选派防空研究班学员王发周已由省府备文保送并发给大洋一百五十元给绥远电灯公司训令（1935 年 5 月 3 日）（三）

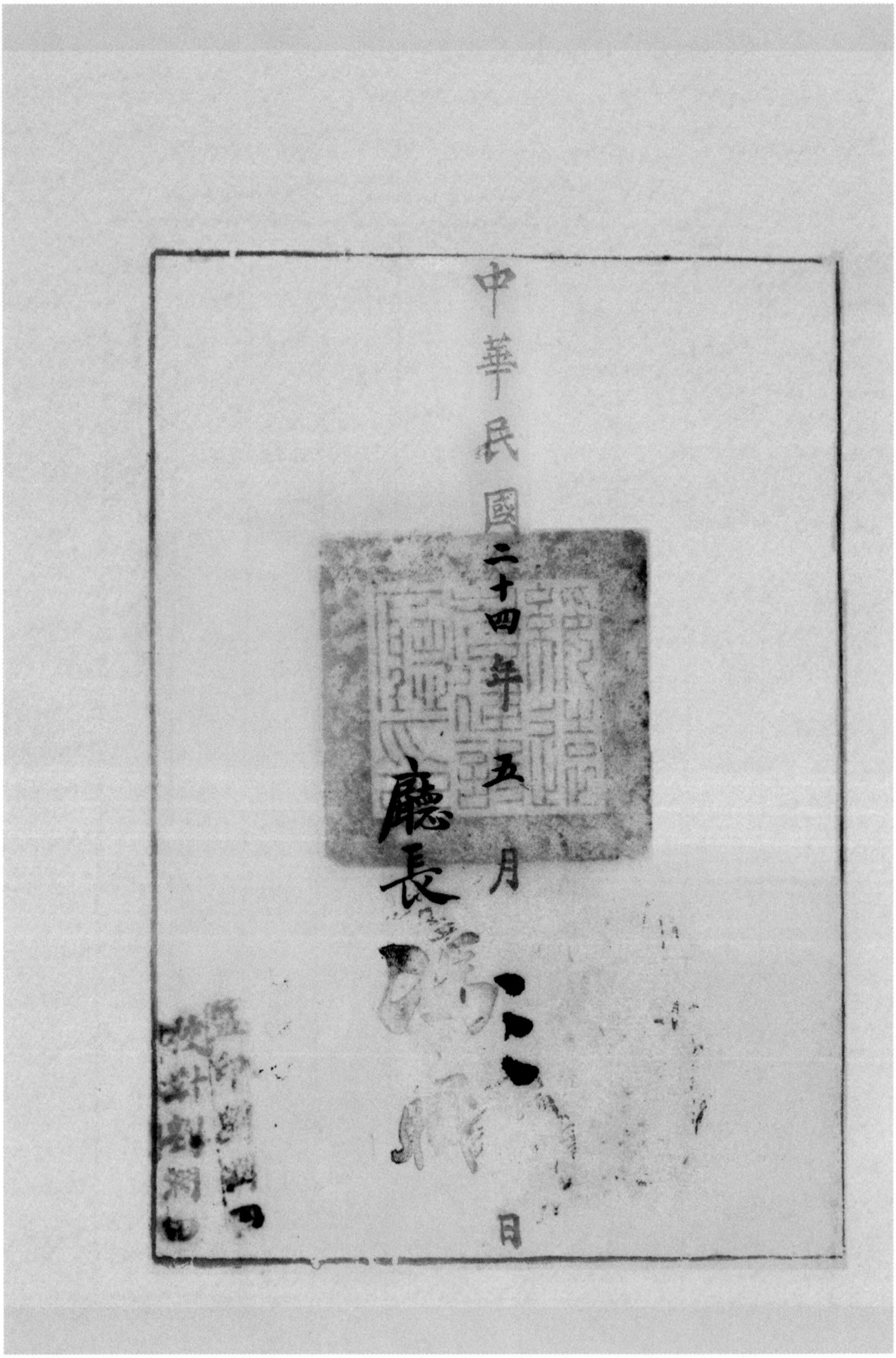

中華民國二十四年五月 日

廳長

图 7-4-10　绥远建设厅为选派防空研究班学员王发周已由省府备文保送并发给大洋一百五十元给绥远电灯公司训令（1935 年 5 月 3 日）（四）

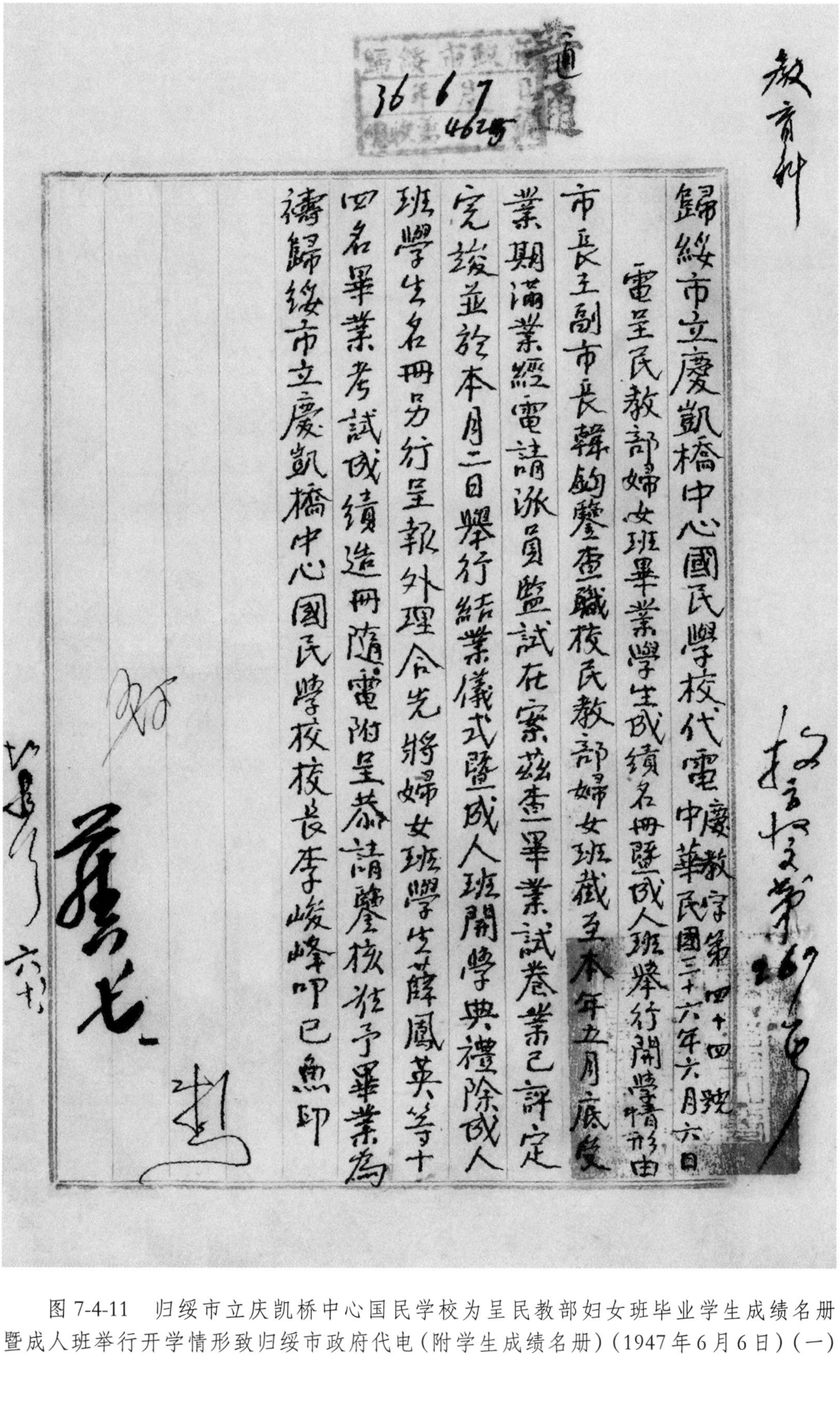
歸綏市立慶凱橋中心國民學校代電 中慶教字第四十四號 中華民國三十六年六月六日

電呈民教部婦女班畢業學生成績名冊暨成人班舉行開學情形由

市長王副市長韓鈞鑒查職校民教部婦女班截至本年五月底受業期滿業經電請派員監試在案茲查畢業試卷業已評定完竣並於本月二日舉行結業儀式暨成人班開學典禮除成人班學生名冊另行呈報外理合先將婦女班學生薛鳳英等十四名畢業考試成績造冊隨電附呈恭請鑒核准予畢業為禱歸綏市立慶凱橋中心國民學校校長李峻峰叩巳魚印

图 7-4-11 归绥市立庆凯桥中心国民学校为呈民教部妇女班毕业学生成绩名册暨成人班举行开学情形致归绥市政府代电（附学生成绩名册）（1947 年 6 月 6 日）（一）

36年6月6日

歸綏市立慶凱橋中心國民學校民教部婦女班畢業學生成績名冊

姓名 分數 科目	算術	國語	公民	書法	音樂	總分	均分	等第	備攷
薛鳳英	100	100	90	78	80	448	89.6	1	
武佩蘭	90	99	95	78	70	432	86.4	2	
翟秀花	90	90	95	75	80	430	86	3	
李蕙蘭	100	90	83	72	80	425	85	4	
靳雲霞	90	95	83	70	80	418	83.6	5	
王秀貞	70	65	94	78	78	385	77	6	
潘愛芳	75	80	72	68	70	365	73	7	
李永貞	60	70	80	70	78	358	71.6	89	
王金蓮	80	60	83	70	70	363	72.6	98	
王秀娥	60	65	75	75	70	345	69	10	
康秀貞	60	80	68	65	67	340	68	11	
王秀明	60	60	74	68	65	327	65.4	12	
鄭鳳蘭	50	60	75	70	60	315	63	13	
孟玉貞	40	65	64	70	68	307	61.4	14	

图 7-4-11　归绥市立庆凯桥中心国民学校为呈民教部妇女班毕业学生成绩名册暨成人班举行开学情形致归绥市政府代电（附学生成绩名册）（1947 年 6 月 6 日）（二）

五　教育活动

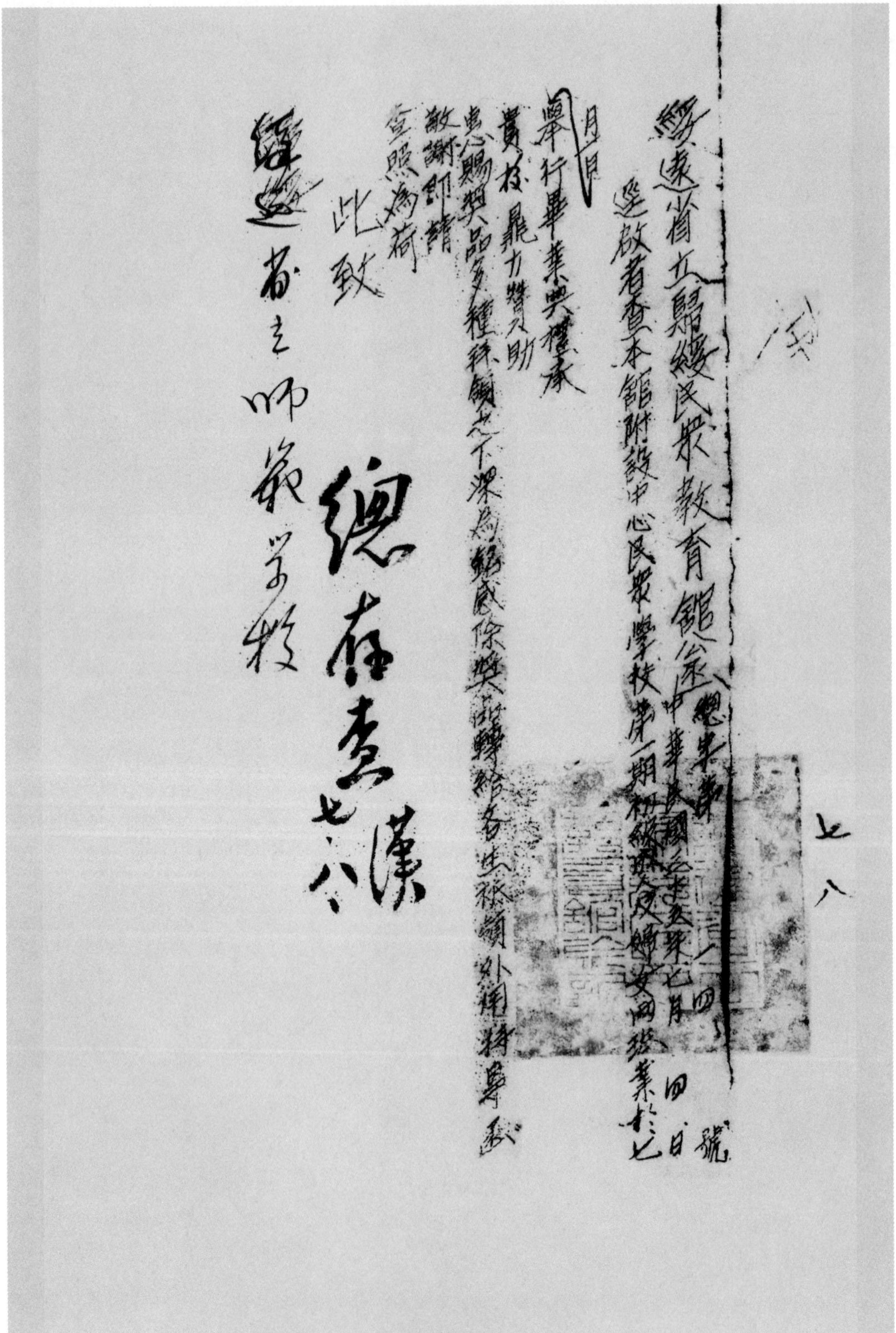

綏遠省立歸綏民眾教育館公函 總字第 號

中華民國三十五年七月四日

逕啟者：查本館附設中心民眾學校第一期初級成人及婦女兩班業於七月 日舉行畢業典禮，承

貴校鼎力贊助，

惠賜獎品多種，拜領之下，深為銘感。除獎品轉給各生祗領外，用特專函致謝，即請

查照為荷。此致

綏遠省立師範學校

總幹事 漢

七八

图 7-5-1　绥远省立归绥民众教育馆关于附设中心民众学校第一期初级成人及妇女班毕业典礼赞助奖品的致谢函（1946 年 7 月 4 日）

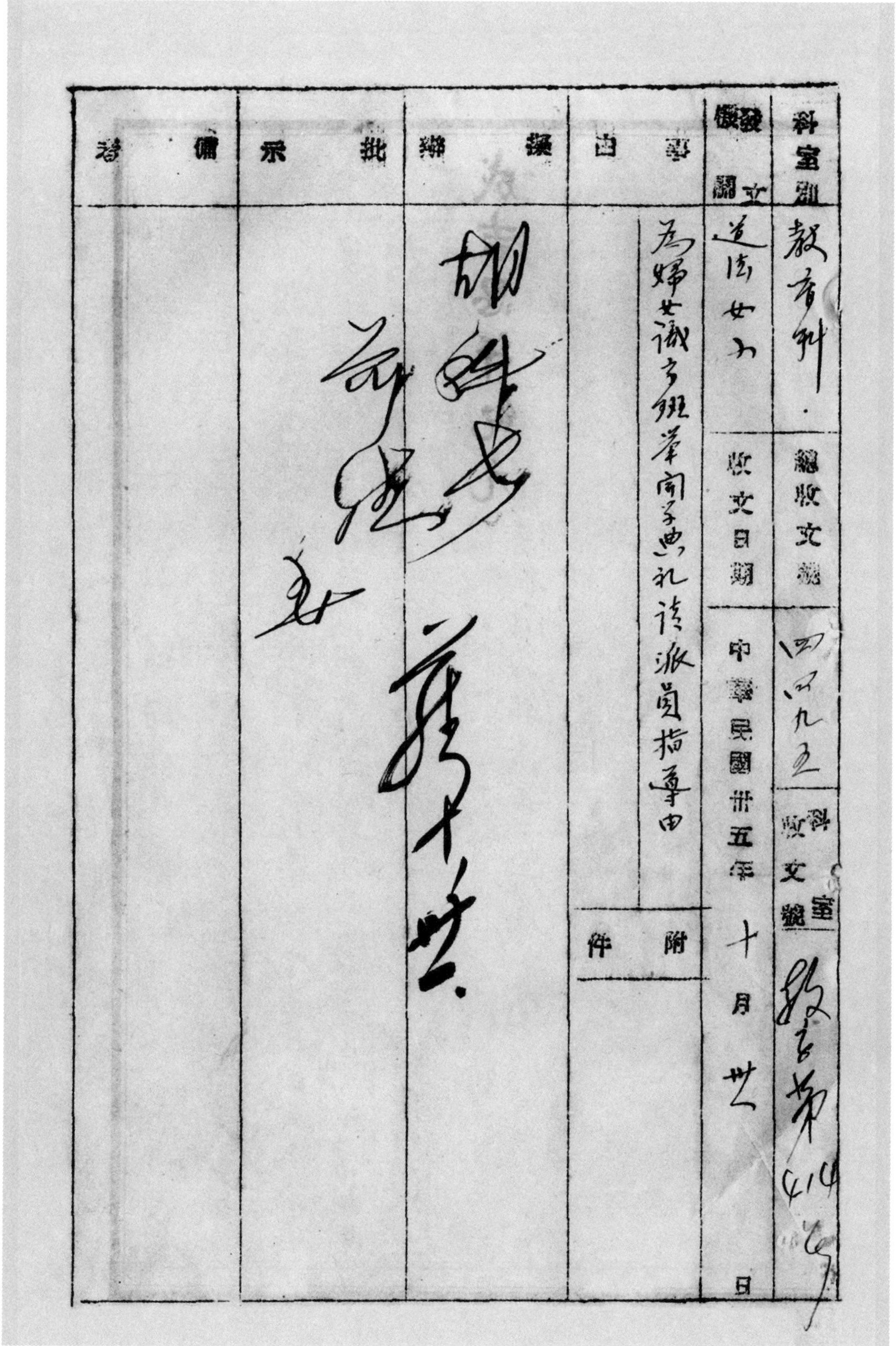

科室別：教育科

發文機關：道德女小

事由：為婦女識字班舉行開学典禮請派員指導由

總收文號：四四九五

收文日期：中華民國卅五年十月卅一日

科室收文號：教字第414号

附件

擬辦

批示

備考

图 7-5-2　私立道德女子小学为妇女识字班举行开学典礼请派员指导致归绥市政府呈（1946 年 10 月 31 日）（一）

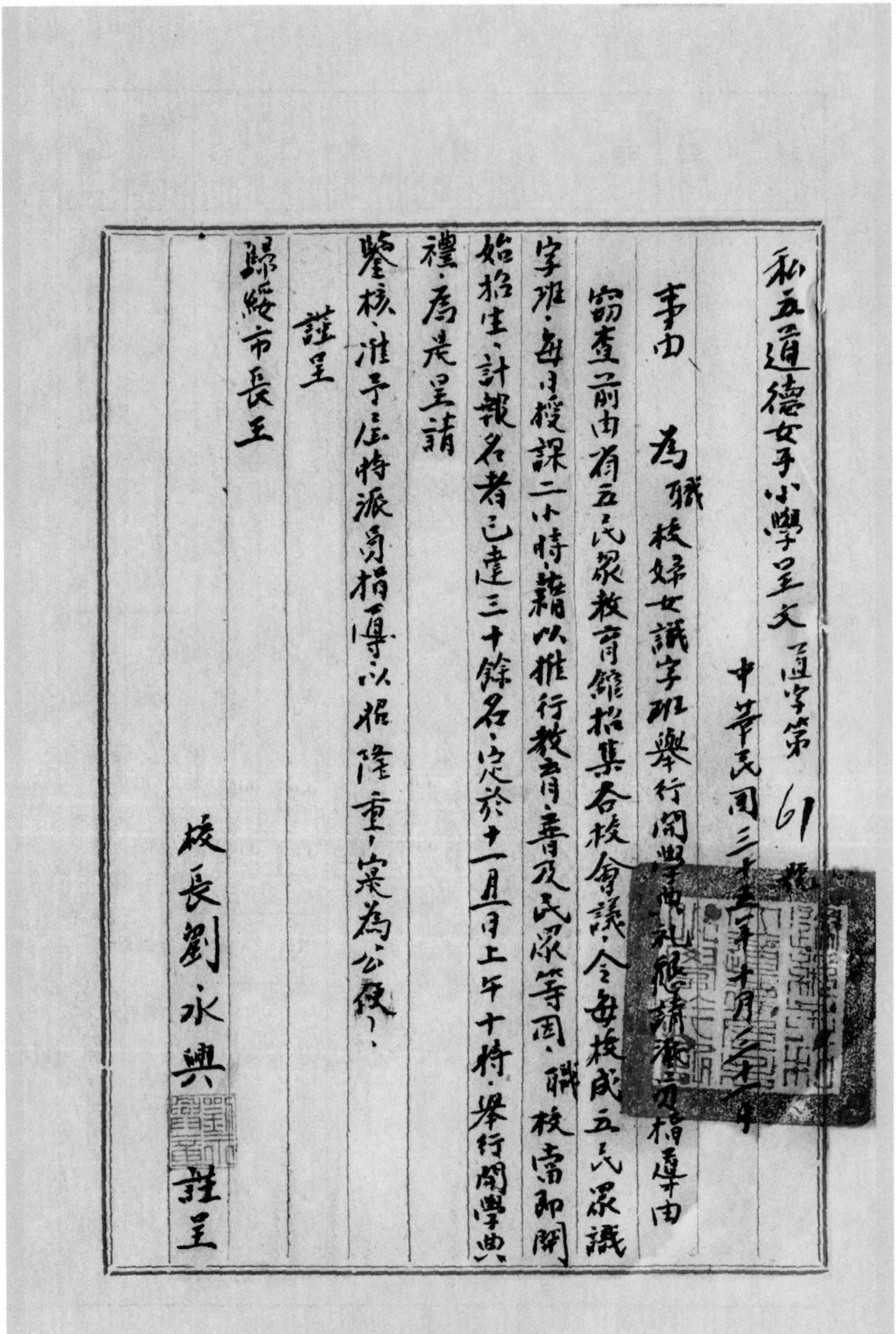
私立道德女子小學呈文 道字第61號
中華民國三十五年十月三十一日

事由　為職校婦女識字班舉行開學典禮懇請派員指導由

竊查前由省立民眾教育館召集各校會議，令每校成立民眾識字班，每日授課二小時，藉以推行教育，普及民眾等因。職校當即開始招生，計報名者已達三十餘名，定於十一月一日上午十時，舉行開學典禮。為是呈請

鑒核，准予屆時派員指導，以昭隆重，實為公便。

謹呈

歸綏市長王

校長劉永興 謹呈

图 7-5-2　私立道德女子小学为妇女识字班举行开学典礼请派员指导致归绥市政府呈（1946 年 10 月 31 日）（二）

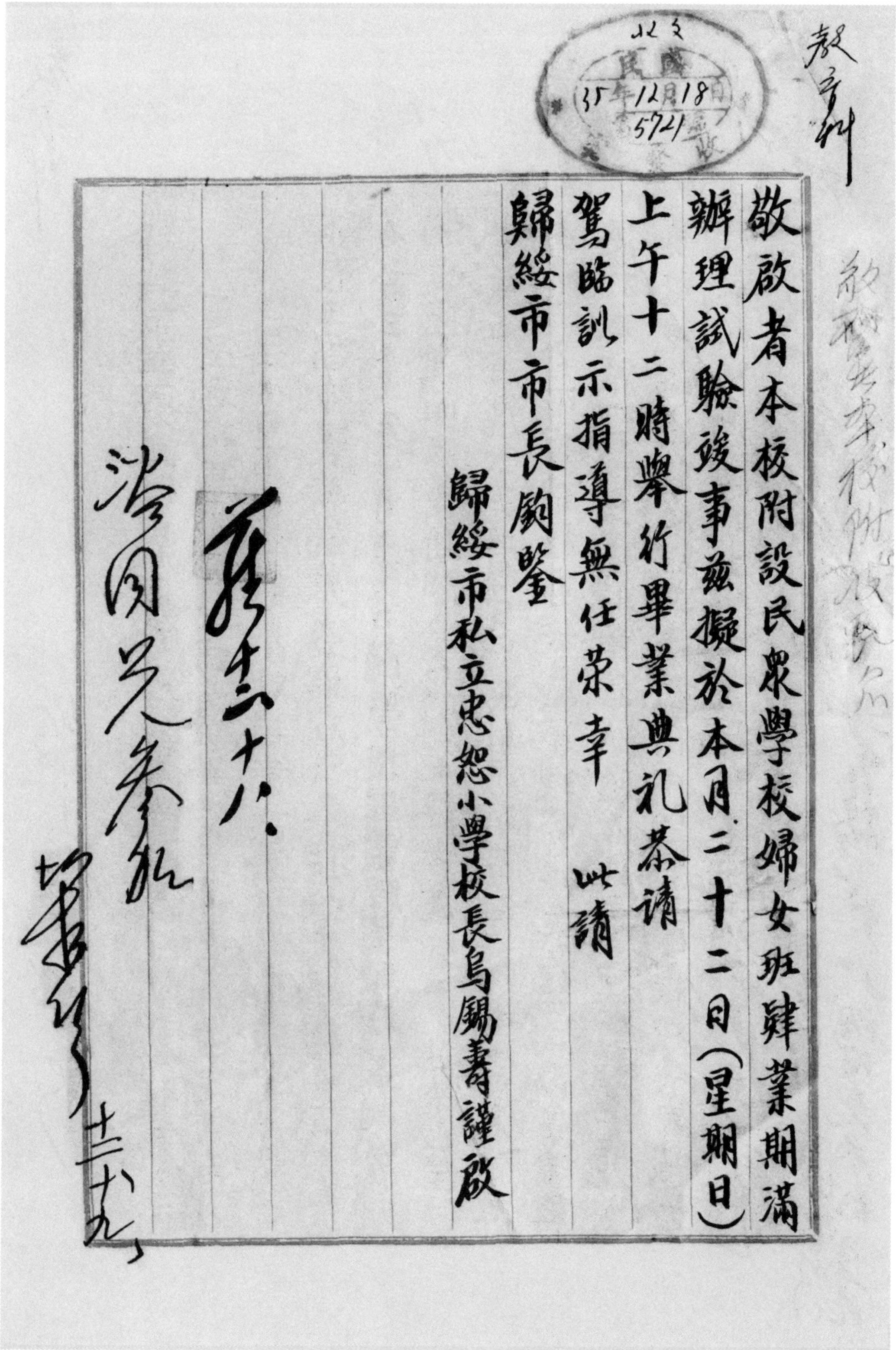

敬啟者本校附設民衆學校婦女班肄業期滿

辦理試驗竣事茲擬於本月二十二日(星期日)

上午十二時舉行畢業典礼恭請

駕臨訓示指導無任荣幸　此請

歸綏市市長鈞鑒

歸綏市私立忠恕小學校長烏賜壽謹啟

图 7-5-3　归绥市私立忠恕小学为附设民众学校妇女班举行毕业典礼请训示指导致归绥市政府函（1946 年 12 月 18 日）

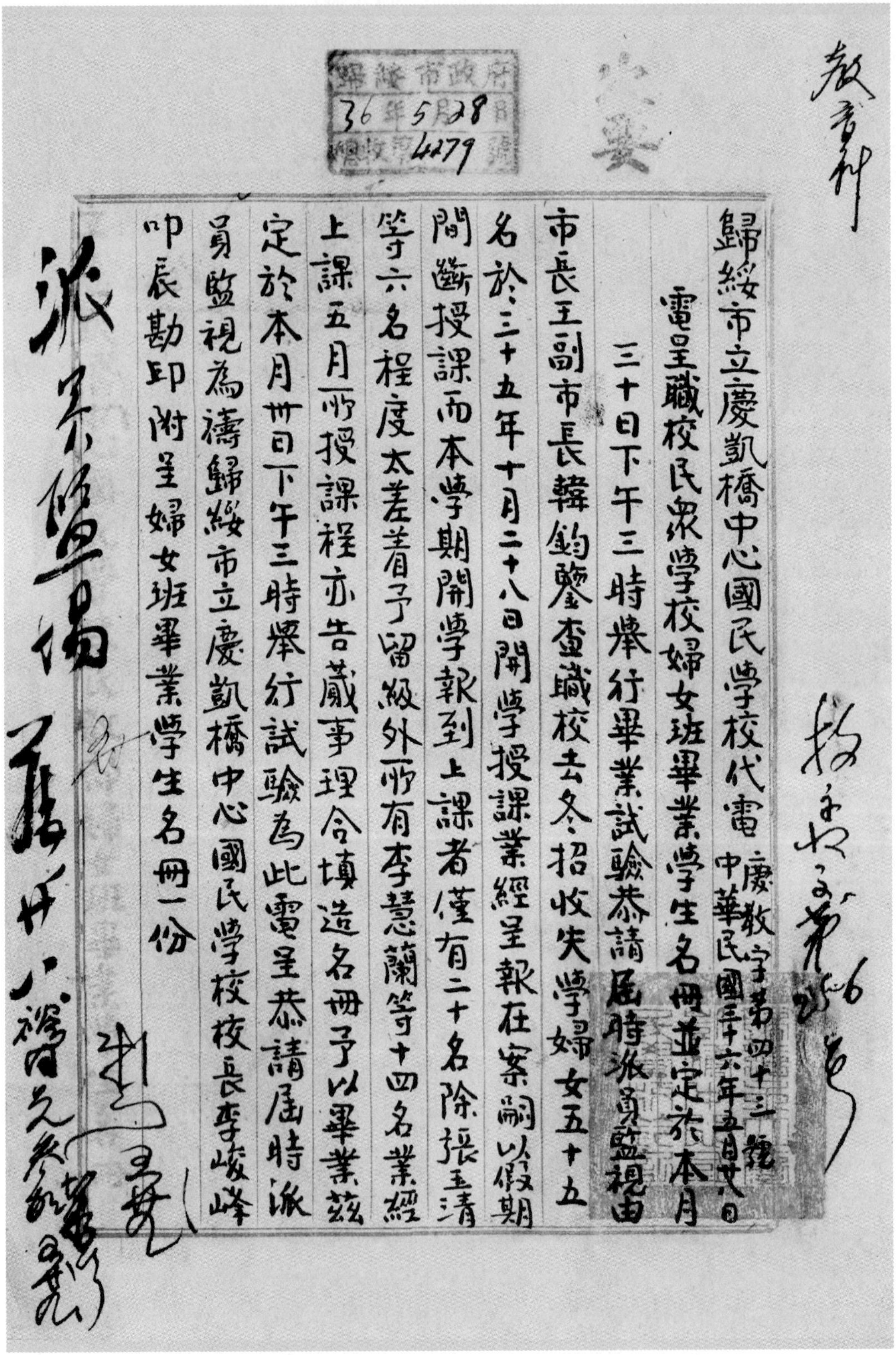

歸綏市立慶凱橋中心國民學校代電　慶教字第四十三號　中華民國三十六年五月廿八日

電呈職校民衆學校婦女班畢業學生名冊並定於本月

三十日下午三時舉行畢業試驗恭請屆時派員監視由

市長王副市長韓鈞鑒查職校去冬招收失學婦女五十五

名於三十五年十月二十八日開學授課業經呈報在案嗣以假期

間斷授課而本學期開學報到上課者僅有二十名除張玉清

等六名程度太差着予留級外所有李慧蘭等十四名業經

上課五月所授課程亦告蔵事理合填造名冊予以畢業茲

定於本月卅日下午三時舉行試驗為此電呈恭請屆時派

員監視為禱歸綏市立慶凱橋中心國民學校校長李峻峰

叩辰勘印附呈婦女班畢業學生名冊一份

图 7-5-4　归绥市立庆凯桥中心国民学校为呈民众学校妇女班毕业学生名册并请派员监视毕业试验致归绥市政府代电（1947 年 5 月 28 日）

六　调查统计

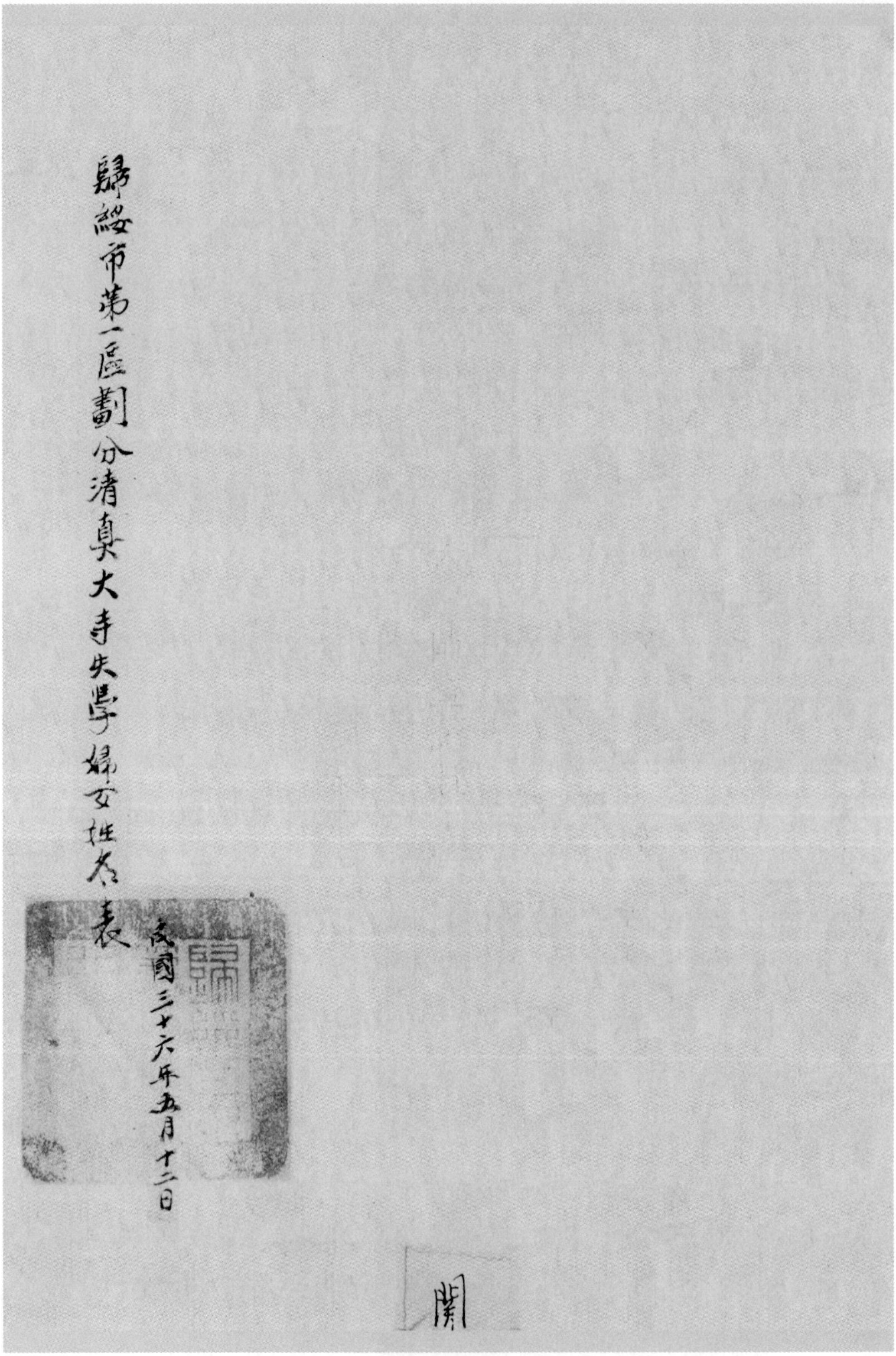
歸綏市第一區劃分清真大寺失學婦女姓名表

民國三十六年五月十二日

閱

图 7-6-1　归绥市第一区划分清真大寺失学妇女姓名表（节选）（1947 年 5 月 12 日）（一）

歸綏市第一區劃分清真大寺失學婦女姓名表

保甲	姓名	年齡	住址	備考
九二	于房氏	三一	曹房道一号	
	于陳氏	二八	仝上	
	于安氏	三三	仝上	
	沈范氏	三〇	仝上	
	姜郭氏	二九	仝上	
	刘翠子	一七	仝上	
	陳王氏	二二	仝上二号	
	胡鉄氏	二四	仝上	
	馬楊氏	三三	仝上	
	曹麻氏	三一	仝上	

保甲	姓名	年齡	住址	備考
	白馬氏	二七	仝上三号	
	馬馬氏	三三	仝上	
	李吳氏	二七	仝上四号	
	馬陳氏	二五	仝上	
	趙白氏	二〇	仝上五号	
	康佟氏	二〇	仝上	
	李馬氏	二一	仝上六号	
三	張馬氏	二二	仝上七号	
	馬麻氏	二四	仝上	
	白馬氏	二六	仝上八号	

图 7-6-1　归绥市第一区划分清真大寺失学妇女姓名表（节选）（1947 年 5 月 12 日）（二）

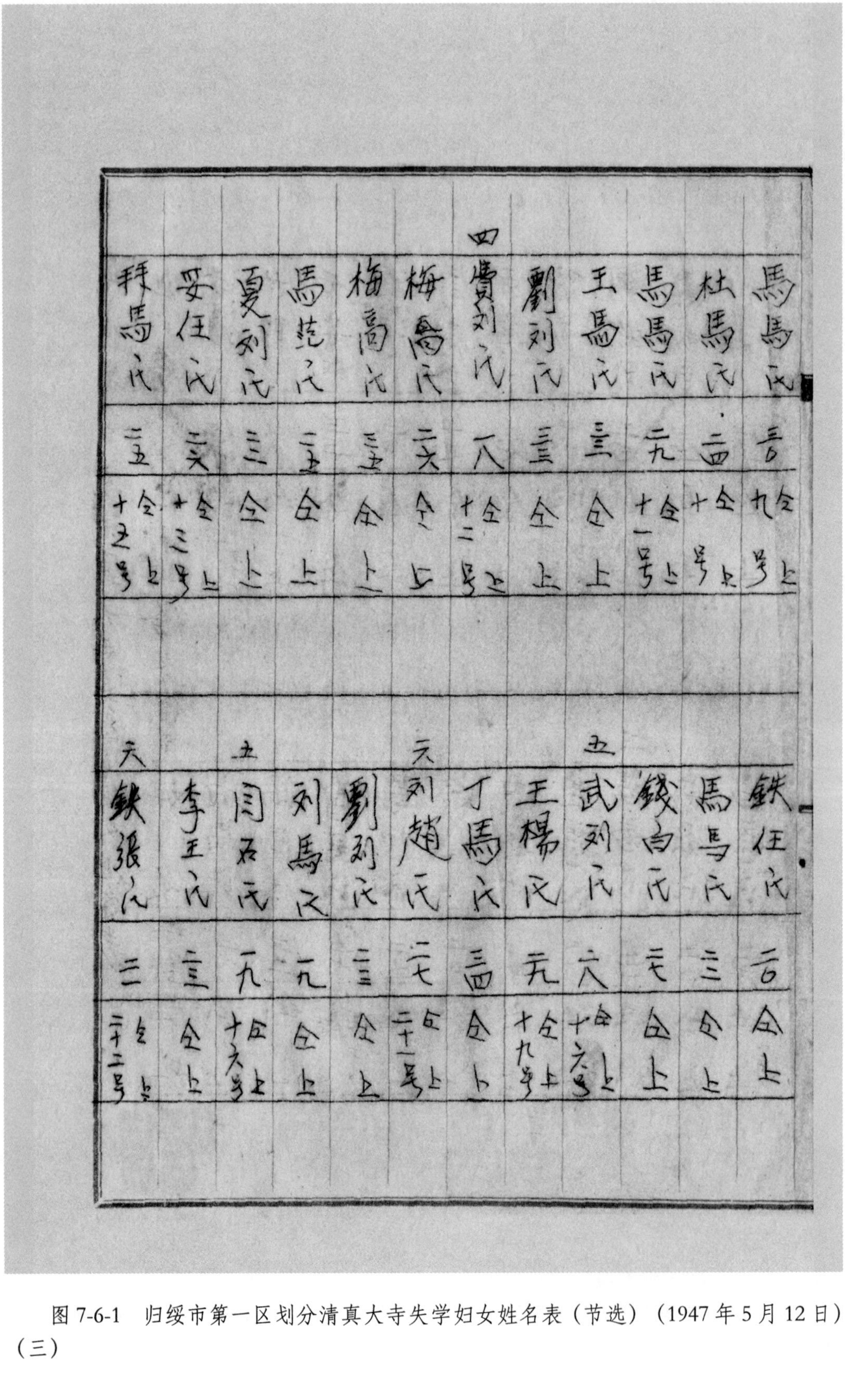

	馬馬氏	三〇	仝上九号
	杜馬氏	二四	仝上十号
	馬馬氏	二九	仝上十一号
	王馬氏	三三	仝上
	劉刘氏	三三	仝上
四	賈刘氏	一八	仝上十二号
	梅高氏	二六	仝上
	梅高氏	三五	仝上
	馬范氏	二五	仝上
	夏刘氏	三三	仝上
	安任氏	二六	仝上十三号
	拜馬氏	二五	仝上十五号
	鉄任氏	二〇	仝上
	馬馬氏	三三	仝上
	錢白氏	二七	仝上
五	武刘氏	一八	仝上十六号
	王楊氏	二九	仝上十九号
	丁馬氏	三四	仝上
六	刘趙氏	二七	仝上二十一号
	劉刘氏	三三	仝上
	刘馬氏	一九	仝上
五	闫石氏	一九	仝上十六号
	李王氏	三三	仝上
六	鉄張氏	二二	仝上二十二号

图 7-6-1　归绥市第一区划分清真大寺失学妇女姓名表（节选）（1947 年 5 月 12 日）（三）

歸綏市第一區劃分清真東北寺失學婦女姓名表

民國三十六年五月十二日

閱

图7-6-2　归绥市第一区划分清真东北寺失学妇女姓名表（节选）（1947年5月12日）（一）

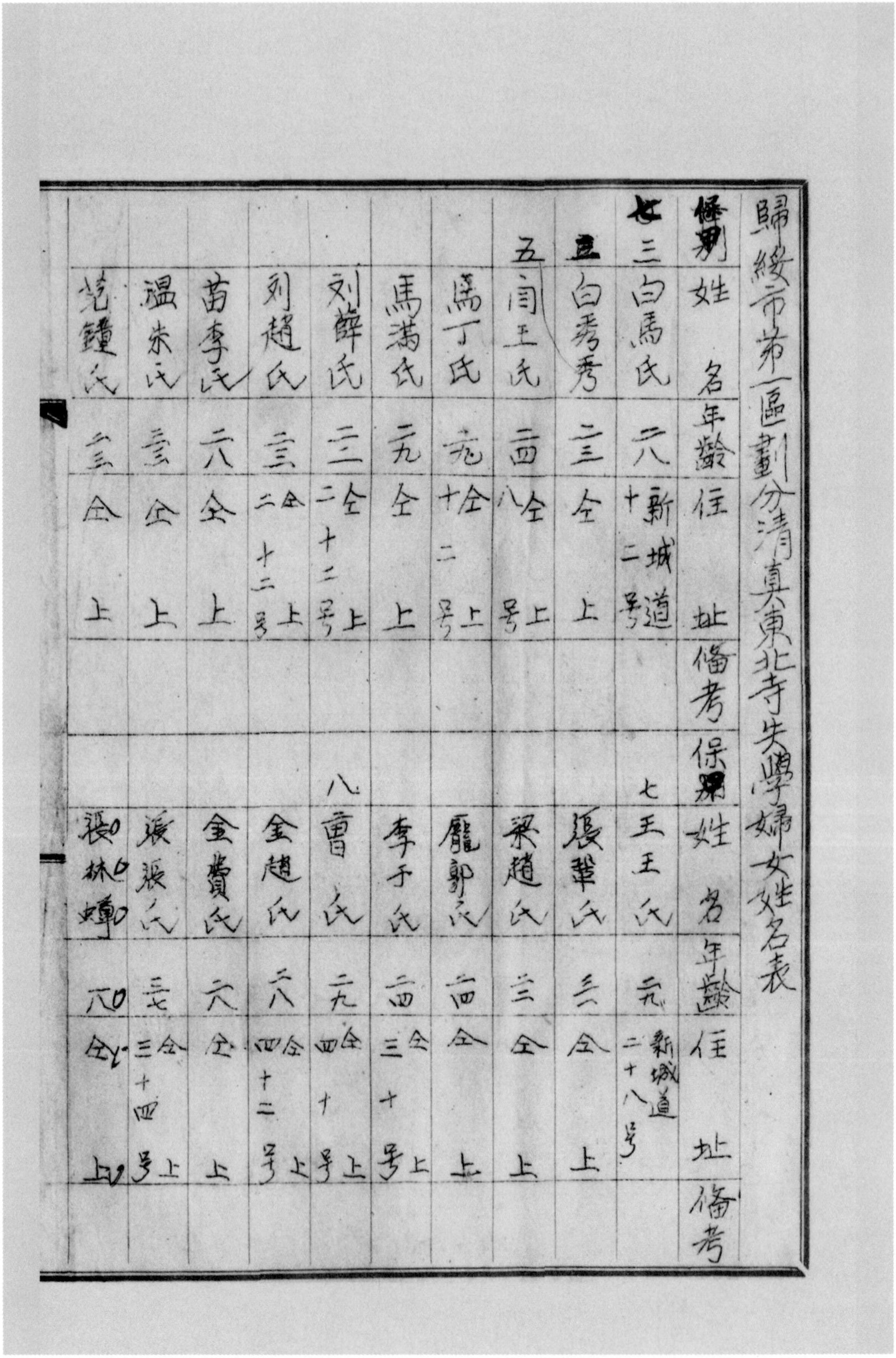

歸綏市第一區劃分清真東北寺失學婦女姓名表

保別	姓名	年齡	住址	備考
七	三 白馬氏	二八	新城道十二號	
五	白秀秀	二三	仝上	
	五 閆王氏	二四	仝上八號	
	馬丁氏	二九	仝上十二號	
	馬滿氏	二九	仝上	
	刘薛氏	二二	仝上二十二號	
	刘趙氏	二三	仝上二十二號	
	苗李氏	二八	仝上	
	溫朱氏	二三	仝上	
	范鍾氏	二三	仝上	

保別	姓名	年齡	住址	備考
七	王王氏	二九	新城道二十八號	
	張華氏	二八	仝上	
	梁趙氏	二三	仝上	
	龐郭氏	二四	仝上	
	李于氏	二四	仝上三十號	
八	曹氏	二九	仝上四十號	
	金趙氏	二八	仝上四十二號	
	金費氏	二八	仝上	
	張張氏	二七	仝上三十四號	
	張林氏	六〇	仝上	

图 7-6-2　归绥市第一区划分清真东北寺失学妇女姓名表（节选）（1947 年 5 月 12 日）（二）

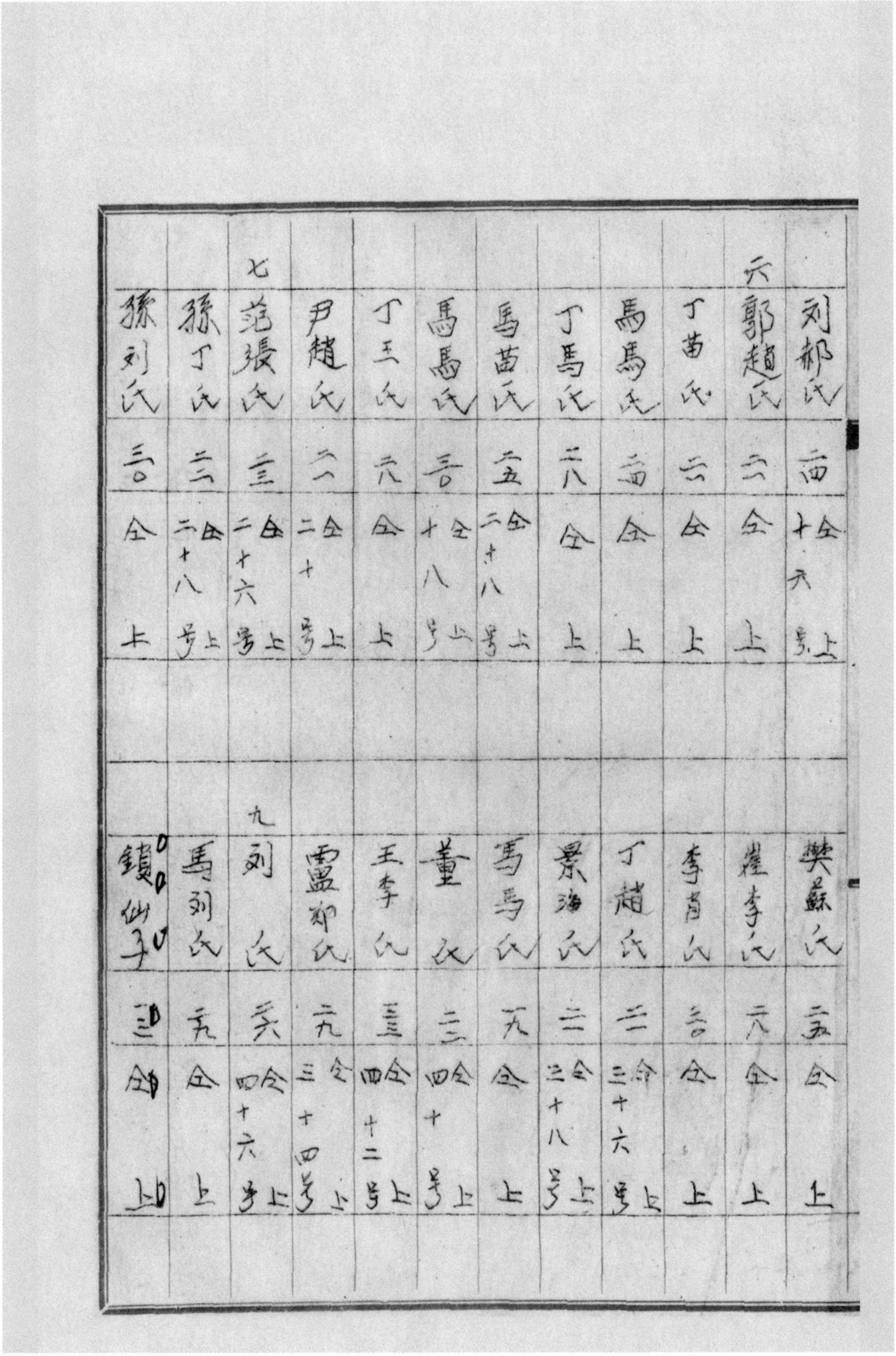

	刘郝氏	四〇	全	十六号	上
六	郭赵氏	二〇	全		上
	丁苗氏	二〇	全		上
	马马氏	四〇	全		上
	丁马氏	二八	全		上
	马苗氏	二五	全	二十八号	上
	马马氏	三〇	全	十八号	上
	丁王氏	六〇	全		上
	尹赵氏	二一	全	二十号	上
七	范张氏	三三	全	二十六号	上
	孙丁氏	三二	全	二十八号	上
	孙刘氏	三〇	全		上
	樊苏氏	三五	全		上
	崔李氏	二八	全		上
	李肖氏	三〇	全		上
	丁赵氏	二一	全	三十六号	上
	景海氏	二一	全	三十八号	上
	马马氏	一九	全		上
	董氏	三一	全	四十号	上
	王李氏	三三	全	四十二号	上
	灵郑氏	二九	全	三十四号	上
九	刘氏	三六	全	四十六号	上
	马刘氏	二九	全		上
	镇仙子	三〇	全		上

图 7-6-2　归绥市第一区划分清真东北寺失学妇女姓名表（节选）（1947 年 5 月 12 日）（三）

歸綏市第一區劃分清真東寺失學婦女姓名表

民國三十六年五月十二日

图 7-6-3 归绥市第一区划分清真东寺失学妇女姓名表（节选）（1947 年 5 月 12 日）（一）

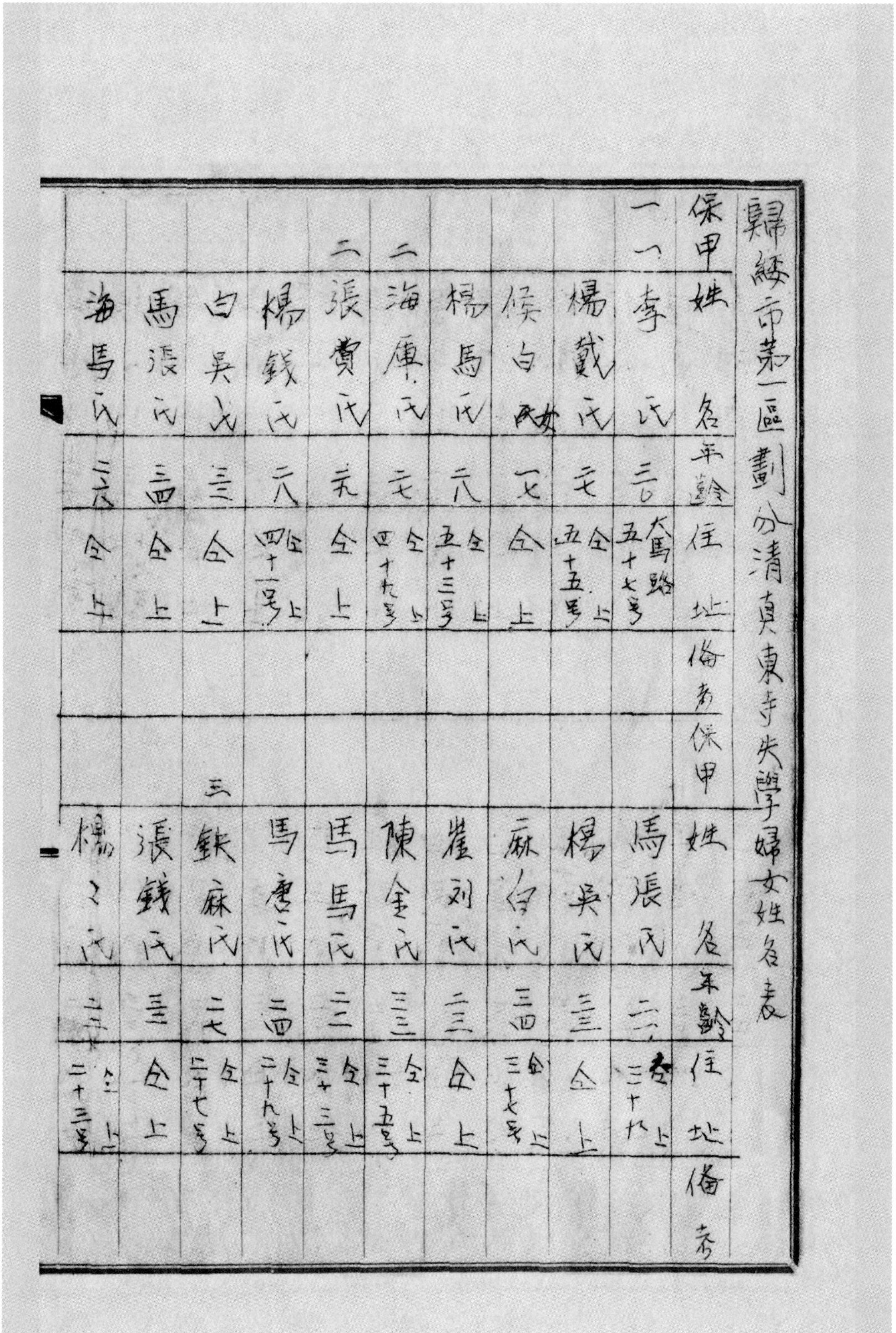

归绥市第一区划分清真东寺失学妇女姓名表

保甲	姓名	年龄	住址	备考
一一	李氏	三〇	大馬路五十七号	
	楊戴氏	二七	仝上五十五号	
	侯白氏女	一七	仝上	
	楊馬氏	二八	仝上五十三号	
二	海庫氏	二七	仝上四十九号	
二	張賈氏	二九	仝上	
	楊錢氏	二八	仝上四十一号	
	白吳氏	三三	仝上	
	馬張氏	三四	仝上	
	海馬氏	三八	仝上	
	馬張氏	二〇	仝上三十九	
	楊吳氏	三三	仝上	
	麻白氏	三四	仝上三十七号	
	崔刘氏	三三	仝上	
	陳金氏	三三	仝上三十五号	
	馬馬氏	三二	仝上三十三号	
	馬唐氏	三四	仝上二十九号	
三	鉄麻氏	二七	仝上二十七号	
	張錢氏	三三	仝上	
	楊〻氏	二三	仝上二十三号	

图 7-6-3　归绥市第一区划分清真东寺失学妇女姓名表（节选）（1947 年 5 月 12 日）（二）

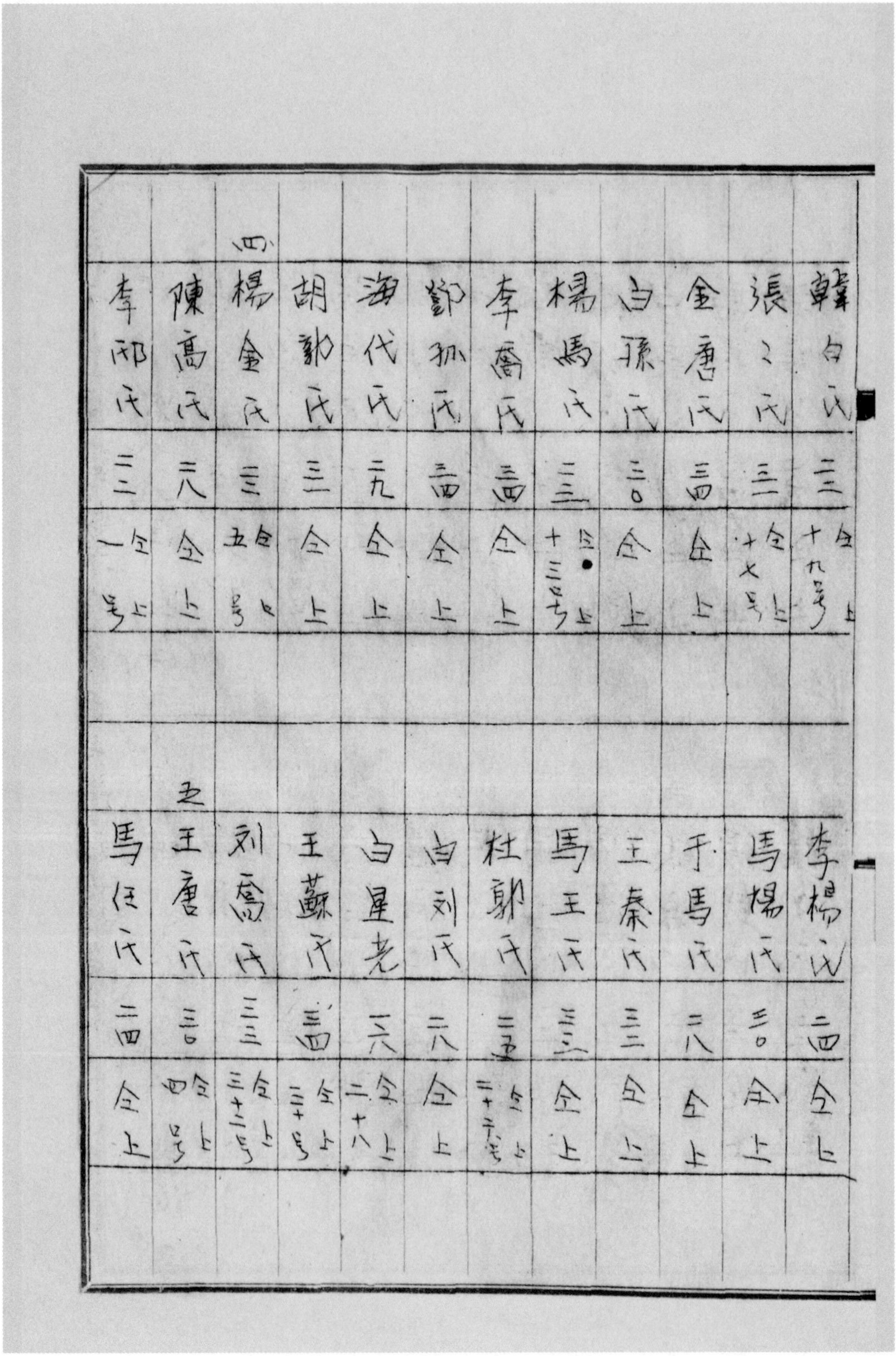

	韓白氏	三	仝上十九号
	張ㄑ氏	三	仝上十七号
	金唐氏	二四	仝上
	白孫氏	三〇	仝上
	楊馬氏	三	仝上十三号
	李喬氏	二四	仝上
	鄧孙氏	二四	仝上
	海代氏	二九	仝上
	胡郭氏	三	仝上
四	楊金氏	三	仝上五号
	陳高氏	二八	仝上
	李邢氏	二二	仝上一号
	李楊氏	二四	仝上
	馬楊氏	三〇	仝上
	于馬氏	二八	仝上
	王秦氏	三三	仝上
	馬王氏	三三	仝上
	杜郭氏	二五	仝上二十六号
	白刘氏	二八	仝上
	白星老	二六	仝上二十八
	王蘇氏	二四	仝上三十号
	刘喬氏	三三	仝上三十二号
五	王唐氏	三〇	仝上四号
	馬任氏	二四	仝上

图 7-6-3　归绥市第一区划分清真东寺失学妇女姓名表（节选）（1947 年 5 月 12 日）（三）

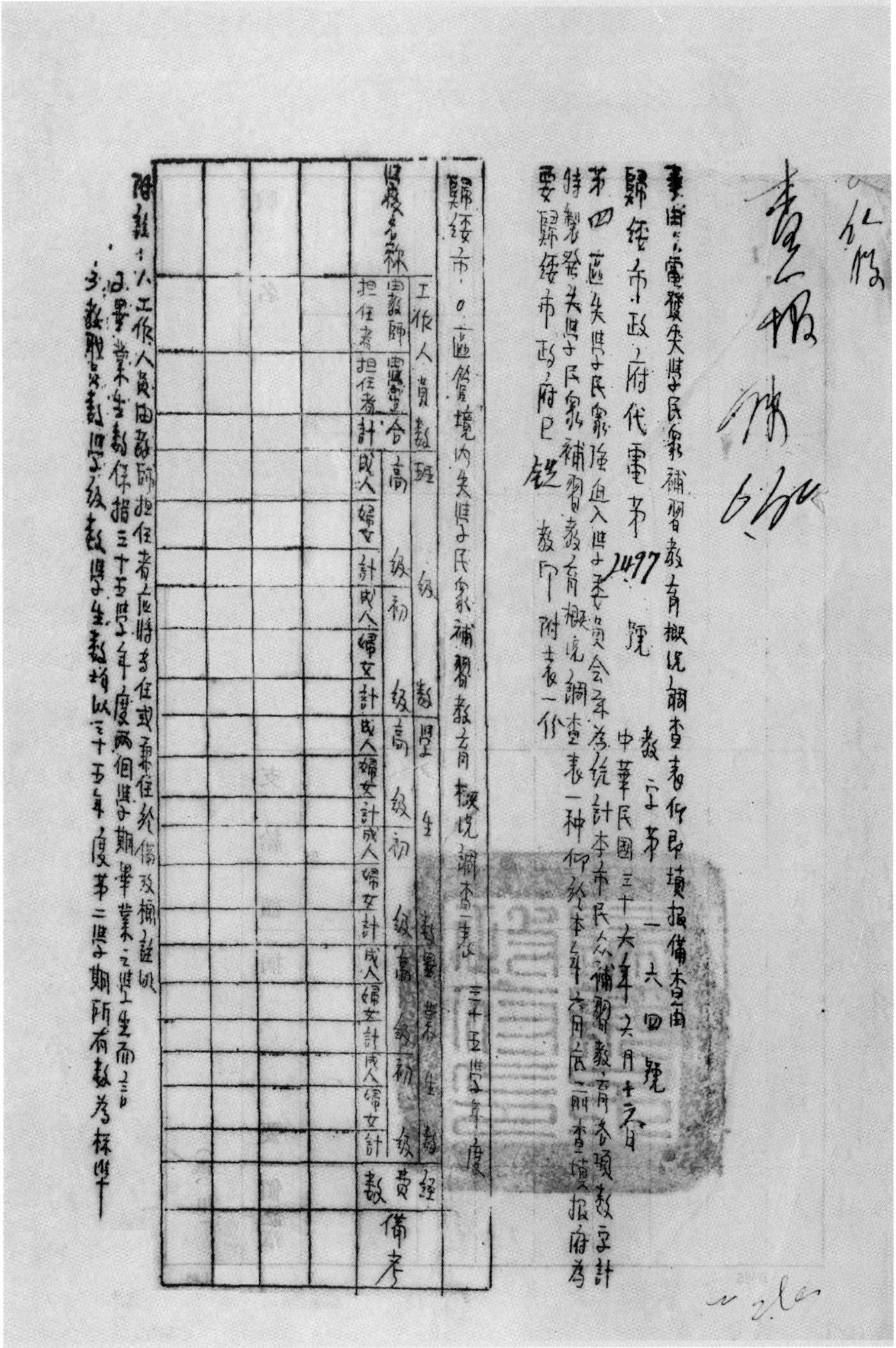

事由：電發失學民衆補習教育概況調查表仰即填報備查由

歸綏市政府代電 第2497號 教字第一六四號

第四區 失學民衆除迫入學委員會外為統計本市民众補習教育各項數字計 中華民國三十六年六月十六日

特製發失學民衆補習教育概況調查表一种仰於本年六月底前查填報府為

要 歸綏市政府已銑 教印 附表一份

歸綏市　區管境內失學民衆補習教育概況調查表　三十五學年度

區校名稱 工作人員數 班級數 學生數 畢業生數 經費數 備考

附註：㈠工作人員由教師担任者應將專任或兼任於備考欄註明
㈡畢業生數係指三十五學年度兩個學期畢業之學生而言
㈢教職員數及學生數均以三十五年度第二學期所有數為標準

图 7-6-4　归绥市政府关于制发失学民众补习教育概况调查表的代电（附表式）（1947 年 6 月 16 日）

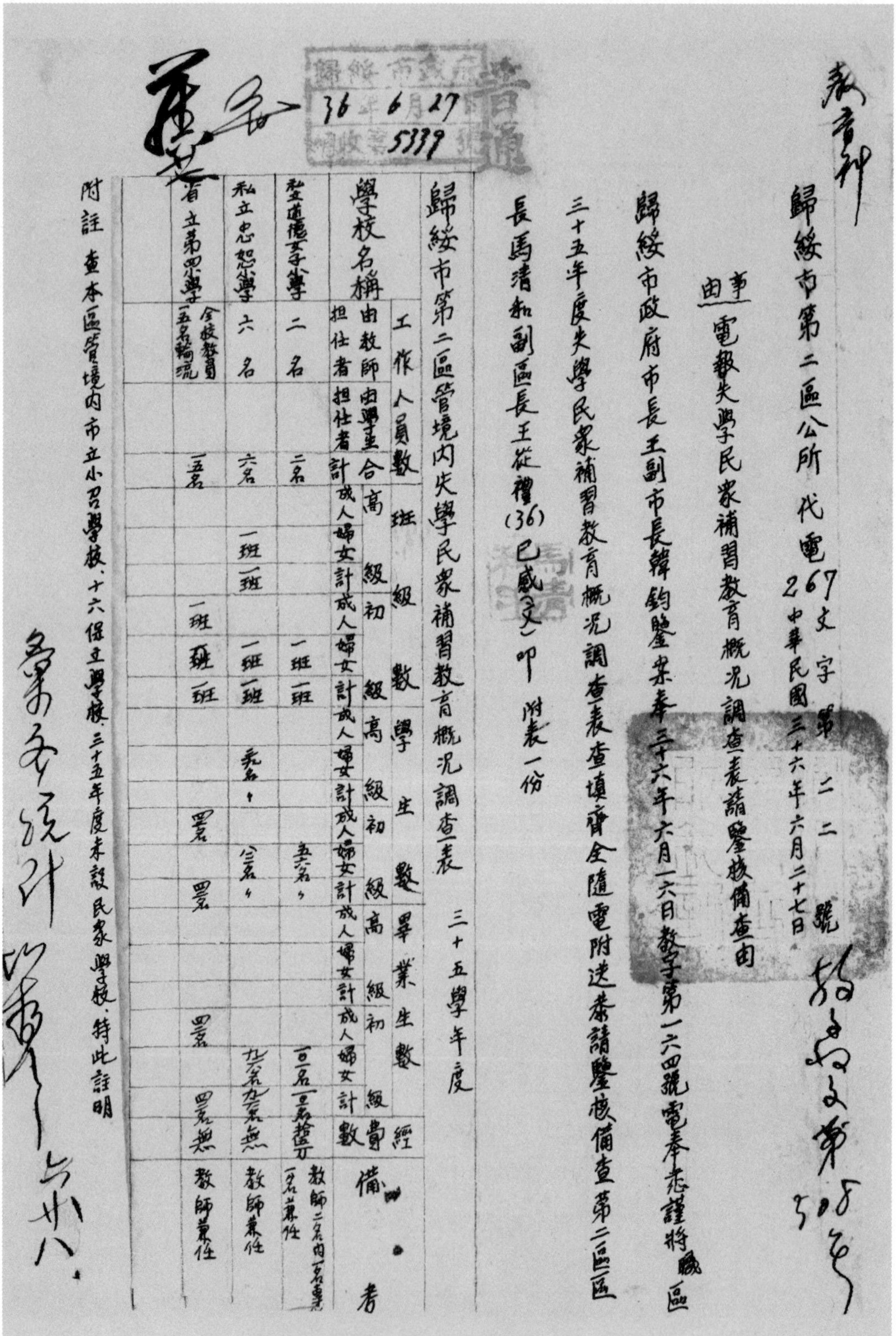
教育科

歸綏市第二區公所代電 267 文字第二二號

中華民國三十六年六月二十七日

事由：電報失學民衆補習教育概況調查表請鑒核備查由

歸綏市政府市長王、副市長韓鈞鑒：案奉三十六年六月一六日教字第一六四號電奉悉，謹將職區三十五年度失學民衆補習教育概況調查表查填齊全，隨電附送，恭請鑒核備查。第二區區長馬清和、副區長王莛禮(36)巳感(文)叩　附表一份

36 6 27

5339

歸綏市第二區管境內失學民衆補習教育概況調查表　三十五學年度

學校名稱	工作人員數：由教師担任者	由學生担任者	合計	班級數：高級成人	高級婦女	高級計	初級成人	初級婦女	初級計	學生數：高級成人	高級婦女	高級計	初級成人	初級婦女	初級計	畢業生數：高級成人	高級婦女	高級計	初級成人	初級婦女	初級計	經費數	備考
塞道德女子小學	二名		二名					一班	一班					五十六名	〃					一百名	一百名	拾萬元	教師二名內一名專任一名兼任
私立忠恕小學	六名		六名		一班	一班		一班	一班		三十九名	〃		八十三名	〃					九十六名	九十六名	無	教師兼任
省立第四小學	全校教員一五名輪流		一五名				一班	一班	一班				四十名		四十名				四十名		四十名	無	教師兼任

附註：查本區管境內市立小學校、十六保立學校，三十五年度未設民衆學校，特此註明

图 7-6-5　归绥市第二区公所为报送失学民众补习教育概况调查表致归绥市政府代电（附表）（1947 年 6 月 27 日）（一）

歸綏市第二區管境內失學民衆補習教育概況調查表　三十五學年度

學校名稱	工作人員數：由教師担任者	工作人員數：由學生担任者	工作人員數：合計	班級數：高級：成人	班級數：高級：婦女	班級數：高級：計	班級數：初級：成人	班級數：初級：婦女	班級數：初級：計	學生數：高級：成人	學生數：高級：婦女	學生數：高級：計	學生數：初級：成人	學生數：初級：婦女	學生數：初級：計	畢業生數：高級：成人	畢業生數：高級：婦女	畢業生數：高級：計	畢業生數：初級：成人	畢業生數：初級：婦女	畢業生數：初級：計	經費	備考
私立道德女子小學	二名		二名					一班	一班					[illegible]	[illegible]					[illegible]	[illegible]	一[illegible]萬	教師一名專任一名兼任
私立忠恕小學	六名		六名		一班	一班		一班	一班		[illegible]	[illegible]		[illegible]	[illegible]					[illegible]	[illegible]	[illegible]	教師兼任
省立第四小學	五名		五名				一班		一班				[illegible]	[illegible]	[illegible]				四名		[illegible]	無	教師兼任
市立小召小學	二名		二名				一班						[illegible]		[illegible]								教師兼任
第二區十六保[illegible]學	二名		二名				一班						[illegible]		[illegible]								教師兼任

39
151
148
共
338

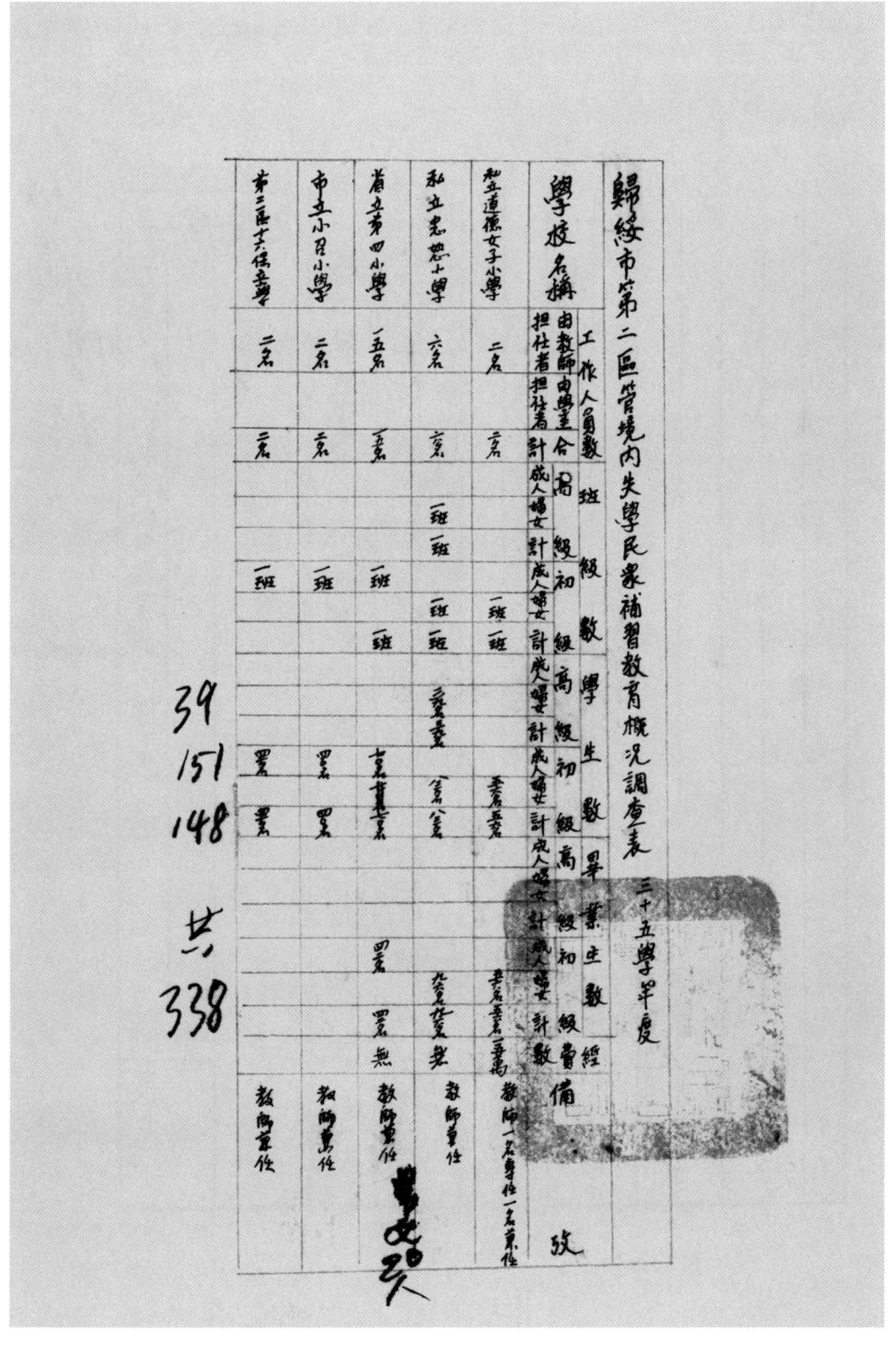

图 7-6-5　归绥市第二区公所为报送失学民众补习教育概况调查表致归绥市政府代电（附表）（1947 年 6 月 27 日）（二）

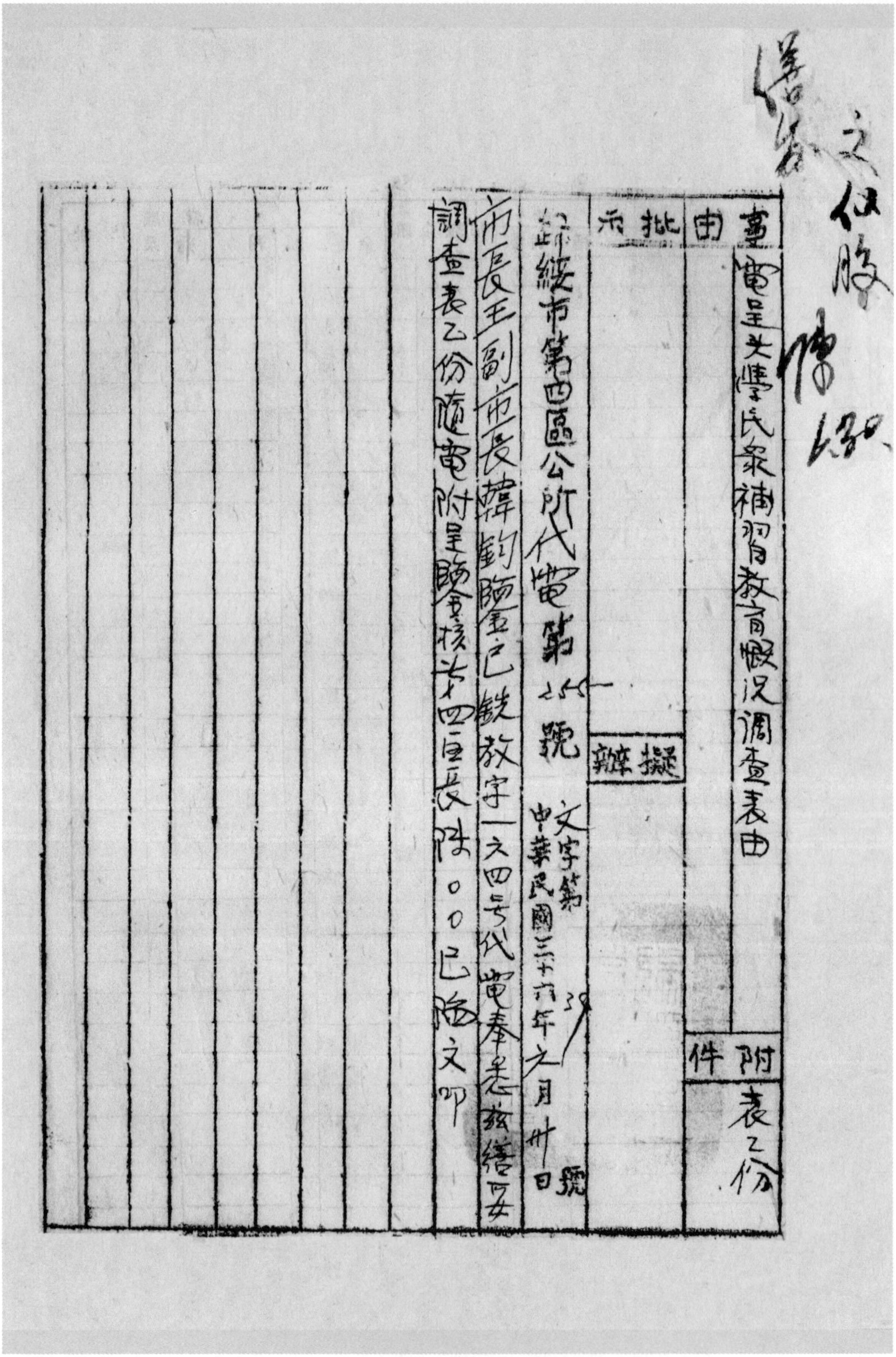
事由：電呈失學民衆補習教育概況調查表由

附件：表乙份

擬辦

批示

歸綏市第四區公所代電第255號

文字第　號　中華民國三十六年六月卅日

市長王副市長韓鈞鑒：已錢教字一八四号代電奉悉，茲繕妥調查表乙份，隨電附呈，鑒核。第四區區長陳〇〇巳陷文叩

图 7-6-6　归绥市第四区公所为报送失学民众补习教育概况调查表致归绥市政府代电（附表）（1947 年 6 月 30 日）（一）

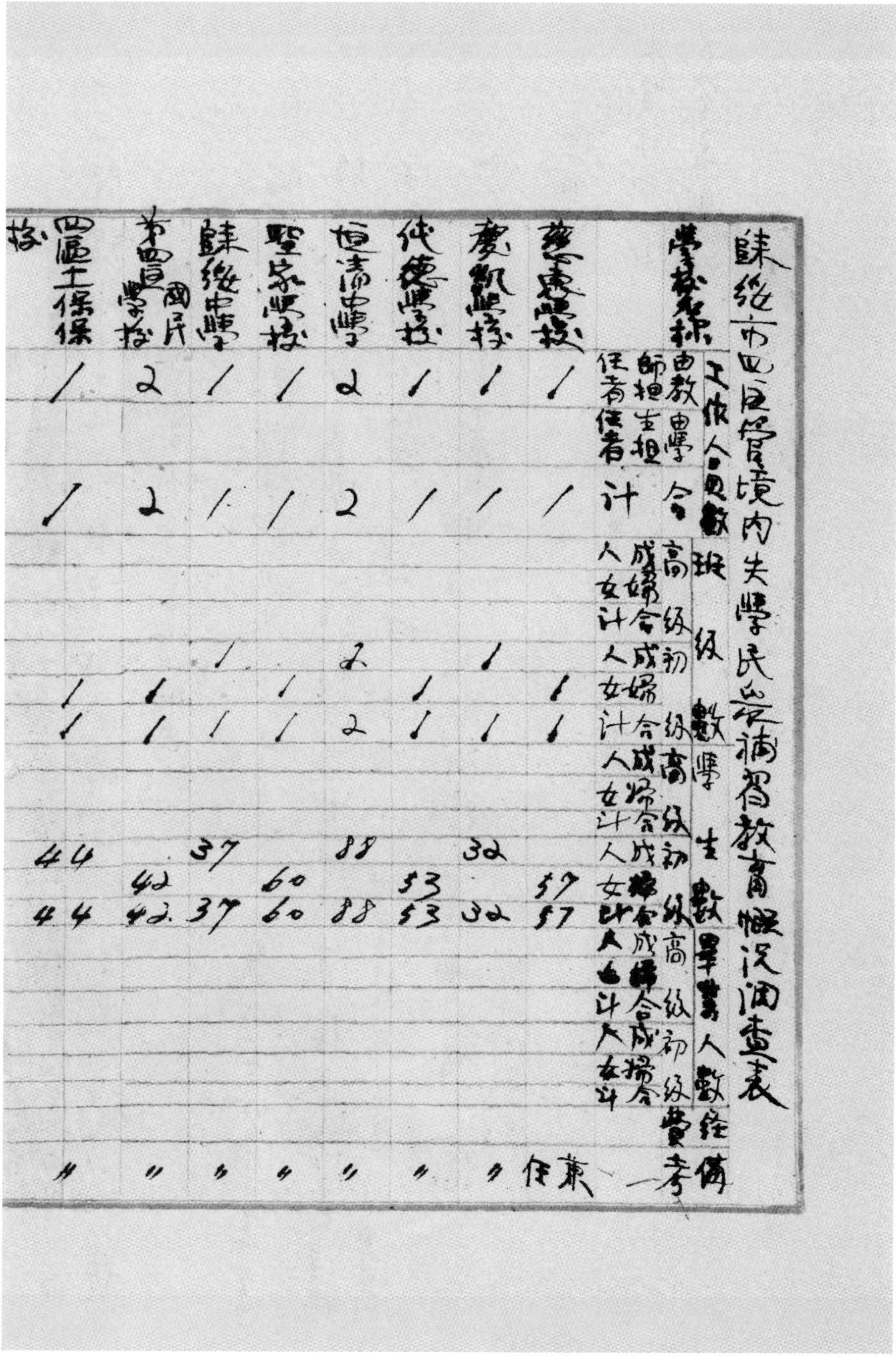

歸綏市四區管境內失學民眾補習教育概況調查表

學校名稱	工作人員數：由教師担任者	工作人員數：由學生担任者	工作人員數：合計	班級數：高級成人	班級數：高級婦女	班級數：高級合計	班級數：初級成人	班級數：初級婦女	班級數：初級合計	學生數：高級成人	學生數：高級婦女	學生數：高級合計	學生數：初級成人	學生數：初級婦女	學生數：初級合計	畢業人數：高級成人	畢業人數：高級婦女	畢業人數：高級合計	畢業人數：初級成人	畢業人數：初級婦女	畢業人數：初級合計	經費	備考
蒙藏學校	1		1					1	1					57	57								全兼
慶凱學校	1		1				1		1				32		32								〃
代德學校	1		1					1	1					53	53								〃
恒清中學	2		2				2		2				88		88								〃
聖家學校	1		1					1	1					60	60								〃
歸綏中學	1		1				1		1				37		37								〃
第四區國民學校	2		2					1	1					42	42								〃
四區土保保校	1		1					1	1				44		44								〃

图 7-6-6　归绥市第四区公所为报送失学民众补习教育概况调查表致归绥市政府代电（附表）（1947 年 6 月 30 日）（二）

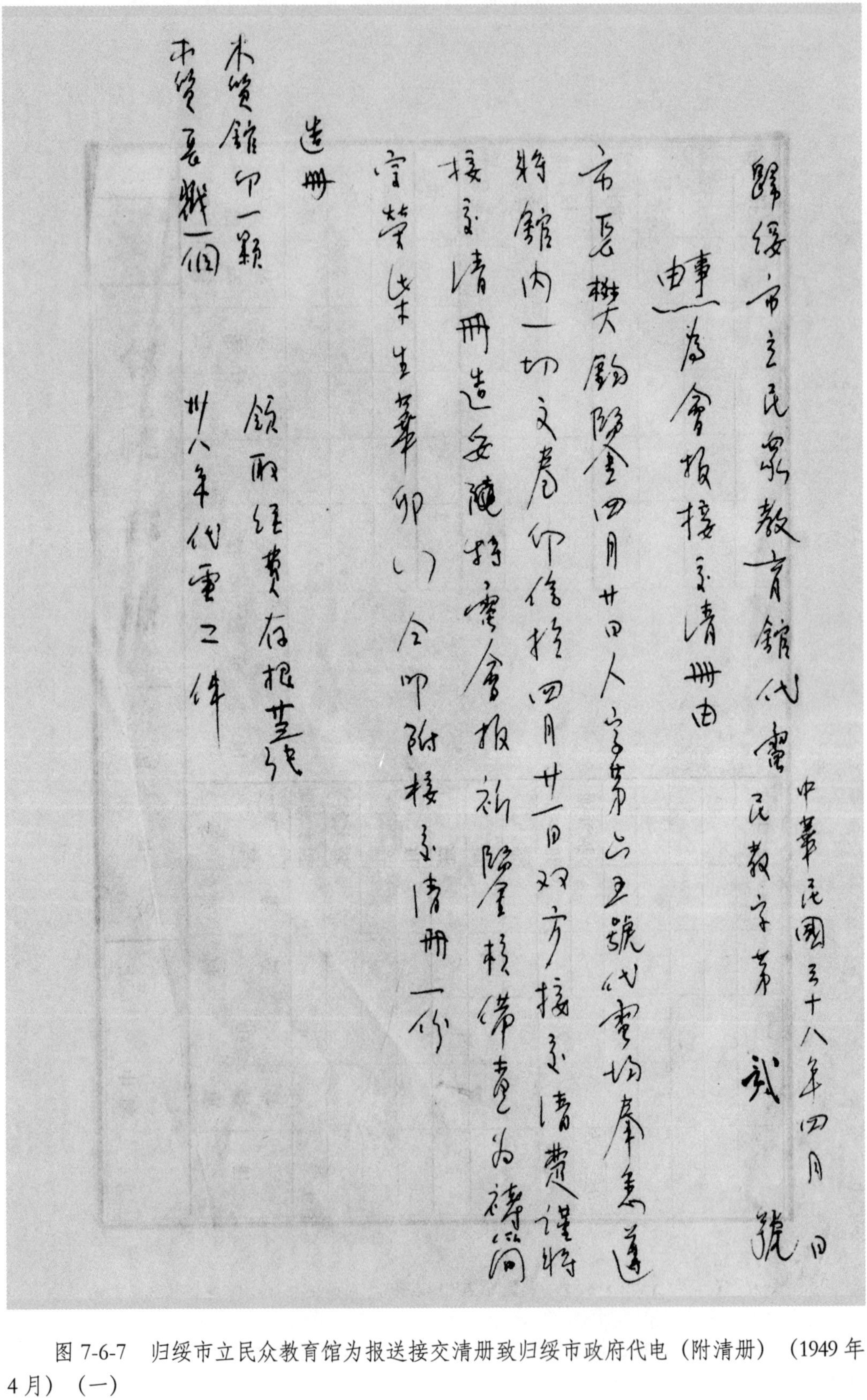
歸綏市立民衆教育館代電　民教字第　貳　號　中華民國三十八年四月　日

事由：為會報接交清册由

市長樊鈞鑒：四月廿四人字第六五號代電均奉悉。遵將館內一切文卷、印信於四月廿一日雙方接交清楚，謹將接交清册造妥，隨將電會報，祈鑒核備查為禱。

宇榮、柴生華、卯（ ）仝叩　附接交清册一份

造册

木質館印一顆　領取經費存根壹張

木質長戳一個　卅八年代電二件

图 7-6-7　归绥市立民众教育馆为报送接交清册致归绥市政府代电（附清册）（1949 年 4 月）（一）

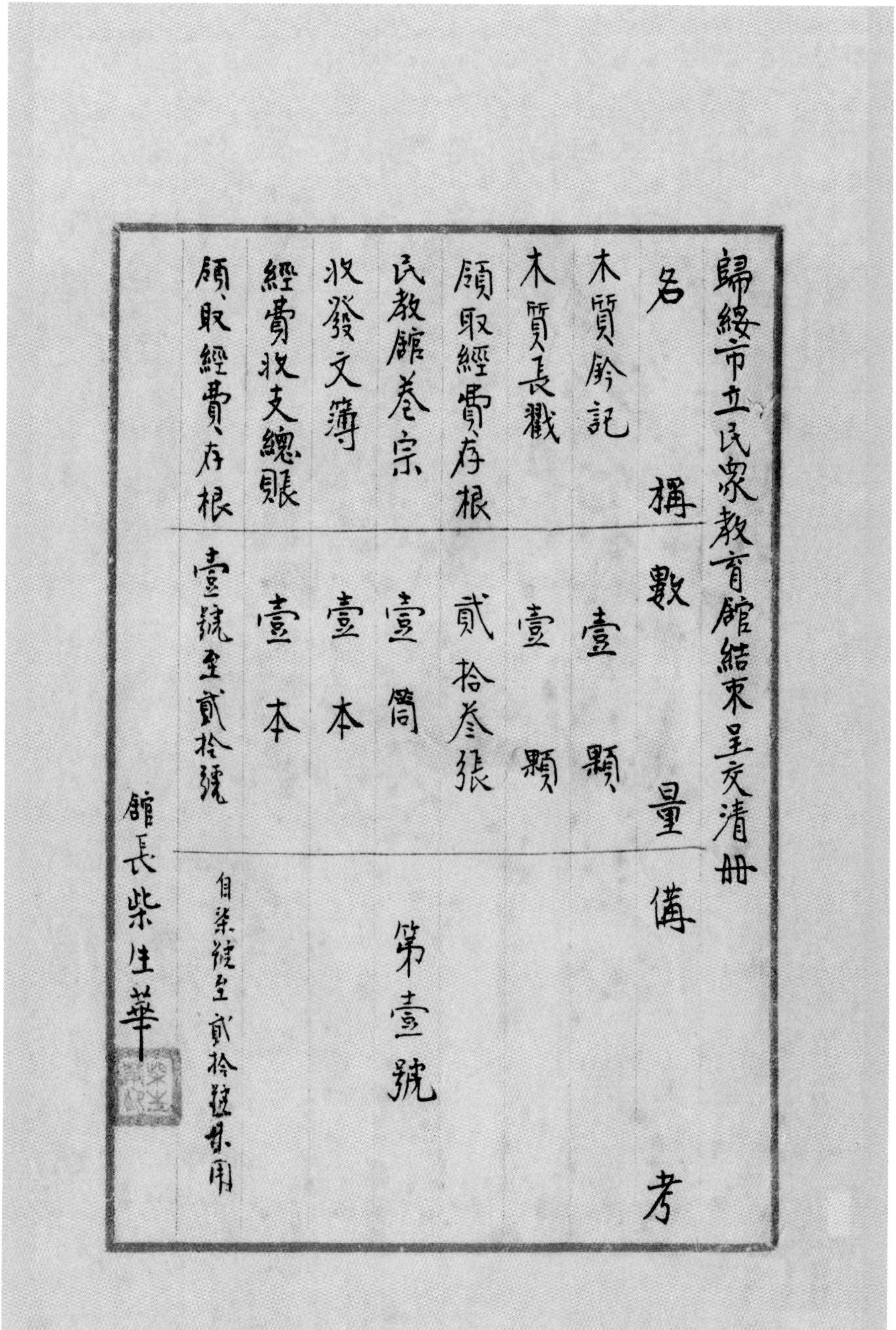

歸綏市立民衆教育館結束呈交清冊

名稱	數量	備考
木質鈐記	壹顆	
木質長戳	壹顆	
領取經費存根	貳拾叁張	
民教館卷宗	壹冊	第壹號
收發文簿	壹本	
經費收支總賬	壹本	
領取經費存根	壹號至貳拾號	自柒號至貳拾號未用

館長柴生華

图 7-6-7　归绥市立民众教育馆为报送接交清册致归绥市政府代电（附清册）（1949 年 4 月）（二）

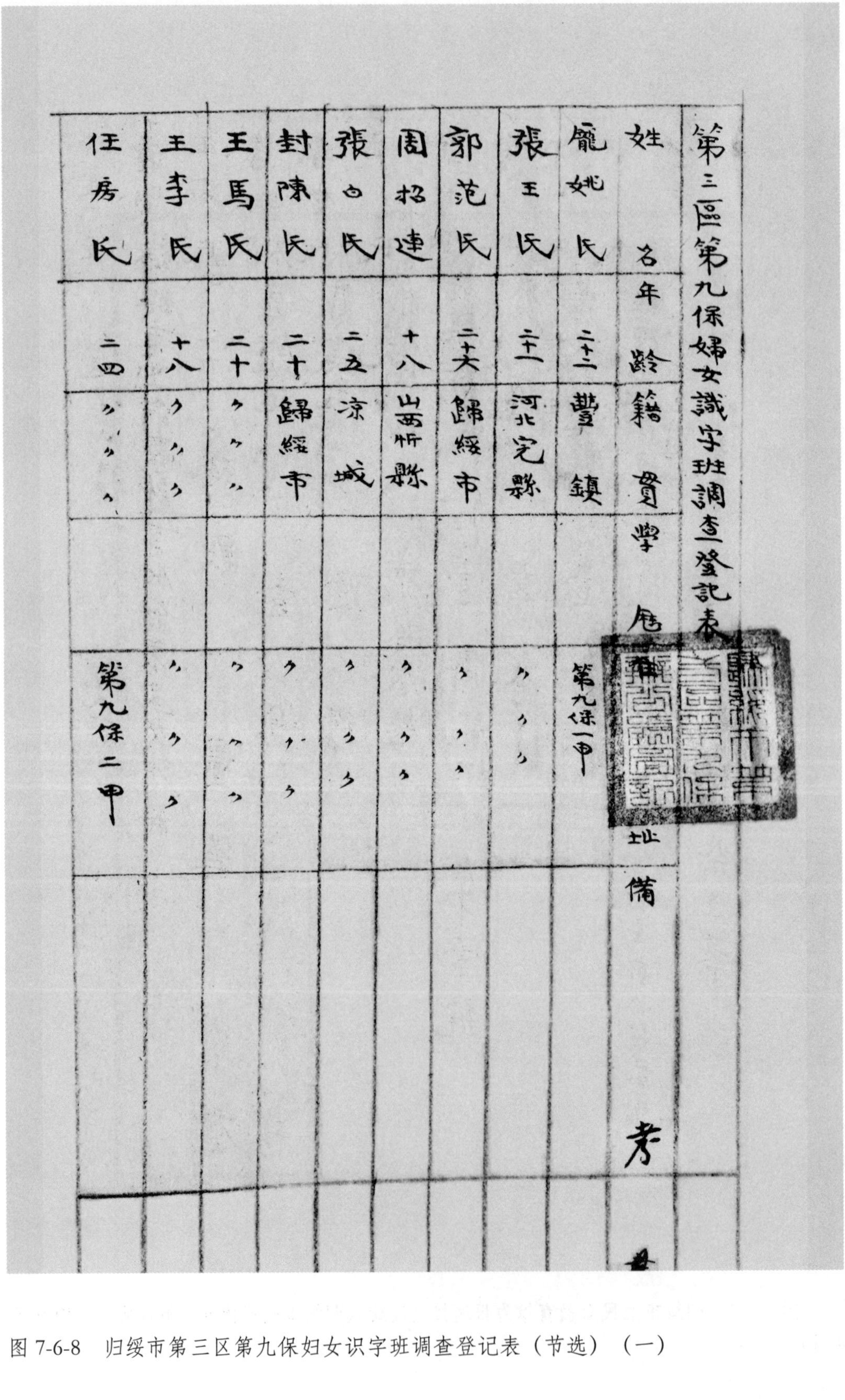

第三區第九保婦女識字班調查登記表

姓名	年齡	籍貫	學歷	住址	備考
龐姚氏	二十二	豐鎮		第九保一甲	
張王氏	二十一	河北完縣		〃	
郭范氏	二十六	歸綏市		〃	
周招連	十八	山西忻縣		〃	
張白氏	二五	涼城		〃	
封陳氏	二十	歸綏市		〃	
王馬氏	二十	〃		〃	
王李氏	十八	〃		〃	
任房氏	二四	〃		第九保二甲	

图 7-6-8　归绥市第三区第九保妇女识字班调查登记表（节选）（一）

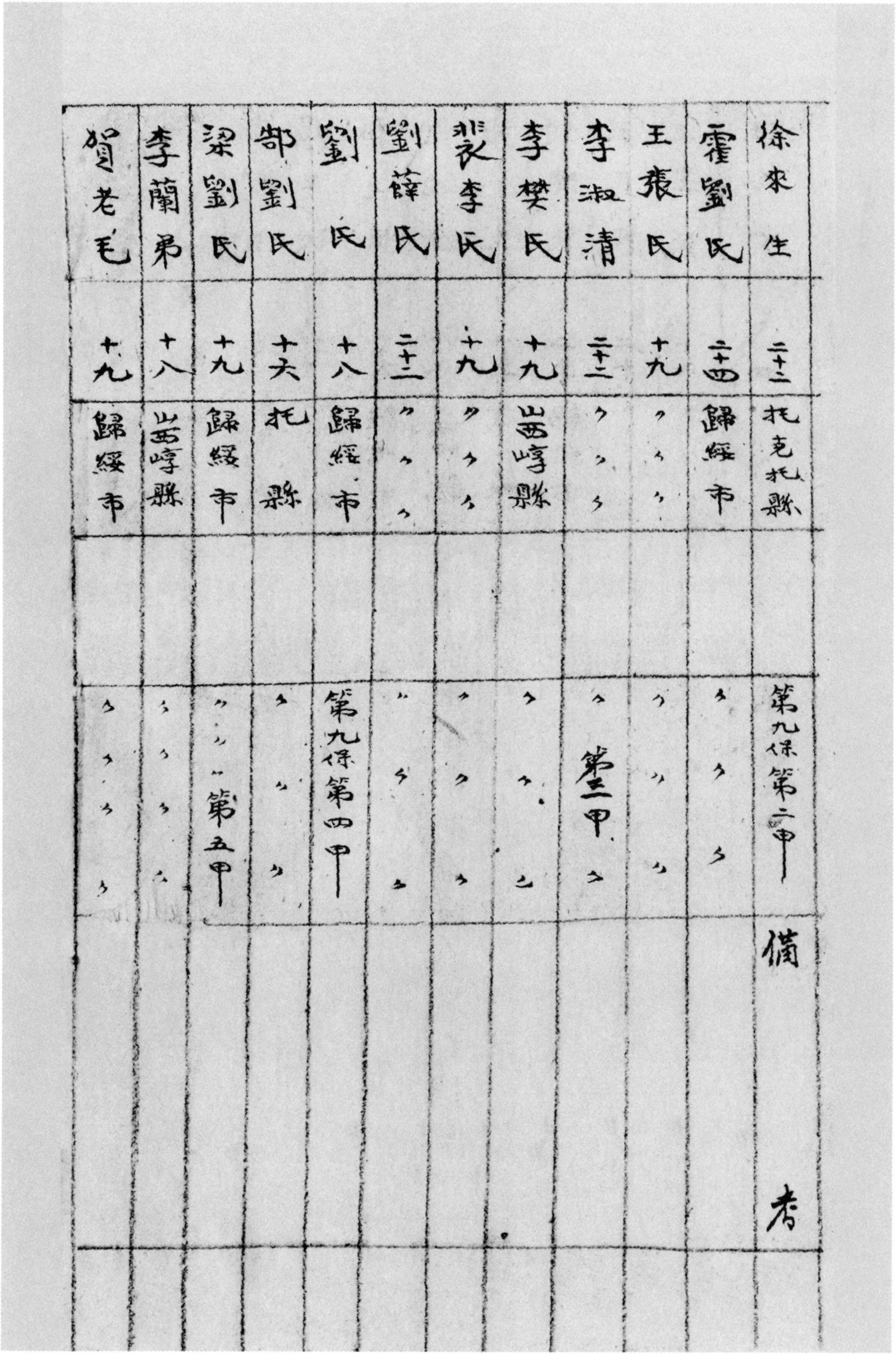

徐來生	二十三	托克托縣		第九保第二甲	備考
霍劉氏	二十四	歸綏市		〃〃	
王張氏	十九	〃〃〃		〃〃〃	
李淑清	二十三	〃〃〃		〃第二甲〃	
李樊氏	十九	山西崞縣		〃〃〃	
裴李氏	十九	〃〃〃		〃〃〃	
劉薛氏	二十二	〃〃〃		〃〃〃	
劉氏	十八	歸綏市		第九保第四甲	
郜劉氏	十六	托縣		〃〃〃	
梁劉氏	十九	歸綏市		〃〃〃第五甲	
李蘭弟	十八	山西崞縣		〃〃〃〃	
賀老毛	十九	歸綏市		〃〃〃〃	

图 7-6-8　归绥市第三区第九保妇女识字班调查登记表（节选）（二）

附录　内蒙古中西部沦陷时期社会教育档案

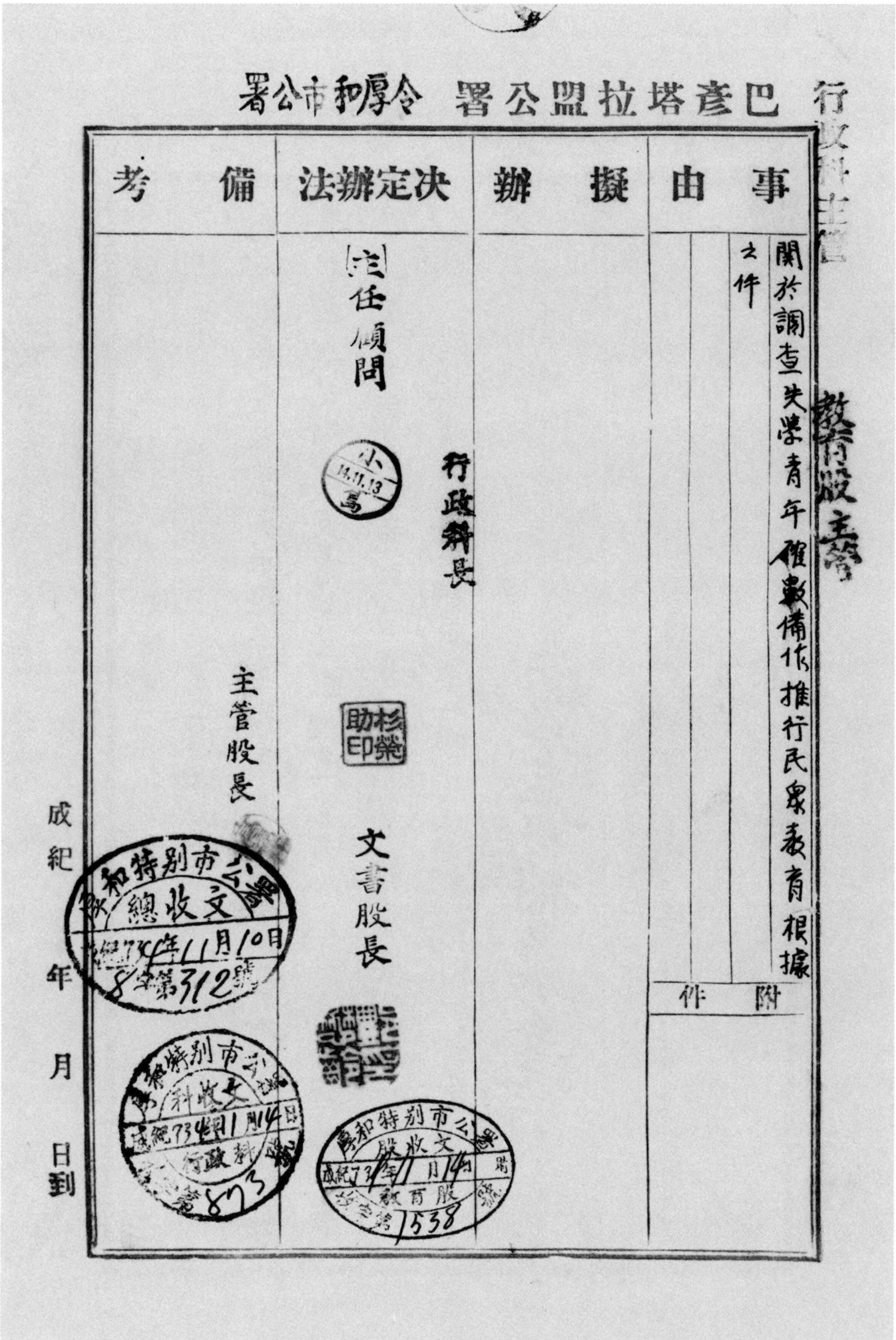

巴彥塔拉盟公署　令厚和市公署

行政科主管

事由	擬辦	決定辦法	備考
關於調查失學青年確數備作推行民衆教育根據之件	行政科長	主任顧問 文書股長	主管股長
附件			

教育股主管

成紀　年　月　日到

厚和特別市公署 總收文 成紀734年11月10日 8字第312號

厚和特別市公署 科收文 成紀734年11月14日 行政科 第873號

厚和特別市公署 股收文 成紀734年11月14日 教育股 第1538號

图 7- 附录 -1　“巴彦塔拉盟公署”为调查失学青年确数备作推行民众教育根据给“厚和市公署”令（附调查表式）（1939 年 11 月 10 日）（一）

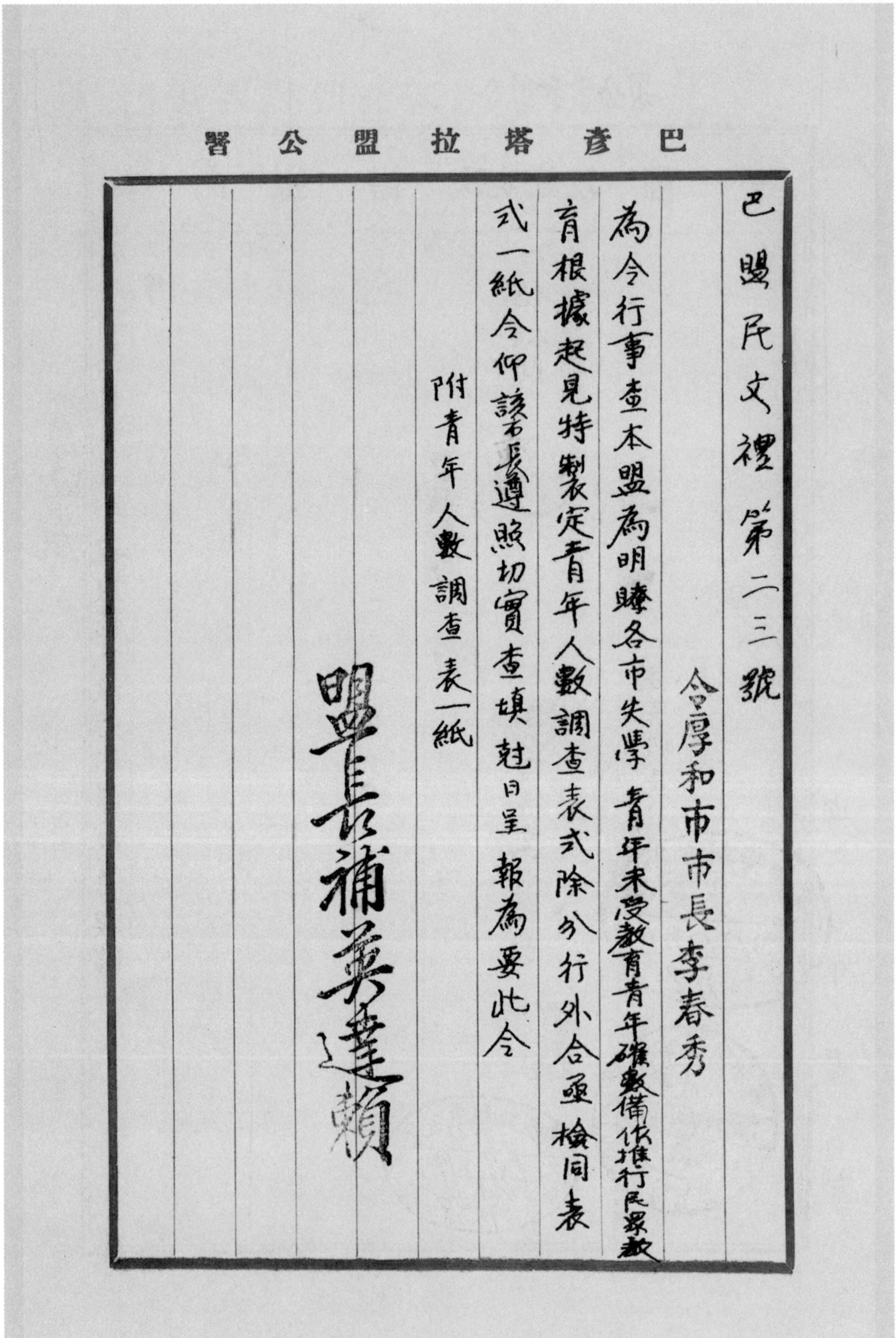

巴彦塔拉盟公署

巴盟民文禮第二三號

令厚和市市長李春秀

為令行事查本盟為明瞭各市失學青年未受教育青年確數備作推行民衆教育根據起見特製定青年人數調查表式除分行外合亟檢同表式一紙令仰該市長遵照切實查填尅日呈報為要此令

附青年人數調查表一紙

盟長補英達賴

图 7- 附录 -1 “巴彦塔拉盟公署”为调查失学青年确数备作推行民众教育根据给“厚和市公署”令（附调查表式）（1939 年 11 月 10 日）（二）

〇〇市青年人數調查表

性別	戶數	人口數	青年人數 十五、二十五	青年人數 二十六、三十五	青年人數 三十六、四十五	合計	識字青年數	失學青年數	失學青年數與青年數百分比	備考
男										
女										
計										

說明 此表須詳細調查填列不得有遺漏或捏報情事

图 7- 附录 -1 “巴彦塔拉盟公署”为调查失学青年确数备作推行民众教育根据给“厚和市公署”令（附调查表式）（1939 年 11 月 10 日）（三）

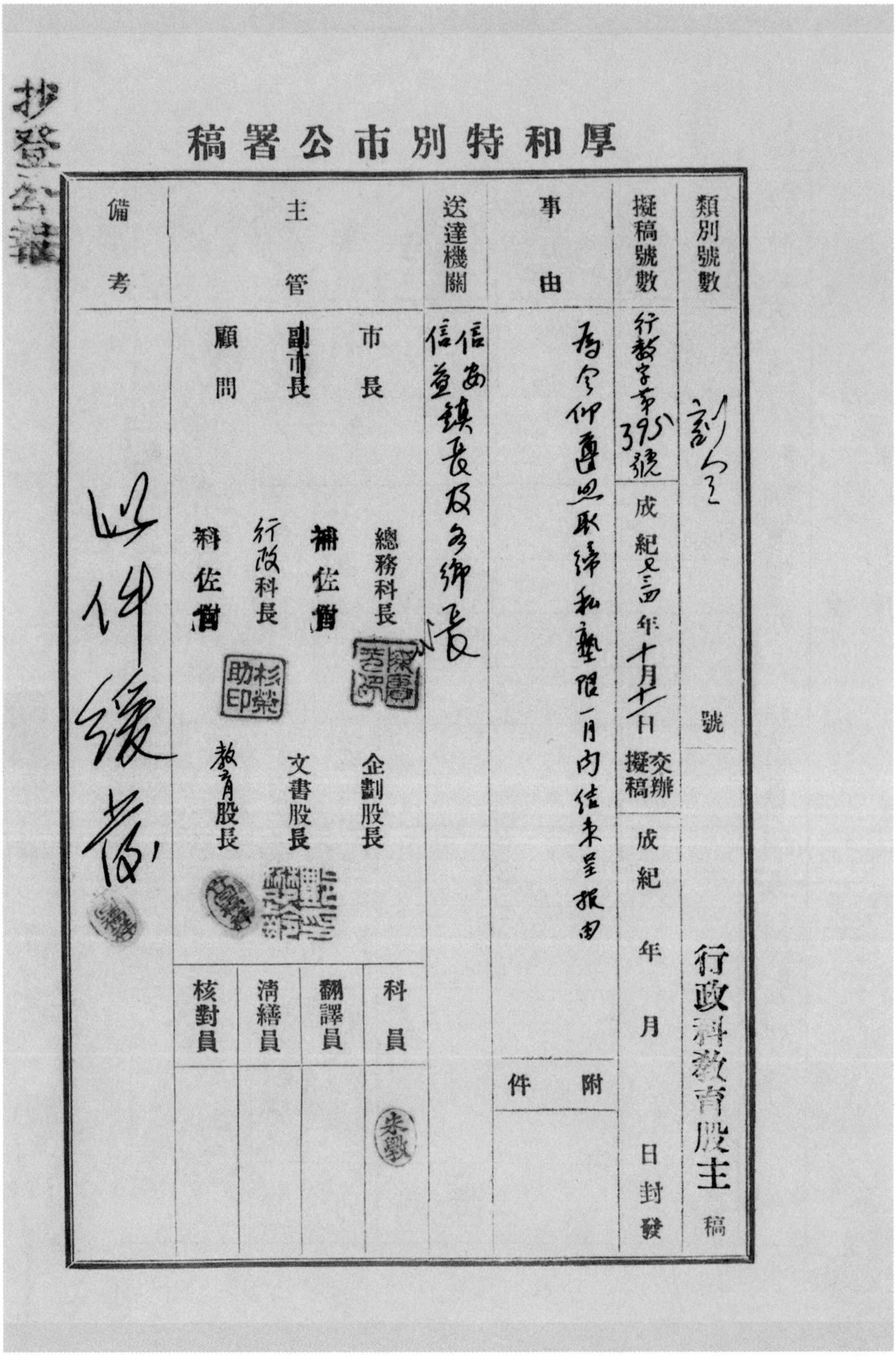

抄登公報

厚和特別市公署稿

類別號數：
擬稿號數：行教字第395號
成紀七三四年十月十一日擬稿交辦
成紀　年　月　日封發
行政科教育股主稿
事由：為令仰遵照取締私塾限一月內結束呈報由
送達機關：信安、信義鎮長及各鄉長
主管：市長　副市長　顧問
總務科長　補佐官　行政科長　科佐官
企劃股長　文書股長　教育股長
科員　翻譯員　清繕員　核對員
附件
備考：此件緩發

图 7- 附录 -2　“厚和特别市公署”关于取缔私塾限一月内结束呈报的训令（节选）（1939 年 10 月 11 日）（一）

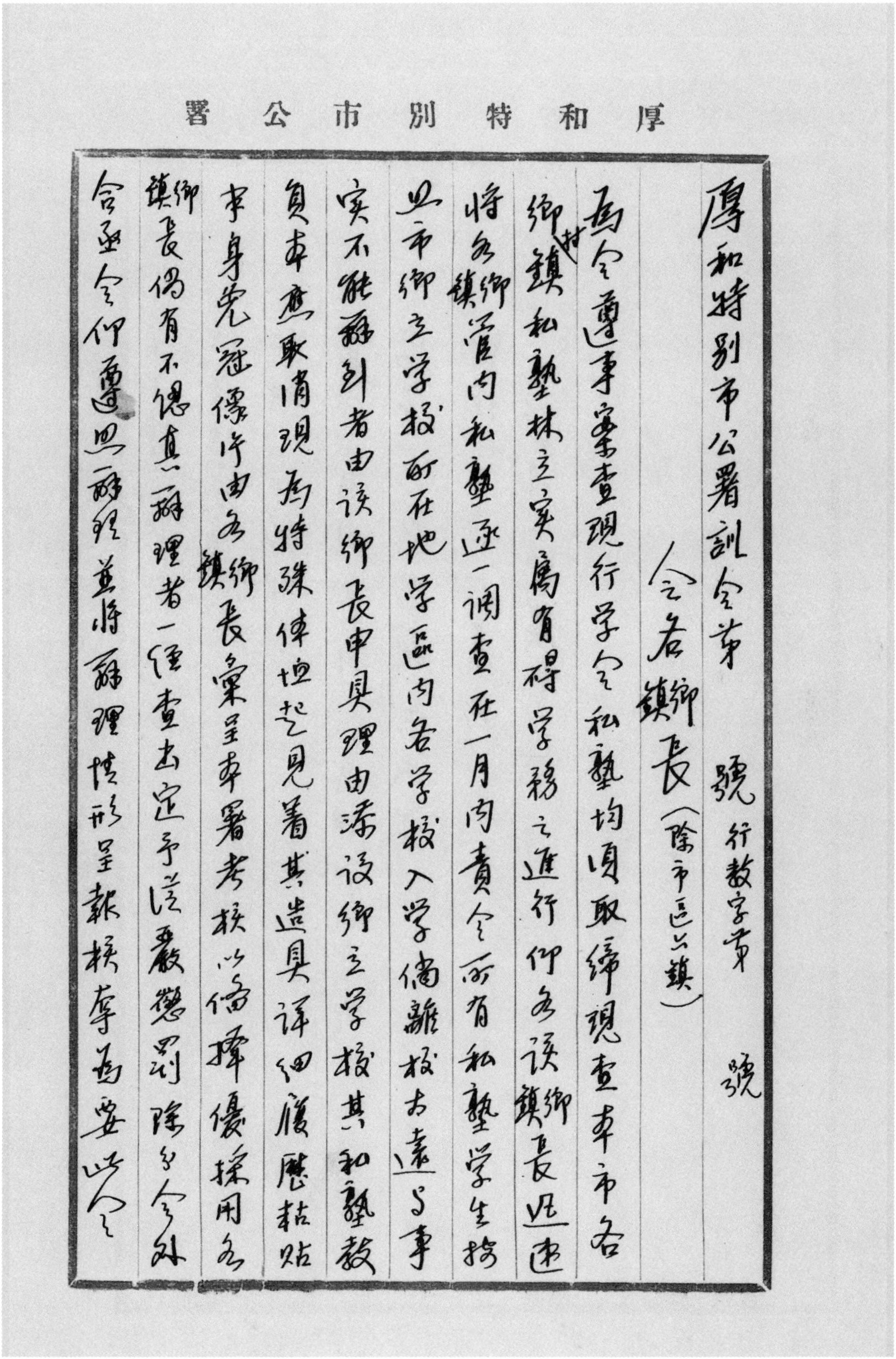
厚和特別市公署

厚和特別市公署訓令第　號 行敎字第　號

令各鎮鄉長（除市區六鎮）

爲令遵事案查現行学令私塾均須取締現查本市各鄉鎮私塾林立實属有碍学務之進行仰各該鎮鄉長迅速將各鎮鄉管内私塾逐一調查在一月内責令所有私塾学生按照本市鄉立学校所在地学區内各学校入学倘離校太遠之事實不能辦到者由該鄉長申具理由添設鄉立学校其私塾教員本應取消現為特殊俾埴起見着其造具詳細履歷粘貼本身免冠像片由各鎮鄉長彙呈本署考核以備擇優採用各鎮鄉長倘有不遵照辦理者一經查出定予從嚴懲罰除分令外合亟令仰遵照辦理並將辦理情形呈報核奪為要此令

图 7- 附录 -2 “厚和特别市公署”关于取缔私塾限一月内结束呈报的训令（节选）（1939 年 10 月 11 日）（二）

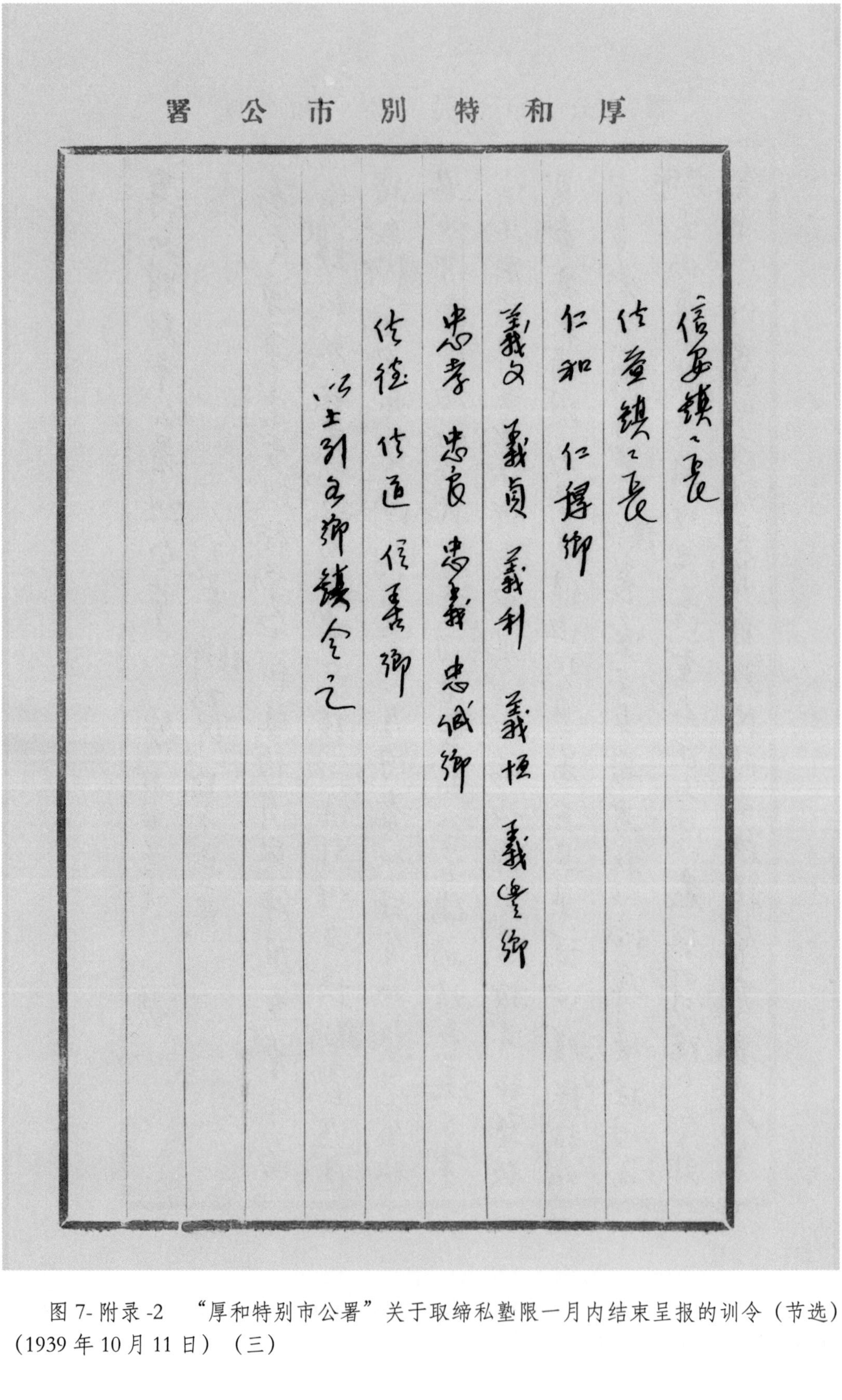

厚和特別市公署

信安鎮々長
信益鎮々長
仁和 仁厚鄉
義文 義貞 義利 義恒 義豐鄉
忠孝 忠良 忠義 忠誠鄉
信德 信道 信善鄉
以上列各鄉鎮令之

图 7- 附录 -2 “厚和特别市公署”关于取缔私塾限一月内结束呈报的训令（节选）（1939 年 10 月 11 日）（三）

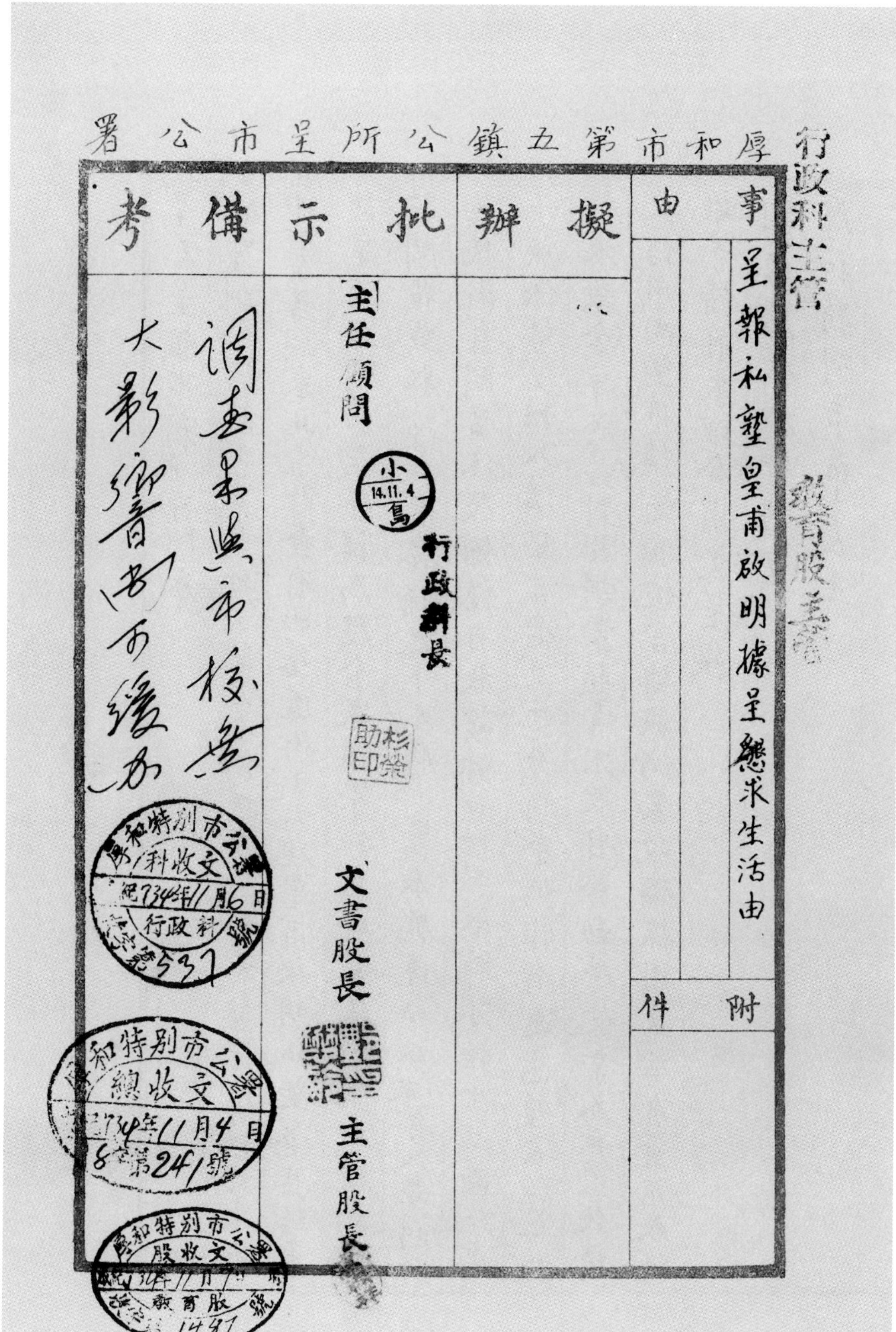
厚和市第五鎮公所呈市公署

行政科主管

教育股主管

事由	擬辦	批示	備考
呈報私塾皇甫啟明據呈懇求生活由		主任顧問 小島 14.11.4 行政科長 杉榮助印 文書股長 主管股長	詞查果無市校無大影響亦可緩辦
附件			

厚和特別市公署 行科收文 紀734年11月6日 行政科 字第537號

厚和特別市公署 總收文 紀734年11月4日 8字第241號

厚和特別市公署 股收文 紀734年11月7日 教育股 字第1487號

图 7- 附录 -3 “厚和市第五镇公所”为皇甫启明恳求保留私塾以维系生活致“厚和市公署”呈（1939 年 11 月 4 日）（一）

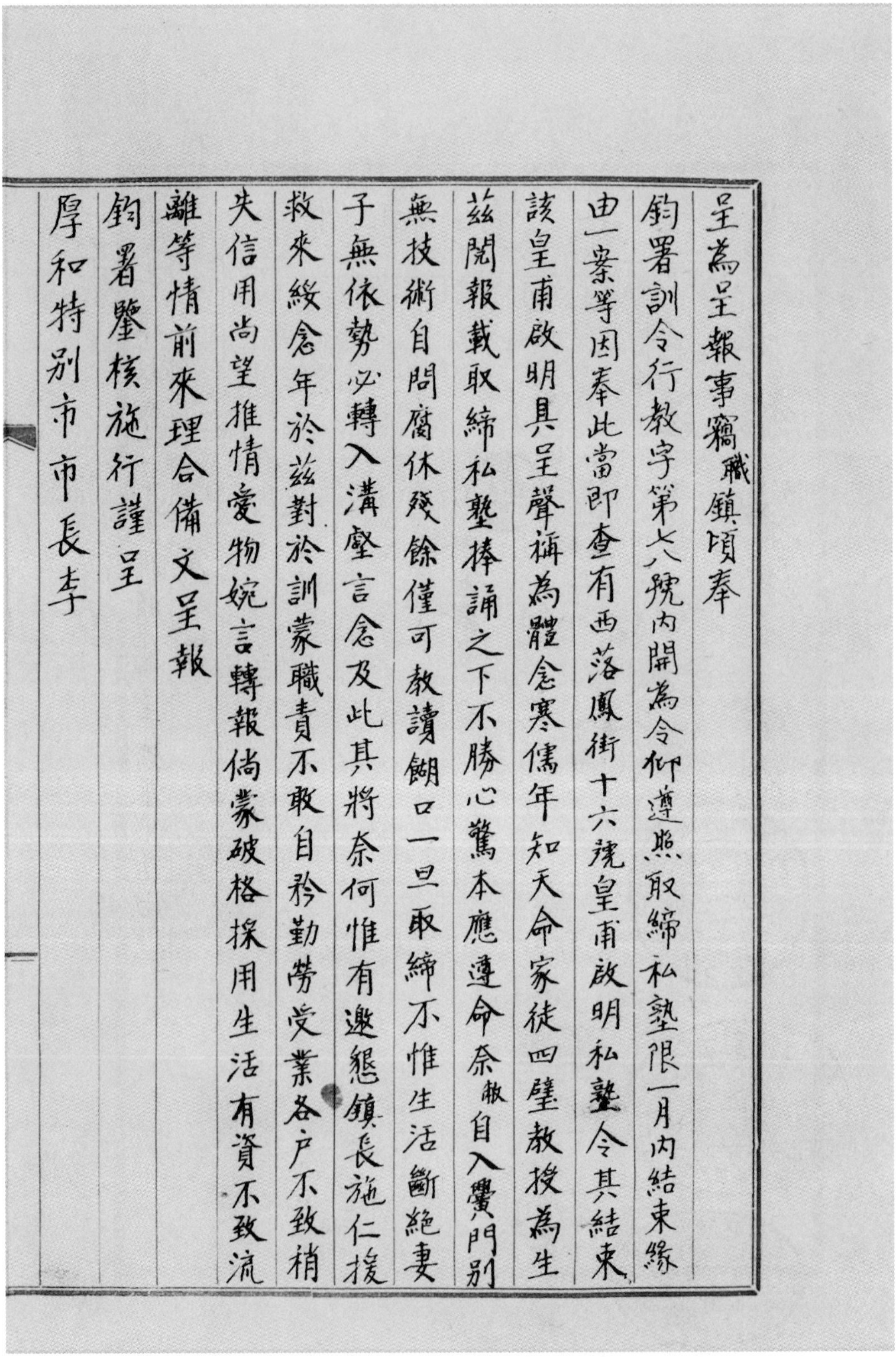

呈為呈報事竊職鎮頃奉
鈞署訓令行教字第七八號內開為令仰遵照取締私塾限一月內結束緣
由一案等因奉此當即查有西落鳳街十六號皇甫啟明私塾令其結束
該皇甫啟明具呈聲稱為體念寒儒年知天命家徒四壁教授為生
茲閱報載取締私塾捧誦之下不勝心驚本應遵命奈敝自入黌門別
無技術自問腐休殘餘僅可教讀餬口一旦取締不惟生活斷絕妻
子無依勢必轉入溝壑言念及此其將奈何惟有邀懇鎮長施仁援
救來綏念年於茲對於訓蒙職責不敢自矜勤勞受業各户不致稍
失信用尚望推情愛物婉言轉報倘蒙破格採用生活有資不致流
離等情前來理合備文呈報
鈞署鑒核施行謹呈
厚和特別市市長李

图 7- 附录 -3 “厚和市第五镇公所”为皇甫启明恳求保留私塾以维系生活致“厚和市公署”呈（1939 年 11 月 4 日）（二）

厚和市第五鎮鎮長畢經武

鎮副陶五色

宗朝清

関象樞

監察員関瑞華

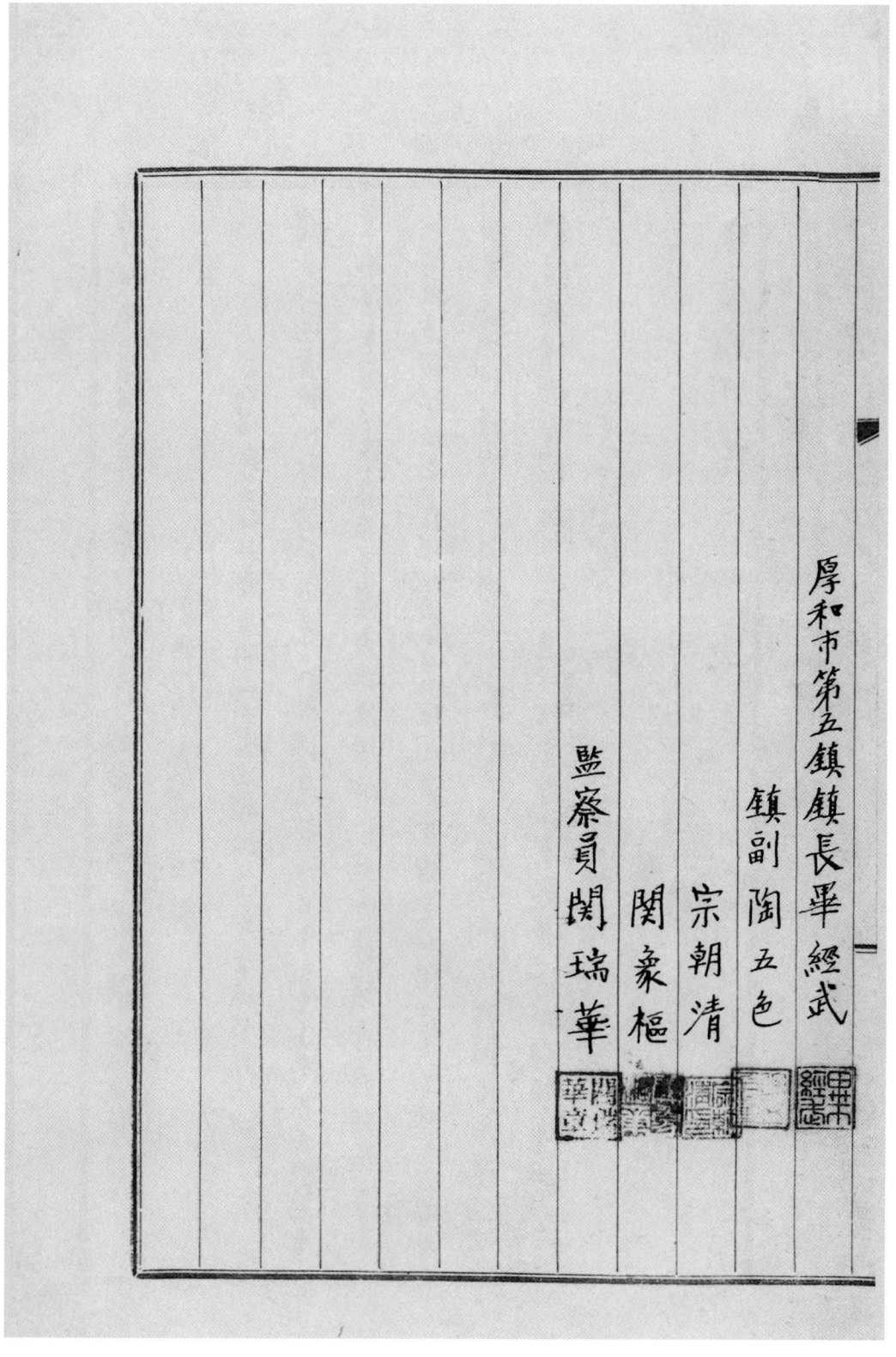

图 7-附录-3 “厚和市第五镇公所”为皇甫启明恳求保留私塾以维系生活致“厚和市公署”呈（1939 年 11 月 4 日）（三）

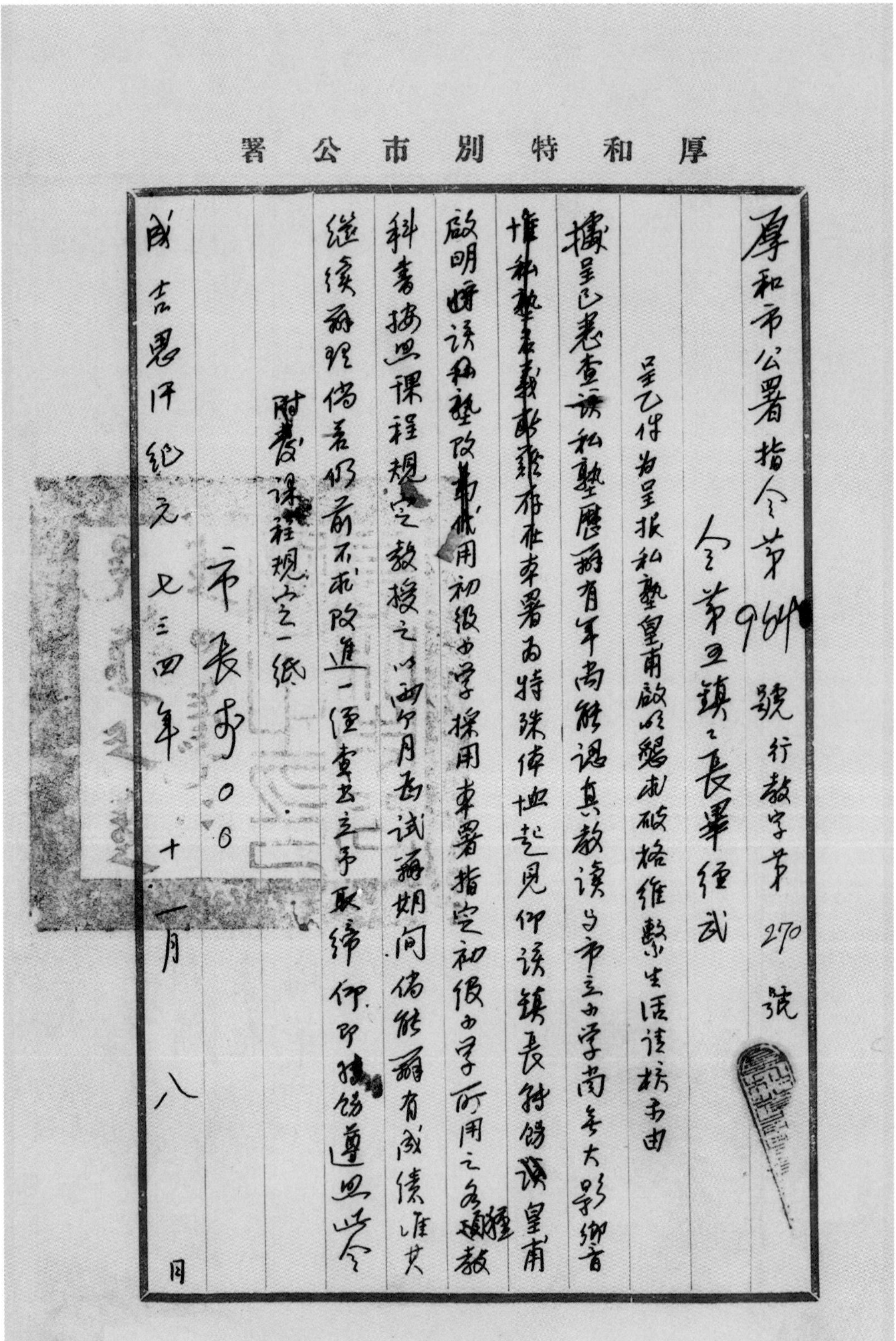
厚和特別市公署

厚和市公署指令第 9?? 號 行教字第270號

令第五鎮鎮長畢維武

呈乙件為呈報私塾皇甫啟明經歷破格維繫生活請核示由

據呈已悉查該私塾歷辦有年尚能認真教讀与市立小学尚無大影響惟私塾本為教育在本署為特殊條件也茲見仰該鎮長轉飭該皇甫啟明將該私塾改用初級小学採用本署指定初級小学所用之各種教科書按照課程規定教授之以兩个月為試辦期间倘能辦有成績准其繼續辦理倘若仍前不能改進一經查出立予取締仰即轉飭遵照此令

附發課程規定一紙

市長 ○○

成吉思汗紀元七三四年十一月八日

图 7- 附录 -4 “厚和市公署”为暂不取缔皇甫启明私塾给第五镇公所指令（1939 年 11 月 8 日）

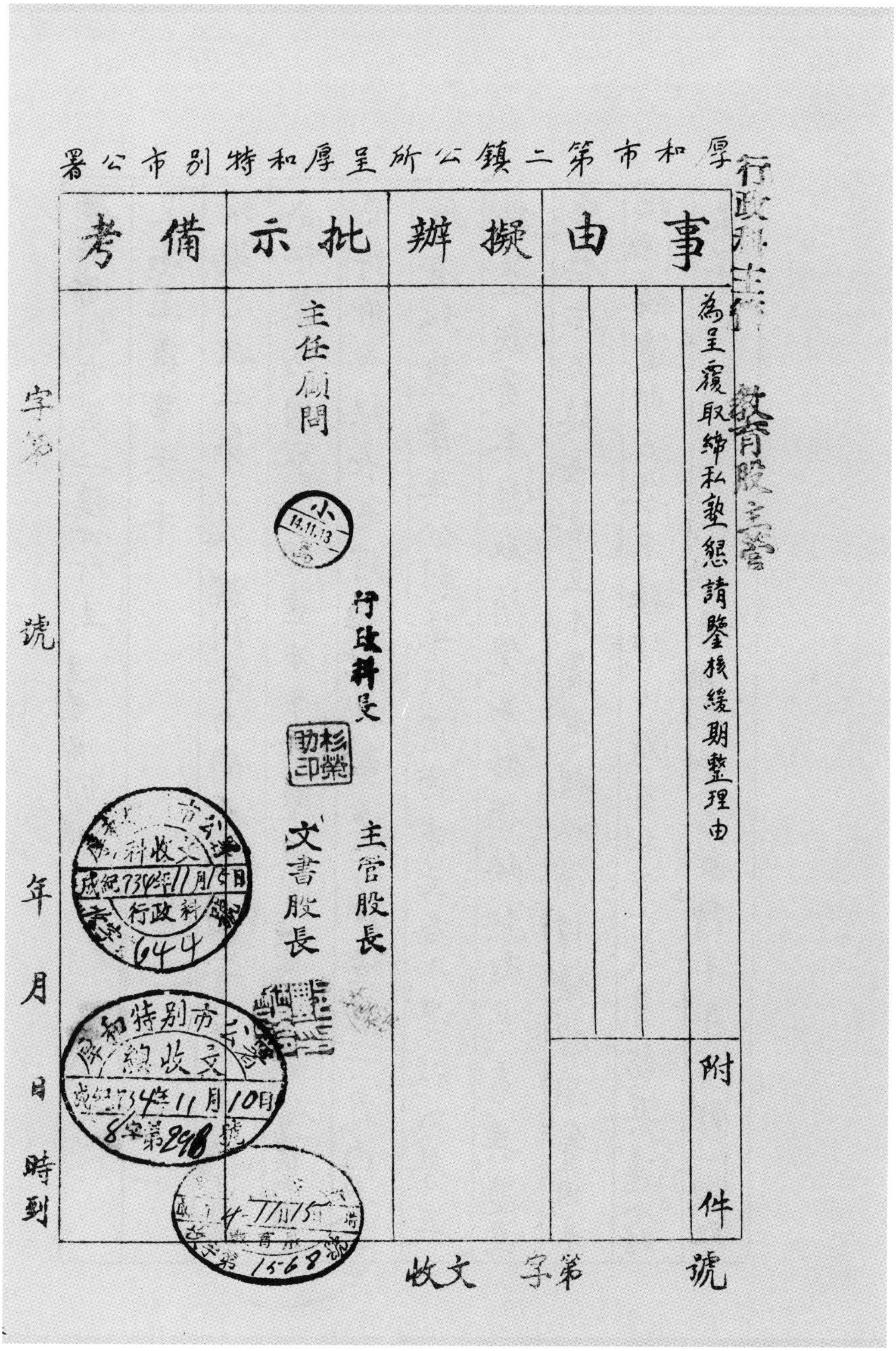
厚和市第二鎮公所呈厚和特別市公署

事由	擬辦	批示	備考
為呈覆取締私塾懇請鑒核緩期整理由		主任顧問 行政科長 主管股長 文書股長	
附件			

行政科主管
教育股主管

字第 號 年 月 日 時到

收文 字第 號

图 7- 附录 -5 “厚和市第二镇公所”为恳请缓期取缔私塾致“厚和特别市公署”呈（1939 年 11 月 10 日）（一）

厚和特別市第二鎮公所呈　呈字第11號

呈為呈覆事案奉

鈞署行教字第七八號訓令內開為令遵事案查現行學令私塾均須取締現查本市私塾林立實屬有碍學務之進行仰各鎮長迅將管內私塾逐一調查在一月內責令所有私塾學生分別送往區內市立各小學校入學其私塾教員本應取消現為特殊体恤起見着其造具履歷由各鎮長彙呈本署考核以備擇優採用等因奉此職鎮遵即召集本鎮境內所有私塾教員飭其遵令結束第經該教員等聲稱敝等業已教讀半年有餘一但取

图 7- 附录 -5　“厚和市第二镇公所”为恳请缓期取缔私塾致“厚和特别市公署”呈（1939 年 11 月 10 日）（二）

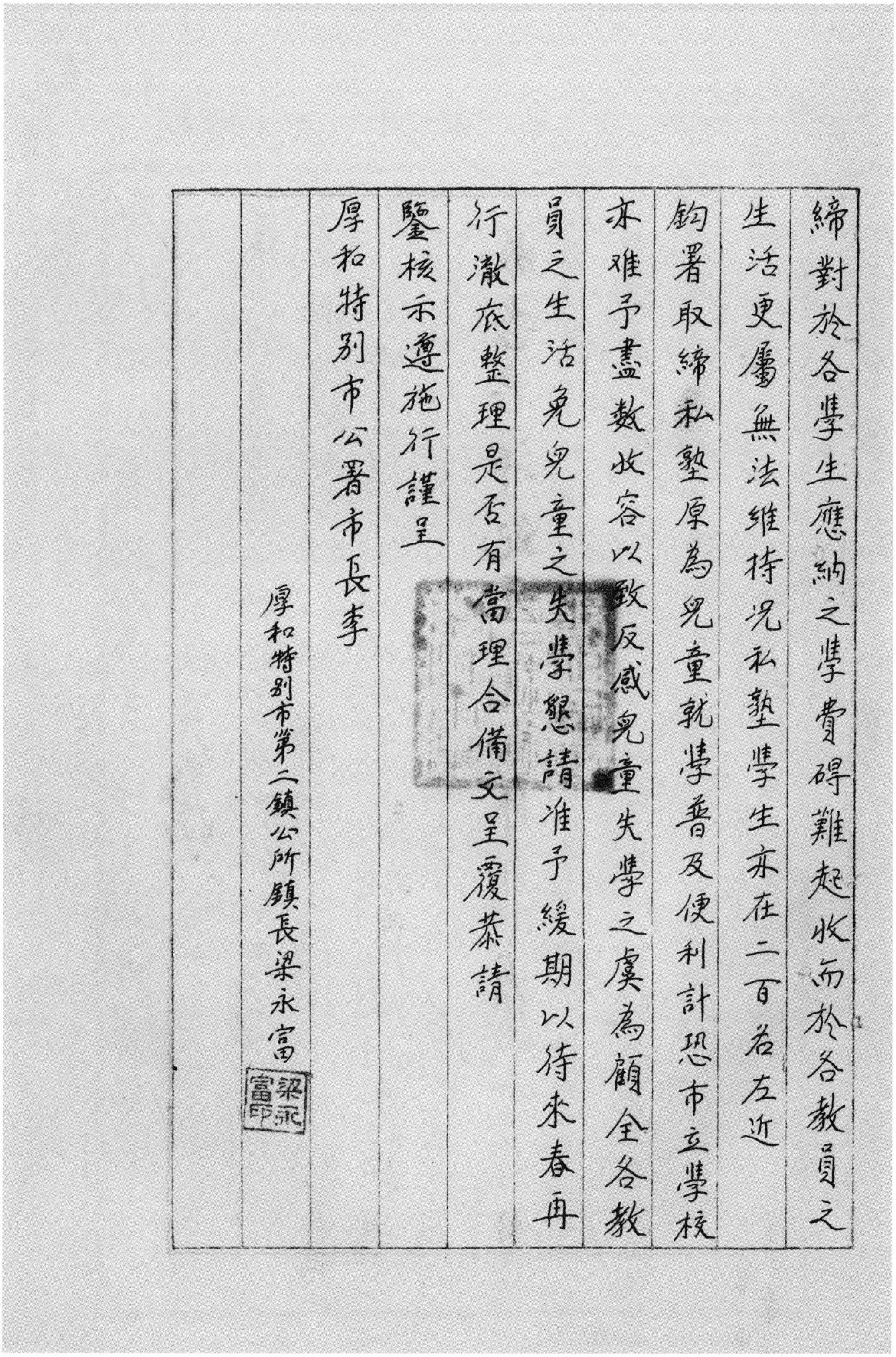

締對於各學生應納之學費碍難起收而於各教員之
生活更屬無法維持況私塾學生亦在二百名左近
鈞署取締私塾原為兒童就學普及便利計恐市立學校
亦难予盡數收容以致反感兒童失學之虞為顧全各教
員之生活免兒童之失學懇請准予緩期以待來春再
行澈底整理是否有當理合備文呈覆恭請
鑒核示遵施行謹呈
厚和特別市公署市長李
厚和特別市第二鎮公所鎮長梁永富
梁永富印

图 7- 附录 -5　“厚和市第二镇公所”为恳请缓期取缔私塾致“厚和特别市公署”呈（1939 年 11 月 10 日）（三）

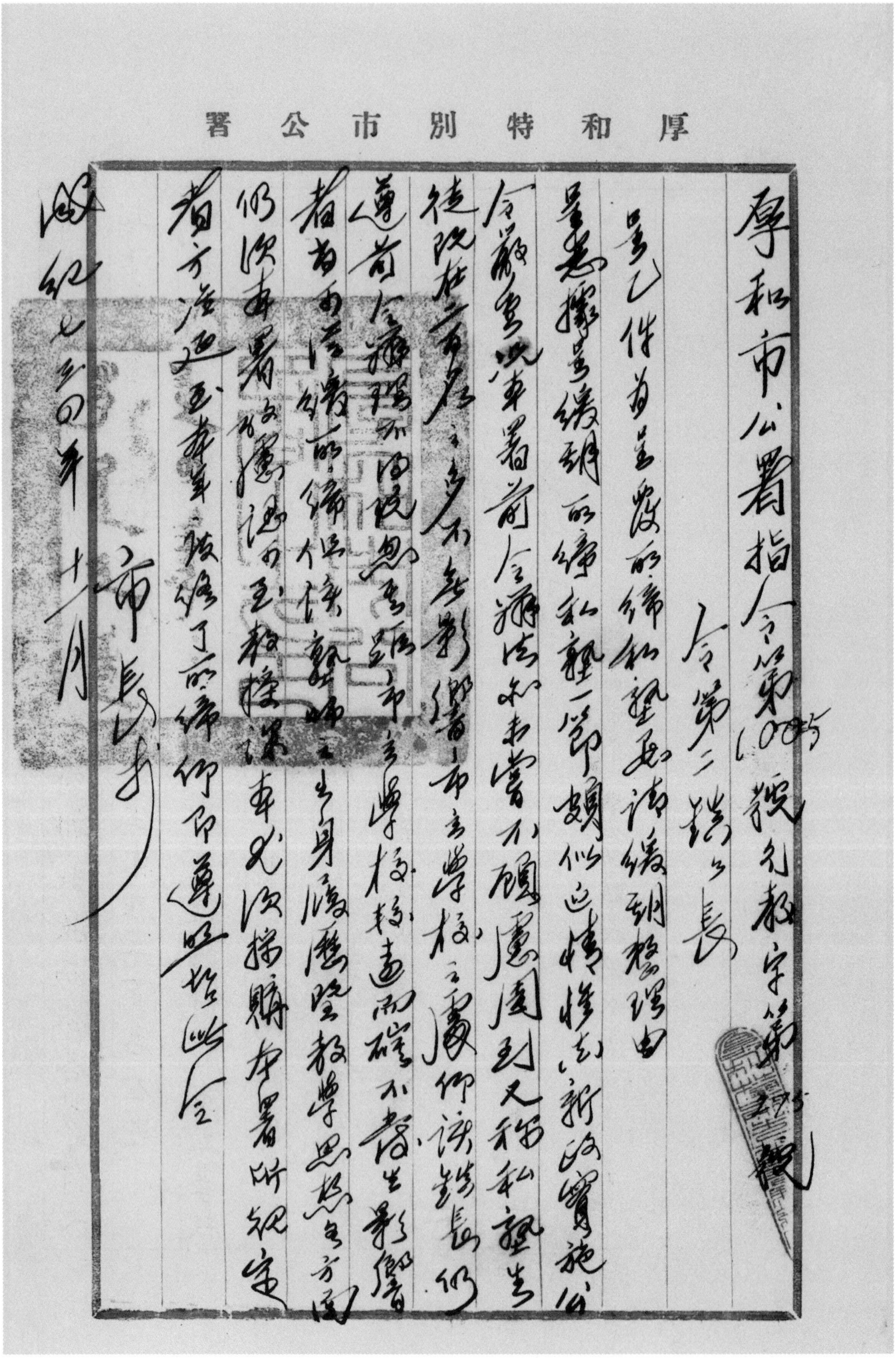

厚和特別市公署

厚和市公署指令第1085號　令教字第二七五號

令第二鎮鎮長

呈乙件為呈覆取締私塾懇請緩期整理由

呈悉。據呈緩期取締私塾一節，頗似近情，惟於新政實施以

今蒙疆政本署前令辦法，非未嘗不顧慮周到，又稱私塾生

徒改在公立，不無影響。市立學校之處，仰該鎮長仍

遵前令辦理。所請延期整理之處，與市立學校接近而確不發生影響

者，當可從緩取締。但擔任私塾之身，應懸教學思想，令方向

仍須由本署派遣教員視察，以資改進。本署所規定

者方法，迅速辦理，該鎮了解所締，仰即遵照。此令

成紀七三四年十一月

市長

图 7- 附录 -6　“厚和市公署”为缓期取缔私塾给“第二镇公所”指令（1939 年 11 月）

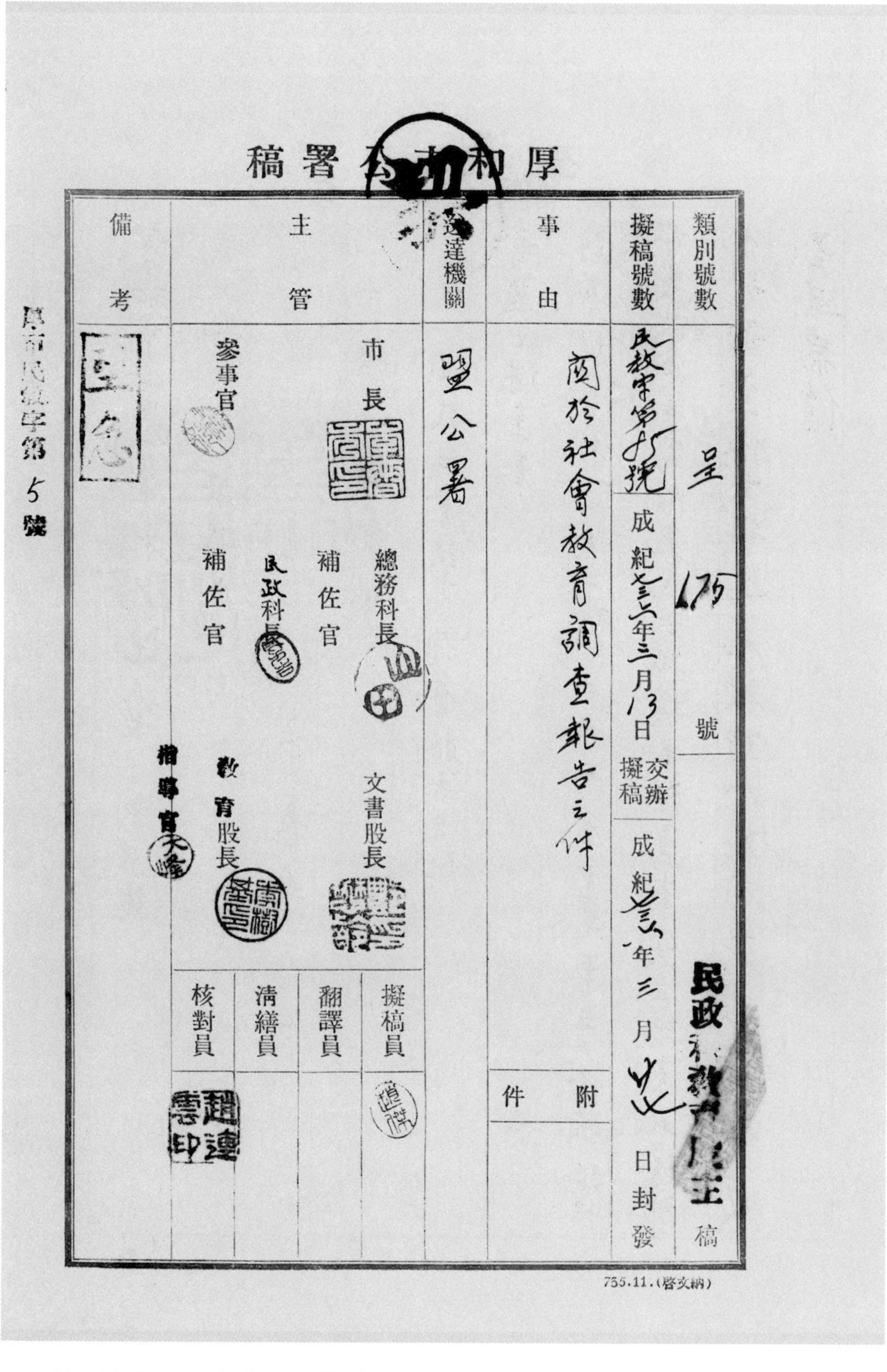

厚和市公署稿

厚市民教字第5號

類別號數	呈 175 號
擬稿號數	民教字第15號
	成紀七三六年三月13日
交辦擬稿	成紀七三六年三月　日封發
事由	関於社會教育調查報告之件
送達機關	盟公署
主管	市長　參事官　總務科長　補佐官　民政科長　補佐官　文書股長　教育股長　指導官
擬稿員	
翻譯員	
清繕員	
核對員	
附件	
備考	

民政科教育股主稿

735.11.(啓文納)

图 7- 附录 -7　“厚和市公署”关于社会教育调查报告致“巴彦塔拉盟公署”呈（1941 年 3 月 27 日）（一）

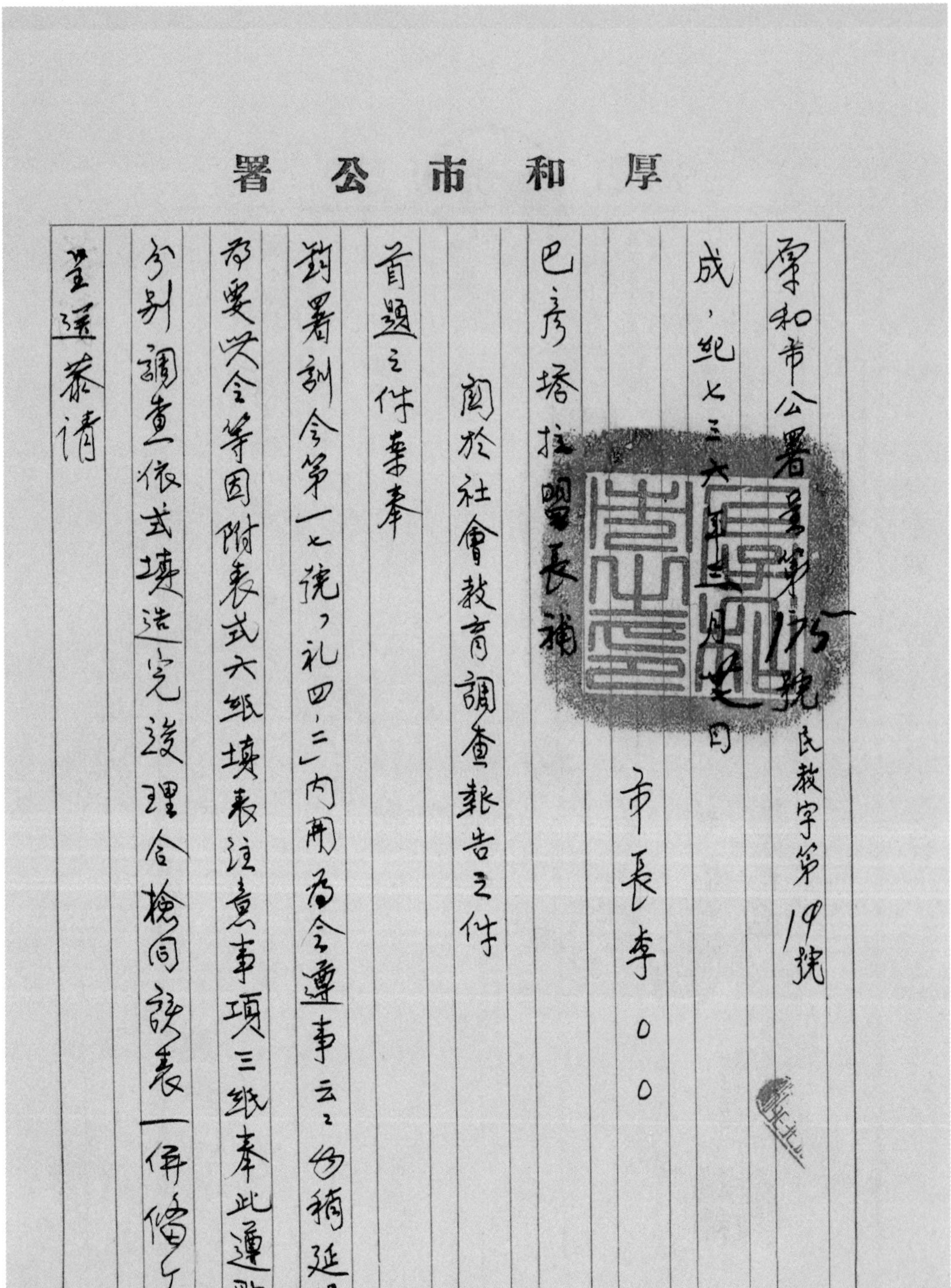

厚和市公署

厚和市公署呈第1175號
民教字第14號
成紀七三六年三月廿七日
巴彥塔拉盟長補
市長李〇〇
關於社會教育調查報告之件
首題之件案奉
鈞署訓令第一七號,礼四、二內開「為令遵事云云」务稍延悞
為要此令等因附表式六紙填表注意事項三紙奉此遵即
分別調查依式填造完竣理合檢同該表一併備文
呈送恭請

图 7- 附录 -7　“厚和市公署”关于社会教育调查报告致“巴彦塔拉盟公署”呈（1941 年 3 月 27 日）（二）

厚和市公署

暨各校學務

附呈調查表六紙

图 7- 附录 -7 “厚和市公署”关于社会教育调查报告致“巴彦塔拉盟公署”呈（1941 年 3 月 27 日）（三）

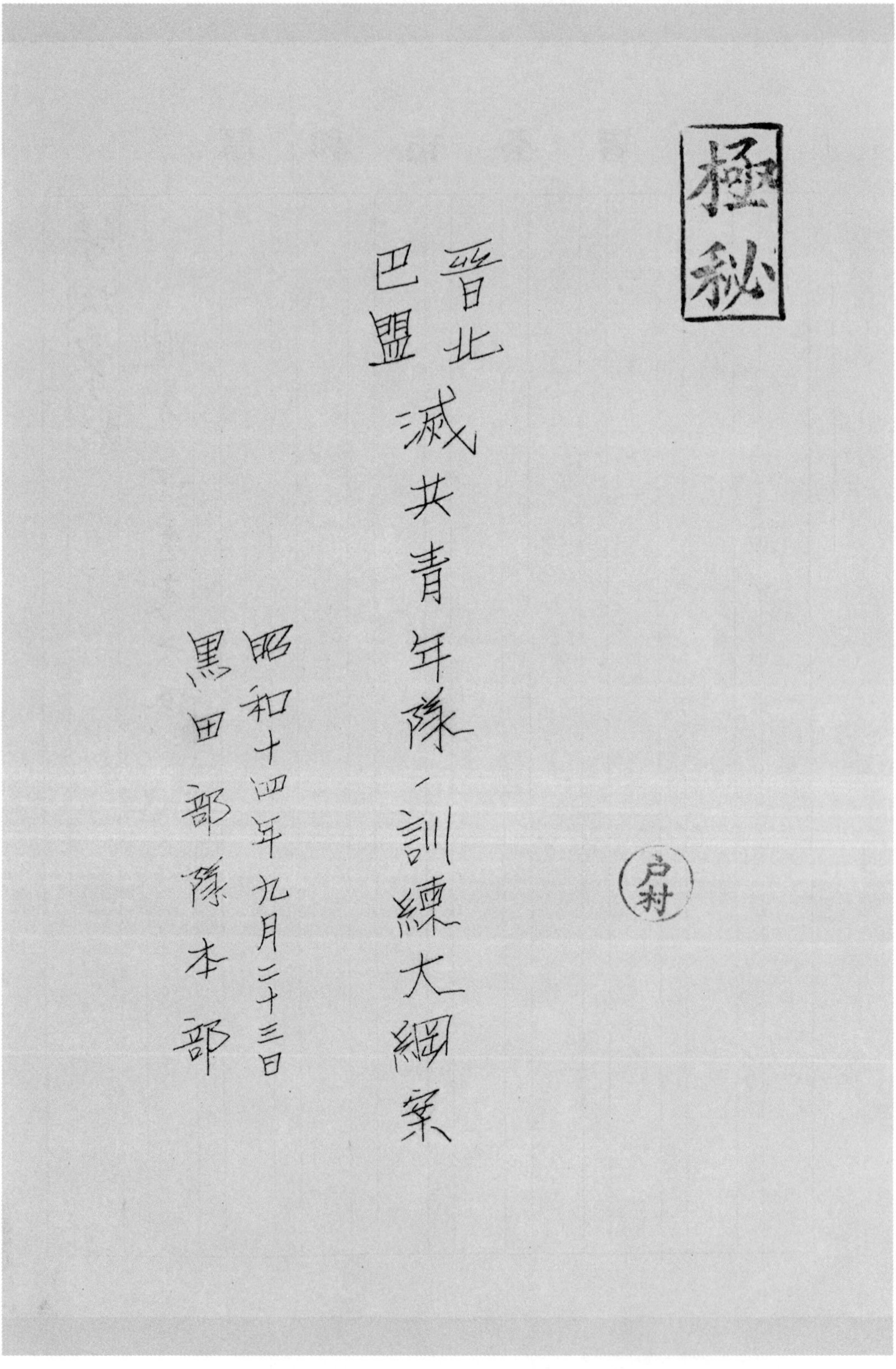
極秘
晋北巴盟滅共青年隊ノ訓練大綱案
戸村
昭和十四年九月二十三日
黒田部隊本部

图 7- 附录 -8　“黑田部队本部晋北巴盟灭共青年队”训练大纲（日文）（1939 年 9 月 23 日）（一）

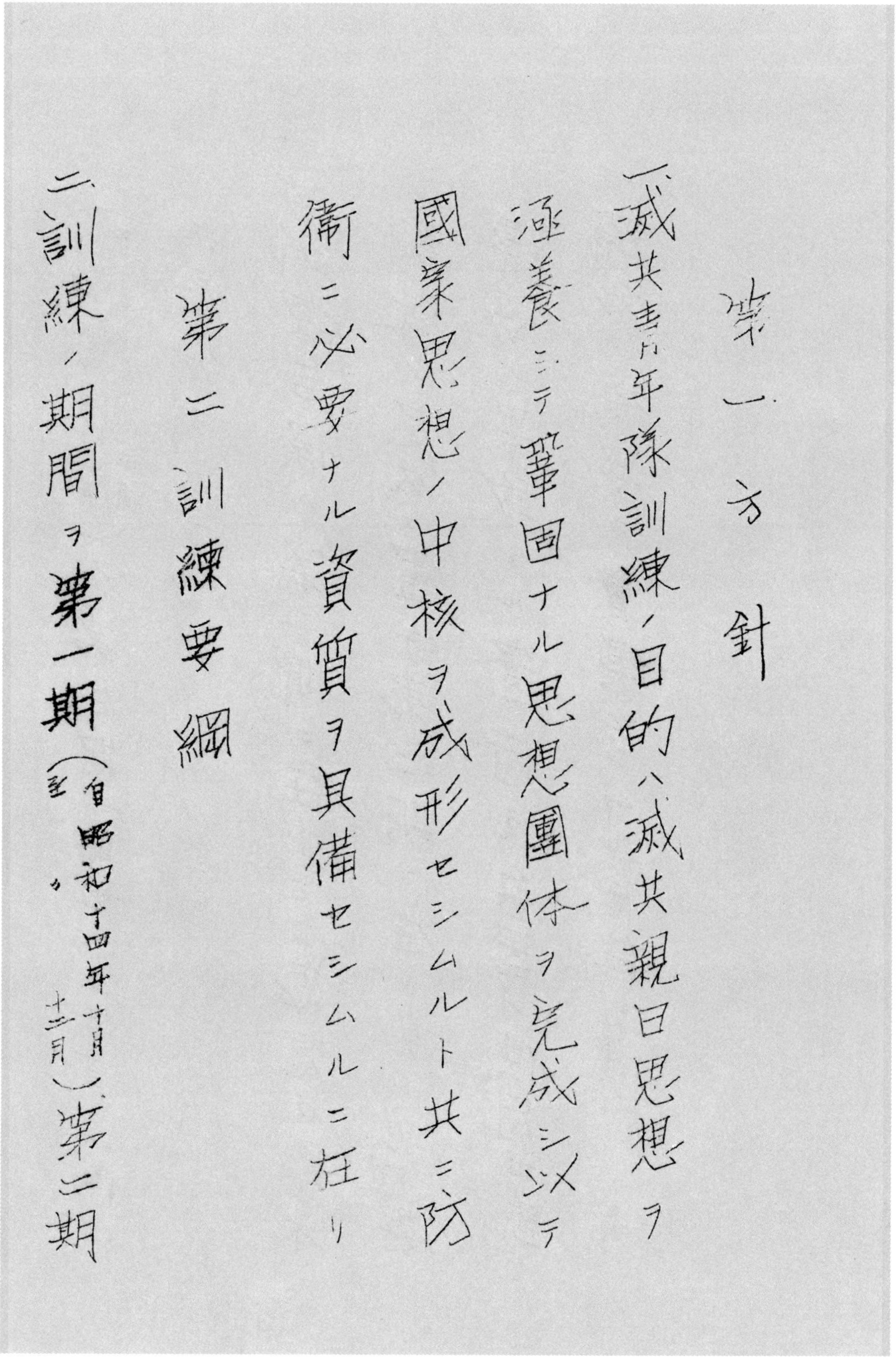
第一　方針

一、滅共青年隊訓練ノ目的ハ滅共親日思想ヲ涵養シテ鞏固ナル思想團体ヲ完成シ以テ國家思想ノ中核ヲ成形セシムルト共ニ防衛ニ必要ナル資質ヲ具備セシムルニ在リ

第二　訓練要綱

二、訓練ノ期間ヲ第一期（自昭和十四年十月 至十二月）、第二期

图 7- 附录 -8　“黑田部队本部晋北巴盟灭共青年队”训练大纲（日文）（1939 年 9 月 23 日）（二）

（自昭和十五年一月
至〃三月）及第三期（昭和十五年四月以降）
ニ區分ス

三 訓練目標ハ第一期ニ在リテハ思想及國体
訓練ノ完成ニ置キ第二期ニ在リテハ思想
運動ノ果敢ナル實行及兵器ノ使用並戰
闘法ノ概要ヲ會得セシムルニ在リ

图 7- 附录 -8　“黑田部队本部晋北巴盟灭共青年队”训练大纲（日文）（1939 年 9 月 23 日）（三）

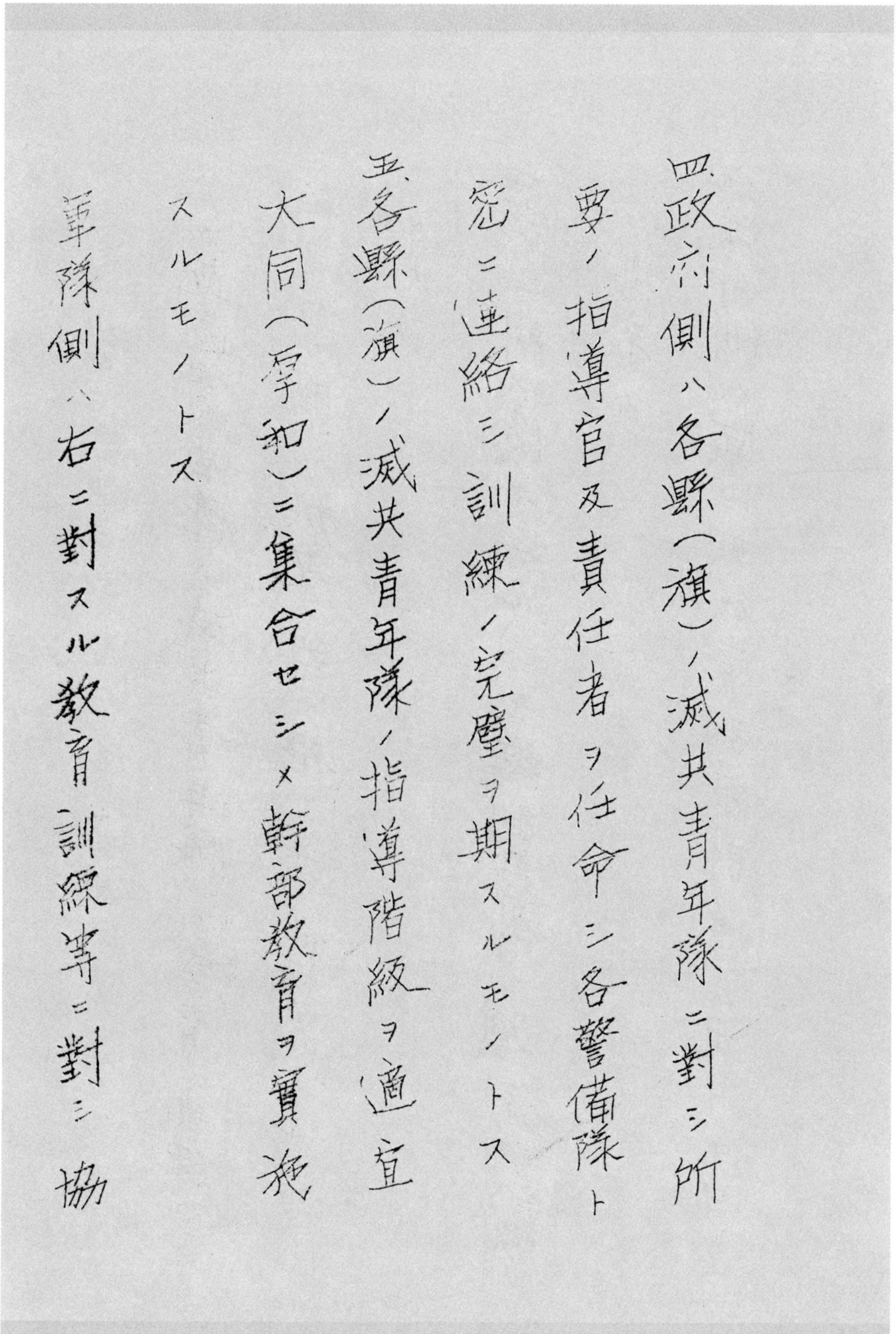

四、政府側ハ各縣（旗）ノ滅共青年隊ニ對シ所
要ノ指導官及責任者ヲ任命シ各警備隊ト
密ニ連絡シ訓練ノ完璧ヲ期スルモノトス
五、各縣（旗）ノ滅共青年隊ノ指導階級ヲ適宜
大同（厚和）ニ集合セシメ幹部教育ヲ實施
スルモノトス
軍隊側ハ右ニ對スル教育訓練等ニ對シ協

图 7- 附录 -8　“黑田部队本部晋北巴盟灭共青年队”训练大纲（日文）（1939 年 9 月 23 日）（四）

リスルモノトス

六、各地區警備隊ハ滅共青年隊ノ教育、訓練ノ指導ニ關シ狀況ノ許ス限リ之ヲ援助スルモノトス。

七、第二期以後ニ採ルベキ編制裝備ニ關シテハ別ニ指示ス

八、政府側ハ第一期教育訓練計畫ヲ十月十日迄

图 7- 附录 -8　“黑田部队本部晋北巴盟灭共青年队”训练大纲（日文）（1939 年 9 月 23 日）（五）

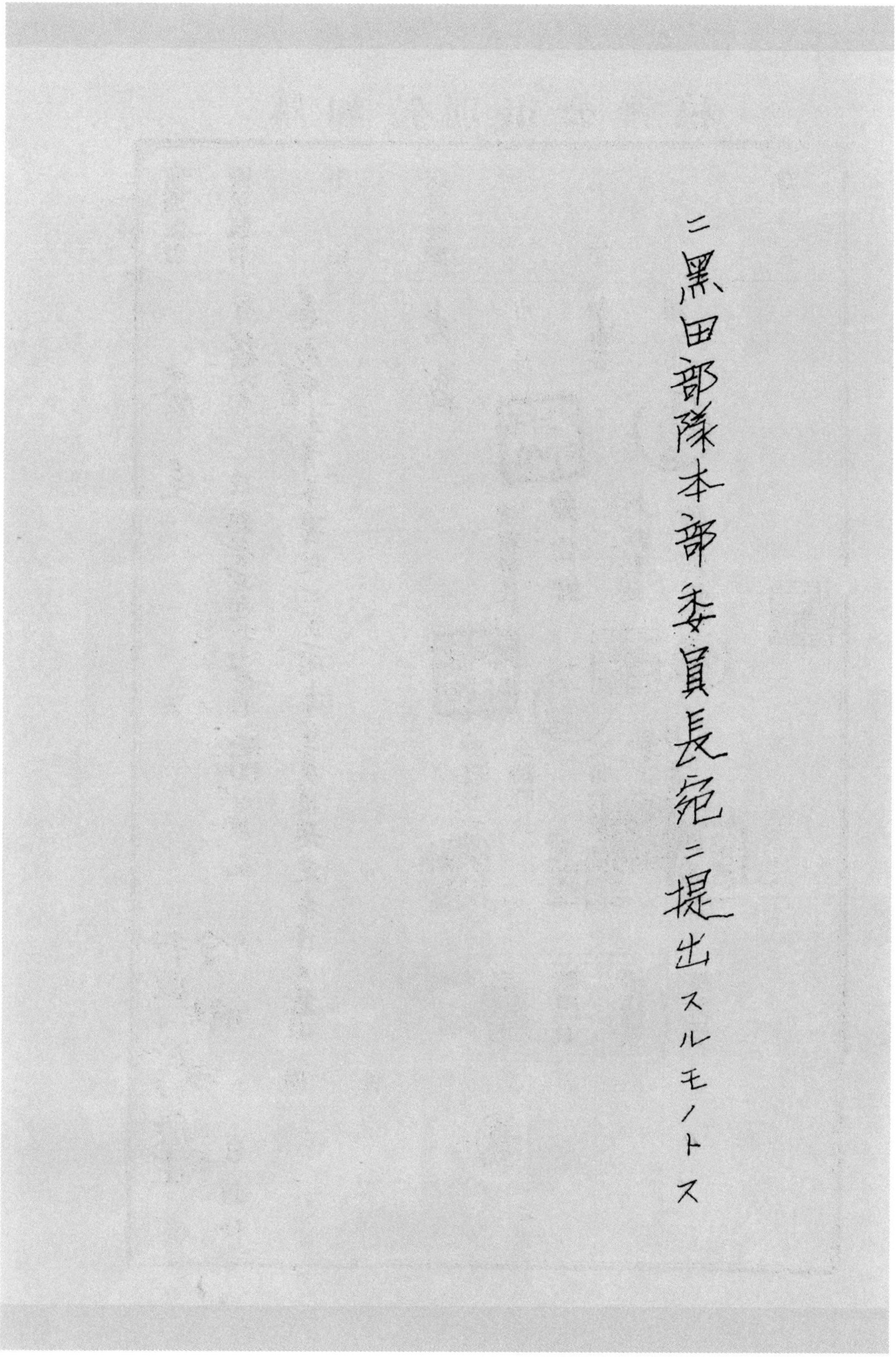

ニ黒田部隊本部委員長宛ニ提出スルモノトス

图 7- 附录 -8 “黑田部队本部晋北巴盟灭共青年队”训练大纲（日文）（1939 年 9 月 23 日）（六）

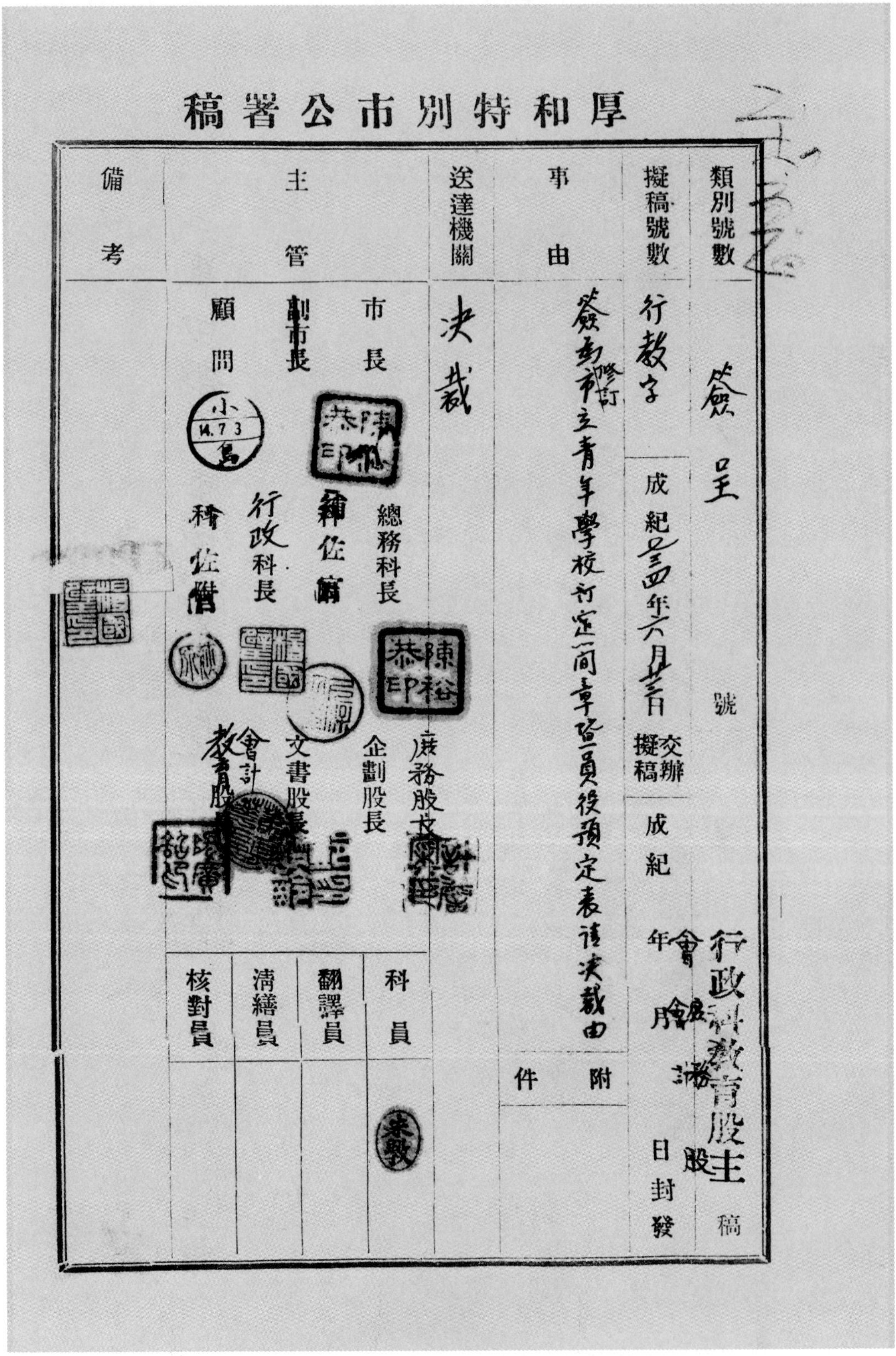

厚和特别市公署稿

类别号数：签呈　　号
拟稿号数：行教字
成纪七三四年六月廿三日拟稿
交办
成纪　年　月　日封发
会稿：会计
主稿：行政科教育股

事由：签为修订市立青年学校订定简章暨员役预定表请决裁由

送达机关：决裁

主管：
市长
副市长
顾问
总务科长
行政科长
稽佐
庶务股长
企划股长
文书股长
会计
教育股长

科员
翻译员
清缮员
核对员

附件

备考

图 7-附录-9　“厚和特别市公署”关于修订“市立青年学校”简章暨员役预定表的签呈（附简章及岁出预算书）（1939 年 6 月 23 日）（一）

厚和特別市公署

簽呈

簽為修訂市立青年學校簡章暨員役預定表等請決裁之件

為簽請事案查市立青年學校第一期學生業已畢業正在籌辦第二期市立青年學校所有學生已由各鄉送到為充實內部章則自應修正茲擬定七月一日開始授課將員役預為配定以便開學後各員專責所擬是否有當理合檢同市立青年學校簡章員役預定表新採用專任人員履歷暨歲出預算書課程表學生名冊一併簽請決裁施行謹呈

市　長

主任顧問

附呈　簡章一份　員役預定表一份　履歷三份

图 7- 附录 -9　“厚和特别市公署”关于修订“市立青年学校”简章暨员役预定表的签呈（附简章及岁出预算书）（1939 年 6 月 23 日）（二）

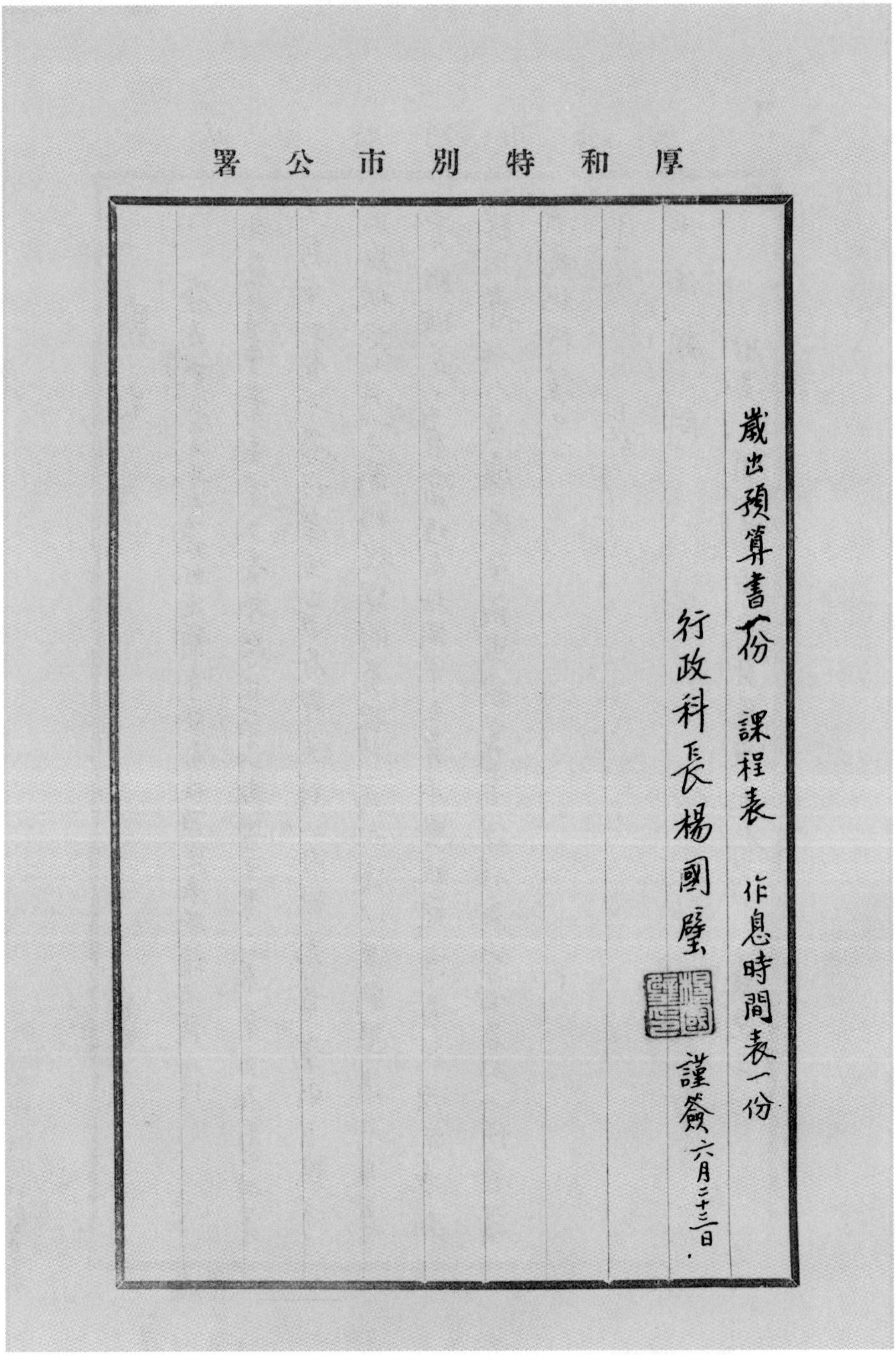
厚和特別市公署

歲出預算書份　課程表　作息時間表一份

行政科長楊國璧　謹簽　六月二十三日

图 7- 附录 -9　“厚和特别市公署”关于修订“市立青年学校”简章暨员役预定表的签呈（附简章及岁出预算书）（1939 年 6 月 23 日）（三）

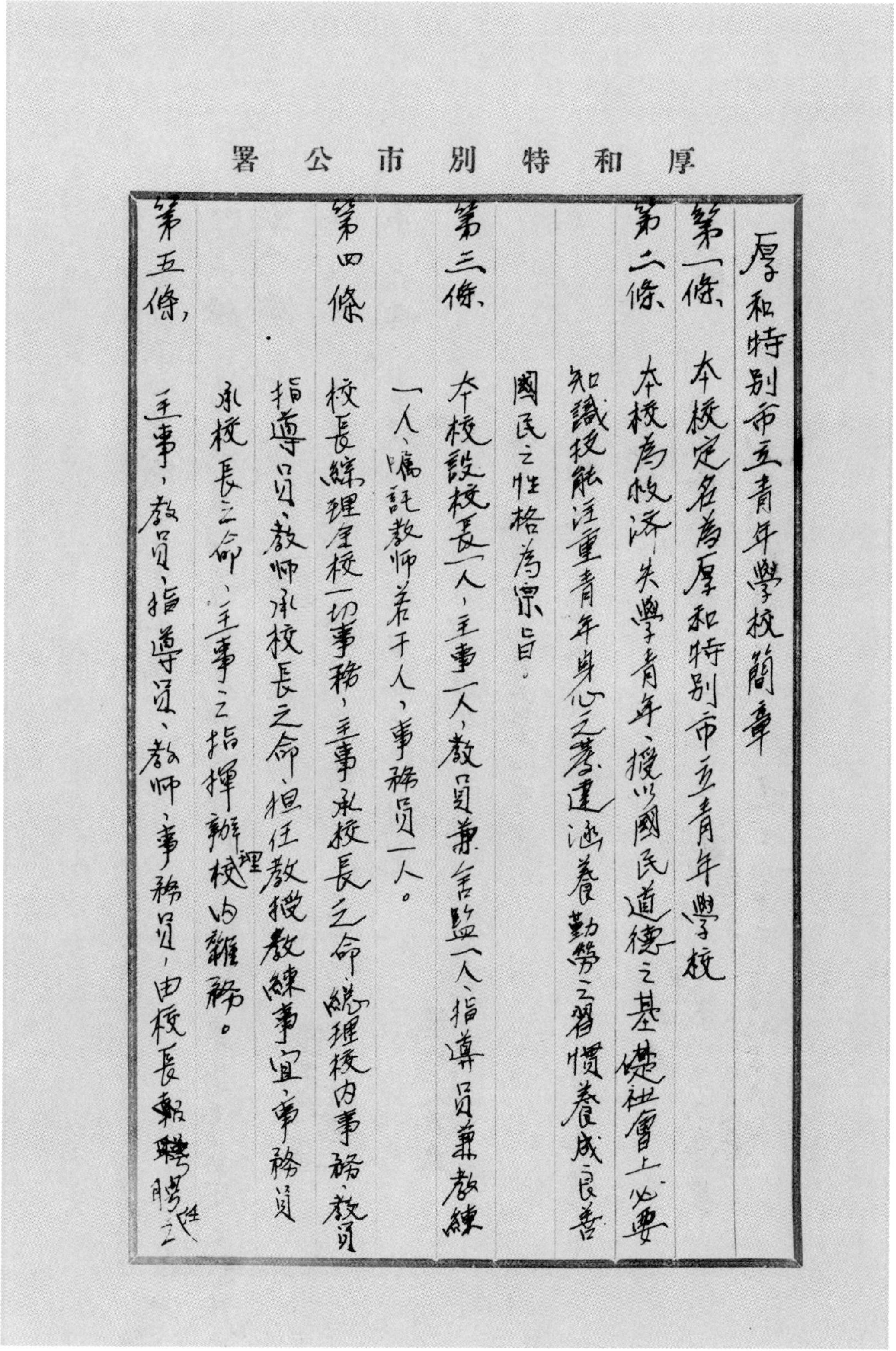

厚和特別市公署

厚和特別市立青年學校簡章

第一條、本校定名為厚和特別市立青年學校

第二條、本校為收济失學青年、授以國民道德之基礎、社會上必要知識技能、注重青年身心之發達、涵養勤勞之習慣、養成良善國民之性格為宗旨。

第三條、本校設校長一人、主事一人、教員兼舍監一人、指導員兼教練一人、囑託教師若干人、事務員一人。

第四條、校長綜理全校一切事務、主事承校長之命、總理校內事務、教員指導員、教師承校長之命、担任教授教練事宜、事務員承校長之命、主事之指揮、辦理校內雜務。

第五條、主事、教員、指導員、教師、事務員、由校長聘任之

图 7- 附录 -9 “厚和特别市公署”关于修订“市立青年学校”简章暨员役预定表的签呈（附简章及岁出预算书）（1939 年 6 月 23 日）（四）

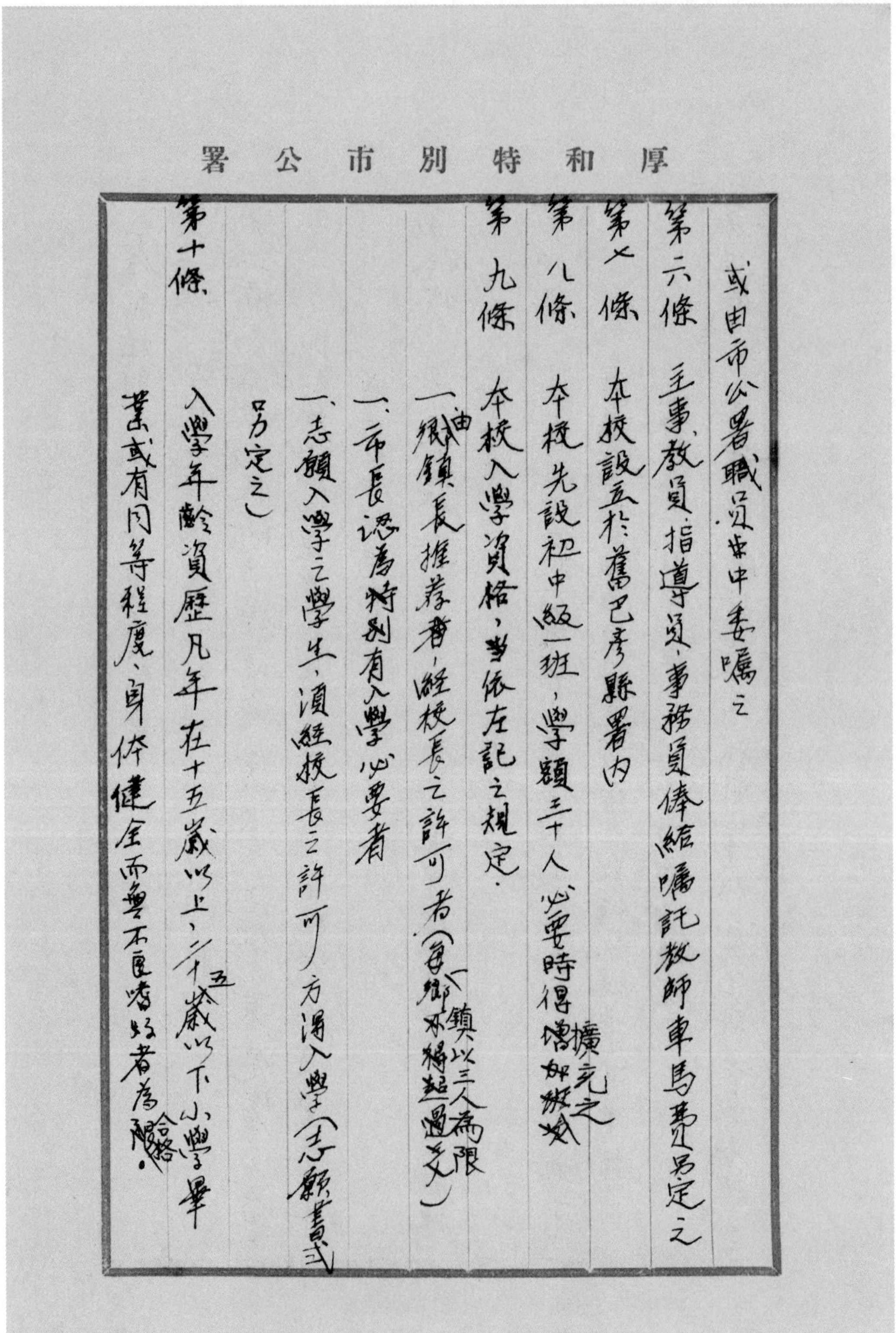

厚和特別市公署

或由市公署職員中委囑之

第六條 主事、教員、指導員、事務員俸給、嘱託教師車馬費另定之

第七條 本校設立於舊巴彥縣署內

第八條 本校先設初中級一班，學額三十人，必要時得擴充之

第九條 本校入學資格，當依左記之規定：

一、由鄉鎮長推薦者，經校長之許可者（每鄉鎮以三人為限，不得超過之）

一、市長認為特別有入學必要者

一、志願入學之學生，須經校長之許可，方得入學（志願書式另定之）

第十條 入學年齡資歷凡年在十五歲以上、二十五歲以下小學畢業或有同等程度、身体健全而無不良嗜好者為合格。

图 7- 附录 -9 “厚和特别市公署”关于修订“市立青年学校”简章暨员役预定表的签呈（附简章及岁出预算书）（1939 年 6 月 23 日）（五）

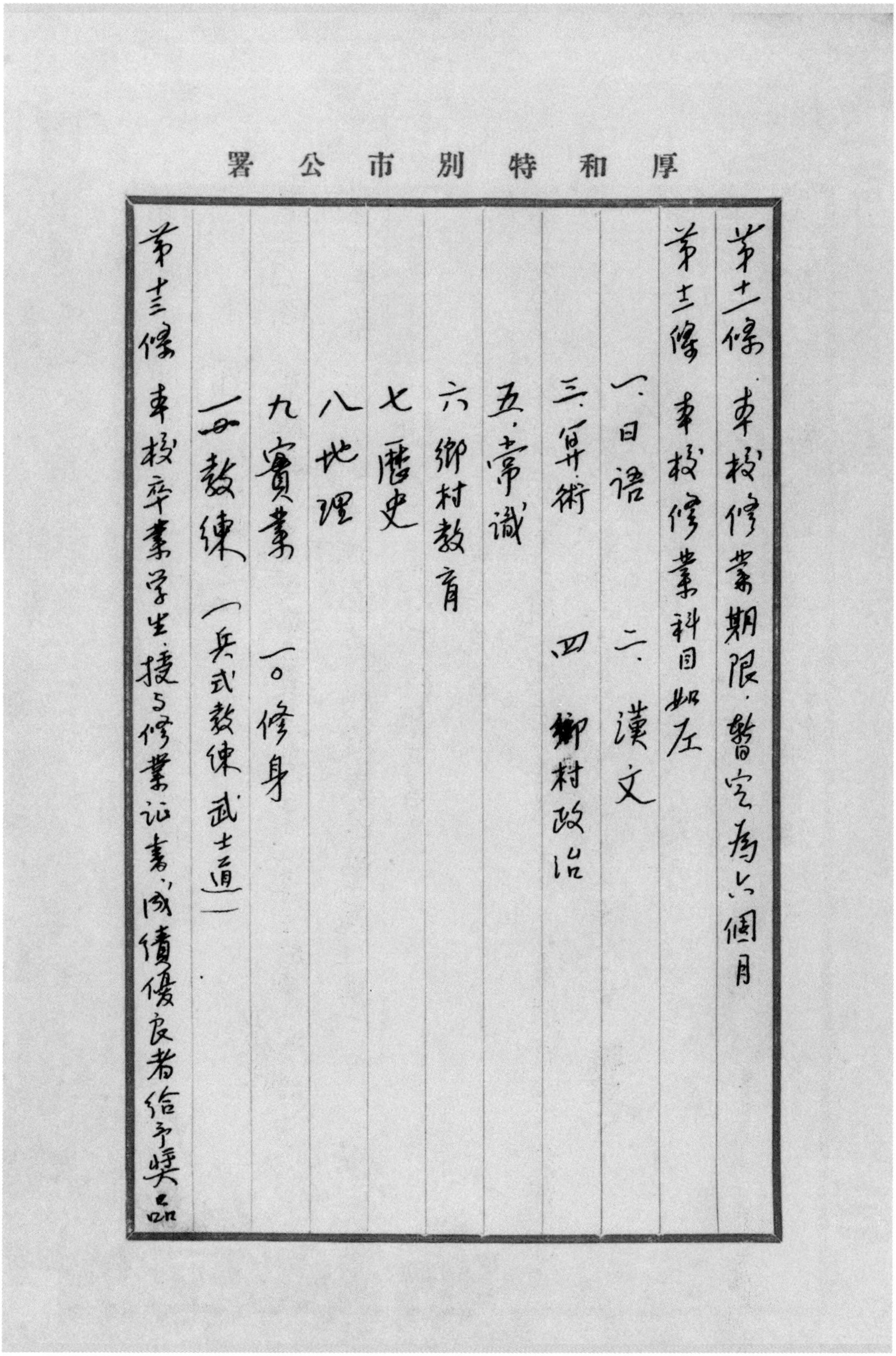
厚和特別市公署

第十一條 本校修業期限暫定為六個月

第十二條 本校修業科目如左

一、日語　二、漢文

三、算術　四、鄉村政治

五、常識

六、鄉村教育

七、歷史

八、地理

九、實業　一〇、修身

一一、教練（兵式教練 武士道）

第十三條 本校卒業學生授與修業證書，成績優良者給予獎品

图 7- 附录 -9　“厚和特别市公署”关于修订“市立青年学校”简章暨员役预定表的签呈（附简章及岁出预算书）（1939 年 6 月 23 日）（六）

厚和特别市公署

第十四條 因罹疾病及其他事故請求休學或退學非經校長許可不得隨時退休

第十五條 本校學生食費及學業必要之經費由校供給之。

第十六條 有左列情事各項之一者，得令其退學或休學。

一、認為不適合本校規定者。

二、有不正當行為者

第十七條 依前條第二項、被命退學者、及未經校長許可而休學或退學者，得追償一切用費得令其賠償之。

第十八條 本校每週課程另定之，作息時間另定之。

第十九條 本簡章如有未盡事宜，得隨時增刪之。

第二十條 本簡章自呈准公佈之日施行之。

图 7- 附录 -9　“厚和特别市公署”关于修订“市立青年学校”简章暨员役预定表的签呈（附简章及岁出预算书）（1939 年 6 月 23 日）（七）

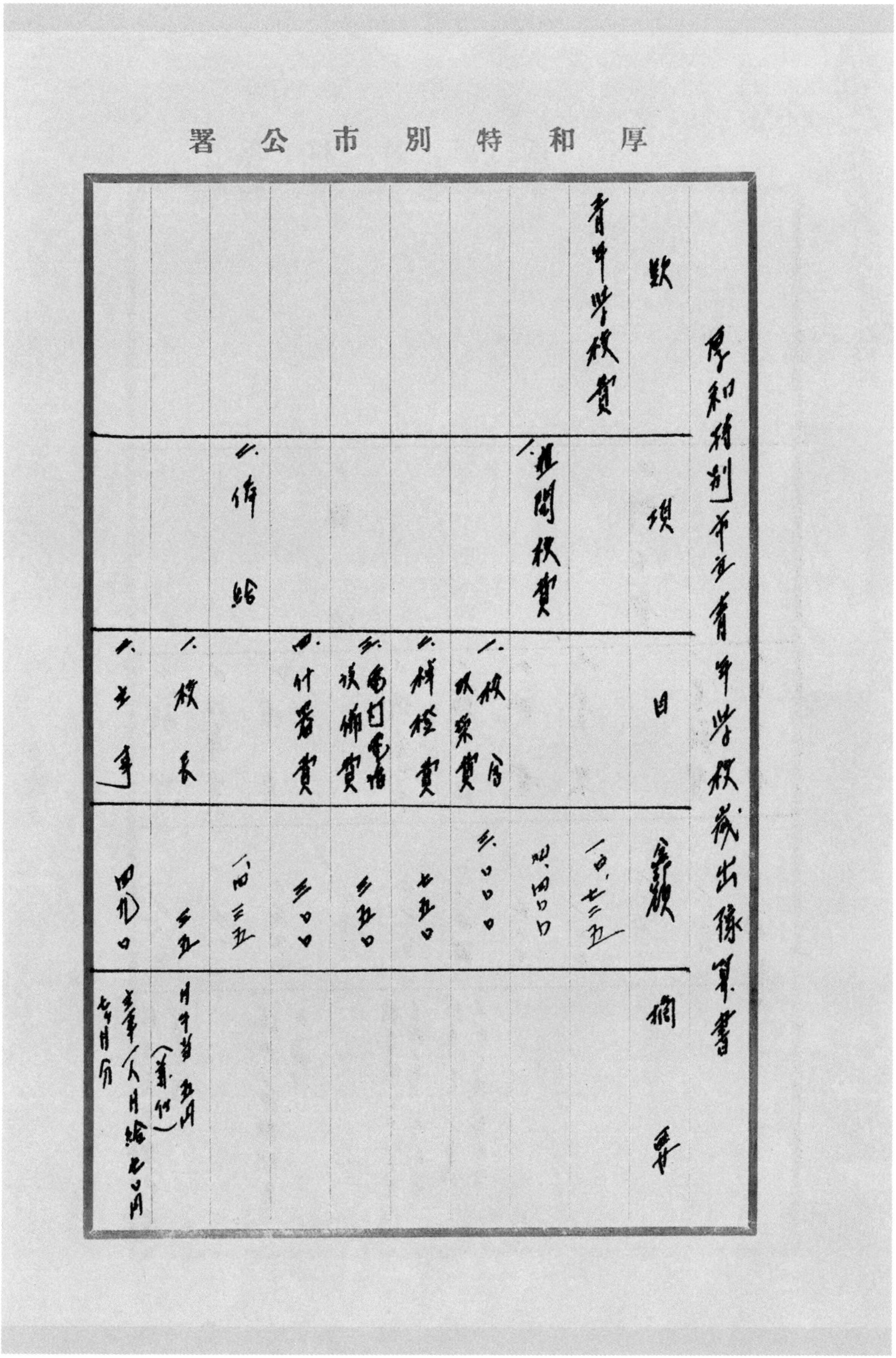

厚和特別市公署

厚和特別市立青年學校歲出預算書

款	項	目	金額	摘要
青年學校費			四,九二五	
	一、維持校費		四,四〇〇	
		一、校舍修繕費	三,〇〇〇	
		二、燃料費	七五〇	
		三、電燈電話設備費	三五〇	
		四、什器費	三〇〇	
	二、俸給		五二五	
		一、校長	三五	月手當五円（兼任）
		二、主事	四九〇	主事一人月給七〇円 七個月分

图 7- 附录 -9 “厚和特别市公署”关于修订“市立青年学校”简章暨员役预定表的签呈（附简章及岁出预算书）（1939 年 6 月 23 日）（八）

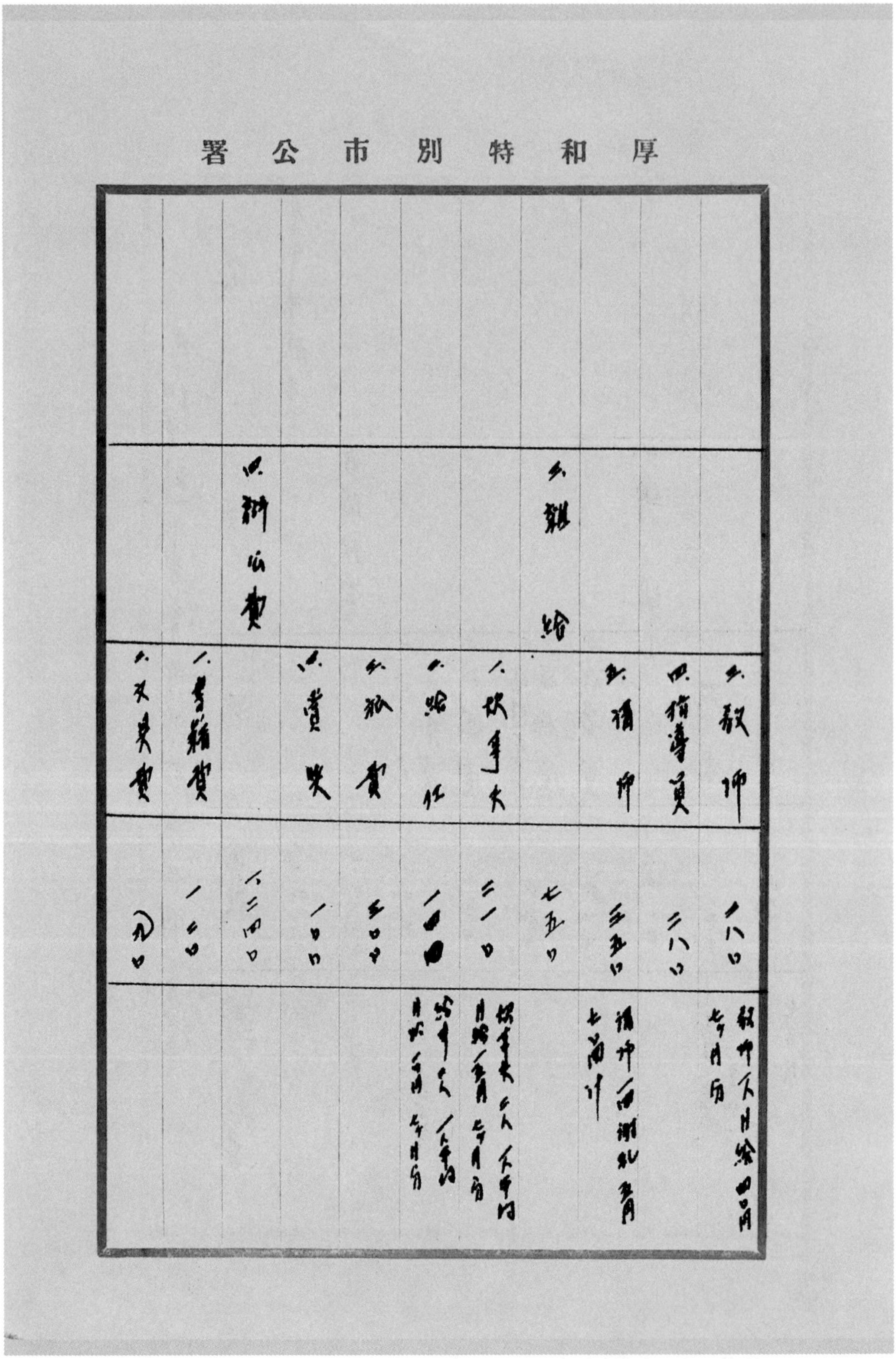

厚和特別市公署

	一、教師	一八〇	教師六人月給四〇円 七ケ月分
	四、指導員	二八〇	
	五、講師	三五〇	講師一名湖北省 七ケ月分
二、雜給		七五〇	
	一、校丁夫	二一〇	校丁夫二人 一人每月 十五円 七ケ月分
	二、給仕	一〇〇	給仕一人 一人每月 十五円 七ケ月分
	三、旅費	五〇〇	
	四、賞與	一〇〇	
四、辦公費		一二四〇	
	一、書籍費	一〇〇	
	二、文具費	九〇	

图 7- 附录 -9 “厚和特别市公署”关于修订“市立青年学校”简章暨员役预定表的签呈（附简章及岁出预算书）（1939 年 6 月 23 日）（九）

行政科

厚和特別市青年團訓練所經費預算書

款	項	目	節	每月預算	三個月預算	説明
厚和市青年團訓練所				八九四	二六八二	
	人件費	車馬費		九〇	二七〇	
			車馬費	九〇	二七〇	
	伙食費	伙食費		五〇〇	一五〇〇	
			學員伙食	五〇〇	一五〇〇	學員五〇名每名月需一〇元合計如上數
	事務費	事務費		三〇四	九一二	
			夫役	二四	七二	夫役二名月各支一二元合計如上數
			消耗	五五	一六五	每月需炭三吨每吨十四.四〇电灯每月八元茶水每月五元合計如上數
			文具	一五	四五	
			印刷	二五	七五	

厚和特別市公署

图 7- 附录 -10　“厚和特别市青年团训练所”经费预算书（一）

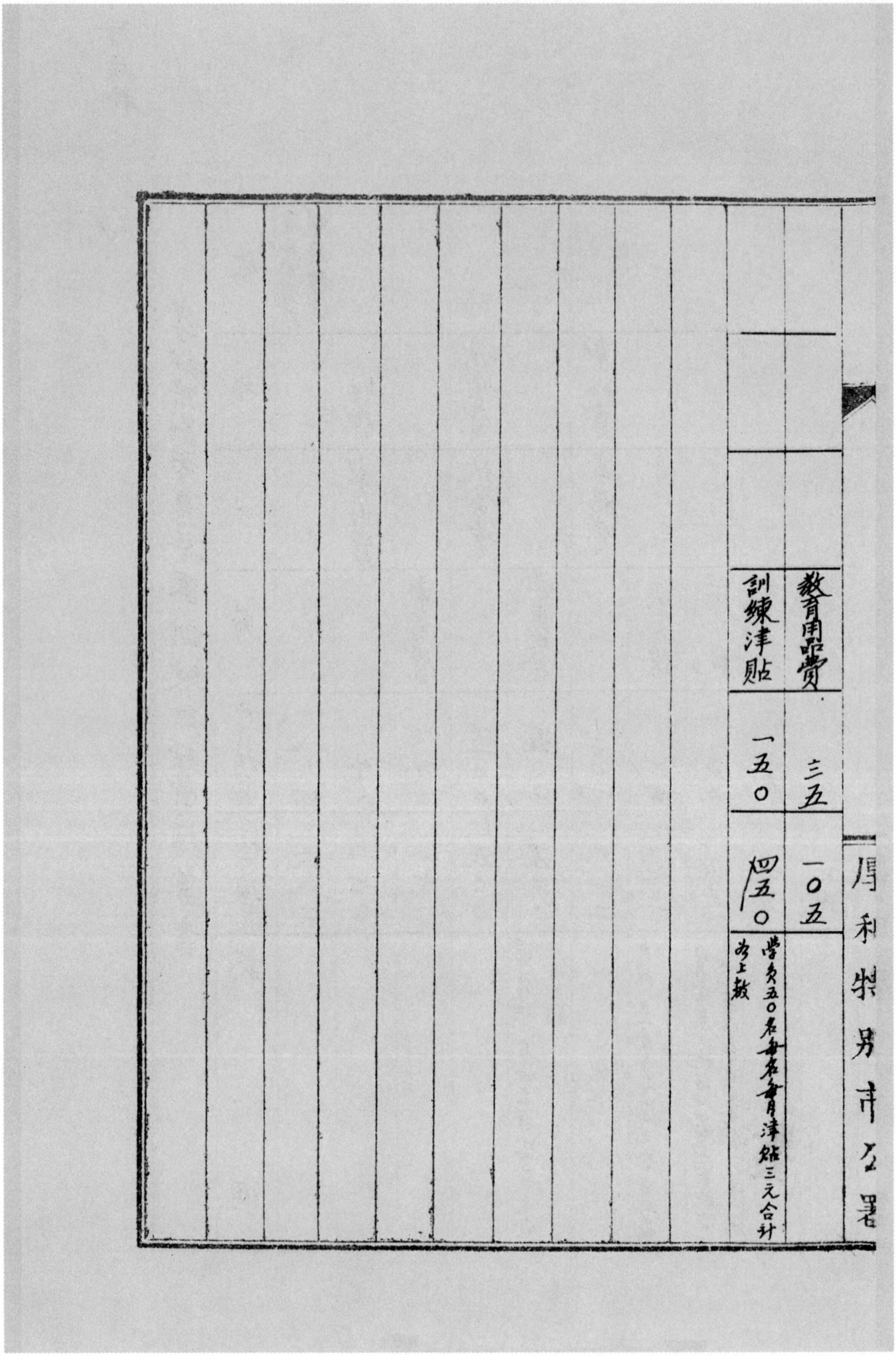

教育用品費	三五	一〇五	
訓練津貼	一五〇	四五〇	學員五〇名每名每月津貼三元合計為上數

厚和特別市公署

图 7- 附录 -10　“厚和特别市青年团训练所”经费预算书（二）

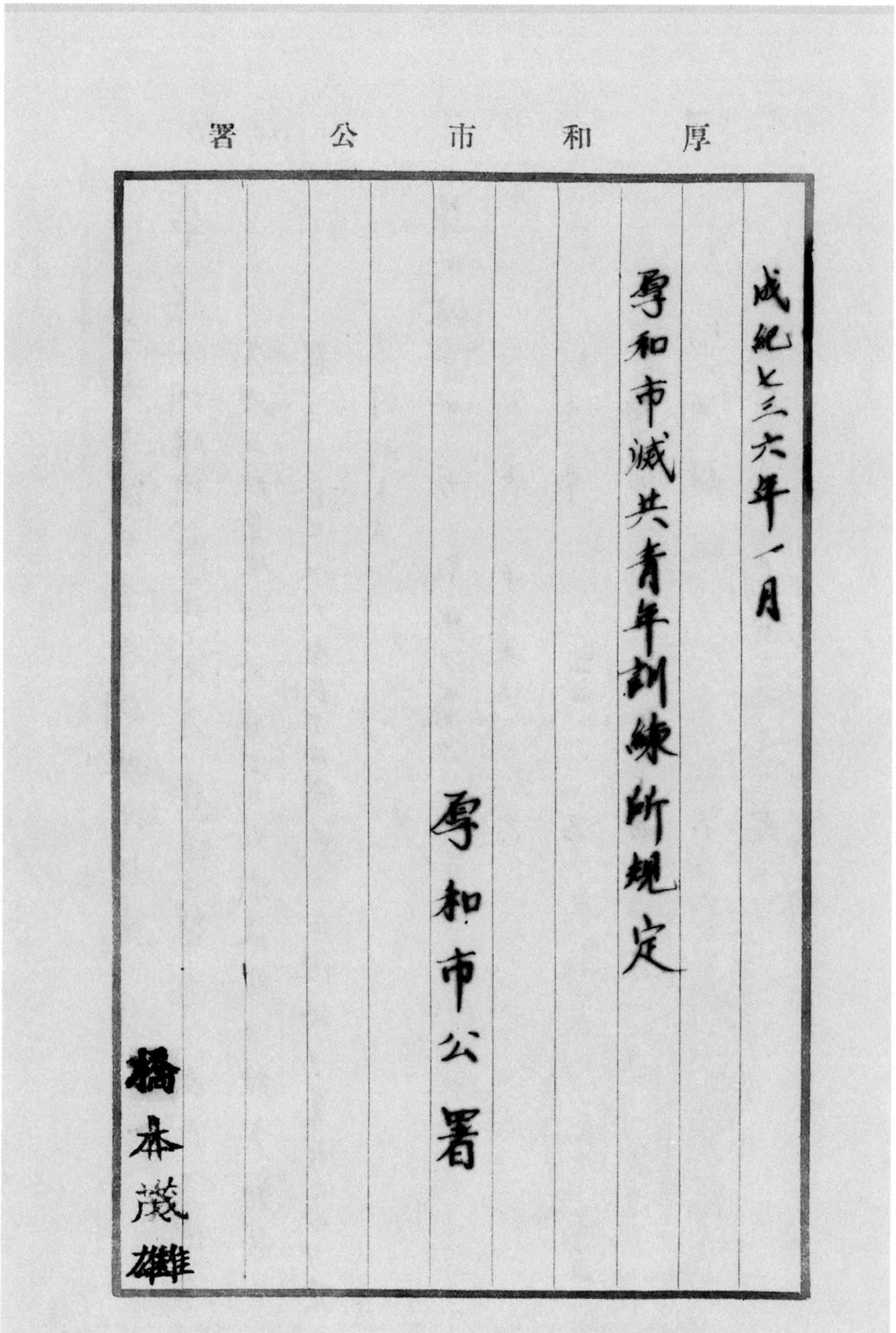

厚和市公署

成紀七三六年一月

厚和市滅共青年訓練所規定

厚和市公署

橋本藏雄

图 7- 附录 -11　“厚和市灭共青年训练所”规定（日文）（1941 年 1 月）（一）

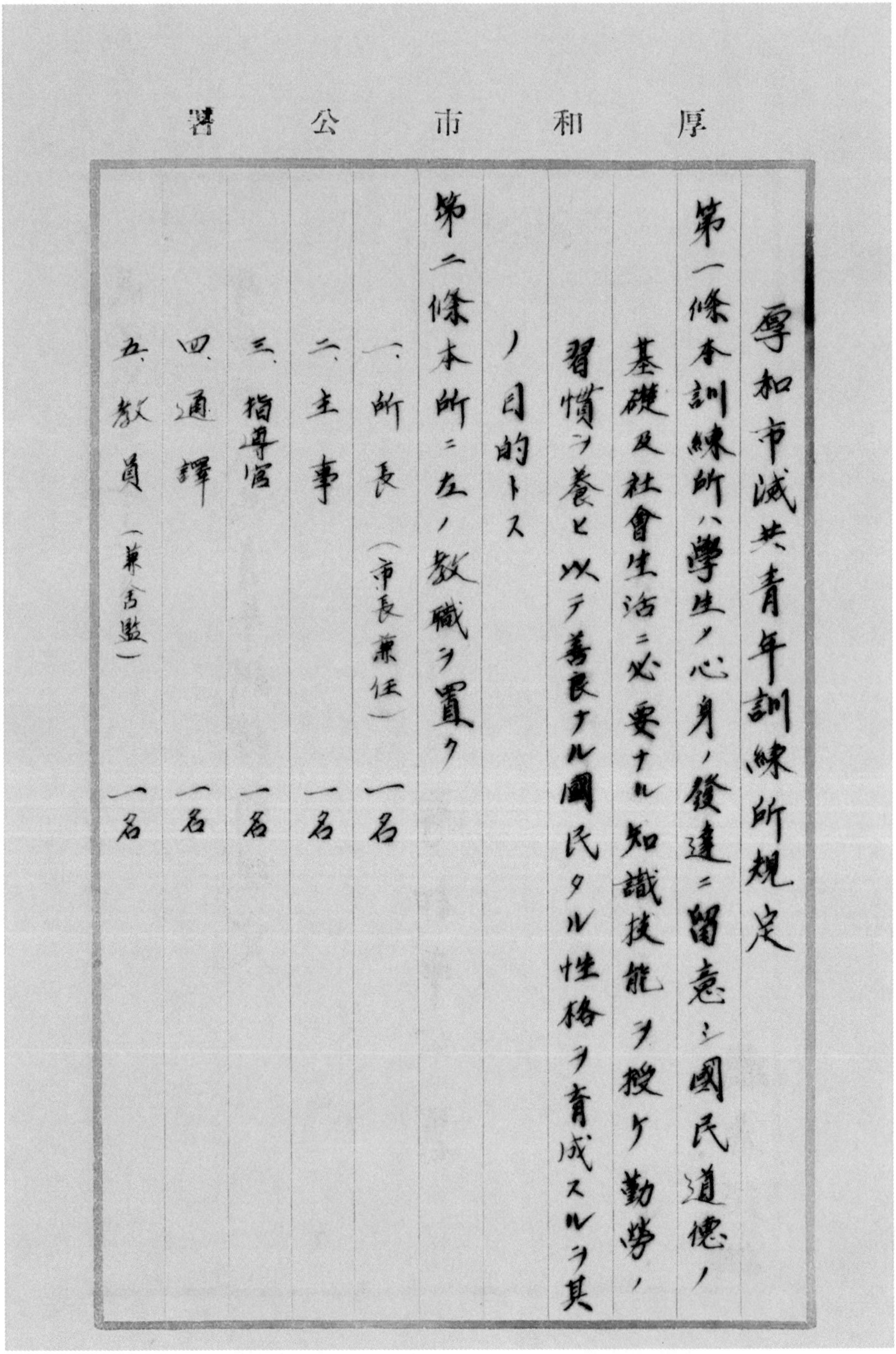
厚和市公署

厚和市滅共青年訓練所規定

第一條 本訓練所ハ學生ノ心身ノ發達ニ留意シ國民道德ノ基礎及社會生活ニ必要ナル知識技能ヲ授ケ勤勞ノ習慣ヲ養ヒ以テ善良ナル國民タル性格ヲ育成スルヲ其ノ目的トス

第二條 本所ニ左ノ教職ヲ置ク

一、所長（市長兼任） 一名

二、主事 一名

三、指導官 一名

四、通譯 一名

五、教員（兼舍監） 一名

图 7- 附录 -11 “厚和市灭共青年训练所”规定（日文）（1941 年 1 月）（二）

厚和市公署

第三條 本所ノ修業年限ハ當分ノ間三ヶ月トス

第四條 本所ニ入所セシムルモノハ左記各項ノ一ニ該當スルヲ要ス

一、各鄉鎮長ノ推薦シタルモノニシテ所長ノ許可シタルモノ

但シ鄉鎮ヨリ三名ヲ越ユルヲ得ス

二、入所願書（別紙様式）提出ノ上市長ノ許可シタルモノ

三、市長特ニ入所必要アリト認メタルモノ

第五條 本所ニ於テ修業スル科目左ノ如シ

(一)語學（日語漢文） (二)算術 (三)地理 (四)歷史

(五)常識 (六)滅共 (七)孝經 (八)鄉土學 (九)論語

(十)精神訓話 (十一)作業 (十二)軍事教練

第六條 本所修業生ニハ修業證書ヲ授與ス

图 7- 附录 -11 “厚和市灭共青年训练所”规定（日文）（1941 年 1 月）（三）

厚和市公署

第七條 本所訓練期間中成績優秀ナル者ニハ幹部適任證書ヲ授與ス

第八條 病氣其ノ他事故ニヨリ休學若シクハ退學セントスル場合ハ所長ノ許可ヲ要ス

第九條 本所在學中ノ衣類食費及學業ニ必要ナル經費ハ全部官給トス

第十條 左ノ各項ノ一ニ該當スルトキハ休學若ハ退學ヲ命スルコトアルヘシ

一、本訓練所學生トシテ不適當ト認メタルトキ

二、不都合ノ行為アリタルトキ

第十一條 前條第二項ニヨリ退學命セラレタルトキ及所長ノ許可ナクシテ休學若ハ退學セシモノハ所要經費ノ辨償ヲ命スルコトアルヘシ

本規定ハ成紀七三六四年七月ヨリ實行ス

图 7- 附录 -11 “厚和市灭共青年训练所”规定（日文）（1941 年 1 月）（四）

厚和特別市公署

青年訓練所組織規程

本署爲積極訓練有志青年以作中堅指導者起見特舉辦厚和特別市青年訓練所茲將條文列下

第一條本訓練所爲純眞無垢之青年收容於訓練所鍛練其身心同時行以日語教育公民教育團體訓練養成能供與盟主日本協力建設興亞剿共防衛鄉土造成樂土之中心勢力青年指導者爲目的

第二條本訓練所稱爲~~張家口~~厚和特別市青年訓練所

第三條本訓練所置所長一名主任二名指導四名助手二名所長以市長充當之

主任副主任指導員經市長銓衡得政府之認可後由市長任命之

第四條本訓練所之講師以市公署職員學校教員地方有識者爲囑託

第五條本訓練所之學生一回爲五十名以內

第六條訓練期間隨時爲　月

第七條使入本訓練所者爲有左列之資格者由市長銓衡之一身體強健意志鞏固思想堅實操行善良無惡習氣訓練上與家業無障二前歲以上二十五歲以下之男子三有初級小學以上之學力者

733.3月300册 富士納

图 7- 附录 -12　“青年训练所”组织规程（一）

厚和特別市公署

第八條 訓練期間中支給被服飲食教育用品及每月三元之訓練津貼

第九條 本訓練所之教科目的爲日語訓練公民實業

前項之授課科目另定之

B列5　　733.3月300册 富士納

图 7- 附录 -12 “青年训练所”组织规程（二）

厚和特別市公署

暫行青年訓練規程

第一條 青年訓練ハ青年ノ心身ヲ陶冶シテ健全ナル國民ヲ育成シ警備竝ニ國防ノ維持能力ノ増強ニ資スルヲ以テ目的トス

第二條 青年訓練ヲ施ス者ハ十六歳以上十九歳未滿ノ男子トス

第三條 左記該當者ハ青年訓練ヲ受ケシメサルコトヲ得

一、不具廢疾者

二、身體虛弱ニシテ訓練ヲ受クルニ堪ヘサル者

第四條 青年訓練ニ關スル事務ハ軍政部大臣之ヲ監督シ各部所管事項ニ付テハ主管部大臣之ヲ監督ス

第五條 青年訓練ノ實施ハ協和會之ヲ行フ

第六條 青年訓練ノ實施地域ハ軍政部大臣之ヲ定ム

第七條 本規程施行ニ關シ必要ナル規則ハ別ニ之ヲ定ム

B列5　　733.3月200册 富士納

图 7- 附录 -13　暫行青年训练规程（日文）

厚和特別市公署

暫行青年訓練規程施行規則

第一條　青年訓練ノ實施ハ縣旗市並ニ特別市ノ區域ニ依リ協和會縣旗市並ニ首都本部之ヲ行フ但シ特別ノ事情アルトキハ鄰接區域ノ青年訓練ヲ併合シテ實施スルコトヲ得

第二條　訓練實施機關トシテ青年訓練所ヲ設ク

2青年訓練所ニ關スル規則ハ協和會之ヲ定ム

第三條　翌年度青年訓練ヲ實施スヘキ地域ハ七月末日迄ニ決定シ關係機關ニ夫々令達ス

第四條　省長、首都警察總監及哈爾濱警察廳長ハ青年訓練實施地域ニ於ケル青年訓練適齡者名簿ヲ毎年九月末日迄ニ編製シ協和會關係機關ニ交付スヘシ

第五條　前條ノ名簿ノ交付ヲ受ケタル協和會當該機關ハ次ノ要項ヲ參酌シ訓練ヲ受クヘキ者ヲ決定シ入所スヘキ訓練所竝ニ期日

B列5　　733.3月200册 富士納

图 7- 附录 -14　暂行青年训练规程实施规则（日文）（一）

厚和特別市公署

ヲ推定シテ各本人ニ告知スルモノトス
2 暫行青年訓練規程第三條ニ依ルモノ
3 學校ニ在學中ノモノ
4 特別ノ青年教育又ハ訓練組織ニ在リテ軍事訓練ヲ受ケアルモノ
5 現ニ公務員タルモノ

第六條 青年訓練ハ前期後期ノ二期ニ分ツ
2 前期ハ基礎訓練ヲ行ヒ軍事訓練一〇〇時間ヲ下ラサルモノトス
3 後期ハ前期終了後二個年以内ニ隨時召集シテ基礎訓練不合格者ニ補備訓練ヲ合格者ニ補習訓練ヲ行フモノトス
4 軍事訓練ノ課程ハ治安部大臣之ヲ定ム

第七條 地區警備司令官及興安各省警備軍司令官ハ青年訓練ノ實績ヲ檢スル爲訓練ノ終期ニ部下官長及其ノ他ノモノヲ派遣シ青年訓練査閲ヲ爲サシムヘシ

图 7- 附录 -14　暂行青年训练规程实施规则（日文）（二）

厚和特別市公署

2 査閲ノ方法ハ査閲官ニ於テ計劃ス

3 査閲官ハ査閲終了後三週間以内ニ査閲ノ實施ノ景況、成果及將來ニ關スル意見ヲ添ヘ地區警備司令官若ハ興安各省警備軍司令官ニ報告スヘシ

4 地區警備司令官及興安各省警備軍司令官ハ意見ヲ附シ順序ヲ經テ治安部大臣ニ報告スルモノトス

第八條 特定ノ目的ヲ有スル他ノ青年教育又ハ訓練組織ハ併セテ必要ナル軍事的訓練ヲ實施ス之ガ爲地區警備司令官及興安各省警備軍司令官ハ實情ニ照シ適宜ノ方法ヲ以テ目的ヲ達スル如ク主任者ト協定シ實施スルモノトス

第九條 青年訓練ノ施設及實施ニ關シ必要ナル經費ハ關係地方地區ノ負擔トシ治安部大臣ハ民政部大臣若ハ蒙政部大臣ト協議決定ス

B列5　　733.3月300冊 富士料

图 7- 附录 -14　暂行青年训练规程实施规则（日文）（三）

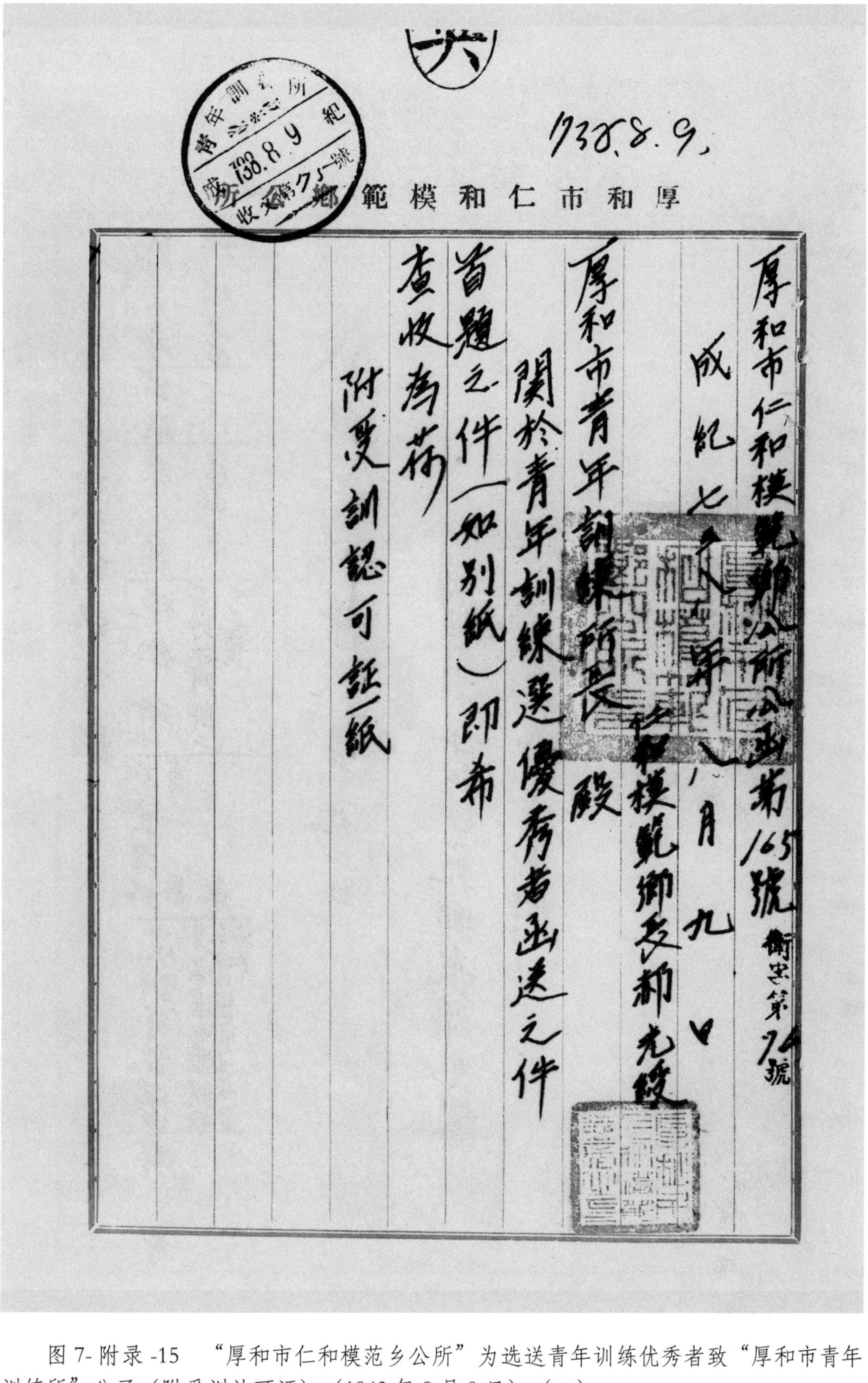

六

738.8.9.

厚和市仁和模範鄉公所

厚和市仁和模範鄉公所公函第165號 衛密第74號

成紀七三八年八月九日

仁和模範鄉長郝光發

厚和市青年訓練所長殿

關於青年訓練選送優秀者函送之件

首題之件（如別紙）即希

查收為荷

附受訓認可証一紙

图 7- 附录 -15 “厚和市仁和模范乡公所”为选送青年训练优秀者致“厚和市青年训练所”公函（附受训认可证）（1943 年 8 月 9 日）（一）

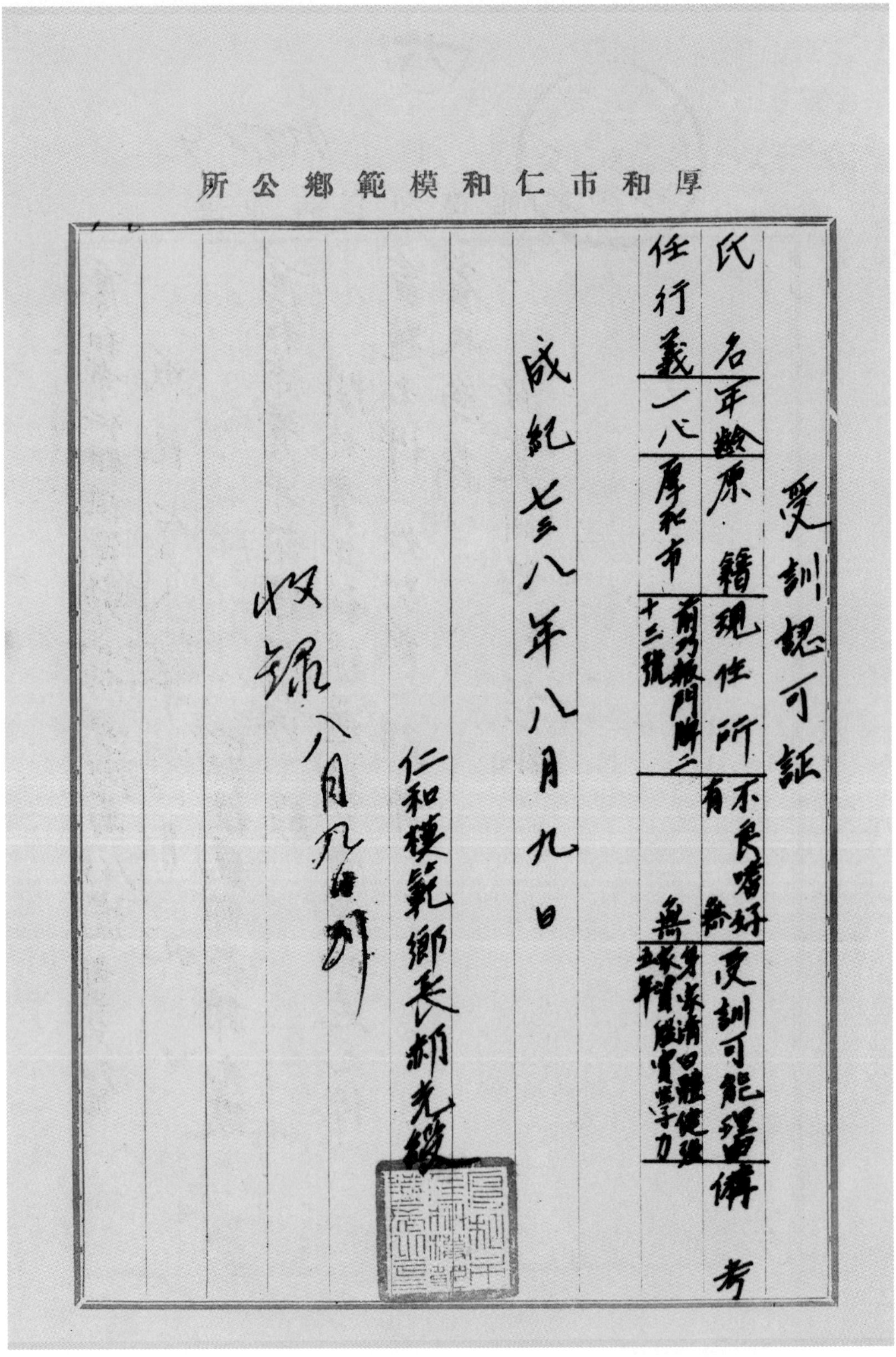

厚和市仁和模範鄉公所

受訓認可証

氏名	年齡	原籍	現住所	有無不良嗜好	受訓可能理由	備考
任行義	一八	厚和市	前乃報門街二十三號	無	身家清白體健強 五年[illegible]能實學力	

成紀七三八年八月九日

仁和模範鄉長胡光緩

收錄八月九日到

图 7- 附录 -15 “厚和市仁和模范乡公所”为选送青年训练优秀者致“厚和市青年训练所”公函（附受训认可证）（1943 年 8 月 9 日）（二）

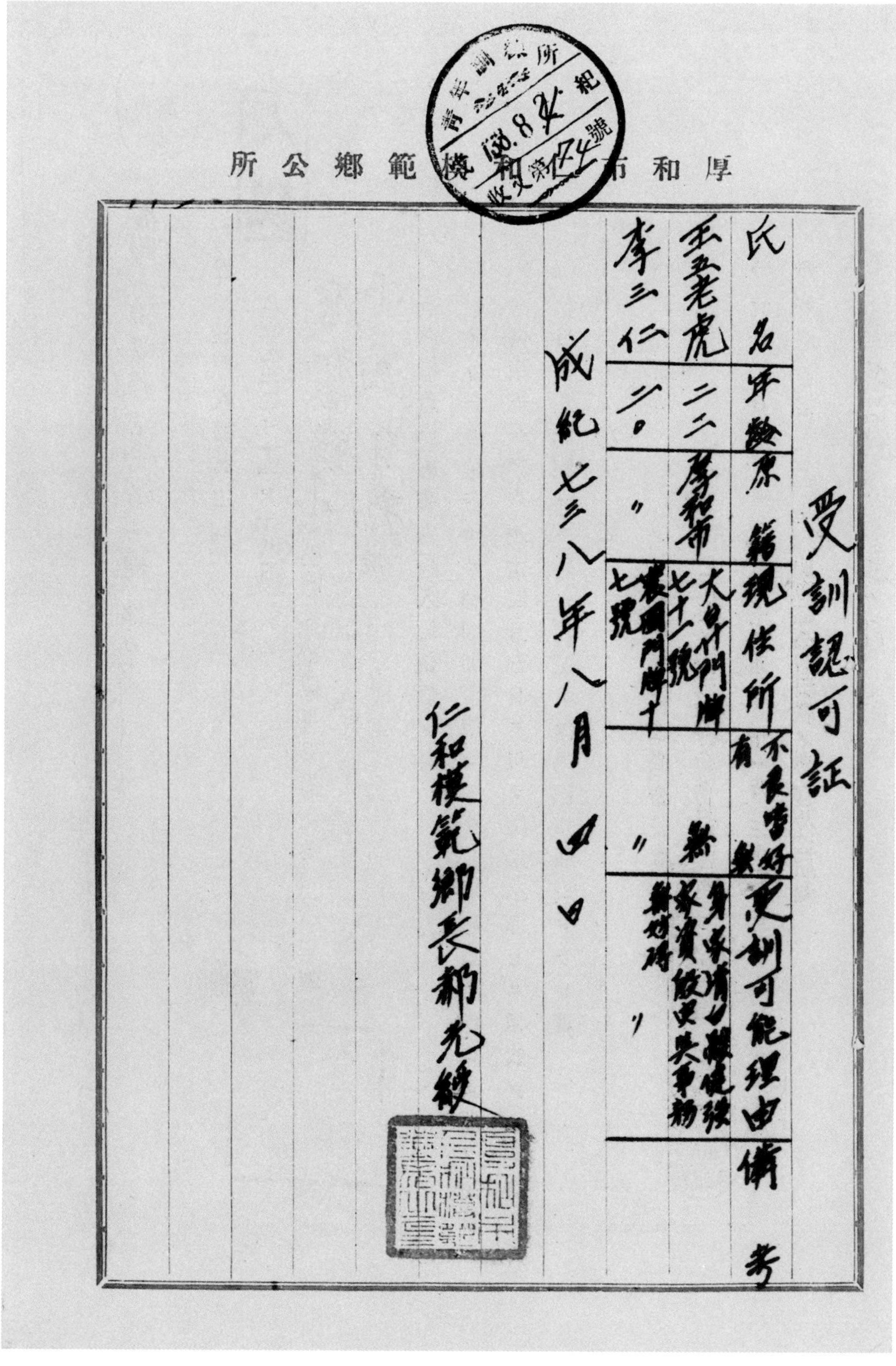

厚和市仁和模範鄉公所

受訓認可証

氏名	年齡	原籍	現住所	有無不良嗜好	受訓可能理由	備考
王五老虎	二二	厚和市	大召什門牌七十二號	無	身家清白體格健強家資殷實專務農事[illegible]	
李三仁	二〇	〃	農園門牌十七號	〃	〃	

成紀七三八年八月四日

仁和模範鄉長郝光緒

图 7- 附录 -15　“厚和市仁和模范乡公所”为选送青年训练优秀者致“厚和市青年训练所”公函（附受训认可证）（1943 年 8 月 9 日）（三）

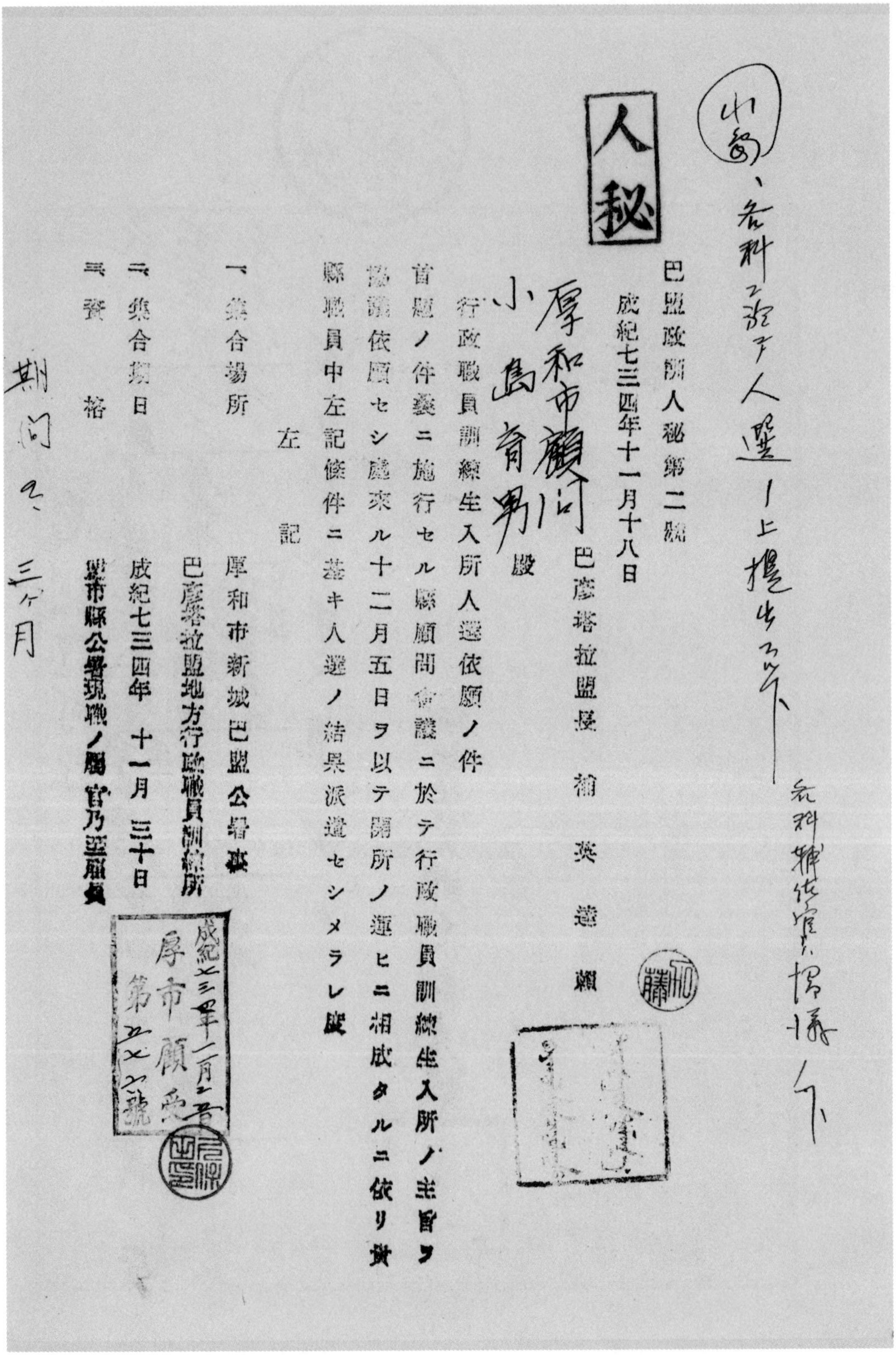
人秘

巴盟政顧人秘第二號

成紀七三四年十一月十八日

巴彦塔拉盟長　補英達賴

厚和市顧問　小島育男　殿

行政職員訓練生入所人選依頼ノ件

首題ノ件蒙ニ施行セル縣顧問會議ニ於テ行政職員訓練生入所ノ主旨ヲ協議依願セシ處來ル十二月五日ヲ以テ開所ノ運ヒニ相成タルニ依リ貴縣職員中左記條件ニ基キ人選ノ結果派遣セシメラレ度

左記

一、集合場所　厚和市新城巴盟公署內

二、集合期日　成紀七三四年　十一月　三十日

三、資格　現市縣公署現職ノ屬官乃至雇員

期间を三ケ月

成紀七三四年十一月二十日
厚市顧受
第二七六號

图 7- 附录 -16　“巴彦塔拉盟盟长”补英达赖为行政职员训练生入所人选事宜致“厚和市顾问”小岛育男的函（日文）（1939 年 11 月 18 日）（一）

(イ)身體強健、思想純正、意志堅固ニシテ將來中堅官吏タル可者

(ロ)年令二十才以上——三十五才迄ノ者

(ハ)阿片等ヲ吸飲セサルモノ

(ニ)人種ハ蒙、漢滿系ヲ必要トスレ共何可蒙系ヲ適當トス

四 入所人員　計　三十名

內譯

巴盟　八名

厚和市　三名

包頭市　三名

各縣　一名宛

各旗　一名宛

图 7- 附录 -16　“巴彦塔拉盟盟长”补英达赖为行政职员训练生入所人选事宜致“厚和市顾问”小岛育男的函（日文）（1939 年 11 月 18 日）（二）

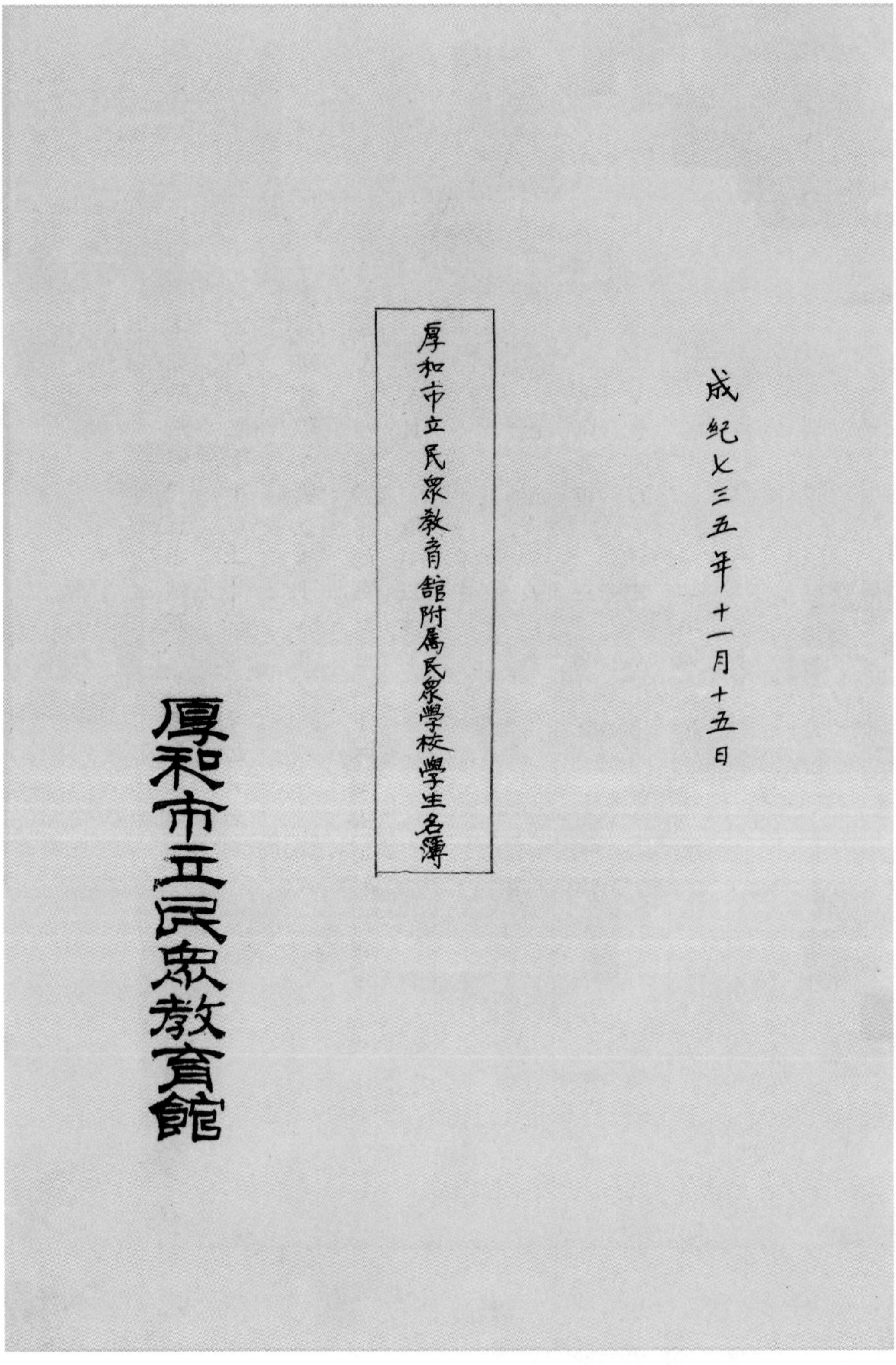
成纪七三五年十一月十五日

厚和市立民衆教育館附屬民衆學校學生名簿

厚和市立民衆教育館

图 7- 附录 -17 “厚和市立民众教育馆附属民众学校”学生名簿（1940 年 11 月 15 日）（一）

厚和市公署

民衆學校學生名簿

氏名	年齡	職業	備考
宋光恩	二二	工人	
秦榮	一七	商	
楊增考	二一	商	
姚成林	一六	商	
高恩格爾	一八	學生	
張寶仁	一五	工人	
王起	一五	〃	
李文卿	三七	商	
史登元	三八	〃	
高復	三三	工人	

成紀七三五年十一月十五日

图 7-附录 -17　“厚和市立民众教育馆附属民众学校”学生名簿（1940 年 11 月 15 日）（二）

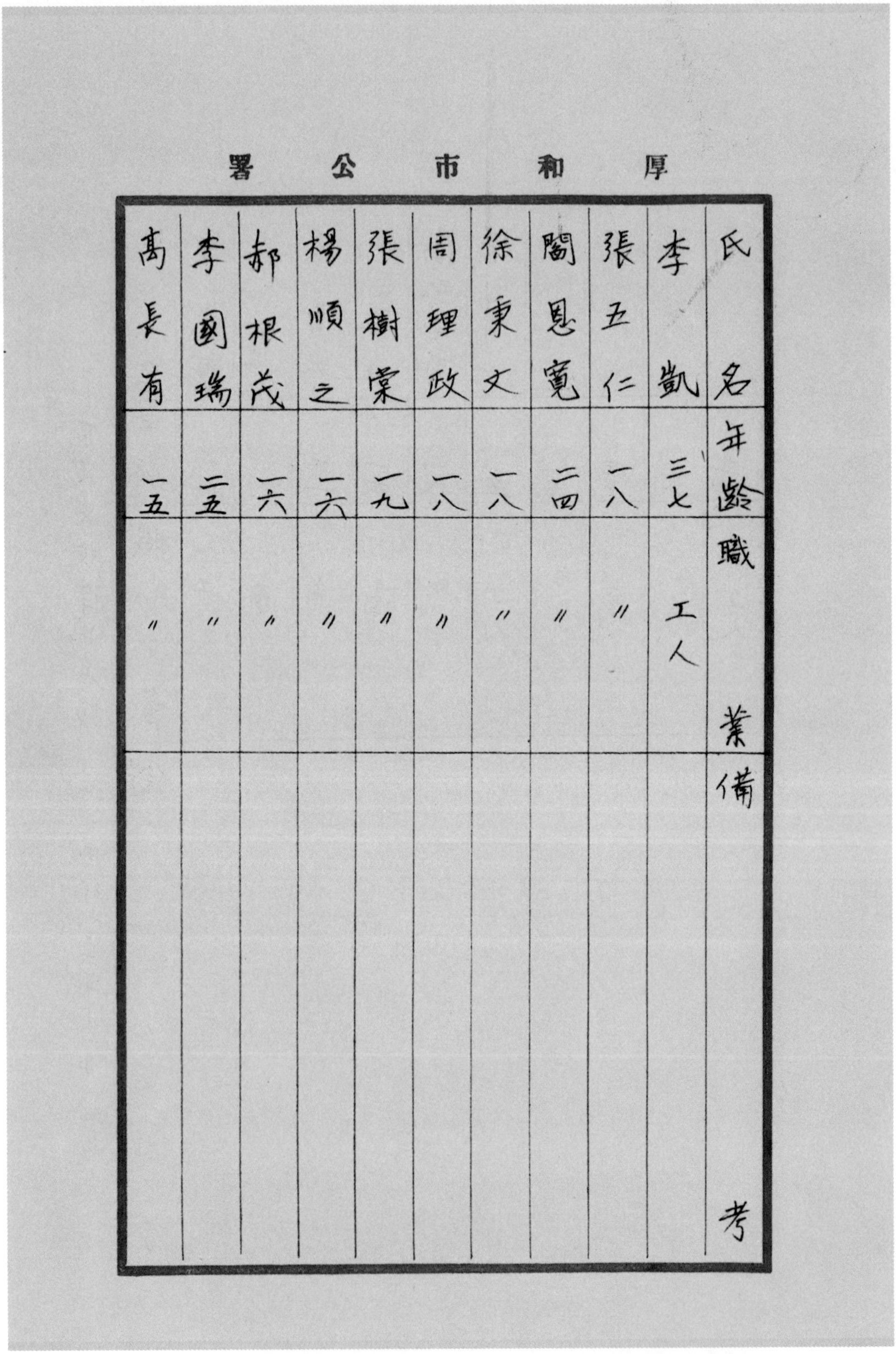

厚和市公署

氏名	年齡	職業	備考
李凱	三七	工人	
張五仁	一八	〃	
閻恩寬	二四	〃	
徐秉文	一八	〃	
周理政	一八	〃	
張樹棠	一九	〃	
楊順之	一六	〃	
郝根茂	一六	〃	
李國瑞	二五	〃	
高長有	一五	〃	

图7-附录-17　“厚和市立民众教育馆附属民众学校”学生名簿(1940年11月15日)(三)

厚和市公署

氏名	年齡	職業	備考
張世魁	三〇	商	
趙世忠	一五	〃	
楊同雙	一五	〃	
劉程順	一八	〃	
劉五芝	一六	〃	
郭連諭	一六	〃	
吳木奎	三〇	〃	
申連達	一六	〃	
張景富	一六	〃	
常世祿	一七	〃	

图 7- 附录 -17 “厚和市立民众教育馆附属民众学校”学生名簿（1940 年 11 月 15 日）（四）

厚和市公署

氏名	年齡	職業	備考
范喜	一八	商	
王成茂	一五	〃	
張如林	一五	〃	
姜耀芳	二六	〃	
李德明	一六	〃	
邊金聲	二六	〃	
邢國洪	一五	〃	
白孝謙	一五	〃	
張玉	一八	〃	
李漢章	二一	〃	以上共計學生四十名

以上

图 7- 附录 -17 “厚和市立民众教育馆附属民众学校”学生名簿（1940 年 11 月 15 日）（五）

厚和市公署

厚和市公署呈第　　號　社教字第　　號

成紀七三五年九月　　日

市長 李春秀

巴彥塔拉盟長 補

関於男子青年社會教育施設現狀調查表報告

之件

首題之件業奉

鈞署公函第一三三八號內開関于左記注意事項如附表式

參照填造於八月末日呈報爲要等因附發調查表式

三紙奉此遵即依照表式分別填造完竣理合檢同

該表一併備文呈送 恭請

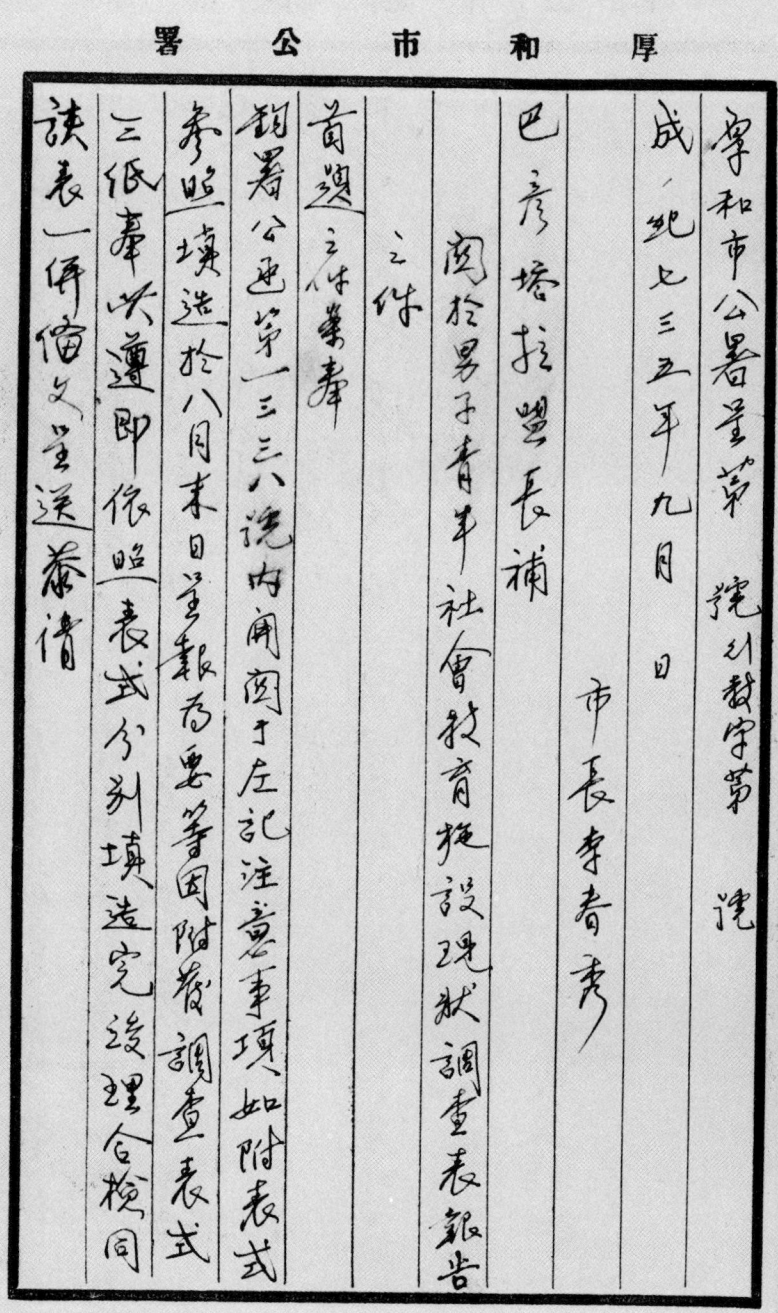

图 7- 附录 -18　“厚和市公署”为填报男子青年社会教育施设现状调查表致“巴彦塔拉盟公署”呈（1940 年 9 月）

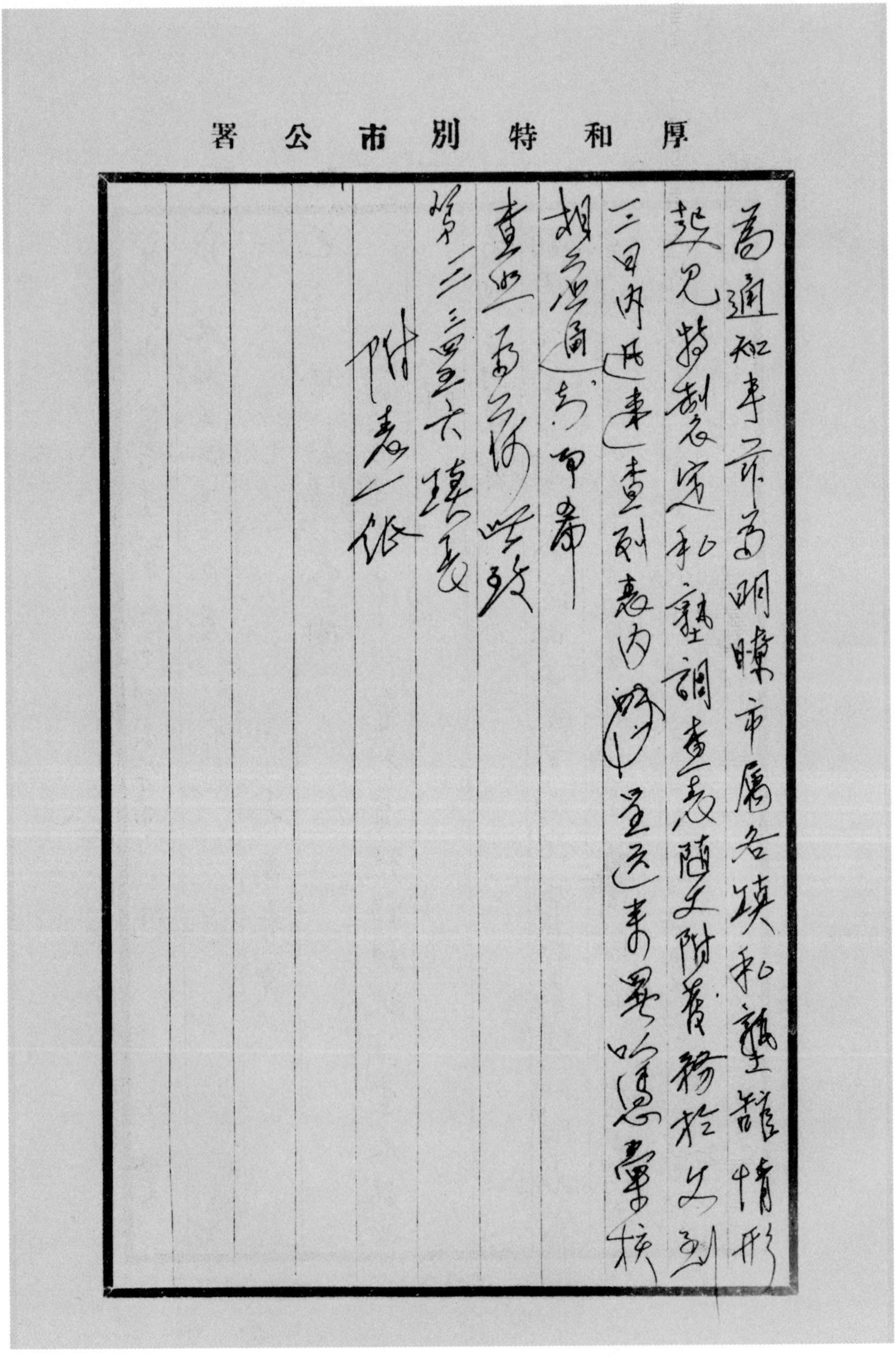
厚和特別市公署

為通知事茲為明瞭市屬各鎮私塾館情形起見特製定私塾調查表隨文附發務於文到三日內照表查列表內所置送來署以憑彙核相應檢同表式函達查照為荷此致

第一二三四五六鎮長

附表一張

图 7- 附录 -19 “厚和市公署”关于调查市属各镇私塾馆情形的通知（附调查表式）（一）

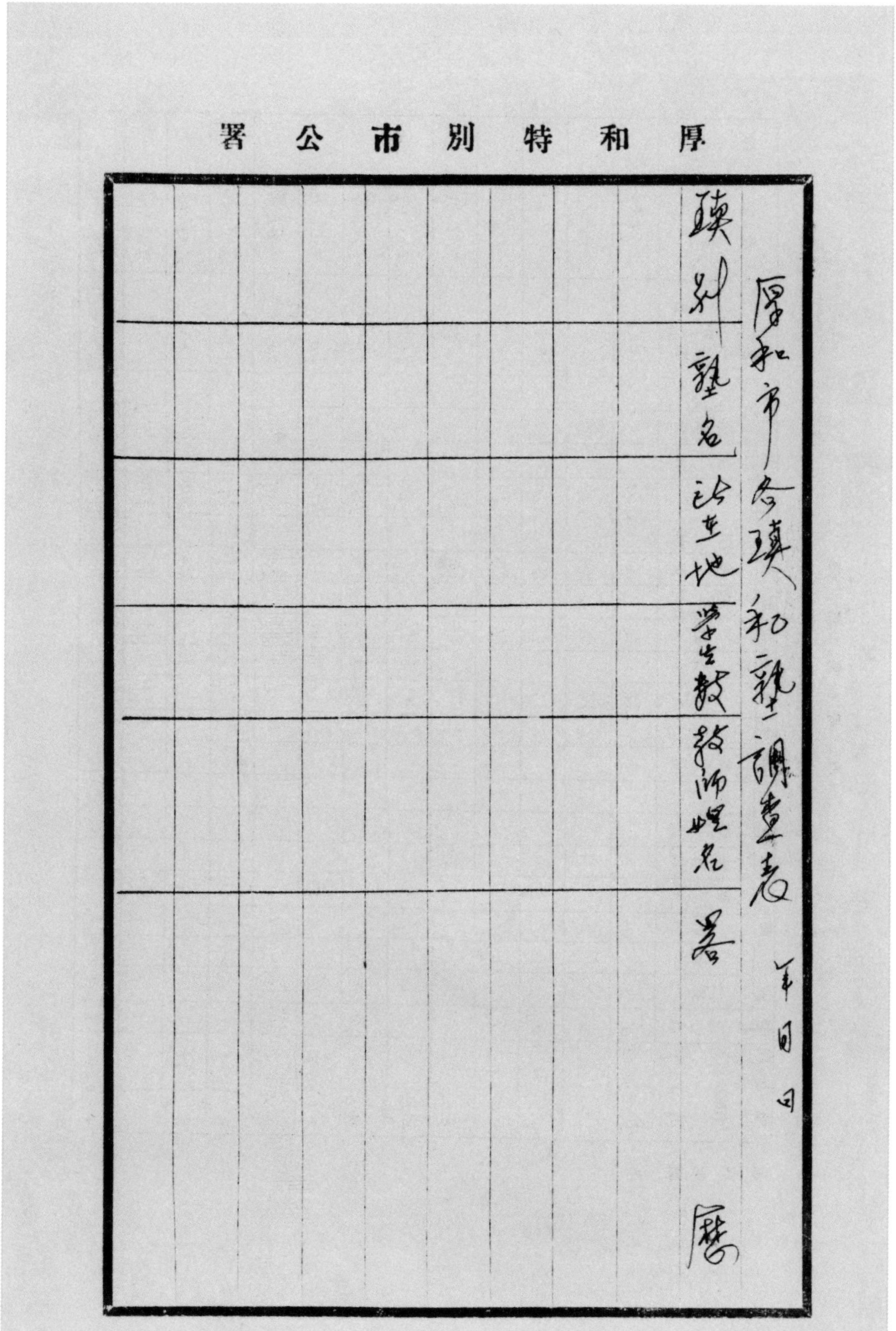
厚和特別市公署

厚和市各鎮私塾調查表　　年　月　日

鎮別	塾名	設立地	學生數	教師姓名	略歷

图 7-附录-19　“厚和市公署”关于调查市属各镇私塾馆情形的通知（附调查表式）（二）

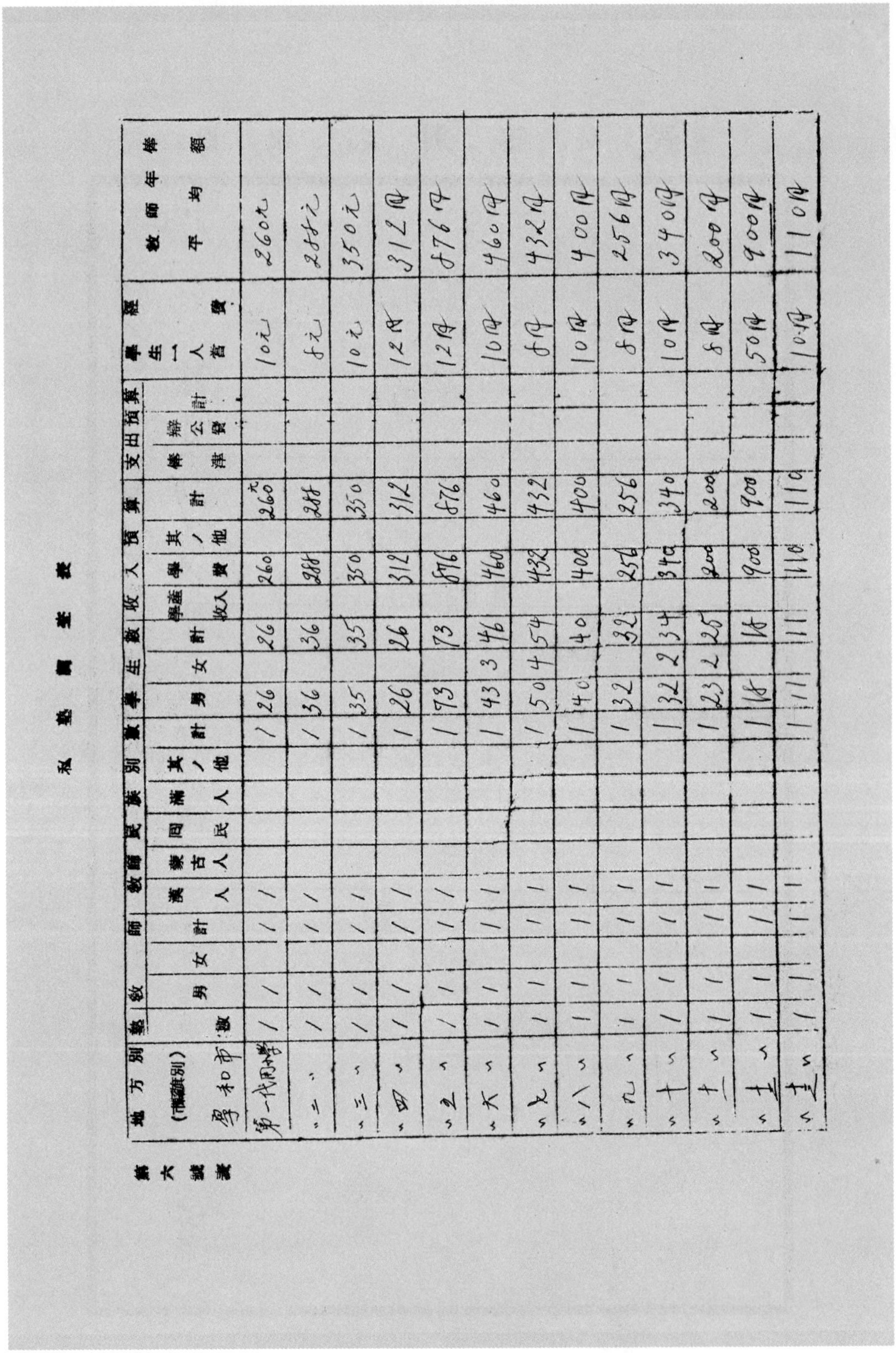

第六號表

私塾調查表

地方別（市旗縣別）厚和市	塾數	教師 男	教師 女	教師 計	教師民族別 漢人	蒙古人	回民	滿人	其ノ他	計	學生數 男	學生數 女	學生數 計	收入預算 學產收入	學費	其ノ他	計	支出預算 俸津	辦公費	計	學生一人當經費	教師年俸平均額
第一代用小學	1	1		1	1					1	26		26		260		260元				10元	260元
〃二〃	1	1		1	1					1	36		36		288		288				8元	288元
〃三〃	1	1		1	1					1	35		35		350		350				10元	350元
〃四〃	1	1		1	1					1	26		26		312		312				12円	312円
〃五〃	1	1		1	1					1	73		73		876		876				12円	876円
〃六〃	1	1		1	1					1	43	3	46		460		460				10円	460円
〃七〃	1	1		1	1					1	50	4	54		432		432				8円	432円
〃八〃	1	1		1	1					1	40		40		400		400				10円	400円
〃九〃	1	1		1	1					1	32		32		256		256				8円	256円
〃十〃	1	1		1	1					1	32	2	34		340		340				10円	340円
〃十一〃	1	1		1	1					1	23	2	25		200		200				8円	200円
〃十二〃	1	1		1	1					1	18		18		900		900				50円	900円
〃十三〃	1	1		1	1					1	11		11		110		110				10円	110円

图 7- 附录 -20　“厚和市”私塾调查表（一）

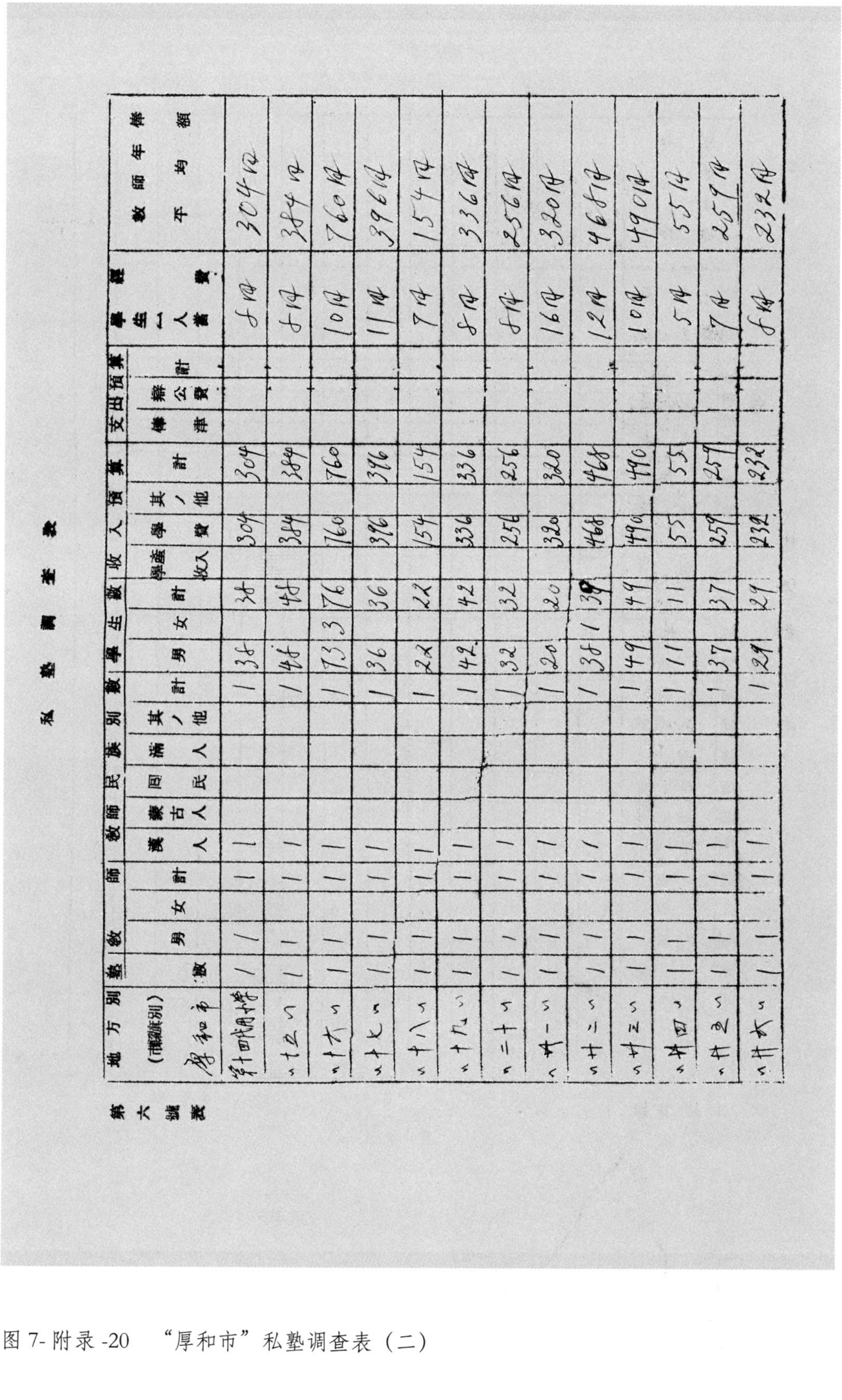

私塾調查表

第六號表

地方別（市縣旗別）厚和市	塾數	教師 男	教師 女	教師 計	教師民族別數 漢人	蒙古人	回民	滿人	其ノ他	計	學生數 男	學生數 女	學生數 計	收入預算 學產收入	學費	其ノ他	計	支出預算 俸津	辦公費	計	學生一人當經費	教師年俸平均額
第十四代用小學	1	1		1	1					1	38		38		304		304				8円	304円
〃十五〃	1	1		1	1					1	48		48		384		384				8円	384円
〃十六〃	1	1		1	1					1	73	3	76		760		760				10円	760円
〃十七〃	1	1		1	1					1	36		36		396		396				11円	396円
〃十八〃	1	1		1	1					1	22		22		154		154				7円	154円
〃十九〃	1	1		1	1					1	42		42		336		336				8円	336円
〃二十〃	1	1		1	1					1	32		32		256		256				8円	256円
〃廿一〃	1	1		1	1					1	20		20		320		320				16円	320円
〃廿二〃	1	1		1	1					1	38	1	39		468		468				12円	468円
〃廿三〃	1	1		1	1					1	49		49		490		490				10円	490円
〃廿四〃	1	1		1	1					1	11		11		55		55				5円	55円
〃廿五〃	1	1		1	1					1	37		37		259		259				7円	259円
〃廿六〃	1	1		1	1					1	29		29		232		232				8円	232円

图 7- 附录 -20　“厚和市”私塾调查表（二）

第六號表

私塾調查表

地方別（市旗別）	塾數	教師 男	教師 女	教師 計	教師民族別數 漢人	蒙古人	回民	滿人	其ノ他	計	學生數 男	學生數 女	學生數 計	收入預算 學產收入	學費	其ノ他	計	支出預算 俸津	辦公費	計	學生一人當經費	教師年俸平均額
厚和市																						
第卅七代用小學	1	1		1	1					1	41	6	47		376		376				8円	376円
〃卅八〃	1	1		1	1					1	26	8	34		408		408				12円	408円
〃卅九〃	1	1		1	1					1	24	12	36		360		360				10円	360円

图 7- 附录 -20　“厚和市”私塾调查表（三）

中等學校及特殊教育施設月薪別教職員數調查表

廳盟別	學校名	20圓以上 25圓未滿		25圓以上 30圓未滿		30圓以上 35圓未滿		35圓以上 40圓未滿		40圓以上 45圓未滿		45圓以上 50圓未滿		50圓以上 60圓未滿		60圓以上 70圓未滿		70圓以上 80圓未滿		80圓以上 90圓未滿		90圓以上 100圓未滿		100圓以上 110圓未滿		110圓以上 120圓未滿		120圓以上 130圓未滿		130圓以上 140圓未滿		140圓以上 150圓未滿		150圓以上		計			總額	一人最高額	一人最低額
		男	女	男	女	男	女	男	女	男	女	男	女	男	女	男	女	男	女	男	女	男	女	男	女	男	女	男	女	男	女	男	女	男	女	男	女	計			
巴盟 寧和市	青年訓練所					一										二																				三		三	一八〇	六〇	三〇

注意 一、第五號表注意ヲ參照スヘシ

图 7- 附录 -21　中等学校及特殊教育施设月薪别教职员数调查表

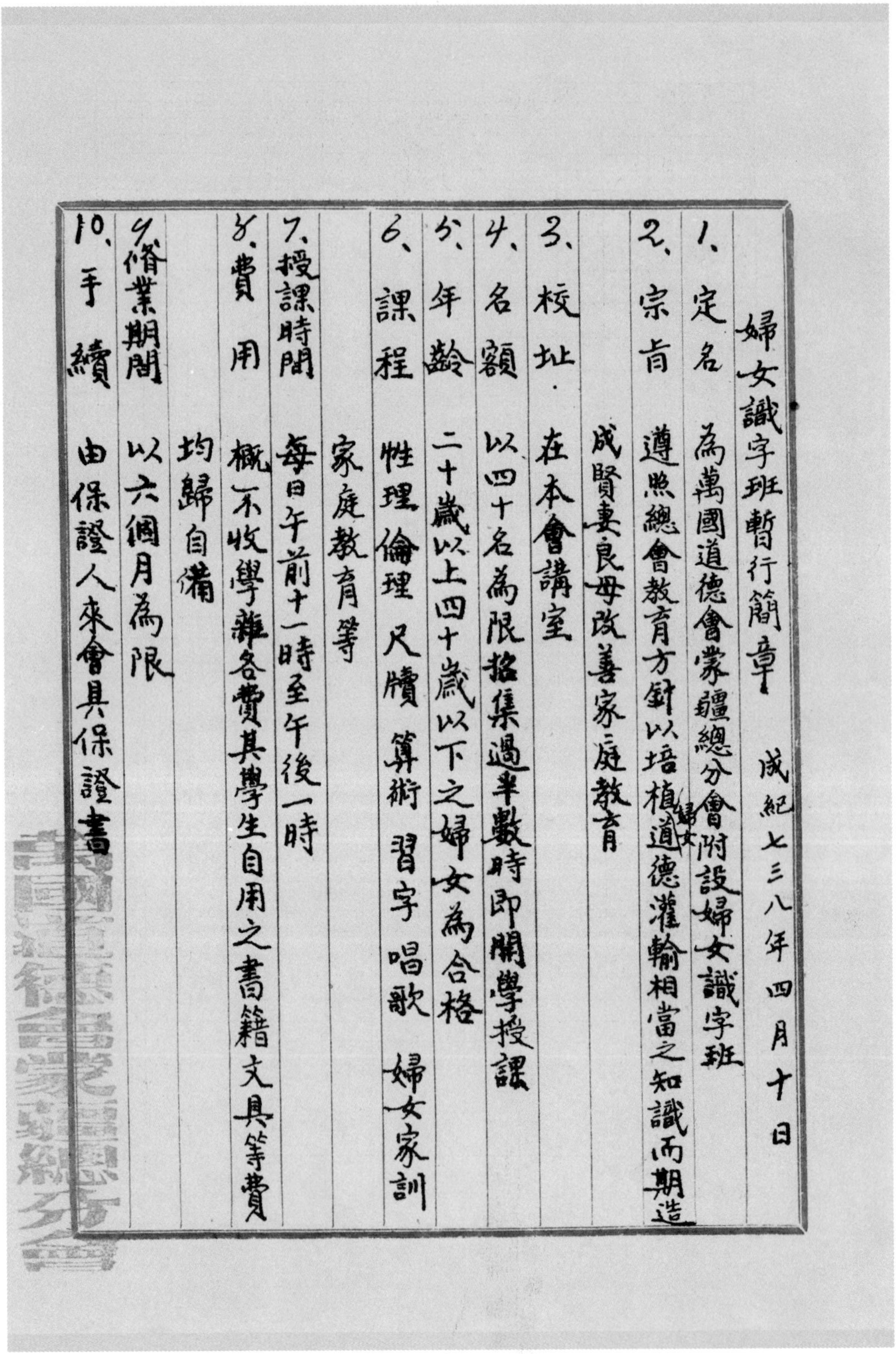
婦女識字班暫行簡章

成紀七三八年四月十日

1、定名　為萬國道德會蒙疆總分會附設婦女識字班

2、宗旨　遵照總會教育方針以培植婦女道德灌輸相當之知識而期造成賢妻良母改善家庭教育

3、校址　在本會講室

4、名額　以四十名為限招集過半數時即開學授課

5、年齡　二十歲以上四十歲以下之婦女為合格

6、課程　性理　倫理　尺牘　算術　習字　唱歌　婦女家訓　家庭教育等

7、授課時間　每日午前十一時至午後一時

8、費用　概不收學雜各費其學生自用之書籍文具等費均歸自備

9、修業期間　以六個月為限

10、手續　由保證人來會具保證書

图 7- 附录 -22　“万国道德会蒙疆总分会附设妇女识字班”暂行简章（1943 年 4 月 10 日）

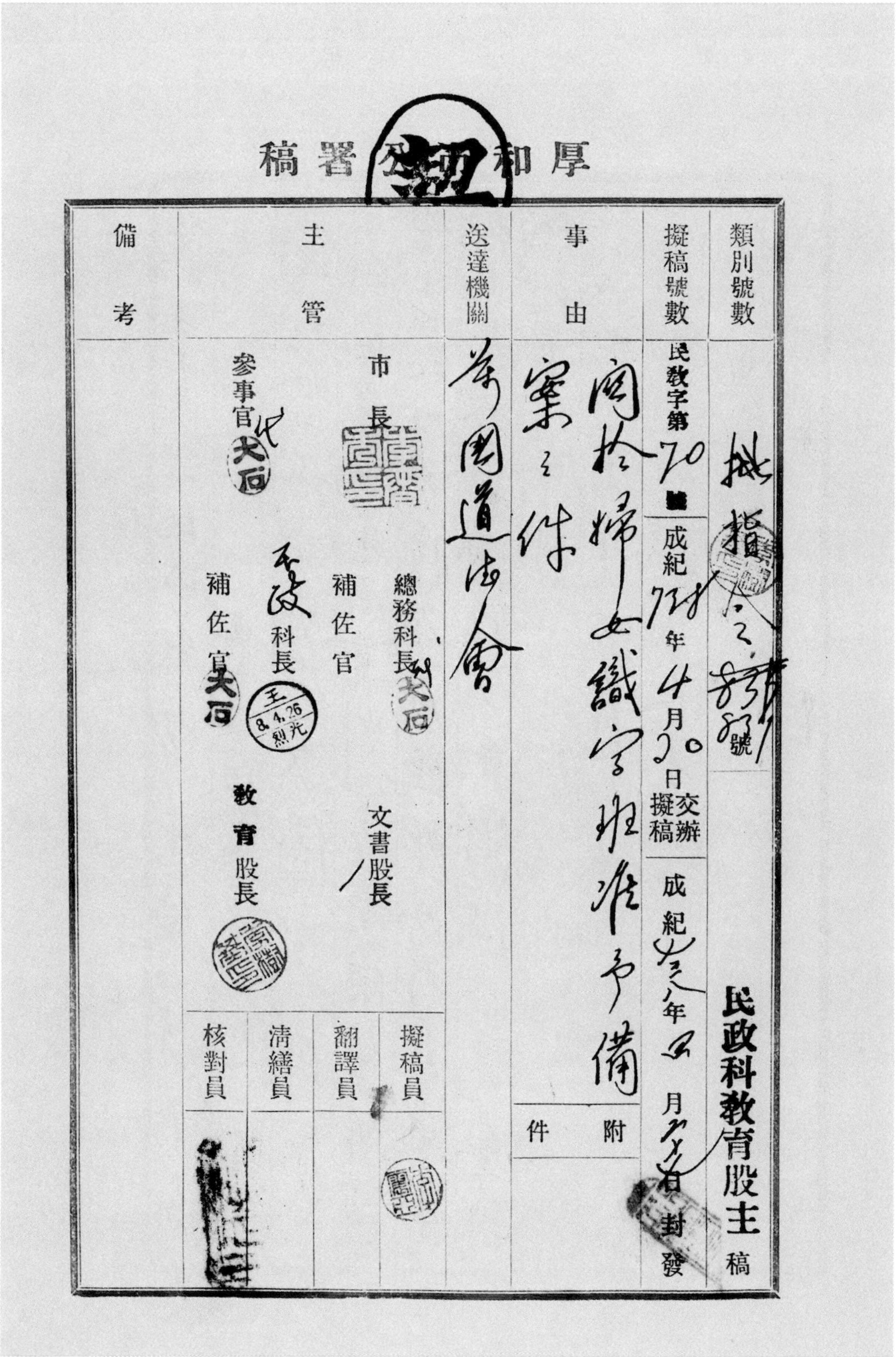
厚和市公署稿

類別號數：批指令第　號

擬稿號數：民教字第70號
成紀738年4月20日擬稿交辦
成紀七三八年四月二?日封發

事由：關於婦女識字班准予備案之件

送達機關：萬國道德會

主管：市長　參事官　總務科長　補佐官　科長　補佐官　文書股長　教育股長

主 8.4.26 烈光

擬稿員　翻譯員　清繕員　核對員

附件

備考

民政科教育股主稿

图 7- 附录 -23　“厚和市公署”为妇女识字班准予备案给“万国道德会蒙疆总分会”指令（1943 年 4 月 27 日）（一）

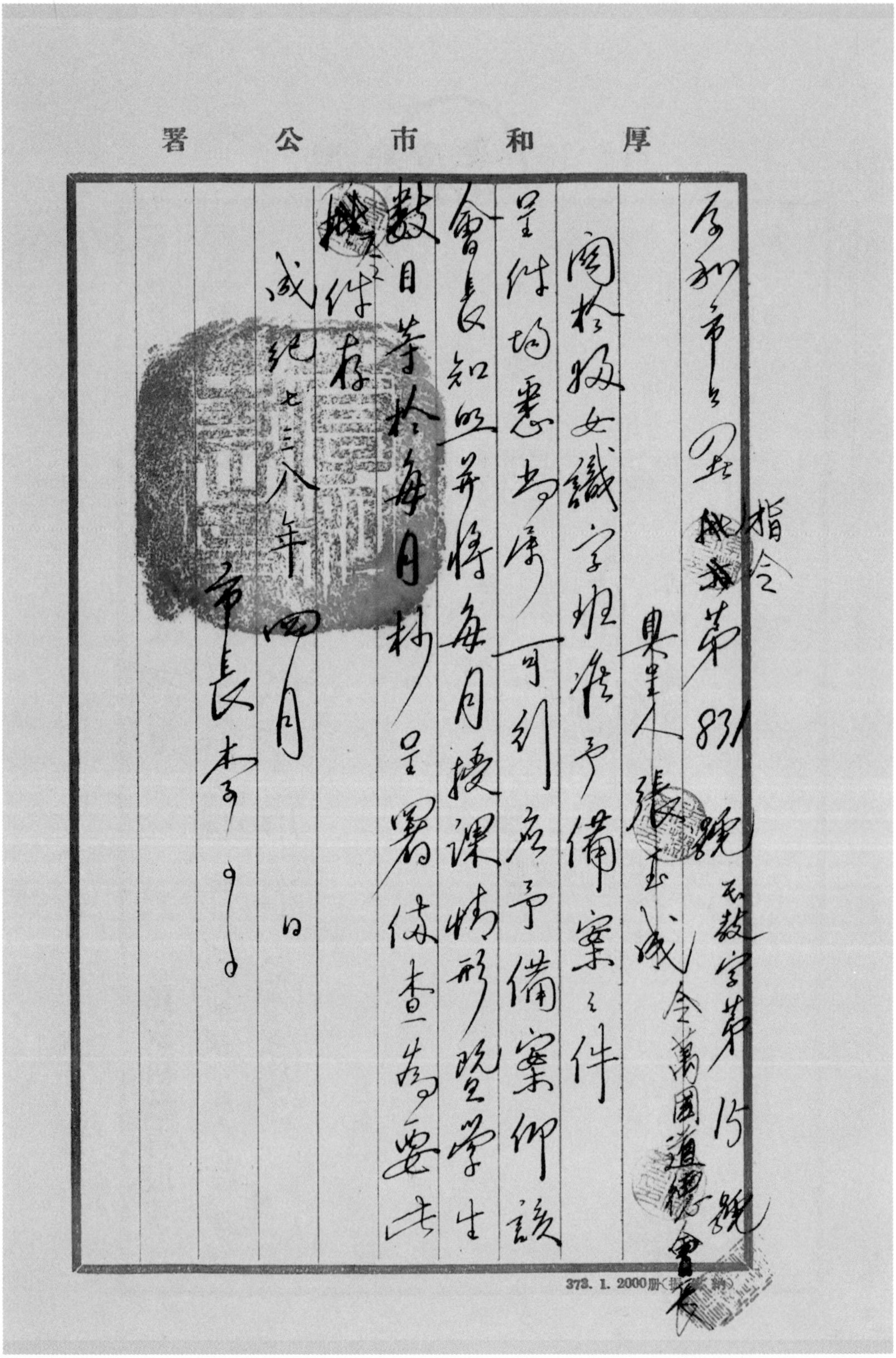

厚和市公署

厚和市公署指令　第831號

社教字第15號

具呈人　張玉成

令萬國道德會長

關於婦女識字班准予備案之件

呈件均悉。該學可准予備案，仰該

會長知照，并將每月授課情形暨學生

數目等於每月杪呈署備查為要。此

令。件存。

成紀七三八年四月　日

市長　李

373. 1. 2000册

图 7- 附录 -23　“厚和市公署”为妇女识字班准予备案给“万国道德会蒙疆总分会”指令（1943 年 4 月 27 日）（二）

后　记

2019年7月，为更好地开展“国家重点档案保护与开发”项目选题及申报工作，呼和浩特市档案馆成立了由馆党支部书记、馆长朱璧任组长，各科室业务骨干组成的项目申报工作领导小组。承担项目申报工作的同志对馆藏档案进行了细致梳理，并对馆藏档案开发利用情况做了社会调查和成果评估。经过项目申报工作领导小组的多次讨论，最终确定将馆藏数量、质量有保证，并对呼和浩特地区教育史研究具有重要价值的民国时期教育档案汇编作为选题申报项目。2020年3月，项目通过国家档案局评审。7月，按照国家档案局要求调整的专项资金任务预算和相关绩效目标获得批复。11月，完成政府采购工作。随即档案汇编工作进入实施阶段。历时两年，《呼和浩特市档案馆藏民国时期教育档案汇编》（以下简称《汇编》）终于交付刊印。

呼和浩特档案馆所藏民国时期档案内容杂芜，形制各异，有关教育内容的档案庞杂无序，且相互参杂。据此编撰专题文献汇编，有一定的困难。为此，我们与长期从事文献研究和整理工作的曹惠民先生，以及内蒙古师范大学教育科学学院周娟、李栋、成欣欣、阿木古楞等专家，剥茧抽丝，精心筛选，依据档案内容，制定了编纂大纲和分类体系，并对入选资料要件进行了反复查证与审核，进而为《汇编》的专业性、学术性提供了坚实的保障。

书稿经过牛敬忠、于永、全荣三位专家评审，内蒙古自治区档案馆审验。

项目工作组按照各方面意见对书稿进行了精心修改，最终形成定稿。

尤为令人感动的是，在项目实施时间大为缩短的情况下，项目工作组成员以极大的工作热情、忘我的奋斗精神和严谨的治学态度保证了《汇编》的质量。在此，向项目工作组所有成员表示衷心的感谢！

感谢广西师范大学出版社，始终以打造文化精品的标准，为本项目配备了较好的编辑、出版、印刷力量，保障了项目在任务重、要求高、时间紧的情况下得以顺利完成。

感谢内蒙古自治区档案馆的悉心指导、鼎力支持。

对馆内各位同仁的支持和帮助，在此一并致以衷心的感谢！

祈愿《呼和浩特市档案馆藏民国时期教育档案汇编》对地方文化的研究能有所贡献，并希望未来能将更多的成果呈现给大家，开发出更多具有地方特色、影响力强的档案文化产品。

由于经验不足，加之时间仓促，疏漏和错误之处在所难免，恳请专家和读者批评指正。

本书编委会